Michael P. Streck

Das amurritische Onomastikon der altbabylonischen Zeit

Band 1

Die Amurriter
Die onomastische Forschung
Orthographie und Phonologie
Nominalmorphologie

2000
Ugarit-Verlag
Münster

Alter Orient und Altes Testament
Veröffentlichungen zur Kultur und Geschichte des Alten Orients
und des Alten Testaments

Band 271/1

Herausgeber

Manfried Dietrich • Oswald Loretz

2000
Ugarit-Verlag
Münster

Das amurritische Onomastikon der altbabylonischen Zeit

Band 1

Die Amurriter
Die onomastische Forschung
Orthographie und Phonologie
Nominalmorphologie

Michael P. Streck

2000
Ugarit-Verlag
Münster

Die Deutsche Bibliothek - CIP-Einheitsaufnahme

Streck, Michael P.:
Das amurritische Onomastikon der altbabylonischen Zeit / Michael P. Streck. - Münster: Ugarit-Verl.
(Alter Orient und Altes Testament; Bd. 271)

Bd. 1. Die Amurriter, die onomastische Forschung, Orthographie und Phonologie, Nominalmorphologie. - 2000
ISBN 3-927120-87-1

Herstellung: Weihert-Druck GmbH, Darmstadt
Printed in Germany
ISBN 3-927120-87-1

Printed on acid-free paper

Vorwort

Vorliegendes Buch begann gewissermassen mit dem Gelegenheitskauf der monumentalen Computer-Aided Analysis of Amorite von Ignace J. Gelb aus dem Nachlass von Edmond Sollberger im Jahre 1991. Waren mir bis dato die Amurriter nicht weniger fremd als den Sumerern und Babyloniern – wolfsgleiche Barbaren ohne Städte und Getreide –, zog der physische Besitz des Buches eine schrittweise geistige Annäherung an sie und ihre Namen nach sich. Gelb selber hatte eine umfassende linguistische (grammatische und lexikalische) Analyse des amurritischen Onomastikons auf der Grundlage seiner Analysis geplant und bereits angekündigt, konnte dieses Werk aber vor seinem Tode nicht mehr realisieren und hinterliess der Altorientalistik so eine klaffende Lücke.

Meine 1994 gefasste Absicht, diese Lücke auf der Grundlage von Gelbs Analysis und entsprechend seiner Planung in relativ kurzer Zeit und in einem einzigen Buch mit dem Titel "Das Amurritische" zu füllen, erwies sich aus Gründen, die jedenfalls ich nicht vorhersah, immer mehr als undurchführbar.

Zum einen verlangte die an sich meisterhafte Analysis von Gelb in mehr Fällen eine kritische Benutzung, als die Rezensenten des Buches ohnehin schon gefordert hatten, weil manche Entscheidungen, die Gelb selber in dem ungeschriebenen Band zweifellos gut begründet hätte, bei der lakonischen Kürze der Analysis nicht ohne weiteres mehr nachvollziehbar waren.

Zum anderen war der Zuwachs an neuem Namenmaterial besonders aus den Mari-Archiven, aber auch aus anderen Fundorten seit 1976, dem Ende der Materialaufnahme in die Analysis, deutlich ertragreicher, als ich vermutet hatte.

Vor allem aber lernte ich, dass Arbeit an altorientalischen Namen mit ihrer engen Verbindung linguistischer, religions- und kulturhistorischer Fragestellungen ganz eigene methodische Anforderungen stellt, die es rechtfertigen, von einer selbständigen, sich gerade erst emanzipierenden Fachdisziplin der altorientalischen Onomastik zu sprechen; in dieser Disziplin sieht vorliegendes Buch denn auch seinen wissenschaftlichen Standort.

So konnte ich im Frühjahr 1997 der Fakultät für Altertumskunde und Kulturwissenschaften der Ludwig-Maximilians-Universität München kein abgerundetes Werk, sondern lediglich ein Manuskript mit dem Titel "Das amurritische Onomastikon der altbabylonischen Zeit. Grammatische, lexikalische und religionshistorische Untersuchungen" als Habilitationsschrift vorlegen. Für den ersten Band der Druckfassung wurden Teile dieser Schrift weggelassen, andere Teile wurden überarbeitet, erweitert oder kamen ganz neu hinzu. Genaueres dazu in der Einleitung.

Für vielfältige Beratung und Unterstützung während der letzten Jahre danke ich den folgenden Freunden, Kollegen und Lehrern:

Prof. Dietz Otto Edzard las mehrere Fassungen der Arbeit und gab wichtige Anregungen in einem Seminar zum amurritischen Onomastikon im Wintersemester 1994/95.

Ich profitierte überaus von der weiten altorientalistischen und semitistischen Kompetenz Prof. Manfred Kreberniks in zahlreichen Diskussionen in München und Tuttul. Freizügig erlaubte er, die Personennamen aus Tuttul schon vor der Veröffentlichung zu benutzen.

Konstruktive Kritk erhielt ich von allen Gutachtern meiner Habilitationsschrift: Neben Prof. Edzard und Prof. Krebernik danke ich in diesem Sinne Prof. Dr. Wolfgang Richter, Prof. Dr. Rainer Degen und Prof. Dr. Norbert Nebes.

PD Dr. Stefan Weninger las die erste Fassung der Habilitationschrift, gab wertvolle Denkanstösse und berichtigte zahlreiche Fehler.

Markus Hilgert führte für mich engagiert Kollationen an der Tontafelsammlung des Oriental Institute of the University of Chicago durch; Prof. John A. Brinkman erteilte die freundliche Erlaubnis zu diesen Kollationen.

Prof. Richter und seine Mitarbeiter Dr. Christian Riepl und PD Dr. Hans Rechenmacher händigten mir schon vor der Veröffentlichung eine Frühfassung der unschätzbaren "Materialien einer althebräischen Datenbank. Die bibelhebräischen und -aramäischen Eigennamen morphologisch und syntaktisch analysiert" aus. Letzterem danke ich besonders für die wegweisenden methodischen Einsichten, die er in Gesprächen und einem gemeinsamen Seminar (zusammen mit Dr. Weninger und mir) zur "vergleichenden semitischen Onomastik" im Wintersemester 1998 darlegte und in seinem Buch "Personennamen als theologische Aussagen" veröffentlicht hat.

Eine Gastvorlesung am Institut für Vorderasiatische Archäologie und Altorientalische Sprachen der Universität Bern im WS 98/99 und SS 99 gab mir die Gelegenheit, meine Arbeit vorzustellen und neu zu durchdenken; Dr. Pascal Attinger verdanke ich bei dieser Gelegenheit zahlreiche Anregungen und Literaturhinweise.

Prof. Dr. Manfried Dietrich und Prof. Dr. Oswald Loretz danke ich für die Aufnahme des Buches in die Reihe Alter Orient und Altes Testament.

Selbstverständlich ist schliesslich der Dank an die Forscher, deren Arbeiten in den letzten Jahren mein tägliches Brot waren: die Mari-Experten und besonders den Altmeister Ignace J. Gelb.

Ich widme dieses Buch dem Andenken meines Vaters Karl Josef Streck (1915-1996). Ich verdanke ihm so viel mehr, als Worte ausdrücken können.

München, den 11.2.2000

Inhaltsverzeichnis

0. Technische Vorbemerkungen

0.1. Transliteration und Transkription

Vorliegende Studie folgt dem Transliterationsverfahren von Gelbs "Computer Aided Analysis" (Gelb 1980) und verwendet somit möglichst einfache Lautwerte, um eine phonologische Interpretation nicht vorwegzunehmen. Die phonologische Interpretation erscheint in gebundener Transkription. Schrägstriche "//" werden dabei nur bei einzelnen Phonemen oder Silben verwendet; ganze Namenselemente oder Namen erscheinen ohne "//". Die phonetische Interpretation erscheint in eckigen Klammern "[]". Namenselemente eines Namens werden in phonologischer Transkription durch Bindestrich "-" miteinander verknüpft. Statt "-" wird "=" verwendet, wenn das Anlautphonem des zweiten Elementes elidiert ist (eine der oft als "Sandhi" bezeichneten Erscheinungen). Die phonologische Interpretation verwendet traditionelle Symbole, auch wenn neuere Erkenntnisse zur phonetischen Realisation der Phoneme vorliegen: z. B. /*ṣ*/ (wohl als [*ts*ʾ] realisiert), */*ẓ*/ (wohl als [*ṯ*ʾ] realisiert) usw. Für langes *o* steht /*ô*/, für Šwā ^{e}.

Eigennamen ausserhalb der eigentlichen Analyse transkribiere ich so lautgetreu wie möglich. Ist mir ihre Rekonstruktion jedoch unklar, was z. B. bei Orts- oder Stammesnamen oft der Fall ist, so ist die Transkription lediglich eine vereinfachte Wiedergabe der Keilschriftorthographie, z. B. Niḫad für Ni-ḫa-ad.

0.2. Zitierweise

Auf den Beleg in Transliteration folgen in Klammern "()" eventuell die folgenden Angaben:

M	maskuliner Name. Diese Angabe erscheint nur in zweifelhaften Fällen. Alle Namen ohne Genuskennzeichnung sind maskulin.
F	femininer Name.
GN	Gottesname.
ON	Ortsname.
Stamm	Stammesname.

Nom	Name kontextuell im Nominativ. Diese Angabe erscheint nur in zweifelhaften Fällen. Alle Namen ohne Kasuskennzeichnung stehen kontextuell im Nominativ oder ihr Kasus ist nicht bestimmbar.
Gen	Name kontextuell im Genitiv.
Akk	Name kontextuell im Akkusativ.

Nur Belege, die nicht im "Index of Names" in Gelb 1980, 552-653 enthalten sind, erscheinen mit Belegstelle; alle anderen werden mit der Nummer dieses Index zitiert.

Der Nummer folgen ohne Leerstelle Angaben zur Herkunft des Belegs mit folgenden Abkürzungen:

A	Alalaḫ Schicht VII.
Aspät	Alalaḫ Schicht IV.
aA	altassyrisch.
B	Babylonien.
C	Chagar Bazar und Tall Brak.
D	Diyālagebiet.
I	Isin (frühaltbabylonisch).
M	Mari.
Qaṭna	Qaṭna.
R	Tall al-Rimāḥ
spät	Belege aus dem I. Jahrtausend.
Tuttul	Tuttul (unpubliziert).
U	Ur III.
Ugarit	Ugarit.
Yamḫad	Yamḫad (Aleppo)

Ist ein Name in mehreren Textgruppen belegt, werden die Textgruppen in folgender Reihenfolge angeführt: U, I, aA, B, D, M, R, C, Tuttul, A, Aspät, Qatna, Ugarit, spät; jüngere Belege folgen so den älteren und Belege aus westlicheren Textgruppen denen aus östlicheren.

Wird ein Name im Supplementindex behandelt, folgt auf die Herkunftsangabe "(Sup)".

Ein vollständiger Beleg sieht demnach beispielsweise so aus:

Ta-aḫ-wi-na-ap-su (F) 5973M (Sup),

d. h. der Name ist feminin, seine syntaktische Funktion im Kontext ist Nominativ oder nicht bestimmbar, er besitzt die Nummer 5973 des "Index of Names" in Gelb 1980, ist in Mari bezeugt und wird im Supplement behandelt.

0.3. Abkürzungen

Für Abkürzungen sind die Literaturliste oder die gängigen Abkürzungsverzeichnisse (W. von Soden, Akkadisches Handwörterbuch; Chicago Assyrian Dictionary; Reallexikon der Assyriologie und Vorderasiatischen Archäologie) zu vergleichen.

0.4. Symbole

*	rekonstruierte protosemitische Form oder Wurzel.
√	Wurzel.
//	Phonologische Transkription.
[ ]	In der Transliteration eines Beleges: Text abgebrochen. Sonst: phonetische Transkription.

0.5. Datierung

Alle absoluten Daten folgen der kurzen Chronologie (Einnahme Babylons durch Muršili I. 1531).

I. Die Amurriter. Die onomastische Forschung

1. Das Projekt "Das amurritische Onomastikon der altbabylonischen Zeit"

§ 1.1. "*Nomina sunt otiosa*? Name Schall und Rauch? O nein! Was erzählen uns alles die Namen! Neben die große Welt der Appellativa tritt die kaum minder bedeutsame Welt der Nomina propria, von jener ersteren abhängig und mit ihr aufs innigste verbunden" (Eilers 1982, 1). Das internationale Handbuch zur Onomastik, "Namenforschung" (Eichler et alii 1995), qualifiziert Namen als "ganzer Kosmos": "Wie in kaum einer anderen Wissenschaft stellt sich das Objektfeld der Namenforschung als eine fast grenzenlose Welt dar, die es zu erforschen gilt" (S. v).

Namenforschung ist aus einer interdisziplinären Wissenschaft entwachsen; angesiedelt zwischen Sprach-, Religions- und Geschichtswissenschaft sowie einer ganzen Reihe weiterer Fachrichtungen, aus denen sie schöpft und zu denen sie Bedeutendes beiträgt, macht ihre Komplexität die Namenforschung in zunehmenden Masse zu einer selbständigen Disziplin, die ihre eigenen Methoden (s. §§ 1.119-137) entwickelt hat: "Namenkunde setzt daher volle Beherrschung der Etymologie voraus, aber - und wie oft wird das vergessen - *ebenso eine genaue Kenntnis der spezifischen onomastischen ... Vorbedingungen*" (Eilers 1982, 3; kursiv von mir, M. P. S.). Für die Altorientalistik und benachbarte Fächer belegt dies die wachsende Zahl von ausschliesslich onomastischen Themen gewidmeten Monographien (s. § 1.118).

§ 1.2. Unter den altorientalischen Onomastika einerseits und den semitischen andererseits beansprucht das amurritische Onomastikon aus drei Gründen einen hervorragenden Platz:

a) Dem Alter nach steht es unter den altorientalischen Onomastika grösseren Umfangs an dritter Stelle nach dem sumerischen und (alt)akkadisch-eblaitischen Onomastikon, unter den semitischen Onomastika nach dem (alt)akkadisch-eblaitischen an zweiter Stelle. Im Vorderen Orient ist es das älteste Onomastikon einer überwiegend nicht städtischen, nomadischen Bevölkerung.

b) Dem Umfang nach gehört das amurritische Onomastikon im Alten Orient mit dem akkadischen und sumerischen zu den drei grössten Onomastika. Unter den semitischen Onomastika nimmt es nach dem akkadischen und arabischen die dritte Position ein (vgl. §§ 1.111, 117).

c) Vor allem aber trifft auf das amurritische Onomastikon die Feststellung des internationalen Handbuchs zur Onomastik zu: "Namen können ... zur

Rekonstruktion verschollener Sprachen dienen oder selbst einzigartige Fundstücke und Überreste solcher Sprachen darstellen" (Eichler et alii 1995, v). Diese Feststellung ist von umso grösserer Bedeutung, als die Sprache der amurritischen Namen die nach dem Akkadisch-Eblaitischen älteste greifbare semitische darstellt und als der älteste Vertreter des nordwestsemitischen, ja zentralsemitischen Zweiges gilt, für eine historisch-vergleichende Semitistik somit von grosser Wichtigkeit werden könnte.

§ **1.3.** Ausgangspunkt jeder Beschäftigung mit dem amurritischen Onomastikon ist heute die *Computer-Aided Analysis of Amorite* von I. J. Gelb (vgl. die kurze Inhaltsbeschreibung § 1.111).

Gelb selber (1980, vii) charakterisierte dieses Werk so: "*Computer-Aided Analysis of Amorite* is not and cannot be considered to be a grammar of the Amorite language. Rather, it presents a large body of source material, ordered in categories that can be utilized in the study of the non-Akkadian language that we conventionally call Amorite". Gelb plante daher einen zweiten Band: "the second, much smaller volume will contain a grammar ... in which the data culled from the computer analysis will be reinterpreted and put in the traditional order, in more or less the same form as in my article «Lingua» ... Unlike the computer analysis, in which all of the data are presented, both the firmly established and the questionable, *Grammar* will deal mainly with ascertainable data. The glossary will consist of a list of free morphemes that occur in Amorite names and will provide translations and annotations whenever possible or necessary. This glossary will also include all the glosses known from the Old Babylonian Mari texts and from other sources ... The second volume will also contain a brief history of the Amorites, an evaluation of the comparative aspects of the Amorite language ...".

Stellvertretend für die zahlreichen Rezensionen (vgl. § 1.111) sei Knudsen 1983, 18, zitiert: "A Computer-Aided Analysis of Amorite is an excellent source collection with morphological analyses for all known Amorite names, important for research in Assyriology as well as Northwest Semitic linguistic and religious history. Together with the forthcoming Grammar it will provide a much needed description of the vocabulary and grammar of the Amorite language".

Gelb konnte sein Projekt vor seinem Tode jedoch nicht mehr vollenden,[1] so dass sich die Situation Huehnergard 1996, 257, wie folgt darbot: "At the time of his death in 1985, I. J. Gelb was working on a new comprehensive study of the linguistic evidence reflected in so-called «Amorite» names. It is to be hoped that someone will pick up the threads of that investigation". Zudem haben sich seit 1976, dem Ende der Materialaufnahme in die *Computer-Aided Analysis of Amorite* (Gelb 1980, viii), die Quellen erneut stark vermehrt (s. § 1.116) und die semitische Onomastik hat bedeutende Fortschritte erzielt (s. § 1.118).

Anm.: **1.** Meine Nachforschungen über den Verbleib des nach Gelb 1980, viii, teilweise fertiggestellten Manuskriptes für den zweiten Band waren ergebnislos.

§ 1.4. Das im folgenden vorgestellte Buch und Projekt stellt sich die Aufgabe, das amurritische Onomastikon der altbabylonischen Zeit auf der Grundlage von Gelb 1980 umfassend zu untersuchen.

Zur Methode stellte schon Gelb 1980, 12, fest: "From the standpoint of methodology, the decipherment of the Amorite language can be classed as the recovery of an unknown language, on a par with the decipherment of Etruscan, for example. Since in both these cases the writing is known, being cuneiform in the case of Amorite and close to Latin in the case of Etruscan, we are dealing not with a true decipherment, but rather with a linguistic analysis. Luckily, unlike Etruscan, the Amorite language does not stand in complete isolation, as it is closely related to other Semitic languages. Since there are no Amorite texts and no bilinguals, we must rely entirely in our analysis of Amorite on two external processes, comparison with the grammar of other Semitic languages and comparison with the structure of Semitic personal names in general".

Alsbald zeigte sich jedoch, dass sich zwei weitere Folgerungen ergeben:

a) Eine systematische Erfassung der sprachlichen und religionshistorischen Daten erfordert eine ebenso systematische, an "klassischen" Grammatiken und Lexika orientierte Darstellungsweise. Diese ist zudem platzsparender als die in der semitischen Onomastik übliche Auflistung einzelner Namen.

b) Grammatische, lexikalische und religionshistorische Analyse sind eng aufeinander angewiesen. Nur zu oft hängt die grammatische Analyse eines Namens von seiner semantischen und religionshistorischen Interpretation - und umgekehrt - ab. Eine parallele Behandlung von Grammatik, Lexikon und religionshistorischem Gehalt ist daher methodisch empfehlenswert.[1]

Meine erste Annäherung an das Thema, eine 1997 fertiggestellte Habilitationsschrift mit dem Titel "Das amurritische Onomastikon der altbabylonischen Zeit. Grammatische, lexikalische und religionshistorische Untersuchungen" enthielt daher neben ausgewählten Grammatikkapiteln ein umfangreiches "Lexikon ausgewählter Namenselemente" mit einer detaillierten Analyse von über 100 schwierigen Lemmata und einen kurzen Abschnitt "Die amurritischen Personennamen als Ausdruck der Frömmigkeit".

Anm.: **1.** Huffmon 1965, 10f., empfiehlt dagegen ein anderes Vorgehen: "the first task is to isolate the Amorite name elements and to analyze the structure of the names ... It is only once this task has been completed, and the grammatical role and onomastic type of the various elements have been ascertained, that fruitful lexical analysis can be made". Doch kann auch Huffmon strukturelle und lexikalische Untersuchung keineswegs strikt voneinander trennen; man vergleiche z. B. seine Behandlung von *yaqattil* S. 82ff., die stark von der lexikalischen

Interpretation der betreffenden Namenselemente abhängig ist. Andererseits ist Huffmon natürlich recht zu geben, wenn er sagt (1965, 7): "the Amorite penetration into Mesopotamia ... the study of their social, political, and religious organization and practice, all of this analysis presupposes, to a greater or lesser degree, clear recognition and understanding of Amorite personal names".

§ 1.5. Vorliegendes Buch stellt den ersten Band einer überarbeiteten Fassung dieser Schrift dar. Der Aufbau ist wie folgt:

Teil I behandelt politische Geschichte, sozio-ökonomische Struktur und Religion der Amurriter, ihre Reflexion bei den Sesshaften Mesopotamiens und die Sprachzeugnisse des Amurritischen nach ausser-onomastischen Quellen, skizziert den Forschungsstand der amurritischen und semitischen Onomastik und stellt methodische Vorüberlegungen an. Teil II untersucht Orthographie und Phonologie der Namen. Die Teile III-V bieten eine Analyse der Nominalmorphologie (Kasussystem, Genera, Nominalformen). Das Supplement zum "Index of Names" (Gelb 1980, 562-653) enthält Korrekturen zu einzelnen bei Gelb gebuchten Namen.

Die in Vorbereitung befindlichen Bände sollen enthalten: Pronominal- und Verbalmorphologie, Partikeln, Syntax, die Stellung des Amurritischen innerhalb der semitischen Sprachen, ein ausführliches Lexikon der Namenselemente, einen alphabetischen Namensindex mit Analyse sowie Übersetzung der Namen und schliesslich eine systematische Darstellung des religions- und kulturhistorischen Gehalts des amurritischen Onomastikons.

Die Publikation in mehreren Bänden zwingt dazu, bisweilen in den Anmerkungen auf noch unveröffentlichte grammatische, lexikalische oder religionshistorische Analysen hinzuweisen, um die Transparenz der Argumentation zu gewährleisten. Dies musste in kürzester Form geschehen; ausführliche Begründungen finden sich in den folgenden Bänden.

Die Konzentration auf die Namen der altbabylonischen Zeit folgt der Intention Gelbs, eine für altorientalistische Massstäbe synchrone Darstellung zu bieten (Gelb 1980, 1; vgl. § 1.130). Eine geographische Einschränkung wird aus den in §§ 1.92, 131 erörterten Gründen nicht vorgenommen; im übrigen gilt hier das Wort von Eilers 1982, 6: "Die Fülle der ganzen Namengebung muß uns vor Augen liegen, wenn wir fruchtbar und erfolgreich arbeiten wollen".

Für die Zitierweise der Namen sind die technischen Vorbemerkungen zu vergleichen.

2. Das klimatisch-ökologische Szenario der syrischen Wüstensteppe[1]

§ 1.6. Die syrische Wüstensteppe einschliesslich der sie durchschneidenden Flusstäler des mittleren Euphrats und des Ḫābūr ist im III. Jahrtausend Ausgangspunkt der amurritischen Infiltration in den fruchtbaren Halbmond und in altbabylonischer Zeit das zentrale Verbreitungsgebiet der Amurriter. Das Klima beschreibt Wirth 1971, 105:[2] "Bei Jahresniederschlägen zwischen 120 und 220 mm gedeihen Nutzpflanzen nur noch in ausgesprochenen Feuchtjahren oder an durch Boden und Relief bevorzugten Stellen ... Die gelegentlichen Niederschläge im Winter und Frühjahr reichen aber in der Regel aus, um eine gute Weide für die Herden der Beduinen und Halbnomaden sprießen zu lassen." Der Norden und Nordwesten der Ǧazīra geht allmählich in die Regenfeldbauzone, der Süden der Šāmīya in die syrische Wüste über. Die Vegetation wurde durch menschlichen Eingriff seit dem Altertum sehr wahrscheinlich degradiert: ursprünglich handelte es sich um "eine dichte Steppe mit über 50 cm hohen Gräsern ... von vielen Inseln mit einem schütteren Baum- und Gehölzwuchs durchsetzt" (Wirth 1971, 130f.).

Anm.: **1.** Ich verwende die folgende geographische Terminologie:

"Babylonien" ist das von Euphrat und Tigris begrenzte Gebiet südlich von Bagdad. Die "syrische Wüstensteppe" links und rechts des Euphrats gliedert sich in die Ǧazīra und die Šāmīya (Wirth 1971, 439): "Ǧazīra" ist die von den Griechen als "Mesopotamia" bezeichnete Region zwischen Euphrat und Tigris links des Euphrats und entspricht dem ebenfalls anzutreffenden Terminus "Obermesopotamien". "Šāmīya" bezeichnet die syrische Wüstensteppe südlich des Euphrats einschliesslich der Palmyraketten und des Ǧabal Bišrī. "Nordwestsyrien" meint das Gebiet westlich vom Euphrat bis zum Mittelmeer. "Babylonien" liegt auf dem Gebiet des heutigen Irak, die "Ǧazīra" mit ihrem Ostteil im Irak und ihrem Westteil im heutigen Syrien, die "Šāmīya" im heutigen Syrien und "Nordwestsyrien" zum grösseren Teil im heutigen Syrien und mit seinem nordwestlichsten Teil in der heutigen Türkei.

Die mehrdeutigen Begriffe "Mesopotamien" und "Syrien" gebrauche ich in diesem Zusammenhang nicht: "Mesopotamien" steht in der Literatur teils im Sinne der Griechen für die Ǧazīra (so bei Gelb 1961), meist aber für das gesamte Zweistromland (vgl. dazu Röllig 1993); "Syrien" wird teils im Sinne der klassischen Schriftsteller für die Region westlich des Euphrats bis zum Mittelmeer (so z. B. Klengel 1992), teils aber für alle im modernen Staat Syrien liegenden Gebiete (so Chavalas 1992) verwendet.

2. S. auch Wirth 1971, 438-449, und passim. Eine gute Karte bietet Härle 1985.

§ **1.7.** Die syrische Wüstensteppe wird durch die Flussoasen von Euphrat, Ḫābūr und Balīḫ durchbrochen. Diese bilden "*stromoasenähnliche Gunstzonen* für Siedlung und Bewässerungsfeldbau und Leitlinien für den Verkehr" (Wirth 1971, 431). Die vermutlich besseren ökologischen Bedingungen des Altertums (§ 1.6) erlaubten ferner in höherem Masse als heute dauerhafte Siedlungen in der Šāmīya (Wirth 1971, 439), aber auch südlich des Ǧabal Sinǧār in der Ǧazīra, wo zahlreiche Tells von vergangener Besiedlung zeugen.[1] Altes Siedlungsland waren auch Oasen wie Tadmor/Palmyra und Qaryatayn in der Šāmīya.

Anm.: **1.** Inwiefern sich die alten ökologischen Bedingungen der Nordǧazīra von den heutigen unterscheiden, ist jedoch nicht sicher geklärt. Postgate 1994, 14, schlägt vor, "that there may have been better water resources within historical times".

3. Der Name Martu/Amurru

§ 1.8. Der Terminus Martu ist das sumerische Äquivalent des akkadischen *Amurru* (Landesbezeichnung) und *Amurrû*/*Amurrītu*[1] (Nisbe). Von letzterem leitet sich einerseits biblisch ʾMRY/*ʾamur*[*r*]*ī*,[2] andererseits unser "Amurriter" ab.

Die Lesung "Martu" ist konventionell.[3] Sie beruht auf der seit der Fāra-Zeit bezeugten sumerischen Standardorthographie Mar-tu. Abweichende Schreibungen sind u. a. Mar-du$_8$ NRVN I 215 Rs. 4' (Ur III, Nippur), Ĝá-ar-[d]u-e = ^{d}Mar-tu NFT 207 iii 2f. (neusumerisch) und tum$_9$ (IM) Mar-tu = *du-mu kar-du* KUB 4, 47: 42 (Ḫattuša) // tum$_9$ Mar-tu OECT pl. XII K 3507: 16. Nach Krecher 1967, 94, und 1978, 41, sprechen diese Belege für eine Lesung Ĝardu (MAR = ĝar$_7$, TU = dú).

Ein Zusammenhang zwischen dem sumerischen und dem akkadischen Begriff ist wahrscheinlich, lässt sich aber nicht exakt spezifizieren.

Die Etymologie beider ist dunkel. Durand 1993, 46, schlägt die semitische Wurzel *mrr* "bitter sein" und eine Referenz auf das Mittelmeer vor, doch zeigen die Belege aus Ebla (s. § 1.14), dass Martu ursprünglich östlich von Ebla und nicht westlich davon am Mittelmeer lag.

Aus diesen Belegen geht ausserdem hervor, dass der Landesname primär und die Bezeichnung für die Himmelsrichtung (Nord-)Westen im Sumerischen und Akkadischen sekundär ist: "Was the compass direction primary or was the ethnic or geographic designation? ... The answer is provided by texts from Ebla ... where occurs a geographical entity written *Mar-tu*^{ki} or *Mar-tum*^{ki}, indicating that there was a place named Martu(m) to the west of Sumer (but not to the west of Ebla) from which the Sumerian word for «west» was derived" (Whiting 1995, 1231f.).[4]

Anm.: 1. S. CAD A/II 93ff.

2. S. HAL I 65f. und Richter 1996, 170, für eine Interpretation der masoretischen Vokalisation.

3. Vgl. zum folgenden das Referat bei Edzard 1987ff. § 1.

4. S. noch ohne Kenntnis der Ebla-Texte schon Liverani 1973, 103: "It is reasonable to deduce, on the basis of the use of the same term to designate a region and the people inhabiting it, that the use of the term for a cardinal point is secondary, even though very ancient. Thus the west was referred to as Martu/Amurru because west of Mesopotamia there was a region called Martu/Amurru. This is not a unique case, and later it became general, the north being known as Subartu, the east as Elam, and the south as Sumer, so completing a cosmic-geographical picture which had Akkad/Babylon as its centre".

§ 1.9. Das Land Martu und die Martu-Leute sind im III. Jahrtausend klar mit der Gegend des mittleren Euphrats verknüpft, nämlich mit Tuttul und Emar in Ebla (§ 1.14) sowie dem Ǧabal Bišrī in altakkadischer (§ 1.15) und in der Ur III-Zeit (§ 1.19). Diese Verknüpfung findet sich teilweise noch in Mari während der altbabylonischen Zeit bei dem akkadischen Äquivalent *Amurrû*. In dem nur auszugsweise veröffentlichten Text A.489 wird Ḏimrī-lîm

LUGAL *Ak-ka-d[i-i]m ù A-m[u-u]r-ri-im*
"König der Akkader und der Amurriter"

genannt.[1] In dem berühmten Brief ARM 6, 76: 20f.[2] heisst es dagegen:

[*ki-ma*?] LUGAL ḪA.NA^{meš} *at-ta* [*ù*? *š*]*a-ni-iš* LUGAL *Ak-ka-di-im at-ta*
"[Wie(?)] du König der Ḫanäer bist, so bist du zweitens [auch(?)] König der Akkader".

Amurriter und Ḫanäer sind also austauschbare Begriffe. Ḫanäer bedeutet aber, wie in § 1.43 argumentiert wird, "Bewohner von Ḫana (= Nomaden)"; Ḫana nun liegt "principalement dans la région du *Moyen-Euphrate*" (ARM 16/1, 14).

Andererseits setzt schon in dieser Zeit die Westwanderung des Landesnamens *Amurru* und des Ethnikons *Amurrû* ein, die in der zweiten Hälfte des II. Jahrtausend mit der vollständigen Übertragung auf einen nordwestsyrischen Kleinstaat endet (§ 1.39). Denn *Amurru/û* ist in mehreren Belegen mit Regionen (süd-)westlich des Euphrats assoziert:[3]

* *ma-at Ia-am!-ḫa-ad*^{ki} *ma-at Qa-ṭá-nim ù ma-at A*-[*m*]*u-ri-im*^{ki} A.2730 (Dossin 1957, 38)
  "(Yamīniten im) Land Yamḫad (= Aleppo), Land Qaṭana und Land Amurru".
* *a-nu-um-um-ma* DUMU^{meš} *ši-ip-ri* ^{lú}*Ḫa-ṣú-ra-a-ja*^{ki} *ù* DUMU^{meš} *ši-ip-ri ša* 4 LUGAL ⸢*A*⸣-[*m*]*u*-⸢*ur*⸣-*ri-i* ^{m}*I-šar-li-im ú-ša-ra-kum* [DUM]U^{meš} *ši-ip-ri šu-nu-ti a-na qa-at Ia-si-im-*^{d}*da-gan* DUMU *ši-ip-ri ša Iš-ḫi-*^{d}IM ^{lú}*Qa-ṭá-na-ji*^{ki} *pí-qí-sú-nu-ti-ma a-na Qa-ṭá-nim*^{ki} ... *li-ir-di-šu-nu-ti* Florilegium Marianum I S. 10 A.2760: 5-17
  "Nun hat ʾIšar-lîm die Boten aus Ḥaṣor und die Boten der 4 ⸢amurritischen⸣ Könige zu dir führen lassen. Vertraue diese Boten dem Yaśīm-dagan, dem Boten des ʾIšʿī-haddu, aus Qaṭana an, dass er sie nach Qaṭana führe".
* [*ṭe*$_4$-*ḫi-tum iš-*]*tu Ḫa-ṣú-ra*^{ki} [*ik-šu-*]*dam* [*Ib-n*]*i-*^{d}IM ... [*ù*] 3 ^{lú}NAR^{meš} [MA]R-TU [*it*]-*ti-šu a-na* ⸢*ṣe-er*⸣ *be-lí-ia* Florilegium Marianum III Nr. 143: 8-16 "[Eine Karawane] ist aus Ḥaṣor [angekom]men. [ʾIbn]i-adad ... [und] 3 [amur]ritische Sänger [m]it ihm sind zu meinem Herrn unterwegs".[4]

Damit stehen sich in Mari zwei Verwendungsweisen des Terminus *Amurrû* gegenüber, eine weitere, sich auf die Westsemiten des mittleren Euphrats und der angrenzenden Gebiete beziehende, und eine engere, die zu der weiter im Westen gelegenen Region *Amurru* gehört.[5] In welchem Sinne die zweimal in

Mari belegte Sprachbezeichnung "Amurritisch" (s. § 1.84) genau zu verstehen ist, muss daher letztlich unklar bleiben.

Dass "the nomenclature of nomadic groups is always confusing and shifting" (Postgate 1994, 83), zeigt sich an zwei weiteren Verwendungsweisen des ethnischen Terminus *amurrû*. Zum einen gibt es einen *gayyu amurrû* (Huffmon 1965, 279; ARM 16/1, 4), zum anderen stehen in ARM 21, 220: 7'f. SÍK *up-ra-bi-tim* (*ʾUprabû* ist ein Yamīniten-Clan) und SÍK MAR.TU nebeneinander, so dass beide Termini kontrastieren.

Anm.: **1.** S. Durand 1992, 113 mit Anm. 137; ferner Durand 1997, 54.

2. S. dazu Charpin/Durand 1986, 143f.; Durand 1998 Nr. 732 und ib. S. 521.

3. S. für die beiden ersten Belege die Diskussionen bei Dossin 1957, Kupper 1957, 179, Gelb 1961, 41, und Huffmon 1965, 280.

4. Über die Herkunft der "amurritischen" Sängerinnen in Florilegium Marianum IV Nr. 2 iv 7' und Nr. 37: 4 ist dagegen nichts bekannt. Ziegler 1999, 118 Anm. 677 und 216 Anm. 4 *ad* Nr. 37, vermutet Qaṭna. Da in letzterem Text *a-mu-ur-re-tum* parallel zu *šitrētu*, *kanšātu* und *kezrētu* steht, scheint jedoch eher eine Funktions- als eine Herkunftsbezeichnung vorzuliegen.

5. Diese Situation ist in der geographischen Namengebung jedoch kein Einzelfall. Im Deutschen meint "England" entweder ganz Grossbritannien oder das eigentliche "England" im Gegensatz zu Wales, Schottland usw. "Amerika" bezieht sich entweder auf den ganzen Kontinent oder auf die USA. Im 13.-16. Jahrhundert n. Chr. bezeichnete "Catay" Nordchina im Gegensatz zum eigentlichen China im Süden; "China" konnte aber auch das ganze Land meinen (Gibb 1929, 369 Anm. 6).

§ 1.10. Das Verhältnis des Terminus *Aḫlamû* zu *Amurrû* ist ungeklärt. Eine erst kürzlich bekannt gewordene Passage des möglicherweise ʿAmmu-rāpiʾ-zeitlichen Briefs AbB 13, 60, lautet:

> ^{m}*Zi-im-ri-ḫa-am-mu ù Ia-si-im-ad-da-šu-nu pa-ni* DUMU^{meš} *Zi-im-ri-e-ed-da* DUMU^{meš} *ni-iš* DINGIR-*šu-nu ù* ERIM *Aḫ-la-mi-i iṣ-ba-tu-nim-ma ma-tam uš-ta-ad-du-ú* Z. 30-32
>
> "Ḏimrī-ʿammu und Yaśīm-ʾaddašunu setzten sich an die Spitze der Söhne des Ḏimrī-yidda, der durch Eid an sie Gebundenen sowie der Truppen der Aḫlamäer und verwüsteten das Land".

Aus dem Textzusammenhang geht hervor, dass die Aḫlamäer aus der Gegend von Mari/Suḫu stammen. Ihre Kommandanten tragen amurritische Namen und ihre Verbündeten sind "Söhne" eines Mannes mit amurritischem Namen. Der Schluss, dass mit "Aḫlamû" Amurriter gemeint sind, liegt nahe.[1] Doch handelt es sich in diesem frühen Beleg um den Namen einer bestimmten, sonst nicht bekannten tribalen Einheit von Amurritern oder um eine generelle, vielleicht von einem alten Stammesnamen abgeleitete Bezeichnung für "Nomaden"? Die in der zweiten Hälfte des II. Jahrtausends erfolgte Übertragung des Begriffs auf die Aramäer[2] setzt jedenfalls als Zwischenstadium den Übergang von einem vermuteten alten Eigennamen in einen Gattungsnamen voraus.

Anm.: **1.** Für zwei (?) weitere, wenig aussagekräftige Belege für *Aḫlamû* in altbabylonischer Zeit s. RGTC 3, 5f.

2. S. Kupper 1957, 104-115 und 132-138. Vgl. auch CAD A/I 192f. für *aḫlamatti* "in Aramaic" und *aḫlamû* "Aramaic (language)".

4. Politische Geschichte[1]

§ 1.11. Die folgende Darstellung der politischen Geschichte orientiert sich an der Gliederung des Aufsatzes von Gelb 1961. Daher werden zunächst Babylonien und die syrische Wüstensteppe im III. Jahrtausend, dann Babylonien und das Diyālagebiet in altbabylonischer Zeit und zum Schluss die syrische Wüstensteppe und Nordwestsyrien in der altbabylonischen Zeit behandelt.

Es wird versucht, möglichst viel die Quellen selbst zu Wort kommen zu lassen. Ich konzentriere mich dabei auf besonders charakteristische oder neu veröffentlichte Texte. Dies gilt auch für die folgenden Abschnitte.

Anm.: **1.** Die neueste kurze Zusammenfassung bietet Whiting 1995 mit früherer Literatur.

4.1. Die Vorgeschichte

§ 1.12. Die Frage nach der "Herkunft" der amurritischen Nomaden vor ihrem Eintritt in die schriftlich bezeugte Geschichte Mesopotamiens und seiner Nachbarn können wir heute als anachronistisch bezeichnen. Die früher verfochtene "Wellentheorie", nach der semitische Nomaden in Schüben aus dem Inneren der arabischen Halbinsel in den Fruchtbaren Halbmond eindringen und sich in einem ständigen Antagonismus mit den Sesshaften befinden, gilt mit Recht als wenig brauchbares historisches Modell.[1]

Vielmehr sprechen mehrere Gründe für einen Ursprung der Amurriter in der syrischen Wüstensteppe: diese bietet als einzige Region im Umkreis Mesopotamiens das passende klimatisch-ökologische Szenario für Kleinviehnomadismus amurritischen Typs (s. § 1.16), ist der Ausgangspunkt der amurritischen Infiltration in den Fruchtbaren Halbmond im III. Jahrtausend und stellt das zentrale Verbreitungsgebiet der Amurriter in altbabylonischer Zeit dar.

Anm.: **1.** S. Schwartz 1995, 250f.; Lemche 1995, 1200f.

4.2. Chronologischer Rahmen

§ **1.13.** Die nachstehende Tabelle bietet den chronologischen Rahmen für die folgenden Erörterungen. Alle Daten folgen der kurzen Chronologie.[1]

ca. 2550	Fāra (erstes Auftreten der Bezeichnung Martu)[2]
ca. 2300	Ebla (Martu mit Emar und Tuttul assoziiert)
ca. 2270-2090	Akkadedynastie
2216 oder 2131-1742	*šakkanakku*-Periode von Mari[3]
2190-2154	Narām-sîn von Akkad (Assoziation von Martu mit Baśar)
2153-2129	Šar-kali-šarrī von Akkad (Martu als Bewohner von Baśar genannt)
1970	Šū-sîn Jahr 4 (Bau der Martu-Mauer)
bis ca. 1940	"Altamurritisch"
ab ca. 1940	"Mittelamurritisch"
nach ca. 1940	Ešnunna, Isin I-zeitliche Namen
ca. 1830-1531	1. Dynastie von Babylon
vor ca. 1742-1712	Tuttul[4]
1742-1696	Lîm-Dynastie von Mari und assyrisches Interregnum[5]
1742-1712	Yaʿdun-lîm
1731-1729	Śumu-yamam
1729-1712	Yaśmaʿ-haddu
1711-1696	Ḏimrī-lîm
ca. 1729-1712	Chagar Bazar[6]
ca. 1729-1686	Tall al-Rimāḥ[7]
1728-1686	ʿAmmu-rāpiʾ von Babylon
1697 und 1695	Zerstörung Maris durch ʿAmmu-rāpiʾ von Babylon
ab ca. 1686	Königtum von Ḫana
ca. 1660	Alalaḫ Schicht VII
1582-1562	ʿAmmī-ṣaduqa von Babylon (Akkader und Amurriter im Edikt geschieden)
ab ca. 1500	"Neuamurritisch"
nach 1500	Alalaḫ Schicht IV
ca. 1300-1200	Emar
1114-1076	Tiglatpilesar I. (Aramäer am Ǧabal Bišrī genannt)

Anm.: **1.** Erst nach Beendigung der Erstfassung vorliegender Schrift erschien Gasche/Armstrong/Cole/Gurzadyan 1998, wo eine "ultrakurze" Chronologie vorgeschlagen wird, die eine Verkürzung der Daten um weitere 32 Jahre gegenüber der kurzen Chronologie erfordern würde.

2. Vgl. zur Chronologie die Zusammenfassung bei Krebernik 1998, 257-259.
3. S. die Berechnung von Anbar 1991, 30f.
4. Zeit Yaᶜdun-lîms und Śamśī-haddus, teilweise auch älter als Yaᶜdun-lîm.
5. Vgl. zur Chronologie Maris Anbar 1991, 29-37.
6. Zeit Śamśī-haddus.
7. Zeit Śamśī-haddus und ᶜAmmu-rāpiᵓs.

4.3. Babylonien und die syrische Wüstensteppe im dritten Jahrtausend

§ **1.14.** Gegen Ende des III. Jahrtausends erlebte Babylonien eine wachsende Infiltration von Kleinviehnomaden, die der syrischen Wüstensteppe entstammten. In den Texten aus Fāra (ca. 2550)[1] und Ebla (ca. 2300)[2] begegnet erstmals Mar-du/tu/tum(^{ki}) als Personen- und Landesbezeichnung.

Die Belege aus Ebla assoziieren das Land Martu mit der Region um Emar am Euphratknie und Tuttul an der Einmündung des Balīḫ in den Euphrat:

* *Ar-šum Ì-mar*^{ki} NÍG-MUL MAR-TU^{ki} TIL *wa* UDU-*sù* GÍN-ŠÈ ... *Ba-lu-zú Ì-mar*^{ki} *in* U_4 MAR-TU^{ki} TIL TM.75.G.1317 obv. xi 3 - rev. i 1
"(Gegenstände für) A. von Emar, eine Votivgabe, als Martu *zerstört wurde* und ein Schaf für ihn wegen des Sieges ... (Gegenstände für) B. von Emar, als Martu *zerstört wurde*".

* *Du-du-li*^{ki} TUŠ:LÚ *in* MAR-TU^{ki} TM.76.G.533 rev. iv 6-10
"Tuttul, das in Martu *liegt*".

Anm.: **1.** S. Edzard/Farber/Sollberger 1977, 115f., und vgl. das Referat bei Edzard 1987ff. § 1.2.
2. S. Archi 1985, wo auch die beiden im folgenden zitierten Textstellen behandelt sind, und RGTC 12/1, 234f.

§ **1.15.** Narām-sîn, der vierte Herrscher der Akkaddynastie (ca. 2190-2154), assoziert das Martu-Hochland mit dem Ǧabal Bišrī:

BURANUN^{íd}-*tám i-bi-ir-ma a-na Ba-sa-ar* SA-DÚ-*ì* MAR-TU^{ki} ...[1] *Na-*<*ra-am*>-^{d}EN-[Z]U *da-núm* BURANUN^{íd}-*tám a-na Ba-sa-ar* SA-DÚ-*ì* MAR-TU^{ki} *ik-su-ud-su*$_4$*-ma* ŠUDUL {*iš-ku*$_8$*-a-ma*} *iš-ku*$_8$*-na-ma i-tá-aḫ-za-ma in* DI.KU$_5$ *An-nu-ni-*[*t*]*im ù E*[*n-lí*]*l Na-*<*ra-am*>-^{d}<EN.ZU> *da-*[*núm*] *in* KASKAL [+()] *in Ba-sa-a*[*r*] SA-DÚ-*ì* MAR-TU[^{k}]^{i} UNU^{ki}-[*a*]*m iš*$_{11}$*-ar* ZA 87, 22f. J ii 14 - iii 26
"Den Euphrat überquerte er (Amar-girid) und zum Martu-Gebirge Baśar ... Der starke Narām-sîn erreichte den Euphrat beim Martu-Gebirge Baśar und sie trafen im Kampf aufeinander und griffen einander an und aufgrund des Urteilsspruches von Annunītum und Enlil besiegte der starke Narām-sîn in der Schlacht im Martu-Gebirge Baśar den Urukäer".[2]

Baśar ist die alte Bezeichnung des heutigen Ǧabal Bišrī in der Šāmīya nordöstlich von Tadmor/Palmyra. Šar-kali-šarrī, der Nachfolger Narām-sîns, (ca. 2153-2129), nennt in einem seiner Jahresdaten "die Martu" als die Bewohner dieser Region:

> [*i*]*n* 1 MU *Sar-ga-lí*-LUGAL-*rí* MAR-TU-*am in Ba-sa-ar*^{kur} [*iš*$_{11}$-*a-ru*] RIME 2 S. 183
> "nach dem Jahr, in welchem Šar-kali-šarrī die Martu am Gebirge Baśar schlug".

Das Motiv dieser militärischen Aktion ist nicht sicher erkennbar: "It could point to a conflict in connection with the expansion of the Akkad empire or - more probable - a beating back of semi-nomads penetrating into the cultivated area of Mesopotamia" (Klengel 1992, 35).

Anm.: **1.** Wilcke 1997, 23, liest hier *è-il?-lí-a-*[*a*]*m* "war dabei hinaufzusteigen", was jedoch schon wegen des Präsens verdächtig ist. Sommerfeld 1999, 3^7, schlägt ŠU-DU$_8$-A über Rasur vor, doch würde dann ein Objekt zu "gefangennehmen" fehlen. Ich lasse die Zeile offen.

2. Unklar ist ZA 87, 23 J vi 13-15. Laut Wilcke 1997, 23, ist hier von einem KIN-GI$_4$(?)-A UGULA MAR-TU MAR-TU "Botschafter des Amurriterscheichs" die Rede, nach Sommerfeld 1999, 3^7, handelte es sich aber um ein "Phantom".

§ **1.16.** Die frühe Assoziation von Martu mit der Šāmīya passt gut zu vier weiteren Fakten:

* Sumerisch Martu und akkadisch *Amurru* sind sekundär (s. § 1.8) auch Bezeichnungen der Himmelsrichtung (Nord-)Westen. Von Babylonien aus gesehen liegen der Ǧabal Bišrī und die Šāmīya in dieser Himmelsrichtung.
* Die Infiltrationsroute der Nomaden nach Babylonien in der Ur III-Zeit verlief vermutlich hauptsächlich über die Šāmīya und weniger über die Ǧazīra, weil das Onomastikon von Mari vor der Lîm-Dynastie ganz überwiegend frühsemitisch/akkadisch oder unbekannter linguistischer Affinität, jedoch nur zu unwesentlichen Teilen amurritisch ist.[1]
* Zur Zeit der Lîm-Dynastie von Mari gehört die Šāmīya einschliesslich des Ǧabal Bišrī zum - gegenüber dem III. Jahrtausend allerdings stark vergrösserten - zentralen Verbreitungsgebiet der Amurriter, vor allem des Sūtäerstamms.[2]
* Jahrhunderte später assoziieren die frühesten Nachrichten über die aramäischen Nomaden diese ebenfalls mit dem mittleren Euphrat, dem Ǧabal Bišrī und Tadmor. So berichtet Tiglat-pilesar I. (1114-1076):

> 28-*šu* EGIR KUR *Aḫ-la-me-e* KUR *Ar-ma-a-ia*^{meš} ^{íd}*Pu-rat-ta* MU 1^{kam} 2-*šu lu e-te-bir iš-tu* ^{iri}*Ta-ad-mar šá* KUR *A-mur-ri* ^{iri}*A-na-at šá* KUR *Su-ḫi ù a-di* ^{iri}*Ra-pi-qi šá* KUR *Kar-du-ni-áš dáb-da-šu-nu lu áš-kun*

RIMA 2 S. 43: 34-36
"28mal überschritt ich den Euphrat zur Verfolgung der Aḫlamû-Aramäer, zweimal pro Jahr. Von Tadmor im Land Amurru (und) ʿAnat im Land Suḫu bis nach Rapiqu im Land Karduniaš brachte ich ihnen eine Niederlage bei".

Und an anderer Stelle:

6 IRI^{meš}-*šu-nu ša* GÌR KUR *Bi-eš-ri ak-šud* RIMA 2 S. 23: 59-60
"6 ihrer (der Aḫlamû-Aramäer) Siedlungen eroberte ich am Fusse des Bišrī".

Dieselbe geographische Ausgangsregion für Amurriter und Aramäer ist sicher nicht zufällig.[3] Vielmehr ist die syrische Wüstensteppe aufgrund ihrer ökologischen Bedingungen der typische Lebensbereich für die semitischen Kleinviehnomaden in altorientalischer Zeit: "The sub-arid zone enclosed by the Orontes and the Euphrates provides the natural habitat for the type of semi-nomadic life which was most likely proper to the Amorites" (Buccellati 1966, 251).[4]

Erst die Einführung des domestizierten Kamels am Ende des II. Jahrtausends erlaubte die Erschliessung der trockeneren, südlicheren Gebiete der syrischen und arabischen Wüste und begünstigte die Entstehung des vom Kulturland des Fruchtbaren Halbmondes unabhängigen Beduinentums.[5]

Anm.: **1.** S. für die Ǧazīra Gelb 1961, 35, und für Mari Gelb 1992, 195 "conclusions".

2. Vgl. Anbar 1991, 109-110.

3. S. Postgate 1994, 86, und Dion 1995, 1281.

4. Astour 1978 zeigt anhand des Rabbäerstammes noch zur Römerzeit wiederkehrende traditionelle Muster des Nomadentums am mittleren Euphrat. Luke 1965, 27-29, führt als modernes Beispiel die "ʿAgêdat" am mittleren Euphrat an.

5. Kupper 1957, x. Wie die Präsenz von Amurritern in Baḥrayn und Faylaka in altbabylonischer Zeit (vgl. dazu § 1.131 Anm. 3) historisch bewertet werden soll, ist unsicher. Die Interpretation von Potts 1990, 218 "Thus, the impression begins to grow that Amorites, perhaps originating in the north Arabian desert zone on the fringes of Mesopotamia, were infiltrating the Arabian Gulf region by the late third and early second milleniums" lässt sich mit den obigen Überlegungen nur schwer vereinbaren. Eher denkbar scheint eine sekundäre Ausbreitung in die Golfregion über die "Zwischenstation" Babylonien. Dies gilt auch, wenn sich die vermutete amurritische Anwesenheit in der Golfregion (s. die Diskussion bei Buccellati 1966, 249f.) schon zur Ur III-Zeit als stichhaltig erweisen sollte.

§ 1.17. In der Ur III-Zeit (ca. 2048-1940) verstärkte sich der Druck der Martu-Nomaden auf das Kulturland Babyloniens derart, dass ein nicht genau lokalisierbarer Verteidigungswall[1] errichtet wurde. Das Datum des vierten Jahres Šū-suʾens (ca. 1970) lautet:

mu ^{d}*Šu*-^{d}EN.ZU lugal Úri^{ki}-ma-ke$_4$ bàd Mar-tu *Mu-ri-iq-dì-it-ni-im* mu-dù

Sigrist/Gomi 1991, 327
"Jahr: Šū-sîn, der König von Ur, erbaute die Martu-Mauer/westliche Mauer (mit Namen) «die die Ditnum zurückhält»".

Die Gründe, die zur Ausbreitung der Martu-Nomaden geführt haben, kennen wir nicht. Möglicherweise waren veränderte ökologische Bedingungen in der syrischen Wüstensteppe und Bevölkerungsdruck, die zu einer verstärkten Sesshaftwerdung zwangen, sowie instabile politische Verhältnisse im Kulturland die Ursache.[2]

Anm.: **1.** S. den Lokalisierungsversuch von Wilcke 1969, 9-12.
2. Klengel 1971, 39-41; Schwartz 1995, 255.

§ **1.18.** In der Ur III-Zeit tauchen die ersten sicher als amurritisch zu klassifizierenden Personennamen in den sumerischen Texten auf.[1] Sie werden meist durch die Angabe "Martu" qualifiziert, wodurch sie als nicht assimilierte Fremde gekennzeichnet sind. Die Statistik zeigt, dass nur ein - wenn auch beträchtlicher - Teil dieser Namen amurritisch ist. Nicht wenige Amurriter nahmen demnach sumerische oder akkadische Namen an:[2]

	Zahl der Namen	Anteil in Prozent
Zusammen:	298	100 %
Amurritisch	112	38 %
Akkadisch/Amurritisch	26	9 %
Sumerisch	68	23 %
Akkadisch	43	14 %
Unbekannt	49	16 %

Anm.: **1.** S. dazu Buccellati 1966. Ergänzungen bei Edzard/Farber 1974, 118-126, und Owen 1981, 255-257.
2. Vgl. zur Statistik Buccellati 1966, 100; Wilcke 1969, 24.

§ **1.19.** Gudea von Lagaš importiert Rohstoffe aus dem Westen:

Ù-ma-núm ḫur-saĝ Me-nu-a-ta Ba_{11}-sal-la ḫur-saĝ Mar-tu-ta ^{na_4}na gal im-ta-e_{11} na-dù-a-šè mu-dím kisal É-ninnu-ka mu-na-ni-dù [13]Dì-tá-núm ḫur-saĝ Mar-tu-ta nu_{11}-gal lagab-bi-a mi-ni-de_6 ur-pad-da-šè mu-na-dím-dím saĝ-gul-šè é-a mi-ni-si-si Gudea St. B vi 3-20 (s. Edzard 1997, 34)
"Von Umānum, dem Menua-Hochland, (und) von Basalla, dem Martu-Hochland, brachte er große *na*-Steine herab und verarbeitete sie zu Stelen/zu einer Stele; im Hofe des Eninnu stellte er sie ihm (Ninĝirsu) auf. [13]Von Ditānum, dem Martu-Hochland, brachte er Alabaster in Blöcken herbei und verarbeitete sie zu *Wächterfiguren* und stellte sie als

«Schädelzertrümmerer» im Tempel auf".

Basalla ist Baśar,[1] der Ǧabal Bišrī, der hier erneut mit den Martu assoziiert ist. Ditānum wäre nach Lipiński 1978, 107f., ein vielleicht westlich des Euphrats zu lokalisierendes Toponym, welches auch als Stammesname (s. § 1.17) und theophores Element in Personennamen begegnet (s. § 2.114 Anm. 4).[2] Die allgemeine Westorientierung des Passus ergibt sich auch aus den vorangehend genannten Toponymen Amanus und Ebla (Statue B v 28 bzw. 54).

Etwas jünger ist ein Text aus dem Regierungsantrittsjahr Amar-suʾenas (ca. 1982):

1 gu_4 niga 5 udu niga 3 máš nita ki *Na-ab-la-núm* Mar-tu-šè kur Mar-tu-šè má-a ba-a-de_6 1 udu niga *Ì-lí-*^{d}*da-gan* lú Eb-la^{ki} 1 máš gal niga *Bu-du-úr* lú Ur-šu^{ki} 1 máš gal niga *Iš-me-*^{d}*da-gan* lú Ma-rí^{ki} Young 1992: 1-8

"1 Mastochse, 5 Mastschafe, 3 Widder sind in einem Schiff zu Nablānum, dem Martu, ins Martu-Hochland gebracht worden. 1 Mastschaf: ʾIlī-dagan, Mann von Ebla. 1 ausgewachsene Mastziege: Budur, Mann aus Uršu. 1 ausgewachsene Mastziege: ʾIšme-dagan, Mann aus Mari."[3]

Der Martu aus dem Martu-Hochland erscheint hier neben Personen aus drei Regionen der syrischen Wüstensteppe und Nordwestsyriens: dem Mann aus Ebla (70 km südlich von Aleppo), dem Mann aus Uršu[4] und dem Mann aus Mari (10 km nordwestlich von ʾAbū-Kamāl am Euphrat).

Für das Martu-Hochland lässt sich so eine von Mari, Ebla und Uršu abgegrenzte Lage nordwestlich von Babylonien in der Nachbarschaft von oder in der syrischen Wüstensteppe oder Nordwestsyrien erschliessen.[5] Da die Tiere in einem Schiff transportiert werden, kann das Martu-Hochland zudem nicht weit vom Euphrat entfernt liegen, was auf den Ǧabal Bišrī und das ihn umgebende Gebiet zutrifft: "the peak of Jebel Bišri is about 37 kilometers (and the 500 m. isometric curve only 16 kilometers) from the river" (Buccellati 1966, 237).

Die Personennamen passen in das Bild der auch aus anderen Quellen zu vermutenden sprachlich-ethnischen Verhältnisse Syriens zur Ur III-Zeit: *ʾIšme-dagan* aus Mari ist akkadisch, *ʾIlī-dagan* aus Ebla semitisch (akkadisch oder westsemitisch), *Budur* aus Uršu unbekannter linguistischer Affinität (nicht semitisch) und *Nablānum* amurritisch.[6]

Anm.: **1.** Zu dem Wechsel von *r* und *l* vgl. Durand 1997, 198, und 1998, 490, sowie hier § 1.105.

2. Umānum und Menua sind nicht genau lokalisiert, s. RGTC 1, 165 und 121. (Der Verweis auf Menua bei Edzard 1987ff.a, 439a, ist zu streichen!).

3. Anstelle von ba-a-de_6 ist auch die Lesung ba-a-ĝen "sind abgegangen" möglich. Vgl. den Text Buccellati 1966 Pl. I Nr. 2 aus dem Jahr Šulgi 44 (ca. 1987): 5 udu niga ki *Na-ab-la-núm*

Mar-tu-šè kur Mar-tu-šè má-a ba-a-de_6.

4. Nicht exakt lokalisierbar. S. RGTC 2, 225: "Ort in der Umgebung von Berecik ... am westl. Euphratufer". RGTC 12/1, 314 s. v. Urša'um: "Sicuramente a nord di Ebla, e molto probabilmente oltre la frontiera siro-turca".

5. S. Young 1992.

6. Vgl. Gelb 1980, 332. *Nablānum* heisst auch der Begründer der amurritischen Dynastie von Larsa.

4.4. Babylonien und das Diyālagebiet in altbabylonischer Zeit

§ **1.20.** Der Verteidigungswall konnte letztlich nicht verhindern, dass der Staat von Ur III um 1940 in den von den Amurritern mitverursachten Wirren unterging. Ein später Reflex der damaligen Ereignisse findet sich in der Korrespondenz der Ur III-Könige, in der die Verteidigung des Reiches gegen die Martu-Nomaden eines der wichtigsten Themen darstellt. Früher z. T. als historische Primärquelle angesehen, erweisen verschiedene sprachliche und historische Kriterien sie klar als spätes, wohl im Kontext der amurritischen Dynastien nach der Isin I-Zeit entstandenes, literarisches Produkt (s. Huber 1998).[1] Allerdings dürften die Schreiber Zugang zu Primärquellen besessen haben, so dass wir von historischen Sekundärquellen sprechen können.

Der für die Martu wichtigste Passus findet sich in einem fiktiven Brief des Išbi-erra von Isin, des späteren Begründers der Dynastie von Isin I, an seinen Oberherrn Ibbi-sîn, den letzten der Ur III-Könige:

> inim Mar-tu lú kúr-ra šà ma-da-zu(-šè) ku_4-ra ĝiš ì-tuku-àm 72000 še gur še dù-a-bi šà Ì-si-in^{ki}-na ba-an-ku_4-re-en a-da-al-la-bi Mar-tu dù-dù-a-bi šà kalam-ma-šè (ba-an/ni)-ku_4-(re-en) ^{10}bàd gal-gal didli-bi im-mi-in-dab_5-dab_5 mu Mar-tu še-ba sàg-ge(-d[è]) nu-mu-e-da-šúm-mu ugu-$ĝu_{10}$ mu-ta-ni-kalag ba-dab_5-en RCU 19: 7-12[2]
>
> "Ich hatte die Nachricht gehört, dass Martu, feindliche Leute, in dein Land eingedrungen sind. (Daher) schaffte ich 72000 Kor Gerste, die gesamte Gerste, nach Isin hinein. Jetzt sind alle Martu in das Land Sumer eingedrungen. ^{10}Alle grossen Festungen haben sie Stück für Stück eingenommen. Wegen der Martu kann ich die Gersterationen nicht zum *Schlagen* (= Dreschen?) geben. Sie sind stärker als ich. Ich bin gebunden".

In der fiktiven Antwort (vgl. Römer 1984, 346-348, für Literatur und Übersetzung) wirft der König Išbi-erra vor, er habe den General Puzur-numušda nicht daran gehindert, die Martu in das Land zu lassen.

Als historischen Kern dürfen wir diesen - und ähnlichen - Passagen wohl entnehmen, dass die Martu tatsächlich während der Regierung des Ibbi-sîn in das Reich von Ur III eingedrungen sind; ob es sich dabei um massive militärische Aktionen oder eher um eine zunehmende Infiltration handelt, geht über die Aussagekraft der Texte ebenso hinaus wie genauere

Datierungen und Rekonstruktionen der historischen Ereignisse.

Anm.: **1.** S. schon die Skepsis bei Michalowski 1980-83, 57: "The texts ... are difficult to judge historically. It could be claimed, for example, that many if not all of the Ur III letters were actually composed as scribal exercises at a later date ... the orthography of the letters, as we now have them, is decidedly Old Bab.". Ähnlich Römer 1984, 344: "Daher können sie bislang nur unter Vorbehalt als historische Quellen ersten Ranges angesehen werden".

2. Vgl. Wilcke 1969, 12f., und Römer 1984, 345. Für eine Beschreibung des Textes s. Michalowski 1980-83, 54f. § 3.5.

§ **1.21.** Zwei sumerische Städteklagen nennen im Zusammenhang mit der Zerstörung des Reiches von Ur III den amurritischen Stamm Ditnum:

Dì-it-nu-um^{ki}-e u$_4$-šú-uš ^{ĝiš}míddu-a úr-ra ba-ni-in-ĝar *Klage über Sumer und Ur* (s. Michalowski 1989) Z. 256
"Die Ditnum legten sich täglich die Keule um die Lenden".

In der *Nippurklage* (s. Tinney 1996) heisst es nach der Peripetie:

ugu-bi-ta Dì-it-nu-um nu-ĝar-ra íb-ta-an-zìg-ge$_4$-eš-àm Z. 231
"Sie (An und Enlil) entfernten davon (dem Tempel in Umma) die heimtückischen Ditnum".

§ **1.22.** Nach dem Ende von Ur III übernehmen die Amurriter die politische Führung zahlreicher babylonischer Städte wie Larsa, Kiš, Marad, Uruk und Babylon. Gleichzeitig wird der vormals sumerische Süden mehr und mehr akkadisiert. Eine zwar nicht beweisbare, jedoch historisch nicht abwegige Überlegung verknüpft beide Prozesse miteinander kausal im Sinne sich fortpflanzenden Bevölkerungsdruckes: Amurriter --> Akkader/Babylonier --> Sumerer.

Auch die frühaltbabylonischen Texte aus Ešnunna im Diyālagebiet nennen die Amurriter oft mit ihrem akkadischen Namen und beleuchten die vielfältigen Bemühungen der Herrscher von Ešnunna, die Nomaden zu kontrollieren. So werden durch Heiraten familiäre Beziehungen zu amurritischen Stammesführern geknüpft (Whiting 1987, 27f.).

Andererseits greifen die Herrscher von Ešnunna - ebenso wie später die Könige von Mari[1] - mit ihrer Autorität regelnd in Fragen der Stammesführung ein. Der Amurriter Ušašum fordert nach dem Tode seines Vaters ʿAbdêl von Bilalama, dem König von Ešnunna:

i-na i-ni-i Amurrim ku-bi-[*t*]*a-ni* AS 22, 11: 10-11
"Ehre mich in den Augen der Amurriter!"

Die Kontrollversuche waren jedoch nicht immer erfolgreich und militärische Auseinandersetzungen unvermeidlich. In einem Text heisst es:

ma-⌜ṣa-ar⌝-ti be-lí-a da-na-at 10 *ša-na-ti-*[*im*] *A-mu-ru-*[*um*] *li-k*[*i-ir*(?)-*ma*(?)] 10 ^{giš}*ia₈-š*[*í-bi*] 10 ^{giš}*dì-ma-ti-*[*im*] 20 ^{giš}*sà-mu-kà-ni li-ib-lam i-na a-li-a da-na-ku* AS 22, 9: 5-16
"Die Wache meines Herrn ist stark. Mögen die Amurriter auch 10 Jahre lang feind[selig sein(?) und] 10 Rammböcke, 10 Belagerungstürme (und) 20 *samukānus* herbeibringen, ich werde in meiner Stadt dennoch stark sein."

Und an anderer Stelle:

Zi-ḫa-da 2 *li-im A-mu-ra-am i-ḫu-za-am-ma a-na qá-qá-dì-kà-ma šu-úr-du a-pu-tum ší-ip-ra-am mi-im-ma la te-pè-eš i-na mu-ší-im ù i-na mu-uṣ-la-li-im ma-ṣa-ar-tum i-na dú-ri-im la úr-ra-dam* AS 22, 7: 3-16
"Ziḫada hat 2000 Amurriter genommen und lässt sie genau gegen dich marschieren. Vorsicht! Führe keine Arbeit durch! Weder in der Nacht noch zur Siestazeit soll die Wache von der Mauer steigen!"

Anm.: **1.** Anbar 1991, 140ff.

§ **1.23.** Nach der Etablierung der Amurriter finden sich ihre nun meist nicht mehr durch "Martu" qualifizierten Namen in ganz Babylonien, im Diyālagebiet und sogar auf Baḥrayn (vgl. § 1.16. Anm. 5 und § 1.131 Anm. 3). Sie besitzen einen beachtlichen Anteil am Onomastikon. Nach Knudsen 1991, 886, haben 10,8 % der Briefadressaten und -empfänger der altbabylonischen Zeit einen amurritischen Namen. Dennoch ist Babylonien im Vergleich mit der Ǧazīra, Šāmīya und Nordwestsyrien nur amurritische Peripherie.

Der rückläufige Anteil amurritischer Namen am Onomastikon etwa ab ʿAmmu-rāpiʾ (ca. 1728-1686) spiegelt die einsetzende Assimilation der Amurriter an Sprache und Kultur der Babylonier wieder, ein langer Prozess, der erst nach dem Ende der altbabylonischen Zeit (ca. 1531) abgeschlossen ist. Noch unter ʿAmmu-rāpiʾs viertem Nachfolger ʿAmmī-ṣaduqa (ca. 1582-1562) werden Akkader und Amurriter ethnisch geschieden, wie aus seinem Edikt hervorgeht:

^{lú}*Ak-ka-du-ú ù* ^{lú}*A-mu-ur-ru-ú ša še-am* KÙ.BABBAR *ù bi-ša-am a-na ši-m*[*i*]*-im ... il-q*[*ú*]*-ú* ... Kraus 1984, 174 § 8: 1-4
"Ein Akkader oder Amurriter, der Gerste, Silber oder Waren als Kaufpreis ... genommen hat ...".[1]

Die Könige der ersten Dynastie von Babylon tragen mit Ausnahme der beiden Vorgänger von ʿAmmu-rāpiʾ bis zum Ende der altbabylonischen Zeit amurritische Namen; ʿAmmu-rāpiʾ bezeichnet sich zudem als LUGAL MAR.TU "König der Amurriter" (Lewy 1961, 32).

Die nicht-akkadische Herkunft dieser Dynastie war den Babyloniern bewusst; noch im I. Jahrtausend v. Chr. heisst die erste Dynastie von Babylon "die amurritische", wie aus der astronomischen Serie MUL.APIN hervorgeht:

DIŠ ^{iti}BÁR.ZAG.GAR 2^{kam-ma} BAL-*e* ^{d}*Šul-gi* DIŠ ^{iti}DIRI.ŠE.GUR_{10}.KU_5 BAL-*e* MAR.TU-*i* DIŠ ^{iti}KIN.^{d}INNIN 2^{kam-ma} BAL-*e* *Kaš-ši-i* AfO Beih. 24, 96 ii 18-20
"Der Schalt-Nisan (gehört zur) Dynastie Šulgis (= der dritten Dynastie von Ur), der Schalt-Addar zur amurritischen Dynastie, der Schalt-Ulūl zur Kassitendynastie".[2]

Anm.: **1.** Ebenso ib. 170 § 3: 9', 172 § 5: 13'-14', § 6: 23-24, 174 § 9: 9 und 19-20. Allerdings ist unklar, ob hier der ethnische Gegensatz "Akkader" : "Amurriter" oder nicht vielmehr der soziale "Städter" : "Landbewohner" gemeint ist; für letzteres spricht sich Finkelstein 1969, 53[1], aus, jedoch ohne definitives Argument. Zu vergleichen ist hier der Staatsvertrag zwischen Ḏimrī-lîm von Mari und ʾIbal-pī-ʾel von Ešnunna, wo der Gegensatz *ṣāb Amurrim* und *ṣāb Akkadim* eindeutig geographischer/ethnischer Natur ist: Festschrift Garelli S. 143: 3'f. und 14'f.

2. S. dazu schon Weidner 1921, 40: "Die «Dynastie von Amurru», die zwischen der 3. Dynastie von Ur und der Kaššûdynastie steht, kann natürlich nur die Dynastie des Ḫammurapi sein".

4.5. Die syrische Wüstensteppe und Nordwestsyrien in altbabylonischer Zeit

§ 1.24. Wahrscheinlich gegen Ende der šakkanakku-Zeit (ca. 2216?-1742) begann eine zweite Infiltrationsphase von Nomaden, welche vor allem das mittlere Euphrattal mit Mari, die Ǧazīra und Nordwestsyrien unter amurritische Kontrolle brachte. *terminus ante quem* dieser Infiltration ist etwa die Zeit Yagīd-lîms von Ṣuprum und ʾIla-kabkabus von Ekallātum (ca. 1750). Der Beginn lässt sich nur annähernd zeitlich fixieren; die Annahme Anbars (1991, 214) "que les tribus amurrites ... ont pénétré dans le Moyen-Euphrate au cours du 20ème siècle avant notre ère" erscheint nicht unrealistisch.[1]

In Mari überlagern die Amurriter eine akkadische Schicht,[2] in Nordwestsyrien eine Schicht unbekannter ethnischer und linguistischer Affinität (Gelb 1961, 40).

Anm.: **1.** Gelb 1961, 36, setzt den Beginn etwas später an: "some two hundred years later, than that of Babylonia, which was conquered by the West Semites as far back as the time of Naplānum, the first king of Larsa". Ebenso Whiting 1995, 1235: "Shortly before 1800" (nach der mittleren Chronologie). Zu berücksichtigen ist, dass drei der Mari-šakkanakkus amurritische Namen tragen: *ʾIṣī-dagan*, *Hitlal-ʾerra* und *Ḫanun-dagan*. Anbar 1987, 175, und 1991, 31, setzt die beiden letzteren fast ans Ende der šakkanakku-Zeit. Diese Datierung wird durch ihre Namen gestützt. Die chronologische Einordnung von *ʾIṣī-dagan* ist noch nicht gelungen.

2. Gelb 1992, 200. Gelb 1992 zeigt den engen Zusammenhang zwischen der Sprache von Ebla und der semitischen Sprache Maris vor der Lîm-Dynastie. Krebernik 1996 legt überzeugend dar, dass die Sprache von Ebla als "Akkadisch" klassifiziert werden kann. Dasselbe gilt dann auch für die Sprache Maris vor der Lîm-Dynastie.

§ **1.25.** Die bei weitem wichtigste Quelle für die Geschichte der Amurriter in der folgenden Zeit und die beste Quelle für Nomadismus im Alten Orient überhaupt sind die Palastarchive von Mari.[1] Da die Texte meist nicht datiert sind, bereitet eine detaillierte chronologisch geordnete Darstellung Mühe. Mehr verspricht eine primär thematisch gegliederte Übersicht über die verschiedenen Aspekte der Beziehungen zwischen Nomaden und Sesshaften anhand ausgewählter Schlüsseltexte.

Anm.: **1.** Die klassische Studie zu den Amurritern nach den Mari-Quellen ist Kupper 1957. Das seitdem immens angewachsene Quellenmaterial wertet Anbar 1991 aus. Insbesondere letztere Arbeit krankt jedoch daran, dass *Ḫanû* noch als ethnischer Terminus auf derselben Ebene wie *Yamīn* und *Śimʾāl* verstanden wird, obwohl zweifellos ein vom Landesnamen Ḫana abgeleitetes Appellativ vorliegt (s. § 1.43). S. ferner Luke 1965 und Matthews 1978.

4.5.1. Das Zeugnis der Namen

§ **1.26.** Die syrische Wüstensteppe und die sie durchschneidenden Flusstäler von Euphrat und Ḫābūr sind spätestens ab etwa 1750 das zentrale Verbreitungsgebiet der Amurriter (vgl. die Karte § 1.131). Sie sind hier die beherrschende Bevölkerungskomponente. In den Palastarchiven von Mari besitzen von insgesamt 5895 Personen 40,4 % amurritische, 33,6 % akkadische und 9 % hurritische Namen (Rasmussen 1981, 17; der Rest ist nicht sicher bestimmbar). Von 1035 sicher amurritischen Nomadenstämmen angehörigen Personen tragen sogar 77,31 % amurritische und nur 12,75 % akkadische sowie 0,09 % hurritische Namen (Anbar 1991, 90).[1]

Der berühmter Brief des Stadtpräfekten Baʿdī-lîm an den König D̲imrī-lîm von Mari (ARM 6, 76: 20f.; s. § 1.9) nennt die beiden wichtigsten ethnischen Komponenten bezeichnenderweise in der Reihenfolge westsemitisch/amurritisch ("Ḫana") und akkadisch.

Für die Chagar Bazar-Texte sowie das Iltani-Archiv und die Tempeltexte aus Tall al-Rimāḥ nennt OBTR S. 38 die folgenden Zahlen:

Namen	Zusammen	Akkadisch	Amurritisch	Hurritisch
Iltani-Archiv	177	35 %	26,5 %	15,8 %
Tempeltexte	96	9,4 %	7,3 %	42,7 %
Chagar Bazar	476	32,2 %	15,5 %	20,6 %

Der amurritische Anteil ist hier geringer als der akkadische und teilweise auch der hurritische, dennoch immer noch höher als in Babylonien.

In Tuttul ist Amurritisch eine bedeutende linguistische Komponente des Onomastikons.

Die Amurriter stellen auch die Herrscher u. a. von Mari (s. § 1.13), Yamḫad (Aleppo), Qaṭna, Karkemiš und Alalaḫ, wie an ihren Namen zu erkennen ist:[2]

Yamḫad	Qaṭna	Karkemiš	Alalaḫ
Śumu-yipuᶜ			
Yarīm-lîm I. (ca. 1726-1706)	*ᵓIšᶜī-haddu*	Aplahanda[3]	
		Yatar-ami	
ᶜAmmu-rāpiᵓ I. (ca. 1706-1686)	*Amut-pī-ᵓel*	*Yarīm-lîm*	
ᵓAbba-ᵓel I. (ca. 1686-1656)[4]			*Yarīm-lîm*
Yarīm-lîm II. (ca. 1656-1636)			
Niqmîpuᶜ			*ᶜAmmī-takum*
ᵓIrkabtum			
Yarīm-lîm III.			
ᶜAmmu-rāpiᵓ II.			
Šarra-ᵓel (?, ca. 1550)[5]			
(danach keine sicher amurritischen Namen mehr)			

Anm.: **1.** Einzelne Stämme (Anbar 1991, 89f.): von 418 Yamīniten haben 59,34 % einen amurritischen und 22,76 % einen akkadischen Namen; von 42 Sūtäern haben 71,4 % einen amurritischen und 16,6 % einen akkadischen Namen (die Reste jeweils andere oder nicht bestimmbare Namen). Anbars Angaben zu den Ḫanäern erübrigen sich, da hier ein Appellativ, kein ethnischer Begriff vorliegt, s. §§ 1.42f.

2. Übersicht nach Lemche 1995, 1202. Ich gebe die originale amurritische Namensform an und kennzeichne nicht sicher amurritische Namen durch geraden Druck.

3. Etwa *ᵓAplaḫ=anda* "Ich habe Haddu verehrt"? Oder nicht semitisch?

4. Akkadisch oder amurritisch. Zum theophoren Element ᵓAbba in Personennamen s. Huffmon 1965, 270.

5. Akkadisch oder amurritisch.

4.5.2. Die Beziehungen zwischen Nomaden und Sesshaften

4.5.2.1. Die militärische Unterwerfung

§ 1.27. Die Herrscher von Mari strebten nach militärischer Unterwerfung der Nomaden. Ihre beiden wichtigsten militärischen Erfolge seien hier genannt. Yaᶜdun-lîm schlägt die Ḫanäer am mittleren Euphrat und nennt sich fortan *šar Mari u māt Ḫana* "König von Mari und des Landes Ḫana":

a-lam Ḫa-ma-an[ki] *um-ma-at Ḫa-na ša a-bu-ú Ḫa-na ka-lu-šu-nu i-pu-šu-šu iq-qú-ur-šu-ma a-na ti-li ù ka-ar-mi iš-ku-un-šu ù šar-ra-šu Ka-ṣú-ri-*

ḫa-la ik-mi ma-sú-nu it-ba-al ù ki-ša-ad Pu-ra-tim ig-mu-ur-ma RIME 4 S. 607: 92-98
"Die Stadt Ḫaman von Ḫana, welche alle Väter von Ḫana gebaut hatten, zerstörte er und machte sie zu einem Ruinenhügel; und ihren König Kaṣūri-ḫāla nahm er gefangen. Ihr Land nahm er weg und beherrschte das Euphratufer".

Ḏimrī-lîm sah sich zu Beginn seiner Regierung einer Revolte der Yamīniten gegenüber (s. die einführende Darstellung durch Durand 1998, 420-422). Das Jahresdatum 1' (s. Anbar 1991, 59) lautet:

MU *Zi-im-ri-li-im da-aw-da-am ša* DUMU^{meš}*-ia-mi-na i-na Sa-ga-ra-tim*^{ki} *i-du-ku ù* LUGAL^{meš}*-šu-nu i-du-ku* Studia Mariana S. 55 Nr. 6
"Jahr, in dem Ḏimrī-lîm den Yamīniten in Śaggarātim eine Niederlage zufügte und ihre Könige tötete".

4.5.2.2. Razzia

§ **1.28.** Was die militärische Operation den Sesshaften, war die Razzia (akkadisch *šiḫṭu*) den Nomaden. Immer wieder kamen Überfälle auf Dörfer, Herden oder Karawanen der Sesshaften vor. Ein Beispiel für die Sūtäer:

^{m}*Ga-zi-za-nu-[um]* ^{m}*A-bi-sa-ri-[e]* ^{m}*Ḫa-mi-ta-lu-u* [^{lú}*Su-t]u-um ù* 2 *li-im* ^{lú}*Su-[tu-um a]-na šu-ku-un pu-[uḫrim]* ^{10}*ip-ḫu-ru-ma [ana nawêm] ša ma-a-at Qa-ṭá-[nim] ša-ḫa-ṭe*$_4$*-im it-ta-al-ku ù la-ma an-ni-tim-ma* ^{15}1 *šu-ši* ^{lú}*Su-tu-um ki-ir-rum ša-ni-[tum] a-na Ta-ad-mi-ir*^{ki} *ù Na-ša-la-a*^{ki} *ša-ḫa-ṭim il-l[i]-ku-ma re-qú-sú-nu-ma i-tu-ru-nim* ^{20}*ù* 1 LÚ *i-na Su-te-i Ta-ad-m[i-rāyū] i-du-ku ṭe*$_4$*-mu-um an-nu-um ša Su-te-im il-li-kam-ma a-na be-lí-ia aš-pu-ra-am* ARM 5, 23: 5-24 (s. Durand 1998 Nr. 745)
"Gāzizānum, ʾAbī-ḏāriyī, ʿAmmī-talû, die Sūtäer, und 2000 Sūtäer versammelten sich, um Rat zu halten. Dann zogen sie ab, um [das Weidegebiet] von Qaṭana zu überfallen. Und davor waren ^{15}60 Sūtäer, eine andere Gruppe, ausgezogen, um Tadmer und Našalâ zu überfallen, doch kehrten sie mit leeren Händen zurück. ^{20}Und einen Mann von den Sūtäern töteten die Tadmeräer. Diese Nachricht über die Sūtäer ist zu mir gelangt und ich habe sie meinem Herrn geschrieben".

4.5.2.3. Nachrichtenübermittlung

§ **1.29.** Nicht nur die Sesshaften, sondern auch die Nomaden bedienten sich nächtlicher Fackelzeichen zum Zwecke der Nachrichtenübermittlung:

am-ša-li iš-tu Ma-ri^{ki} *ú-ṣi-im-ma nu-ba-at-ti a-na Zu-ru-ba-an*^{ki} *ú-bi-il-ma di-pa-ra-tim* DUMU-*ia-mi-na-a ka-lu-šu iš-ši* ^{10}*iš-tu Sa-ma-nim*^{ki} *a-na* DINGIR-*mu-lu-uk*^{ki} *iš-tu* DINGIR-*mu-lu-uk*^{ki} *a-di Mi-iš-la-an*^{ki} *a-la-nu ka-lu-šu-nu ša* DUMU-*ia-mi-na-a* ^{15}*ša ḫa-la-aṣ Ter-qa*^{ki} *mi-ḫi-ir di-pa-ri-*[*i*]*m iš-šu-ú ù a-di-ni wa-ar-ka-at di-pa-ra-tim ši-na-ti ú-ul ap-ru-ús i-na-an-na wa-ar-ka-tam a-pa-ra-ás-ma* ^{21}*an-ni-tam la an-ni-tam a-na ṣe-er be-lí-ia a-ša-ap-pa-ra-am ma-ṣa-ra-at a-lim Ma-ri*^{ki} *lu-ú du-un-nu-na ù be-lí ba-ba-am la uṣ-ṣí* RA 35, 178: 4-26 (cf. Durand 1998 Nr. 683)
"Gestern verliess ich Mari und übernachtete in Zurubbān. Da hoben alle Yamīniten Fackeln. ^{10}Von Samanum bis ʾIlum-muluk, von ʾIlum-muluk bis Mišlān hoben alle Dörfer der Benjaminiten ^{15}des Bezirkes von Terqa die Antwortfackel. Doch bis jetzt habe ich die Angelegenheit dieser Fackeln noch nicht untersucht. Ich werde die Angelegenheit untersuchen und ^{21}so oder so an meinen Herrn schreiben. Die Wachen der Stadt Mari sollen verstärkt sein und mein Herr soll nicht zum Tor hinausgehen".

4.5.2.4. Vertragsschluss

§ 1.30. Neben der militärischen Auseinandersetzung war die Diplomatie die zweite Säule politischer Beziehungen zwischen Nomaden und Sesshaften. Ihr wichtigstes Instrument waren Verträge:[1]

ṭup-pí I-ba-al-^{d}IM *iš-tu Áš-la-ak-ka*^{ki} *ik-šu-da-am-ma a-na Áš-la-ak-ka*^{ki} *al-li-ik-ma a-na ḫa-a-ri-im qa-ta-li-im bi-ri-it* ḪA-NA^{meš} *ù I-da-ma-ra-aṣ me-ra-na-am ù ḫa-az-za-am iš-šu-ni-im-ma be-lí ap-la-aḫ-ma-a me-ra-na-am* ^{10}*ù ḫa-az-za-am ú-ul ad-di-in* [*ḫa*]*-a-ra-am* DUMU *a-ta-ni-im* [*a*]*-na-ku ú-ša-aq-ti-il sa-li-ma-am bi-ri-it* ḪA.NA^{meš} *ù I-da-ma-ra-aṣ aš-ku-un* ^{15}[*i-*]*na Ḫu-ur-ra-a*^{ki} *i-na I-da-ma-ra-aṣ ka-li-šu* ḪA.NA^{meš} *i-šab-bi-i-ma ša-bi-ʾu*$_{5}$*-um ge-ri-im ú-ul i-šu-ú be-lí li-iḫ-du ...* ^{25}*na-wu-um ù* DUMU-*Si-im-ʾa*$_{4}$*-al ša-lim* ARM 2, 37: 4-25 (cf. Durand 1997 Nr. 283)
"Eine Tafel des ʾIbal-haddu erreichte mich von Ašlakka aus und ich ging nach Ašlakka, um einen Esel zwischen Ḫanäern und ʾĪdamaraṣ zu töten. Man brachte mir einen Welpen und eine Ziege, doch ich fürchtete meinen Herrn und erlaubte den Welpen ^{10}und die Ziege nicht. Einen Esel, einen Abkömmling einer Eselin, liess ich töten. Frieden stiftete ich zwischen Ḫanäern und ʾĪdamaraṣ. ^{15}In Ḫurrâ und ganz ʾĪdamaraṣ sind die Ḫanäer befriedigt, und ein Befriedigter hat keinen Feind. Mein Herr freue sich ... ^{25}Die Weide und die Śimʾāl sind wohlauf".[2]

Anm.: **1.** Vgl. Durand 1998, 429-458, für weitere Verträge betreffende Texte aus Mari.
2. Vgl. Gen 15, 9: "Da befahl er (Jahwe) ihm (Abraham): «Bringe mit eine dreijährige Kuh, eine dreijährige Ziege und einen dreijährigen Widder, eine Turteltaube und eine junge Taube»".

4.5.2.5. Musterung

§ **1.31.** Zahlreiche Texte der Palastarchive von Mari nennen die Musterung als Instrument der Kontrolle über die Nomaden durch die Autoritäten der Sesshaften. Die Musterung ermöglichte einen Überblick über die nomadische Bevölkerung, um sie der Besteuerung zu unterwerfen und zu Militärdienst und Fron heranzuziehen.[1] Die entsprechenden Termini sind *tēbibtu, piqittu* "Musterung", *ubbubu, paqādu* "mustern" und *mubbibu* "Musterer". Die Namen der Gemusterten wurden auf Tontafeln festgehalten:

> ^{m}*Ia-ri-im-*^{d}IM *iš-pu-ra-am um-ma šu-ú-ma* ḪA.NA^{meš} *ša na-we-e-em ap-qí-id-ma* 2 *li-im ṣa-ba-am ša it-ti Ia-ás-ma-aḫ*^{d}IM *a-na* KASKAL *i-la-ku ú-ki-in ù ṣa-bu-um šu-ú ka-lu-šu šu-mi-ša-am i-na ṭup-pí-im ša-ṭe*$_{4}$*-ir an-ni-tam iš-pu-ra-am* ^{10}2 *li-im* ḪA.NA^{meš} *ša na-we-e-em ša it-ti-ka il-la-ku ù* 3 *li-mi ṣa-ba-am at-ta ki-in* ARM 1, 42: 4-11 (cf. Anbar 1991, 185f.; Durand 1998 Nr. 448)
>
> "Yarīm-haddu hat mir folgendes geschrieben: «Die Ḫanäer der Steppe habe ich gemustert und eine Truppe von 2000 Soldaten, die mit Yaśmaʿ-haddu auf den Feldzug gehen wird, habe ich aufgestellt. Und diese ganze Truppe ist Name für Name auf eine Tafel geschrieben.» Dies hat er mir geschrieben. ^{10}2000 Ḫanäer der Steppe sind es, die mit dir ziehen werden. Und eine Truppe von 3000 Soldaten stelle du selber auf!".

Anm.: **1.** S. die bei Durand 1998, 332-353, gesammelte Dokumentation.

§ **1.32.** Bisweilen wird ein bestimmter Ort für die Musterung genannt:

> *a-na Ḫa-*[*š*]*i-im*^{ki} *ša Me-em-bi-da a-li-ik aš-ra-nu-um qa-ab-li-it ma-a-tim ù* ḪA.NA^{meš} *ka-lu-šu aš-ra-nu-um-ma pa-ḫi-ir-ma a-ša-ri-iš ku-šu-ud* ḪA.NA$^{ki.meš}$ *li-pa-aḫ-ḫi-ru-ni-ik-ku-um-ma a-na ub-bu-ub* ḪA.NA[$^{ki.meš}$] *qa-at-ka šu-ku-un-ma* ḪA.NA^{ki} *ub-bi-ib* ARM 1, 37: 32-41 (cf. Anbar 1991, Durand 1997 Nr. 280)
>
> "Gehe nach Ḫaššum von Membida (= Chagar Bazar?)! Dort ist die Mitte des Landes. Und alle Ḫanäer sind dort versammelt. Begib dich dorthin! Man soll die Ḫanäer für dich versammeln und du mache dich an die Musterung der Ḫanäer! Mustere die Ḫanäer!".

§ **1.33.** Gemusterte Ḫanäer dienten sogar im Palast von Śamśī-haddu in Šubat-enlil. Der Text ist zugleich interessant, weil er soziale Unterschiede innerhalb der Ḫanäer dokumentiert:

> *i-na* ḪA.NA^{meš} *ša tu-ub-ba-bu* 4 ME *ṣa-ba-am dam-qa-am a-na* KÁ É.GAL-*li-ia a-na ú-zu-zi-im ṣa-ba-at i-na li-ib-bi ṣa-bi-im ša-a-ti* 2 ME *ṣa-bu-um*

1 KUD ^{15}*ú-lu* DUMU^{meš} LÚ^{meš} *dam-q[ūtim] ù* 2 ME *ṣa-bu-um* 1 K[UD] *lu-ú* LÚ^{meš} *eṭ-lu-tum la-[a]p-n[u]-tum ... la-ap-nu-tim a-na-ku* ^{20}*i-na* É.GAL-*lim dam-qí-iš a-pa-qí-id ù* DUMU^{meš} LÚ^{meš} *dam-qú-tim i-na* É$^{\text{ḫi.a}}$ *a-bi-šu-nu-ma uš-ta-al-la-mu ù* ḪA.NA^{meš} *ar-ḫi-iš* ^{25}*ub-bi-ib it-ti Ia-ri-im-*^{d}IM *ši-ta-al-ma ú-lu-ú*(!) *i-na Ga-aš-ši-im*^{ki} *ú-lu-ma i-na Šu-úr-im*^{ki} *a-šar mu-ú i-ba-aš-šu-ú li-ip-ḫu-ur* ARM 2, 1: 10-28 (cf. Anbar 1991, 178-180; Durand 1998 Nr. 645)

"Von den Ḫanäern, die du mustern wirst, nimm eine gute Truppe von 400 Mann, dass sie am Tor meines Palastes stehe. Von dieser Truppe seien 200 Mann, die eine Abteilung, ^{15}Söhne von gutgestellten Leuten und 200 Mann, eine Abteilung, seien arme Männer ... Die Armen werde ich selber ^{20}in meinem Palast gut versorgen und die Söhne der reichen Leute sollen aus den Häusern ihrer Väter unterhalten werden. Und die Ḫanäer ^{25}mustere schnell! Berate dich mit Yarīm-haddu: sie sollen sich entweder in Gaššum oder in Šurʾum, wo es Wasser gibt, versammeln".

§ 1.34. Immer wieder entzogen sich die Nomaden jedoch der Kontrolle durch die Autoritäten der Sesshaften:

aš-šum DUMU^{meš}*-ia-mi-in ub-bu-bi-im ta-aš-pu-ra-am* DUMU^{meš}*-ia-mi-in a-na ub-bu-bi-im ú-ul i-re-ed-du-ú tu-ba-ab-šu-nu-ti-ma a-ḫu-šu-nu* LÚ^{meš} *Ra-ab-ba-ju* ^{10}*ša i-na e-bi-ir-tim i-na ma-a-at Ia-am-ḫa-ad*^{ki} *wa-aš-bu i-še-em-mu-ú-ma i-ma-ra-sú-nu-ši-im-ma a-na ma-ti-šu-nu ú-ul i-tu-úr-ru-nim mi-im-ma la tu-ub-ba-ab-šu-nu-ti ši-pí-iṭ-ka-a-ma du-ni-in-šu-nu-ši-im* ^{15}*ši-ip-ṭà-am ki-a-am i-di-in-šu-nu-ši-im um-ma-mi* LUGAL KASKAL *i-la-ak ka-lu-ma a-di ṣe-eḫ-ri-im li-ig-da-mi-ir su-ga-gu-um ša ṣa-bu-šu la gu*(!)*-mu-ru-ma* 1 LÚ *i-iz-zi-bu a-sa-ak* LUGAL *i-ku-ul ki-a-am ši-ip-ṭà-am i-di-in-šu-nu-ši-im mi-im-ma la tu-ub-ba-ab-šu-nu-ti* ARM 1, 6: 6-21 (cf. Durand 1998 Nr. 641)

"Deine Tafeln, die du mir geschickt hast, habe ich gehört. Wegen des Musterns der Yamīniten hast du mir geschrieben. Die Yamīniten eignen sich nicht zum Mustern. Wenn du sie musterst, werden es ihre Brüder, die Rabbāyū, ^{10}die sich jenseits (des Euphrat) im Land Yamḫad aufhalten, hören und es wird für sie ärgerlich sein und sie werden nicht in ihr Land zurückkehren. Mustere sie keineswegs! Drohe ihnen! ^{15}Folgendermassen gib ihnen eine Drohung: «Der König wird einen Feldzug unternehmen. Alles bis hin zu den Kleinen soll voll versammelt werden. Ein Scheich, dessen Truppe nicht vollständig ist und der (nur) einen Mann zurücklässt, hat ein Tabu des Königs verletzt.» So gib ihnen eine Drohung. Mustere sie keineswegs!".

Noch expliziter wird der Widerstand im folgenden Text ausgedrückt:

aš-šum sa-ab-lim ša ḫa-al-ṣí-ia ṣuḫāram u ṣuḫārtam a-na dan-na-tim ka-ma-si-im be-lí iš-pu-ra-am DUMU^{meš} *Ter-qa*^{ki} *aṭ-ru-ud-ma* ^{10}*sa-ab-lam ša Zu-ru-ub-ba-an*^{ki} *Ḫi-ša-am-ta*^{ki} *Ḫi-ma-ra-an*^{ki} *ù Ḫa-an-na*^{ki} *ik-mi-sú-nim* ^{15}*a-na a-la-ni ša* DUMU^{meš}*-ia-mi-na aš-pu-ur-ma* ^{lú}*su-ga-gu-um ša Du-um-te-[e]n*^{ki} *ki-e-am i-pu-la-an-ni [um]-ma-a-[m]i* ^{lú}*na-ak-rum [l]e-el-li-kam-ma i-na a-li-ni-ma li-it-ba-la-an-ni-ti an-ni-tam i-pu-ul* ARM 3, 38: 5-23 (s. Durand 1998 Nr. 686)
"Dass sich die Bevölkerung von meinem Distrikt, die jungen Männer und Frauen, bei der Festung versammele, hat mir mein Herr geschrieben. Ich habe Einwohner von Terqa geschickt und sie haben ^{10}die Bevölkerung von Zurubbān, Ḫišamta, ʿImārān und Ḫanna versammelt. ^{15}An die Dörfer der Yamīniten habe ich gesandt, doch der Scheich von Dumten hat mir so geantwortet: «(Eher) soll der Feind kommen und uns in unserem Dorf mitnehmen». Das hat er geantwortet".

4.5.2.6. Militärdienst

§ 1.35. Nicht immer konnte man sich auf die Hilfstruppen der Nomaden verlassen:

iš-tu UD 5 KAM *i-na ḫa-da-nim ú-qa-a ù ṣa-bu-um ú-ul i-pa-aḫ-ḫu-ra-am* ḪA.NA^{meš} *iš-tu na-we-em ik-šu-dam-ma ù i-na li-ib-bi a-la-ni-ma wa-aš-bu* ^{10}1*-šu* 2*-šu a-na li-ib-bi a-la-ni áš-ta-pa-ar-ma id-ku-ni-iš-šu-nu-ti ù ú-ul ip-ḫu-ru-nim-ma ù a-di* UD 3 KAM *ú-ul i-pa-aḫ-ḫa-ru-nim-ma i-na-an-na šum-ma li-ib-bi be-lí-ia* ^{15}LÚ *be-el ar-nim i-na ne-ri-im li-du-ku-ma qa-qa-as-sú li-ik-ki-su-ma ù bi-ri-it a-la-ni-e a-di Ḫu-ut-nim*^{ki} *ù Ap-pa-an*^{ki} *li-sa-ḫi-ru aš-šum ṣa-bu-um i-pa-al-la-aḫ-ma* ^{20}*[arḫ]-iš i-pa-aḫ-ḫu-ra-am [ana] ṭe*$_4$*-em ḫa-ma-ṭí-im [ša] be-lí ú-wa-e-ra-an-ni [a]r-ḫi-iš ge-er-ra-am ⸢a⸣-ṭà-ar-ra-du* ARM 2, 48: 5-24 (cf. Durand 1998 Nr. 559)
"Seit fünf Tagen, seit dem vereinbarten Termin, warte ich auf die Ḫanäer, doch die Truppe versammelt sich nicht bei mir. Die Ḫanäer sind von der Weide gekommen und befinden sich nun in den Dörfern. ^{10}Einmal, zweimal schickte ich in die Dörfer und man bot sie auf, doch sie versammelten sich nicht bei mir, und sie werden sich auch nicht innerhalb der (nächsten) drei Tage bei mir versammeln. Jetzt, wenn es meinem Herrn recht ist, soll man ^{15}einen Mann, einen Verbrecher durch Erschlagen[1] töten und seinen Kopf abschneiden und in den Dörfern bis Ḫutnum und Appan hin- und hertragen, so dass sich die Truppe fürchten und ^{20}[schn]ell bei mir versammeln wird (und) ich schnell ein Korps [für] die eilige Angelegenheit, [mit der] mich mein Herr beauftragt hat, schicken kann".

Anm.: **1.** So statt der in ARM 2 und bei Durand 1998 vorgeschlagenen Emendation *ne-<pa->ri-im* "im Gefängnis". Zur Konstruktion *ina* x *dâku* vgl. *rēʾû ina šibirrīšu lidūkši* ASKT p. 120 r. 15f., dupl. ZA 29, 198: 10f. (CAD D 38a) "Der Hirte soll sie mit seinem Stab töten".

4.5.2.7. Sonstige Dienstleistungen der Nomaden

§ **1.36.** Ausser zum Kriegsdienst wurden Nomaden auch zu anderen Dienstleistungen für die Sesshaften herangezogen.[1] Ein Negativbeispiel:

> *ù qa-tam-ma i-na e-ṣé-di-im i-na a-la-ni ša* DUMU[meš]*-ia-mi-na ma-am-ma-an ú-ul ú-še-zi-ba-*[*a*]*n-ni* ARM 3, 38: 24-26 (cf. Durand 1998 Nr. 686) "Und ebenso hat mir während der Ernte aus den Dörfern der Yamīniten niemand aus der Klemme geholfen".

Anm.: **1.** Für den Terminus *sablu* s. § 1.95 (nicht "Fron"!).

4.6. Die syrische Wüstensteppe und Nordwestsyrien nach der Zerstörung von Mari

§ **1.37.** Nachdem Mari im 32. und 34. Regierungsjahr ʿAmmu-rāpiʾs zerstört wurde (ca. 1697 und 1695), entstand in Terqa das in die spätaltbabylonische und frühmittelbabylonische Zeit zu datierende, sogenannte "Königtum von Ḫana", dessen Herrscher grösstenteils ebenfalls amurritische Namen tragen:[1]

> 1. Yaypaʿ-śum[u-?], 2. ʾIṣī-śumu-ʾabu, 3. Yadiḫ-ʾabu, 5. Šunuḫru-ʿammu, 6. ʿAmmī-mâtar, 8. ʾIgīd-lîm, 9. ʾIśśiʾ-dagan, 10. Yaśśiʾ-[], 11. ʿAmmu-rāpiʾ.

Kassitisch ist 4. Kaštiliyašu, akkadisch oder amurritisch 7. ʾIšar-lîm.

Anm.: **1.** Buccellati 1988, 51. Die Nummern geben die Position in der von ihm rekonstruierten Herrscher-Sequenz wieder. S. Podany 1994, 53-62, für die absolute Datierung der Ḫana-Könige und die Feststellung, dass nicht alle Ḫana-Könige zu einer einzigen Dynastie gehört hätten.

§ **1.38.** Die folgende Statistik zeigt, dass bei den sonstigen Personennamen aus Ḫana amurritische Namen immer noch einen erheblichen Anteil stellen, wenn auch akkadische Namen nunmehr an erster Stelle stehen (Podany 1988, 105):[1]

Personen	amurritisch	akkadisch	sonstige	unbekannt
345	38 %	49 %	3 %	10 %

Anm.: **1.** Die von Podany/Beckman/Colbow 1994 veröffentlichte Ḫana-Tafel aus der Zeit des

ʾIgīd-lîm (nach Podany 1994 frühmittelbabylonisch!) enthält zwei weitere amurritische Namen: *Ad-ni-ᵈda-gan* Z. 10' *ᶜAdnī-dagan* "Meine Wonne ist Dagan" und *Ad-da-ba-aḫ-la* Z. 21' *ʾAddabaᶜla* "Adda ist Herr".

§ 1.39. Es wird nun zunehmend schwieriger, die weitere Geschichte der Amurriter zu verfolgen. Whiting 1995, 1236, vermutet, sie seien durch Kassiten und Hurriter nach Westen abgedrängt worden.[1] In den etwa zwei Generationen nach der Lîm-Dynastie von Mari anzusetzenden Texten aus Alalaḫ (Schicht VII) stehen hurritische und semitische (z. T. westsemitisch/amurritische, z. T. akkadische) Namen im Verhältnis drei zu sieben (Gelb 1961, 39).

Ab der Mitte des II. Jahrtausends wird der Begriff "Amurru" auf "a geographical entity located between the coast of the Mediterranean Sea and the plain of Homs" (Klengel 1992, 161) übertragen; die Westwanderung des Terminus hatte sich schon in altbabylonischer Zeit angekündigt, indem Könige und Sänger aus der Gegend von Ḥaṣor, Qaṭna und Aleppo als "amurritisch" bezeichnet worden waren (§ 1.9). Die Amurriter gehen immer mehr in anderen Bevölkerungsteilen - unter anderem auch aus der Šāmīya nachdrängenden aramäischen Nomaden - auf. Dass dies ein langer Prozess ist, zeigt das Onomastikon der Texte aus Emar (Ende des 14. bis Anfang des 12. Jahrhundert), in welchem das amurritische Erbe noch deutlich zu erkennen ist.[2]

Nur noch strukturelle Gemeinsamkeiten und keine direkten historischen Verbindungen bestehen zwischen den Amurritern Maris und den Kernsippen Israels in der Erzväterüberlieferung.[3]

Anm.: **1.** Wann genau die Hurriter nach Obermesopotamien und Nordwestsyrien expandieren, ist noch unsicher: "A terminus post quem for the immigration of the Hurrians into Northern Syria has yet to be firmly established from written sources" (Wilhelm 1989, 16).

2. Vgl. dazu Zadok 1991 und Arnaud 1991.

3. So ist z. B. ein früher vermuteter direkter Zusammenhang zwischen den Yamīniten aus Mari und den viel später belegten Benjaminiten des Alten Testaments schon wegen der Namenslesung ersterer nicht zu erweisen. Das Jahresdatum Ḏimrī-lîm 2' hat den Wortlaut MU *Zi-im-ri-li-im da-aw-da-am š[a]* DUMU^{meš}*-mi-i i-du-ku* ARM 11, 18: 16-19 "Jahr: Ḏimrī-lîm hat den Yamīniten eine Niederlage zugefügt"; für DUMU^{meš}*-mi-i* treten aber u. a. die Varianten DUMU^{meš}*-ia-mi* ARM 11, 22: 12, DUMU^{meš}*-ia-mi-na* ARM 11, 25: 15 und vor allem *Ma-ar-mi-i* ARM 11, 43: 20 ein. Vgl. ARM 16/1, 23 und 39, für weitere Namensschreibungen. Trotz des Personennamens *Bi-ni-ia-mi-na* ARM 22, 328 iii 16M *Bini-yamīna* "Sohn der Yamīn" (vgl. zum *i*-Kasus § 3.60) spricht somit nichts für eine Lesung des ersten Namensbestandteils als *Binū* oder *Binī*.

Selbstverständlich besteht auch kein Zusammenhang zwischen dem akkadischen Wort *dawdû* "Niederlage" und dem biblischen David.

5. Die sozioökonomische Struktur der amurritischen Nomaden

§ 1.40. Das ökologische Szenario der syrischen Wüstensteppe hat seit dem Altertum die sozio-ökonomische Struktur der Bevölkerung geprägt. Unsere beste Quelle dazu sind für den Alten Orient wieder die Palastarchive von Mari.

5.1. Die Tribale Gliederung

5.1.1. Die Bezeichnungen für tribale Einheiten

§ 1.41. Die Amurriter waren eine in tribale Einheiten von Stämmen und Clans gegliederte (Anbar 1991, 77-90) Gesellschaft. Amurritische, als Lehnwörter in das Akkadische eingedrungene (s. §§ 1.95f.) Ausdrücke für tribale Einheiten sind *gayyu* "Clan", *ḫibru* "(nomadisierender) Clan", *līmu* "Stamm" und *ra'su* "Abteilung". Die ersten drei Wörter treten wie die anderen Verwandtschaftsbezeichnungen auch als theophore oder prädikative Elemente im amurritischen Onomastikon auf.[1] Der Text A.3572 (s. u. § 1.47) verwendet für die Stämme Yamūt-baʿal und Śim'āl die akkadische Bezeichnung *pursāt Ḫanîm* "Zweige der Ḫanäer".

Anm.: 1. Für *ḫibru* s. *Ḫi-ib-ru-ma*-DINGIR ARM 22, 98: 4M "Wirklich ein/der Clan ist der Gott".

5.1.2. Der Terminus *ḫanû*

§ 1.42. *ḫanû* galt lange Zeit als ethnische Bezeichnung neben Yamīn, Śim'āl und Sūtûm. In diesem Sinne wurde sie z. B. von Kupper 1957 behandelt.

Doch schon Gelb 1961, 37, bemerkte in seinem Rezensionsartikel zu Kupper: "From the cases in which the Ḫaneans are mentioned in connection with other ethnic designation, as in *Ḫa-na-a* DUMU.MEŠ-*ia-mi-nim* ... or *Ḫa-na*^{meš} *Ja-ma-ḫa-mu-um* ... one may draw the conclusion that the term «Ḫaneans» may have acquired secondarily a general meaning «nomads», «bedouins»".[1]

Eine neue Sicht vertraten Charpin/Durand 1986, 154f. Danach sei *ḫanû* zwar ein ethnischer Terminus, jedoch Yamīn und Śim'āl über- und nicht gleichgeordnet. Es könne kein Wort für "Nomaden" sein, da sonst der Ausdruck *Ḫana ḫibrum ša nawêm* "Ḫanäer, der (nomadisierende) Clan auf der Weide" tautologisch sei.

Dieser Sicht widersprach kurz darauf Anbar 1991, 88, weil es für die These von Charpin/Durand zu wenig sichere Belege gäbe. Er nahm vielmehr wie

Gelb 1961 eine Entwicklung von einem Ethnikon zu einem Appellativ an, ohne sich ausdrücklich auf Gelb zu beziehen.

Durand 1992, 113 mit Anm. 138, modifizierte seine früher geäusserte Ansicht: "L'ethnie «hanéenne» n'existe pas: il faut retrouver dans *ḫanûm* une épithète *descriptive* qui signifie «celui qui habite sous la tente»". Durand verband *ḫanû* mit einer Wurzel "HNʾ" (sic! gemeint ist √ *ḥnʾ*), die im Hebräischen "Lager beziehen" (HAL I 319) bedeutet. Zur Schreibung ḪA.NA bemerkte er: "n'est pas un pseudo-idéogramme mais la forme absolue du terme (moins vraisemblablement, le terme élargi par le «-a géographique»)". Durand 1998, 417f., sah in der Endung /*a*/ dagegen ein Femininsuffix.

Anm.: **1.** Neben den von Gelb genannten Fällen ist auch noch der Wechsel von Ḫanû und Śimʾāl zu vermerken, s. Durand 1998, 267.

§ **1.43.** Durands Schluss, *ḫanû*/*ḫana* bedeute "Nomaden"[1], ist mit dem Textbefund bestens in Einklang zu bringen. Seine Etymologie ist dagegen angesichts der formalen und semantischen Probleme wenig plausibel (s. § 1.95). Viel näher liegt eine Ableitung von dem kaum mehr etymologisierbaren[2] Landesnamen *Ḫana*: *ḫanû* "(in der Regel nomadisierende) Bewohner von Ḫana" > "Nomaden". Vorliegende Arbeit belässt in den Übersetzungen den Ausdruck "Ḫanäer", um diese Ableitung zu verdeutlichen.

Anm.: **1.** Durand übersetzt missverständlich "bédouins", ein Wort, das für (arabische) Kamelnomaden reserviert bleiben sollte.

2. Oder gibt es trotz der Bedenken von Gelb 1961, 36f., einen Zusammenhang mit dem Namen der Stadt Ḫanat = *ᶜAnat* (^{d}*Ḫa-na-at*^{ki}) und dem Namen der dort verehrten Göttin *ᶜAnat*?

5.1.3. Die Vielfalt der Stämme

§ **1.44.** Die Vielfalt der amurritischen Stämme war im Bewusstsein verankert, wie aus dem folgenden Text hervorgeht:

> [*aš-šum Ḫa-n*]*i-i ša a-na e-bi-ir-t*[*im*] *i*[*bi-r*]*u ša be-lí iš-pu-ra-am um-ma-mi Ḫa-nu-ú ša i-bi-ru* DUMU^{meš}-*si-ma-a-al* DUMU^{meš}-*ia-mi-in ga-a-šu-nu ma-an-nu-um ṭe*$_4$-*em-šu-nu ga-am-ra-am a-na ṣe-ri-ia šu-up-ra-am* ... *mi-im-ma ṭe*$_4$-*em* [Ḫ]A-N[A *ša a-na*] *e-bi-ir-tim i-bi-ru ú-ul e*[*š-me*] A.2560 = RA 80 (1986) 180: 4-3' (cf. Durand 1998 Nr. 731)
>
> "[Wegen der Ḫan]äer, die über den Fluss gesetzt sind, von denen mein Herr mir folgendes geschrieben hat: «Die Ḫanäer, die übergesetzt sind, Śimʾāl oder Yamīn, was ist ihr Stamm? Schreibe mir alle Nachrichten über sie!» ... [Ich habe] keinerlei Nachricht über die Ḫanäer, die über den Fluss gesetzt sind, g[ehört]".

§ 1.45. Die beiden wichtigsten amurritischen Stämme im Umland von Mari waren Yamīn und Śimʾāl. Ihre Namen bedeuten "rechts, Norden" und "links, Süden". Ihre Siedlungs- und Weidegebiete lassen jedoch keine geographische Verteilung Nord-Süd erkennen.[1] Möglicherweise hatte aber früher einmal eine solche Verteilung bestanden.

Die Könige der Lîm-Dynastie von Mari waren Śimʾāliten, wie aus der Bezeichnung DUMU *Si-im-a-al* für Ḏimrī-lîm hervorgeht (s. Charpin/Durand 1986, 150-152). Überhaupt waren die Śimʾāliten möglicherweise in grösserem Umfang sesshaft als die Yamīniten.

Besonders südlich des Euphrats in der Šāmīya lebten die Sūtûm.[2] Sie waren am weitesten dem Zugriff der Autoritäten von Mari entzogen und anscheinend der am wenigsten sesshafte Stamm.

Weitere Stämme waren Numḫa, Yamūtbaʿal[3] und Yaʿilān.[4] Diese Stämme waren wenigstens teilweise in Clans (*gayyu*) gegliedert, von denen wir eine ganze Reihe mit Namen kennen (s. zuletzt detailliert Anbar 1991).

Anm.: **1.** Dies demonstriert die Untersuchung von Anbar 1991. Für die Yamīn werden dort folgende Gebiete angegeben (ib. 116f.): Mari, Terqa, Śaggarātum, Zalmaqum (nördlich von Ḫarrān), Yamḫad, Qaṭna, Ekallātum, Qabra und vielleicht ʾĪda-maraṣ. Für die schlechter bezeugten Śimʾāl: ʾĪda-maraṣ, Tuttul, Mari. Dasselbe gilt für die Šemāliyīn "Nördlichen" und Qibiliyīn "Südlichen" der rezenten Mawali (Anbar 1991, 88).

2. Anbar 1991, 117, ermittelt die folgenden Gebiete: Bišrī, die Wüste zwischen Mari und Qaṭna, Terqa und Suḫum.

3. Nach Anbar 1991, 117, in Terqa, Śaggarātum und südlich des Singār.

4. Nach Anbar 1991, 117, östlich des Tigris und nördlich des kleinen Zāb.

5.1.4. Die Einheit der Stämme

§ 1.46. "Plusieurs textes soulignent d'ailleurs l'unité fondamentale des habitants du Proche-Orient amorrite, transcendant les divisions tribales ou ethniques" (Durand 1992, 114). So beschwört angesichts der elamischen Gefahr ʿAmmī-ʾištamar gegenüber Ḏimrī-lîm die Einheit von Śimʾāliten und Yamīniten:

> *šum-ma a-na a-aḫ Pu-*[*r*]*a-tim a-la-ku-um-ma i-la-ku-nim ú-ul ki-ma ri-im-ma-tim ša ki-ša-di-im ša iš-te-et pé-ṣé-et ù iš-te-et ṣa-ar-ma-at uš-ta-pa-ra-sú*[1] *ke-em-mi i-qa-ab-bu-ú um-ma-a-mi a-lum an-nu-um* DUMU-*si-im-a-al ù a-lum an-nu-um* DUMU-*ia-mi-na ú-ul ki-ma mi-li-im ša na-ri-im ša e-li-im a-na ša-ap-*[*lim*] *uš-ta-ma-ḫa-ru* Durand 1990, 103f: 12-24[1]
> "Falls sie (die Elamiter) tatsächlich bis zum Euphratufer gelangen sollten - lassen sie (die versammelten Abwehrtruppen) sich (denn) nicht (nur) wie Termiten an einer Halskette,[2] von denen eine weiss und eine rot(?)[3] ist, unterscheiden? (Zwar) sagt man: «Dieses Dorf ist Śimʾāl und dieses Dorf ist Yamīn.» (Doch) stehen sie sich einander nicht wie die Flut eines

Flusses von oben bis unten gegenüber?".

Śimʾāliten und Yamīniten sind also verschiedenfarbige Perlen einer (einzigen) Halskette, ja sie fliessen ineinander wie "oberes" und "unteres" Flusswasser.

Anm.: **1.** Vgl. auch Charpin/Durand 1986, 153; Durand 1992, 116; Postgate 1994, 85 Text 4:10; Durand 1998 Nr. 733.

2. "Halskette" mit Postgate 1994 und Heimpel 1997; Durand 1990 und 1998 übersetzt dagegen "berge" und bezieht die Aussage auf die Elamiter und die Abwehrtruppen.

3. S. Heimpel 1997 für "Termiten" und die Crux *ṣa-ar-ma-at*. Durand 1990 und 1998 denkt dagegen an eine Variante zu *ṣalmat* "ist schwarz".

§ 1.47. Ein anderer Text bezeichnet die Stämme Simʾāl und Yamūt-baʿal als *aḫḫū* "Brüder" und *atḫû* "verbrüdert":

> [*Yamūt-baʿlum*] *ù* DUMU-*si-ma-al iš-tu da-a*[*r ...(?)*] *at-ḫu-ú ú pu-úr-sà-at* ḪA.NA^{meš} *ù i-na la-a mu-de-e e-nu-ut aḫ-ḫi-ku-nu* DUMU^{meš}*-ia-mu-ut-ba-lim*^{ki} ḪA.NA^{meš} *im-šu-u*$_5$*ʾ Ia-mu-ut-ba-lum*^{ki} *ú-ul aḫ-ḫu-ku-nu-ú* A.3572 = CRRA 38 (1992) 114: 2'-8' (cf. Durand 1998 Nr. 734)
> "Die Yamūt-baʿlum und die Śimʾāl sind seit jeh[er ...(?)] verbrüdert und Zweige der Ḫanäer und ohne Verstand haben die Ḫanäer (d. h. die Nomaden der Śimʾāl) die Habe eurer Brüder, der Yamūt-baʿlum, geraubt. Sind die Yamūt-baʿlum nicht eure Brüder?".

Das Verhältnis beider Stämme zueinander wird auch als *ḫipšu* "communauté de sang" und *salūtu* "Familie" bezeichnet, weshalb der Śimʾālite Ḏimrī-lîm eine Frau von den Yamūt-baʿal freilassen solle:

> ḪA.NA DUMU-*si-im-a-al ù Ia-mu-ut-ba-lum ḫi-ip-šum a-ḫu-u*[*m*] *it-ti a-ḫi-im sa-lu-tam i-pé-eš* ARM 28, 36: 12-16
> "Die Śimʾāl-Ḫanäer und die Yamūt-baʿlum sind eine Blutsgemeinschaft. Sie bilden zusammen eine (durch Heirat verbundene) Familie."[1]

Anm.: **1.** Kupper 1998 übersetzt "l'un peut contracter une parenté par alliance avec l'autre", was den Sinn m. E. nicht trifft.

5.1.5. Die Transparenz der Stämme

§ 1.48. "... tribal affiliations are typically very fluid, with tribes absorbing other tribes or individuals changing their tribal status" (Schwartz 1995, 249). Diese an rezenten Nomadenstämmen gewonnene Beobachtung scheint auch auf die Amurriter zuzutreffen, wenn der folgende, lexikalisch schwierige Text richtig interpretiert wird:

iš-tu ... ṣi-tim i-na Ia-ḫu-ur-ra ú-ul Ia-ra-du-um ni-nu ù i-na na-we-e-em ḫi-ib-ra-am ù ka-di ú-ul ni-šu zu-ru-ḫa-tum a-na Ia-aḫ-ru-ur ni-nu a-na li-ib-bi DUMU-*si-i*[*m-a-*]*al i-na Ni-ḫa-di-i i n*[*i-r*]*u-ub-ma* ^{anše}*ḫa-a-ri i ni-iq-ṭú-ul* CRRA 38 (1992) 117f. (cf. Durand 1998 S. 482f.): 34-41
"Von Anfang an gehörten wir zu den Yaḫurra, nicht den Yaradum. Und weder haben wir einen Clan im Weidegebiet noch ka-di. *Von Hause aus* gehörten wir zu den Yaḫrur. Wir wollen in den Stamm Śimʾāl, in den Clan Niḫad eintreten und Eselfohlen töten (= einen Vertrag schliessen)".[1]

Yaḫrur/Yaḫurra ist ein Clan der Yamīn (s. Anbar 1991, 84). Es geht hier also um einen Wechsel von Yamīn zu Śimʾāl.

Anm.: **1.** Für die Wörter *kadû*, *yaradu* und *zuruḫatu* s. § 1.95.

5.2. Der Scheich

§ 1.49. Der Scheich (*sugāgu*, amurritisches Lehnwort im Akkadischen, s. § 1.95) war die bedeutendste Autorität des Nomadenstammes. Aus dem folgenden Text ergeben sich wichtige Details zu seiner Stellung und seinen Aufgaben:[1]

^{m}*Ba-aq-qum* LÚ *Ti-iz-ra-aḫ*^{ki} *a-na ši-im-tim it-ta-la-ak ù* LÚ^{meš} DUMU^{meš} *Ti-iz-ra-aḫ*^{ki} *i*[*l*]*-li-ku-ni-im-ma* ^{10}*um-ma-a-mi Ka-a-li*-DINGIR-*ma a-na ša-pí-ru-ti-ni šu-ku-un ù* 1 MA.NA KÙ.BABBAR *a-na* É.GAL-*lim qa-ba-šu id-di-in* ^{16}*i-na-an-na a-nu-um-ma* ^{m}*Ka-a-li*-DINGIR-*ma a-na ṣe-er be-lí-ia aṭ-ṭà-a*[*r-d*]*a-aš-šu be-lí a-na su-ga-*[*g*]*u-tim* [*ša*] *Ti-iz-ra-aḫ* [*li*]-*iš*-[*ku*]-*un*-[*š*]*u-ma* [1] MA.NA KÙ.BABBAR *a-ša-ri-*[*iš*] [*li-im*]-*ḫu-ru-*[*š*]*u* ARM 5, 24 (cf. Durand 1997 Nr. 80): 5-24
"Baqqum, der Mann von Tizraḫ, ist gestorben und die Einwohner von Tizraḫ sind gekommen und sagten: ^{10}«Ernenne den Kahlī-ʾilumma als unseren Chef. Und er hat seine Zusage bezüglich einer Mine Silber für den Palast (schon) gegeben.» ^{16}Jetzt nun habe ich den Kahlī-ʾilumma an meinen Herrn geschickt. Mein Herr soll ihn auf das Scheichsamt von Tizraḫ setzen und dort [eine] Mine von ihm entgegennehmen".

Wir erfahren: Das Amt des Scheichs erhält man offenbar auf Lebenszeit. Der Scheich kann einer Siedlung vorstehen. Die Einwohner schlagen ihn vor und der König ernennt ihn. Der Scheich ist dann für sein Gebiet *šāpiru* "Weisungsgebender". Für seine Ernennung zahlt der Scheich eine hohe Summe an den König.

Anm.: **1.** Vgl. zuletzt die Bemerkungen von Villard 1994.

§ **1.50.** Der Scheich führt für den Palast die Musterung durch:

aš-šum ṣa-bi-im ša a-l[a]-ni ša DUMU^{meš}-*ia-mi-na ub-bu-bi-im* $^{\text{lú.meš}}$*su-ga-gu-šu-nu [i]l-li-ku-nim* LÚ^{meš} *eb-bi-šu-nu aš-ku-un-ma* ^{11}*ṣa-ba-am iš-ṭú-ru-[nim]-ma a-nu-um-ma ṭup-pa-am ša ṣa-bi-šu-nu a-li-ša-am aš-ṭú-ra-am-ma a-na ṣe-er be-lí-ia [u]š-ta-bi-lam [be]-lí ṭup-pa-am ša-a-tu [l]i-iš-me* ARM 3, 21 (cf. Durand 1998 Nr. 741): 5-17
"Wegen der Musterung der Soldaten der Dörfer der Yamīniten sind ihre Scheichs gekommen. Zuverlässige Leute unter ihnen habe ich ernannt und ^{11}sie haben die Soldaten aufgeschrieben und ich habe nun die Tafel ihrer Soldaten Dorf für Dorf geschrieben und an meinen Herrn gesandt. Mein Herr soll diese Tafel hören".

§ **1.51.** Das folgende Dokument führt vor Augen, dass es auch Gründe geben konnte, die Scheichswürde abzulehnen. Interessant ist ferner, dass der *laputtû* dem Scheich in der Hierarchie der Autoritäten folgt und die Aufgabe des Scheichs mit *šullumu* "gut verwalten" umschrieben wird:

i-nu-ma i-na Ma-ri^{ki} *wa-[aš-b]a-ku* IGI *be-lí-ia A-ḫa-am-nu-t[a] ki-a-am iq-bi um-ma-a-mi s[u-g]a-gu-ut* BÀD^{ki}-*ia-aḫ-du-li-im ú-ul e-ep-pé-eš*$_{15}$ ^{10}*du-pu-ra-ku ša ša-ka-nim li-[i]š-ku-nu i-na-an-na aš-šum ṭe*$_4$*-mi-i[m] ša a-na ṣe-er be-lí-ia aš-pu-ra-a[m]* ^{m}*Ma-aš-ḫu-um* ^{lú}NU.BÀNDA *a-bu-ul-la-tim ka-li* ^{16}*ù A-ḫa-am-nu-ta i-na Ma-r[i]*^{ki}*-ma a-lum* BÀD^{ki}-*ia-aḫ-du-li-im [n]a-di i-na-an-na* ^{m}*A-ḫa-am-nu-ta be-lí li-na-aḫ-ḫi-id-ma* ^{20}*a-na* BÀD^{ki}-*ia-aḫ-du-li-im li-it-ta-al-kam šum-ma A-ḫa-am-nu-[t]a la i-ma-ga-ar* 1 LÚ *ták-lam ša* BÀD^{ki}-*ia-aḫ-du-li-im ú-ša-al-la-mu be-lí li-wa-e-ra-aš-šu-ma li-iṭ-ru-da-aš-šu* ARM 14, 46 (cf. Durand 1997 Nr. 82): 5-25
"Als ich mich in Mari aufhielt, sprach ʾAḫam-nūta in Gegenwart meines Herrn wie folgt: «Das Scheichamt von Dūr-Yaʿdullîm kann ich nicht ausüben. ^{10}Ich bin abgesetzt(?). Man soll ernennen, wen man will.» Jetzt ist wegen der Angelegenheit, die ich meinem Herrn geschrieben hatte, (auch) Mašḫum, der *laputtû*, innerhalb der Stadttore festgehalten ^{16}und ʾAḫam-nūta befindet sich in Mari. Die Stadt Dūr-Yaʿdullîm ist verwaist. Jetzt möge mein Herr den ʾAḫam-nūta ermahnen, dass er ^{20}nach Dūr-Yaʿdullîm gehe. Falls ʾAḫam-nūta (aber) nicht will, soll mein Herr einen zuverlässigen Mann, der Dūr-Yaʿdullîm gut verwalten kann, beauftragen und hinschicken".

5.3. Die Ältesten

§ **1.52.** Nach dem Scheich waren die Ältesten (akkadisch *šībūtu*) die bedeutendste Institution der Nomaden. In den meisten Fällen werden sie in den Briefen durch einen Ortsnamen qualifiziert und nur selten durch einen

Stammesnamen; lediglich letztere Belege sind hier relevant, da sich hinter den Ältesten von Orten auch eine Institution der voll sesshaften, nicht amurritischen Bevölkerung verbergen kann. Bei rezenten Nomadenstämmen hatten die Ältesten die Funktion, den Scheich zu beraten; "Ältester" war dabei ein Titel und sagte nichts über das Lebensalter aus (Anbar 1991, 154).

§ **1.53.** Im folgenden Text spielen sie anscheinend eine Vermittlerrolle zwischen dem Stamm und dem König von Mari:

> ^{m}*I-ri-da-nu-um ù* 10 $^{lú.meš}$ŠU.G[I]^{m}[^{eš}] *ša* HA.NA *a-na ṣe-er* LUGAL *i-la-ku*
> ARM 3, 65 (cf. Durand 1997 Nr. 402): 5-8
> "Iridānum und 10 Älteste der Ḫanäer gehen zum König".

§ **1.54.** Die Ältesten der Yamīniten schliessen zusammen mit den Scheichs vor einem Feldzug im Tempel ein Kriegsbündnis:

> ^{m}*Áš-di-ta-ki-im ù* LUGAL^{meš} *ša Za-al-ma-qí-im*^{ki} *ù* ^{lú}*su-ga-gu*^{meš} *ù* ^{lú}ŠU.GI$_{4}$^{meš} *ša* DUMU^{meš}*-ia-mi-na i-na* É ^{d}EN.ZU *ša Ḫa-ar-ra-nim*^{ki} ^{anše}*ḫa-a-ri iq-ṭú-ú-lu-*[*n*]*im* [LUGAL^{m}]^{eš} *ša ma-a-at Za-al-ma-qí-im k*[*i*]*-a-am i-da-ab-bu-ú-b*[*u*] [*um*]*-ma-mi De-er* ^{ki} *ni-ṣa-ab-ba-ba-ʾu*$_{5}$ *ú* LUGAL^{meš} *ni-nu* [*ni-z*]*a-az* ARM 26/1 S. 152f. Nr. 24: 10-15
> "ʾAśdī-takim und die Könige von Zalmaqum und die Scheichs und die Ältesten der Yamīniten töteten im Sîn-Tempel von Ḫarrān Eselsfohlen. [Die Köni]ge des Landes Zalmaqum sagen: «Wir werden gegen Dēr ins Feld ziehen und als Könige werden wir (dort) residieren»".

5.4. Die Herden und der Weidewechsel

5.4.1. Horizontaler Kleinviehnomadismus

§ **1.55.** Die Ökonomie amurritischer Stämme am mittleren Euphrat lässt sich als "horizontaler Kleinviehnomadismus" beschreiben. Dieser Beschreibung liegen folgende Begriffsdefinitionen zugrunde:

"In the Near East, one can distinguish between «vertical» and «horizontal» migratory patterns. Vertical nomadism entails movement between lowland grazing grounds in winter and highland pasture in summer and is particularly characteristic of groups moving between the Zagros, Taurus, and Lebanon highlands and their adjacent lowland regions. Horizontal nomadism involves exploitation of winter pasture in dry steppe or desert and movement toward wetter lowland regions - often within or near agricultural zones - in summer. Examples of such migratory routes include ... movement from the Syrian Desert in winter north to the Mesopotamian plain in summer" (Schwartz 1995, 249).

"Because sheep and goats were the primary herd animals in the ancient Near East, pastoralists could utilize grazing land in the relatively dry areas on the fringes of the Fertile Crescent, but they could not venture farther into the arid zones of the Syrian Desert or northern Arabian Desert until the domestication of the camel" (Schwartz 1995, 249). "Because camels can subsist on less water than sheep and goats, camel pastoralists could utilize vast expanses of arid desert inaccessable to sheep-goat nomads and enjoyed much greater mobility" (Schwartz 1995, 256).

§ **1.56.** Die ethnologische Beschreibung rezenter Kleinviehnomaden am mittleren Euphrat, besonders der ʾAgedat in der Nähe von Mari, vermittelt ein anschauliches Bild der Lebensweise, wie sie in etwa auch von den Amurritern geführt worden ist (s. Anbar 1991, 159-161).

Danach beginnt nach dem Einsäen die Wanderung (Transhumanz) in der Regenzeit Oktober bis Dezember. Dabei zieht meist nicht der gesamte Stamm weg, sondern oft nur ein Teil des Stammes oder die Hirten alleine. Im Winter und Frühjahr ist die Steppe mit reicher Vegetation bedeckt. Die Herden müssen dann nur alle vier Tage getränkt werden. Während dieser Zeit werden Milchprodukte hergestellt, Pilze gesammelt und es wird gejagt. Am Ende der Regenzeit findet die Schafschur statt. Von März bis Mai kehren die Herden in fest besiedeltes Gebiet zurück. Das Getreide wird geerntet und die Schafe werden auf den Stoppeln geweidet. Im März wird Sesam eingesät, der im Juni/Juli geerntet wird. Im Sommer ernähren sich die Herden von Stroh und werden einmal pro Tag getränkt.

Die Mari-Texte geben nur selten genaue Daten für die Transhumanz. Eine schwierig zu interpretierende Ausnahme ist der folgende in den Monat ^{iti}*Li-li-a-tim* (Zeit Ḏimrī-lîms) datierte Text:

TÚG.SI.SÁ ÚS *I-ṣí-li-im* ... 5 LÚ^{meš} *Ḫa-nu-ú ša iš-tu na-wi-im il-li-ku-nim* ARM 22, 147: 1-12
"Ein SI.SÁ-Gewand zweiter Qualität an ʾIṣī-lîm ... (vier weitere Personen) - 5 Ḫanäer, die von der Weide gekommen sind".

Nach Anbar 1991, 163, sei der Text ein Zeugnis für die Rückkehr der Herden am Ende der Regenzeit. Problematisch ist jedoch, dass der Līliʾātim zur Zeit Ḏimrī-lîms der neunte Monat im Jahr war (s. Anbar 1991, 33). Das Jahr begann im Frühjahr, "im Durchschnitt ... etwa 14 Tage nach dem Frühlingsäquinoktium" (Hunger 1976-80, 298b). Demnach fiele der Līliʾātim etwa in die Zeit des Dezembers, allenfalls des Januars, also eher in den Beginn oder die Mitte als das Ende der Regenzeit. Handelt es sich nicht um die Rückkehr der Herden oder war die Regenzeit ungewöhnlich früh zu Ende?

5.4.2. Wasser und Weide

§ 1.57. Wasser war die Voraussetzung für eine gute Weide, diese wiederum für friedliche Beziehungen zwischen Nomaden und Sesshaften:

> *na-wu-ú-um ša* ḪA.NA [*ša*] *i-na ḫa-al-ṣí-ia i-ik-ka-lu šu-ul-mu-um i-na ri-tim me-e ù i-na di-nim i-ša-ri-iš ap-lu a-na na-we-e-em ša* ḪA.NA *ù a-na a-lim Ka-ḫa-at*^{ki} *šu-ul-mu-um a-bi šu-lum-šu li-iš-pu-ra-am* ARM 2, 59 (cf. Durand 1998 Nr. 727): 4-15
> "Die Herden der Ḫanäer, [die] in meinem Bezirk weiden, sind wohlauf. Auf der Weide sind sie mit Wasser und im «Prozess» gleichermassen befriedigt. Den Herden der Ḫanäer und der Stadt Kaḫat geht es gut. Mein Herr möge mir sein Befinden schreiben".

"Im Prozess" meint vielleicht Streitigkeiten mit den Sesshaften um Wasserrechte. Die Nomaden werden von Kaḫat aus genau beobachtet, was auf ein nicht immer problemloses Nebeneinander von Nomaden und Sesshaften schliessen lässt.

§ 1.58. Wurde die Weide knapp, waren die Nomaden zu Weidewechsel gezwungen:

> *aš-šum ṭe*$_4$*-em* DUMU^{meš}*-ia-mi-na ša a-na ṣe-er be-lí-ia aš-pu-ra-am* 1 LÚ *a-na a-la-ni-šu-nu a-na wa-ar-ka-tim pa-ra-si-im aš-pu-ur-ma wa-ar-ka-tam ip-ru-sa-am* LÚ^{meš} *ša ki-ma i-na* GUR$_7$*-ra-tim*^{ki} ^{10}*wa-aš-bu e-li-iš-ma pa-nu-šu-nu ù* UDU$^{\text{ḫi.a}}$*-šu-nu ša i-na La-as-q*[*í*]*-im i-ka-la e-li-iš-ma ú-še-še-ru ša ki-ma i-ša-al-lu um-ma-a-mi ri-tum ú-ul i-ba-aš-ši-ma* ^{16}*ù* <*e*>*-li-iš nu-še-še-*[*er*] *an-né-tim id-bu-ba-am* [*ba-za*]*-ḫa-tu-ia du-un-nu-na* [*i-nu-m*]*a* 1 LÚ *i-na* DUMU^{meš}*-ia-mi-na* [*an-ni-i*]*š iš-tu* <*ša*>*-ap-la-nu-um* ^{20}[*a-na e-li-i*]*š i-la-ku i-ṣa-ab-ba-tu-šu* [*ù*] *šum-ma iṣ-ṣa-ba-at-ma* [*a-na*] *ne-pa-ri-im ú-še-re-eb-šu* [*be-lí*] *li-iš-pu-ra-am* ^{25}*ù šum-ma iṣ-ṣa-ba-at-ma a-na ṣe-er be-lí-ia ú-ša-ar-ra-aš-šu an-ni-tam la an-ni-tam be-lí li-iš-pu-ra-am* LÚ^{meš} *ša ki-ma an-na-nu-um* [*w*]*a-aš-bu ṭe*$_4$*-em ne-ku-ur-tim* [*an-ni-*]*tim i-še-em-mu-ú-ma* [*a-na ṣa-b*]*é-em-ma ig-ga-am-m*[*a*]*-ru* [*pu*]*-ru-sà-šu-nu be-lí li-iš-pu-ra-am* ARM 2, 102: 5-32[1]
> "Was die Angelegenheit der Yamīniten betrifft, von der ich an meinen Herrn geschrieben hatte: Ich schickte einen Mann in ihre Orte, um die Sache zu untersuchen, und er untersuchte sie. Die Leute, die in den Dörfern ^{10}wohnen, haben sich nach oben aufgemacht, und ihre Schafe, die in Lasqum weiden, führen sie ebenfalls nach oben. Wen man fragt, der antwortet: «Es gibt keine Weide mehr, ^{16}daher führen wir (sie) nach oben.» Dies antwortete man. Mein [Einsatz]korps ist verstärkt. [Wenn] nur ein Mann von den Yamīniten [hie]r von unten ^{20}[in Richtung ob]en geht,

wird man ihn ergreifen, [und] mein Herr möge mir schreiben, ob, wenn er ergriffen wird, ich ihn in das Gefängnis bringen lassen soll, [25]oder ob, wenn er ergriffen wird, ich ihn zu meinem Herrn führen soll. So oder so möge mir mein Herr schreiben. Die Leute, die hier wohnen, werden von der Sache dieser Feindschaft hören und sich fertig machen, zu [kämpf]en. Mein Herr möge mir eine Entscheidung über sie schreiben".

Der Text stammt aus der Zeit der großen Revolte der Yamīniten zu Beginn der Regierung des Ḏimrī-lîm. Dies erklärt die scharfe Reaktion der Autoritäten von Mari, weil sie befürchteten, dass die Yamīniten die Transhumanz zu einem grösseren militärischen Zusammenschluss im oberen Land nutzen würden oder der Weidewechsel zu diesem Zwecke gar nur vorgeschoben sei.

Anm.: **1.** Vgl. für diesen Text Luke 1965, 73f. und 258f.; Klengel 1971, 163; Matthews 1978, 55 und 77 n. 72; Anbar 1991, 98, 167 und 200; Durand 1998 Nr. 680.

§ **1.59.** Die Herden von Nomaden und Sesshaften weideten oft nahe beisammen:

UDU$^{\text{ḫi.a}}$ *ša* ḪA.NA^{meš} *ù mu-uš-ke-nim ša a-aḫ Pu-ra-at-tim a-na na-ḫa-li i-te-bi-ir* 11 ^{lú}NA.GADA *šá* ŠU ^{d}UTU-*mu-ša-lim ù* ḪA.NA^{meš} *Ia-ma-ḫa-mu-um ka-lu-šu i-te-bi-ir* [11]BÀD^{ki}-*ia-ás-*[*m*]*a-aḫ-*^{d}IM *ù ša-ap-li-iš-ma i-re-ú as-sú-ur-ri* DUMU^{meš}-*ia-mi-na sà-ar-ra-ru la iṣ-ṣa-ba-t*[*u-ma*] *la ú-qá-la-lu* [20]*ù be-lí a-ša-ri-iš qé-ru-ub a-na zi-im ṭe*$_4$*-mi-im ša be-lí iš-ta-lu m*[*i*]*-li-ik bu-lim be-lí li-im-li-ik šum-ma ša šu-bu-ri-im a-na ka-ṣí-im an-ni-tam l*[*a*] *an-ni-tam be-lí li-iš-pu-ra-am* ARM 5, 81 (cf. Durand 1998 Nr. 723): 5-29
"Die Schafe der Ḫanäer und der Untergebenen vom Euphratufer passieren (den Euphrat) in Richtung auf die Wadis. 11 Hirten unter der Aufsicht des Šamaš-mušallim und die Yawma-ḫammûm-Ḫanäer passieren alle. [11]Sie weiden in Dūr-yaśmaʿ-haddu und flussabwärts. Räuberische Yamīniten - dass sie bloss nicht (von solchen) gefasst werden und (diese ihnen) Schaden zufügen. [20]Mein Herr ist doch dort in der Nähe. Entsprechend der Information (und) dem, was mein Herr sich überlegt, soll mein Herr bezüglich des Viehs einen Rat geben. Ob man sie in Richtung Wüstensteppe passieren lassen soll, so oder so, möge mir mein Herr schreiben".

Unklar bleibt bei diesem Text allerdings, ob das Zusammensein der Herden von Nomaden und Sesshaften beabsichtigt oder zufällig ist. Ebenfalls bleibt offen, ob den Herden beider von seiten Dritter Gefahr droht oder nur den Herden der Sesshaften von seiten der in der Nähe befindlichen Nomaden. Die Wadis befinden sich nach Durand 1998, 473, rechts des Euphrats. *kaṣû* ist hier also die Šāmīya.

§ 1.60. Oft gab es Streit um Weide- und Wasserrechte zwischen Nomaden und Sesshaften:

> ^{lú}*Nu-um-ḫa-ju ma-ḫa-ar Aq-ba-ḫa-mu ki-⸢a-am⸣ iq-bu-nim um-ma-a-mi* UDU$^{\text{ḫi.a}}$*-ku-nu [r]i-ti-ni i-ka-la ù bu-ra-ti-ni [i-š]a-at-ti-i ... be-lí li-da-an-ni-nam-ma a-na* ^{lú}SIPA^{meš} *li-iš-pu-ra-am* ARM 26/2 S. 500f. Nr. 524: 35-43
> "Die Numḫāyu sprachen in Gegenwart von ʿAqba-ʿammu so zu mir (ʾIddiyatum): «Eure Schafe fressen unsere Weiden und trinken unsere Brunnen» ... Mein Herr möge mahnend an die Hirten schreiben".

ʿAqba-ʿammu ist Gouverneur von Karana und ʾIddiyatum Beauftragter von Ḏimrī-lîm in Karana. Offenbar werden die Hirten, welche die Herden des Ḏimrī-lîm dort weiden, ermahnt, damit der Streit mit den Numḫāyu nicht eskaliert.

5.4.3. Hirten, Hürden, Zelte

§ 1.61. Der mit den Herden ziehende Teil des Stammes heisst *ḫibru* (vgl. § 1.41). Der folgende Text kontrastiert den sesshaften und den nomadisierenden Stammesteil:

> 5 DUMU^{meš} *A-wi-in wa-aš-bu-ut Ap-pa-an*^{ki} ... 8 DUMU^{meš} *A-wi-in ḫi-ib-ru-um ša na-wi-im* ARM 8, 11: 9f. ... 20f. (cf. Anbar 1991, 79)
> "5 Angehörige der ʾAwin, die in ʾAppan wohnen ... 8 Angehörige der ʾAwin, das *ḫibru* des Weidegebietes".

§ 1.62. Die Hürden wurden bei rezenten Nomaden aus Gestrüpp oder Steinen errichtet und betrugen 30-40 m im Durchmesser. Steinmauern hielten das Regenwasser zurück, so dass sich eine besonders gute Weide bildete. Die Hürden dienten auch zur Verteidigung gegen wilde Tiere (es gab Löwen!) oder Räuber. In den Mari-Texten werden oft die Hürden (*ḫaṣiru*) der Nomaden erwähnt wie im folgenden Text:

> UDU$^{\text{ḫi.a}}$ *ša* ^{lú}ḪA.NA^{meš} *a-di La-as-qí-im i-ka-la ḫa-ṣí-ra-tum La-as-qa-am ik-šu-da* ARM 14, 81 (cf. Durand 1998 Nr. 752): 7f.
> "Die Schafe der Ḫanäer weiden bis Lasqum. Die Hürden reichen bis Lasqum".

§ 1.63. Bei rezenten Nomaden bestanden die Zelte aus rechteckigen, einen Meter breiten Bahnen aus schwarzem oder braunem Ziegenhaar. Sie wurden durch Pfosten in der Mitte gestützt und durch Seile gespannt. Im Inneren gab es zwei Abteile, eines für die Männer und eines für die Frauen und Kinder.

Der folgende Text belegt, dass schon die amurritischen Nomaden Zelte (Singular *kuštaru*) kannten:[1]

> *i-nu-ma im-me-er-tum ša* ^{lú}ḪA.NA^{meš} *i-na ma-ti-ma ir-te-ú mi-im-ma a-na im-me-er-ti-š[u] ù a-na ku-uš-ta-ra-ti-šu tu-qá-al-la-al-ma it-ti-ka a-na-ak-ki-ir* ARM 26/1 S. 115 n. 70
> "Falls du, wenn das Kleinvieh der Ḫanäer im Land auf die Weide geführt worden ist, in irgendeiner Weise das Kleinvieh oder ihre Zelte schädigst, werde ich mich dir feindlich zeigen".

Anm.: **1.** Vgl. ⌜za-lam⌝-ĝar tìl "Zeltbewohner" im sumerischen Martumythos Z. 133, s. hier § 1.81, und kur za-lam-ĝar^{ki} "Land der Zelte", d. h. die syrische Wüstensteppe, im sumerischen Mythos *Enki und Ninḫursanga* B II 11, s. hier § 1.67.

5.4.4. Die Herdentiere

§ **1.64.** Schafe, Ziegen, Esel und Maultiere waren die gängigen, reichlich bezeugten Herdentiere der amurritischen Nomaden. Kamele waren unbekannt. Pferde werden dagegen in den Texten vereinzelt erwähnt:

> *[be-lí] q]a-qa-ad šar-ru-ti-š[u l]i-ka-bi-it [ki-ma?]* LUGAL ḪA.NA^{meš} *at-ta [ù š]a-ni-iš* LUGAL *Ak-ka-di-im at-ta [be-lí] i-na* ANŠE.KUR.RA$^{\text{ḫi.a}}$ *la i-ra-ka-ab [i-na]* ^{giš}*nu-ba-lim ù* $^{\text{anše.ḫi.a}}$*ku-da-ni-ma [b]e-[lí] li-ir-ka-am-ma qa-qa-ad šar-ru-ti-šu li-ka-bi-it* ARM 6, 76 (cf. Durand 1998 Nr. 732): 19-25
> "[Mein Herr] soll sein königliches Haupt ehren. [Wie] du König der Ḫanäer bist, so bist du [auch zw]eitens König der Akkader. [Mein Herr] soll nicht auf Pferde steigen. [Auf] einen Wagen und Maultiere soll [mein H]err steigen und so sein königliches Haupt ehren".

Der Text ist mit Klengel 1971, 156f., und Durand 1998, 487, aber kein Zeugnis für Pferde als übliche Herdentiere. Vielmehr handelt es sich um einen importierten Luxusartikel,[1] welchen die Nomaden durch ihre Kontakte nach Südostanatolien besassen. Baʿdī-lîm rät also dem König, auf ein exotisches Reittier zu verzichten und sich der landestypischen Fortbewegungsmittel für hochgestellte Personen zu bedienen.[2]

So spiegeln die Herdentiere, Kleinvieh und Esel, die Form des "enclosed nomadism" der Amurriter wieder. Kamel und Pferd sind dagegen die typischen Zuchttiere externer Nomaden, das Kamel der Beduinen der arabischen Halbinsel und das Pferd der Nomaden aus den Steppen Innerasiens.

Anm.: **1.** Vgl. die Bitte des ʾIšʿī-haddu von Qaṭna an Dimrī-lîm um Pferde in ARM 5, 20.
2. Vgl. das Rollsiegel mit dem Gott Martu/Amurru auf einem Equiden sitzend, s. Staubli

1991, 102 und Abb. 6. Das Tier lässt sich jedoch nicht genauer identifizieren.

5.5. Nomadischer Bodenbau

§ 1.65. Viehzucht und Nicht-Sesshaftigkeit gehören *per definitionem* zu Nomadismus. Aus der Sicht der Sesshaften Babyloniens waren besonders diese beiden Aspekte der Amurriter auffällig, wie Klischees aus verschiedenen sumerischen Epen lehren (s. §§ 1.81f.).

Die tatsächlichen sozio-ökonomischen Strukturen waren jedoch differenzierter. So zwang die natürliche Umgebung der syrischen Wüstensteppe, ihr "physical environment" (Rowton 1967), zu einer auf vielen Quellen basierenden ökonomischen Strategie ("multi-resource economic strategy", Schwartz 1995, 251). Zwar war in dieser Strategie die Zucht von Schafen und Ziegen mit saisonalem Weidewechsel der beherrschende ökonomische Faktor, wurde jedoch vor allem durch Ackerbau ergänzt. Ackerbau wiederum erforderte eine wenigstens saisonale Sesshaftigkeit in Dörfern besonders in den Flusstälern, entweder des ganzen Stammes oder eines Teiles desselben.

Der so entstehende, ständige Kontakt von Nomaden mit voll Sesshaften Ackerbauern gestaltete eine dimorphe Gesellschaft ("dimorphic society", Rowton 1967, 114). Die Form des Nomadismus in dieser Gesellschaft war eng verzahnt mit Ackerbau und Sesshaftigkeit; es handelte sich um "enclosed nomadism" (Rowton 1974).[1]

Bei rezenten Nomaden liess sich der Ackerbau gut beobachten: "Am Belich werden zum Beispiel auch heute noch von Bauern und Halbnomaden Bewässerungsgräben vom Fluß abgezweigt. Ebenso werden die Flußufer des Habur von halbnomadischen Stämmen genutzt ... Desgleichen finden wir halbnomadische Stammesgruppen im Tal des Euphrat. Sie verbringen hier einen Teil des Jahres mit Feldbau und ziehen dann in die höhergelegenen nahen Weidegebiete. Hinzu kommt noch ein - räumlich freilich sehr beschränkter - Bodenbau außerhalb der Flußtäler oder des Bereichs mit Regenfeldbau. In Senken der Wüstensteppe werden selbst in Landstrichen mit weniger als 200 Millimeter jährlichen Niederschlags kleine Felder angelegt ..." (Klengel 1971, 171).

Anm.: **1.** S. auch Anbar 1991, 21-23, und Staubli 1991, 13-15, für zusammenfassende Beschreibungen der besonders von Rowton in die Altorientalistik eingeführten, oben genannten ethnologischen Termini und Konzepte.

§ 1.66. Die beiden folgenden Briefe von Šamšī-haddu an seinen Sohn Yašmaʿ-haddu illustrieren die Zuteilung von Feldern an amurritische Nomaden durch den König:

aš-šum A.ŠÀ$^{\text{ḫi.a}}$ *ša a-aḫ* ^{í}[^{d}BURAN]UN *za-z*[*i-i*]*m ù i-na* A.ŠÀ$^{\text{ḫi.a}}$ [*š*]*a ṣa-bi-*[*i*]*m ṣa-ba-*[*ti*]*m ša aš-pu-ra-a*[*k*]*-kum ki-a-am ta-aš-*[*pu-r*]*a-am um-ma at-ta-ma* ḪA.NA *ša na-we-em* A.ŠÀ$^{\text{ḫi.a}}$ *i-na a-aḫ* ^{íd}BURANUN *i-ṣa-ab-ba-tu-ú ú-ul i-ṣa-ab-ba-tu-ú an-ni-tam* [*t*]*a-aš-pu-ra-am an-ni-ki-a-am* $^{30\text{m}}$*I-šar-li-im ù mu-de-e áš-ta-al-ma* A.ŠÀ$^{\text{ḫi.a}}$ *ša a-aḫ* ^{íd}BURANUN *a-na za-zi-im ù a-na sú-nu-qí-im ú-ul i-re-ed-de-e* A.ŠÀ$^{\text{ḫi.a}}$ *ši-na-ti ta-za-az tu-sà-na-aq-ma ta-zi-im-tum i-mé-ed mi-im-ma* A.ŠÀ$^{\text{ḫi.a}}$ *ša a-aḫ* ^{íd}BURANUN *la ta-za-az* ^{36}*qa-tam ša* UD*-um-šu* LÚ *ṣí-bi-is-sú-ma pa-né-em li-ki-il mi-im-ma* A.ŠÀ$^{\text{ḫi.a}}$ *la id-da-la-ḫa* A.ŠÀ *mi-tim ù ḫa-al-qí-im sú-un-ni-iq-ma a-na ša* A.ŠÀ *la i-šu-ú i-di-in i-na te-bi-ib-tim-ma* ^{40}*ḫ*[*u-t*]*i-iD sú-ni-iq-ma ṣa-ba-am šu-li te-bi-ib-ta-ka lu-ú sú-un-nu-qa-at ù* ḪA.NA [*š*]*a na-we-em* [*š*]*a i-na a-aḫ* [^{í}]^{d}BURANUN A.ŠÀ$^{\text{ḫi.a}}$ *ú-ki-il-lu* [*qa-t*]*am pa-ni-tam-ma* A.ŠÀ$^{\text{ḫi.a}}$ *li-ki-il-lu* ARM 1, 6 (cf. Durand 1998 Nr. 641): 22-43

"Betreffs der Teilung der Felder am Ufer des Euphrats und über die Inbesitznahme der Felder durch die Truppen, wovon ich dir geschrieben hatte, hast du mir so geschrieben: «Dürfen die Ḫanäer der Steppe Felder in Besitz nehmen oder nicht?» Das hast du mir geschrieben. ^{30}Ich habe hier ʾIšar-lîm und Kundige befragt: die Felder am Euphratufer sind für eine Teilung und Vermessung nicht geeignet. Wenn du diese Felder teilst und vermisst, wird es zahlreiche Klagen geben. Teile die Felder am Euphrat unter keinen Umständen! ^{36}Wie in Vergangenheit soll ein jeder seinen früheren Besitz behalten. Die Felder sollen unter keinen Umständen durcheinander gebracht werden! Vermiss nur das Feld eines Toten oder Flüchtigen und gib es einem, der kein Feld hat! Erst zur Musterung ^{40}teile(?), vermiss und lass die Truppen auf (die Felder) gehen. Deine Musterung möge genau sein. Auch die Ḫanäer der Steppe, die am Euphratufer Felder besassen, sollen [eben]so wie früher Felder besitzen".

^{m}*Sa-ku-ra-nu* ^{m}*Ma-na-ta-nu i-na Ḫa-ar-ra-dim*^{ki} *wa-aš-bu* ^{m}*Ga-i-la-lum* ^{m}*Za-zu-nu-um* $^{10\text{m}}$*Iš-di-ia i-na A-ma-tim*^{ki} *wa-aš-bu* ^{m}*Ḫa-ti-ku* ^{lú}*su-ga-ag-šu-nu ga-ú-um Ja-ma-ḫa-m*[*u*] 5 LÚ^{meš} *an-nu-tu*[*m*] ^{15}*ga-a-šu-nu i-zi-bu-m*[*a*] *a-na ṣe-ri-ia it-ta-al-ku-nim ù an-na-nu-um aḫ-ḫu-šu-nu še-em ù* A.ŠÀ *pa-aq-du* ^{20}*i-ša-ri-iš ap-lu i-na-an-na a-nu-um-ma* ^{lú}*su-ga-ag-šu-nu aṭ-ṭà-ar-da-ak-kum* LÚ^{meš} *šu-nu-ti li-iṣ-ba-as-sú-nu-ti-ma a-na qa-ti-šu pi-iq-dam-ma* ^{25}*a-na ṣe-ri-ia li-ir-du-ni-iš-šu-nu-ti-ma i-ša-ri-iš li-pu-lu-šu-nu-ti ù it-ti aḫ-ḫi-šu-nu li-il-li-ku* ARM 4, 1 (cf. Durand 1998 Nr. 757): 5-28

"Śakūrānu und Mannatānu wohnen in Ḫarradum. Gaʾilalum, Zazunum und ^{10}ʾIšdīya wohnen in ʾAmatum. Ḫatiku ist ihr Scheich, Yawma-ḫammû (ihr) Clan. Diese 5 Leute hatten ^{15}ihren Clan verlassen und waren zu mir gekommen; ihren Brüdern waren hier Gerste und ein Feld anvertraut ^{20}(und) sie gleichmässig befriedigt worden. Jetzt nun habe ich dir ihren Scheich gesandt. Er soll diese Männer übernehmen, und du vertraue (sie) ihm an und man möge sie (wieder) [25]zu mir führen und sie gleichmässig befriedigen und sie mögen mit ihren Brüdern Lehensdienst tun".

5.6. Sonstige ökonomische Aktivitäten

§ 1.67. Weitere wirtschaftliche Aktivitäten der Nomaden neben der Viehzucht und dem Ackerbau waren Sammeln, Jagen,[1] Handel und Razzia (Anbar 1991, 174-176). Als Weiterverarbeitung tierischer Produkte naheliegend war die Weberei. Sie war Frauenarbeit: es gibt lange Listen mit bis zu über 800 Weberinnen aus Mari, die meist amurritische Namen besitzen. Der folgende Text nennt Yamīniten im Zusammenhang mit der Herstellung von Kleidern:

> *a-nu-um-ma* LUGAL^{meš} *ša* DUMU^{meš} *I[a]-mi-na ka-lu-šu-nu ma-ḫa-a[r] b[e-lí-i]a wa-aš-bu šum-ma a-la-nu-šu-[nu]* TÚG$^{\text{ḫi.a}}$ *i-ip-pé-šu ú-lu-ma ú-ul i-pé-[š]u an-ni-tam la an-ni-tam be-lí li-iš-p[u-ra-am-ma]* ARM 3, 70 (cf. Durand 1997 Nr. 75): 4'-10'
> "Nun befinden sich alle Könige der Yamīniten vor meinem ⸢Herrn⸣. Ob ih[re] Dörfer Kleider herstellen sollen oder nicht, so oder so möge mir mein Herr schr[eiben ...]".

Zu vergleichen ist Z. B II 11 aus dem sumerischen Mythos *Enki und Ninḫursanga* (s. Attinger 1984, 12f.), in dem das "Land der Zelte" (kur za-lam-ĝar^{ki}), zweifellos das Nomadenland der syrischen Wüstensteppe, der Göttin Ninsikila von Dilmun "bunte, feine Wolle" (siki gùn!? sa_6-ga) bringen soll.

Anm.: **1.** Vgl. *Martu-Mythos* Z. 15-18 mit der Erwähnung einer Gazellenjagd der Martu.

§ 1.68. Naturgemäss waren die Nomaden besonders mit dem Gelände ausserhalb der Siedlungen vertraut. Dies belegt schon ihre ausgefeilte topographische Terminologie (s. § 1.96). Sie waren daher als Führer für Karawanen und Kriegszüge beliebt.

Im folgenden Text werden ein Amurriter mit dem sprechenden Namen *Mutu-bišir* "Mann vom Bišrī" sowie zu den Yamīniten gehörige ʾUprabiʾāyu-Nomaden nach dem günstigsten Weg nach Qaṭna gefragt. Von Mari aus gab es mehrere Routen dorthin, entweder den Euphrat entlang oder - am kürzesten - südlich des Ǧabal Bišrī über Tadmor/Palmyra durch die Wüste:

> *Mu-tu-bi-si-ir* [KASKAL^{meš} *ši-na-ti*] *a-ta-mu-ur ša-a-[t]i [aš-š]u[m* KASKAL]^{meš}*-tim ši-[na-ti ...] ... ki-i* $^{\text{lú.meš}}$*Up-ra-bi-[a-ju*^{ki}*] [š]a* KASKAL^{meš}*-tim ši-na-ti a-ta-mu-ru i-ba-aš-[šu]-ú* [xx L]Ú^{meš} *šu-nu-ti ša* KASKAL^{meš}-

tim ši-[na]-ti a-ta-mu-ru [ṭú-ru-u]d wa-ar-ka-at me-e ša i-na KASKAL^{meš}-*tim ši-[n]a-ti [i-ba-aš-šu-ú*[1] *l]i-pa-ri-su-ni-kum*
ARM 1, 85+A.1195 = MARI 5, 163ff.: 10f. und 21-25
"Mutu-biśir kennt [diese Wege]. Ihn [frage(?)] wegen dieser Wege ... Wenn es ʾUprabiʾāyu gibt, welche diese Wege kennen, [xx schick]e diese Männer, welche diese Wege kennen, dass sie die Sache mit dem Wasser, welches es auf diesen Wegen [gibt], für dich untersuchen".

Anm.: **1.** Diese syntaktisch erforderliche Ergänzung ergibt sich aus Z. 39f. des Textes: *wa-ar-ka-at me-e ša i-na* KASKAL^{meš}-*tim ši-na-ti i-ba-aš-šu-ú*. Für die Ergänzung von *dam-qí-iš* (Durand 1987d, 164) ist dann kein Platz mehr.

5.7. Frauen

§ 1.69. Die Rolle nomadischer Frauen bleibt in der Überlieferung blass. Eine Ausnahme ist der folgende Text, der einen Spionagefall besonderer Art schildert:

i-na a-la-ni ša DUMU^{meš}-*[i]a-mi-na ša i-ta-at [Te]r-qa*^{ki} $^{mí.meš}$DAM ^{lú}KÚR *ša ki-ma mu-tu-ši-na [e]-le-núm it-ti* ^{lú}KÚR *wa-aš-bu ma-[d]a-ma i-na ḫa-al-ṣí-ia i-ba-aš-š[i-e-]ma* ^{10}*aš-šum ki-a-am mu-ša-am ù ka-[ṣa-t]am* ^{lú}KÚR *ú-da-ab-ba-ab-an-ni ù* 5 6 LÚ^{meš} *uk-ta-ṣa-{ṣa}-ru-ma m[u-š]a-am-ma a-na a-la-ni šu-nu-ti a-na ṣe-er* ^{mí}DAM^{meš}-*šu-nu i-ru-bu uṣ-ṣú-ú* ^{16}*ù ṭe$_4$-em-ni ga-am-ra-am i-le-qú-ma a-na ṣe-er tap-pí-šu-nu ú-ta-ru-ma aš-šum ki-a-am še-ep*^{lú}KÚR *ka-ia-na-at* ^{20}*ù i-na* 3 LÚ^{meš} *ša i-na Sa-ma-nim*^{ki} A.ŠÀ *i-na-aṣ-ṣa-ru mu-ša-am* ^{lú}KÚR *ša ki-ma a-na li-ib-bi a-lim e-re-bi-im pa-nu-šu ša-ak-nu* LÚ^{meš} *šu-nu-ti i-na ma-áš-ka-ba-ti-šu-nu* ^{25}*i[ṣ-b]a-tam-ma*[1] 2 LÚ *ba-[a]l-ṭú-sú-nu ú-ba-ir-ru ù* 1 LÚ *ú-ṣé-em i-na-an-na an-ni-tam la an-ni-tam aš-šum ṭe$_4$-em* MÍ^{meš} *ši-na-ti be-lí li-iš-ta-al-ma a-na ki mu-uš-ta-lu-tim ša be-lí iš-ta-lu-ma ù i-ša-ap-pa-ra-am lu-pu-úš* ARM 3, 16 (cf. Durand 1998 Nr. 682): 5-33
"In den Dörfern der Yamīniten in der Umgebung von Terqa gibt es zahlreiche Gattinen des Feindes, deren Männer sich oben beim Feind aufhalten, sie (selbst) aber befinden sich noch in meinem Bezirk. ^{10}Deshalb bedrängt mich der Feind nachts und frühmorgens; denn 5 oder 6 Leute tuen sich zusammen und gehen nachts in diese Dörfer zu ihren Frauen und verschwinden wieder ^{16}und nehmen alle Nachrichten über uns mit und bringen sie ihren Genossen. Deshalb ist der Fuss des Feindes so beständig. ^{20}Und von drei Leuten, die in Samanum das Feld bewachen, hat in der Nacht der Feind, der in das Dorf eindringen wollte, - diese Männer hat er auf ihrem Lager ^{25}er[grif]fen und 2 Männer lebend gefangen und 1 Mann ist entkommen. Jetzt, so oder so, wegen der Sache

mit diesen Frauen soll mein Herr überlegen und entsprechend der Überlegung, die mein Herr anstellen und mir schreiben wird, will ich handeln".

Anm.: **1.** Durand 1998, 426, nennt versehentlich diese Ergänzung neben der alten [*ik-šu*]-*ud-ma*.

6. Die Religion der amurritischen Nomaden nach ausser-onomastischen Quellen

§ 1.70. Nicht nur die Lebensweise, sondern auch die Religion der amurritischen Nomaden unterschied sich aus der Sicht der Sesshaften deutlich von der ihrigen. Kultisches Verhalten und Bestattungssitten der Amurriter galten den Babyloniern als barbarisch und wurden im sumerischen *Martu-Mythos* gegeisselt (s. u. § 1.82, besonders Z. 128, 130, 133, 134?, 135?, 138).

Hauptquelle für die amurritische Religion ist das Onomastikon, da - wie in altsemitischen Onomastika üblich - die grosse Mehrzahl der Namen theophor ist. Die ausser-onomastischen Quellen, von denen im folgenden alleine die Rede sein soll, bieten dagegen vergleichsweise wenig Informationen.

§ 1.71. Ein noch unveröffentlichter Text aus Mari spricht von Göttern des Steppe (*nawû*), bei welchen die Śimʾāliten schwören dürfen.[1] Ein altassyrischer Vertrag aus Tell Lēlān nennt Martu-Götter:

⸢DINGIR *Mar*⸣-*tu ù Šu-ba-*⸢*ri-*⸣*im ta-*⸢*ma*⸣ Festschrift Garelli S. 195: 20
"Schwöre bei den Göttern von Martu und Šubarum!"

Anm: **1.** S. die Übersetzung von Durand 1995, 228.

§ 1.72. Wer sind die Götter der Steppe, die Martu-Götter, und wodurch unterscheiden sie sich von den Göttern der Sesshaften? Van der Toorn 1996, 88-93, hat überzeugend nachgewiesen, dass die Götter der bedeutenden Heiligtümer in der Ǧazīra und Nordwestsyrien, vor allem Dagan von Tuttul und Terqa, der Wettergott Haddu von Aleppo und der Mondgott Sîn bzw. Yaraḫ von Ḫarrān, Stammes- oder Clangötter der nomadischen Bevölkerung waren. Während die Stadtbewohner Mesopotamiens auf der Ebene der persönlichen bzw. der Familienreligion primär Lokalgottheiten verehrten, blieben Stamm oder Clan ihrem Gott auch dann ergeben, wenn sie sich infolge ihrer Wanderungen weit von seinem Heiligtum entfernt hatten oder schon längst sesshaft geworden waren. So nennt der dem Stamm der Śimʾāliten zugehörige Ḏimrī-lîm aus der Dagan-Stadt Mari den Wettergott von Aleppo als denjenigen, der ihn auf den Thron gebracht habe, und der persönliche Gott Gungunums von Larsa in Babylonien, eines Herrschers amurritischer Herkunft, ist Dagan.

§ **1.73.** In den grossen Heiligtümern der syrischen Wüstensteppe wurden Verträge geschlossen, wie aus dem § 1.54 zitierten Text hervorgeht. Zu diesen Heiligtümern reisten die Anführer der Nomadenstämme. Zahlreiche Nachrichten über solche Reisen zu Dagan nach Terqa haben sich erhalten, wenn auch nicht immer das religiöse Motiv ausschlaggebend gewesen sein dürfte.[1]

Im folgenden Text ist von einer durch yamīnitische Stammesführer begleiteten Prozession des Dagan in sein grosses Heiligtum in Tuttul die Rede. Yarīm-lîm ist der Anführer der Yaḫruru, Ṣūrī-ʿammu der ʾAwnānäer und Dādī-ʿadun der Rabbäer:

> [^{m}]*Ṣú-ri-ḫa-am-mu* [*iš*]*-me-ma ki-ma* ^{d}*Da-gan a-na Tu-ut-tu-ul*^{ki} [*i-ru-b*]*u a-na ṣe-er Ia-ri-im-li-im* [*iq-bi*] *um-ma šu-ma iš-tu* ^{d}*Da-gan ... ù i-ia-ti li-iṣ-ṣú-ra-an-ni ...* [*maḫar*] ^{d}*Da-gan* [*a-n*]*a Tu-ut-tu-ul*^{ki} *i-ru-ub* ^{m}*Su-mu-la-ba u Da-di-ḫa-du-un* [*i*]*t-ti* ^{d}*Da-gan il-li-ku* ARM 6, 73 (cf. Durand 1998 Nr. 712): 5-8'
>
> "Ṣūrī-ʿammu hörte, dass Dagan in Tuttul [eingezogen] ist. Zu Yarīm-lîm [sprach er] so: «Nachdem Dagan ... und er (Dagan?) soll mich beschützen» ... [Vor] Dagan ging er (Ṣūrī-ʿammu?) [na]ch Tuttul hinein. Śumu-lāba und Dādī-ʿadun waren mit Dagan gezogen".

Anm.: **1.** S. die Textzusammenstellung bei Durand 1998 Nr. 709-716.

§ **1.74.** Die besondere Verehrung, die Mond- und Wettergott bei den Amurritern genossen, leitet sich vielleicht von ihrer Lebensweise des *enclosed nomadism* (§ 1.65) in der syrischen Wüstensteppe ab.

Der Mondgott ist als Gott der Fruchtbarkeit (Krebernik 1995, 366f.) für das Gedeihen der Herden verantwortlich; die Assoziation der Mondsichel mit den Hörnern eines Stieres stellt eine Beziehung zum Hirtentum her (Krebernik ib. 366); schliesslich ist der Mondgott "die Orientierungshilfe auf den nächtlichen Wanderungen, ein Gott, der mit dem Stamm mitzieht, an ihm kann man die Zeit der Trächtigkeit der Herdentiere ablesen" (Hutter 1996, 94).

Der Wettergott dagegen verkörpert den Ackerbauaspekt: "Denn durch die teilweise Beschäftigung mit Ackerbau sind sie auf diesen Gott und sein Eingreifen angewiesen, da die nomadische Lebensweise zwischen der Wüste / Steppe und dem Gebiet, wo Regenfeldbau möglich ist, hin und her pendelt. So dürfte die Bedeutung, die der Wettergott von Aleppo (Hadad) im II. Jahrtausend in Nordsyrien (und darüber hinaus) hat, mit der Einwanderung nomadischer Stämme in das Fruchtland Nordsyriens zusammenhängen. Gruppen, die dabei ihre nomadische Lebensweise aufgaben und zur

Seßhaftigkeit übergingen, waren dabei noch stärker als bislang vom Segen dieses Gottes abhängig" (Hutter 1996, 94).

§ **1.75.** Ein anderer für die syrische Wüstensteppe typischer Gott ist Dagan. Dass auch Dagan einen Wettergottaspekt besitzt, ist schon oft vermutet worden. Als Gründe wurden seine Gleichsetzung mit Enlil in Babylonien[1], seine vielleicht für eine Identifizierung mit dem hurritischen Wettergott Teššub sprechende Bezeichnung *ša Ḫur-ri*,[2] seine väterliche Beziehung zum Wettergott Haddu bzw. Baʿal,[3] die angebliche Ableitung seines Namens von der arabisch bezeugten Wurzel √ "*dgn*" "wolkig sein"[4] und die Tatsache, dass als seine Gemahlin die auch als Gattin Haddus auftretende Šala gilt,[5] genannt worden.

Dagans Getreidegottaspekt, den er im Zuge seiner Ausbreitung vom mittleren Euphrat nach Nordwestsyrien ab der Mitte des II. Jahrtausends annimmt, liesse sich leicht von seiner Rolle als Gott des fruchtbringenden Regens ableiten. Der Übergang vom Eigennamen Dagan zum Appellativ "Getreide" (hebräisch *dagan*) besitzt eine Parallele im Übergang vom Namen der sumerischen Getreidegöttin Ašnan zum Appellativ "grain, cereal" im Akkadischen (CAD A II 450-452).[6]

Anm.: **1.** S. Roberts 1972, 19. Nakata 1974, 119. Healey 1995, 408. Galter 1996, 71: "Wir müssen in ihm wohl einen Wettergott sehen, der aber von Adad deutlich unterschieden worden und auch nie in diesem aufgegangen ist". Eine noch unpublizierte Inschrift von der Zitadelle in Aleppo nennt Dagan mit dem Enlil zukommenden Epithet "Vater der Götter" (Hinweis von M. Krebernik). Für Enlil als "Gott der Naturgewalt ..., die sich in Wind und Sturm äußert", s. Edzard 1965, 61. Die Gleichsetzung Dagans mit Enlil lässt sich allerdings auch einfach mit der hohen Stellung, die beide in den Panthea des mittleren Euphrats bzw. Babyloniens einnehmen, begründen. Vgl. vielleicht den šakkanakku-zeitlichen Namen *A-šur-*^{d}*da-gan* ARM 19, 376: 3M, falls = "Assur ist Dagan" (oder zu *ašāru*, s. Krebernik 1988, 63 s. v. S-L, zu *a-šur*$_{x}$- und *a-šu-ur-* in Ebla).

2. Nakata 1974, 119, mit früherer Literatur.

3. Roberts 1972, 19. Healey 1995, 408.

4. Pope/Röllig 1965, 277: "das arab. Wort entspricht etwa dem Charakter einer Wetter-Fruchtbarkeits-Gottheit". Roberts 1972, 18. Limet 1976, 91. Vgl. etwa Wehr 378 *dağana* "finster sein, düster sein". Die Etymologie ist jedoch zweifelhaft.

5. Roberts 1972, 19.

6. Kein sicheres Argument ist in diesem Zusammenhang der in ARM 24/1, 164, als "*Da-ga-am-ma-*^{d}IM" angeführte Name aus ARM 24, 32: 17M. Von dem IM gelesenen Zeichen ist in der Kopie nur der Rest eines waagerechten Keiles sichtbar. Auch eine andere Ergänzung ist denkbar; vgl. etwa den Namen *Da-ga-am-ma-*DINGIR ARM 24, 287: 8'M.

7. Die Nomaden in der Reflexion der Sesshaften Mesopotamiens[1]

§ 1.75a. Die ökonomische und politische Erfahrung der Nomaden führte bei den Sesshaften Mesopotamiens im III. und beginnenden II. Jahrtausend zu einer Reflexion über die Amurriter. Diese Reflexion spielte sich im wesentlichen auf drei Ebenen ab, die wir als theologische, politisch-historische und sozio-kulturelle bezeichnen können. Ob es eine analoge Reflexion bei den amurritischen Nomaden gab, können wir mangels Textquellen nicht sagen.

Anm.: **1.** Nach einer ersten Fertigstellung wurden die folgenden Überlegungen 2000 in Mainz vorgetragen. Die erneute Befassung mit dem Fragenkomplex und die sich an den Vortrag anschliessende Diskussion führten zu einer Überarbeitung und Ausweitung des Kapitels, welche die eingeschobenen Paragraphen verursacht hat.

7.1. Die theologische Ebene: Der Gott Martu/Amurru[1]

7.1.1. Martu/Amurru als *theos eponymos*

§ 1.76. Das mesopotamische Pantheon besitzt mehrere sich überschneidende Strukturen; neben lokalen und familiären Strukturen spiegelt eine Struktur die irdische Welt wieder. Der gesamte Kosmos wurde deifiziert oder dem Funktionsbereich der Götter zugeordnet, angefangen von der natürlichen Umwelt wie Himmelskörper, Berge, Flüsse und Tiere über die Gesellschaft mit ihren Herrschaftsordnungen oder Berufsgruppen bis hin zu kulturell relevanten Abstrakta wie die Gerechtigkeit.

Auch die amurritischen Nomaden sind durch einen *theos eponymos* auf der göttlichen Ebene vertreten, nämlich durch den Gott gleichen Namens, sumerisch Martu oder akkadisch Amurru. Ein bis heute weit verbreitetes Missverständnis[2] macht ihn zu einem amurritischen Gott. Dafür fehlen jedoch jegliche Quellen. So kommt Martu gegen van der Toorn 1996, 90,[3] in den über 7000 amurritischen, ganz überwiegend theophoren Personennamen der altbabylonischen Zeit nicht vor. Die ausseronomastischen Quellen aus dem zentralen amurritischen Verbreitungsgebiet, etwa von Mari, bezeugen ebenfalls keine Verehrung dieses Gottes durch die Amurriter. Vielmehr ist Martu das Ergebnis theologischer Reflexion der Nomadenerfahrung in der Religion des Sesshaften Mesopotamiens und damit ein integraler Bestandteil des göttlichen Spiegelbildes irdischer Welt.

Da die ältesten Belege für den Gott Martu aus altakkadischer Zeit stammen, muss diese Reflexion spätestens in frühdynastischer Zeit eingesetzt haben. Dass Martu nicht wie die anderen Götter einer Stadt als Stadtgott zugeordnet ist, hat man durch seinen angeblichen, späten Import durch die

Amurriter nach Mesopotamien verständlich machen wollen.[4] Näher liegt die Erklärung, dass die Verbindung eines göttlichen Nomaden zu einem Lebensort der Sesshaften widersinnig erschienen wäre. Diese Erklärung wird dadurch bestätigt, dass die gängigsten Epitheta und die Ikonographie Martu mit dem Lebensort der amurritischen Nomaden, der hoch über den Flusstälern des Euphrats liegenden syrischen Wüstensteppe, sumerisch eden oder ḫur-saĝ, assoziieren (s. Klein 1997, 102, und hier §§ 1.77, 1.79-80).

Anm.: **1.** S. die Zusammenfassungen von Edzard 1987ff. und Klein 1997.

2. Z. B. Hutter 1996, 93: "Aus der Götterwelt der Nomaden kann der Gott Martu/Amurru genannt werden". Hallo 1998, 398: "A final index of Amorite self-awareness was the belief in a deity variously called «the Amorite god» or simply Amurru".

3. "Amurrum is a very frequent element in theophoric personal names among the Amorites". In altbabylonischer Zeit kommt Martu/Amurru dagegen in akkadischen(!) Personennamen vor.

4. So noch Edzard 1987ff., 438: "Als «Neuling» im Pantheon ist M.[artu]/A.[murru] weder mit einer bestimmten Stadt als deren Stadtgott verbunden noch fest in den klassischen Familienverband der Götter eingegliedert". Klein 1997, 103, spricht, Edzard referierend, von "secondary figure ... in the Mesopotamian pantheon".

7.1.2. Martu/Amurru in Götterlisten[1]

§ 1.77. Die Integration des Martu/Amurru in das altmesopotamische Pantheon bezeugen u. a. die folgenden Götterlisten:

* Weidnerliste Z. 207-209: ^{d}Mar-tu, ^{d}Diĝir-Mar-tu?, ^{d}ʾAšratu
* An-Anum: Saman = Martu (230), Marduʾedenanna = Martu (231), Šaḫan = Martu (238)
* KAV 64 v: Rammān = Martu (5), DINGIR (ʾEl?) = Martu (6), Nimgir = Martu (9)
* An-Anum ša amēli: Martu = Šamagan/Sumugan *ša Sūtî* (102), ^{d}Diĝir-Mar-tu? = ^{d}Šamagan (GÌR) *ša Sūtî*

Die Lesung ^{d}Diĝir-Mar-tu? macht nun Richter 1998 wegen der hurritischen Entsprechung aus Emar, ^{d}*e-ni a-mur-*[*ri-we*], wahrscheinlich. ʾAšratu ist oft mit Martu assoziiert und eine seiner Frauen.[2] Die Gleichungen mit Saman (vergöttlichtes Leitseil), Šaḫan und Šamagan (dem Tiergott) weisen einerseits auf seine Affinität zur Steppe, dem Lebensort der wilden Tiere, andererseits seine Verantwortung für die Herden (Klein 1997, 104f.) hin. Der Zusatz *ša Sūtî* "der Sūtäer" in An-Anum ša amēli belegt seine Funktion als Vertreter der Nomaden im mesopotamischen Pantheon. Marduʾedenanna "Mardu der Hochsteppe" gibt als Herkunft der Nomaden die gegenüber den Flusstälern hoch gelegene syrische Wüstensteppe an. Die Gleichungen mit Rammān

"Donner" und Nimgir "Blitz" zeigen einen Wettergottaspekt, der sich auch anderweitig offenbart.[3]

Anm.: **1.** S. die Zusammenstellung bei Edzard 1987ff., 434.

2. ʾAšratum kommt auch in dem Personennamen ^{d}*Aš-ra-tum-um-mi* (F) 955B "ʾAšratum ist meine Mutter" vor (akkadisch oder amurritisch?). Vgl. ^{d}*A-ši-ra-tum* (GN) 532B. Handelt es sich um das feminine Gegenstück zu dem im amurritischen Onomastikon gut bezeugten theophoren Element *ʾašar* (vgl. Gelb 1980, 241f.)? Letzteres gehört wohl zu hebräisch ʾŠR "Glück" (s. HAL I 94). Der Zusammenhang mit der Göttin Aschera ist noch ungeklärt.

3. S. Klein 1997, 103, und die folgende Rollsiegellegende: ^{d}*Be-el ṣé-ri-i*[*m*] *ba-ri-qu*[*m*] Kupper 1961, 67 "Göttlicher Herr der Steppe, Blitzender".

7.1.3. Martu/Amurru in sumerischen literarischen Texten[1]

§ 1.78. Der bedeutendste literarische Text zu Martu/Amurru ist der *Martu-Mythos*.[2] Martu beklagt sich bei seiner Mutter darüber, dass er noch keine Ehefrau und keine Kinder habe. Seine Mutter rät ihm zu einer Heirat. Als in der Stadt Inab ein Fest gefeiert wird, begibt er sich dorthin und verliebt sich in die Tochter des Götterpaares Numušda und Namrat von Kazallu namens Ad-ĝar-ki-du$_{10}$.[3] Durch seine Tüchtigkeit in Ringkämpfen erwirbt er sich das Wohlwollen Numušdas. Martu bringt seinen Wunsch nach einer Heirat vor und Numušda willigt ein. Heiratsgeschenke werden vorbereitet. Eine Freundin rät der Tochter in einer berühmten Passage (s. u. § 1.82) von der Heirat ab, da Martu barbarisch und unzivilisiert sei; doch diese antwortet am Schluss des Textes: "Den Martu will ich heiraten".

Die Interpretation dieses Mythos ist umstritten. Einige sehen in ihm eine Ätiologie für die Aufnahme des angeblich fremden Gottes in das mesopotamische Pantheon,[4] was nach dem in § 1.76 Gesagten jedoch wenig plausibel ist. Auch die Vermutung, hier sei die Sesshaftwerdung der Nomaden thematisiert,[5] ist unwahrscheinlich, da Martu ja gerade als der typische Nomade erscheint, der seinen Lebensstil keineswegs aufgibt. Ausschliessen möchte ich schliesslich auch einen konkreten historisch-politischen Hintergrund des Mythos:[6] nicht nur ist die Stichhaltigkeit solcher Deutungsmuster altorientalischer Mythen ganz allgemein m. E. nicht bewiesen und wenig plausibel, sondern auch die konkreten historischen Voraussetzungen sind nur aus sekundären Quellen gewonnen, nämlich der sumerischen Königskorrespondenz, die selber Teil der Nomadenreflexion ist (s. §§ 1.20, 1.80a).

Eine plausible Deutung lässt sich dagegen aus einer *en passant* gemachten Bemerkung von Rowton (1974, 29f.) entwickeln: "Much has been written about the age old conflict between nomad and sedentary. But that is only one side of the story. The other is mutual need. Both these themes are already reflected in the Sumerian literary tradition concerning the Mardu nomads. In this myth they are represented by the god, Mardu, a savage barbarian. Yet the story has a happy ending, with Mardu marrying the townsman's daughter".

Demnach reflektiert der Mythos *das* Charakteristikum des eingeschlossenen Nomadismus, nämlich die enge Verzahnung, ja Symbiose von Nomaden und Sesshaften in Vorderasien. Das dafür verwendete Bild der Ehe zwischen Mann und Frau könnte kaum besser sein: zwei Gegenpole, die sich trotz aller Unterschiede nicht abstossen, sondern anziehen. Vielleicht ist das Bild der Heirat zudem durch die aus Ešnunna bezeugte (§ 1.22) Praxis familiärer Bindungen zwischen Führern der Nomaden und der Sesshaften inspiriert (s. Rowton 1974, 30 Anm. 1). Das Junggesellendasein des Martu im Mythos ist bei dieser Interpretation kein Indiz für den sekundären Charakter des Gottes im mesopotamischen Pantheon, sondern schlicht notwendige Voraussetzung für die spätere Ehe. Dass gerade Numušda den Schwiegervater des Martu abgibt, ist vielleicht kein Zufall:[7] möglicherweise hängt der Name Numušda etymologisch mit akkadisch *nammaštû* "Wildtiere" zusammen; der Gott, dessen genauer Charakter bisher nicht ermittelt ist, wäre dann ein Gott der wilden Tiere und hätte enge Beziehungen zur Steppe, in der Martu wohnt.

Anm.: **1.** S. die Zusammenfassungen von Edzard 1987ff., 435f. § 4, und Klein 1997, 99-109.

2. Neueste Editionen (Komposittext und Übersetzung) sind Klein 1997, 110-116, und Black/Cunningham/Robson/Zólyomi 1999.

3. Bei Edzard 1987ff., 435 § 4, -u$_4$-du$_{10}$ gelesen. Für beide Optionen und eine weitere s. Klein 1997, 107 Anm. 81.

4. S. Edzard 1971, 2146: "Ätiologie für die Existenz dieses Gottes im sumerischen Pantheon". Für weitere Deutungen in dieser Richtung s. Klein 1997, 109 mit Anm. 92.

5. Falkenstein 1951, 17: "Martu ist damit [mit der Heirat, M.P.S.] ein sesshafter Gott geworden".

6. Kramer 1990, 11: "a myth that reflects an historical event: the political alliance of the nomadic Martu with Ninab". So etwas expliziter als zuvor schon Wilcke 1969, 22, der die "Verbindung mit Kazallu" lediglich andeutet. Vgl. dazu auch die kritischen Bemerkungen von Römer 1989, 320.

7. Diese Überlegung verdanke ich einer Anregung von M. Krebernik.

§ 1.79. Martu ist auch das Thema des šìr-gíd-da-Liedes SRT 8.[1] Martu wird als Kind Ans und Ninḫursangas bezeichnet. Letztere ist hier die "Herrin des Gebirges", womit die syrische Wüstensteppe gemeint ist. Auch sonst weisen mehrere Epitheta auf Martus Herrschaft über und sein Leben in ḫur-saĝ. So sagen Z. 31f. ausdrücklich, das ihm ḫur-saĝ von An geschenkt worden ist:

> ḫur-saĝ sikil kur ^{na_4}za-gìn-na saĝ-e-eš mu-ni-in-[rig$_7$] kur Mar-tu
> "Er (An) schenkte ihm das reine Hochland, den Lapislazuliberg, den Martu-Berg (schenkte er ihm)".

Falkenstein in Falkenstein/von Soden 1953, 362 ad Nr. 4,[2] hatte hier an eine Anspielung an ein Karawanenreservat gedacht, da mit ḫur-saĝ die gebirgigen Landschaften im Osten Mesopotamiens und mit dem Lapislazuli-Berg

Afghanistan gemeint sei. za-gìn bedeutet in diesem Zusammenhang jedoch gar nicht "Lapislazuli", sondern meint dasselbe wie sikil, wie zahlreiche Epitheta Martus in Rollsiegellegenden zeigen:

kur sikil-la ti-la // kur za-gìn ti-la Kupper 1961, 65
"der im reinen Bergland/Lapislazuli-Bergland lebt".

Ansonsten hat Martu in SRT 8 Züge eines Wettergottes:

IM imin-na zà mu-ni-in-[kešd]ra izi [...] Z. 17
"Die 7 Winde hat er ergriffen, Feuer [lässt er regnen]".

Anm.: **1.** S. die Resümees von Edzard 1987ff., 435 § 4, und Klein 1997, 100f.
2. Vgl. auch Edzard 1987ff., 435 § 4.

7.1.4. Ikonographie

§ **1.80.** Die wichtigsten Attribute sind das Krummholz (*gamlu*) "a ritual tool to aid in the process of *paṭār ennetti*" (Lambert 1987a),[1] die Gazelle als Tier der Steppe und der Blitz für den Wettergottaspekt.[2] S. a. § 1.64 Anm. 2 für die Darstellung eines reitenden Amurru. Ein nur auszugsweise mitgeteilter Brief aus Mari beschreibt eine Darstellung des Gottes Amurru auf einer Stele wie folgt:

ṣalam ᵈMAR.TU *gamlam naši ina pānīšu ṣalam bēlīja kāribu elēnum ṣalm*[*im*] *šamšu u asqaru* Colbow 1997, 86
"... befindet sich ein Bild von Amurru. Er trägt ein Krummholz. Vor ihm befindet sich ein Bild meines Herrn, wie er betet. Oberhalb des Bil[des] sind eine Sonne und eine Mondsichel".

In der Beschwörungsserie Šurpu heisst es:

ᵈ[MAR].TU ᵈDIĜIR-MAR.TU *na-áš gam-li* Šurpu 8: 41
"Amurru, Il-Amurrim(?), der das Krummholz trägt".

Anm.: **1.** S. dazu schon Farber 1980-83, 252: *gamlu* "dem hauptsächlich reinigende und ordnende Kraft innewohnt". Warum das *gamlu* mit Martu assoziiert wird, ist unklar.
2. Vgl. Kupper 1961, Edzard 1987ff., 436f. § 6, und Colbow 1997.

7.2. Die politisch-historische Ebene: Der Fall von Ur III und der Aufstieg amurritischer Herrscherdynastien

§ **1.80a.** Zentraler historischer Bezugspunkt der politisch-historischen

Reflexion über die Amurriter ist die letztlich erfolglose Verteidigung des Reiches von Ur III gegen die Martu-Nomaden und der sich daran anschliessende Aufstieg amurritischer Herrscherdynastien in Babylonien. Diese Reflexion schlägt sich in sumerischen literarischen Texten der altbabylonischen Zeit, vor allem der fiktiven Korrespondenz der Ur III-Könige, nieder. Diese Quellen brauchen hier nicht *in extenso* behandelt werden, da sie schon im Rahmen der politischen Geschichte als historische *Sekundär*quellen zur Sprache gekommen sind (s. § 1.20 für die Ur III-Korrespondenz und § 1.21 für Städteklagen).

Obwohl vermutlich im Kontext amurritischer Dynastien entstanden, werden die Martu in der Ur III-Königs-Korrespondenz als Feinde betrachtet. Kein Widerspruch ist es, wenn der sumerische Gott Enlil in einem der Briefe (vgl. Römer 1984, 353) die Martu zur Rettung von Ur vor dessen Gegnern, nämlich Išbi-ʾerra und Elam, aufbietet. Das Motiv des ein Reich zerstörenden, instrumentalisierten Feindes ist im Alten Orient in abgewandelter Form ja auch anderweitig geläufig: Jahwe verstösst Samaria und später Juda und lässt ersteres durch den Assyrer, letzteres durch Nebukadnezar erobern, und die Perser übernehmen mit der Zustimmung Marduks die Herrschaft in Babylon.

7.3. Die sozio-kulturelle Ebene: Das Image der Nomaden[1]

§ 1.81. Die Martu erscheinen in der sumerischen Literatur als barbarische Fremde. Aus der Sicht der Sesshaften im südlichen Zweistromland fällt zunächst besonders ihre nomadische Lebensweise auf: sie sind ständig auf Wanderschaft und besitzen weder Städte noch Häuser, sondern nur Zelte; sie kennen kein Getreide, sondern essen ungekochtes Fleisch und Pilze.

Doch auch ihre spirituelle Welt ist anders als die der Sumerer: sie wissen nicht zu beten, verletzen göttliche Tabus und werden nicht richtig bestattet. Dieses negative Image gipfelt in Feststellungen, welche das körperliche Aussehen herabwürdigen und den Verstand der Amurriter in Zweifel ziehen. Auffälligerweise ist dagegen ihre Sprache nie Gegenstand von Spott und Kritik.[2]

Wie immer in der Menschheitsgeschichte sind solche Klischees mit Vorurteilen behaftet und offenbaren Unverständnis gegenüber sowie Unsicherheit und Angst vor dem Fremden. Zudem werden sie "sehr rasch zur Stereotype und dürfte[n] mit der Realität nicht immer übereingestimmt haben" (Röllig 1995, 92).

Die entgegengesetzte Haltung, die Verherrlichung des freien Nomadenlebens gegenüber dem Leben eines örtlich gebundenen Sesshaften, ist im Alten Orient nicht bezeugt; sie zu erwarten, ist anachronistisch, da wir es mit dem Kulturland eng verbundenen Kleinviehnomaden und nicht mit von Sesshaften relativ unabhängigen Kamelbeduinen zu tun haben.[3]

Anm.: **1.** S. Edzard 1957, 31-33; Buccellati 1966, 330-332; Edzard 1987ff.a, 438f.; Röllig 1995; Klein 1996.

2. Auch sonst gibt es aus dem Alten Orient keine eindeutigen Zeugnisse für eine negative Bewertung fremder Sprachen. Man vgl. die bei Röllig 1995, 93, zusammengestellten Äusserungen.

3. Der unter dem Titel "Vie nomade" veröffentlichte Brief aus Mari ist von Marello 1992 missverstanden worden.

Anlass für den Brief ist ein Feldzug des Königs D̠imrī-lîm von Mari (Z. 13, 59). Der Schreiber ᶜAmmī-ʾištamar, ein Scheich der ʾUprabāyu, rühmt sich, nicht untätig im Haus zu sitzen, sondern (in den Kampf) auszuziehen (*ana kīdi waṣû*, Z. 17-19). Er hält dem Adressaten Yaśmaᶜ-haddu, einem Scheich der Yariḫāyu (also ebenfalls ein Nomade! Vgl. für seine Identifikation Marello 1992, 123), folgendes vor: *a-ka-lam ša-ta-am ù i-tu-lam ta-*[*am-ma-ar*] *ù a-la-kam it-ti-ia ú-ul ta-am-ma-*[*ar*] Z. 14f. "Du [trachtest] nach Essen, Trinken und Schlafen, aber nicht trachtes[t] du danach, mit mir zu ziehen". Des weiteren sagt der Schreiber von sich, er sei schon zehnmal "im Tumult" (*i-na ba-ar-tim*) dem Tode entronnen (Z. 40f.), während der Gerügte nur seinen Stellvertreter (*ki-ma pa-ag-*[*ri-ia*]) in den Kampf schicke (Z. 49f.). Der Text kontrastiert somit nicht das Leben von Nomaden und Sesshaften und verherrlicht ersteres, wie Marello 1992, 121, meint; vielmehr stellt er dem Wehrhaften und im Kampf Mutigen den Feigling und Drückeberger gegenüber.

Dieses Motiv begegnet im Alten Mesopotamien mehrfach: Śamšī-haddu hält seinem "unter den Weibern" liegenden Sohn Yaśmaᶜ-haddu dessen kampfestüchtigen Bruder ʾIšme-dagan (beide sind Sesshafte!) vor (ARM 1, 69; 108; 113); im Erra-Epos I 47-51 erscheint nicht das Motiv des "noble nomad who despises the effeminate sybaritic city dweller" (Reiner 1967, 117), sondern es geht um den Gegensatz unkriegerisch : kriegerisch.

§ 1.82. Das soeben Gesagte sei anhand einiger Textpassagen illustriert. Die bekannteste findet sich im *Martu-Mythos* (s. Klein 1997) Z. 127-138:

á-še šu-bi ḫa-lam úlutim ^{u}[^{gu}ugu$_4$-bi] an-zil-gu$_7$ ^{d}Nanna-[kam] ní nu-[tuku] šu dag-dag-ge-bi x [...] ^{130}[níg-gi]g é diĝir-re-e-ne-[kam] [galga-b]i mu-un-lù-lù šu [sùḫ-a dug$_4$-ga] l[ú ^{k}]^{uš}lu-úb mu$_4$-a [...] ^{133}⌜za-lam⌝-ĝar tìl im im-šèĝ-[ĝá ...] sizkur [nu-mu-un-dug$_4$-ga] ḫur-saĝ-ĝá tuš-e ki [diĝir-re-ne nu-zu-a] lú u[z]u dirig kur-da mu-un-ba-al-la dùg gam nu-zu-àm ^{136}uzu nu-šeĝ-ĝá al-gu$_7$-e ud tìl-la-na é nu-tuku-a ud ba-ug$_7$-a-na ki nu-túm-mu-dam "Pass auf, ihre Hände sind zerstörend, (ihr) Aussehen das von A[ffen].[1] ^{130}(Sie) sind welche, die das von Nanna Tabuierte essen, keine Ehrfurcht [haben]. Ihr Umherirren ... [Absch]eu der Tempel der Götter [sind] sie. Ihr [Verstand] ist verwirrt, [sie haben] Ch[aos gestiftet]. L[eute, in Leder]säcken gekleidet ... ^{133}Zeltbewohner, [von] Wind und Regen ... die [noch nie] Gebete [gesprochen haben], in der Hochsteppe wohnend, die Orte [der Götter nicht kennen]. Leute, die Trüffel an den Hügeln gegraben haben,[2] nicht wissend, das Knie zu beugen,[3] sind sie. ^{136}Ungekochtes Fleisch essen sie.[4] Die Zeit ihres Lebens kein Haus haben (und), wenn sie gestorben sind, zu keinem (Grab)platz gebracht werden, sind sie".[5]

Weitere Textpassagen:

* Mar-tu é nu-zu iri^{ki} nu-zu lú líl-lá ḫur-saĝ-ĝá tuš(!)-a TCL 15, 9 vi 22f. (cf. Edzard 1957, 32 = Išme-dagan-Hymne A 266f.)
  "Martu, die keine Häuser kennen, keine Städte kennen, Leute des Windes, die in der Hochsteppe wohnen".[6]
* iri nu-tuku-ra é nu-tuku-ra [Mar-t]u máš anše saĝ-e-eš mu-ni-ri[g_7] *Enki und die Weltordnung* (s. Benito 1969) Z. 131f.
  "(Enki) schenkte dem, der keine Stadt hat, dem, der kein Haus hat, dem [Mart]u, das Getier".
* Mar-tu lú še nu-zu *Lugalbanda II* (s. Wilcke 1969a) Z. 304
  "Martu, die kein Getreide kennen".
* Mar-tu lú ḫa-lam-m[a] dím-ma ur-ra-gin_7 ur-bar-ra-gin_7 RIME 3/2 S. 299: 25-27
  "Martu, Leute, die zerstören, mit dem Instinkt eines Hundes, eines Wolfes".
* gig gú-nida làl-gin_7 íb-ak Mar-tu ì-gu_7-e níg-šà-bi nu-un-zu Alster, Proverbs (1997) 3.140
  "(Ein Kuchen) ist aus gunida-Weizen statt aus Honig gemacht. Ein Martu isst (ihn), doch was darin ist, weiss er nicht".

Anm.: **1.** Der Affe begegnet auch sonst zur Herabwürdigung des Aussehens, s. Sjöberg 1993, 211 Anm. 2, und Röllig 1995, 92 mit Anm. 13.

2. Trüffel, akkadisch *kamʾatu*, sind in Babylonien kaum belegt. Sie galten vielleicht als unrein, weil sie aus dem Boden ausgegraben werden mussten.

3. "Knie beugen" ist in diesem Zusammenhang nicht kultisch zu verstehen (vgl. das vorangehende und das nachfolgende Klischee), sondern meint wohl die Sitte des in der Hocke Essens (freundlicher Hinweis D. O. Edzard).

4. "Ungekochtes Fleisch" heisst kaum "ungar", sondern lediglich "nicht in Wasser gekocht". Das Mitführen von Kochtöpfen aus Ton(!) war auf der saisonalen Wanderung unter Umständen problematisch (freundlicher Hinweis von Michael Fritz M.A.).

5. Die Übersetzungen von Klein 1997 und Black/Cunningham/Robson/Zólyomi 1999 wechseln zwischen Singular und Plural; dazu Klein 1997, 108 Anm. 89: "the girl-friend speaks alternatively of Martu as an individual, and of his tribal fellows as a group". Doch lassen sich auch die Singularformen lú, mu-un-ba-al-la, al-gu_7-e und -a-na auf das Ethnikon beziehen; es handelt sich um - morphologisch unmarkierte - sogenannte Kollektive (vgl. etwa *Klage über Sumer und Ur* Z. 256, s. o. § 1.21). Der ganze Passus ist bei dieser Interpretation stilistisch einheitlich.

6. Zeilenzählung nach ETCSL. lú líl-lá wird dort mit "primitives" übersetzt. Zu "Leute des Windes" s. Edzard (im Druck) 4.5.1.3.

7.4. Zusammenfassung

§ 1.82a. Weder die politisch-historische noch die sozio-kulturelle Reflexion haben die altbabylonische Zeit überlebt; schon in akkadischen literarischen Texten dieser Zeit fehlen sie ganz. Auch der Martumythos wurde nicht länger tradiert; allerdings war der Gott selber ein fest etablierter Bestandteil des mesopotamischen Pantheons und wurde auch später noch überliefert, doch kann diese Überlieferung nicht mehr als Teil der Nomadenreflexion angesehen werden. Somit ist das Ende der Reflexion ein Zeugnis für die in altbabylonischer Zeit erfolgte Integration der Amurriter in die mesopotamische Kultur.

8. Die Sprache der Amurriter nach ausser-onomastischen Quellen

§ **1.83.** Während sich Geschichte, sozioökonomische Struktur und Religion der Amurriter aus akkadischen Texten teilweise erschliessen lassen, sind unsere ausser-onomastischen Kenntnisse der amurritischen Sprache nur sehr begrenzt. Bedingt durch die stete Assimilation der Amurriter an Sprache und Kultur der akkadischen Bevölkerung fehlen Texte in amurritischer Sprache ganz. Geschrieben wurde vielmehr akkadisch.[1] Als Quellen für das Amurritische besitzen wir daher lediglich das Onomastikon, die Lehnwörter und einige grammatische Interferenzen in akkadischen Texten.

Anm.: **1.** Allerdings nennt Durand 1992, 125, M.9777 als Text "en langue clairement sémitique, quoique non akkadienne". Der Text schliesst mit *mi-iš-pa-a-ṭ*[*um*] *bi-ri-it I-la-an-ṣú-ra-a*^{ki} *ù Ḫa-za-ak-ka-nim* "Gerichtsentscheid zwischen Ilanṣura und Ḫazakkanum". *mišpāṭum* ist klar westsemitisch, könnte aber auch Lehnwort in einem akkadischen Text sein. Ein endgültiges Urteil über die Sprache des Textes ist erst nach seiner vollständigen Veröffentlichung möglich.

Missverständlich formuliert ist die Aussage von Kraus 1973, 225: "der altbabylonische Schreiber hat das Amoritische unterdrückt".

8.1. Erwähnungen der Sprache in akkadischen und sumerischen Texten

§ **1.84.** Gelb 1961, 45-47, diskutierte die verschiedenen Vorschläge für die Bezeichnung der Sprache der Amurriter und entschied sich für "Amorite". Seitdem hat sich "Amorite", "Amorrite" und "Amurritisch"[1] weitgehend durchgesetzt.[2] Die Entscheidung für "Amurritisch" wird durch zwei Belege aus noch unveröffentlichten Mari-Briefen gestützt. Diese kontrastieren die erstmals im Kontext bezeugte Sprachbezeichnung *Amurrû* mit "Akkadisch", "Sumerisch" und "Subaräisch" (d. h. wohl Hurritisch):

* LÚ *šu*[*-ú ina A*]*k-ka-di-i A-mu-ur-ri-i ù Šu-ba-ri-i i-le-i* Durand 1992, 125 mit Anm. 205[3]
  "Dies[er] Mann beherrscht [A]kkadisch, Amurritisch und Subaräisch".
* LÚ *ša Šu-me-r*[*i-i*]*m* [*ḫi-ṭì-im ù*] *A-mu-ur-ri-im da-ba-b*[*i-im* ...?] *a-ḫu-uz* Durand 1992, 124 mit Anm. 196[4]
  "Bringe [... (?)] einen Mann, der Sumeri[sch] [überprüfen und] Amurritisch sprechen kann".

Anm.: **1.** Ich ziehe "Amurritisch" wegen akkadisch *amurrû* gegenüber dem biblisch-tiberischen "Amoritisch" vor.

2. von Soden 1985, 307, verwendet noch "Frühkanaanäisch". Gelb 1961, 46, dagegen lehnte "(East) Canaanite" mit der Begründung ab, "the terms are too narrow" und "the terms are wrong, because the West Semitic language in question is different from Canaanite, as we know it mainly from the EA period on".

3. Für eine Teilveröffentlichung von A.109 (ohne die oben zitierte Passage) s. CRRA 4, 22.

4. "La restauration *ḫi-ṭì-im* se fonde sur la reprise de l'expression par la suite de la lettre" Durand 1992, 124[196].

§ 1.85. Lexikalische Listen ab der altbabylonischen Zeit nennen "Amurritisch" (sumerisch eme Mar-tu, akkadisch *Amurrītu*) neben weiteren uns bekannten Sprachen:

* eme Uri eme Elam eme ⸢Mar⸣-tu ⸢eme Su⸣-bir$_4$ MSL SS 1, 10: 30'-33' (Proto-Sag)
"Akkadisch, Elamisch, Amurritisch, Subaräisch (Hurritisch?)".

* eme Gir$_{15}$ // *Šu-me-rum*, eme Uri // *Ak-ka-dum*, eme Elam^{ki} // *E-lam-ti*, eme Mar-tu, eme Su-bir$_5{}^{ki}$ MSL SS 1, 24: 30-34 (Sag A)
"Sumerisch, Akkadisch, Elamisch, Amurritisch, Subaräisch (Hurritisch?)".

* eme Uri-ma^{ki} // *Aq-qa-di-tu*[*m*], eme Mar-tu // *A-mur-ri-tu*[*m*], eme Su-[t]i-um // *Su-ti-tum*, eme Su-[bi]r$_4{}^{ki}$ // *Su-ba-r*[*i-tum*], eme Elam-ma^{ki} // *I-la-mi-t*[*um*], eme Gu-ti-um // *Gu-ti-t*[*um*] MSL SS 1, 32: 240-245 (Sag B)
"Akkadisch, Amurritisch, Sūtäisch, Subar[äisch] (Hurritisch?), Elamisch, Gutäisch".

§ 1.86. Šulgi rühmt sich der Kenntnis des Amurritischen und des Elamischen:

[eme Mar-]tu níĝ eme gi-ra-gin$_7$ ḫé-[en-ga-zu-àm] [...] ⸢x⸣ lú kur-ra ḫur-saĝ-ta DU-[...] [sá ḫa-m]a-né-éš eme Mar-tu-a enim [ḫu-mu-ni-ne-gi$_4$] [e]me Elam-ma níĝ eme gi-ra-gin$_7$ ḫé-en-ga-zu-àm [x x Ela]m^{ki}-ma nind[aba] x x]-bu$_5$-bu$_5$-re-éš sá ḫa-ma-né-éš eme Elam-ma enim ḫu-mu-ni-ne-gi$_4$ Šulgi C 119-124 (nach Civil 1985, 73)
"[Ich kenne] [das Amurri]tische ebenso wie das Sumerische. [...] die von den Hügeln, von der Hochsteppe kommend, (immer wenn) sie bei mir [ankam]en, ant[wortete] ich ihnen in Amurritisch. Das Elamische kenne ich ebenso wie das Sumerische. [Die von(?)] Elam Opf[er] ... (Immer wenn) sie bei mir ankamen, antwortete ich ihnen in Elamisch".[1]

Anm.: **1.** S. Attinger 1993, 645 ex. 365, für die alternative Lesung silim statt sá "sie grüssten". bu$_5$ wird auch von PSD B 171a nicht übersetzt.
In Šulgi B Z. 13-20 (vgl. Volk 1996, 202f.) berichtet der König von seiner Zeit im Edubbaʾa, wo er die Schreibkunst, Sumerisch und Akkadisch erlernt hatte. Wieweit seine Kenntnisse der exotischeren Sprachen Amurritisch und Elamisch tatsächlich ging, ist allerdings fraglich.

§ 1.87. Die sumerische Dichtung *Enmerkar und der Herr von Aratta* (s. S.

Cohen 1973) spricht von einer Zeit, in der alle Menschen zu Enlil in derselben Sprache redeten:

> u_4-ba kur Subir[ki] Ḫa-ma-zi[ki] [142]eme ḫa-mun Ki-en-gi kur gal me nam-nun-na-ka [143]ki-uri kur me-te ĝál-la [144]kur Mar-tu ú-sal-la ná-a [145]an-ki níĝin-na ùĝ saĝ sig_{10}-ga [146d]En-líl-ra eme AŠ-àm ḫe-en-na-da-ab-du_{11} Z. 141-146
>
> "Ja, damals sprachen die Länder Subir (und) Ḫamazi mit (ihren) konfusen Sprachen, Sumer, grosser Berg der erhabenen *Numinosa*, Akkad, Land, in dem sich alles (der Zivilisation?) Geziemende befindet, das Land Martu, das auf sicherer Weide ruht, das gesamte Universum, alle (ihm = Enlil?) anvertrauten Leute, einträchtig zu Enlil in nur einer Zunge".[1]

Im Umkehrschluss lassen sich für diese Länder zur Zeit des Dichters verschiedene Sprachen erschliessen. Subir und Ḫamazi vertreten dabei die östlich und nördlich Mesopotamiens liegenden Regionen.[2]

Anm.: **1.** Vgl. Jacobsen 1987, 289f., und Vanstiphout 1994. Für die Übersetzung und den syntaktischen Bezug von eme ḫa-mun (trotz der Stellung am Zeilenanfang!) danke ich P. Attinger.

2. Zu Ḫamazi s. Edzard/Farber 1974, 73: "Grobe Lokalisierung im Osttigrisland zw. Oberem Zāb und Diyāla".

§ 1.88. "Amurritisch" qualifiziert in nach-altbabylonischen lexikalischen Listen Wörter:[1]

- *ia-ma-tu-ú* // *Aḫ-la-mu-ú*, *da-áš-nu* // *A-mur-ru-u*, *di-ta-nu* // *Su-tu-u* Malku I 233-235 (Synonymenliste)[2]
  "*ia-ma-tu-ú* ist aḫlamäisch, *dašnu* («gewaltig») ist amurritisch, *ditānu* (ein Tier) ist sutäisch".
- *il-tum* // *iš-ta-ru*, *aš-ta-ru* // MIN (= *il-tum*) MAR CT 25, 18 r. ii 16 (Götterliste)[3]
  "*iltum* («Göttin») // *ʾištaru*, *ʿaštaru* // ditto (= *iltum*), Amurritisch".
- *ma-la-ḫu-um* // MIN (= *i*-[*lum*]) MAR[ki] CT 25, 18 r. ii 12 (Götterliste)[4]
  "*ma-la-ḫu-um* ist ditto (= *ilum* «Gott»), Amurritisch".
- *ba-ʾ-ú-lu* // *ru-bu-u* MAR.[TU] CT 18, 8 col. A 12, 14 (Explicit Malku I 22a, 24)[5]
  "*baʿūlu* ist *rubû* («Fürst»), Amur[ritisch]".

Anm.: **1.** Vgl. Frank 1928, 39.

2. S. CAD A/II 94 *amurrû*.

3. S. CAD A/II 474 *aštaru* "goddess".

4. S. CAD M/I 152 *malāḫu* C "god".

5. S. CAD B 184 *baʾūlu* "great, important".

§ **1.89.** Ein als Mar-tu qualifizierter, namentlich nicht genannter eme-bal "Dolmetscher" ist aus einem Ur III-zeitlichen Drehem-Text bekannt (TD 81: 29, s. Buccellati 1966, 78). Dazu Lambert 1987, 410: "either an interpreter who was an Amorite, or an interpreter (of whatever ethnic stock himself) who acted for Amorites". In beiden Fällen hatte der Dolmetscher höchstwahrscheinlich mit der amurritischen Sprache zu tun: "We may assume that the interpreter was settled in Drehem, and that his service were necessary for the Amorites who were coming through Drehem for a short stay and did not have an interpreter of their own".[1]

Anm.: **1.** In ARM 27, 116: 34, 42 und 49 ist von *māpalû* der Numḫäer aus Kurdâ (südlich des Sinǧār gelegen) am Hof von Mari die Rede. Durand 1997, 592, übersetzt "drogmans" und nimmt an, die Numḫäer sprächen "une langue amorrite ou un de ses dialectes très influencé par un substrat soubaréen". Birot 1993, 203 mit Anm. j, gibt das Wort dagegen mit "témoins" wieder. Die Interpretation von Durand ist m. E. wenig plausibel, weil sich dieselben Numḫäer problemlos mit dem Gouverneur von Qaṭṭunān, Ḏimrī-haddu, unterhalten und der Text vom "schwören lassen" (*šuzkuru* bzw. *tummû*) der *māpalû* handelt. Wörtlich bedeutet dieses amurritische Lehnwort im Akkadischen (s. § 1.95) "mit Antwort Befasste". Eine Übersetzung "Sprecher" legt sich hinsichtlich ihrer genauen Funktion nicht fest.

§ **1.90.** Der altbabylonische Passus BagM 2, 58 iii 40 (Kontext fragmentarisch), wird von CAD A/II 77 s. v. *amnānû*, als *e*(!)-*ma*(!) *am-na-ni-tum iq-qá*-[*bbû*] "whereever the Amnanite language is spoken" interpretiert. Da die *ʾAwnān* ein amurritischer Stamm sind, könnte mit "ʾawnānäischer Sprache" ein amurritischer Dialekt gemeint sein.

§ **1.91.** Aus den im Vorangehenden genannten Belegen ergeben sich mehrere Schlussfolgerungen und Fragen:

* Aus babylonischer Sicht war "Amurritisch" ein analog "Sumerisch", "Akkadisch", "Elamisch" und "Hurritisch(?)" definierter Terminus. Da sich "Sumerisch", "Akkadisch" usw. unschwer mit historisch bezeugten Sprachen in und im Umkreis von Babylonien identifizieren lassen, ist auch "Amurritisch" zweifellos Name einer Sprache und nicht nur Sammelbezeichnung für ganz verschiedene, (nord-)westlich Babyloniens beheimatete "barbarische" Nomaden-Sprachen.
* Weil es für den geographisch/ethnischen Begriff *Amurru* bzw. *amurrû* in Mari zwei Definitionen - eine weitere und eine engere - nebeneinander gibt (§ 1.9), bleibt letztlich unklar, worauf genau sich die Sprachbezeichnung *amurrû* bezieht: auf die Sprache aller Amurriter im weiteren Sinne, d. h. unter Einschluss der Nomaden am mittleren Euphrat, oder auf die Sprache des Landes Amurru im engeren Sinne, das von Mari aus weiter im Westen liegt? Zu bedenken ist ferner die Möglichkeit, dass sich geographischer und sprachlicher Terminus nicht vollständig decken; man vergleiche etwa das Nebeneinander von *ʾAkkad* (nördliches

Babylonien) und der wenigstens z. T. weiter gefassten Sprachbezeichnung *ʾakkadû* (s. CAD A/I 272).

* Die Reihung von "Amurritisch", "Akkadisch" und "Subaräisch" (§ 1.84) entspricht genau dem aus dem Onomastikon von Mari zu erschliessenden Nebeneinander von Nicht-Akkadisch-Semitisch, Akkadisch und Hurritisch (s. § 1.26), so dass die erste Option einige Wahrscheinlichkeit für sich hat; "Amurritisch" wäre dann die babylonische Bezeichnung auch für die Sprache wenigstens eines Grossteils der semitischen, nicht-akkadischen Personennamen aus Mari und der angrenzenden Gebiete.
* Die Termini *Sūtītu* (§ 1.85) und *ʾAwnānītu* (§ 1.90) könnten für - mehr oder weniger ausgeprägte - amurritische Stammesdialekte stehen. Sie könnten aber auch schlicht alternative Bezeichnungen für die sonst "Amurritisch" genannte Sprache sein.

8.2. Sprachgeographische und geopolitische Überlegungen

§ 1.92. Von Soden 1981a wiederholt seine schon früher (von Soden 1960) geäusserte These, in den amurritischen Namen seien zwei Gruppen, nämlich "altamoritische" und "frühkanaanäische" Namen, zu unterscheiden. Diese These wird als Stütze für die Etablierung eines "nordsemitischen" Sprachzweiges, dem das "Eblaitische" angehöre, verwendet.

Weder die eine noch die andere Vermutung steht auf sicheren Füssen. Für zwei ganz verschiedene sprachliche Gruppen innerhalb des amurritischen Onomastikons fehlt m. E. jede Evidenz; auch von Soden nennt keine.[1] Im Gegenteil: in den Personennamen zeichnen sich bisher keine sprachlichen, ja nicht einmal ausgeprägte dialektale Unterschiede ab, obwohl diese, wenn vorhanden, durchaus auch im Onomastikon sichtbar sein müssten (s. § 1.127). Trotzdem wird man aus methodischen Gründen weiterhin nach solchen Unterschieden Ausschau halten (§ 1.127).

Für die Sprache von Ebla und die sprachliche Situation Nordsyriens im III. Jahrtausend sei auf den neuesten Klassifikationsversuch von Krebernik 1996 verwiesen, dem ich mich anschliesse. Dort heisst es resümierend (S. 249): "This language is so closely related to Akkadian that it may be classified as an early Akkadian dialect ... Non-Akkadian Semitic elements in the onomasticon and in the vocabulary show the presence of speakers of other Semitic languages, presumably the ancestors of later Northwest Semitic".

Als plausiblere Arbeitshypothese - und mehr ist an dieser Stelle nicht möglich, da ein detaillierter Beweis noch aussteht und an dieser Stelle nicht erfolgen kann - sei vielmehr folgendes, stark vereinfachte historische Modell vorgestellt:

Umfangreiche semitische Wanderungsbewegungen und mit ihnen einhergehende grössere sprachliche Umwälzungen sind in Nordbabylonien, der syrischen Wüstensteppe und Nordwestsyrien weder in historischer noch in vorhistorischer Zeit erfolgt (vgl. § 1.12). Vielmehr sind die aus jüngeren Perioden bekannten sprachlichen und ethnischen Verhältnisse in der Essenz zeitlich schon weit zurückzuprojizieren. Demnach verläuft in Nord-Süd-Richtung eine Grenze zwischen dem akkadischen/ostsemitischen und dem nordwestsemitischen Sprachgebiet, in West-Ost-Richtung eine Grenze zwischen Semiten im Süden und anderen Ethnien (Hurritern und ihre Vorläufer?) im Norden. Weitere, ganz andere Semitengruppen gibt es in dieser Region nicht. Die genannten Grenzen sind nicht starr, sondern elastisch, andererseits jedoch nicht sprunghaften Veränderungen unterworfen. Ebla bezeugt erstmals in historischer Zeit Schriftakkadisch in einer nordwestsemitischen, teils auch nicht-semitischen Umgebung. Dasselbe gilt für Mari, Tuttul und andere Fundorte aus altbabylonischer Zeit. In dieser Zeit ist westlich des akkadischen Sprachgebietes nur eine einzige nordwestsemitische Sprache beheimatet. Diese Situation hat ihre zeitlich nächsten Parallelen am Ende des II. und zu Beginn des I. Jahrtausends: das zentrale Verbreitungsgebiet der Amurriter in altbabylonischer Zeit entspricht etwa dem der Aramäer nach ihrer vom mittleren Euphrat ausgehenden (s. § 1.16) Expansion (Durand 1993, 48; Dion 1995, 1282-1284), das Aramäische dieser Zeit ist eine im grossen und ganzen einheitliche Sprache.[2]

Naheliegend ist in diesem Zusammenhang die Frage, ob, und wenn ja, welche historischen und sprachlichen Beziehungen zwischen Amurritern und (Proto-)Aramäern bestehen. Diese von Noth 1961 vermuteten Beziehungen wurden von Edzard 1964 - aufgrund des damals vorhandenen Materials zweifellos zu Recht - abgelehnt, jedoch erneut von Zadok 1993, 315-317, diskutiert.[3] Allerdings ist zweifelhaft, ob diese Frage mit sprachwissenschaftlichen Mitteln allein befriedigend beantwortbar ist, da wir nicht voraussetzen können, dass die interne Gliederung des Nordwestsemitischen in der ersten Hälfte des II. Jahrtausends schon so deutlich ausgeprägt war wie zu Beginn des I. Jahrtausends. Mit anderen Worten: Inwieweit sich ein als Protoaramäisch zu klassifizierendes Amurritisch von einem hypothetischen Protokanaanäischen überhaupt differenzieren liesse, ist angesichts des Fehlens jeglicher kanaanäischer Quellen vor der Amarna-Zeit schwer zu sagen.[4] Vielmehr müssen wir damit rechnen, dass selbst Nordwestsemitisch und Akkadisch sich noch näher standen als später; der Schluss von Gelb 1977, 25, und 1987, 73, dass die nächsten Verwandten des Amurritischen das Altakkadische und die Sprache von Ebla seien, weist jedenfalls in diese Richtung.

Anm.: **1.** Von Soden 1960, 187, führt das Nebeneinander von *i-* und *ja-*Präfix sowie von *šū* und *ḏū* beim Determinativpronomen an. In beiden Fällen handelt es sich jedoch um einen Akkadismus neben original amurritischer Form. Von Soden 1981a, 355, verweist in diesem Zusammenhang lediglich auf die Namenlisten bei Bauer 1926, 42-49. Diese enthielten Namen, die "weder als akkadisch noch als ostkanaanäisch eingestuft werden können". Abgesehen davon, dass Bauer selbst aus *diesen Listen* nicht auf eine Inhomogenität seines Namenmaterials schliesst, ergibt eine erneute Durcharbeitung dieser Namen auf dem heutigen Wissensstand, dass viele dort gebuchte Namen problemlos dem Amurritischen in unserem Sinne zugerechnet werden können; zwar bleibt - wie immer in onomastischen Studien - ein unerklärbarer Rest, der m. E. jedoch keineswegs zu so weitreichenden Folgerungen berechtigt, wie sie von Soden anstellt.

2. Während von Soden 1960, 190, noch mit "erhebliche[n] Dialektunterschiede[n]" im Altaramäischen rechnete, stellte Degen 1969 bei seiner Untersuchung altaramäischer Texte "von verschiedenen Orten, die zwischen Zincirli im Nordwesten, Luristan im Osten und Galiläa im Süden liegen" (S. 4), "eine nahezu vollständige Übereinstimmung aller Fakten" (S. IX Anm. 4) fest. Trotz neuer Textfunde (Faḫarīya) gilt diese Aussage auch heute noch im Grossen und Ganzen (Hinweis R. Degen). Vgl. Tropper 1993, 311, für einen neueren Versuch, "Früh-" und "Altaramäisch" historisch und dialektal zu gliedern.

3. S. besonders ib. S. 316: "My working hypothesis is that certain eastern members of the Amorite dialect cluster, which were spoken in the Jezireh and on the fringe of the Syrian desert, were the ancestors of Aramaic".

4. Tropper 1993, 310, meint, dass "die Trennung zwischen Kanaanäisch und Aramäisch spätestens in der 1. Hälfte des 2. Jt. v. Chr. abgeschlossen gewesen sein" muss.

8.3. Lexikalischer Lehneinfluss des Amurritischen auf das Altbabylonische

8.3.1. Alphabetische Liste von Lehnwörtern

§ 1.93. Eine erste Zusammenstellung "Nichtakkadische Worte der Mari-Sprache" findet sich bei Noth 1961, 34-40 (28 Einträge). S. dazu den Kommentar von Edzard 1964. Lemaire 1985, 551, listet 14 und Malamat 1989, 33, 42 Wörter auf. Zadok 1993 nennt unter dem "Amorite Material from Mesopotamia" neben Personennamen auch zahlreiche angebliche[1] Lehnwörter im Akkadischen.

Die folgende Liste mit insgesamt 198 Einträgen, davon 90 sicheren, beschränkt sich auf das Altbabylonische. Nicht erfasst sind ältere Lehnwörter, ebensowenig solche im peripheren Akkadischen der zweiten Hälfte des II. Jahrtausends (Amarna, Ugarit, Emar etc.).

Der Ansatz der Lemmata richtet sich in der Regel nach AHw.; dabei handelt es sich aus praktischen Gründen um eine an der Keilschriftorthographie orientierte Wiedergabe, die nicht notwendigerweise mit dem Etymon und der Realisation im akkadischen Kontext übereinstimmt. S. z. B. *ḫâru*: Geschrieben ist *ḫa-a-r*V- und einmal *a-ia-r*V-, was eine mit dem arabischen und hebräischen Etymon übereinstimmende Realisation /*ʿayr-*/ beweist. /*y*/ wird allerdings gegen die gängigste akkadistische Umschriftkonvention als *y*, nicht *j* wiedergegeben, um mit den anderen Teilen vorliegender Arbeit kompatibel zu sein.

In eckigen Klammern erscheinen früher als westsemitische/amurritische Entlehnungen angesehene, nun aber zu streichende oder nicht als Entlehnungen anzusehende Wörter (60 Fälle). Mit Fragezeichen sind mögliche, aber nicht sichere Entlehnungen versehen; bei der anschliessenden Auswertung der Wörterliste habe ich fragliche Fälle in der Regel nicht berücksichtigt (48 Fälle). Die Grenzen zwischen sicheren, fraglichen und zu streichenden Entlehnungen sind bisweilen unscharf; in diesen Fällen habe ich die mir wahrscheinlichste Klassifizierung vorgenommen. Die Literaturangaben beginnen meist mit den beiden Lexika in der Reihenfolge ihres Erscheinens. Erst dann wird andere, auch ältere Sekundärliteratur, nach Erscheinungsdatum geordnet, angeführt. "Neue Belege" umfasst nicht in AHw. (einschliesslich Nachträge) oder CAD gebuchte Belege.

Anm.: **1.** Ein Grossteil der von Zadok genannten Wörter wird unten als fraglich oder zu streichend eingestuft, einige wenige habe ich als völlig unsicher oder evident nicht entlehnt nicht angeführt.

§ 1.94. Die folgende Liste enthält nur Lehnwörter; Lehnbildungen, -übersetzungen und -bedeutungen[1] existieren sicher, sind aber nur sehr schwer zu ermitteln.

Ich unternehme keinen Versuch, zwischen Lehn- und Fremdwörtern zu differenzieren, da im Falle des Amurritischen noch mehr als bei lebenden Sprachen die für eine Klassifizierung nötigen Kriterien nicht ermittelbar oder nicht eindeutig sind und einander mitunter gar widersprechen.[2] So kann z. B. ein Wort morphologisch voll in das akkadische Flexionssystem integriert sein und gleichzeitig durch seine phonologische Beschaffenheit seine fremde Herkunft verraten (s. u. §§ 1.101-104). Auch sind die meisten Entlehnungen sehr selten, doch ist die Frage, ob der Sprecher mit dem Wort nicht vertraut ist, damit noch nicht beantwortet.

Auch die Scheidung von Lehn- und Erbwörtern kann sich nicht immer auf eindeutige Kriterien stützen. Völlig klar sind im Falle des Amurritischen nur die Wörter, in denen die phonologische oder morphologische Beschaffenheit die fremde Herkunft erkennen lässt (s. u. §§ 103f.). Sonst ergibt nur die Kombination von räumlicher und zeitlicher Beleglage sowie Semantik mehr oder weniger eindeutige Hinweise. So ist z. B. ein nur in Mari und auch dort nur selten bezeugtes Wort amurritischer Herkunft verdächtig, besonders, wenn es aus einem für die Amurriter typischen Bedeutungsfeld, etwa Stammestrukturen oder Nomadismus, stammt.

Anm.: **1.** S. Bechert/Wildgen 1991, 71-78, für die Definition dieser Termini.
2. S. Bußmann 1990, 253, s. v. "Fremdwort" für die Abgrenzung von Lehn- zu Fremdwörtern und den warnenden Hinweis, dass diese "in vielen Fällen schwierig bzw. fließend" sei.

§ 1.95.

abiyānu AHw. 1541a: "arm" mit Etymologie "kan. Fw.". Von Soden 1969: "Aus dem «Altamoritischen» einerseits in das Akkadische, andererseits in das Hebräische und Ugaritische entlehnt. Femininum *abiyāttu*. 3 oder 4 (ARM 10, 46: 13' unsicher) Belege. Mari.

āḫarātu — AHw. 18a: "hinteres, westliches Ufer". CAD A/I 170a: "the far bank of a river". Noth 1961, 34. Edzard 1964, 144. Malamat 1989, 33: Hebräisch "*ʾaḥar*, *ʾaḥôr*", ugaritisch, aramäisch. Zur Form s. Edzard 1970, 159[17]: "Wegen *aqdamātum* (*apras-*) wohl auch *āḫarātum*". Neue Belege: *ana nawêm š*[*a ina a*]*qdamāt* ^{d}SÁGGAR *u a-ḫa-ra-tim* [*sa*]*knat* ARM 26/1, 180: 11f. "Für das Nomadenlager, das sich östlich des Sinǧār und im Westen befindet"; Durand 1988a, 364, kommentiert: "Les termes de *aqdamâtum* ou de *aharâtum* sont ici employés nettement avec une valeur géographique pure, sans réference à la rive d'un fleuve". *aq-da-ma-at Ḫa-bu-úr u a-ḫa-ra-tim mali* ARM 27, 27: 8f. "Östliches und westliches Ufer des Ḫābūr sind voll (von Heuschrecken)" (*u* + Genitiv!). [*a-ḫa-r*]*a-tim ù aq-*[*d*]*a-ma-tim* ARM 27, 29: 21. 8 Belege. Mari.

[*almānu*] — Von Zadok 1993, 319a, als Lehnwort genannt. AHw. 38a gibt "Witwer" an, ohne von einem Lehnwort zu sprechen. Es gibt für das Wort jedoch keinen sicheren publizierten Beleg; vgl. CAD A/I 362a: "The Mari ref. ... cannot be utilized".

apqu? — In zerstörtem Kontext: *eqlam ina ap-*⌜*qí*⌝-[*im*] ARM 28, 73: 6 "das Feld im T[al]"; vgl. J.-M. Durand *apud* Kupper 1998, 103[b]. S. hebräisch ʾPYQ "Bachrinne" HAL I 76. Auch als Ortsname belegt, s. *Ap-qí-im*^{ki} ARM 5, 43: 13 (vgl. ARM 16/1, 5). 1 Beleg. Mari.

aqdamātu — AHw. 62b: "vorderes, östliches Ufer". CAD A/II 207a: "the near bank of a river". Noth 1961, 34. Edzard 1964, 144. Malamat 1989, 33: Hebräisch "*qedem*", ugaritisch, aramäisch. Neue Belege: ARM 26/1, 180: 11. ARM 27, 27: 8. ARM 27, 29: 21 (s. Zitate unter *āḫarātu*). *ša ina aq-da-ma-tim* ^{i7}*Ḫa-bu-úr ībiramma* ARM 27, 27: 10f. "Die (Heuschrecken) vom östlichen Ufer überquerten den Ḫābūr". [*a*]*q?-ta-ma-tim* ARM 27, 112: 15. 9 Belege. Mari.

aqdamu — AHw. 1544a: "frühere Zeit" mit Etymologie "kan. Fw."; der Beleg ist als ARM 26/1, 197, neu ediert. Neue Belege: *i*[*štu a*]*q-da-mi* ARM 28, 95: 25 "depuis les temps anciens", [*i*]*štu aq-d*[*a*]*-m*[*i*] ib. 30, *ša aq-da-mi-ni-ma* Florilegium Marianum II S. 216: 14'. 4 Belege. Mari.

arbaḫtu? — n A.ŠÀ *in ugār ʾIlʾaba ina ar-ba-aḫ-tim* [*š*]*a* PN ARM 22/2, 328 iv 10'f. Dazu Zadok 1993, 328b, unter √ *rb*^{c}/*ḥ*: "The form looks like Ug. *arb*^{c}(*t*) «four». For the denotation («quarter, division»?) compare perhaps BHeb. *mrb*^{c}(*t*) «square» (piece of land), Sab. *rb*^{c}*tm* (a kind of square building), Arab. *rab*^{c} «abode», *murabba*^{c} «plot of land»". 1 Beleg. Mari.

baddu? — AHw. 95b: "ein Funktionär" mit Alternativlesung *baṭṭu*. CAD

B 27: "a military rank". Noth 1961, 34f. Edzard 1964, 144: "Die von G. R. Driver erratene Bedeutung «Wahrsager(?)» paßt nicht in den Zusammenhang von ARM 2, 30: 9'". 2 Belege. Mari.

[*bakīra*] AHw. 97a ad ARM 1, 70: 5: "frühzeitig" mit Etymologie "kan. Lw.?"; so auch bei Zadok 1993, 321b. CAD B 34b: "most likely ... a personal name or a word denoting an occupation". Durand 1997, 118, liest jedoch *šu-ur-ra-am* "au début".

baqru? "Kuh": 1 AMAR GA *ša ba-aq-ri-im* ARM 24, 42: 1'f. "Ein Milchkalb von einer Kuh(?)". So Durand 1987a, 210[36]. Talon 1985a, 28, dachte dagegen an einen Personennamen. 1 Beleg. Mari.

bataru "Schlucht": s. Durand 1998, 191, zu ARM 14, 75: 23-25: *bazaḫatūja ina ḫamqim qerbetim ba-ta-ri-im u Bīt-Kāpān* [*š*]*aknā* "Meine Gendarmerie war im Tal, auf dem Feld, in der Schlucht und in Bīt-Kāpān stationiert". Vgl. hebräisch BTR "zerschneiden" und BTRWN "Schlucht(?)" HAL I 160. 1 Beleg. Mari.

bâʾu? AHw. 117b und 1547b: *bâʾum* II "kommen" mit Etymologie "kan. Fw. < *bôʾ*". CAD B 181b bucht die Belege dagegen unter genuin akkadischem *bâʾu* und gibt 178b "*ibū* in Mari and EA" an. Die Semantik ergibt kein Argument für ein Lehnwort, weil die Bedeutung "kommen" auch altassyrisch gut belegt ist. Imperfektvokal /*ū*/ findet sich im Arabischen ebenfalls (Wehr 119), ausserdem vielleicht auch altakkadisch (*ib-tu* ZA 87, 23 ii 29; dazu Wilcke 1997, 29). Der /*ā*/-Vokalismus des Akkadischen ist möglicherweise sekundär durch /ʾ/ als dritten Radikal bedingt (Tropper 1998, 20) und Wurzelvokal /*ū*/ wohl schlicht ein archaischer Rest im peripheren Akkadischen.

bazaḫātu? AHw. 117: "Gendarmerie" mit Infragestellung der "kan." Etymologie. CAD B 184a: "military post, outpost" mit Etymologie "WSem. lw.". Sasson 1969, 7: "possibly a West-Semitic loan-word (from *bṣʾ*(?))". Anbar 1974, 441: "peut-être, d'origine ouest-sémitique". Malamat 1989, 33: Hebräisch "*bṣʿ*".

Mit Macdonald 1975, 141, gehört das Wort jedoch vermutlich zu dem in AHw. 145b als *buzzuʾu* "schlecht, ungerecht behandeln" und in CAD B 184f. als *bazāʾu* "to make (undue?) demands", D "to press (a person) ..." gebuchten Verbum. Für dieses Verbum wurden drei unterschiedliche Etymologien vorgeschlagen: 1. Macdonald 1975, 141: √ *bzḫ*, bezeugt im Syrischen und Arabischen; ausgeschlossen, weil Belege mit Schreibungen ohne Ḫ zweifelsohne zum selben Verbum gehören. 2. AHw. 145b: √ *bzʾ/w*, s. hebräisch BZH "geringschätzen" HAL I 113. 3. Durand 1998, 381: √ *bṣ*ᶜ, s. hebräisch HAL I 141b "abschneiden" (Durand spricht von einem "verbe mariote", ohne auf AHw. und CAD zu verweisen, doch handelt es sich um dasselbe Wort); semantisch wenig überzeugend. Keine der Etymologien spricht eindeutig für ein amurritisches Lehnwort oder gegen ein genuin akkadisches Verb: das Verbum ist auch altassyrisch und in altbabylonischer Zeit vor allem in Babylonien belegt; es ist ziemlich häufig. Andererseits weist die Pluralform *bazaḫātu* auf Beibehaltung amurritischer Morphologie (s. § 1.103) hin (einmal jedoch akkadisiert *ba-az-ḫa-tu-ia* ARM 3, 12: 7, von Finet 1956, 2, wenig überzeugend als Fehler angesehen). Die Herkunft von *bazaḫātu* muss offen bleiben.

[*beʾru*] "Elitetruppen". Von Zadok 1993, 321b, als Lehnwort gebucht. AHw. 122b nennt den in Mari belegten Imperativ *bé-ʾè-er* "kan.!". Zwar ist die etymologische Verbindung mit √ *bḥr* "auswählen" unzweifelhaft, die Vermutung einer Entlehnung jedoch aus folgenden Gründen wenig plausibel: 1) Das Verbum *bêru* und das Verbaladjektiv *beʾru* sind schon altassyrisch belegt. 2) Beide zeigen immer *a*/*e*-Umlaut; eine Form **baḥru* ist nicht bezeugt. 3) Altassyrisch wird *bêru* wenigstens teilweise mit starkem Alif flektiert (s. GKT § 91a-b). Auch die altbabylonische Schreibung für den Imperativ *bé-e-er* und jüngere Schreibungen für das Verbaladjektiv wie *be-e-ru*, *bi-i-ru* sprechen eher für Formen mit starkem /ʾ/ als für /ḥ/ oder Langvokal. Ich setze daher auch für das Altbabylonische ein Verbum mit starkem II ʾ an und verstehe Schreibungen wie *be-eḫ-rum* als *beʾrum*.

biqlu *iṣī bi-iq-lam ša taskarinnim* ... [*i*]*ṣī šunūti arḫiš lizqupū* ARM 26/1, 21: 11' ... 15' "Hölzer, Ableger vom Buchsbaum ... diese Hölzer soll man schnell einpflanzen" (Brief aus Aleppo, die Hölzer stammen wohl aus dieser Gegend). √ *bql* mit Zadok 1993, 321b. Durand 1988a, 134f., las *pí-ig-lam*, übersetzte "arbres, boutures de buis" und stellte das Wort zu *paglu* "stark", eine wenig überzeugende Etymologie. Vgl. *baqlu* "Spross" AHw. 105a (1 Beleg), in einer Synonymenliste mit *perʾu* "Spross" geglichen und sicher ebenfalls westsemitisches Lehnwort. Genuin akkadische Entsprechung ist *buqlu* "Malz" AHw. 139a. Ugaritisch: *bql* "Grütze?" WUS Nr. 566. Syrisch *buqlā* "germen" Brockelmann 1928, 87b. Arabisch *baqala* "hervorspriessen" Wehr 103a. Sabäisch *BQL* "plant, lay out a plantation" Beeston 1982, 30. Äthiopisch *baqʷala* "sprout"

CDG 100f. 1 Beleg. Mari.

[buḫratu] Von Zadok 1993, 321b, als Lehnwort gebucht; er bestimmt die Wurzel in Anlehnung an das Ugaritische als √ *bʿr* "brennen". Das Wort bezeichnet ein Opfer: *aššum bu-uḫ-ra-tim ana* ^{d}IŠKUR *n[aqêm]* ARM 26/1, 231: 5 "Wegen der O[pferung] eines *b.*-Opfers an Adad"; weitere Belege ib. 7, 12, 23. Durand 1988a, 471, nennt als Wurzel "*BHR*" "être chaud"; wie aus seinen Ausführungen hervorgeht, denkt er an das akkadische, ab der mittelbabylonischen Zeit gut bezeugte Verbum *baḫāru* "gar sein" (AHw. 96a) bzw. *baḫru* "hot" (CAD B 28f.); die Ableitung *buḫru* bezeichnet mehrfach ein Opfer (CAD B 308a). Weil der zweite Radikal konsistent Ḫ, jedoch nie ʾ oder 0 geschrieben wird, ist /ʿ/ sehr unplausibel. Damit bricht jedoch das einzige Argument für eine Entlehnung aus dem Amurritischen weg; angesichts des Bezeugungszeitraums ist diese ohnehin unwahrscheinlich. Das Wort ist somit genuin akkadisch. AHw. nennt für *baḫāru* keine Etymologie. Ich sehe zwei Alternativen: 1) Die Wurzel lautet √ *bḫr* und ist etymologisch mit arabisch *baḫara* "II verdampfen" (Wehr 67f.) und altsüdarabisch *BḪR* "?incense offering" (Beeston 1982, 27) zu verknüpfen. 2) Die Wurzel lautet *√ *bġr* > √ *bḫr*; vgl. *√ *ṣġr* > √ *ṣḫr*. Das Wort gehört dann etymologisch wohl zu hebräisch, aramäisch, äthiopisch √ *bʿr* "brennen" (HAL I 139f.); ugaritisch √ *bʿr* bedeutet dann nicht "brennen", sondern "plündern, verwüsten" und gehört zu hebräisch BʿR II (HAL I 140), wie ja auch WUS Nr. 559 annimmt.

buqāru AHw. 139a: "Rind" mit Etymologie "< kan. *bāqār*? ar. *baqar*". CAD B 323a: "cattle". Trotz der Schreibung mit GA ist der zweite Radikal /*q*/, nicht /*g*/ (so Durand 1998, 78). Wegen der Nominalform besser "kleines Rind", "Kalb". Auch in Emar belegt, s. Zadok 1991, 116. 1 Beleg. Mari.

dadmu? Durand 1989a, 30f., nennt drei Belege aus unpublizierten Mari-Texten sowie KḪ iv 25 (*mukanniš dadmī Purattim* "der die Länder am Euphrat unterwarf"). Sein Schluss ib. 29f.: "Il désigne tout particulièrement le «Royaume d'Alep» ... Il est donc vraisemblable que *dadmum* était le terme proprement amorrite pour dire *mâtum*". Weil das Wort zudem weder im Altakkadischen noch im Assyrischen, sondern lediglich im Altbabylonischen und jüngeren, literarischen Babylonischen bezeugt ist (s. AHw. 149a), ist amurritische Herkunft durchaus plausibel, wenn auch angesichts des Fehlens weiterer semitischer Etyma nicht völlig sicher. Nur in Mari ist das Wort im Singular belegt, sonst Plurale tantum. S. ferner die Personennamen *Da-ad-mi-im* (Gen) 1393M (Einwohner von

Niḫad) und *Da-ad-mi-tum* (F) 1394M, die vielleicht als Nisbenbildungen *Dadmîm/Dadmītum* "Einwohner des *dadmum*" aufzufassen sind. Zadok 1993, 322a, verbindet damit auch das ugaritische Gentiliz *ddym* (WUS Nr. 734). Altbabylonisch 8 Belege. Mari, Babylonien.

dāru AHw. 164b: *dārum* II "Menschenalter, 60 Jahre" mit Etymologie "< kan. *dôr* Generation". CAD D 115b: *dāru* A: "generation" mit Etymologie "Heb. *dôrīm*". 1 Beleg. Mari (Śamšī-haddu I.-Inschrift).

[*ekēpu*] AHw. 195a gibt unter *ekēpu* G 2 für den einzigen altbabylonischen Beleg Syria 32, 16: 27 (Yaʿdun-lîm-Inschrift) "kan. Fw. in Mari" an. Da das Wort in derselben Bedeutung auch im Altassyrischen vorkommt, bleibt als einziges, m. E. zu schwaches, Argument für ein Lehnwort der abweichende Wurzelvokal *u* statt sonst *i*.

epādu? Von Zadok 1993, 319a, als Lehnwort genannt. CAD E 183a: *epattu* "a costly garment". AHw. 222a: *epattum* "ein Gewand aus Talḫad", nur altassyrische Belege. Beide Wörterbücher sprechen nicht von einem Lehnwort, verweisen aber auf hebräisch ʾPD I (HAL I 75) und syrisch *peḏtā* ("vestis sacerdotalis" Brockelmann 1928, 557b). Die ugaritische Gewandbezeichnung *ipd* wird von Ribichini/Xella 1985, 42, mit *epādu* etymologisch verknüpft, was Durand 1990b, 661f., kritisch kommentiert. Formal lässt sich das altassyrische Wort problemlos als maskuliner Singular *epādu* ansetzen, die Etymologie lässt sich jedoch nicht beweisen; wenn Talḫad mit Talḫāju der Mari-Texte identisch ist, liegt es in Nordsyrien, was eine amurritische Herkunft des Wortes immerhin möglich scheinen lässt. 7 Belege. Altassyrisch.

gabʾu AHw. 1555a, zu AHw. 272b: "Gipfel". Sonst in Emar (? Durand 1989) und neuassyrisch (Zadok 1989) bezeugt. Malamat 1989, 33: Hebräisch, ugaritisch. Neue Belege: *ga-ab-i-im* ARM 26/2, 388: 12. *ga-ba-i* ARM 26/2, 414: 25. 3 Belege. Mari.

gabû D? "versammeln (?)": *ištu ḫalaṣ* ON *nawâm ug-da-ab-bi-im* ARM 26/1 S. 160 A.915: 7'-8', was Durand ib. übersetzt "Je viens rassembler (*ug-d-abbi-am*) les gens de la steppe". Durand stellt das Verbum zu syrisch *gḇā* "collegit" Brockelmann 1928, 100. S. äthiopisch *gabbaba* I "gather" CDG 177b. S. *gibêtu*. 1 Beleg. Mari.

garāšu? AHw. 903a s. v. *qarāšu*: *garāšu* II "vertreiben" mit Etymologie "kan. Fw.": *ug-ta-ar-ša-an-ni* ARM 2, 28: 9, 19. Durand 1998, 644f., diskutiert das Verbum ausführlich; sein Schluss, dass auch die in AHw. und CAD unter *qarāšu* "abschneiden" gebuchten Belege zu demselben Verbum *garāšu* gehören würden, ist jedoch angesichts der Schreibungen mit *qa-* zweifelhaft. Vielmehr stellt sich umgekehrt die Frage, ob nicht *ug-ta-ar-ša-an-ni* von *qarāšu* abzuleiten ist; semantisch wären "abschneiden" und "vertreiben" unschwer vereinbar. Doch bleibt der Beleg auch formal problematisch (UG = ig_x?). 2 Belege. Mari.

[*ga'û*] AHw. 1556a: "sich überheben" mit Etymologie "kan. Fw.", 1 Beleg. S. von Soden 1972b. Der Text ist als AbB 11, 85, neu bearbeitet; dort wird nun Z. 15 *i*-BI-*ú* gelesen.

gayyišam Anbar 1991, 78: *ga-ji-ša-am* A.3993 (vgl. ARM 26/1 S. 15[42]) "clan par clan". 1 Beleg. Mari.

gayyu CAD G 59a: *gâ'u* "group, gang (of workmen)" mit Etymologie "Heb. *gôy*". AHw. 284a: *gā'um* "Volk" mit Etymologie "kan. Fw. he. *gôi*". Zwei weitere Belege in AHw. 1556a. Kupper 1957, 20[1]: "il n'y a aucune raison de donner au terme le sens de «territoire»". Noth 1961, 15f. und 35. Edzard 1964, 144: "Aram. *gawā* nach Th. Nöldeke ... hierher". Malamat 1989, 33: Hebräisch "*gôy*", phönizisch. Talon 1985: Zusammenstellung der Belege; ib. 278 Schreibungen; sie weisen auf die Form *gayyu*, nicht *gā'u* (vgl. § 5.7 mit Anm. 6).

Den Beleg AbB 4, 69: 41 stellte von Soden 1972b zu einem *ga'û* "sich überheben", AHw. 1556a aber zu *gāju* "Stamm"; es dürfte jedoch trotz der Bedenken von Sodens 1972b *a-na-ga-ḫi-im* (= *an-nagahim*, Sandhi) zu lesen sein, womit der einzige für Babylonien gebuchte Beleg entfällt; allerdings bedeutet dieses Wort mit von Soden 1972b gegen AbB 4 kaum "Rohling": vermutlich ein zu √ *ngh* (s. Gelb 1980, 332) gehöriger Personenname.

Anbar 1991, 78f.: "clan"; ib. 78[308] werden zwei Namensformen "*gā'um*" und "*gāyum*" postuliert, doch s. schon Talon 1985, 278. Auch als Namenselement belegt; s. zu diesem Huffmon 1965, 123[23] und 180, Gelb 1980, 18 und 298, Knudsen 1983, 13, Talon 1985, 278, ARM 16/1, 73. Mehr als 10 Belege. Mari, Rimāḫ.

gibêtu? "Rekruten (?)". Laut Durand 1988a, 160f., von *gabû* D "versammeln" abzuleiten". Eidem 1994, 208[1]: "rather an «army assembled and ready»". Belege: *ṣābum kalûšu gi-bé-tum* ARM 26/1, 27: 10 "Die ganze Truppe besteht aus *g.*". Drei weitere Belege für *gi-bé-e-tum* stellt ARM 26/2 S. 145[39], zusammen (dort trotz des Ableitungsvorschlags wie in ARM 26/1 S. 609 als *gipêtum* umschrieben). *warkat ṣābim anāku parsāku ša ina ṣābim gi-*⌜*bé-tim*⌝ *bēlī illakma* Florilegium Marianum II S. 206: 43f. "Ich selber habe die Truppe überprüft, so dass mein

Herr mit einer *g.*-Truppe ziehen kann". Weder die Bedeutung noch die Ableitung von *gabû* D scheinen gesichert. 5 Belege. Mari.

[*gubburu*] *paḫār Ḫanê ina gu-ub-bu-ri-ma* ARM 26/1, 27: 3, von Durand ib. S. 159 mit "rassemblement des Ḫanéens dans le *campement fortifié*" wiedergegeben; dazu ib. S. 160: "pourrait ... être un mot apparanté à l'institution des *gibbôrîm* de la Bible". Letzteres Wort gehört zu GBR "Mann", von dem im Semitischen keine *nomina loci* gebildet werden, weshalb die etymologische Verknüpfung unplausibel ist.

ḫabalu AHw. 301b: "Riemen" mit Etymologie "kan. für *eblu*". 1 Beleg. Mari.

[*ḫadāru*] Durand 1997, 346f., stellt *i-ḫa-ad-da-ar* ARM 6, 64: 6 und *iḫ-ḫa-ad-da-ar* ARM 2, 106: 18 zu einem mit hebräisch ʿDR III (HAL III 749f.) "(nif.) vermisst werden" zu verbindenden Verbum, das "se laisser aller, se décourager" bedeute. Doch ist das m. E. semantisch schwierig; CAD A/I 106a *adāru* A 7b reicht zur Deutung der Stellen aus.

[*ḫadašu*] 5 DUG GEŠTIN *inūma mārū šiprim ḫa-da-šu ša* PN *maḫar šarrim ... ušbū* ARM 24, 65: 15-20, vgl. ib. 28 "5 Krüge Wein, als die Boten ... des PN vor dem König sassen". Während Talon 1985a, 215, den Terminus unübersetzt lässt, schlägt Sasson 1986, 145, unter Vorbehalt √ *ḥdš* "neu" vor, was jedoch ganz unsicher ist (welche Form?). 2 Belege. Mari.

ḫadqu AHw. 1558a: "Bez. einer Steppe?" mit Etymologie "he. *ḥedeq* Dorngebüsch?". Birot 1978, 187: "désignerait un lieu sans eau, steppique". Durand 1998, 258f., hält eine Etymologie √ *ʿtq* für möglich: "l'endroit où l'on poursuit sa route ... Le *ʿatqum* peut donc avoit été le parcours des troupeaux qui allaient chercher le sel au Sud-Sindjar"; allerdings spricht die Nominalform gegen diese Etymologie. Nach Durand ib. liegt das Wort auch in ARM 2, 41 = ARM 26/2, 387: 12 vor. Zadok 1993, 320a, stellt das Wort ohne nähere Erläuterung zu √ *ʿdk/q*. Ebenfalls onomastisch belegt, s. zuletzt Durand 1991, 95. 2 Belege. Mari, Rimāḫ.

[*ḫakammu*] AHw. 1558a: "geschickt" mit Etymologie "kan. Fw.". Birot 1974, 215: "exemple fort instructif d'un emprunt direct au dialecte ouest-sémitique parlé dans la région". Malamat 1989, 33: *ḫakim* "skilful, competent", westsemitisch allgemein. Den einzigen in AHw. verzeichneten Beleg ARM 14, 3: 15 liest Durand 1987c *ḫa-ka-*[*ma-*]*am*, nennt drei weitere Belege (Durand gibt für einen der noch unpublizierten Belege die Tafel A.370+ an; vgl. ARM 26/2 Nr. 480 ("A.370"), jedoch ein anderer Text) und rekonstruiert die Form als *ḫakkamam*.

Diese Form sei Variante des Verbaladjektivs/Stativs eines in Mari bezeugten Verbums *ḫukkumum* "être informé", welches angesichts seiner Häufigkeit nicht als Lehnwort anzusprechen sei. Letzteres ist wohl richtig, zumal die Belege zu dem von Durand nicht erwähnten, in AHw. 309 gebuchten, alt- und jungbabylonisch sowie neuassyrisch bezeugten Verbum gehören. Für protosemitisch */*ḥ*/ > akkadisch /*ḫ*/ vgl. Tropper 1995a, 62. Die formale Analyse Durands halte ich dagegen für zweifelhaft, da kein phonologisches Motiv für einen Wechsel */*u*/ > /*a*/ existiert; besser ist die Annahme eines Adjektives der Form *PaRRaS* (zu den bei Kouwenberg 1997, 51f. 3.1.2., genannten Belegen "(mainly) literary adjectives" zu stellen?).

ḫakû CAD Ḫ 33b: "to wait" mit Etymologie "Heb. *ḥikkā*". AHw. 309b: "erwarten" mit Etymologie "kan. *ḥākā*, *ḥikkā*". Edzard 1964, 145: Hebräisch sowie jüdisch-aramäisch als Hebraismus. Malamat 1989, 33. Hebräisch meist piel, 1x jedoch qal, s. HAL I 300b.

Neuer Beleg: *ḫi-ke-*⸢*e*⸣*-*[*ma*] *ša it*[*tikun*]*u ibaššî qibînimma* ARM 26/2, 404: 39f. "Wartet und sagt mir, was euch gehört!"; s. dazu Durand 1998, 94. Ob der von Durand ib. genannte Beleg *ana šubtim ú-ḫa-ak-ka-an-ni* (unpubliziert) ebenfalls hierher gehört, scheint dagegen zweifelhaft; die Übersetzung "cherche à m'entraîner dans une embuscade" ist hinsichtlich *ana šubtim* schwierig.

Ein dritter Beleg findet sich in ARM 28, 95: 59-61: *awīlū šunu nakar bēlīja* [*bē*]*lī li-iḫ-ki-šunūti awīlū šunu mārū Ḫana ul mārū mātīšu šū maḫar bēlījama lišib* "Sind denn diese Leute Feinde meines Herrn? Mein Herr soll auf sie warten! Diese Leute stammen aus Ḫana. Sie stammen nicht aus seinem (des Išme-dagans) Land. (Deshalb) sollen sie (Kollektiv!) sich bei meinem Herrn aufhalten". Anders übersetzt Kupper 1998, 136: "Que mon seigneur leur tende un traquenard". Ib. S. 107[c] wird im Anschluss an J.-M. Durand ein Verbum *ḫakû* "tendre un piège", "chercher à tromper" postuliert, zu dem auch der Beleg ARM 4, 22: 19 gehören würde; Durand 1998, 94, übersetzt letzteren Beleg jedoch "Ils attendaient ... les (autres) notables"; Kuppers Wiedergabe "ils cherchent à tromper les notables" gibt dagegen im Kontext wenig Sinn; darüber hinaus würde eine Etymologie für *ḫakû* "täuschen" fehlen. Vgl. *ḫikītu*. 3 Belege. Mari.

[*ḫallu*] "Essig": 4 DUG GEŠTIN$^{ḫi.a}$ *ḫa-al-lu* ARM 23, 494: 9. Von Zadok 1993, 324b, als Lehnwort gebucht. Auch in Emar (s. Zadok ib.) und im I. Jahrtausend (s. AHw. 312b *ḫallu* IV mit

Annahme einer Entlehnung aus dem Aramäischen) belegt. Arabisch *ḫall* Wehr 352b. Nichts spricht gegen ein genuin akkadisches Wort.

ḫalû CAD Ḫ 54a: "to be sick". AHw. 314b: "krank werden" mit Etymologie "< kan. *ḫālā*". Malamat 1989, 33. Durand 1997, 348, bezweifelt die Etymologie, geht aber ebenfalls von einem amurritischen Lehnwort aus: "Sans doute toutefois cette forme donnerait-elle à Mari plutôt *helêt. Une interpretation *hallat*, d'un verbe apparanté à hébreu ḤLL, «blesser un animal sauvage», arabe *ḫalla*, serait plus adéquate". Allerdings spricht die graphische Kürze des *l* (*ḫa-la-at*) gegen **ḫallat*, weil der Text Konsonantenlänge sonst konsequent notiert. In parallelem Kontext verwendet derselbe Text ferner ein Wort *nissatu* (s. u.), welches wohl "Krankheit" o. ä. bedeutet. Schliesslich ist der dritte Radikal des Etymon nicht genau bestimmbar (laut HAL I 303b arabisch ḪLW, altsüdarabisch - falls dazu gehörig - ḤLʾ), so dass über die Repräsentation des amurritischen Pendants in akkadischem Kontext nichts Sicheres gesagt werden kann. 1 Beleg. Mari.

ḫâlu Krebernik (im Druck): "ernähren", √ *ʿwl*. Zadok 1992 und 1993, 323: √ *ġwl*, nach Krebernik jedoch nicht etymologisch verwandt. Belege: ÙZ *a-lá-tum* ARM 19, 462: 4 "Ernährende (d. h. Milch gebende) Ziegen" (in Opposition zu *yabisātu*, s. u. *yabisu*). n (UDU) *ḫa-la-at Ṣummurātim/Ṣamarātim* ARM 24, 51: 1, 2, 18, 20 "n Schafe, die *Ṣ.*-Schafen Milch geben". Formal liegt ein Partizip des G-Stammes vor (Krebernik im Druck). 5 Belege. Mari.

ḫammu A: AHw. 44b: *ammu* "Volk(?)". CAD A/II 77a: *ammu* "people(?)". 2 Belege. Babylonien (Kodex ʿAmmu-rāpiʾ), 1x lexikalisch.

B: Beide Lexika trennen davon ein *ḫammu* "Familienoberhaupt" (AHw. 217b) bzw. "master, head of the family" (CAD Ḫ 69a). AHw. und CAD geben keine Etymologie an; mit HAL III 792a liegt aber wohl dasselbe Wort *ʿammu* vor. *ḫi-im-mu-um* ARM 14, 70: 4' gehört mit Birot 1974, 231, und Durand 1998, 442, dagegen eher zu akkadisch *ḫamāmu* sammeln und nicht zu *ʿammu*. Die in AHw. verzeichneten, nach-altbabylonischen Belege für *ḫammu* und *ḫammūtu* dürften Neuentlehnungen sein. Der bislang einzige altbabylonische Beleg stammt aus einem Ištarhymnus und bezeichnet mit dem *ḫammu* Ištars Anu, ihren Vater. Neuer Beleg: *panānum abūšu u ḫa-am-mu-šu ṭēmšunu ana bītim annîm ul ugammirūnim* ARM 26/2, 449: 18f. "Früher hatten sein Vater und sein *ḫ.* mir nie vollständigen Bericht über dieses Haus erstattet"; *ḫammu* meint hier offenbar den Grossvater Yagīd-lîm. *ḫammu* hat also in beiden Fällen nicht die spezielle Bedeutung "Vatersbruder", sondern heisst allgemeiner "älterer, männlicher Verwandter". Auch onomastisch belegt, s. Gelb 1980, 260ff. 2 Belege. Babylonien (literarisch), Mari.

ḫamqu CAD Ḫ 70a: "valley". AHw. 318a und 1558b: "Tal" mit Etymologie "< kan. ʿ*amq*". Noth 1961, 36. Edzard 1964a, 145. Malamat 1989, 33: Hebräisch "ʿ*emeq*", ugaritisch, aramäisch. Durand 1998, 514: "Le *ḫamqum* représentait donc les basses terrasses de l'Euphrate". Neuer Beleg: *ḫa-am-qa-am* Florilegium Marianum II S. 38: 8. Auch in Emar 383: 7' (ᵈKUR EN *am-qí* "Dagan, Herr des Tals") belegt, s. Zadok 1991, 123. 8 Belege. Mari.

[*ḫannanu*] Zadok 1993, 324b, nennt die Belege ᵃⁿšᵉ*ḫa-an-na-nim* M.A.R.I. 4, 458, und 2 *ḫa-an-na-nu* ARM 21, 423: 1. Da ein Etymon fehlt, ist seine Annahme eines Lehnwortes unbeweisbar.

[*ḫanû*] Durand 1998, 417: "signifie «qui vit sous la tente» et dérive d'une racine apparantée à l'hébreu ḤNʾ, de sens analogue. «ḪA-NA» qui a été pris pour un idéogramme sumérien n'est que la suffixation en *-a* (la formation amorrite du féminin, analogue au *-at.um* de l'akkadien) du terme *ḫanûm* et désigne soit la collectivité, soit le pays bédouin". Durands Etymologie ist aber mit mehreren Schwierigkeiten verbunden: a) Für ein Partizip "Zeltbewohner" würde man die Form **ḥāniʾ* erwarten; *ḫa-na* kann aber nicht auf **ḥāniʾ-a* zurückgehen, da eine solche Form über **ḫānīya* zu **ḫāniyi* oder **ḫānî* würde (vgl. §§ 2.150ff.). b) Das Femininum eines derartigen Partizips kann nicht das Kollektiv "die Zeltbewohner" oder gar "Land der Zeltbewohner" bedeuten. c) Die hebräische Wurzel heisst nicht "im Zelt wohnen", sondern schlicht "sich lagern", ohne dass ein spezieller Zusammenhang mit Nomaden bestünde; die Pendants in den anderen semitischen Sprachen weisen auf eine Grundbedeutung "beugen". Vermutlich bedeutet "Ḫanäer" einfach "Bewohner des Landes Ḫana"; diese sind oft, vielleicht aber nicht immer Nomaden (vgl. § 1.43).

[*ḫapāru*] Durand 1998, 403, postuliert für ARM 1, 60: 22f., ein Verbum *ḫuppuru* "faire honte, décevoir dans son attente", das er mit hebräisch ḤPR "beschämt sein" (HAL I 327) verbindet. Der Beleg lautet: *ṣābum šū dabābam*(!) *liḫšiḫ ṣābam šâti ḫu-ub-bi-ir*. Übersetzungsvorschlag: "Mag sich eine Truppe auch beschweren wollen, lasse diese Truppe Lärm machen(?)", d. h. wohl zu AHw. *ḫabāru* I "lärmen" (faktitiver D).

ḫarāšu — AHw. 1559b: *ḫarāšu* III "schweigen" mit Etymologie "kan. Fw.". Dossin 1968. Malamat 1989, 33: Hebräisch, aramäisch. Ob die von Dossin genannten Belege aus Babylonien hierher gehören, ist unsicher. Neuer Beleg: *ṣābum* ON *i-ḫa-ar-ru-ša-am-ma ana aḫ Purattim ana elêm pānam išakkanū* Florilegium Marianum II S. 324 Nr. 21 "Die Truppe von ON könnte sich heimlich(?) aufmachen (Koppelung!), zum Euphratufer hinaufzuziehen". Zu Recht weist Zadok 1993, 324b, darauf hin, dass die Wurzel *ḫrš* lautet; die Wiedergabe von */š/ > /ś/ durch Š ist ein Akkadismus (vgl. § 2.133); amurritisch würde man S erwarten (s. § 2.131). 2 Belege. Mari.

ḫâru — CAD Ḫ 118b: *ḫāru* "donkey foal". AHw. 328b: "Eselhengst" mit Etymologie "< ug. *ʿr*, he., ar. *ʿair*". Malamat 1989, 33. Die Vermutung, der Monatsname *ajaru* hänge mit diesem Wort zusammen (Durand 1988a, 121f.; Cohen 1993, 310; Durand/Guichard 1997, 40), ist allein schon wegen der Repräsentation des ersten Radikals durch alphabetisch *ḫ* in Ugarit ausgeschlossen; auch die Vokalisation spricht dagegen. Neue Belege: *ḫa-a-ru* ARM 26/2, 404: 33, *ḫa-a-ri-* ib. 32, 51, 50, *ḫa-a-ri-im* ib. 13, *ḫa-a-ru-um* ib. 61, [*ḫ*]*a-a-ri ša sa-*[*l*]*i-mi-im* ARM 26/2, 428: 4' "Esel des Friedensschlusses", *ḫa-a-ru-* ib. 6', *ḫ*[*a*]-⸢*a*⸣-[*r*]*i iqtulū* ARM 28, 50: 20', *ḫa-a-ri* ... *idūk* ARM 28, 66: 6-7 u. a. m. Mehr als 20 Belege. Mari.

[*ḫarūru*] — AHw. 329a: "ein Gewand", in Mari belegt. Von Zadok 1993, 324a, unter √ *ḥrr* als Lehnwort gebucht, doch liegt die Etymologie im Dunkeln.

ḫaṣāru — CAD Ḫ 130b: "enclosure for sheep". AHw. 331b und 1560a: "Hürde". Weder CAD noch AHw. sprechen von einem Lehn- oder Fremdwort, wohl weil dasselbe(?) Wort im Spätbabylonischen mit der Bedeutung "ein Platz für Dattelverkauf" wieder auftaucht. Doch kann mit Noth 1961, 37, Malamat 1989, 33, und Anbar 1991, 166, an der amurritischen Herkunft der Mari-Belege kein Zweifel sein. Ob die spätbabylonischen Belege aus dem altbabylonischen Lehnwort innerhalb des Akkadischen entwickelt wurden, wie Noth vermutet, ist unsicher; denkbar ist ebenso eine Neuentlehnung aus dem Aramäischen. Edzard 1964, 145. Malamat 1989, 33: Hebräisch "*ḥāṣēr*", ugaritisch, aramäisch(?). Durand 1990d, 634: "Les *ḫâṣirâtum* semblent appartenir surtout au monde économique des nomades, les sédentaires ... recourant à des structures plus solides dénommées *tarbâṣum*"; des weiteren weist Durand auf die Möglichkeit hin, dass mit Determinativ ^{ki} versehene Belege Ortsnamen sind. Anbar 1991, 166: "un mot amurrite, qui n'existe ni en accadien, ni en hébreu" mit Anm. 529 "*ḫaṣē/ārātum* est de la racine *ḥẓr*, tandis que *ḥ^{a}ṣērīm* biblique est d'origine *ḥḍr*"; doch gibt es für diese Annahme keinen Grund, s. HAL I 331b. Darüber hinaus ist gegen Anbar unplausibel, dass sich das Wort auf die "Zelte" der Nomaden bezöge. Zadok 1993, 323b, dagegen √ *ḥḍr* "in view of N/LB *ḫa-ṣa-ru* and Syr. *ḥṣr*ʾ" obwohl √ *ḥẓr* "at first site seems to suit better the context"; doch ist diese Argumentation nicht zwingend, da die keilschriftliche Entsprechung zu aramäisch /*ẓ*/ ja nicht eindeutig sein muss (in diesem Fall Ṣ und Ṭ). Neue Belege: ARM 26/1, 40: 24. ARM 26/2, 427: 10. ARM 27, 63: 7. ARM 27, 70: 18, 19, 20, 24, 26. Das Wort ist in der Form *ḫu-ṣú-ra-ni* Emar 144: 1 belegt, s. Zadok 1991, 116. Unklar ist, ob *ḫi-iS-r-* im Ausdruck ŠE *ša* n IKU A.ŠÀ *ḫi-iS-ri*(*-im*) MDOG 125, 55: 15; ARM 24, 5: 6', 9' "Gerste für/von n Iku *ḫ*.-Feld" hierher gehört; Krebernik 1993, 59, hält auch eine Ableitung von √ *ḫḍr* "grün" für möglich.

14 (17?) Belege, einer davon in einem Götternamen. Mari(, Tuttul?).

ḫašû CAD Ḫ 146a: *ḫašû* E "to disregard(?)". AHw. 335b: *ḫašû* VII "schweigend übergehen". 1 Beleg. Mari.

ḫatāku? AHw. 335b: "entscheiden" mit Etymologie "auch he., aram.". Von Zadok 1993, 324b, als Lehnwort gebucht. Hebräisch ḤTK nif. "ist bestimmt" HAL I 349b. 1 Beleg. Babylonien.

[*ḫâtu*] AHw. 1560b: "an die Beute herangehen" mit Etymologie "ar. **ḫūt*". Beleg ARM 14, 2: 9-11: *nēšum ina ḫa-TI-šu ana tarbaṣim ana saḫātim imqut*. Birot 1974, 22, hatte *ḫa-ṭí-šu* gelesen und übersetzt "alors qu'il explorait". CAD S 54b *saḫātu* A, gefolgt von Durand 1997, 349f., emendierte zu <*ša-*>*ḫa-ti-šu* (sic! gemeint ist *-ṭí-šu*) und gab den Passus mit "as it was making its attack(?)" wieder; CAD Š/I *šaḫāṭu* A bucht den Beleg aber nicht mehr. Weder die Annahme eines Hapax noch die Emendation sind notwendig: lies *ḫa-ti-šu* und übersetze: "Der Löwe in seiner Panik fiel beim Hof in die Grube" (zu *ḫātu*).

[*ḫatūdu*] *ḫa-tu-du* ARM 21, 14: 6. Von Zadok 1993, 321a, als Lehnwort gebucht. Mit von Soden 1987, 104, jedoch die "altbab. Form von *atūdu* «Bock»".

[*ḫaṭāṭu*] AHw. 336b: "ausgraben". Von Zadok 1993, 324b, als Lehnwort gebucht, doch sehe ich mit AHw. keinen Grund gegen die Annahme eines genuin akkadischen Wortes.

ḫayartu? "Eselin"(?): (Öl) *inūma mesî ḫa-ja-ar-tim* M.A.R.I. 3, 87: 6. Charpin 1984a, 109, schlägt mit Verweis auf *ana mesî* ANŠE(?) DINGIR ARM 21, 117: 6-7 "ânesse" vor. Doch ist der

Beleg aus drei Gründen unsicher: 1) ARM 21 las statt ANŠE vielmehr GÌR(?). 2) Die Schreibung mit *-ja-* (PI) ist auffällig. 3) Als Nominalform wäre QaTLat zu erwarten. 1 Beleg. Mari.

ḫayyatu "Tiere": *aššum ḫa-ia-ti ša ina* ON *leqît waššurim* ARM 28, 69: 3f. "Um die Tiere, die in ON festgehalten sind, frei zu bekommen". Vgl. *ḫa-ia-tam* ib. 6 und 10. Dazu Kupper 1998, 100[a]: "term collectif *ḫâyatum* «gens»". Ferner A.2275, zitiert in ARM 26/1, 275[+5]: *Šubram išḫiṭma* ... [*ḫ*]*a-a-*[*ia*]*-ti-ia i-na sa-li-ma-tim iḫa*[*b*]*bal inanna bēlī lišpurma ḫa-a-ia-ti liwaššerū* "Š. hat eine Razzia veranstaltet und ... raubt meine Tiere mitten im Frieden. Nun soll mein Herr schreiben, dass man meine Tiere (wieder) herausgibt". Das normale Objekt einer Razzia ist Kleinvieh; schon inhaltlich spricht nichts für eine Bedeutung "Leute". Die Pendants in anderen semitischen Sprachen bedeuten stets "Tiere": ugaritisch ḤWT I WUS Nr. 911, hebräisch ḤYH I HAL I 297b, syrisch *ḥayyūṯā* Brockelmann 1928, 229. Ableitungen von √ *ḥyy* mit der Bedeutung "Leute" gibt es dagegen nicht. Formal liegt /*ḥayy-at*/ vor: die Graphie *ḫa-a* steht hier nicht für "*ḫâ-*". 5 Belege. Mari.

[*ḫaZāpu*] *ē*[*m i*]*ṣṣūrim ḫa-Zi-i*[*p-ti*]*m ša ina pān kassūsim* [*ḫ*]*u-Zu-pa-at-ma* M.A.R.I. 6, 63[129], von Durand 1990c, 64, wie folgt übersetzt: "à l'endroit ... (où va) l'oiseau fugitif qui fuit devant l'oiseau de proie"; ib. Anm. 134 schlägt Durand fragend √ *ʿzb* vor. Zadok 1993, 320b, greift diesen Vorschlag auf. Durand 1997, 389, dagegen gibt zu: "Le verbe *ḫaZâpum* m'est ... inconnu et je ne sais à quoi le rattacher étymologiquement". In der Tat spricht die Schreibung *-pa-* gegen √ *ʿzb*.

ḫāziru CAD Ḫ 166b: "helper(?)". AHw. 339a: "Helfer" mit Etymologie "zu kan. *ʿzr*". Auch onomastisch gut belegt, s. AHw. und CAD. 1 Beleg. Mari.

ḫazzatu CAD A/II 531: *azzatu* "she-goat". AHw. 339b: "éine Ziege". In Tuttul (unpubliziert) *a-za-tum*. 3 Belege. Chagar Bazar, Tuttul. Daneben verzeichnet CAD mehrere Belege aus Nuzi.

ḫazzu AHw. 339b: "Ziege". Noth 1961, 36. Malamat 1989, 33: Hebräisch "*ʿēz*", ugaritisch, aramäisch. 2 Belege. Mari, Tuttul.

[*Ḫen*] Bisher als Ortsname verstanden, s. ARM 16/1, 15 (*Ḫi-en*) mit Angabe "Variante de *Ḫana*?". Anders Malamat 1989, 33: "Spring (referring to toponyms in both Mari and the Bible)" mit Etymologie hebräisch "*ʿayin*" und allgemein westsemitisch. Ib. 44: "we consider the word Ḫen not as a toponym at all but rather as the West Semitic term *ʿayin*, «spring, water source», and it thus perhaps refers to Rās al-ʿAyīn, situated on one of the tributaries of the Habur". Durand 1997, 148: "Cette «ville» ... est au propre un terme qui signifie le «Campement» et correspond au Mahanum de Bensim'alites". Da das Wort jedoch nicht wie sämtliche anderen amurritischen Lehnwörter in das akkadische Flexionssystem eingegliedert ist, handelt es sich zweifellos nicht um ein Appellativum. Die Ableitung von hebräisch ḤNH "Lager beziehen" (HAL I 319) ist zudem formal schwierig (die typisch akkadische epenthetische Längung **ḥinw* > *ḥīn* dürfte kaum in Frage kommen). Schliesslich ist in MDOG 126, 35: 5 (Tuttul) die Nisbe ^{lú}*Ḫi-na-ju*^{ki} bezeugt. Vgl. *maḫ(a)nû*.

[*ḫibbu*] CAD Ḫ 179a: "mng. uncert.", in der discussion section "Probably some type of irrigation apparatus". AHw. 344a: "Dickicht" mit Etymologie "< kan., aram. *ʿāb, ʿubb*". Mit Safren 1986 stelle ich den Beleg zu *ḫippu*.

Ḫibirtu? Monatsname in Mari. CAD E 14b: "Possibly to connected with *ebēru* A, in the meaning to «overflow,» attested in West Semitic (Heb., Aram.), hence «the month of overflowing the rivers.»" AHw. 183a: *Ebirtum, Ḫe/ibirtum* "wohl kan. *ʿEbirtum*, unkl.". Cohen 1993, 282f., und Zadok 1993, 320a, schliessen sich dieser Etymologie an. Hebräisches ʿBR ist im Sinne von "über die Ufer treten" bezeugt (HAL III 736b), akkadisches *ebēru* jedoch bisher nicht. Texte, die über Überschwemmungen des mittleren Euphrats und des Ḫābūr berichten, sind bei Durand 1998, 614-628, zusammengestellt. Mehr als 10 Belege. Mari.

[*ḫiblu*] Ob das in AHw. 1561a verzeichnete Wort für ein Gewand (2 Belege, Babylonien) mit Zadok 1993, 323b, zu √ *ḥbl* gehört, ist unklar.

ḫibru CAD Ḫ 181a: "clan, tribe". AHw. 344a und 1561a: "Klan" mit Etymologie "< kan. *ḫibr* Verbindung". Kupper 1957, 20^{1}. Noth 1961, 15f. und 35f. Edzard 1964, 145: "ug., hebr., aram., äth.". Malamat 1989, 33: Hebräisch "*ḥeḇer*"; ib. S. 39-41; vgl. HAL I 276b ḤBR I "Gemeinschaft" (zu trennen von ḤBR II "Gefährte"). Charpin/Durand 1986, 154^{+68}: "On sait que *ḫibrum ša nawêm* est l'expression qui sert à décrire la partie nomade d'un clan, par opposition à ses membres qui se sont sédentarisés". Durand 1988a, 342: zu "*ḫaBârum* «quitter son domicile»"; mir wenig wahrscheinlich. Anbar 1991, 79: "un groupe nomade peut-être en transhumance". 6 Belege. Mari.

[*ḫiglu*] CAD 183f.: "a metal container". AHw. 345a: "ein Ggst." mit Etymologie "< kan. *ʿēgel* Kalb?" (1 Beleg). Malamat 1989, 33: auch ugaritisch, aramäisch. Charpin/Durand 1983, 94, lesen *ḫi-pí-lu*: "le signe IG est en fait la mésinterprétation de BI sur LU anticipé". Limet 1985, 518: "Des graphies commes: *ḫi-ga-*

lu ... *ḫi-gal-lu* ... *ḫi-ig-ga-lu* ... indiquent que *ḫi*-IG-*lu* doit se lire *ḫi-gál-lu*".

ḫikītu — "Erwartung": *awīlī ša an*[*a ṣēr*] *abīja aṭ*[*rudu*] *kīma pag*[*rī*]*ja u awīlam šanî*[*m*] *ḫi-ki-it abīja ša ina qā*[*tīja*] *ibaššû abī lišpu*[*ramma*] *anāku luwašše*[*ršu*] ARM 28, 77: 16-20 "Die Leute, die ich z[u] meinem Vater ge[schickt habe], sind wie ich selbst(?). Aber den anderen Mann, auf den mein Vater (ebenfalls) gewartet hat, der sich (noch) in [meiner] Ha[nd] befindet - mein Vater möge Bescheid sen[den und] ich will [ihn] freilass[en]". Kupper 1998, 107, übersetzt dagegen: "pris par tromperie à mon père", was wenig Sinn ergibt. Vgl. *ḫakû*. 1 Beleg. Mari.

ḫimru — AHw. 1561a "ein gegorenes Getränk". Burke 1963, 133, mit Verweis auf hebräisch ḤMR und das Ugaritische. Malamat 1989, 33: auch aramäisch. Das hebräische Etymon bedeutet "(noch gärender) Wein" (HAL I 317 ḤMR; dort auch zu arabisch *ḫamr*). 4 Belege. Mari.

ḫinnu — "Gnade": *amatka ša addinakkum* ⌜*ilum*⌝ *ḫi-in-na-ša ana pānīka liddin* M.A.R.I. 6, 282: 6-8 "Die Dienerin, die ich dir gegeben habe - möge der Gott deinem Antlitz Gnade für sie verleihen"; s. Anbar 1990. Durand 1990a, 282, übersetzt dagegen "que la divinité t'en assure les bonnes grâces", doch kann das wohl nicht einfach *ḫinnaša* heissen. Oder bedeutet *ḫinnu* hier vielmehr wie hebräisches ḤN (HAL I 318f.) "Anmut, Liebreiz" (vor allem einer Frau)? Das Wort gehört nicht zu den von Tropper 1995a gesammelten Beispielen für */*ḥ*/ > /*ḫ*/ im Akkadischen, weil das akkadische Pendant *ennu* lautet. Auch onomastisch belegt, s. Gelb 1980, 250f. 1 Beleg. Mari (Brief aus Qaṭna).

ḫippu — Mit Safren 1986 "Knebel, Hindernis" (√ *ḥpp*). Sasson 1990, 445[14], übersetzt ohne Kenntnis des Artikels von Safren "contextual" "hostile forces", was von Durand 1997, 438, wieder aufgenommen wird. Hierher auch der in den Wörterbüchern unter *ḫibbu* angeführte Beleg. Belege: *ḫi-ip-p*[*a-ka*] ARM 2, 67: 12'. *ḫi-ip-pa-*[*ka*] ARM 10, 1: 7. *ip-pa-am* A.1289: 4. *ḫi-ip-pa-am* A.422: 23. *ḫi-ip-pí* RA 33, 51 i 21. 5 Belege. Mari.

ḫiršu — n *eqel é-kál-lim ša* PN *ḫi-ri-iš nārim* ARM 23, 590: 14 "n Feld vom Palast, im Besitz des PN, am Fluss gepflügt". S. Villard 1984, 457: "terre sillonée". Zadok 1993, 324a: zu √ *ḥrṯ*. AHw. 341b *ḫeršu* verzeichnet jungbabylonische, lexikalische Belege. 1 Beleg. Mari.

ḫiṣpatu? — AHw. 1561b: "Frechheit o. ä.?" mit Etymologie "aram. *ḥuṣpā*". 1 Beleg. Babylonien.

[*ḫrp*] — Zadok 1993, 324b, nennt *ḫaraptu* "Herbst" und *ḫāripu*

"Herbstlamm" als Entlehnungen, doch spricht nichts gegen genuin akkadische Wörter.

[*ḫubbubu*] Durand 1997, 332, liest in ARM 3, 26: 17 nach Kollation *uḫabbibu*, nimmt "un dénominatif de ce que l'hébreu documente sous la forme *ʿāb*, term difficile de l'architecture du temple de Jérusalem" an und übersetzt "*on a fait les auvents*", was sehr unwahrscheinlich scheint.

ḫūgu AHw. 1562a: "Brotfladen" mit Etymologie "< kan. *ʿugā*" (lies *ʿūgā*!). Das Wort ist auch in Emar als *ḫu-ug-gu* Emar 171: 15, *ḫu-un-gu* 110: 23, *ḫu-gu/ga* 109: 17, 387: 21, *ḫu-uk-ki* 385: 28 und *ḫu-ku* 20: 1 bezeugt; für die Wurzelvariante √ *ʿgg* vgl. vielleicht arabisch *ʿuǧǧa* "omelet" Lane 1955f., "Eierkuchen" Wehr 812b. 7 Belege. Mari.

ḫulīlu "Jubel?". CAD Ḫ 229a: "a religious ceremony". AHw. 354a: ohne Bedeutung und Etymologie. Mit Zadok 1993, 323, wohl zu √ *hll*, vgl. Hebräisch II HLL HAL I 238f. "rühmen, preisen", Syrisch *hallel* "jubilavit" Brockelmann 1928, 176. Allerdings ist die Nominalform QuTīL bei dieser Wurzel ohne semitische Parallelen. Die Wurzel ist auch onomastisch belegt, s. Gelb 1980, 247. Durand 1984, 135[36], denkt dagegen an √ *ḥll* "rein sein". 1 Beleg. Mari.

ḫumūdā/īyu? 20 *ašūḫī ana ḫu-mu-da-ia* ARM 26/1, 71-bis: 9 "20 Pinien für *ḫ*.". *ḫu-mu-da-ia išātum īkul* ARM 26/2, 318: 13 "Die *ḫ*. hat Feuer gefressen". (Fett) *ana* ÉŠ(!)$^{\text{hi.a}}$ *ša ḫu-mu-di-ia ina* ON ARM 21, 141: 9-11 (Korrektur nach Birot 1993, 235 note b) "Fett für Seile der *ḫ*. in ON" (ib. Z. 7 *yāšibu* "Rammbock"). Unklar *bāb*(?) *ḫu-mu-da-*[*ia*] ARM 27, 142: 19. Nach Durand 1988a, 212, handelt es sich um "passerelles qui permettent de relier la tour d'assaut à la muraille"; er verbindet das Wort mit √ *ʿmd* und rekonstruiert es als (Plural) "*ʿummudayû/ʿummudiʾû*", also eine Form des D-Stammes. Zadok 1993, 320b, folgt dieser Etymologie und übersetzt "footbridge". Doch ergibt sich die genaue Bedeutung des Terminus aus den bisherigen Belegen nicht; angesichts hebräisch *ʿammūd* "Zeltstütze, Säule" (HAL III 797f.) und arabisch *ʿamūd* "Stange" (Wehr 877) ist eher an vertikale Belagerungsgeräte zu denken, zumal Belagerungsrampen wie später in assyrischer Zeit (Wa. Mayer 1995, 472f.) sicher einfach aufgeschüttet wurden. Handelt es sich um an die Mauer "gelehnte" Leitern? Die Nominalform ist vielleicht QuTūL < *QaTūL (beachte die Einfachschreibung von /*m*/). Mir unklar ist die Funktion des Suffixes (Nisbe?) /*āyu*/ oder /*īyu*/. 4 Belege. Mari.

[*ḫunnû*] AHw. 356a: fragend "unterbringen" mit Etymologie "< kan.

ḫnī lagern?". Schon von Noth 1961, 36f., als unsicher bezeichnet. Edzard 1964, 145. Doch ist mit Durand 1998, 472, ARM 5, 15: 7 vielmehr UDU$^{hi.a}$-*ka ú* ḪA.NA "tes moutons et (ceux) des Bédouins" zu lesen (Durand lässt versehentlich -*ka* aus). Für *ú* statt *ù*, teilweise im selben Text, in Mari s. Finet 1956, 228 § 83l; vgl. *ù* in ARM 5, 15: 15, 18.

[*ḫūnatu*] (Wolle) *iškar* GÉME *ḫu-na-tim* ARM 21, 359: 8-10. Durand 1983d, 469, übersetzt: "servantes de l'atelier voûté (?)". Er kommentiert ib.[22]: "le *hunâtum* ... a de bonnes chances de désigner le lieu où ces femmes accomplissent leur travail ... il serait intéressent de rapprocher ce terme du *ḥânûyoth* qui désigne la cave voûtée où est jeté Jérémie". Diese Deutung wird von Zadok 1993, 324a, und Talon 1997, 141 ("vaulted workshop(?)") übernommen. Aus den Belegen aus Chagar Bazar geht jedoch klar hervor, dass GÉME *ḫu-na-tim* keine Genitivverbindung ist: s. GÉME *ḫu-na-tum* Akk. Suppl. X 88 iv 23; [GÉME] *ḫu-na-tum* ib. 12 iv 25; [GÉME] *ḫu-na-t*[*um*] ib. 82 iv 7; *ḫu-na-tum* ib. 81 iv 9. GÉME *ḫu-na-tim* findet sich demnach nur, wenn der Ausdruck als Ganzes von einem Nomen im Status constructus abhängig ist, z. B. ŠE.BA *nepāri* DUMU^{meš} *um-me-ni ù* GÉME *ḫu-na-tim* ib. 81 iv 35f. "Gerstenrationen für das Arbeitshaus, die Handwerker und die *ḫ*.". *ḫūnatu* (o. ä.) kann daher kein Gebäude sein. Vielmehr ist (GÉME) *ḫūnatu* eine Personenbezeichnung, vermutlich ein Wort für "Weberin". Eine Etymologie fehlt allerdings. 9 Belege. Mari, Chagar Bazar.

[*ana idi*(-)] CAD I 14a sieht in vier altbabylonischen Belegen mit den Bedeutungen "to, with, from(?)" "West Semitic influence". ARM 1, 110: 19 leiten AHw. 188a und Durand 1997, 184, nun von *edû* ab. ARM 1, 55: 11 übersetzt Durand 1997, 164, "aux côtés de", wofür es akkadisch viele Belege gibt. ARM 1, 40: 10 ist schwierig; Durand 1997, 184, vermutet eine Variante zu *ittu*. Weitere Belege für *ana idi* "zu ... hin" verzeichnet AHw. 365a *idu* 2d Beta; die Jungbabylonischen unter ihnen sprechen gegen die Annahme einer Lehnsübersetzung aus dem Amurritischen.

[*isru*] Von Zadok 1993, 319a, als *iṣru* angesetzt, als Lehnwort genannt und zu hebräisch ʾWṢR "Vorräte" (HAL I 23) bzw. ʾṢR "anhäufen" (HAL I 79f.) gestellt. Beide Wörterbücher buchen das Wort als *isru* (CAD I/J 204a *isru* D, AHw. 389a *isru* II); für diesen Ansatz spricht die Schreibung *ís-ru-um* SLT 3 i 2. Den in AHw. verzeichneten einzigen altbabylonischen Beleg ARM 6, 70: 10' liest Durand 1987, 582f., GEŠPU-[*š*]*u* "son arc".

iššu CAD I 267b: "woman". AHw. 399a: "Frau, Weib" mit Etymologie "kan. Lw.". Foster 1993, 68 *ad* v 4, vermutet in *i-ni-ši* einen dritten Beleg im selben Text; er kann jedoch auch zu *nišū* gehören. Das Wort begegnet auch in jungbabylonischen lexikalischen Listen. 2 (3?) Belege. Babylonien (Hymne an Ištar).

kadû? *ina nawêm ḫibram u ka-di ul nīšu* CRRA 38, 118: 36f. Durand 1992, 118, übersetzt: "Nous n'avons point dans la steppe de clan-nomade ni de Chefs-*kadûm*". Ib. 119 erwähnt er aus unpublizierten Texten (vgl. aber schon ARM 18, 63: 7: *ik-du-šu-n*[*u-ti*]?) ein Verbum *kadû* "faire roi" und ein Substantiv *kidûtu* "couronnement", die zur selben Wurzel gehören würden. Durand 1998, 495f., kommentiert: "Ce titre énigmatique pourrait être rapproché de l'arabe *qaḍi*, «juge», avec une dissimilation de la première emphatique et réflexe dental simple du Ḍ". Vgl. hebräisch QṢYN "Machthaber, Oberhaupt" HAL III 1047f. Allerdings ist die Wiedergabe von */ḍ/ durch D bisher ohne Parallele (vgl. unten *madārūtu* und § 2.138). Oder zu dem sonst im I. Jahrtausend bezeugten *kādu* "Wachlager"?

kahlu "Macht": *ša* LÚ^{meš} *a-bu ka-a-li* [x?] *ù su-ga-gi ša Ḫa-na ša a-di-ni la ma-aḫ-ru* M.11858 (vgl. Anbar 1991, 157[501]) "(Silber) von den «Vätern der Macht» (= Potentaten) und den Scheichs der Ḫanäer, das bisher nicht empfangen worden war". Wurzel und Wort sind auch im amurritischen Onomastikon belegt, s. Gelb 1980, 23 (*kahalum* "might") und 302 (z. B. *Ka-a-li*-^{d}IM "Meine Macht ist Haddu"). Vgl. aramäisch, sabäisch, äthiopisch √ *khl*, hebräisch √ *ykl* HAL II 392f., HAL V 1723a, Leslau 1987, 277. Nominalform QaTL statt QiTL wegen /*h*/ (vgl. § 5.8). Vgl. ferner das noch unklare *ka-i-li* ARM 1, 13: 31ff.; s. dazu Durand 1984, 140, und 1998, 27. 1 Beleg. Mari.

[*kamʾatu*] "Trüffel". Von Zadok 1993, 325a, als Lehnwort gebucht, doch sehe ich mit AHw. 432a keinen Grund gegen die Annahme eines genuin akkadischen Wortes.

[*karkatu*] "enclosure"? Von Zadok 1993, 325a, als Lehnwort gebucht, doch ist die Wurzel *krk* auch akkadisch gut belegt.

kaṣû AHw. 459a und 1567a: "Steppe Mesopotamiens" mit Etymologie "< kan. *qāṣé* Ende". CAD K 168f. "steppe". Noth 1961, 37. Edzard 1964: 146: "Ug., hebr., aram., arab. QṢṢ «abschneiden»; akk. KṢṢ/GṢṢ. Oder hebr., phön., aram. QṢĪ dsgl.". Malamat 1989, 33. Semantisch am nächsten kommt wohl arabisch *qaṣā* "fern sein" Wehr 1033. Neue Belege: ARM 26/2, 481: 11; 498: 12; 499: 14'; 500: 20, 23; ARM 28,

179: 13, 14, 15, 22, 29, 30, 37. Mehr als 20 Belege. Mari.

kinnāru AHw. 480b: "indische Zither", ohne Angabe, dass ein Fremd- oder Lehnwort vorläge. CAD K 387b: "lyre" mit Etymologie "WSem. word". Von Soden 1988: "nordwestsemitische Entsprechung des sumerisch-akkadischen b a l a ĝ /*balangu*(*m*) «Leier»"; er stellt die neuen Mari-Belege zusammen: ARM 21, 298: 17, 20; ARM 23, 213: 29, 32; ARM 23, 180: 12; ARM 25, 547 r. 9. Auch in Ebla als *gi-na*-LUM belegt, s. MEE 4, 572 (Krebernik 1996, 242). 10 Belege. Mari.

[*ksd*] S. Zadok 1993, 325b, für hierher gehörige Formen. Unklar.

[*kšl*] S. Zadok 1993, 325b, für *kaššil*(*t*)*u*. Unklar.

[*kubdu*] "Barren". Durand/Joannès 1990: "lourdeur". Nach Durand 1997, 254, würden die in AHw. 498a und in CAD K 487a jeweils unter *kubtu* gebuchten Belege aus Mari zu amurritisch √ *kbd* gehören, wie die Schreibung mit *-di* beweise, die anderen in den Wörterbüchern verzeichneten, jungbabylonischen und neuassyrischen Belege dagegen zu akkadisch √ *kbt*. Es liegt jedoch eher phonologischer denn lexikalischer amurritischer Lehneinfluss vor, denn √ *kbd* ist in Mari auch sonst belegt: s. *ik-ta-ab-da-an-ni-ši-*[*im*] ARM 27, 37: 47, *li-ka-bi-du-nim-ma* ARM 27, 102: 22 und die bei Birot 1993, 99 note s genannte Literatur. √ *kbd* ist auch onomastisch belegt, s. Gelb 1980, 304. Vgl. ugaritisch *kbd* III "vollgewichtig" (Gewichtseinheit) WUS Nr. 895. Neuer Beleg: 30 MA.NA *abārum ana ku-ub-dím* ARM 25, 314 r. 1f. "30 Minen Blei für einen Barren". 5 Belege. Mari.

[*kubuddû*] *ku-bu-ud-de-e* ARM 25, 384: 11. Limet 1986, 121, übersetzt "lingot", Durand/Joannès 1990 "alourdissement ... pour désigner un poids plus lourd que sa valeur nominale". Vgl. *ku-bu-ut-*⌜*te*⌝-[*e*] ARM 25, 174: 6. Auch in Emar belegt, s. Durand/Joannès 1990. Phonologischer, nicht lexikalischer Lehneinfluss, s. das unter *kubdu* Gesagte. 1 Beleg. Mari.

līmu "Stamm". In CAD L 198 *līmu* C nur lexikalische Belege. Malamat 1998, 165-167 "A Recently Discovered Word for «Clan» in Mari and its Hebrew Cognate". Neue Kontextbelege: [*a*]*mšali li-im-ka kalûšu ina Ḫen ipḫurma* Mémoires de N.A.B.U. 1 (1992) S. 115: 24 "Gestern versammelte sich dein gesamter Stamm in Ḫen." *li-im-ka ša ina libbi Zalmaqim u ša itât Zalpaḫ kašādī išmēma issuḫam uštappilam* ib. 119[2]: "Dein Stamm, der sich in Zalmaqum und in der Gegend von Zalpaḫ befand, hörte von meiner Ankunft, machte sich auf und zog herunter". ⌜*li*⌝?*-mi lā udabbabū* CRRA 18, 60: 35 (s. wohl mit Durand 1998, 499f.) "Meinen Stamm(?) soll man nicht belästigen!". Auch als theophores

Element in Personennamen, s. Gelb 1980, 313; Krebernik 1987ff. In Emar erscheint *li-im* in der Bedeutung "people(?)", s. Zadok 1991, 117. 3 Belege. Mari.

madāru? CAD M/I 11b: "a high official". AHw. 1572a: "ein Vasallenfürst". Anbar 1991, 132f. Nach Durand 1997, 470, bedeutet das Wort jedoch "membre d'une famille royale". Der etymologische Zusammenhang mit dem onomastischen Element *ma-dar* u. ä. (Huffmon 1965, 183; CAD M/I 11b) ist unsicher. Neue Belege: ARM 18, 59: 11; 60: 11. 7 Belege. Mari.

madārūtu? CAD M/I 11b: "office of the *madāru*". Durand 1998, 499, übersetzt dagegen "*surveillance des troupeaux*" und schlägt ib. S. 500 eine Ableitung von √ *nẓr* vor: "*Maddarûtum* serait donc l'équivalent du babylonien *maṣṣarûtum*". Allerdings gibt es für eine Wiedergabe von */ẓ/ durch D sonst keine sicheren Parallelen; vielmehr wird Ṣ geschrieben; s. o. *kadû* und § 2.138. 1 Beleg. Mari.

madbaru "Wüste, Steppe": *gerrum šū ma-ad-ba-rum dan* ARM 26/1, 14: 10 "Dieser Weg, nämlich die Wüste, ist schwierig". Das Wort ist später wieder ab Tiglat-pilesar I. bezeugt (AHw. 572a, CAD M/I 11f.) und dürfte dort eine Neuentlehnung aus dem Aramäischen darstellen. 1 Beleg. Mari.

madīnatu "Gerichtsbezirk, Provinz, Stadt": *Sūtû ina ma-di-na-tim išḫiṭū* ARM 26/2, 483: 3-4 "Die Sūtäer haben im Gerichtsbezirk/in den Städten(?) eine Razzia verübt". S. dazu Lackenbacher 1987. Vielleicht liegt jedoch kein Appellativ, sondern ein Ortsname gleicher Bedeutung vor. Hebräisch MDYNH HAL II 521, aramäisch, arabisch. 1 Beleg. Mari.

maḫ(a)nû? Bisher als Ortsname verstanden, s. ARM 16/1, 21. Für *Ma-*[*ḫa*?*-n*]*i-im*^{ki} ARM 2, 7: 19 schlägt Durand 1998, 40, die Lesung *M*[*a-k*]*i*?-[*ta*]*-ni-im*^{ki} vor. Durand 1998, 417, hält das Wort für ein Appellativum "Mahanum" "«campement» nomade (bensim'alite)" und stellt es zu hebräisch ḤNH "Lager beziehen" (HAL I 319). Vgl. auch hebräisch MNḤH "Lagerplatz, Heer" HAL II 540 und oben *Ḫen*. Mari.

maḫappu AHw. 577a: *maḫabbu* "etwas am Kanal?" mit Etymologie "kan. Fw.?". CAD M/I 49a: "part of a dam". Kontext: *ana ma-ḫa-ap-pí epēšim qātam ašakkan*. Zadok 1993, 324a: zu √ *ḥpp* "enclose, surround"; vgl. hebräisch ḤPP I "beschirmen" und die dort angegebenen etymologischen Entsprechungen in anderen semitischen Sprachen. Durand 1998, 638, emendiert zu *ma-ḫa-*<*ar*> *ap-pí* und übersetzt "j'entreprendrai d'affronter l'avancée" und versteht *appu* im Sinne von CAD A/I 47f. *abbu* "washout". Doch bleibt *epēšim* unübersetzt, weshalb die Emendation unwahrscheinlich ist. Alternativ zu √ *ḥpp* kommt vielleicht arabisch *ʿabba* "in grossen Zügen trinken", *ʿubāb* "Meeresfluten; grosse Wassermassen" (Wehr 806a) in Frage. 1 Beleg. Mari.

makānu? AHw. 588a: fragend "Einbaustelle". CAD M/I 125a: "place(?)". Von Soden 1981, 246, nennt zwei neue Belege, erwägt "kanaanäische" Herkunft und übersetzt "Lagerplatz". Die Belege lauten: *ana Sippar ana ma-ka-ni-ia lullikma aḫītī luṣmidma kaspam lublam* AbB 7, 164: 6-9 "Nach Sippar will ich zu meinem *m.* gehen und meine Aussenstände(?) einziehen(?) und das Silber bringen". *ma-ka-an šê* AbB 7, 167: 9 "*m.* der Gerste". Durand 1997, 262 und 264, schlägt - ohne die AbB-Belege zu berücksichtigen - für den einzigen Mari-Beleg "*affleurement*" bzw. "vestige" und Ableitung von *akû* "schwach" (beachte die Pleneschreibung *ma-a-ka-⌜nim⌝*) vor. Eine Entscheidung zugunsten einer der Bedeutungen ist nicht möglich. 3 Belege. Mari, Babylonien.

mālaku CAD M/I 159b: *mālaku* B "messenger(?)", von *alāku* abgeleitet. AHw. 1573a: *mālaku* II "Bote" mit Etymologie "<kan. *malʾak*". Die zweite Etymologie ist plausibler, weil schon ein Wort *mālaku* "Weg" im Akkadischen existiert und eine Bedeutungsentwicklung "Weg" > "Bote" kaum anzunehmen ist. 2 Belege. Babylonien.

[*mal*(*i*)*ku*] Von Malamat 1989, 33, 102f., in der Bedeutung "(Deceased) king" als amurritisches Lehnwort gebucht. Weder AHw. 595f. noch CAD M/I 166-169 äussern sich in diese Richtung. Die räumliche und zeitliche Beleglage (schon altakkadisch, im ganzen Babylonischen, auch in Assyrien in Königsinschriften und literarischen Texten) stützen Malamats Annahme nicht.

māpalû "Sprecher": LÚ^{meš} *ma-pa-li-ni ... litrûnimma awātni i niškun* ARM 27, 116: 34-36 "Unsere Sprecher ... soll man holen, damit wir unsere Sache vortragen"; s. ib. Z. 42 und 49. Amurritische Form des im Akkadischen als *nāpalû* bezeugten Wortes (s. Birot 1993, 203 note j; Durand 1997, 592). Für letzteres s. AHw. 734a "Dolmetscher", CAD N/I 277b "conversation" und Lambert 1987, 410. Zwar ist *nāpalû* in lexikalischen Listen u. a. mit *turgumannu* "Dragoman" geglichen und die Wurzel *ʾpl* in Ebla im Sinne von "dolmetschen" bezeugt (s. Krebernik 1983, 7 Nr. 179; Lambert 1987, 409), doch legt der Kontext hier eine Bedeutung "Sprecher" o. ä. nahe, s. § 1.89 Anm. 1. 3 Belege. Mari.

[*mag*/*qrānu*] Monatsname Ešnunna, Chagar Bazar, Mari, Rimāḫ, von Zadok 1993, 323a, als Lehnwort gebucht, doch ist das Wort problemlos von akkadisch *q*/*garānu* "anhäufen" ableitbar.

marādu "rebellieren": *kīma ṣābūšunu ma-ar-du atta tīde* ARM 26/1, 74: 17f. "Dass ihre Leute rebellisch sind, weisst du doch selbst". Durand 1988a, 214: "Une lecture *mardu* = «Amorrites» est impensable. Il est vraisemblable que l'on a affaire ici à la racine MRD". S. hebräisch MRD "sich auflehnen" HAL III 597. 1 Beleg. Mari.

marbiqatu AHw. 610b und 1573b: "ein Haken??" mit Etymologie "kan. Fw., s. he. *marbēq* Anbinden v Rindern". CAD M/I 277a: "a piece of jewelry, probably a necklace". Durand 1982a, 134[37], leitet das Wort dagegen von akkadisch *rapāqu* "benageln" ab, was jedoch angesichts des Präfixes *ma-* statt *na-* problematisch ist. Eine akkadisierte Form *narbiqatu* ist ebenfalls viermal bezeugt, s. Limet 1984, 194[18]. Zadok 1993, 328b: "perhaps rather «bracelet», cp. JAram. and MHeb. *mrpq* «elbow»"; wenig überzeugend, da das in ARM 10, 133 bezeugte *kunuk marbiqatim* wohl ein an einer Halskette befestigtes Rollsiegel ist. Neuer Beleg: *ma-ar-bi-[qatam]* M.A.R.I. 2 S. 124[3]. Hierher auch *mar-pa-qa-tum* ARM 25, 605: 3? 4 (5?) Belege. Mari.

maskanu "Wohnung": Vgl. *sakānu*; demnach von akkadischem *maškanu* zu unterscheiden. Die Belege stellt Lafont 1988, 493, zusammen. 3 Belege. Mari.

maskanû "Einwohner": S. Durand 1987a, 227: *ma-ás-ka-ni-i* ARM 5, 78: 6 und vielleicht *ma-ás-ka-ni-i*^{ki} ARM 1, 88: 6 sowie - ebenfalls mit Determinativ ^{ki} - in dem unpublizierten Text A.2758. 1 (3?) Beleg(e). Mari.

maškabu AHw. 626a: "Lager" mit Etymologie "< kan. *ma/iškāb*". CAD M/I 370a emendiert den Beleg zu "*ma-áš-ka-na* (text *-ba*)-*ti-šu-nu*". Durand 1998, 426f., behält jedoch die alte Lesung bei und kommentiert: "Plutôt que de considérer, cependant, qu'il s'agisse d'un lit (cf. hébreu *miškeba*^{h}), on doit considérer que le terme désigne l'abri qu'ils s'étaient préparé pour la nuit dans le champ". Noth 1961, 37. 1 Beleg. Mari.

merḫû Safren 1982, 28: "supervisor of the royal pasturage"; Etymologie: "The probably West Semitic word ... would derive from the stem *rʿy*, «to pasture» ... and be a causative *meqtil* participle of that stem". AHw. 646a und 1575a *merḫum* I: "ein Funktionär (Oberrichter?)", ohne etymologische Angabe. CAD M/II 26a *merḫu* "a high official in Mari". Durand 1988a, 225[d]: Form ma-QTaL. Malamat 1989, 33. Zur Analyse: Nichts spricht für ein Partizip des Kausativs. Schon der Grundstamm bedeutet im Akkadischen, Hebräischen und Syrischen "weiden (transitiv)". Keine dieser Sprachen bildet zu √ *rʿy* ein Kausativ. Vielmehr liegt vermutlich eine Nisbenbildung auf der Basis eines Wortes für "Weide" (vgl. hebräisch MRʿH

HAL II 602a, arabisch *marʿan* Lane 1109b, akkadisch, syrisch und altsüdarabisch nur feminin, s. *mirītu* CAD M/II 107f., *marʿīṯā* Brockelmann 1928, 737f., MRʿYT Beeston 1982, 113) vor: "der zur Weide Gehörige". Vgl. *merḫûtu*. Mehr als 20 Belege. Mari.

merḫûtu "Amt des Aufsehers über die königlichen Herden". AHw. 646a, CAD M/II 26. Vgl. *merḫû*. Neuer Beleg: *inūma* PN *me-er-ḫu-tam īpušu* Florilegium Marianum II S. 291: 4 "Als PN das *m.*-Amt ausübte". 3 Belege. Mari.

murruru? "verstärken": *ištēt i nīpuš šukurra-*(?)*-ni i nu-ma-ri-ir* ARM 26/2, 483: 24-25 "Wir wollen uns vereinigen (und so) unsere Kräfte(?) verstärken". S. dazu Lackenbacher 1987a. 1 Beleg. Mari.

-na Verstärkende Partikel. Belege: *a-li-na* "wo denn?" ARM 27, 116: 12, *a-li-na-ma* ARM 28, 44: 7. Vgl. Birot 1993, 203e: "*alina* ... est évidemment un «cananéisme» pour *alima*". Vgl. hebräisch -Nʾ I HAL II 620, besonders 6e "wo denn?". HAL ib. verweist auf die in AHw. 693a gebuchten Belege für *-na*. Plausibel ist der Zusammenhang allerdings nur für die beiden Belege aus UET 5, 265 im Prohibitiv (vgl. hebräisch Belege besonders beim Imperativ); die Belege im Subordinativ sind dagegen Varianten zu dem assyrischen Subjunktivsuffix /*-ni*/. /*-na*/ ist auch onomastisch beim Fragepronomen "wo" und beim Imperativ bezeugt, s. *ʾAyya-na-baʿal* (F) Nr. 27M "Wo ist denn Baʿal?" (gegen Gelb 1980 nicht *ʾayyān*) und *Šūb-na-ʾel* Nr. 5957B,M "Wende dich doch zu, o Gott!". Kaum hierher gehört gegen Kupper 1998, 168, *adīni* ARM 28, 113: 12; s. dazu AHw. 13a, dort als "bis zu uns" etymologisiert. 4 Belege. Mari, Babylonien.

[*nadāru*] AHw. 1577a: "geloben" mit Etymologie "kan. Fw.". Vgl. schon Groneberg 1971, 113: 42a mit Kommentar S. 122f. Die Stelle lautet: *īwiʾanni Innina arnī lā a-du-ru dalīlīša*. Groneberg übersetzt: "Es legte mir zur Last Inanna meine Sünde, daß ich nicht gelobte, sie zu preisen". CAD A/I 108b stellt den Beleg dagegen zu *adāru* "to be afraid of someone", was zweifellos vorzuziehen ist: "dass ich vor ihren Lobpreisungen keine Ehrfurcht empfand".

naḫālu AHw. 712b und 1577a: *naḫālum* II "übereignen" mit Etymologie "kan. Fw. ug. *nḫl* erben, he. als Besitz bekommen, ar., asa. zueigen geben". CAD N/I 126: *naḫālu* B "to hand over (property)", kein Lehnwort. Noth 1961, 18f. und 338. Edzard 1964, 146. Malamat 1989, 33: auch phönizisch. Ib. 48-52. Die Form *inḫil* wurde u. a. als Kausativ interpretiert (s. die Literatur bei Malamat 1989, 49[85], sowie zuletzt Durand 1997,

100); das ist grundlos, denn auch das arabische und altsüdarabische Pendant sowie zwei hebräische Belege (HAL III 648a NḤL qal 4) zeigen Transitivität des Grundstammes, die sicher ursprünglich ist; die intransitiven hebräischen Belege bezeugen demnach wohl eine sekundäre Bedeutungsentwicklung. Im Ugaritischen kommen nur die Nomina NḤL "Erbe" und NḤLT "Besitz" vor, s. WUS Nr. 1769. Durand 1997, 100, stellt den Beleg ARM 5, 81, mit Recht zu *naḫalu* "Wadi". Neue Belege: *inūma* PNN PN *it-ta-aḫ-lu* ARM 25, 96: 3-tr.1 "als PNN den PN übereigneten". *na-an-ḫu-lu* ARM 26/1, 40: 52 "ont été pris". Vgl. *niḫlatu*. 10 Belege. Mari.

naḫāmu "reichhaltig sein": *ina libbi* ⌜*mātim*⌝ *zunnū kajjānū u na-aḫ-mu* ARM 28, 117: 19f. "Im Land sind die Regen beständig und reichhaltig" (Stativ!). Vgl. *naḫmu*. 1 Beleg. Mari.

naḫmu "Wohlstand": *šamûm kajjān*[*i*]*š iznun ana namlakat bēlīja u Ḫanê na-aḫ-mu-u*[*m*] ARM 27, 2: 10-12 "Es gab beständig Regen. Für das Reich meines Herrn und die Ḫanäer bedeutet das Wohlstand". *ina ḫalṣim annîm na-aḫ-mu-um bēlī liḫdū* ARM 26/1, 247: 32f. "In diesem Bezirk herrscht Wohlstand. Mein Herr möge sich freuen". *u na-aḫ-mu-*[*u*]*m dīšum nawûm ša bēlīja* ARM 26/1, 491[42] "Und Wohlstand ist die Wiese, das Weideland meines Herrn" (Nominalsatz!). Vgl. *naḫāmu*. Das Wort wurde von Durand 1988a, 491, und Birot 1993, 43[b], zu Recht mit √ *nʿm* verknüpft; für die onomastische Bezeugung dieser Wurzel s. Gelb 1980, 26 (u. a. *naʿmum* "pleasure") und 329. Vgl. etwa hebräisch NʿM I "angenehm sein" HAL III 666b, ugaritisch NʿM "lieblich" WUS Nr. 1806. Für die Annahme einer ominösen Bedeutung sehe ich jedoch gegen Durand 1988a, 491, und Birot 1993, 43[b], keinen Grund. Der Beleg *na-a-mi* (Tierlaut) CT 39, 30: 59 hat gegen Durand ib. mit *naḫmu* sicher nichts zu tun. Die syntaktische Analyse von Kupper 1998, 176[c], "le terme joue à lui seul le rôle d'un phrase nominale", teile ich nicht. 3 Belege. Mari.

[*naḫṣabu*] CAD N/I 141b: "an object made of silver". Nach Durand 1997, 277, läge "la forme ouest-sémitique du term «*nesaBBum*»" vor, doch würde man dann Präfix *ma-* erwarten.

nasāku "weben". So mit Durand 1997, 274f., für *lū nasik u lū kaṣir* A.1285 (Iraq 39, 150): 40f. "(Gewand) sei gewebt und geknotet" sowie *nasākim* ib. Z. 23 statt des in der Edition angenommenen *nasāqu* "auswählen". Hebräisch √ *nsk* HAL III 664. 2 Belege. Mari.

naṣābu? "aufstellen, einrichten(?)". S. den Beleg unter *naṣbu*. 1 Beleg. Mari.

naṣbu? CAD N/II 141b: *nazbu* "a legal status of real estate". AHw. 754b bucht einen Teil der Belege unter *naspûm* "ein Magazin?". Neuer Beleg: *kaspam annîm išqul u na-aṣ-ba-am iṣ-ṣi-ib-*[*š*]*u* ÚS.SA.DU PN ARM 22/2, 328 ii 1-3 "Er bezahlte besagtes Silber und richtete(?) ihm ein *n.*-Feld(?) ein. Vgl. für √ *nṣb* Kupper 1983, 618. 6 Belege. Mari, Ḫana.

nawû? AHw. 771: "Weidegebiet, Steppe"; kein Lehnwort, aber etymologisches Pendant in "he. *nāwé* ... asa. *nwj*". CAD N/I 249ff. "pasture land" etc.; kein Lehnwort. Noth 1961, 38. Edzard 1964, 146: "Unklar, ob *nawûm* Lehnwort der altbab. Zeit, älter oder überhaupt akkadisch". Malamat 1989, 33, bucht es unter den westsemitischen Lehnwörtern mit Entsprechung auch im Ugaritischen und Phönizischen. Ib. 43f.: "In Standard Akkadian this word means «desert, steppe» ...; in its West Semitic usage however it signifies semi-fertile pasturage and, by association, encampment there". Anbar 1991, 161-170. Da die Bedeutung "steppe, deserted regions" erst nach-altbabylonisch belegt ist, dürfte eine innerakkadische Bedeutungsentwicklung vorliegen. Für *nawû* "Weidegebiet (samt Lager und Herden)" muss letztlich offen bleiben, ob genuin akkadisch oder Lehnwort; für letzteres könnte sprechen, dass das Wort wie *ummatu* (s. u.) erst ab der altbabylonischen Zeit und weder altakkadisch noch assyrisch bezeugt ist. Mehr als 20 Belege. Mari, Rimāḫ, Babylonien, Diyāla.

[*nibʾu*] AHw. 786a: "das Aufsteigen". CAD N/II 204 "(wild) growth, field covered with wild growth". Von Zadok 1993, 327a, unter √ *nbʿ* (vgl. hebräisch NBʿ "sprudeln" HAL III 628a) als Lehnwort gebucht, doch gibt es dafür keinen Grund. Auch die Etymologie ist unklar: AHw. 697b *nabāʾu* I schlägt vielmehr √ *nbʾ* vor.

niḫlatu CAD N/II 219: "property handed over". AHw. verweist auf *naḫālum* II. Noth 1961, 18f. und 38. Edzard 1964, 146. Malamat 1989, 33: auch phönizisch. Ib. 48-52. Deller/Mayer/Sommerfeld 1987, 208. Neue Belege: RA 78, 9: 4. ARM 23, 73: 41. *ni-iḫ-la-at ʾAtnāji* ARM 26/2, 443: 2', s. 6' "Besitz der ʾAtnäer". *ana ni-iḫ-la-ti-šu lilqe* ARM 28, 99: 11 "Als seinen Besitz möge er nehmen". *ni-iḫ-la-a*[*t* ...] ARM 28, 99: 19. 9 Belege. Mari.

niqmu CAD N/II 251b: *niqmu* B "revenge". Malamat 1989, 33: Hebräisch "*nāqôm*", ugaritisch, aramäisch. Auch onomastisch gut belegt, s. Gelb 1980, 334f. Neuer Beleg: *awīlam šâtu ana ni-iq-mi-im* [*itta*]*dinšu* ARM 26/2, 434: 26f. "Diesen Mann [über]liess er der Rache". 2 Belege. Mari.

AHw. 792b stellt auch den Monatsnamen *Niqmu* (Mari, Chagar Bazar, Rimāḫ, Ešnunna) zu diesem Wort; vgl. für Belege CAD N/II 251b *niqmu* A. Diese Etymologie wird von Cohen 1993, 248, akzeptiert. Oder zu *nikmu* "pile" CAD N/II 231a (1x Ugarit) (Vorschlag M. Krebernik)?

nissatu Birot 1974, 261: "le présent contexte nous invite à adopter le sens «être malade, infirme, faible» qui est le sien en hébreu, en araméen et en syriaque". CAD B 275b: "old age(?), weakness(?)" mit Etymologie "Possibly WSem. lw.". AHw. 1580b stellt den Beleg dagegen zu dem etymologisch entsprechenden akkadischen *nissatu* "Wehklage". Edzard 1981, 286f., erwägt ein bisher nicht bezeugtes Wort *nizzatu* "Fauchen": "Auf jeden Fall liegt kein Grund vor, ad hoc ein amurritisches Lehnwort zu bemühen". Durand 1997, 349, kehrt zur Etymologie von Birot und des CAD zurück: "Tout le propos de la lettre est de savoir de quoi le lion était mort, surtout que la peau devait porter la marque d'une blessure. Le gouverneur cherche à prévenir que le roi ne pense qu'on avait frappé le lion dans sons réduit: la bête l'était en fait déjà auparavant, pour une cause inconnue". Ein weiteres Argument für eine amurritische Etymologie ist, dass derselbe Text in parallelem Kontext ebenfalls ein amurritisches Wort verwendet (s. o. *ḫalû*). 1 Beleg. Mari.

[*pagrāʾu*] AHw. 809a: "ein Schlachtopfer für *Dagan*?". Von Zadok 1993, 327b, als Lehnwort gebucht: Etymologie √ *pgr* "be exausted, faint; corps" oder ugaritisch PGR, arabisch *faǧr* "dawn". Da die genaue Natur des Opfers/Festes unbekannt ist, lässt sich nichts Sicheres über die Etymologie sagen; sollte die erstere zutreffen, spricht zudem nichts für eine Entlehnung.

paḫāttu "Angst": s. Durand 1998, 98. S. AHw. 810a zu einem Beleg für das Verbum *paḫādu* im Ugarit-Akkadischen (mit Etymologie "kan. Fw."). Hebräisch PḤD HAL III 871. Belege: ARM 5, 68: 18! Florilegium Marianum II S. 27 Nr. 6 r. 1'(?); S. 113 Nr. 71: 14'. 3 Belege. Mari.

[*peqû*] AHw. 855a: ohne Übersetzung, aber fragend mit Etymologie "wsem. *pqḥ* öffnen u. ä.". CAD M/II 13a *mēlittu* übersetzt das Wort nicht. Durand 1997, 240f., liest *ipte KI-0-0-šu* und kommentiert: "Il est donc vraisemblable que le substantif *KI-0-0-šu* désignait une partie du moule + le pronom suffixe -*šu*".

[*ptḥ*] 10 ^{kuš}*pa-ti-ḫa-tim* ARM 23, 214: 3 "10 Schläuche"; vgl. AHw. 848a. n (A.ŠÀ) *pí-it-ḫa-t*[*um*] ARM 23, 590: 2; vgl. *pitḫu* "Einbruchstelle" AHw. 869. Zadok 1993, 328a, stellt beide Belege zu √ *ptḥ* "öffnen". Für *patīḫu* ist diese Etymologie ganz unwahrscheinlich. Für *pitḫu* schlägt AHw. Ableitung von *patāḫu* "durchstossen" (AHw. 846f.) vor. Da *√ *ptḥ* im Akkadischen als *petû* erscheint, kann *patāḫu* kaum zur selben, sondern wohl nur zu einer verwandten Wurzel (zwei Radikale identisch, vgl. die Wurzeln mit den Radikalen *p* und *r*) gehören.

qaḫālu — "versammeln": *qāt nišīkunu ṣabt*[*ānim*] *qí-iḫ-la-nim-ma ana libbi māt*[*im*] *atlakānim* ARM 1, 91 (= M.A.R.I. 5, 179): 15'-17' "Ergreift die Hand eurer Leute, versammelt (sie) und kommt in das Innere des Landes!". Vgl. Durand 1987d, 180[28]. Die Angabe in HAL III 1009a, QHL "Aufgebot" sei ein Primärnomen, ist damit zweifelhaft. Die onomastischen Belege dürften gegen Durand 1998, 72, zu √ *khl* gehören. 1 Beleg. Mari.

[*qā'ilatu*] — AHw. 893a: "eine Aufpasserin?". CAD Q 54a: *qāḫilatu* "mng. unkn." mit Kommentar "Either a (WSem.) personal name or a profession". Gelb 1980, 340, bucht das Wort als femininen Personennamen, leitet es von √ *qhl* ab und übersetzt "assembler", "convener" (S. 29). Als femininer Personenname auch von Talon 1997, 133, verstanden.

[*qâmu*] — AHw. 896b: "stehen, Bestand haben" mit Etymologie "< kan. *qūm*", 1 Beleg (*qa*!-*ma-at ma-tum*). CAD N/I 207b liest *na-ma-ad-du-tum* "region, area", wogegen erneut von Soden 1984, 32. Mit Durand 1984, 155[42], ist jedoch *pa-lu-um* zu lesen.

qatālu — AHw. 907a: "töten" mit Etymologie "< kan. *qṭl*". CAD Q 162a: "to kill, slaughter". Einmal ist ein Š-Stamm belegt, was die volle Integration des Wortes in das akkadische Flexionssystem beweist. Noth 1961, 38, weist darauf hin, dass das Wort "speziell aramäisch" und im Hebräischen nur Lehnwort sei; vgl. dazu auch HAL III 1021a. Edzard 1964, 146f.: "Daß aber QT/ṬL dem Kanaanäischen von jeher fremd gewesen wäre, läßt sich nicht beweisen". S. ferner Malamat 1989, 33. Neue Belege: *iq-qa-ta-lu* ARM 26/2, 404: 33, 38, *iq-qa-ti-il* ib. 62, *li-qa-ti-il* ARM 26/2, 410: 11', *ni-iq-tu-ul*, *iq-tu-lu*, *li-i*[*q-tu-lu*], *a-qa-a*[*t-ta-al*] CRRA 38 (1992) 118: 41, 50, 51, 52. *šaplīšunu iq-tu-lu* ARM 28, 104: 19 "Ihren ... töteten sie" (vgl. *sablu*) u. a. m. Mehr als 20 Belege. Mari, Rimāḥ.

qilā/*ūsātu* — AHw. 921a und 1584b: "ein Kultfest" mit Etymologie "kan. Fw. *qls* he. spotten, aram. tanzen; loben". CAD Q 251 "a festival". 4 Belege. Mari.

qirsû? — CAD Q 270a: "mng. unkn.", ohne etymologische Angabe. Edzard 1983, 133, bucht das Wort als "Westsemitisch", gibt jedoch keine weiteren Hinweise zur Etymologie. AHw. 1584b stellt es zu *qersu* "ein hölzener Verschlag" (sonst nur neuassyrisch bezeugt!).

rabābu? Nach Durand 1998, 84, sei in ARM 4, 21: 15 *ra-bi-b[u]* zu lesen, "participe à la forme permansive" eines Verbums *rabābu* "zahlreich sein"; vgl. hebräisch RBB HAL IV 1096. Jedoch ist die Annahme eines Partizips eines Zustandsverbums problematisch. 1 Beleg. Mari.

rabbatu AHw. 1585a: *rabbat* "10 000" mit Etymologie "kan. Fw.". Lediglich im Plural(?) bezeugt: 5 *ra-ab-ba-tim* /*rabbātim*/ "50000" (akkadisierte Form?) und - mit Beibehaltung amurritischer Morphologie (?, vgl. unten § 1.103) - 4 *ra-ba-ba-tam dī*[*k*?] Florilegium Marianum III S. 10: 8' "40 000 hatte er getötet(?)"; vgl. 5 *ra-b*[*a-*] ib. 6'. Letztere Form ist wegen der Akkusativ-Endung schwierig; sollte eine aus dem Plural zurückgebildete Singularform *rababatum* vorliegen (Krebernik, im Druck)? Vgl. *ribbatu* II "10 000" AHw. 980b (Alalaḫ). Durand 1983c verweist auf eblaitisch *ri-bab*, einen Mari-Beleg *ri-ba-at* schon aus der *šakkanakku*-Zeit und das Logogramm GAL in Wirtschaftstexten aus Mari. In Ugarit stehen der Singular *rbt* und der Plural *rbbt* nebeneinander, s. WUS Nr. 2481. 3 Belege. Mari.

raʾsu AHw. 959a: *rāsu* "Abteilung" mit Etymologie "kan. Fw.". Durand 1998, 466: "terme amorrite équivalant à l'akkadien *rêšum*". Vgl. HAL IV 1088 (Pl.) "Abteilungen". S. u. *raʾšu*. 5 Belege. Mari.

raṣû? AHw. 960a: Š "in Zahlung geben"?, Etymologie "< kan. *rāṣā* II". Vgl. HAL IV 1195b: "bezahlen", hif. "zur Zahlung bringen, ersetzt bekommen". 1 Beleg. Babylonien.

raʾšu? *bēlni ra-ša-ni* x [x]-*it ul* ⌜*išallal*⌝*annîti* ARM 1, 10: 20f. "Unser Herr ... Er wird uns nicht ausplündern". AHw. 976a *rēšu* F 4: "Aufseher?" mit Etymologie "< kan.". Durand 1998, 53[101], liest *ra-ša-ni i*[*š-te-*]*eṭ* und übersetzt "Notre Seigneur considère notre faute comme vénielle"; ib. 55: "terme *rašûm*, venant de la racine RŠʿ, équivalent de l'hébreu *rešaʿ*". Beide Vorschläge sind unsicher: statt -*ša*- würde man jeweils -*sa*- erwarten, weil protosemitisch */*š*/ > amurritisch /*ś*/ (s. § 2.121; s. o. *raʾsu*); es könnte jedoch Akkadismus vorliegen (vgl. für entsprechende Schreibungen in Personennamen § 2.130). Das von Durand vermutete Verbum *šâṭu* ist erst in Amarna, in Mesopotamien gar erst im I. Jahrtausend belegt und zudem nur neuassyrisch mediae *ī*, sonst mediae *ū*. 1 Beleg. Mari.

[*riʾmu*] "Wildstier". Nach Zadok 1993, 328b, Lehnwort, doch ist /ʾ/ akkadisch auch sonst öfter stark (Schreibungen mit Aʾ sowie Pleneschreibungen *ri-i-*, die eher auf /*riʾ*/ denn auf /*rī*/ deuten).

ruʾšu? AHw. 997a: *rūšum* II "Türsturz" mit Etymologie "< kan. *rôš*". Berger 1970. Da es für die Lautentwicklung */ā/ > /ô/ im Amurritischen sonst keinen sicheren Beleg gibt (s. § 2.2), ist die Herkunft des Wortes fraglich. Vielleicht doch Nominalform QuTL und genuin akkadisch, wofür auch die Schreibung mit Š statt S und die Bedeutung spricht. 2 Belege. Mari.

sabāku? Von Malamat 1989, 33, als Lehnwort gebucht: "to intermingle", Hebräisch, Aramäisch(?). AHw. 999a: "(ver)flechten", nicht als Fremd- oder Lehnwort angesehen. CAD S 2 gibt für die beiden Mari-Belege im G-Stamm "uncert. mng.", für die beiden im D-Stamm "to plait(?)" an; zum D-Stamm gehört das Partizip *musabbiktu* "Flechterin". Charpin 1994, 1, übersetzt im Anschluss an J.-M. Durand "contaminer". Ob die G- und D-Stamm-Belege tatsächlich zur selben Wurzel gehören, ist unsicher, ebenso, ob der Personenname *Sa-bi-kum* (= Gelb 1980 Nr. 5376) mit AHw. 999b dazu zu stellen ist. 5(?) Belege. Mari, Babylonien.

[*sablu*] AHw. 999b: "Arbeitskommando" mit Etymologie "kan. Fw. he. *sēbel* Frondienst". CAD S 4b: "corvée party". Noth 1961, 38: Hebräisch und Aramäisch, im ersteren Aramaismus. Edzard 1964, 146: "Annahme eines Aramaismus ... unberechtigt". Durand 1988a, 154f.[42], ermittelt jedoch die Bedeutung "population, civils" und liest fragend *saplum*, wörtlich "population qui se trouve en bas". Unklar ist, ob auch der folgende Beleg hierher gehört: *ša-ap-li-šu-nu iqtulū* ARM 28, 104: 19 "Ihren ... töteten sie". Während die Bedeutung plausibel ist, ist Durands Etymologie zweifelhaft.

Gegen einen Zusammenhang mit hebräisch SBL spricht übrigens auch die Orthographie: *sa-* steht in amurritischen Wörtern für */š/ und */ś/, aber nicht für */s/ oder */z/. Für neue Belege s. Charpin 1994, 1: ARM 26, 393: 5'; ARM 26/3 M.7817: 3'. 6 (7?) Belege. Mari.

sadādu CAD S 10b: *sadādu* A "to make a raid, to pursue(?)", ohne Etymologie. AHw. 1586a: "Razzia machen", "uns.". Charpin 1994, 1f. (ohne Etymologie). CDG 485f. stellt das Verbum jedoch zu Recht zu äthiopisch *sadada* "banish". Vgl. vor allem hebräisch ŠDD "verheeren" HAL IV 1318f. Akkadisch *šadādu* "ziehen" gehört gegen AHw. 1121a und HAL IV 1318a aber kaum dazu, ebensowenig gegen CAD S 18a und Charpin 1994, 2, *sādidu* "foraying party" (AHw. 1002a *sadīdu* "Betreuter?"), weil dieses Wort einen ganz anderen Bezeugungsort (Babylonien, nicht Mari) aufweist und auch jungbabylonisch belegt ist. S. a. *saddu*. Belege: *ana māt* ON *sa-da-di-im u šîm leqêm pānīšu iškun* ARM 23 S. 69 "Er hat vor, das Land ON zu überfallen und die Gerste wegzunehmen". 500 *Turukkûm* ... *[ì]s-du-dam-ma* ... 100 *šallatam u* 50 *alpī ilqe* ARM 26/2, 519: 25-29 "Die T. haben einen Überfall gemacht und 100 Gefangene sowie 50 Rinder mitgenommen". *ṣummurātūšu ana sa-*{x}*-da-di-im-ma salḫī i-sa-ad-da-ad* ARM 26/1, 169: 14f. "Sein Bestreben geht nach einem Überfall, und (zwar) will er die bewässerten Regionen überfallen". *Turukkû māt* ON *ìs-du-ud-ma* ARM 26/2, 425: 8-10 (schon in CAD zitiert) "Die T. haben das Land ON überfallen". Für die Belege aus ARM 14 s. Charpin 1994, 2. 8 Belege. Mari.

saddu AHw. 1002a *saddum* I: "eine Razzia?" mit Etymologie "kan. Fw.?". CAD S 12b: "raid(?)", ohne Etymologie. Bardet 1984, 69: "équivalent de *šallatum*". Charpin 1994, 2. Vgl. zur Etymologie *sadādu* und hebräisch ŠD II "Gewalttätigkeit, Verheerung" HAL IV 1317f. Belege: *[ad]i* ON *[sa-ad-d]a-am uwaššer* ARM 28, 134: 8f. "Bis ON hat er einen Überfall durchgeführt". *sa-ad-dam adi pānī abullīj[a] [uwaššer]* ARM 28, 100: 24f. (schon in CAD zitiert) "Er hat bis vor mein Stadttor einen Überfall [durchgeführt]"; Kupper 1998, 147, ergänzt dagegen "*ìs-di-id*", doch ist *sadda sadādu* bisher nicht bezeugt; ausserdem hat *sadādu u*-Wurzelvokal. PNF *ša sa-ad-di-im ša* DUMU^{meš}*-yamīna ana* PN *aḫīša waššurat* ARM 23, 77: 1-3 (schon in CAD zitiert) "PNF, vom Überfall der Yamīniten, ist für PN, ihren Bruder, befreit". PNF ... *ša sa-a[d]-d[i-im] ša* DUMU^{meš}*-yamīna* ARM 23, 76: 1-4. PNF *ša sa-ad-d[i-im] ša* DUMU^{meš}*[-ia-mi-na]* ARM 23, 78: 1-3. PNF ... *ša ina sa-di-im ša* DUMU^{meš}*-yamīna* PN *irdîm* ARM 23, 421: 1-6 "PNF ..., die PN beim Überfall der Yamīniten weggeführt hatte". *šēp sa-ad-di-im ittaškanam* ARM 26/1, 169: 13 "Le signe omineux de la razzia a été obtenu à plusieurs reprises". 8 Belege. Mari.

sagbu? AHw. 1002b: "eine Soldatenklasse" mit Etymologie "s. he. *śgb*, aram. *sgb* hoch sein?". CAD S 22f. *sagbû*: "guard troops, vanguard"; in der discussion section S. 23 lässt CAD offen, ob die jungbabylonischen Belege von den altbabylonischen zu trennen seien. Noth 1961, 38. Edzard 1964, 146. Durand 1988a, 226e: "Il s'agit dès lors non pas d'une «sort de soldats d'avant garde» ... mais de gens qui protègent toute la périphérie des pâtures"; Durand liest *sakbu*. Charpin 1994, 2f., nennt neue Belege und stellt zur Etymologie fest: "L'étymologie de ce mot n'est pas encore assurée, mais il est certain que le mot attesté dans les sources de Mari n'a rien à avoir avec le sum. s a g . b u ". Durand 1998, 380, spricht sich erneut und entgegen seiner früheren Annahme für √ *śgb* aus und nennt ein Verbum *is-sa-ag-bu-nim* "contrôler", das zur selben Wurzel gehöre. M. E. überzeugt der Zusammenhang mit √ *śgb* semantisch nicht; auch sprechen die jungbabylonischen Belege, falls zum selben Wort gehörig, gegen ein amurritisches Lehnwort. Mehr als 10 Belege. Mari, Babylonien.

sagītu? *sa-gi$_5$-tum ša* ON *u mātim ītenettiq* ARM 28, 117: 10f. Kupper übersetzt: "Des gens razziés de l'Idamaraş et du pays entier passent continuellement". Vgl. ib. Z. 12 [*s*]*a-gi$_5$-tim*. Einen weiteren unpublizierten Beleg nennt Kupper 1998, 176[a]. S. *sagû*. Etwa "umherziehende Gruppe?" 3 Belege. Mari.

sagû? CAD S 28a *sâgu* "to raid(?)". Charpin 1994, 3: "Le verb est *sagû*". Eine Etymologie wurde bisher nicht vorgeschlagen. Die Bedeutung überfallen ist nicht ganz sicher. Der CAD-Beleg ist jetzt als ARM 28, 79 veröffentlicht: *ana sa-gi-im ittallak*[*ū*] Z. 13, [*s*]*a*-[*g*]*i-im* ib. Z. 15. Einen weiteren Beleg nennt Charpin 1994, 3: 170 *awīlū* ... *berû lā i-sa-ag-gu-ú* "170 Leute sind hungrig. Sie sollen nicht ... !". Vgl. *sagītu*. Etwa zu hebräisch ŠGH "fehl gehen" HAL IV 1313f.? Dann etwa Bedeutung "umherziehen?" 3 Belege. Mari.

saḫātu AHw. 1008b: *saḫātum* II "Fanggrube" mit Etymologie "< kan. *šaḥat*". CAD S 54b: "pit (for snearing animals)". Malamat 1989, 33. Durand 1997, 350. Neue Belege: ARM 27, 173: 8, 10. 5 Belege. Mari.

[*saḫirtu*] CAD S 59a: *saḫirtu* B "a cereal?". Von Zadok 1993, 330b, unter "Ś-R-ʿ" "be hairy" als Lehnwort gebucht. Die Orthographie (*ṣa-ḫir-tum*) spricht mit AHw. 1088a *ṣeḫḫertu* 2 für eine Nebenform zu *ṣaḫḫaru*/*ṣaḫḫartu*/*ṣeḫḫertu* "gesprenkelte Gerste; (Ernte-)Nebenfrucht".

sakānu Mit Durand 1988a, 169[a], Lafont 1988, 492f., Anbar 1991, 161f., und Charpin 1994, 5f., ist in Mari neben akkadischem *šakānu* "setzen, stellen, legen" *sakānu* "sich niederlassen, wohnen" belegt. Subjekt ist meist, aber gegen Anbar 1991, 161f., nicht immer, *nawû* "Herden der Nomaden". Es handelt sich zweifellos um ein amurritisches Lehnwort und nicht nur um die amurritisierte akkadische Wurzel (so Finet 1956, 18), da *šakānu* und *sakānu* im selben Text nebeneinander in verschiedener Bedeutung vorkommen können (ARM 26/1, 35: 12 und 15; M.A.R.I. 6, 629-631: 13 und 17). Hebräisch ŠKN "sich niederlassen, wohnen" HAL IV 1386ff. ist gegen Durand 1985a, 82[10], eine exakte etymologische Entsprechung (hebräisch /*š*/ = amurritisch /*ś*/, geschrieben S, s. § 2.121). Vgl. *maskanu* sowie *maskanû* und für weitere mögliche

Ableitungen Lafont 1988, 493. Die Wurzel ist auch onomastisch bezeugt, s. Gelb 1980, 350. Die Belege sind bei Charpin 1994, 5f., zusammengestellt. Mehr als 10 Belege. Mari.

[*saqqu*] AHw. 1027b: "Sack, Trauergewand". CAD S 168f. Für die Annahme einer Entlehnung (Zadok 1993, 331a) gibt es keinen Grund.

sawû AHw. 1033b: "Umland" mit Etymologie "he. *šāwe*"; vgl. HAL IV 1335a: ein Ortsname, "die Hochebene nördlich des Arnon". CAD S 202f.: "desert, wasteland", offenbar mit Annahme einer etymologischen Verwandtschaft zu hebräisch ŠW'H "Unwetter; Unheil; Öde" (HAL IV 1325f.). Die Lexika sprechen nicht von einem Lehnwort, doch ist angesichts der Zahl, der zeitlichen und örtlichen Verteilung der Belege mit Zadok 1993, 330b, eine Entlehnung aus dem Amurritischen plausibel. Formal passt die von AHw. vorgeschlagene Etymologie, inhaltlich die von CAD besser. 2 Belege. Mari, Babylonien.

[*simsimmu*] AHw. 1045b: "Bez. einer Person, die ein Mädchen festhält". CAD S 278a: "Possibly the person who apprehends fugitives, or a travelling companion". Zadok 1993, 329b: "cp. MHeb. *ṣmṣm* «confine; tie up, veil; sqeeze in»?". Etymologie ganz unsicher. 1 Beleg. Mari.

[*sīru*] Durand 1990c, 60: "taxe prélevée sur le croît des animaux et sur la récolte". Belege (7x Mari) ib. 58-60 (*si-ra-am*/*-im*, *si-ir-*). Ib. 61: wohl Ableitung von *esēru* II (AHw. 249f. "Zahlung einfordern"), "substantif occidental correspondant au strict babylonien *isrum*". Daher von Zadok 1993, 332a, als Lehnwort gebucht. Doch ist die Ableitung nicht völlig gesichert; ausserdem könnte eine akkadische Form analog *līpu* (zu *elēpu*) vorliegen.

slm? Edzard 1985, 125: "die Wörter der altakk. noch nicht bezeugten Wurzel SLM ... sind wohl aus dem Amurr. ins Akk. eingedrungen. Anders ließe sich wohl das Nebeneinander der eng bedeutungsverwandten Wurzeln ŠLM und SLM kaum erklären". AHw. 1013b *salāmu* II spricht dagegen von einer "Sekundärwurzel zu *šlm*". CAD S 89b äussert sich nicht zur Etymologie.

Für die Entstehung einer Sekundärwurzel ist weder ein phonologisches noch ein semantisches Motiv erkennbar. Scheidet man daher diese Erklärung für √ *slm* aus, bleiben zwei weitere Möglichkeiten, zwischen denen eine sichere Entscheidung zur Zeit nicht getroffen werden kann: 1) Im Protosemitischen standen zwei Wurzeln *šlm* und *slm* nebeneinander, die nur im Akkadischen differenziert blieben, in den anderen semitischen Sprachen jedoch aufgrund ihrer phonologischen und semantischen Nähe zueinander zusammenfielen. Dafür könnte die für ein amurritisches Lehnwort untypische gute Bezeugung im jüngeren Assyrischen (vgl. *nawû* und *ummatu*) sprechen; CAD 92b *salāmu* discussion section erwägt sogar altassyrische Belege. 2) Im Akkadischen war die Bedeutung von √ *šlm* gegenüber dem Protosemitischen auf "heil sein" eingeengt, während im Amurritischen der volle Bedeutungsumfang erhalten war. Nur das im Akkadischen ungebräuchliche Bedeutungsspektrum "friedlich sein" wurde samt Wurzel entlehnt.

sugāgu AHw. 1053b: "Dorf-, Klanvorsteher, Schech". CAD S 343f.: "an official in charge of tribal affairs". S. Anbar 1991, 134-150, für eine ausführliche historische Darstellung des *sugāgu*. Durand 1997, 208: "Sa formation morphologique est analogue à celle de *rubâʾum* ou *ṣuhârum* ... Le terme doit avoir été dérivé d'une racine *SGG* ... un rapprochement avec l'hébreu *śāgāʾ* ... «devenir grand, croître» est envisageable. *Sugâgum* aurait le même sens que *râbiʾânum* [sic!, M.P.S.] et signifierait «le grand»". Diese Etymologie ist um so plausibler, als im Hebräischen eine schwach bezeugte Nebenform √ *śgg* vorkommt, s. HAL IV 1217. √ *śgʾ* ist aramäisch sehr gut, hebräisch dagegen nur selten belegt und im Hebräischen wohl ein aramäisches Lehnwort (HAL V 1784a). Neue Belege: ARM 26/1, 12: 4'; ARM 26, 150: 11. Mehr als 20 Belege. Mari, Rimāḫ, Babylonien, Diyāla.

sugāgūtu AHw. 1053b: "Dorfvorsteher-Amt". CAD S 344: "1. office of *sugāgu*, 2. (a payment for this office)". Neue Belege: ARM 25, 593: 6. ARM 26, 5: 14, 21. ARM 26/1, 6: 54. ARM 27, 107: 9. 13 Belege. Mari.

Ṣa/ummuratu Vgl. zur Wurzel *Ṣamru*. Eine Schafsbezeichnung. Die Belege aus Mari (ARM 24, 45 und 51) sind bei Krebernik (im Druck) zusammengestellt und formal analysiert: 1 U$_8$ *ṣa-mu-ra-tum* ARM 24, 45: 4 "1 *ṣ.*-Mutterschaf" (nach 10 U$_8$ MAR.TU "10 amurritischen Mutterschafen"). 98 UDU *ḫālât zu-mu-ra-tim* ARM 24, 51: 1 "n Schafe, die *Ṣ.*-Schafen Milch geben". n SILA$_4$-GA *ša zu-mu-ra-tim* ib. 4, 19 "n Milchlämmer von *Ṣ.*-Schafen". n *zu-mu-ra-tum* ib. 5, 17 "n *Ṣ.*-Schafe". 130 UDU.NÍTA *ša zu-mu-ra-tim* ib. 12 "130 Widder von *Ṣ.*-Schafen". 7 Belege. Mari.

Ṣamru Krebernik (im Druck): "wolltragend(es Schaf)"?, zu äthiopisch *ḍamr*, hebräisch *ṣamr*, syrisch *ʿamrā*. Zadok 1992 und 1993, 322: zu hebräisch *zamr*, ein Capride. Die Belege aus Mari

(ARM 24, 45 und 51) sowie Tuttul sind bei Krebernik (im Druck) zusammengestellt. Demnach existieren neben dem Singular maskulin die folgenden Formen: Singular feminin *Ṣamratu*, Dual feminin *Ṣamratān*, Plural feminin (s. unten § 1.103) *Ṣamarātu*. Davon zu trennen ist offenbar ein von derselben Wurzel gebildetes Wort *Ṣa/ammuratu*. Mehr als 10 Belege. Mari, Tuttul.

ṣarāru? AHw. 1588b: *ṣarārum* III "einpacken" mit Etymologie "*ṣrr* he., aram., ar. umwickeln usw.". AHw. spricht nicht von einem Fremd- oder Lehnwort; Beleglage und -ort machen dies jedoch wahrscheinlich, sofern der Beleg stichhaltig ist; letzteres kann angesichts der starken Zerstörung der Tafel (OBTR 60: 12) allerdings nicht verifiziert werden. 1 Beleg. Rimāh.

ṣūru AHw. 1115a *ṣūrum* I: "Felsen" mit Etymologie "he. *ṣūr* Fels, aram. *ṭūr* "Berg". AHw. spricht nicht von Lehn- oder Fremdwort; doch fügt sich *ṣūru* bestens in die Gruppe nur literarisch überlieferter, amurritischer Termini ein (s. u. § 1.98). Auch onomastisch bezeugt, s. Gelb 1980, 364. 1 Beleg. Babylonien (Gilgamešepos).

šaʾāru? *a-ša-i-ra-kum* Durand 1994, 16: 21, von ihm übersetzt "je soufflerai en tempête sur toi"; ebenso Durand 1998, 171. Durand 1994, 21f., und 1998, 171, stellt das Verbum zu hebräisch ŚʿR "wegwehen?" (s. HAL IV 1252b), eine schwierige Etymologie, da für das Verbum im hebräischen qal nur ein einziger unsicherer Beleg existiert und zudem die akkadische Konstruktion mit Dativ nicht passt. Ob der von Durand 1998, 171, genannte Beleg aus Amarna zum selben Verbum gehört, ist unsicher. 1 Beleg. Mari.

[*šabīʾu*] CAD Š/I 11b: "satisfied, sated person". Von Zadok 1993, 330b, als Lehnwort gebucht, doch wohl eher zur (assyrischen) Form *šabāʾu*.

šaḫādu AHw. 1128a: "schenken, bescheren", Etymologie "kan. Fw.". CAD Š/II 75a: "to bestow". Pettinato 1968, 181 und 187, und Wilcke 1999, 84, leiten das Wort dagegen von *šaḫāṭu* "abstreifen" ab (Wilcke übersetzt "Ihr habt abgeworfen das Geschrei auf [*ana*] die Menschheit"); doch ist *šaḫāṭu ana* sonst nicht bezeugt und die nur literarische Verwendung eines amurritischen Lehnwortes keineswegs auffällig (s. u. § 1.98). 2 Belege. Babylonien (Atramḫasīsepos).

šannāʾu? AHw. 1164b: "Hasser" mit Etymologie "kan. Fw.? he. *śnʾ* hassen". CAD Š/I 388b: "one who hates". Zadok 1993, 331a. 1 Beleg. Babylonien.

šapāṭu AHw. 1172a: "richten" mit Etymologie "ug., asa. *ṯpṭ*, kan.

špṭ", kein Lehnwort. CAD Š/I 450f.: "to issue orders, exercise authority", kein Lehnwort. Noth 1961, 17f. und 39. Edzard 1964, 147: Verbum und Partizip zweifellos einer nicht-akkadischen semitischen Sprache verpflichtet". Malamat 1989, 33: hebräisch "*šāpôṭ*", ugaritisch, phönizisch. Ib. 34 und 77. Die Beschränkung des Verbums auf das Altbabylonische spricht für ein amurritisches Lehnwort. Vgl. *šāpiṭu*, *šāpiṭūtu*, *šipṭu*. Neuer Beleg: ARM 26/1, 31: 11. 8 Kontextbelege, dazu lexikalische Belege. Mari, Babylonien.

šāpiṭu AHw. 1173a: "Richter". CAD Š/I 459: "1. district governor, high administrative official, 2. judge". Die Beschränkung auf das Altbabylonische und die Konzentration auf Mari sprechen für ein amurritisches Lehnwort. Vgl. *šapāṭu*, *šāpiṭūtu*, *šipṭu*. Mehr als 20 Belege. Mari, Rimāḥ, Diyāla, Babylonien.

šāpiṭūtu AHw. 1173a: "Richteramt". CAD Š/I 459f.: "governorship, office of *šāpiṭu*". Die Beschränkung auf das Altbabylonische von Mari spricht für ein amurritisches Lehnwort. Vgl. *šapāṭu*, *šāpiṭu*, *šipṭu*. 3 Belege. Mari.

šeḫlātu? AHw. 1209a: "ein Gemüse", Etymologie "ug. *šḥlt*, he. *šeḥeleṯ*". CAD Š/II 264a: "a foodstuff", Etymologie "WSem. (?) word". Nach HAL IV 1356b ist die Gleichsetzung mit dem hebräischen Wort "fraglich". M. E. kann ebensogut ein gemeinsemitisches Wort oder ein Wanderwort vorliegen. Neuer Beleg(?): 2 GUR *ša-aḫ-la-tum* ARM 23, 123: 3; Joannès 1984, 132, stellt dieses Wort fragend zu *saḫlûtu* (AHw. 1010a "Kressekorn", 2 Belege aus dem I. Jahrtausend), was schon wegen der Š-Schreibung unwahrscheinlich ist. 3 (4) Belege. Mari.

šipṭu AHw. 1247: "(Straf-)Gericht". CAD Š/III 91-93: *šipṭu* A "judgement, verdict", *šipṭu* B "ruling, strict order, reprimand"; die discussion section unter *šipṭu* A gibt die Schwierigkeit zu, beide Wörter zu differenzieren. Nach Durand 1998, 425, würden alle Belege von *šipṭu* in Mari zu demselben von *šapāṭu* "regieren, richten" abgeleiteten Wort gehören. Unter dieser Voraussetzung gäbe es etwa 10 altbabylonische Belege vor allem aus Mari und selten aus Babylonien. Das Wort (oder ein zweites *šipṭu*?) ist aber auch nach-altbabylonisch gut belegt. Vgl. *šapāṭu*, *šāpiṭu*, *šāpiṭūtu*.

[*šuḫrû*] AHw. 1262a, CAD Š/III 208a, Noth 1961, 39, Edzard 1964a, 148, Malamat 1989, 33 ("*suḫrum*"). Mit Durand 1998, 662, zu streichen.

[*taBḫištu*] 5 ^{giš}*ta-aB-ḫi-iš-tum ša azamri* OBTR 204: 5 "5 *t.*-Gefässe für *a.*-Früchte". Dalley 1976, 151, verbindet das Wort mit *beʾēšu* "to stir" (CAD B 185f.), besonders im D-Stamm gebräuchlich.

Zadok 1993, 321, bucht es als Lehnwort unter √ *bḥš* "search" oder "stir" (vgl. Levy 1959, 90b "mixen"; aufsuchen danach nur übertragener Gebrauch von "mischen"). Zwar formal möglich, ist diese Etymologie semantisch schwierig. Das akkadische Verbum ist schon altassyrisch bezeugt und deshalb sicher keine Entlehnung aus dem Amurritischen.

tarṣīātu AHw. 1331b: "Vergnügen" mit Etymologie "zu wsem. *rḍ/ṣī* Wohlgefallen haben". 1 Beleg. Babylonien (literarisch).

taʾtāmu "Versammlung" (Institution in Tuttul und Emar). Von Zadok 1993, 321a, als Lehnwort verzeichnet: √ *ʿ/ġtm* "assembly"; an welche etymologische Entsprechungen Zadok denkt, ist jedoch nicht klar. Durand 1989a, 32-37 und 43, bietet die Belege aus Mari: *ta-ta-m*v- 7x, *ta-a-ta-a-m*v- 1x, *ta-aḫ-ta-m*v- 2x. Auch in Ebla in der Gleichung KA.UKKIN = *da-da-mu* bezeugt, s. Durand ib. 27-29. Durand ib. 39f. schlägt fragend eine Etymologie √ *hmm* vor und verbindet ugaritisch "*thm*" (sic!) "Wort" sowie arabisch *ʾahamma* "décréter", zwei Etyma, die einander ausschliessen, da das ugaritische Wort vielmehr *tḥm* lautet. Formal und semantisch passt jedoch exakt sabäisch *ʾTM* "bring together, reconcile *two parties*" Beeston 1982, 8; die Nominalform ist dann taQTāL (bildet im Akkadischen Nomina actionis zum reziproken Gt-Stamm). 10 Belege. Mari.

tišānu Ein Ovide. S. für die Belege und den Zusammenhang mit *ditānu* Durand 1988. Die ursprüngliche Wurzel ist wohl *√ *dṯn* > *ṯṯn* (s. § 2.114). 5 Belege. Mari.

ṭaḫānu "verwunden": S. Durand 1998, 229, zu ARM 2, 25: 4': 300 *Ḫanê ša warkassu ṭá-aḫ-nu aklāma* "J'ai retenu les 300 Bédouins dont ceux qui devaient les suppléer étaient blessés". Durand ib. nennt einen weiteren Beleg für den D-Stamm *ú-ṭá-⸢ḫi⸣-nu*. Ugaritisch ṬʿN "durchbohren" WUS Nr. 1123, auch hebräisch und arabisch. 2 Belege. Mari.

[*ṭapīḫu*] AHw. 1380b: "ein Trinkgefäß?", zu hebräisch *tepaḥ* "Handbreite" gestellt. Von Zadok 1993, 331b, als Lehnwort gebucht. S. jedoch Durand 1997, 251: "Il s'agit en fait d'un coutelas (le terme vient de *ṭabâḫum*)".

ṭāripu? *Zimrilim ṣābāšu damqam iklāma ṣābam dallam*(!?) *ana ṣērīni iṭrudamma ittišunu nimât u Ḫanê ṭà-ri-pu ištanassi* M.A.R.I. 6, 338: 69-71. Durand 1998, 148f., übersetzt: "«Zimrî-Lîm a gardé ses troupes d'élite et il a expédié chez nous des gens mous. Avec eux, c'est notre mort». Et il (sur)nomme les Bédouins «gibier à fauves»". Der Kommentar S. 154 führt aus, dass *ṭà-ri-pu* ein abwertender Terminus für die schlechten Ḫanäer-Krieger, mit hebräisch ṬRPH "zerrissenes Tier" (HAL II 364b) zu verbinden und deshalb als *ṭarīpu* zu rekonstruieren sei. Falls das Wort tatsächlich zu √ *ṭrp* gehört, ist jedoch ein Partizip *ṭāripu* "reissend, wild" im Sinne von "undiszipliniert" plausibler. Oder etwa *ḫi-ri-bu* = *ʿēribū* "Krähen", zu akkadisch *ā/ēribu* (√ *ʿrb*)?

ūlay/ullay? Durand 1997, 148f., sieht in den drei folgenden Belegen einen Zusammenhang mit hebräischem ʾWLY "vielleicht" (s. HAL I 21a): *u mīnammi karṣīka lūkul ú-la-a matīma šārum emmum ū kaṣûm pānīka ul imḫaṣma* Florilegium Marianum I S. 117: 31-33 "Und warum sollte ich dich verleumden? Dir hat vielleicht(?) noch nie heisser oder kalter Wind ins Gesicht geschlagen!". *bēlī kîm iqbîm ummāmi ul-la ṣābum ina Terqa* ⸢*paḫir*⸣ *akšudma* ... *ina Terqa uqîma mimma ṣābum ul* ⸢*paḫir*⸣ ARM 26/1, 26: 5-9 "Mein Herr hat folgendes zu mir gesagt: «Vielleicht(?) ist die Truppe in T. versammelt». Ich kam an ... und wartete in T., doch die Truppe war nicht versammelt". *ṭēm ʾAtamrim aštanâlma* [*um*]*māmi ina* [*Šub*]*at-enlil wašib ummāmi ul-la* xxx ŠU x *ištu Šubat-enlil ana Andarig ittalak* ARM 26/2, 388: 6-10 "Ich erkundigte mich nach ʾAtamrum und (teils) sagte man «Er befindet sich in Šubat-enlil», und (teils) «Vielleicht(?) ist er von Šubat-enlil nach Andarig gegangen»". Alternativ ist mit Durand ib. jedoch auch an die Negation *ulla* bzw. *ula* oder ein von *ullû* abzuleitendes *ulla* "dort" (Durand "là-bas") zu denken. 3 Belege. Mari.

ummatu? AHw. 1414f.: "Hauptmasse", 1) "Stamm-, Heimateinheit". Malamat 1989, 33 und 41-43, sieht *ummatu* als westsemitisches Lehnwort im Altbabylonischen an; AHw. verbindet es zwar etymologisch mit "he. Stamm, Volk; ar. Gemeinde", hält es aber für genuin akkadisch. Anbar 1991, 95[322]: "mot accadien n'a aucun rapport avec l'organisation tribale". Für ein Lehnwort könnte allenfalls sprechen, dass das Wort weder altakkadisch noch assyrisch belegt ist. Auch ugaritisch ʾuMT "Sippe" WUS Nr. 275, aramäisch ʾMH "Nation" HAL V 1667b. In der Bedeutung "1)" mehr als 20 Belege. Mari, Rimāḫ, Babylonien.

[*urāḫu*] Von Zadok 1993, 319a, fragend unter "ʾ-R-Ḫ «to wander, travel»" als Lehnwort gebucht. AHw. 1427b gibt für diesen Monatsnamen aus Mari keine Etymologie an. Ganz unsicher.

[*waldu*] *ma-al-da* ARM 7, 224: 11 "Junges". Von Soden 1987, 100, nimmt eine amurritische Lehnbedeutung an, doch sehe ich in einer innerakkadischen Bedeutungsentwicklung *waldu* "geboren" (AHw. 1458a) > "Junges" kein Problem.

yabamu AHw. 1565a: *jabāmu* "Schwager" mit Etymologie "kan. Fw.". Der Vokal des zweiten Radikals ist gegen AHw. als kurz anzusetzen. 1 Beleg. Rimāḫ.

yābiltu AHw. 1565a: "ein Zubringerkanal". Birot 1974, 220. Malamat 1989, 33: Wurzel hebräisch, ugaritisch, aramäisch. Für das mittelassyrische Lehnwort *yābilu* "Transporteur" s. Streck 1997, 275 ad Nr. 14. 4 Belege. Mari.

yabisu "trocken": 700 ÙZ *ja-bi-sa-tum* 310 ÙZ *a-lá-tum* ARM 19, 462: 1f. "700 trockene (d. h. milchlose) Ziegen, 310 Milch gebende Ziegen" (s. Heimpel 1999, von ihm als *jabīs* angesetzt). Die Wurzel ist möglicherweise auch onomastisch belegt, s. Gelb 1980, 271. In Emar 434: 10' erscheint *ia-bi-iš-ti*, s. Zadok 1991, 117. 1 Beleg. Mari.

yagâtu CAD I/J 321a: "worries" mit Etymologie "Heb. **yāgā*". AHw. 411a: "Beschwerden". Malamat 1989, 33: Hebräisch "*yāgôn*". Neuer Beleg: *ia-ga-a-*[*tim*] ARM 26/2, 386: 14'. 3 Belege. Mari.

yaḫudû? AHw. 411a, 1565a: "einfältig"? In AHw. ohne etymologische Angabe; falls die Etymologie √ *yḥd* stimmt, was sich aus den Kontexten allerdings nicht zweifelsfrei ergibt, wegen */*w*/ > /*y*/ amurritischer Herkunft. 3 Belege (davon einer lexikalisch). Babylonien.

yālūtu AHw. 1565a: "Bündnis". Dossin 1978, 275 *ad* 121: 6: "certainement un cananéisme". Malamat 1989, 33: "Help", hebräisch "^{ᵓe}*yāl*", aramäisch. Neuer Beleg: *ana* PN *ana ia-lu-te ušāri* ARM 26/2, 491: 27f. "Er hat (seine Söhne) als Bündnis(zeichen) zu PN führen lassen". Ganz unsicher ist, ob in ARM 26/2, 525: 26 [*ia-lu-*]*ti* zu lesen ist. 2 Belege. Mari.

[*yaradu*] Malamat 1989, 33: "Descend (into Sheol)", hebräisch "*yārôd*", ugaritisch, phönizisch. Belege: *kispum ana* ... ^{lú}ḪA.NA^{meš} *Ia-ra-di u ana šūt Numḫê* Mesopotamia 8, 142: 17-21 "Totenpofer für ... die Yaradum-Ḫanäer und die vom (Clan) Numḫa". *ištu ṣītim ina Yaḫurra ul Ia-ra-du-um* CRRA 38, 117: 34f. "Von Anfang an gehörten wir zu den Yaḫurra, nicht den Yaradum". Durand 1992, 119, kommentiert: "désigne donc sûrement une classe de nomades. Le terme et vraisemblablement à rattacher aux expressions «descendre au fleuve» ou «descendre (se mettre au service) d'un roi» ... Le substantif peut donc désigner ceux qui sont venus s'installer, à comprendre sans doute comme «se sédentariser»". Doch ist die Bedeutungsentwicklung von "herabsteigen" zu "sesshaft werden" keineswegs einsichtig und ohne Parallele. Ausserdem liegt kaum ein Appellativ, sondern ein Clan-Name vor, wie das parallele Numḫa im ersten und das oppositionelle Yaḫurra im zweiten Beleg nahelegen. Formal handelt es sich wohl wie in Yaḫurra und Yabaša um eine Präfixkonjugation.

yariku? *ia-ri-ka-am ša Ḫanê išabbir* Florilegium Marianum III S. 286:

7f. Guillot 1997, 286, übersetzt: "Il brise l'avenir des Bédouins" und kommentiert "variante occidentale YRK pour WRK. Le terme correspondrait à *warkatum*". Unsicher. 1 Beleg. Mari.

yarû? In einer Feldbeschreibung kommt KASKAL *ia-ru?-um* Riftin 22a: 5 // KASKAL MAR.TU CT 47, 60: 7 vor. Ferner: A.ŠÀ *ia-ri-im* OBRE 5, 606: 3 und *ia-ru-*⌜x⌝*-ú* OBRE 3, 426: 5. Dazu Stol 1998, 420[16]: "Kann *jarûm* ein amurritisches Wort für «Westen» sein? Es wechselt mit MAR.TU". Ist MAR.TU hier *yarû* zu lesen und besteht ein Zusammenhang mit *amurrû*? Oder ist *yarû* ein Ortsname ganz anderer Etymologie?

[*yāšibu*] "Rammbock". Gegen Zadok 1993, 330b, ist ein Zusammenhang mit hebräisch ŠWP "hart angreifen" (HAL IV 1342) und die Annahme eines /*ya*/-Präfixes ganz unwahrscheinlich: der letzte Radikal des akkadischen Wortes ist sicher /*b*/; die Nominalform yaQTūL bezeichnet im Arabischen Adjektiva und Tiernamen, yaQTīL Pflanzennamen, s. Brockelmann 1908, 375.

[*zakukūtu*] Von Zadok 1993, 332b, als Lehnwort gebucht. Vgl. AHw. 1503b *zakakātu* "Glasur" mit Etymologie "he. *z*^{e}*kūkīt*, aram. *zgūgīṯā* u. ä.". Neue Belege aus Mari: M.A.R.I. 6, 173 und 180. Mit HAL I 258f. ist die umgekehrte Entlehnungsrichtung plausibler.

[*zaqādu*] (n Feld) ... PN *ana* PN$_2$ *is-ku-ud* ARM 22/2, 328 i 7-9. Kupper 1983, 618, stellt das Verbum zu CAD Z 50b *zaqādu* "to exchange(?)". AHw. 1511b lässt die Bedeutung dieses Verbums offen. Zadok 1993, 329a: "does S-G-D «do hommage (by prostration)» actually suit the context?"; andererseits verweist Zadok auf "BHeb. Ś-Q-D «bind on»" was "is in itself dubious". Unklar, ob entlehnt.

zibzīru? Von Edzard 1964a, 281, als "Westsemitisch" gebucht, doch fehlt eine Etymologie. AHw. 1049b: *sipsīrum*, unbekannter Bedeutung und Herkunft. 1 Beleg. Babylonien.

zubūltu AHw. 1536a: "Fürstin" mit Etymologie "ug. Fw.". S. ugaritisch *zbl* "Fürst" WUS Nr. 878, hebräisch ZBL I HAL I 252b mit langem /*ū*/ des zweiten Radikals. Von Soden 1972a bezieht das Wort auf "speziell die Fürstin von Ugarit". Dafür geben die Belege jedoch keinerlei Hinweis, ebensowenig für die Annahme, dass ein ugaritisches Wort vorläge. Historisch plausibler ist der Bezug auf eine amurritische Herrscherin, sei es eines Königtums wie z. B. das von Aleppo, sei es eines Nomadenstammes. 3 Belege. Mari.

zurayu? Von Edzard 1964a, 281, als "Westsemitisch" gebucht, doch ohne Etymologie. AHw. 1539a: "ein Tempelfest?", unbekannter Herkunft. Zadok 1993, 322b: zu √ "Ḏ-R-ʾ"

(Wurzel √ *ḏry*!) "winnow, carry" oder "Z-R-ʿ" "sow". 6 Belege. Mari.

zuruḫatu? *zu-ru-ḫa-tum ana Yaḫrur nīnu* CRRA 38, 118: 38. Durand 1992, 118: "Nous sommes de Yahurréens de souche". Ib. 119 kommentiert er: "rapport avec l'hébreu *ʾezrāḥ*". S. hebräisch ʾZRḤ "Einheimische" HAL I 28a. Wahrscheinlicher ist jedoch eine Ableitung von der auch onomastisch bezeugten Wurzel *ḏrʿ*; die Femininendung spricht für ein Abstrakt "Herkunft, Abstammung", die Nominalform ist aber unklar, ebenso die Satzsyntax (Anakoluth?). 1 Beleg. Mari.

8.3.2. Semantik

§ 1.96. Die sicheren Entlehnungen stammen aus den folgenden Bedeutungsfeldern:

Stammeseinheiten	*gayyu* "Clan", *gayyišam* "Clan für Clan", *ḫibru* "Nomadenclan auf der Wanderung", *līmu* "Stamm", *raʾsu* "Abteilung".
Stammesleitung	*sugāgu* "Scheich", *sugāgūtu* "Scheichamt", *zubūltu* "Fürstin". Bezeichnungen für Älteste und ihre Versammlung: *ʾabū kahli* "Väter der Macht", *taʾtāmu* "Versammlung".
Verwandtschaft	*ḫammu* "Volk; älterer männlicher Verwandter", *yabamu* "Schwager". Hier lassen sich *iššu* "Gattin, Frau" und *dāru* "Generation" anschliessen.
Viehzucht	Bezeichnungen für Tiere: Allgemein: *ḫayyatu* "Tiere". Oviden: *Ṣamru* und *Ṣa/ummuratu*, eine Schafsbezeichnung, *tišānu*, ein Ovide, *ḫazzatu* "Ziege" (vgl. unten "Recht" für *ḫazzu*). In Qualifikationen von Oviden werden *ḫâlu* "ernähren (d. h. Milch geben)" und *yabisu* "trocken (ohne Milch, von Ziegen)" verwendet. *buqāru* "Rind". Vgl. auch unten "Recht" für *ḫâru*. *ḫaṣāru* "Hürde". *merḫû* "Aufseher über die königlichen Herden", *merḫûtu* "Amt des Aufsehers über die königlichen Herden".
Nomadenlager	*maskanu* "Wohnung", *maskanû* "Einwohner", *sakānu* "sich niederlassen, wohnen". *maškabu* "Lager".
Topographie	*āḫarātu* "hinteres Ufer; Westen", *aqdamātu* "vorderes Ufer; Osten", *bataru* "Schlucht", *gabʾu* "Gipfel", *ḫadqu* "Steppe", *ḫamqu* "Tal", *kaṣû* "Steppe", *madbaru* "Wüste, Steppe", *sawû* "Umland" oder "Wüste", *ṣūru* "Fels".

Ackerbau	*ḫiršu* "gepflügtes Feld", *maḫappu* "Teil eines Dammes", *yābiltu* "ein Zubringerkanal".
Jagd	Im Zusammenhang mit der Löwenjagd: *ḫalû* "krank werden", *nissatu* "Krankheit, Schwäche" (beide Wörter vom Löwen gesagt), *saḫātu* "Fanggrube".
Weberei	*nasāku* "weben".
Botendienst	*mālaku* "Bote".
Razzia, Militär	*sadādu* "Razzia machen", *saddu* "Razzia", *marādu* "rebellieren", *qatālu* "töten" (meist jedoch im Kontext der Bundeszeremonie, s. u. "Recht"), *ṭaḫānu* "verwunden".
Recht	Im Zusammenhang mit der Bundeszeremonie werden oft die Termini *ḫâru* "Eselshengst" und *qatālu* "töten" verwendet; auch *ḫazzu* "Ziege" stammt aus diesem Kontext. *yālūtu* "Bündnis", *madīnatu* "Gerichtsbezirk" (o. ä.), *naḫālu* "übereignen", *niḫlatu* "Erbe", *niqmu* "Rache", *šapāṭu* "richten", *šāpiṭu* "Richter", *šāpiṭūtu* "Richteramt", *šipṭu* "Gericht".
Religion	*ḫulīlu* "Jubel(?)", *qilāsātu* "ein Fest".
Realien	*ḫabalu* "Riemen", *ḫimru* "ein gegorenes Getränk", *ḫūgu* "Brotfladen", *kinnāru* "Leier", *marbiqatu* "ein Schmuckstück".
Sonstiges	*abiyānu* "arm", *aqdamu* "frühere Zeit", *biqlu* "Spross", *ḫakû* "erwarten", *ḫarāšu* "schweigen", *ḫašû* "schweigend übergehen", *ḫāziru* "Helfer", *ḫikītu* "Erwartung", *ḫinnu* "Gnade", *ḫippu* "Hindernis", *māpalû* "Sprecher", *-na* (verstärkende Partikel), *naḫāmu* "reichhaltig sein", *naḫmu* "Wohlstand", *paḫāttu* "Angst", *qaḫālu* "versammeln", *rabbatu* "10 000", *šaḫādu* "schenken", *tarṣīātu* "Vergnügen", *yagâtu* "Beschwerden".

§ 1.97. Die Mehrzahl der entlehnten Wörter gehört in den Bereich der "sprachlichen Bedarfsdeckung" (zum Terminus Bechert/Wildgen 1991, 76): sie bezeichnet für die Amurriter typische Strukturen, Tätigkeiten und Dinge, für welche im Akkadischen Wörter fehlen. So sind Begriffe für Stammeseinheiten, Stammesleitung, Viehzucht und Nomadenlager zu erwarten. Mit Nomadismus eng verbunden sind auch die topographischen Bezeichnungen, da sich die Nomaden viel im freien Gelände bewegen; vermutlich differenzierten sie Geländeformationen stärker, als unsere Übersetzungen erkennen lassen.

Mehrere für die Amurriter typische Berufe und Tätigkeiten steuern Entlehnungen bei: Jagd und Botendienst, Weberei, Razzia. Die rechtlichen Termini bezeugen eigene nomadisch-amurritische juristische Strukturen, die uns jedoch aus den Texten in ihrem Gehalt kaum fassbar sind. Dies gilt ebenso für die beiden Festbezeichnungen ("Religion").

Auffällig - etwa im Vergleich zum sumerischen Lehnwortschatz im Akkadischen - ist die geringe Rolle der Realien; sie spiegelt zweifellos den geringen Stellenwert wider, den die materielle Kultur der Nomaden für die Sesshaften besass.

Andere Entlehnungen gehören in den Bereich der "Modewörter" (s. zum Terminus Bechert/Wildgen 1991, 76); sie finden sich vor allem in literarischen Texten aus Babylonien (s. § 1.98).

8.3.3. Örtliche Distribution

§ 1.98. Die meisten Wörter sind ausschliesslich in Mari, Tuttul, Qaṭna und Rimāḫ, d. h. im zentralen Verbreitungsgebiet der Amurriter belegt.[1] Nur für wenige Wörter gibt es Belege auch aus der amurritischen Peripherie, nämlich Babylonien und Diyālagebiet: *gayyu* "Clan", *mālaku* "Bote", *-na* (verstärkende Partikel), *sawû* "Umland" oder "Wüste", *sugāgu* "Scheich", *šāpiṭu* "Richter". Auffällig ist bei letzteren besonders eine Gruppe meist nur literarisch bezeugter "Modewörter"; sie wurden offenbar als gelehrte, seltene Entlehnungen zur Erhöhung des Stils eingesetzt: *dāru* "Generation", *ḫammu* "Volk; älterer männlicher Verwandter" (einmal auch in Mari), *iššu* "Frau", *ṣūru* "Fels", *šaḫādu* "schenken", *tarṣīāṭu* "Vergnügen".[2]

Anm.: **1.** Bisweilen mit auffälliger Konzentration bei einzelnen Texten. S. z. B. ARM 22/2, 328: *arbaḫtu*, *ksd*, *naṣābu/naṣbu*; ferner *zaqādu*.

2. Vgl. die Verwendung von *abdu* "Diener" in jüngeren akkadischen literarischen Texten, s. CAD A/I 51a.

8.3.4. Zeitliche Distribution

§ 1.99. Fast alle Wörter sind auf das Altbabylonische beschränkt geblieben. Zwei Wörter, deren amurritische Herkunft nicht gesichert ist, sind auch im jüngeren Babylonischen, nicht aber im Assyrischen belegt: *nawû* "Weidegebiet", später auch "Steppe", und *ummatu* "Hauptmasse". √ *slm* begegnet zusätzlich auch im jüngeren Assyrischen, was die amurritische Herkunft fraglich macht.

Mehrere Wörter wurden in identischer oder ähnlicher Form in jüngeren Phasen der altmesopotamischen Geschichte wohl erneut aus anderen nordwestsemitischen Sprachen in das Akkadische entlehnt: *gabʾu* "Gipfel" (Emar und neuassyrisch), *ḫammu* "älterer männlicher Verwandter" (I. Jahrtausend), *ḫaṣāru* "Hürde" (spätbabylonisch), *madbaru* "Wüste, Steppe" (Assyrisch ab Tiglatpilesar I.)

8.3.5. Belegzahl

§ 1.100. Die meisten Wörter sind nur mit 5 oder weniger Belegen vertreten. Häufiger sind:

Substantive: *āḫarātu* "hinteres Ufer; Westen", *aqdamātu* "vorderes Ufer; Osten", *gayyu* "Clan", *ḫamqu* "Tal", *ḫâru* "Eselhengst", *ḫaṣāru* "Hürde", *ḫibru* "Nomadenabteilung auf der Wanderung", *ḫūgu* "Brotfladen", *kaṣû* "Steppe", *kinnāru* "Leier", *merḫû* "Aufseher über die königlichen Herden", *niḫlatu* "Erbe", *saddu* "Razzia", *sugāgu* "Scheich", *sugāgūtu* "Scheichamt", *Ṣa/ummuru*, eine Schafsbezeichnung, *šāpiṭu* "Richter", *ta'tāmu* "Versammlung".

Verben: *naḫālu* "übereignen", *qatālu* "töten", *sadādu* "Razzia machen", *sakānu* "sich niederlassen, wohnen", *šapāṭu* "richten".

8.3.6. Formale Integration

8.3.6.1. Morphologische Integration

§ 1.101. Die Mehrzahl der Lehnwörter stellen Substantive, ein sprachliches Universale.[1]

Es kommen aber auch eine ganze Reihe von Verben vor, was im Vergleich zu den wesentlich zahlreicheren sumerischen Lehnwörtern, unter denen sich kein einziges Verbum befindet, auffällt: *ḫakû* "erwarten", *ḫalû* "krank werden", *ḫâlu* "ernähren", *ḫarāšu* "schweigen", *ḫašû* "schweigend übergehen", *marādu* "rebellieren", *naḫālu* "übereignen", *naḫāmu* "reichhaltig sein", *nasāku* "weben", *qaḫālu* "versammeln", *qatālu* "töten", *sadādu* "Razzia machen", *sakānu* "sich niederlassen, wohnen", *šaḫādu* "schenken", *šapāṭu* "richten", *ṭaḫānu* "verwunden". Das hier unterschiedliche Verhalten von Sumerisch und Amurritisch lässt sich vielleicht mit der aus dem Onomastikon zu erschliessenden grossen morphologischen Nähe des letzteren zum Akkadischen begründen.[2]

Nur eine einzige Partikel (*-na*) ist entlehnt.

Anm.: **1.** S. Bechert/Wildgen 1991, 77.

2. Entlehnungen von Verben sind auch sonst innerhalb der semitischen Sprachen nicht ganz selten. So sind ca. 30 Verben aus dem Aramäischen in das Neu- und Spätbabylonische entlehnt, unter ihnen auch häufigere wie *radāpu* "verfolgen", *sêdu* "unterstützen", *segû* "umhergehen" und *šelû* "nachlässig sein". Das Arabische hat ebenfalls Verben aus dem Aramäischen entlehnt; s. z. B. Fränkel 1886, 250, für *šawwaša* "verschreiben", ib. 197 für *zalla* "minderwertig sein (von Münzen)" und ib. 46 für √ *ḥkr* "aufkaufen, mieten".

§ 1.102. Die meisten sicheren Lehnwörter, gleich ob Substantive oder Verben, sind voll in das akkadische Flexionssystem integriert.

Da die amurritischen Kasusendungen des Singulars höchstwahrscheinlich wie die akkadischen lauteten (s. §§ 3.3-3.5), ist die Deklination des Substantivs in akkadischem Kontext naheliegend; kein einziger Fall eines nicht flektierten substantivischen Lehnwortes ist bekannt.[1] Viermal ist ein *-ūt*-Abstraktum belegt: *merḫûtu* "Amt des Aufsehers der königlichen Herden", *sugāgūtu* "Scheichswürde", *šāpiṭūtu* "Richteramt", *yālūtu* "Bündnis".

Von Verben sind z. B. die folgenden Formen bezeugt:

G-Stamm	Präsens:	*aqattal, ašappiṭ, tašappiṭ, taqattal, iḫarruš, iḫašše, inaḫḫil, isaddad, iḫakkû, išappiṭu.*
	Präteritum:	*aqtul, taqtul, inḫil, isdud, išpiṭ, niqtul, nišpiṭ, inḫilū(ninni), iqtulū.*
	Prekativ:	*liḫki, liq[tulū].*
	Perfekt:	*ištapiṭ, ittaḫlū, taštaḫdā.*
	Imperativ:	*ḫikēma, qutul, qiḫlā.*
	Infinitiv:	*naḫāli, nasākim, qatālim, sadādim, sakāni.*
	Partizip:	*šāpiṭu, ḫāṣiru, yābiltu.*
	Stativ:	*ḫariš, nasik, saknu, ḫalât, saknat, naḫmū, ṭaḫnū, saknā.*
D-Stamm	Präteritum:	*usakkin, uṭaḫḫinū.*
Š-Stamm	Präteritum:	*ušaqtil.*
N-Stamm	Präsens:	*iqqattalū.*
	Präteritum:	*iqqatil.*
	Prekativ:	*liqqatil.*
	Stativ:	*nanḫulū.*

Besonders zu beachten sind die als typisch akkadisch erachteten Perfekta.

Anm.: **1.** Vgl. das § 1.95 zu *Ḫen* Gesagte.

§ 1.103. Ein Beispiel für Beibehaltung amurritischer Morphologie ist die Bildung des femininen Plurals von Nomina der Form QaTL: *ṣamarātu* zum Singular *ṣamratu*, vielleicht auch *rababātu* (oder Singular *rababatu?*) zum Singular **rabbatu* (neben akkadisiertem *rabbātu*).[1]

ḫâlu (√ *ʿwl*) "ernähren" bildet ein Partizip des G-Stammes nach nordwestsemitischer Weise: *ʿāl-ātu*; dieselbe Partizip-Bildung ist auch onomastisch belegt.[2]

Anm.: **1.** Krebernik (im Druck) nennt als weiteres mögliches Beispiel aus Tuttul den Ortsnamen *Qa-ra-a-a-tu-li-im*, falls = *Qarayātu-lîm* "Dörfer des Lîm".

2. Vgl. etwa *Na-ḫu-um-*^{d}*da-gan* 4977B "Sich beruhigend ist Dagan" und die in § 5.25 genannten Belege.

8.3.6.2. Phonologische Integration

§ 1.104. Auch phonologische Integration amurritischer Lehnwörter in das Akkadische ist bezeugt. So wird bei *qatālu* das Geers'sche Gesetz (**qṭl* > *qtl*) angewandt. Häufiger aber lässt die phonologische Beschaffenheit die fremde Herkunft deutlich erkennen. Im einzelnen:

* Erhalt des Phonems /ʿ/, geschrieben Ḫ (vgl. §§ 2.171-175): *ḫâlu*, *ḫamqu*, *ḫâru*, *ḫāziru*, *ḫazz(at)u*, *ḫibbu*, *ḫūgu*, *merḫû*, *naḫāmu*, *naḫmu*, *ṭaḫānu*.
* Erhalt des Phonems /ḥ/ in *ḫinnu* "Gnade" (sonst akkadisch *ennu*).[1]
* Erhalt des Phonems /*h*/, geschrieben Ḫ oder durch Plenevokal (vgl. §§ 2.158, 160): *ḫulīlu*(?), *kahlu*, *qaḫālu*.
* Erhalt von postkonsonantischem /ʾ/ (vgl. § 2.153): *gabʾu*. Gegenbeispiel: *mālaku*.
* Erhalt von silbenschliessendem /ʾ/ (vgl. §§ 2.147-149): *taʾtāmu*.
* Etymologisches */*š*/ und */*ś*/ erscheinen graphisch als S, d. h. amurritisch /*ś*/ (vgl. § 2.121): *saḫātu*, *sadādu*, *saddu*, *saḫātu*, *sakānu*, *sawû*, *sugāgu*, vielleicht auch √ *slm*.
* Nicht-Elision eines kurzen Vokals (vgl. §§ 2.21-24): *yabamu*, *marbiqatu*, *rab(a)batu*. S. ferner *niḫlatu* statt **niḫiltu*.[2]
* */*w*/ > /*y*/ bei Verba I *y*/*w*: *yābiltu*, *yagâtu*, *yālūtu*.
* Erhalt des Diphtongs /*ay*/ (vgl. § 2.91): s. die Schreibungen *ḫa-a-ri-im*, *ḫa-a-ra-am* und *a-ia-ra-am*, die keineswegs für "*ayarum* ou *ḫaʾarum*" (Anbar 1991, 78[308]), sondern beide für /*ʿayr-*/ "Eselhengst" stehen.
* Nominalform maQTa/iL bzw. maQaLL bei labialhaltiger Wurzel (vgl. § 2.103): *madbaru*, *maškabu*, *maḫappu*, *māpalû*, *marbiqatu*.
* Nicht-Gültigkeit des Geers'schen Gesetzes (vgl. § 2.99): selten *qaṣû* (*qa-*) statt *kaṣû*.

Keine sicheren Zeugnisse gibt es dagegen für den kanaanäischen Lautübergang */*ā*/ > /*ō*/ (s. *ruʾšu*) und für eine Wiedergabe von */*ḍ*/ durch D (s. *kadû*, *madārūtu*; normalerweise Ṣ).

Anm.: **1.** Die Wiedergabe von etymologischem /*ḥ*/ durch Ḫ besagt dagegen sonst nicht viel, da im Akkadischen eine Lautentwicklung */*ḥ*/ > /*ḫ*/ belegt ist, s. Tropper 1995a.

2. *pirsat* statt *pirist* ist auch akkadisch bezeugt, s. Edzard 1982, 77-81; doch lässt sich *niḫlatu* keinem der dort verzeichneten Wörter anschliessen.

8.4. Grammatischer Lehneinfluss des Amurritischen auf das Altbabylonische

§ 1.105. Auch mehrere grammatische Besonderheiten des Altbabylonischen von Mari werden auf westsemitischen/amurritischen Einfluss zurückgeführt.[1]

S. Finet 1956, vi: "La pratique du *wâw* de l'apodose, le recours continuel aux infinitifs, l'absence de subjonctif dans certaines propositions subordonnées, sa présence occasionelle dans les propositions principales sont autant de phénomènes syntaxiques propres au sémitique occidental. Ces particularités ... soulignent l'orientation ouest-sémitique de l'accadien de Mari"; vgl. schon zuvor Finet 1952 für "l'infinitif construit", "l'infinitif absolu" und "le waw de l'apodose". Aro 1961, 303, bestreitet diese Aussage Finets für den Infinitiv im allgemeinen, stellt aber gleichzeitig fest "Dagegen könnte etwa die Beliebtheit der nominalen Konstruktionsweise in Mari ... auf westsemitischem Einfluss beruhen".

Zadok 1993, 316b, weist auf Spuren der Nunation in Mari hin.[2] Solche Spuren sind auch im noch unpublizierten Material aus Tuttul belegt. Da das Amurritische offenbar Mimation (auch) kannte (s. § 3.7), lässt sich die Bedeutung der Nunation bis jetzt nur schwer beurteilen.

Lipiński 1997, 342 § 38.13., hält "the final *-u* added sometimes at Mari to verbs of main clauses" für "occasional lapses of the scribes into their native Amorite idiom in which the *-u* suffix must have taken root ... If so, we have evidence of the imperfective *yaqattalu* and of the preterite *yaqtulu*". Doch sind die Belege keineswegs eindeutig; Finet 1956, 262f., sah in ihnen vielmehr den akkadischen Affirmativ auf */u/* (so auch Durand 1998, 654 note b).

Für den von Durand 1997, 198, und 1998, 490, angeführten Wechsel von */l/* und */r/* in Mari-Texten[3] ist auf das verwandte Phänomen in Ebla zu verweisen (s. Krebernik 1982, 210f.). Dasselbe gilt für die von Durand 1998, 623, vermutete */l/*-Reduktion in *Ba-iḫ* für *Balīḫ*[4] (s. Krebernik 1982, 211). Ob beide Phänomene auf amurritischem Substrat beruhen, ist unklar; innerhalb des amurritischen Onomastikons kenne ich dafür jedenfalls keine Belege.

Für sicheren phonologischen Lehneinfluss des Amurritischen auf das Akkadische von Mari s. § 2.79. Hierher gehört auch der Erhalt von */d/* als drittem Radikal nach stimmhaftem zweiten Radikal (s. GAG § 51d*): s. o. § 1.95 unter *kubdu* und *kubuddû*.

Anm.: **1.** Schwierig ist der folgende Beleg aus einem Brief des Königs Yarīm-lîm von Aleppo: *šumma lā Haddu u Yarīm-lîm a-*LAM *Dēr ištu* MU.15.KAM *na-ši-ip-ta-ma-an kīma pêm ulāmān ūtāšu* Syria 33, 66: 16-17, den Dossin 1956, 66, übersetzt: "Sans (le dieu) Addu et sans Iarîm-Lim, la ville de Dîr, depuis quinze ans, tu aurais pu souffler sur elle comme sur de la paille, je ne l'aurais (même) pas apercue". CAD N/II 56b *našāpu* 1b hat dagegen "... GN would have been winnowed fifteen years ago so that, like the chaff, no one would have been able to find it". Sasson 1985, 243: "... the city of Dēr could have been windblown (matter?) ...". AHw. 758b *našāpu* G 2b versteht die Form *na-ši-ip-ta-ma-an* als Stativ nach dem Muster eines westsemitischen Perfekts, ohne die Person (1. oder 3.) anzugeben. Durand 1997, 395, liest *a-lum*$_4$, versteht *na-ši-ip-ta-ma-am* als "ventif du permansif à l'irréel" und übersetzt "... eût été vannée ...".

Problematisch ist bei der Übersetzung von CAD und Durand die dann notwendige Annahme eines femininen Genus von *ālu*. Charpin/Durand 1985, 310[78], vermuten hier einen Westsemitismus und verweisen in diesem Zusammenhang auf ^{iri}*Ṣur-ri* IRI *ra-bi-tu* EA 147: 62, schon von CAD A/I 379a als "West-Semitism" gebucht. Doch ist einerseits *ʾahl* auch im

Westsemitischen stets maskulin, andererseits wird *ālum Dēr* durch das maskuline Suffix *-šu* wieder aufgenommen. Daher ist sicher ^{iri}*rabītu* "Hauptstadt" zu lesen. Vgl. dazu den Beleg *ina qerbu Razamâ*^{ki} *rabītīšu* Iraq 32, 27: 4-6 (altbabylonisch Rimāḥ) "in Razamâ, seiner Hauptstadt", der das Substantiv *rabītu* nachweist (auch in AHw. 936a *rabītu* I so gebucht). Ob nun dieses Substantiv ein Westsemitismus, genauer eine westsemitische Lehnbildung, ist (vgl. hebräisch *rabbā* "die grosse (Stadt)" HAL IV 1099), sei dahingestellt.

2. S. ausserhalb von Personennamen noch *ra-ab-bu-tu-un* ARM 28, 104: 16. Für Personennamen vgl. § 3.7.

3. Zu *ṣarmat/ṣalmat* vgl. jedoch § 1.45 Anm. 3.

4. In ARM 26/1, 348, von Durand noch als fehlerhafte Schreibung angesehen.

9. Die Erforschung des amurritischen Onomastikons

§ 1.106. Die Erforschung des amurritischen Onomastikons begann mit der Beobachtung von Pinches 1881 und 1881a, dass die Namen zweier Könige der ersten Dynastie von Babylon, ʿAmmu-rāpiʾ und ʿAmmī-ṣaduqa, in einer Liste babylonischer Könige aus dem I. Jahrtausend in das "Assyrische" übersetzt werden.[1] Kurze Zeit darauf entfaltete sich eine Diskussion über die Frage, welcher ethnischen und sprachlichen Zugehörigkeit diese und in immer wachsendem Masse auftauchende verwandte Namen und ihre Träger seien:[2] H. Pognon (1888) sprach von arabisch oder aramäisch, A. H. Sayce (1890) von arabisch, H. Winckler (1894) von "westländisch" und (1895) von "kanaanäisch", nochmals Sayce (1895) von gleichzeitig(!) hebräisch und südarabisch und F. Hommel (1895) von südarabisch allein.

Die weitere ältere Forschungsgeschichte wird von Huffmon 1965, 1-12, ausgezeichnet zusammengefasst. Im folgenden konzentriere ich mich auf die jüngere Forschungsgeschichte und bespreche kurz Bauer 1926, Gelb 1958, Huffmon 1965, Buccellati 1966, Gelb 1980, von Soden 1985, Knudsen 1991, Zadok 1993, Gordon 1997 und Streck 1998.

Anm.: **1.** S. dazu Streck 1999a, 667.
2. Vgl. das Resümee von Hommel 1897, 88ff.; dort auch die genauen Literaturangaben.

9.1. Bauer 1926

§ 1.107. Bauer, *Die Ostkanaanäer*, ist die klassische Studie zum amurritischen Onomastikon. Sie bietet 786 Namen (mit Varianten 958 Namen)[1] vorwiegend aus Babylonien und wertet sie in einer grammatischen Skizze (S. 62-70) und einem Glossar (S. 70-81) aus. Bauer klassifiziert die Sprache als Kanaanäisch und nennt sie, seiner These vom osttigridischen Ursprung der Amurriter folgend, "Ostkanaanäisch".

Anm.: **1.** Diese Zahlen nennt Gelb 1980, viii.

9.2. Gelb 1958

§ 1.108. Gelb, *La lingua degli Amoriti*, ist eine zweiundzwanzigseitige Kurzgrammatik. Sie verarbeitet schon die ersten Quellen aus Mari und enthält eine gegenüber Bauer 1926 in zahlreichen Details veränderte und erweiterte Darstellung der Phonologie und der Morphologie des Amurritischen.

9.3. Huffmon 1965

§ 1.109. Die Quellenbasis von Huffmon, *Amorite Personal Names in the Mari Texts*, sind 879 Namen (mit Varianten 1157 Namen)[1]. Die Namen werden einer Strukturanalyse (S. 61-152) unterworfen und in einem kommentierten Glossar (S. 153-270) gebucht. Die Sprache klassifiziert Huffmon als (Nord-)Westsemitisch. Die Rezensionen fordern eine ausführliche Untersuchung von Orthographie und Phonologie (Edzard 1966) und eine systematische Behandlung der Morphologie (Edzard 1966, Buccellati 1966a). Weitere ausführliche Rezensionen sind Astour 1967, Dietrich/Loretz 1966 und Gröndahl 1966.

Anm.: **1.** Diese Zahlen nennt Gelb 1980, viii.

9.4. Buccellati 1966

§ 1.110. Buccellati, *The Amorites of the Ur III Period*, analysiert die wenigen amurritischen Namen der Ur III- und Isin-Zeit und stellt eine sprachliche Einheit zwischen diesen Namen und den Namen aus den nachfolgenden Perioden der altbabylonischen Zeit fest. Die wichtigste Rezension ist Wilcke 1969.

9.5. Gelb 1980

§ 1.111. Gelb, *A Computer-Aided Analysis of Amorite*, enthält eine Sammlung von 5922 Namen (mit Varianten 6662). Sie verarbeitet sämtliche bis 1976 publizierten, altbabylonischen Quellen (gelegentlich werden auch ältere und jüngere Quellen einbezogen) vor allem aus Babylonien, dem Diyālagebiet, Mari, Chagar Bazar und Alalaḫ (Schichten VII und IV). Die Namen werden morphologisch analysiert und nach Stämmen, Wurzeln, Präfixen und Suffixen sowie in alphabetischer Anordnung dargeboten. S. 12-35 enthalten ein unkommentiertes Glossar. Die wichtigsten Rezensionen sind Lipiński 1981, H. P. Müller 1981, Knudsen 1983, von Soden 1982, Zadok 1984 und Oelsner 1988.

Gelb 1980 stellt die Basis des vorliegenden Buches dar. Für weitere Bemerkungen dazu s. § 1.3.

9.6. von Soden 1985

§ 1.112. von Soden, *Präsensformen in Frühkanaanäischen Personennamen*, behandelt amurritische Namen, die möglicherweise ein zu akkadischem iPaRRaS analoges Element yaQaTTaL enthalten.

9.7. Knudsen 1991

§ 1.113. Knudsen, *Amorite Grammar. A Comparative Statement*, untersucht in kurzer Form die amurritische Grammatik unter dem Aspekt der Verwandtschaft zu den anderen nordwestsemitischen Sprachen. Seine Gliederung folgt der von Gelb 1958. Namen werden mit der Nummer des "Index of Names" in Gelb 1980 zitiert. Knudsen klassifiziert Amurritisch als "an archaic Northwest Semitic language" (S. 882).

Zur Stellung des Amurritischen innerhalb des Nordwestsemitischen stellt er fest: "the fairly even distribution of the features within Northwest Semitic points to the conclusion that Amorite has reached a state of development independent of other languages of the group. The evidenve discussed in this paper does not support a classification of Amorite as closer to either Canaanite, Ugaritic or Aramaic ... Amorite is closely related to these Northwest Semitic languages and in the early second millenium B.C. Northwest Semitic would seem to have constituted a cluster of closely related dialects rather than a language group" (ib. S. 883).

9.8. Zadok 1993

§ 1.114. Zadok, *On the Amorite Material from Mesopotamia*, präsentiert nicht erschöpfend Namen aus neuen, seit Gelb 1980 erschienenen Quellen, und ordnet sie nach Wurzeln an. S. 317 bemerkt er zur Klassifikation der Sprache: "For the time being, it is impossible to find a direct link between Amorite and Old Aramaic ... On the other hand, the Amorite material does not contain anything which would contradict the possibility of a potential development and transformation of a certain group of Amorite dialects into some sort of «Proto-Aramaic»".

9.9. Gordon 1997

§ 1.114a. Im Rahmen eines von R. Hetzron edierten Buches über die semitischen Sprachen gibt Gordon auf vier Seiten (S.100, S. 102-104) einen Überblick über die Phonologie und Morphologie des Amurritischen. Gut die Hälfte der dort angeführten, etwa 30 amurritischen Namen und die meisten wesentlichen Fakten interpretiere ich jedoch anders. Im einzelnen:

Na-aḫ-ma-nu steht nicht für "*Naᶜman*", sondern für *Naᶜmānu* (*ān*-Suffix, s. § 5.59). "Sonne" ist nicht "samsu", sondern *śamśu*, d. h., /*s*/ und /*ś*/ sind, wie immer sie phonetisch realisiert wurden, zu differenzieren (s. § 2.121). Der Name "*Ḫa-ab-du-Ya-an-du*" bezeugt kein theophores Element "Yaddu" (√ ydd), sondern enthält eine phonologisch bedingte Variante zu *Haddu* (§ 2.165). *Su-mu-a-bu-um* bedeutet nicht "The (deified) Name is Father"; es handelt sich um einen der Gruppenflexion unterliegenden Genitivnamen "Nachkomme des Vaters", da die selbe Person in einem Kontext, der den Nominativ verlangt, als *Su-mu-a-bi-im* erscheint (s. §§ 3.5, 3.9). Einen Beleg für *A-du-na-im* "The Lord is Good" kenne ich nicht; vermutlich Fehler für *A-du-na-*^{d}IM; Umlaut */*ā*/ > /*ô*/ kommt im Amurritischen nicht vor (§ 2.2). *Ṭá-a-bā* ist falsche Umschrift; für die Länge der femininen Pausalendung fehlt jede Evidenz, und sie zu rekonstruieren ist unnötig (s. § 4.2).

Die Aussage "*Ya-we*-AN corresponds to the Hebrew *Yôʾēl*" ist nicht haltbar, s. Streck 1999. "*Ya-šu-ub*-AN" ist mit "El returns" wohl falsch übersetzt; s. Knudsen 1991, 879, für die Vergangenheitsfunktion von amurritischem yaQTuL. Inkonsequenterweise gibt Gordon "*Ya-šu-ub-*^{d}*I-pu-uḫ*" dagegen mit "*I*/*E-pu-uḫ* has returned" wieder. "*Ḫa-am-mi-is-ta-mar*" ist falsch statt *Ḫa-am-mi-iš-ta-mar*; kaum zu √ *ṯmr*, sondern mit Krebernik 1988, 65, und 1988a, 59 (s. hier §§ 2.26 Anm. 4, 3.11 Anm. 1) zu akkadisch *šitmuru*. "*Ḫa-ya-Su-mu-ú-A-bi-im*" ist falsch für *Ḫa-ia-su-mu-a-bi-im*; das erste Namenselement gehört nicht zu √ *ḥyy*, sondern mit Huffmon 1965, 161, und Gelb 1980 zu *ʾayya* "wo". *Ḫa-bi-*^{d}IM enthält nicht "*Ḥaby*", the arch-demon of evil", sondern √ *ḫbʾ* "bergen" (s. §§ 5.24, 5.59).

Die Literaturliste nennt den wichtigen Aufsatz von Knudsen (1991) nicht.

9.10. Streck 1998

§ 1.115. Streck, *Name, Namengebung. E. Amurritisch*, enthält einen knappen Überblick über das amurritische Onomastikon mit den Abschnitten Sprache, Chronologische und geographische Distribution, Name und Namensträger, Strukturtypen, Theophore Elemente, Stammes- und Ortsnamen.

10. Neue Quellen zum amurritischen Onomastikon

§ 1.116. Das Namenmaterial ist seit Gelb 1980, der die Quellen bis Juni 1976 verarbeitete, erneut angewachsen. Im folgenden nenne ich die wichtigsten neuen Publikationen nach Fundorten geordnet:

Mari: *Archives Royales de Mari* (ARM) 18, 19, 21-28 (1976-1998, verschiedene Autoren), mit Namensindices. Die Namen aus ARM 1-14 und 18 sind mit Kollationen und Verbesserungen gegenüber den Publikationen in ARM 16/1 (1979) enthalten. Kleinere Beiträge finden sich in: *Mari. Annales de recherches interdisciplinaires* (M.A.R.I.) 1-8 (1982-1997); Indices zu M.A.R.I. 1-5 in M.A.R.I. 5, zu 6, 7 und 8 im jeweiligen Band. Durand 1982a, 1983a-b enthalten Kollationen zu ARM 8 und Charpin/Durand 1983 zu ARM 7. Viele Kollationen zu Mari-Briefen in Durand 1997 und 1998.

Tall al-Rimāḥ:
Dalley/Walker/Hawkins, *The Old Babylonian Tablets from Tell al Rimah* (OBTR, 1976), mit Namensindex.

Chagar Bazar:
Talon 1997, *Old Babylonian Texts from Chagar Bazar* (mit Namensindex).

Tuttul: Krebernik, *Die Texte aus Tuttul* (unpubliziert).

Babylonien (verschiedene Fundorte):
Simmons, *Early Old Babylonian Documents* (YOS 14, 1978), mit Index.

Sippar: Dekiere, *Old Babylonian Real Estate Documents* (OBRE) 1-6 (1994-1997), mit Indices.

Nērebtum: Greengus, *Studies in Ishchali Documents* (BiMes. 19, 1986), mit Index.

Ešnunna: Whiting, *Old Babylonian Letters from Tell Asmar* (AS 22, 1987), mit Index.

§ **1.117.** Geht man schätzungsweise davon aus, dass zwei Drittel der amurritischen Namen aus zwei Wörtern (Namenselementen) bestehen, so ergibt sich bei insgesamt ca. 7000 Namen eine Summe von ca. 11600 Wörtern als Texteinheiten. Zum Vergleich: die 219 altbabylonischen Briefe der "Kanzlei" Hammurapis und seiner Nachfolger enthalten 13274[1] und der Koran 77845[2] Wörter als Texteinheiten. Allerdings wird die vergleichsweise Kleinheit des amurritischen Korpus teilweise dadurch kompensiert, dass jedes der Wörter in einem einmaligen Kontext (d. h. entweder isoliert oder in Kombination mit einem anderen Namenselement) steht. Die in Gelb 1980 gesammelten Namen verteilen sich nach ib. S. 531 auf 1020 konsonantische Wurzeln und 1996 aus Konsonanten und Vokalen bestehende Stämme; das Glossar von Gelb listet nach meiner Zählung 282 verbale Basen auf.

Anm.: **1.** S. Buccellati 1996, 3^2.
2. Ich verdanke diese Angabe S. Weninger.

11. Die semitische Onomastik

§ **1.118.** "An acquaintance with the structure and semantics of Semitic names is a condition *sine qua non* for the correct analysis of the Amorite names" (Gelb 1980, 12). Während aus Texten erhobene sprachliche Daten einen

"Kon"text besitzen, haben onomastische Daten in der semitischen Namengebung einen aussersprachlichen Kon"text", der ihre Kontrolle ermöglicht. So sind z. B. besonders Aussagen zu erwarten, die aus der Situation der Geburt des Namensträgers erwachsen sind; auszuschliessen sind andererseits etwa Aussagen, die das theophore Element des Namens herabwürdigen, blasphemisch anreden etc.

Die letzte Studie zum Amurritischen, die sich explizit auf Arbeiten zur semitischen Onomastik bezieht, ist Huffmon 1965.[1] Die grossen Fortschritte der semitischen Onomastik in den letzten Jahrzehnten haben sich bisher dagegen nicht in der Erforschung des Amurritischen niedergeschlagen. Die wichtigsten in vorliegender Studie benutzten, neueren Arbeiten sind:

Akkadisch:

* Rasmussen 1981, *A Study of Akkadian Personal Names from Mari.*
* Bowes 1987, *A Theological Study of Old-Babylonian Personal Names.*
* Stol 1991, *Old Babylonian Personal Names.*
* Di Vito, 1993, *Studies in Third Millenium Sumerian and Akkadian Personal Names. The Designation and Conception of the Personal God.*
* Edzard 1998, Artikel Artikel, *Namengebung (Onomastik). B. Akkadisch,* RlA Band 9.

Ebla:

* Krebernik 1988, *Die Personennamen der Ebla-Texte. Eine Zwischenbilanz.*
* Archi (ed.) 1988, *Eblaite Personal Names and Semitic Name-Giving.*
* Pagan 1998, *A Morphological and Lexical Study of Personal Names in the Ebla Texts.*

Emar:

* Arnaud 1991, *Contribution de l'onomastique du moyen-Euphrate à la connaissance de l'émariote.*
* Zadok 1991, *Notes on the West Semitic Material from Emar.*

Westsemitisch in Keilschrifttexten des I. Jahrtausends:

* Coogan 1976, *West Semitic Personal Names in the Murašû Documents.*
* Zadok 1978, *On West Semites in Babylonia during the Chaldean and Achaemenian Periods. An Onomastic Study.*

Ugaritisch:

* Gröndahl 1967, *Die Personennamen der Texte aus Ugarit.*

Hebräisch:

* Stamm 1980, *Beiträge zur Hebräischen und Altorientalischen Namenkunde.*
* Fowler 1988, *Theophoric Personal Names in Ancient Hebrew. A Comparative Study.*
* Zadok 1988, *The Pre-Hellenistic Israelite Anthroponymy and Prosopography.*
* Layton 1990, *Archaic Features of Canaanite Personal Names in the Hebrew Bible.*
* Richter 1996, *Materialien einer althebräischen Datenbank. Die bibelhebräischen und -aramäischen Eigennamen morphologisch und syntaktisch analysiert.*
* Rechenmacher 1997, *Personennamen als theologische Aussagen. Die syntaktischen und semantischen Strukturen der satzhaften theophoren Personennamen in der hebräischen Bibel.*

Phönizisch-Punisch:

* Benz 1972, *Personal Names in the Phoenician and Punic Inscriptions.*

Aramäisch:

* Maraqten 1988, *Die semitischen Personennamen in den alt- und reichsaramäischen Inschriften aus Vorderasien.*
* Abbadi 1983, *Die Personennamen der Inschriften aus Hatra.*
* Stark 1971, *Personal Names in Palmyrene Inscriptions.*
* Kornfeld 1978, *Onomastica Aramaica aus Ägypten.*
* Silverman 1985, *Religious Values in the Jewish Proper Names at Elephantine.*

Sabäisch:

* Tairan 1992, *Die Personennamen in den altsabäischen Inschriften. Ein Beitrag zur altsüdarabischen Namengebung.*

Minäisch:

* al-Said 1995, *Die Personennamen in den minäischen Inschriften.*

Qatabanisch:

* Hayajneh 1998, *Die Personennamen in den qatabānischen Inschriften.*

Frühnordarabisch

* Harding 1971, *An Index and Concordance of Pre-Islamic Arabian Names and Inscriptions.*

Arabisch:

* Khraysheh 1986, *Die Personennamen in den nabatäischen Inschriften des Corpus Inscriptionum Semiticarum.*
* Caskel 1966, *Ǧamharat an-Nasab. Das genealogische Werk des Hišām Ibn Muḥammad al-Kalbī.*

Anm.: **1.** Implizit allerdings auch Gelb 1980, vgl. ib. 12: "In selecting certain forms and meanings, I was generally guided more by the likelihood of their occurring in personal names than by their overall occurrence in different Semitic languages".

12. Amurritische Onomastik: Methodische Fragen und Voraussetzungen

12.1. Name und Namensträger

§ 1.119. Nach Stamm 1939, 14, konnte sich der Namengeber - in der Regel die Eltern des neugeborenen Kindes[1] - für einen traditionellen Namen entscheiden oder selbst einen Namen neu prägen. Leider lässt sich im Einzelfall das Verhältnis vom Namensträger zu seinem Namen und zu der durch das theophore Element seines Namens bezeichneten Gottheit meist nicht ermitteln, was angesichts der vielfältigen möglichen Aspekte, die der Benennung zugrunde liegen können, nicht verwundert.[2] Allgemein wird deutlich, dass in weiblichen Personennamen überwiegend weibliche Gottheiten auftreten. So sind von 55 Namen bei Gelb 1980, 236f., die mit dem theophoren Element ʾAnnu (= ʾAnnunītum[3]) gebildet sind, 39 weiblich. Ebenso sind von 18 bei Gelb 1980, 215, gebuchten Namen mit dem theophoren Element ʾAdmu (Unterweltsgöttin)[4] mindestens 15 weiblich.

Anm.: **1.** Wilcke 1985, 301 mit Anm. 149, bespricht die Benennung Eannatums von Lagaš durch die Göttin Inanna und Šulgis von Ur durch die Muttergöttin Ninḫursaĝ, beides Göttinen, die nicht als Mutter des Namensträgers beansprucht werden. Daraus darf man für die Namengebung im allgemeinen sicher nicht schliessen, dass nicht die Eltern, sondern eine bei der Geburt anwesende, vielleicht als Hebamme dienende, wohl verwandte Frau dem Neugeborenen den Namen gab, da beide Berichte lediglich die göttliche Legitimation des Herrschers ausdrücken sollen.

2. Vgl. J. J. Hess 1912, 6-8, für die zahlreichen Gesichtspunkte bei der Namenvergabe unter den Beduinen Zentralarabiens: "Nach äußern, die Geburt begleitenden Umständen", "Nach einem Gemütszustande der Mutter", "Nach der Zeit der Geburt", "Nach dem Orte der Geburt", "Nach dem Aussehen des Kindes", "Der Name bringt den Wunsch für das zukünftige Wesen des Kindes zum Ausdruck", "Nach Gegenständen und scheinbar ohne Grund", "Nach dem Namen früherer Kinder oder dem des Vaters"; ausserdem würden in späterem Alter "oft Namen nach auffallenden Eigenschaften oder bemerkenswerten Ereignissen gegeben, die dann die frühern verdrängen".

3. Für ᵓAnnu = ᵓAnnunītum s. Sasson 1986, 236f., und den weiblichen Personennamen *An-nu-un-um-mi* (F) 846M "ᵓAnnun ist meine Mutter".

4. Der Charakter von ᵓAdmu ist bisher meist verkannt worden: Birot 1956, 66[9]: "peut-être à rapprocher de la ville du même nom ... S'agit-il d'un dieu-Enfant?". Huffmon 1965, 158f.: *Admu*, "an otherwise unknown deity, found in Amorite and Akkadian names in the Mari texts ... Is it conceivably a Sumerogram for *ᵓabī?". Buccellati 1966, 130, analysiert *Ad-mu-a* als /*ᵓadmu-ha*/ "her (god) Admu" und kommentiert: *ᵓadmu* "could be the deified form of Ugar. *ᵓadm*, «people», and Hebr. *ᵓādām*". Roberts 1972, 14: "Admu may be a deified city name". Ib. 67[33]: "*Ad-mu-a*, if it is correctly analyzed as containing our element + 3fs suffix ... supports the interpretation of the name as a deified kinship term analogous to *ḫammum*". Schliesslich Leick 1991, 3: "In the Mari texts ... Admu is found mainly in Akkadian women's names and since female names are usually used with female deities it may here refer to a goddess".

Lediglich Astour 1967, 227, erkennt ᵓAdmu richtig: ᵓDM "(explained as earth god or goddess) in Phoenicia". Gelb 1980, 13, sagt lapidar: *ᵓAdmu* "GN".

Für eine feminine Gottheit sprechen die folgenden Gründe: a) Fast alle Personennamen, die das Element *ᵓAdmu* enthalten, sind feminin (so schon Leick) b) Die Personennamen *ᵈAd-mu-ta-ḫun-na-an* (F) 672M, *Ta-aḫ-zi-ᵈad-mu* (F) 5975M und *Ta-aḫ-zi-in-ad-mu* (F) 5974M enthalten ein Verbum der 3. Sg. feminin (nicht Kongruenz zwischen Namensträgerin und Prädikat analog den Verhältnissen im Akkadischen, s. Edzard 1962, 127!). c) Der Personenname *Ad-mu-um-mi* (F) ARM 23, 240: 23'M "ᵓAdmu ist meine Mutter".

Zweifellos bezeichnet *Ad-mu* mit Astour die Erd- und Unterweltsgöttin, die im Phönizischen als ᵓDM erscheint: s. zu dieser Dupont-Sommer 1947, 206-208, und zum Vorkommen im Onomastikon Benz 1972, 260.

§ 1.120. Die grosse Häufigkeit der Götternamen Yaraḫ, Haddu und Dagan in amurritischen Personennamen hängt zweifellos mit ihrem Kult inmitten des Nomadenlandes und ihrer Funktion als Stammesgötter zusammen (s. o. § 1.71) Dass Zugehörigkeit des Gottes zu einem bestimmten Clan oder Stamm aber nicht der einzige Aspekt bei der Namenvergabe ist, zeigt der Fall des Herrschers Śamśī-haddus von Ekallātum, der den Gott seiner Stadt im Namen trägt, obwohl sein persönlicher Gott Sîn[1] ist (vgl. van der Toorn 1996, 89).

Anm.: **1.** Gegen Charpin 1985, 60, gibt es keinen Hinweis darauf, dass die Göttin Ištar-(ir)radan von Ekallātum die "protectrice de la dynastie de Samsi-Addu" gewesen sei; dass sie eine bedeutende Gestalt in Ekallātum war (Durand 1985c, 387 Anm. 4), reicht jedenfalls nicht als Evidenz dafür.

§ 1.121. Knudsen 1991, 879, macht auf einen möglichen Fall politischer Namengebung aufmerksam: Śamśī-haddu nennt seinen älteren, im akkadischen Osten residierenden Sohn akkadisch *Išmē-dagan* "Dagan hat erhört", den jüngeren, im amurritischen Westen regierenden dagegen amurritisch *Yaśmaᶜ-haddu* "Haddu hat erhört". Nach Knudsen zeigt sich hier vielleicht die bewusste Nutzung des sprachlichen Gegensatzes Amurritisch : Akkadisch.

§ **1.122.** ARM 22, 326: 8-10 nennt *ʾAnnu-tabnī* "ʾAnnu hat erschaffen", eine Ekstatikerin (*muḫḫūtum*) der Göttin ʾAnnunītum: *ʾAnnu-tabnī* "would have been a perfect name to give to one dedicated to the worship and command of Annunitum" (Sasson 1986, 134). Angesichts der Häufigkeit von mit ʾAnnu zusammengesetzten Frauennamen in Mari ist ein Zufall jedoch nicht ausgeschlossen.

§ **1.123.** Wie wenig wir die Prinzipien der Namensvergabe bisher durchschauen, lässt ein Brief aus Mari erahnen. Er berichtet von einem Traum, der für das Mädchen einer Haremsdame, die selbst den amurritischen Namen *Tēpaʿum* (√ *ypʿ*) trägt, den amurritischen, nicht-theophoren Namen *Tagīd-nawû* "Gut war das Weideland" befiehlt:

> *ù aš-šum* DUMU.MUNUS [*š*]*a Te-pa-*[*ḫi-im*] *i-na šu-*[*u*]*t-ti-i*[*a-m*]*a* LÚ*-lum iz-zi-iz-ma u*[*m-m*]*a šu-m*[*a*] MUNUS.TUR DUMU.MUNUS ᶠ*Te-pa-ḫi-im-m*[*a*] ᵐᶠ*Ta-gi-id-na-we-e li-ì*[*s-sú*] *an-ni-tam iq-bé-e-*[*e*]*m i-na-an-na be-lí wa-ar-ka-tam* DUMU MÁŠ.ŠU.GÍD.GÍD *li-ša-ap-ri-is-ma šum-m*[*a šu-*]*ut-t*[*um ši-i*] *n*[*a*]*-aṭ-la-at be-lí* DUMU.MUNUS *T*[*a-g*]*i-i*[*d-na-we-e* ...] *ke-em-*[*m*]*a li-iš-ša-si* ARM 26/1, 480f. Nr. 239: 4'-13'
>
> "Und was die Tochter der Tēpa[ʿum] angeht - in meinem eigenen Traum trat ein Mann auf und sprach so: «Die Kleine, die Tochter jener Tēpaʿum, soll man Tagīd-nawû nennen.[1]» Dies sagte er mir. Jetzt möge mein Herr die Angelegenheit einen Opferschauer entscheiden lassen, und wenn [dieser] Traum (tatsächlich) gesehen worden ist, dann soll mein Herr die Tochter Tagīd-[nawû ...]. So soll sie genannt werden."

Nach Durand 1984, 129, bedeutet der Name Tagīd-nawû, "que le monde nomade est désormais bien disposé envers le roi de Mari". Durand 1984, 129-133, nennt weitere Namen, die in Erinnerung an eine bestimmte historische Situation zur Zeit der Geburt gegeben wurden.

Anm: **1.** Durand ergänzt zu *li-i*[*š*$_T$*ta-sú*], doch wird der Gtn-Stamm sonst nicht in der Bedeutung "mit Namen nennen" verwendet; für G in dieser Bedeutung s. CAD Š/II 158 *šasû* 5a.

§ **1.123a.** In einigen scheinbaren Genitivnamen findet sich maskuliner Regens beim femininen Genus des Namensträgers und umgekehrt:

* *Bu-nu-ḫa-am-mi* (F) 1330M, Florilegium Marianum 5, 267M *Bunu-ʿammi* "Sohn des Vatersbruders". Dieselbe Frau, eine Pförtnerin, ist aber auch unter den Namensformen *Bi-na-tu-ḫa-(am-)mi-im* und *Bi-na-tu-*ᵈ*ḫa-mi-im Binatu-ʿammim* "Tochter des Vatersbruders" bekannt, s. Florilegium Marianum 5, 267.
* *Bu?-nu-ia-aš-*[*ḫa*] (F) 1332M *Bunu?-yašʿa* "Sohn der Hilfreichen".

* *Bi-ni-ma-ma-ra-aṣ/-zi* (F) 1279M, Florilegium Marianum 5, 267M (drei verschiedene Namensträgerinnen) *Bini-maraṣ(i)* "Sohn des Sorgenvollen".
* *Bi-ni-sa-pa-ar/-pár* Florilegium Marianum 5, 267M "Sohn des Sapar" (drei verschiedene Namensträgerinnen).
* *Bi-ni-mu-l[u-uk]* (F) Florilegium Marianum 5, 267M "Sohn des Mul[uk]".
* *Am-ti-la-ba* (M) 783B *ʾAmti-labba* "Dienerin des Löwen".
* *Am-ta-i-la-ma* (M, Gen) ARM 22, 328 ii 39M "Dienerin wirklich des Gottes".

Ziegler 1999 267, umschreibt *Bi-ni* in den oben genannten Fällen "*Bînî*", doch ergeben die Namen dann keinen Sinn.[1] Als Lösung bietet sich die Vermutung an, das Kind habe den Namen einer anderen Person, wahrscheinlich eines verstorbenen Verwandten, anderen Geschlechts erhalten, obwohl der Name dann zum Geschlecht des Kindes nicht mehr passte; normalerweise bezieht sich der Regens solcher Genitivnamen ja auf den Namensträger bzw. die -trägerin selber. Der erste der oben angeführten Namen bezeugt wohl eine sekundäre Anpassung an das Geschlecht der Namensträgerin; *Bunu-ʿammi* ist demnach die ursprüngliche und *Binatu-ʿammim* die angepasste Namensform.

Diese Anpassung zeigt, dass man den Sinn der Namen durchaus verstand. Jedoch erwies sich in diesen Fällen das Prinzip der "Papponymie" als stärker als die nicht zum Genus des Namensträgers bzw. der -trägerin passende Bedeutung des Namens.

Anm.: **1.** Gemeint ist nicht *bīnī* "Meine Tamariske", sondern *binī* "Mein Sohn".

12.2. Sprache der Namen und Sprache der Namensträger

§ **1.124.** Die Sprache der Namen und die Sprache der Namensträger lassen sich mit Huehnergard 1987a, 714, aus zwei Gründen nicht ohne weiteres korrelieren:

* Namen tendieren dazu, einen archaischen Sprachzustand zu konservieren, während die gesprochene Sprache kontinuierlichen Innovationen unterliegt.
* Die Sprache der Namen kann unter Umständen eine andere Sprache oder einen anderen Dialekt reflektieren als die Sprache der Namensträger.

Primäres Ziel onomastischer Forschung ist daher nicht die Rekonstruktion der Sprache der Namensträger, sondern der Sprache der Namen und das Namensverständnis.

Ferner ergibt sich die methodische Schlussfolgerung, dass die vergleichende semitische und altorientalische Onomastik für die Erforschung des amurritischen Onomastikons wichtiger sind als die vergleichende semitische Sprachwissenschaft. Konkret heisst das z. B., dass für die semantische Interpretation eines Namenselementes semitische oder altorientalische onomastische Parallelen bedeutender sind als nicht-onomastische lexikalische (so schon Gelb 1980, 12).

§ 1.125. Andererseits lässt sich keineswegs leugnen, dass Namen in gewissen Grenzen Rückschlüsse auf die Sprache der Namensträger erlauben. Edzard 1998, 107f. § 3.1., stellt zum akkadischen (altbabylonischen) Onomastikon zu Recht fest: "Wie bei den sum. PN läßt sich beobachten, daß die akk. PN teils der Umgangssprache ihrer Zeit, auf jeden Fall aber der Literatursprache sehr nahe stehen, so daß sie zu einem beträchtlichen Teil, wenn nicht überhaupt ganz überwiegend, als lebendiges Sprachgut zu verstehen sind ... Wenn man versucht ..., das Akkadische ausschließlich nach dem lautlichen, morphologischen und syntaktischen Befund seiner PN zu beschreiben, so gewinnt man einen beträchtlichen Teil seiner Grammatik wieder. Ein solches Experiment bestärkt einen im Vertrauen, daß man mit der Darstellung des amurritischen Onomastikons ... auch die Sprache der Amurriter in den Griff bekommt".

Das angesprochene "Experiment" sei im folgenden für das altbabylonische Verbalparadigma vorgeführt.[1] Lediglich für den Grundstamm werden die einzelnen Personen und Verbklassen dokumentiert. Vollständigkeit ist dabei nirgendwo angestrebt. Alle Namen lassen sich über Stamm 1939 auffinden; auf Übersetzungen und Belegstellen wird daher hier verzichtet.

G-Stamm	Präteritum	3.Sg.m.	*Ikšud-appašu*, *Ibluṭam*, *Iddin-adad*, *Sîn-ublam*, *Ibni-šamaš*, *Sîn-iqīšam*
		3.Sg.f.	*Taddin-ištar*
		2.Sg.m.	*Šamaš-larsa-ē-tamši*
		2.Sg.f.	---
		1.Sg.c.	*Ilam-ul-amši*, *Ūta-mīšaram*
		3.Pl.m.	*Iddinūnim*
		3.Pl.f.	---
		2.Pl.c.	---
		1.Pl.c.	*Aḫam-nūta*, *Aḫam-niršī*
	Präsens	3.Sg.m.	*Izzâz-kittum*, *Ibašši-ilum*, *Iše''i-pānī-šamaš*
		2.Sg.m.	*Lā-teggi-ana-ištar*, *Ištar-lā-tašijjaṭ*
		1.Sg.c.	*Adallal-sîn*, *Aḫa-lā-amašši*
	Perfekt	3.Sg.m.	*Iptaṭar-līšir*
		1.Sg.c.	*Ātanaḫ-ilī*
	Imperativ	2.Sg.m.	*Ilam-kurub*, *Qibīšumma-tikal*
		2.Sg.f.	*Ištar-puṭrī*
		2.Pl.c.	*Abam-rāmā*

G-Stamm	Imperativ	2.Du.c.	*Ilān-šemeʾā*
	Prekativ	3.Sg.m.	*Wēdum-liblut, Nūrum-līṣi, Libūram*
		1.Sg.c.	*Aḫam-lurši*
	Stativ	3.Sg.m.	*Ištar-damiq*
		3.Sg.f.	*Ištar-damqat, Watrat-ḫaṭṭum, Šī-lū-dārât*
		1.Sg.c.	*Ana-bēltim-taklāku, Ilī-wēdēku*
	Partizip	Sg.m.	*Sîn-kāšid*
Gtn-Stamm	Präteritum		*Ilī-amtaḫḫar*
	Partizip		*Šamaš-muttabbilšu*
Gt-Stamm	Präteritum		*Abī-aštamar*
	Imperativ		*Nabium-atpalam*
	Prekativ		*Luštamar-adad*
D-Stamm	Präsens		*Uqâ-pī-ištar*
	Präteritum		*Šamaš-mītam-uballiṭ*
	Imperativ		*Uššeram-marduk*
	Partizip		*Sîn-muballiṭ*
Š-Stamm	Imperativ		*Šamaš-šūzibanni*
	Stativ		*Šumruṣāku*
Št-Stamm	Präteritum		*Uštašni-ilum*
	Imperativ		*Šutēšuraššum*
	Prekativ		*Lištašīm-ilum, Ana-nabiʾum-luštēmiq, Luštašīm-ilum*
	Partizip		*Šamaš-muštēšir*
N-Stamm	Präteritum		*Ilī-appalsam*
	Imperativ		*Naplisī-bēltī*
	Stativ		*Naplus-ea-balāṭu*

Anm.: **1.** Die Mehrzahl der Belege verdanke ich D. O. Edzard.

§ 1.126. Für Archaismen in der semitischen Namengebung s. Layton 1990 (Hebräisch), für Beispiele aus semitischen Sprachen abgesehen vom Hebräischen ib. 8-12. Als Reste eines älteren Sprachzustandes sind Archaismen sprachhistorisch wertvolle Informationen. Zu beachten ist, dass in der Sprache der Namen archaische und innovative sprachliche Elemente nebeneinander vorkommen können. So stehen etwa in westsemitischen Personennamen in akkadischen Texten des I. Jahrtausends innovatives finites QaTaLa (Zadok 1978 112111) und archaisches yaQTuL (Zadok 1978 112112) nebeneinander.

Da keine amurritischen Texte existieren, besitzen wir jedoch keine Möglichkeit festzustellen, ob eine sprachliche Erscheinung im amurritischen Onomastikon archaisch ist oder nicht. Wie sollen wir z. B. beurteilen, ob das vermutliche Fehlen von finitem QaTaLa im amurritischen Onomastikon als Archaismus zu werten ist oder ein Gegenstück in der gesprochenen amurritischen Sprache hat? Wir können daher lediglich schliessen, dass im Amurritischen zu einem bestimmten Zeitpunkt ein Sprachzustand existiert, in welchem die gesprochene Sprache kein QaTaLa kennt; ob dieser Sprachzustand schon vor dem Bezeugungszeitraum amurritischer Personennamen zu Ende geht oder noch während dieses Bezeugungszeitraumes andauert, wissen wir nicht.

§ **1.127.** Inwieweit Dialekte in der Sprache der Namensträger durch die Sprache der Namen reflektiert werden, sei anhand eines weiteren "Experiments" ansatzweise untersucht (vgl. dazu auch Edzard 1998, 107 § 3.1). Die folgende linke Spalte enthält im Glossar von Tallqvist 1914, 263-312, gebuchte, typisch neuassyrische Formen in Personennamen aus neuassyrischen Texten. In der rechten Spalte stehen die entsprechenden, im Glossar von Tallqvist 1905, 300-336, angeführten Formen aus Personennamen in neubabylonischen Texten gegenüber:

	Assyrisch	Babylonisch
Imperativ D-Stamm	*balliṭ* S. 274	*bulliṭ* S. 309
	ka''in S. 289	*kīn* S. 319
	paḫḫir S. 301	-
	ṣalli S. 303	-
	šallim S. 308	*šullim* S. 333
	takkil S. 311[1]	-
	taqqin S. 312	*tuqqin* S. 312
Imperativ Š-Stamm	*šabši* S. 276	*šubši* S. 310
Imperativ Š-Stamm I ʾ *e*-Klasse	*šēzibanni* S. 265	*šūzib* S. 301
G 3. P. Sg. Präteritum I ʾ	*ēmur* S. 268	*īmur* S. 305
G Prekativ 1. P. Sg.	*lāmur* S. 268	*lūmur* S. 305
	lašme S. 308	-

Wir sehen, dass dialektale Unterschiede in der Sprache der Namensträger wenigstens rudimentär auch im Onomastikon reflektiert werden.[2] Die Erkennbarkeit von Dialekten dürfte daher weniger eine prinzipielle als eine Frage des Umfangs des Namensmaterials sein. Für das Amurritische ergibt sich die Forderung, die Namen im Hinblick auf mögliche Dialekte differenziert zu betrachten.

Anm.: **1.** Tallqvist versteht die Form nicht richtig als "*tākil*".

2. Bei den oben genannten morphologischen Kategorien sind bisweilen in Assyrien auch babylonische Formen und umgekehrt bezeugt. Derartige Fälle sind jedoch deutlich in der Minderheit und lassen sich wahrscheinlich bei genauerer - hier nicht durchgeführter - prosopographischer Untersuchung wenigstens teilweise eliminieren.

12.3. Zahl der Namen und Zahl der Namensträger

§ 1.128. Gelb 1980 zeigt durch ein "+" nach der Belegstelle an, dass für einen Namen mehr als ein Beleg existiert. Von Soden 1982, 404, regt an, durch "Hinzufügung einer Zahl zu dem Pluszeichen ... ganz seltene Namen von den mehr oder minder gängigen zu unterscheiden". Doch wäre weniger die Zahl der Belege als die Zahl der Träger desselben Namens von Bedeutung. Diese zu ermitteln, erfordert eingehende prosopographische Untersuchungen, die über die Intention vorliegender Studie hinausgehen. Aus diesem Grunde wird auf eine Angabe der Beleghäufigkeit verzichtet. Einen gewissen Ausgleich soll der in Vorbereitung befindliche alphabetische Namensindex bringen, der ohne Anspruch auf Vollständigkeit eine grössere Zahl von Belegstellen nennen wird.

12.4. Persönliche Frömmigkeit und offizielle Religion

§ 1.129. Nicht nur linguistisch, sondern auch religionshistorisch stellen Personennamen eine selbständige Untersuchungsebene dar. Sie sind Ausdruck der persönlichen Frömmigkeit, die mehr oder weniger stark mit anderen Ebenen der Religiosität, z. B. der offiziellen Religion des Herrscherhauses, kontrastiert (dazu Albertz 1978 passim). Methodisch ist für vorliegende Studie zu folgern, dass Theologie und Frömmigkeit der Personennamen so weit als möglich aus sich selbst heraus bestimmt werden müssen. Erst in einem zweiten Schritt ist der religionshistorische Gehalt des Onomastikons mit dem der ausser-onomastischen Quellen (vgl. §§ 1.69-74) zu vergleichen, wobei sich letztlich auch für die Amurriter das Bild eines religionsinternen Pluralismus[1] ergeben mag.

Anm.: **1.** Zum Terminus s. Albertz 1978, 158.

12.5. Chronologische und geographische Distribution amurritischer Namen

§ 1.130. Gelb 1961, 47, differenzierte "three subdivisions of the term «Amorite» in ethno-linguistic and historical usages": "*Old Amorite*: From the oldest times to the end of the Ur III dynasty ... *Middle Amorite*: Old Babylonian Period ... Amorites are attested in Syria, Mesopotamia, and Babylonia ... *New Amorite*: Middle Babylonian Period". Im Zentrum der vorliegenden Untersuchung stehen die Namen der altbabylonischen Zeit (ca. 1940-1500, s. § 1.13), d. h. in der Terminologie Gelbs das "Mittel-Amurritische". Die Hauptmasse amurritischer Namen aus Mari, Tuttul, Tall al-Rimāḫ und Chagar Bazar datiert allerdings in einen Zeitraum von nur ca.

60 Jahren. Nach altorientalistischen Massstäben kann das Gros des Namensmaterials damit als mehr oder weniger synchron gelten. Da der Fundort der Namen, wenn möglich, stets angegeben wird, ist auch eine grobe interne chronologische Differenzierung gewährleistet.

§ **1.131.** Die wichtigsten Fundorte von Texten mit amurritischen Namen (vgl. die Karte folgende Seite) am mittleren Euphrat und in der Ǧazīra sind Mari, Tuttul, Tall al-Rimāḥ und "Chagar Bazar" (Šāġir Bāzār = Ašnakkum), in Nordwestsyrien Alalaḫ (Schicht VII und IV). Südwestlichster Bezeugungsort ist Ḥaṣor.[1] Im Südosten schliesst sich Babylonien an. Das Diyālagebiet ist vor allem mit Ešnunna und Nērebtum (Iščālī) vertreten. Nordöstlichster Bezeugungsort ist Šemšāra (Šušarra) am Oberlauf des Kleinen Zāb.[2] Südöstlichster Bezeugungsort ist Baḫrayn.[3]

Da der Fundort eines Namens nicht notwendigerweise mit dem Herkunftsort des Namensträgers identisch ist, wäre die Herkunftsbestimmung jeden Trägers eines amurritischen Namens ideal. Jedoch abgesehen davon, dass in vielen Fällen eine genaue Herkunftsbestimmung nicht möglich ist, ist der zu erwartetende linguistische und religionshistorische Ertrag im Vergleich zum Aufwand einer solchen Untersuchung vermutlich gering, da in der grossen Mehrzahl der Fälle der Namensträger zumindest aus der näheren oder weiteren Umgebung des Namensfundortes, wenn nicht gar aus dem Fundort selbst stammt. So gehört die Masse amurritischer Namen aus Mari, Tuttul, Tall al-Rimāḥ und Chagar Bazar ohne Zweifel Personen, welche einem Umkreis von maximal 300 km, in der Regel jedoch deutlich weniger, entstammen. Vorliegende Untersuchung beschränkt sich daher in der Regel darauf, wann immer möglich den Namensfundort anzugeben.

Anm.: **1.** S. die Zusammenstellung von Namen in Keilschrifttexten aus Ḥaṣor bei Zadok 1996, 105. Daneben sind aus Mari-Texten mehrere Personen aus Qaṭna namentlich bekannt.

2. S. Eidem 1992, 47f., für eine Zusammenstellung der amurritischen Namen.

3. Vgl. Gelb 1980, 2; Potts 1990, 218. Für amurritische Namen auf Faylaka s. Glassner 1996, 240.

12.6. "Mischnamen"

§ **1.132.** Als Ergebnis wechselseitiger Entlehnungen (Huffmon 1965, 15; Rasmussen 1981, 12) treten amurritisch-akkadische "Mischnamen" auf. Vier Typen lassen sich differenzieren:

* Akkadisches theophores Element + amurritisches Prädikat: *Bēlī-nērī* (F) 1193M "Mein Herr ist mein Licht". *Kāpī-yipuʿ* 3942M "Mein Fels ist herrlich".

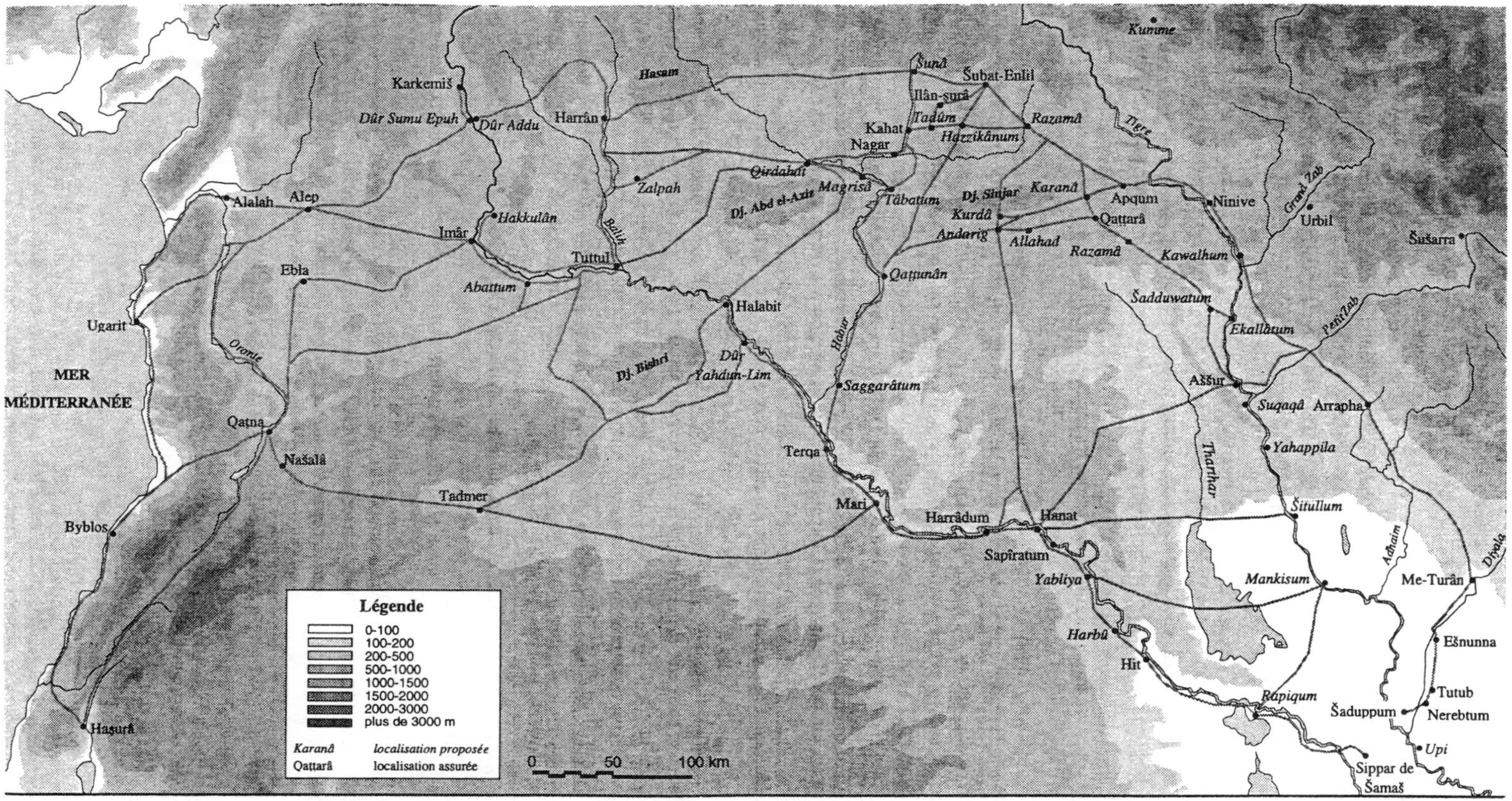

Die syrische Wüstensteppe, Nordwestsyrien und Babylonien zur Zeit der Mari-Archive. Nach Martin Sauvage, apud F. Joannès, Amurru 1 S. 325 bzw. M.A.R.I. 8 S. 396.

* Akkadisches Prädikat + amurritisches theophores Element: *ʾItūr-ʾaśdu* 2470B "Der Krieger hat sich zugewandt". *ʿAmmī-ʾandullī* 1889M "Mein Vaterbruder ist mein Schutz".
* Amurritisiertes akkadisches Prädikat: *ᵈYatūr-wer* 3562M (GN) "Wer hat sich zugewandt". *Aḫī-liblaṭ* ARM 25, 239: 4, tr. 3M und *Aḫī-lablaṭ* ARM 25, 168 r. 3; 488 r. 1M "Mein Bruder möge sich lebendig zeigen" sind Namensformen vermutlich ein- und derselben Person, die darüberhinaus wohl auch als *Aḫī-libluṭ* (ARM 25, 472: 3M) erscheint (wahrscheinlich ein Schmied). Während *libluṭ* babylonisch ist, ist *liblaṭ* eine teil-amurritisierte und *lablaṭ* eine vollständig amurritisierte Form.[1]
* Akkadisiertes amurritisches Prädikat: *ʾIśmaʿ-dagan* 3809Ḫana "Dagan hat erhört".

Während die amurritisierten und amurritischen Elemente der beiden letzteren Typen in vorliegender Studie behandelt werden, bleiben die akkadischen Elemente der beiden ersteren Typen ausgeklammert.

Anm.: **1.** Der Wurzelvokal /*a*/ findet sich auch im Assyrischen. Im Prinzip ebenso möglich ist umgekehrt eine schrittweise Akkadisierung einer amurritischen Ausgangsform *lablaṭ* oder *laplaṭ*. Allerdings hat √ *plṭ* im Westsemitischen nach Ausweis des Hebräischen und Arabischen Wurzelvokal /*i*/ (Äthiopisch yᵉflᵉṭ weist auf /*i*/ oder /*u*/, schliesst aber /*a*/ aus) und √ *blṭ* ist bisher westsemitisch nicht bezeugt.

12.7. Die "Chiera-Liste"

§ **1.133.** Die "Chiera-Liste" (PBS 11, 2) gilt seit den Anfängen der Amurritisch-Forschung als wichtige Quelle (vgl. die Beschreibung bei Bauer 1926, 3-5). Diese wohl in der Schreiberausbildung verwendete[1] Liste enthält in akrographischer/-phonischer Anordnung Personennamen, von welchen ein Grossteil als amurritisch gedeutet wird. Doch erlaubt das Anordnungsprinzip die Auflistung von Namen unterschiedlicher linguistischer Zugehörigkeit, wie schon Bauer (ib.) bemerkt. Bei den als amurritisch interpretierten Namen finden sich viele singuläre oder auffällige Bildungen, wie im folgenden exemplarisch gezeigt wird:

Anm: **1.** Cavigneaux 1980ff., 619: "listes de noms propres ... ont formé à toute époque une partie importante de l'apprentissage des scribes". Die Vermutung Stamms 1939, 14, die Namenlisten "dienten wohl dem Zweck, einen um die Namenswahl verlegenen Vater zu beraten, oder, wenn wir für gewisse Stände Benennung der Kinder von Amts wegen annehmen dürfen, den reichen Namensschatz zu überblicken", ist demnach wenig wahrscheinlich.

§ **1.134.** Singulär ist das Element *a-pa-ar* in *I-zi-a-pa-ar* 2637 und [*Su-mu-*]*a-pa-ar* 5618. Dies gilt auch für Namen wie *Bu-nu-ka-la-i-li* 1333, *Bu-nu-ka-ma-i-la* 1334, [*Su-mu-i*]*l-ba-bi-ia* 5673, *Ia-ia-tum* 3276, *Ia-ia-um* 3277[1] und *Ia-*

ia-mu 3275. Das ebenfalls singuläre *I-zi-a-pa-aḫ* 2636 lässt sich nur interpretieren, wenn mit *i-zi* *ʿizzī* gemeint ist; **ʾIṣī-yaypaʿ* mit zwei finiten Verbalformen ist nicht möglich. Im Hapax [*Su-*]*mu-ia-mu-tu-ba-la* 5666 ist das *u* von *yamūtu* unerklärbar; keinesfalls darf man aus dem Beleg auf eine Verbalform *yaqtulu* schliessen, da diese ohne Parallelen wäre. Auffällig ist das Suffix /*um*/ in *Ia-ku-un-a-ša-ru-um* 3320 (sonst lautet das theophore Element *ašar*) und die Zweitstellung des verbalen Prädikates in *Su-mu-ia-si-it* 5671. Die Graphie *Ia-e-* in *Ia-e-em-zi-*DINGIR 3653, *Ia-e-em-zu-um* 3654 und *Ia-e-šu-bi-*DINGIR 3657 besitzt nur vereinzelt Gegenstücke ausserhalb der "Chiera-Liste".

Anm.: **1.** Die von Bauer 1926, 27, vermutete Parallele in YOS 5, 156: 2 ist am Namensende abgebrochen und unsicher.

§ **1.135.** Auch wenn nicht ausschliessbar ist, dass noch für manche der Namen Parallelen auftauchen und sich für auffällige Namensbildungen Erklärungen finden lassen, so bleibt doch die Häufung von schwierigen und singulären Namen bemerkenswert. Wurde der Text von einem noch nicht voll ausgebildeten Schüler verfasst? Oder hat der Schreiber - z. B. assoziativ - künstliche Namen gebildet, die sonst in der amurritischen Namengebung nicht vorkommen? Jedenfalls kann der Text genausowenig als Primärquelle für das amurritische Onomastikon gelten wie z. B. die "Old Babylonian Grammatical Texts" für die sumerische Grammatik. Für die vorliegende Untersuchung ergibt sich daraus die praktische Forderung, Namen der "Chiera-Liste" als solche zu kennzeichnen und sie nur vorsichtig in der Erforschung des amurritischen Onomastikons zu verwenden.

12.8. Toponyme

§ **1.136.** Die Schwierigkeit der linguistischen Analyse von Toponymen ist der semitischen Onomastik seit langem bekannt. Toponyme sind oft archaisch (Layton 1990, 4-6) und unterliegen volksetymologischen Deutungen (Huehnergard 1987a, 715). Vorliegende Studie verzichtet daher in der Regel auf eine Untersuchung von Toponymen über die von Gelb 1980 gesammelten hinaus,[1] obwohl Grund zu der Annahme besteht, dass in Gebieten mit amurritischer Bevölkerung die Toponymie zu einem gut Teil auch amurritisch war (Durand 1992, 109-112) oder zumindest so uminterpretiert wurde. Ihre Behandlung muss einer eigenen Arbeit vorbehalten bleiben.

Anm.: **1.** Aus diesem Grund sind zahlreiche von Zadok 1984 und 1993 gesammelte Toponyme nicht in vorliegende Untersuchung aufgenommen worden. Gelb 1980 enthält bis auf wenige Ausnahmen nur Namen von tribalen Einheiten, die gleichzeitig auch Bezeichnungen für Wohn- und Weidegebiet der entsprechenden Clans oder Stämme sind.

§ 1.137. In manchen Fällen lässt sich jedoch eine enge Beziehung zwischen Orts- und Personennamen nachweisen. So sind zum einen Ortsnamen bisweilen erkennbar von Personennamen abgeleitet wie in dem folgenden Beispiel:

> *Lū-ḥayya* (ON) ARM 16/1, 21; ARM 26/2, 547M, abgeleitet von einem Personennamen wie *Lū-ḥayya-śāmiʿum* 4377B "lebendig sein möge der Erhörer" o. ä.

Weitere Beispiele stellt Durand 1992, 111, zusammen.[1] Andererseits gibt es Nisbenbildungen zu ethnischen oder geographischen Namen, z. B.:

> *ʾAmurrû(m)* 439B, 453B, 441U, *ʾAmurru* 449M, *ʾAmurrītum/-im* (F) ARM 25, 624: 9M, ARM 16/1, 90M; ARM 23, 78: 1M (mehrere Personen), ARM 22, 63 + M.6825: 13, vgl. ARM 23, 599 "Amurriter(in)", zu *ʾAmurru*.

Anm.: **1.** S. noch den möglichen Fall *Ia-aq-qí-i*[*m*]?-ÍD^{ki} ARM 3, 13: 25 (vgl. Durand 1998, 434f.).

II. Orthographie und Phonologie

§ 2.1. Orthographie und Phonologie können bei einer nur schriftlich überlieferten Sprache nicht getrennt voneinander untersucht werden. Phonologische Aussagen sind von der Interpretation der Orthographie abhängig. Hauptaufgabe dieses Kapitels ist daher die Erstellung des Phoneminventars und die Beschreibung der phonologischen Prozesse auf der Basis der Schreibungen. Angaben zur Phonetik, das heisst der Lautung der Phoneme, sind angesichts des Fehlens eines kompetenten Sprechers nur eingeschränkt möglich.

Es gibt weder amurritische Texte noch eine eigene amurritische Schrift. Die amurritischen Personennamen sind in Texte eingebettet, die mit altbabylonischer Keilschrift in akkadischer Sprache geschrieben sind.[1] Derselbe Schreiber schreibt sowohl den akkadischen Text als auch die amurritischen Namen. Zu erwarten ist deshalb, dass die Regeln der altbabylonischen Orthographie auch auf die amurritischen Namen angewendet werden: "We shall be constantly keeping in mind that we see Amorite forms through Akkadian glasses as it were" (Knudsen 1991, 868 1.). Von vorneherein unwahrscheinlich sind daher Versuche, eigene, nur für die amurritischen Personennamen geltende orthographische Prinzipien zu erstellen und aus ihnen phonologische Schlüsse zu ziehen.[2] Allerdings dürfen wir wie in bestimmten Textgattungen mit historischen Orthographien rechnen; so wird z. B. bisweilen */ga/* mit KA (Stol 1991, 193f., auch zu anderen historischen Schreibungen) und in Südbabylonien */pi/* des öfteren mit BI (Streck 1999a, 658f.; vgl. hier § 2.101) geschrieben, während die zeitgenössischen Orthographien GA und PI sind.

Semitische Eigennamen und Wörter sind auch in ägyptischen Texten des mittleren und neuen Reichs in Gruppenschrift überliefert (Hoch 1994 passim; für die Belege aus dem mittleren Reich ib. S. 492-498 und Schenkel 1990, 34-40). Da die semitischen Ausgangssprachen nicht exakt identifiziert werden können und die Texte des neuen Reichs einige Jahrhunderte später als die amurritischen Personennamen der altbabylonischen Zeit sind, ist diese Überlieferung nur unter Vorbehalt zu verwenden; dennoch weise ich gelegentlich auf sie als willkommene Ergänzung zur keilschriftlichen Evidenz hin.

Die Phoneme und die sie betreffenden phonologischen Prozesse werden im folgenden in der Reihenfolge Vokale, */w/* und */y/* sowie Konsonanten behandelt.

Anm.: **1.** Ich beziehe mich hier auf die zentrale Dokumentation der altbabylonischen Zeit, die vorliegender Arbeit primär zugrundeliegt. Für die amurritischen Namen in sumerischen Texten vor allem der Ur III-Zeit gelten teilweise andere orthographische Regeln. Sie werden hier nur am Rande berücksichtigt.

2. Dies gilt für die beiden von Gelb 1958, 146 1.3. und 1.4., beschriebenen Regeln, die auch in Gelb 1980 konsequent unterstellt werden. In 1.3. gibt Gelb an, *Ki-bi-ir-*[d]*ab-ba* stünde für */*kibr-ʾabba*/, was in der altbabylonischen Orthographie ohne Präzedenz ist. In 1.4. vermutet Gelb, Pleneschreibungen in amurritischen Personennamen bezeichneten anders als im gleichzeitigen Altbabylonischen stets selbständige Silben und nie Vokalkontraktion (mit Ausnahme von einsilbigen Namenselementen und Ortsnamen).

1. Vokale

1.1. Phoneminventar

§ **2.2.** Als Minimalinventar lässt sich /*a*/, /*i*/ /*u*/ sowie /*ā*/, /*ī*/, /*ū*/ ansetzen. /*a*/ und /*i*/ besitzen das Allophon [*e*]. Als Allophon von /*a*/ erscheint [*e*] fakultativ vor /ᶜ/ (s. § 2.36):

**Iš-me-eḫ-ba-al* 3815M *ʾIśmeᶜ-baᶜal* : *Iš-ma-aḫ-ba-al* ARM 8, 45: 5M *ʾIśmaᶜ-baᶜal* "der Herr hat erhört".[1]

Weil die Keilschrift [*i*] und [*e*] nur unvollkommen differenziert, lassen sich die Bedingungen für [*e*] als Allophon von /*i*/ nicht sicher erkennen. Offenbar tritt [*e*] fakultativ für /*i*/ vor /*r*/, /*l*/[2] und /ᶜ/ ein. Vor /*r*/:

**Ia-te-ri-da* 3551A *Yayteridda* "Hervorragend gezeigt hat sich Haddu" : *Ia-ti-ra-mu* 3558Aspät *Yaytir=ammu* "Hervorragend gezeigt hat sich der Vatersbruder".[3]

**Ia-še-re-da* 3488A *Yayśiridda* "Gerecht gezeigt hat sich Haddu" : *Ia-si-ru-um* 3477B *Yayśirum*.[4]

Vor /*l*/:

**Ia-ḫa-te-lum*? 3251B *Yaḥattêlum* : *Ia-ḫa-ti-lum* 3254B *Yaḥattîlum* "Meine Einzigartigkeit ist der Gott".[5]

**Ḫi-in-ne-*DINGIR 2259M *Ḥinn=el* "(Meine) Gnade ist der Gott".

**Ia-ḫa-ad-e-lum* 3233B *Yaḥad-ʾelum* "Einzigartig ist der Gott".

**Am-mu-e-el* 760? *ᶜAmmu-ʾel* "Vatersbruder ist der Gott".

**Me-ḫi-ri-e-el* 4633B.

Vor /ᶜ/:

**Sa-me-ḫu-um* 5444B *Śāmeᶜum* : *Sa-mi-um* 5462B *Śāmiᶜum* (√ *śmᶜ* "hören").

Die vermuteteten Phoneme */o/ oder */ô/ hinterlassen in der Keilschrift keinen Reflex und sind somit unbeweisbar.[6] Die Personennamen kennen den kanaanäischen Lautübergang */ā/ > /ô/ ebensowenig wie die Lehnwörter (s. § 1.104).

Anm.: **1.** Für die Vergangenheitsübersetzung von amurritisch *yaQTuL* s. Knudsen 1991, 879. Ich spreche dementsprechend von "Präteritum", nicht von "Imperfekt".

2. Die Belege zeigen, dass die Vermutung von Knudsen 1991, 870, "[e] in closed syllables and [i] in open syllables" nicht stimmt. Zu beachten ist auch, dass EL in Mari öfter für /il/ (il_5) steht, s. § 2.94f. und ausserhalb des Onomastikons Durand 1998, 642.

3. Ich folge Huffmon 1965, 217f., und Retsö 1989, 62ff., in der Analyse von *Ia-te-ir-* u. ä. als Präteritum G mit Wurzelvokal /i/, nicht als Präteritum H, wie Gelb 1958, 160, und 1980, 22, annimmt. Die Zustandsverben I */w/ > /y/ bilden im Amurritischen dieses Präteritum wie das Akkadische (vgl. *ītir*) mit Reflex des ersten Radikals.

4. Schwierig ist die Annahme Gelbs (1958, 160; 1980, 22), *Ia-še-re-/Ia-si-ru-um* u. ä. sei Präteritum H, weil "hat gerecht gemacht" onomastisch keinen Sinn ergibt. Ich analysiere die Form daher als Präteritum G mit dem erwarteten Wurzelvokal /i/; vgl. zur Form die vorangehende Anmerkung und s. akkadisch *īšir*.

5. Die mehrfach bezeugte Form *ia-ḫa-(at)-te/ti* u. ä. wird bei Gelb 1980, 256, von √ *ḫtʾ* unklarer Etymologie und Bedeutung abgeleitet. Gelb 1980, 21, und von Soden 1985, 308, fassen sie als Präsens yaQaTTiL auf. Es handelt sich jedoch um ein Substantiv *yaḫattu* < **yaḥadtu*.

Das Element *ʾel(um)* u. ä. wird hier und im folgenden entsprechend Streck 1998, 130 § 5.2., als verselbständigtes Epitheton angesehen und mit "der Gott" übersetzt. Eine eingehende onomastische Untersuchung dieses Elementes ist jedoch vonnöten.

6. Knudsen 1991, 870f., setzt das Phonem /ô/ als Ergebnis der Monophthongierung von /aw/ an und interpretiert z. B. die Graphie *ú-zi* als "/yôṣiʾ/".

§ 2.3. Wie das Akkadische kennt auch das Amurritische Vokalkontraktion (s. §§ 2.25.-32). Das Kontraktionsergebnis wird teilweise durch Vokalpleneschreibungen wiedergegeben (s. § 2.12):

**Ia-aḫ-bu-ú-um* 2830M *Yaḫbûm* < **Yaḫbaʾum*.[1]

Aus diesen Schreibungen lässt sich Vokallänge erschliessen, die im folgenden akkadistischer Tradition gemäss durch "^" gekennzeichnet wird.[2] Inwiefern Kontraktionslänge von struktureller Vokallänge phonematisch verschieden ist, lässt sich jedoch nicht erkennen.[3]

Anm: **1.** Mit Huffmon 1965, 189, und Knudsen 1983, 14, √ *ḫbʾ* "bergen" ("apparently as an act of protection"), Hypokoristikon zu Namen wie *Ia-aḫ-ba-*[d]*ra-sa-ap* 2827M "Geborgen hat Rašap". Gelb 1980, 20, lässt die Etymologie dagegen offen. Vgl. akkadisch *ḫabû* IV "verbergen" (erst neuassyrisch) AHw. 306, hebräisch *ḥbʾ* nif "sich verstecken", hif "verstecken" HAL I 273, äthiopisch *ḫabʾa* "hide, conceal" CDG 255. Die Wurzel ist auch in hebräischen Personennamen bezeugt, s. ḤBYH "J. barg" HAL I 274 und ʾLYḤBʾ "G. birgt" HAL I 54.

2. Gelb 1958 passim, besonders 147-149, verwendet für Kontraktionslänge und strukturelle Vokallänge gleichermassen "¯".

3. Vgl. die analoge Diskussion für das Akkadische bei Buccellati 1996, 20f.

1.2. Phonemlänge in der Schrift

§ **2.4.** Phonemlänge erscheint wie auch sonst im Altbabylonischen in der Schrift teils nicht, teils als Pleneschreibung (§ 2.11):

**Zu-ḫa-ad-nim* 6589M *Ḏū-ʿadnim* : *Zu-ú-ḫa-ad-nim* 6630M "Der der Wonne".[1]

Anm.: **1.** *ʿadnu* ist ein verselbständigtes Epitheton, das hier die Position des theophoren Elementes einnimmt; dafür gibt es auch anderweitig Belege.

§ **2.5.** Eine fakultative Plene-Schreibung des /*ān*/-Suffixes begegnet im Diyālagebiet und in Babylonien (von 12 Belegen jeweils 6x). Belege aus dem Diyālagebiet:

**A-ri-ba-a-nu-um* 502D : *A-ri-ba-nu-um* 503D.
**Lu-ma-a-nu-um* 4381D : *Lu-ma-nu-um* 4383D.
**Nu-pa-a-nu-um* 5079D : *Nu-pa-nu-um* 5080D.
**Ku-ta-a-nu-um* 4140D : *Ku-ta-nu-um* 4141M.
**Za-ra-ma-a-nu-um* 6411D : *Za-ra-ma-nu-um* 6412B.
**Ḫu-da-a-nu-um* 2297D.

Belege aus Babylonien:

**Ḫur-za-a-nim* (Gen) 2375B : *Ḫur-za-nim* (Gen) 2376B.
**Za-am-ma-a-nu-um* 6305B : *Za-am-ma-nu-um* 6306B.
**Zu-za-a-núm* 6655B : *Zu-za-núm* 6659B.
**I-la-a-nu-um* 2515B *ʾIlānum* (*ʾil* "Gott").
**Ib-la-a-nu-um* 3635B *ʾIblānum* "ʾIblaer".
**Ni-iq-ma-a-nu-um* 5040B *Niqmānum* (*niqm* "Rache").

1.3. Gebrochene Graphien

§ **2.6.** S. für diese im Altbabylonischen oft belegten Graphien Groneberg 1980 und GAG[3] § 8c.[1]

Anm.: **1.** Eine überzeugende Erklärung für die Schreibungen steht noch aus und kann wohl nur unter erneuter Durcharbeitung des gesamten bekannten Materials gegeben werden.

Fraglich ist, ob auch *A-ia-a-ḫu-i* 282B *ʾAyya-ʾaḫī* "Wo ist mein Bruder?" hierhergehört; *u-i* für /*i*/ ist bei Groneberg nur einmal belegt (S. 158); vielleicht handelt es sich um eine nachträgliche Korrektur eines fehlerhaften *a-ḫu* oder um eine Form *aḫūʾī* "mein Brüderchen" (beides Vorschläge von D. O. Edzard). Gelb 1980, 207, bucht den Namen dagegen unter einer unklaren √ *ʾḫw*.

1.3.1. *u-i* für */u/*[1]

§ **2.7.**

**Ḫu-iz-zi* 2301M *ᶜUzzī* "Meine Stärke".
**Ḫu-iz-ba!-ta-an* 2300M (Sup) *ᶜUḏbatān*.[2]
**Ia-am-ru-iṣ*-DINGIR 2954M *Yamruṣ-ʾel* "Gesorgt hat sich der Gott".[3]

Anm.: **1.** S. für diesen Typ Groneberg 1980, 157, besonders häufig mit *is/ṣ/z* in zweiter Position.

2. Wegen *Ḫu-ud-ba-nu* 2337M zu √ *ᶜḏb* "wiederherstellen". Vgl. ugaritisch ᶜDB "legen" WUS Nr. 2002, hebräisch ᶜZB II "in Ordnung bringen" HAL III 763f., sabäisch (H)ᶜḎB "repair, put in order" Beeston 1982, 12. Für altsüdarabische Personennamen mit dieser Wurzel s. Harding 1971, 411; 617; 689; Tairan 1992, 208f.; für einen ugaritischen Personennamen s. Gröndahl 1967, 107.

3. Aus onomastischen Gründen scheidet für √ *mrṣ* die primäre Bedeutung "krank sein" aus. Doch ist für das Akkadische die metaphorische Bedeutung "to be concerned" gut belegt (CAD M I 269 *marāṣu* 2) und kommt auch im Onomastikon vor: *Ilum-limraṣ* "Der Gott möge sich sorgen" (gegen Stamm 1939, 166, nicht "möge sich ärgern"). Ich setzte diese Bedeutung auch für das Amurritische an.

1.3.2. *a-e* für */e/*

§ **2.8.** Nur vor Element *ʾel*. Offenbar liegt Elision von /ʾ/, z. T. mit folgender Vokalkontraktion, vor.[1]

**Ab-da-el* 608D *ᶜAbdêl* "Diener des Gottes".
**Ia-di-ḫa-el* 3199B *Yaydeᶜ=el* "Erkannt hat der Gott".[2]
**Ia-aḫ-zi-ba-el*? 2878M *Yaᶜzib=el*? "Übrig gelassen hat der Gott".[3]

Anm.: **1.** Nach Knudsen 1991, 869 1.3., stünde *Ab-da-el* für "/ᶜ*abd-il*/". Doch s. § 3.68.

2. Umlaut */aᶜ/ > /eᶜ/ (s. § 2.36). Für den Reflex des ersten Radikals vgl. § 2.2. Anm. 2. Der Sinn von √ *ydᶜ* in den semitischen Onomastika ist umstritten. Noth 1928, 181, nimmt an, dass die Wurzel im Sinne von "sich kümmern, sich annehmen" gebraucht sei; vgl. HAL II *ydᶜ* I qal 7 "sich kümmern um jmdn". Diese Deutung akzeptiert auch Stamm 1980, 149. Stamm 1939, 198, versteht akkadische Namen wie *Nabû-īdânni* "Nabû kennt mich" als "Gott weiss, dass ich gerecht bin, so kann ich auf seine Hilfe vertrauen". Coogan 1976, 75, stellt die Wurzel zu "the technical meaning of the word in treaty contexts, «to recognize or acknowledge (as vassal or sovereign)» ... Its use in personal names will then reflect either an individual's consciousness of a treaty relationship between a deity and a nation or ... of his relationship with his deity". Nach Fowler 1988, 101, gehört die Wurzel zu den Elementen, welche "express the deity's awareness of man in his everyday life". Ich folge Rechenmacher 1997, 81, der als Objekt die Familie und ihre Not der Kinderlosigkeit annimmt und √ *ydᶜ* im hebräischen Onomastikon zu den "Namen vom Wahrnehmen" stellt. Danach lassen sich *da-ḫu-um* / *da-ḫa-at* / *ia-da-aḫ-te-* als "Erkenntnis" übersetzen.

3. "übrig lassen" im Sinne von "verschonen"; vgl. akkadisch *ezēbu* AHw. G 8a.

1.3.3. *a-u* für /*a*/[1]

§ **2.9.**

**Ia-uš-ku-ru-um* 3588B : *Ia-áš-ku-rum* 3099M *Yaśkurum*.[2]
*Für PI-*um-ra-aṣ- Yumraṣ-* s. § 2.35.

Anm.: **1.** S. für diesen Typ Groneberg 1980, 157.
2. Kurzform zu Namen wie *Ia-áš-ku-ur*-DINGIR 3101B "Belohnt hat der Gott". √ *śkr* "mieten, belohnen". Vgl. hebräisch ŚKR "mieten" HAL IV 1239f., palmyrenisch $ŠKR_1$ "to hire, to reward" DNSI 1135, äthiopisch *śakara* "hire" CDG 529. Dazu möglicherweise auch arabisch *šakara* "danken, loben" Wehr 668.

1.4. Pleneschreibungen

§ **2.10.** Vokalpleneschreibungen besitzen verschiedene Funktionen:

1.4.1. Bezeichnung von struktureller Phonemlänge

§ **2.11.** Vgl. §§ 2.4-5.

**Zu-ú-ḫa-ad-nim* 6630M *Ḏū-ʿadnim* "Der der Wonne".
**La-ia-si-i-im* ARM 23, 222: 13M *La-yaśīm* "Wahrlich hat er gesetzt".[1]
**Ni-iq-ma-a-nu-um* 5040B *Niqmānum* (*niqm* "Rache").
*dUTU-*da-ḫi-i* 6272B *Śamaś-daʿī* "Śamaś ist meine Erkenntnis".
**Ḫi-ni-i* 2238M *Ḥinnī* "Meine Gnade".
**Ma-ka-a-an* 4466M *Makān* "Stabilität"[2].

Anm.: **1.** Hypokoristikon.
2. Bei Gelb 1980 noch unter √ *mky* gebucht. Jedoch zu √ *kwn*. Vgl. § 5.43.

1.4.2. Bezeichnung von Kontraktionslänge

§ **2.12.** Vgl. § 2.3 und §§ 2.25-32.

**Za-bu-ú-um* (M) 6347M *Ṣābûm* "Krieger" : *Za-bi-um* 6341B *Ṣābiʾum*.[1]

Der Ausdruck von Kontraktionslänge durch Pleneschreibung ist fakultativ:

**I-zi-na-bu* ARM 23, 87: 16M : *I-zi-na-bu-ú* 2662M *ʾIṣī-nabû* "Erschienen ist Nabû".[2]

Anm.: **1.** Bei Gelb 1980, 34, unter √ *ṣbʾ* "to desire". Knudsen 1983, 15: "*ṣbʾ*, «to desire», does not exist. Read *ṣbʾ*, «to go to war» ... and *ṣbj*, «to want, desire» ... The former root appears in several names ... such as the Old Babylonian name 6341 *ṣa-bi-um*, «warrior» (participle)". Vgl. auch CAD Ṣ 54 *ṣābu* discussion section. Für die Wurzel im Semitischen s. akkadisch *ṣabāʾu* "zu Felde ziehen" AHw. 1071, *ṣābu* "Leute; Person(en); Soldat(en)" AHw. 1072; ugaritisch: ṢBu "Heer" WUS Nr. 2299; hebräisch: ṢBʾ "kämpfen" HAL III 933, "Heeresdienst" HAL III 934; äthiopisch: *ṣabʾa* I / *ḍaʾba* "make war, fight, attack, strive" CDG 544f.; sabäisch: ḌBʾ "wage war" Beeston 1982, 40; arabisch: *ḍabaʾa* "lie in wait for" CDG 545 (nach T. Nöldeke).

2. Mit Lewy 1929, 252, und Birot 1953, 172, verhält sich *i-zi/ṣi* zu *ia-zi/ṣi* wie *i-ba-al* zu *ia-ba-al*, so dass gegen Durand 1985, 149, nichts gegen eine amurritische Interpretation von *i-ṣi* spricht. *ʾiṣī* entspricht akkadisch *uṣī*; /*i*/ ist Reflex des ersten Radikals */*w*/ > /*y*/.

Gegen eine Ableitung von *i-zi* von √ *ʿzz* "stark sein" spricht die konsequente Erststellung des Elementes ebenso wie das Fehlen von Graphien mit ḪI und das stets kurze *z*. Andererseits haben mehrere Namen mit *I-zi-* Parallelen *I-ṣi*, *Ia-zi* oder *Ia-ṣi*, die auf eine Zugehörigkeit zu √ *yṣʾ* weisen: *I-zi-a-šar* 2638B : *Ia-zi-a-šar* 3603B, *I-ṣi-a-šar* 2602B. *I-zi-qa-tar* 2665M : *Ia-ṣi-qa-tar* 3485B, *I-ṣi-ga-ta-ar* 2606B. *I-zi-i-lu-ma* 2652B : *Ia-ṣi*-DINGIR 3484B. *I-zi-*^{d}*da-gan* 2642Ḫana : *Ia-zi-*^{d}*da-gan* 3606M,Ḫana (Sup). *I-zi-*^{d}I[M] OBTR 322 v 19R : *Ia-zi-*^{d}IM 3611M. *I-zi-da-ri-e* 2644B : *I-ṣi-da-ri-e* 2603B. *I-zi-šar-rum*^{ki} (ON) 2674B : *I-ṣi*-LUGAL^{ki} (ON) 2608B.

Ich verstehe √ *yṣʾ* im Sinne von "divine participation in events of the birth of the child" (so Fowler 1988, 304f.).

1.4.3. Bezeichnung der Silben /yvK/, /ʾvK/ und /ʿvK)[1]

§ **2.13.** Vgl. § 2.56.

**A-ab-ru-uq-a-bu-um* 12B *Yabruq-ʾabum* "Aufgeblitzt ist der Vater".[2]
**Ia-aḫ-za-ar-ì-il* 2877B *Yaʿḏar-ʾil* "Geholfen hat der Gott".
**Am-mu-e-el* 760B *ʿAmmu-ʾel* "Vatersbruder ist der Gott".
**A-ab-du-e-mi(-im)* Tuttul *ʿAbdu-yimmi(m)* "Diener des Yamm".[3]
**I-iš-ḫi-ba-al* Tuttul *ʾIšʿī-baʿal* "Meine Hilfe ist der Herr".
**I-iš-ḫu* Tuttul *ʾIšʿu* "Hilfe" (Hypokoristikon).

Anm.: **1.** S. zu diesen Graphien im Altbabylonischen zuletzt Streck 1998a, 311f. zu § 23d*.

2. Wegen der Existenz von √ *krb* kaum zu √ *brk*. In zahlreichen Namen wird die Gottheit als Licht beschrieben. Schon Noth 1928, 167, hat darauf hingewiesen, dass keine Notwendigkeit besteht, darin Zeugnisse einer Astralreligion zu sehen. Eher ist an eine übertragene Verwendung zu denken, wobei man mit Noth "Licht" als Sinnbild für "Segen" oder, was ich vorziehe, als Ausdruck der numinosen Macht deuten kann. Zu vergleichen sind die Namenselemente *yaggih* "ist erstrahlt", *yarśap* "ist aufgeleuchtet" und *yaypaʿ* "ist aufgestrahlt". Vgl. Tairan 1992, 83, für altsüdarabische und andere semitische, von √ *brq* gebildete Namen.

3. Das Element *yam(a)m* begegnet u. a. auch in den Schreibungen *ia-ma-am*, *ia-(am)-ma* und *im-ma*.

1.4.4. Bezeichnung von silbenschliessendem /*y*/

§ 2.14. Vgl. § 2.72.

**A-bi-ga-a* (ON?) 77B *ʾAbī-gayy* "Mein Vater ist der Clan". Vgl. *Ba-aḫ-lu-ga-i* 1028M *Baʿlu-gayy* "Herr ist der Clan".[1]
**Ia-a-pa-aḫ-*ᵈIM 2793M *Yaypaʿ-haddu* "Aufgestrahlt ist Haddu".[2]

Anm.: **1.** Huffmon 1965, 123[23] und 180, analysiert den Namen als "genitive compound name". Diese Interpretation wird von Gelb 1980, 18 und 298, sowie Knudsen 1983, 13, übernommen. ARM 16/1, 73, bucht den Namen "Baḫlu-gayi(m)" und deutet ihn offenbar ebenfalls als Genitivnamen. Doch spricht nichts für diese Interpretation, da das zweite Namensglied nur dann als *gayyim* erscheint, wenn der Name im Kontext Genitivposition einnimmt. *gayyu* ist eine theophore Verwandtschaftsbezeichnung, welche zur Reihe *līmu* "Stamm", *ʾabu* "Vater", *ʾaḫu* "Bruder", *ʿammu* "Vatersbruder" und *ḫālu* "Mutterbruder" gehört; s. Streck 1998, 130 § 5.2.

2. Huffmon 1965, 89, fasst *Ia-(a-)pa-aḫ* als Perfekt auf. Mit Noth 1953, 150, Gelb 1958, 160 und 1980, 273f., verstehe ich die Form jedoch als Präteritum G. Ich interpretiere √ *ypʿ* analog dem Akkadischen und Hebräischen als "aufstrahlen", nicht als "sich erheben" (wie Arabisch). Dass √ *ypʿ* in diesem Sinne die Gottheit "in astronomical terms" beschreibt (Fowler 1988, 303), ist nicht zwingend; wahrscheinlicher ist mit Dietrich/Loretz 1966a, 130, dass "aufstrahlen" im übertragenen Sinne "sich herrlich zeigen" bedeutet; ähnlich Noth 1928, 205, zu hebräisch YPYʿ: "erstrahlen" sei ein Zeichen "der Gnade, Gunst, des Wohlwollens Gottheit". Vgl. § 2.13 Anm. 2.

1.4.5. Bezeichnung von silbenschliessendem /ʾ/

§ 2.15.

**Am-mu-ra-bi-i* 765A *ʿAmmu-rāpiʾ* "Ein Vatersbruder ist der Heilende".
**Zi-me-er-ra-bi-i* 6562D *Ḏimir-rāpiʾ* "Schutz ist der Heilende".
**Ia-ku-un-ra-bi-i* ARM 23, 596 ii 9'M *Yakūn-rāpiʾ* "Zuverlässig gezeigt hat sich der Heilende".
*DINGIR-*ra-bi-i* Hrozny Taʿannek 2: 21 *ʾIl(ī)-rāpiʾ* "(Mein) Gott ist der Heilende".[1]

Anm.: **1.** Vgl. Streck 1999a für das Element *rāpiʾ*.

1.4.6. Bezeichnung von silbenschliessendem /*h*/ oder /ʿ/

§ 2.16. /*h*/ (für weitere Belege s. § 2.160):

**Ka-a-li-*DINGIR-*ma* 3895M *Kahlī-ʾilumma* "Meine Macht ist nur der Gott".

/ᶜ/ (für weitere Belege s. § 2.171):

**Ba-a-la-an* 997M *Baᶜlān*.
**Um-mi-ba-a-la* (F) 6229Aspät *ʾUmmī-baᶜla* "Meine Mutter ist Herrin".

1.4.7. In gemischt morphographemisch-phonetischen Graphien

§ **2.17.** Vgl. § 2.20.

**I-ia-am-ru-uṣ-zi-i-lu-um* 2494B *Yamruṣ=ilum* "Gesorgt hat sich der Gott".
**Ḫa-na-ti-i-ba-al* 2175M *ᶜAnat=ibal* "ᶜAnat hat gebracht"(?).[1]

Anm.: **1.** Gegen Krahmalkov 1969, 202 Anm. 6, und Lipiński 1997 40.18 ist *i-ba-al* sicher nicht von √ *bᶜl* abzuleiten. Diese Ableitung wurde schon von Huffmon 1965, 77, mit gutem Grund verworfen: "the verbal form is most easily derived from a root *primae y* ... It is quite unnecessary to posit some kind of provincial or dialect Akkadian in order to explain the element. The writing does, however, preclude an interpretation based on a root such as **bᶜl*, in that the Barth-Ginsberg shift cannot be presupposed for the Mari names and the systematic failure to represent **ᶜ* would be without parallel". Schwierig bleibt allerdings trotz Knudsen 1991, 880, der Wurzelvokal /*a*/, ebenso die Annahme eines Stativs durch Durand 1997a, 627 Anm. 352. Sollte etwa ein Präsens *ʾibbal* (vgl. akkadisch *ubbal*) vorliegen? Man würde dann aber wenigstens gelegentlich eine Längeschreibung des zweiten Radikals erwarten.

1.4.8. Verschiedenes

§ **2.18.** Affektbedingt ist vielleicht die Pleneschreibung des affirmativen /*la*/ in folgendem Personennamen:

**La-a-na-su-i-im* 4205M *La-naśūʾim* (Gen) 4205M "Wahrlich angenommen".[1]

In *ia-a-* für /*ya*/ definiert *a* vielleicht die Vokalqualität von *ia*:

**Ia-a-ku-nu-um* 2788B *Yakūnum*.[2]
**Ia-a-ḫi-*DINGIR 2787M "Geführt(?) hat der Gott".[3]

Vgl. § 2.65 für die Graphie *ie-e* für /*yi*/.

Anm.: **1.** Vgl. § 5.28 für die Nominalform QaTūL.
2. Hypokoristikon zu Namen wie *Ia-ku-un-*DINGIR 3331M "Zuverlässig gezeigt hat sich der Gott".
3. Etwa √ *nḥy* ?. Vgl. *Ia-aḫ-ḫi* 2840A. Gelb 1980, 19, denkt dagegen an eine G-Stammform zu √ *ḥyy* und Knudsen 1983, 14, an ein H-Kausativ derselben Wurzel ("to grant life").

1.5. Morphographemische Graphien[1]

§ **2.19.** In morphographemischen Graphien decken sich Graphem- und Morphemgrenzen, in phonetischen Graphien dagegen Graphem- und Silbengrenzen:

**I-zi-ga-dar-i* 2646B *ʾIṣī-qatar-ī* "Erschienen ist mein Fels" : *Ga?-da-ri* 1728M *Qatarī*? "Mein Fels(?)".[2]
**Ia-tar-a-ia* ARM 26/1 S. 602 M.7141 : *Ia-ta-ra-ia* (F) 3524M *Yatarāya.*

Anm.: **1.** Solche Graphien beschreibt Attinger 1993, 134, für das Sumerische (von ihm als "morphophonologiques" bezeichnet): ^{d}Nin-tur$_{5}$-e : ^{d}Nin-tu-re. In akkadischen Personennamen: *Ba-ar-ba-ri* Kisurra 137 Siegel neben *Bar-bar-i* ib. 6', beides *Barbarī* "Mein Wolf". Nach Attinger dienen sie dazu, die morphologische Struktur zu präzisieren. Für den besseren Terminus morphographemisch s. z. B. Huehnergard 1997, 173.

2. Die von Gelb 1980, 29, vorgeschlagene Etymologie *qaṭaru* "smoke" ist onomastisch ohne sichere Parallelen. Der graphische Befund spricht auch gegen eine Ableitung von √ *qdr*. Für √ *qtr* "Fels" s. dagegen Zadok 1978, 100, zu den Namenselementen *qa-tar*, *qa-at-ri/ru* u. ä. in westsemitischen Personennamen des I. Jahrtausends; vgl. den aramäischen Namen QTRʾ Maraqten 1988, 210f.

1.6. Gemischt morphographemisch-phonetische Graphien

§ **2.20.** Es handelt sich um Schreibungen des Typs *I-ia-am-ru-uṣ-zi-i-lu-um* 2494B *Yamruṣ=ilum* "Gesorgt hat sich der Gott". Dass /ʾ/ elidiert wird, zeigt *-uṣ-zi-*. Dennoch fährt der Schreiber nicht mit **-lu-um* fort, sondern schreibt morphographemisch *-i-lu-um*.[1] Die Pleneschreibung des Vokals bezeugt somit weder Silbengrenzen noch Vokallänge (vgl. § 2.17).[2] Weitere Beispiele: Verbalsatznamen:

**Ia-di-ḫi-e-lum* 3201? *Yaydeʿ=elum* "Erkannt hat der Gott".
**Ia-di-ḫa-a-bu-u[m]* 3196M, *Ia-di-ḫa-a-bi-im* 3195M *Yaydeʿ=abum/im* "Erkannt hat der Vater".
**Ig-mi-ra-a-du* 3659A *ʾIgmir=addu* < **ʾIgmir-haddu.*

Genitivnamen:

**Mu-ta-a-pu-uḫ* ARM 21, 370: 6'M *Mutâpuʿ* "Mann des Aufgestrahlten".[3]
**Mu-ta-ia-šu-uḫ* Durand 1991, 84M *Mutâšuʿ* "Mann des Hilfreichen".[4]
**Mu-tum-e-el* 4829B *Mutu-mêl* "Wirklich Mann des Gottes".[5]
**Sa-ma-a-da-ḫu* 5427M *Śamâdāʿum* "Nachkomme der Erkenntnis(?)".
**Bi-na-a-ḫu-um* 1259M *Binâḫum* "Sohn des Bruders".
**Bu-un?-ne-e-lum* 1365B *Bunêlum*? "Sohn(?) des Gottes".

Anm.: **1.** Gemischt morphographemisch-phonetische Graphien kommen auch in akkadischen Namen vor: *A-am-ma!ri-ì-lí* VS 22, 66: 11 (vgl. Wilcke 1990, 300) für *ʾAmmar=ilī* "meinen Gott will ich schauen".

2. In Genitivnamen könnten die Pleneschreibungen zwar Kontraktionslänge bezeichnen, doch sprechen die analogen Schreibungen in Verbalsatznamen dafür, dass auch da gemischt morphographemisch-phonetische Graphien vorliegen.

3. *yapuᶜ* ist 0-Kasus des (substantivierten) Adjektivs. Vgl. § 3.40.

4. Gelb 1958, 160 3.3.8.1.1., und 1980, 22, bucht *ia-/e-šu-uḫ* als Präteritum G. Doch wäre der Wurzelvokal /*u*/ unerwartet. Das Präteritum G lautet vielmehr *yayšiᶜ*. Ich analysiere die Formen daher als Adjektiv im 0-Kasus, *yašuᶜ/yišuᶜ*.

5. Für /*ma*/ zwischen Regens und Rectum s. § 3.70.

1.7. Vokalelision

§ **2.21.** Folgen zwei kurze, offene Silben aufeinander, wird der Vokal der zweiten Silbe fakultativ elidiert. Da das Phänomen recht häufig ist, ist nicht sicher, ob akkadische Interferenz vorliegt.[1] Eine dialektale Distribution von Formen mit und ohne Elision ist nicht beobachten.

- *Ia-ta-rum* 3532B,M *Yatarum* : *Ia-at-ri-im* (Gen) 3124B *Yatrim* (*yatar* "hervorragend").
- *Ia-ta-ra-tim* (M, Gen) 3525B *Yataratim* : *Ia-at-ra-tum* (M) 3123B *Yatratum* (*yatar* "hervorragend").
- *Ša-ta-ka-lum* M.A.R.I. 8, 631 Anm. 405M *Šataqalum* : *Ša-ta-aq-lum* 5835M *Šataqlum* "Getragen".
- *Ba-sa-ra-an* 1140M *Baśarān* : *Ba-as-ra-an* M.A.R.I. 8, 638 Anm. 513M *Baśrān* "Vom Baśar Stammender".
- *Ia-aq-ri*-DINGIR 3041B *Yaqr=il* < **Yaqar=il* < **Yaqar-ʾil* "Kostbar ist der Gott".
- *Ia-am-da-ga-ad* 2927B *Yamtaqaṭ* : *Ia-am-ta-aq-ta-am* (Akk) 2959B *Yamtaqṭam* (√ *mqṭ* "fallen").

Anm.: **1.** Knudsen 1991, 872f. 2.6., hält die Elision für "merely orthographic and due to the influence of Akkadian spelling conventions". Dass etwa geschriebenes *Ia-at-ra-tum* für gesprochenes **yataratum* steht, ist jedoch im Rahmen altbabylonischer Orthographie wenig plausibel; auch ist zu bedenken, dass Kurzvokale in offenen Silben semitisch auch sonst oft Reduktion oder anderen phonologischen Erscheinungen unterliegen (vgl. Moscati 1964, 65ff.). Ferner ist *Ia-qar*-DINGIR als Beispiel für Nicht-Elision des Vokals unglücklich gewählt, da nicht notwendigerweise eine Form mit Elision von /ʾ/ ("Sandhi") **yaqaril* vorliegt.

§ **2.22.** Sehr häufig ist die Vokalelison bei Antritt des Femininsuffixes /*a*(*t*)/ an ein Adjektiv. So stehen die folgenden maskulinen und femininen Formen einander gegenüber:

**Ḫa-mu-ia-qar* 2148M *ʿAmmu-yaqar* "Der Vatersbruder ist kostbar" : LUGAL-*ja-aq-ra* (F) 4394M *Šarru-yaqra* "Der König ist kostbar".[1]
**A-bi-ia-pu-uḫ* 94B *ʾAbī-yapuʿ* "Mein Vater ist aufgestrahlt" : *An-nu-ia-ap-ḫa* (F) 815M *ʾAnnu-yapʿa* "ʾAnnu ist aufgestrahlt".
*^{d}*A-mi-e-šu-uḫ* 412M "Amu ist hilfreich" : *An-nu-iš-ḫa* (F) 818M *ʾAnnu-yišʿa* "ʾAnnu ist hilfreich".
**Ḫa-am-mi-a-tar* 1888B *ʿAmmī-yatar* "Mein Vatersbruder ist hervorragend" : *An-nu-ia-at-ra* (F) 816M *ʾAnnu-yatra* "ʾAnnu ist hervorragend".
**Ḫa-li-ma-ra-aṣ* 2982B *Ḫālī-maraṣ* "Mein Mutterbruder ist sorgenvoll" : *Um-mi-mar-ṣa-at* (F) 6236M *ʾUmmī-marṣat* "Meine Mutter ist sorgenvoll".

Gegenbeispiele sind selten:

*^{d}UTU-*ia-pu-ḫa-at* (F?) 6275B (Sup) *Śamaś-yapuʿat* "Śamaś ist herrlich".

Anm.: **1.** Beachte Kongruenz zwischen Genus des nominalen Prädikates und Genus der Namensträgerin.

§ **2.23.** Auch bei Antritt des Kasussuffixes /*a*/ an ein Adjektiv (§§ 3.25f.) ist Vokalelision zu beobachten:

**Ia-tar*-DINGIR 3537M *Yatar-ʾel* : *Ja-at-ra-il* 3853I (Sup) *Yatra-ʾil*? "Hervorragend ist der Gott".[1]
**Ni-iq-mi-e-pu-uḫ* 5048M,A *Niqmī-yipuʿ* : *Ni-iq-me-pa* 5046A *Niqmîpa*[2] "Meine Rache ist der Aufgestrahlte".
**A-bi-e-qar* 71M *ʾAbī-yiqar* "Mein Vater ist kostbar" : *Ì-lí-aq-ra* 2697R *ʾIlī-yaqra* "Mein Gott ist kostbar".

Die Gegenbeispiele sind in der Minderzahl:

**Am-mi-za-du-ga* 753B *ʿAmmī-ṣaduqa* "Mein Vatersbruder ist gerecht".
**A-bi-ia-šu-ḫa* 95B *ʾAbī-yašuʿa* "Mein Vater ist hilfreich".

Anm.: **1.** Oder *Yatr=il* < **Yatar-ʾil* analog den Beispielen in § 2.8 (Vorschlag D. O. Edzard)?
2. Die Parallelen zwischen -(K)*e-pa* und *-e-pu-uḫ* sprechen dafür, -(K)*e-pa* zum Adjektiv und nicht zur Verbalform *yaypaʿ* zu stellen: *Ni-iq-me-pa* und *Ni-iq-mi-e-pu-uḫ* bezeichnen denselben König aus Yamḫad (Wiseman 1953, 143). Weitere Parallelen (verschiedene Personen) sind: *Ì-lí-e-pa* : *Ì-lí-e-pu-uḫ*, *Ba-li-e-pa* : *Ba-li-pu-úḫ*, *Zi-id-ki-e-pa* : *Zi-id-ki-e-pu-uḫ*. Ein weiteres Argument gegen das Präteritum ist die konsequente Zweitposition von -(K)*e-pa*. Die Parallelität von *-e-pu-uḫ* und -(K)*e-pa* in Alalaḫ lässt vermuten, dass *-e-pa* für eine Form ohne auslautendes /ʿ/ steht, weil man anderenfalls eine Schreibung **-e-pa-aḫ* erwartet. Ein Lautwechsel /*uʿ*/ > /*aʿ*/ ist zudem nicht bezeugt. Da das prädikative Adjektiv in Alalaḫ mehrfach den *a*-Kasus zeigt (§ 3.25), dürfte auch -(K)*e-pa* entsprechend zu analysieren sein (§ 3.26), wobei */ʿ/ in postkonsonantischer Position zu */ʾ/ reduziert und schliesslich elidiert worden ist: */*yipuʿa*/ > */*yipʿa*/ > */*yipʾa*/ > /*yipa*/.

§ **2.24.** Die Status constructus-Endung */0/* ist durch Elision von */u/* bedingt (§ 3.59):

**Bu-un-ba-sar* 1364B *Bun-baśar* "Sohn des Ǧabal Bišrī".
**Mu-ut-ᵈda-gan* 4847M *Mut-dagan* "Mann des Dagan".

1.8. Vokalkontraktion

§ **2.25.** Nach Elision von intervokalischem */y/* oder */ʾ/* tritt fakultativ Vokalkontraktion ein. */y/* kann Radikal oder - nach Elision von */ʿ/* (§ 2.178) - Gleitlaut sein. Bezeugt ist Vokalkontraktion zwischen zwei gleichen Vokalen, zwischen */ī/* bzw. */i/* und */a/* sowie zwischen */u/* und */a/*.

1.8.1. Zwei gleiche Vokale

1.8.1.1. /ī/ bzw. /i/ + /ī/ bzw. /i/

§ **2.26.** Als Kontraktionsvokal erscheint */î/* oder */ê/*. */î/*:

**A-bi-šu-uḫ* 141B *ʾAbîšuʿ* < **ʾAbī-yišuʿ* < **ʾAbī-yašuʿ* "Mein Vater ist hilfreich".
**Ia-si-ra-aḫ* 3476B < **Yaśśîraḫ* < **Yaśśī-yiraḫ* < **Yaśśiʾ-yaraḫ* "Angenommen hat Yaraḫ".
**Ba-li-ra-aḫ* 1113B *Baʿlîraḫ* < **Baʿlī-yiraḫ* < **Baʿlī-yaraḫ* "Mein Herr ist Yaraḫ".
**Ab-di-ra-aḫ* 626B *ʿAbdîraḫ* < **ʿAbdi-yiraḫ* < **ʿAbdi-yaraḫ* "Diener des Yaraḫ".
**A-bi-ra-aḫ* 124B,A *ʾAbîraḫ* < **ʾAbī-yiraḫ* < **ʾAbī-yaraḫ* "Mein Vater ist Yaraḫ".
**Ba-li-pu-úḫ* 1112B *Baʿlîpuʿ* < **Baʿlī-yipuʿ* < **Baʿlī-yapuʿ* "Mein Herr ist aufgestrahlt".
**Sa-mi-da-ḫu-um* 5450M *Śamîdāʿum* < **Śami-yidāʿum* < **Śami-yadāʿum* "Nachkomme der Erkenntnis(?)".[1]
**Sa-mi-mu-um* 5459B, *Sa-mi-mu* 5458B *Śamîmmu(m)* < **Śami-yimmu(m)* < **Śamu-yammu(m)* "Nachkomme des Yamm?".[2]
**Sa-am-mi-tar* 5330M *Śam-mîtar* < **Śam-mi-yatar* "Nachkomme des Hervorragenden".
**Mu-ti-ba-al*ᵏⁱ (ON) 4784B *Mutîbal* < **Muti-yibal* < **Muti-yabal.*[3]
**Ḫa-am-mi-iš-ta-mar* 1895M *ʿAmmîštamar* < **ʿAmmī-yištamar* < **ʿAmmī-yaštamar* < **ʿAmmī-ʾaštamar* "Meinen Vatersbruder habe ich gepriesen".[4]
**I-ṣi-da-ri* 2643B *ʾIṣī-ḏārî* < **ʾIṣī-ḏāriyī* : *I-ṣi-da-ri-e* 2644B *ʾIṣī-ḏāriyī* "Erschienen ist mein Erzeuger".

**A-bi-sa-ri* 138B *ʾAbī-ḏārî* < **ʾAbī-ḏāriyī* : *A-bi-sa-ri-e* 139B,M *ʾAbī-ḏāriyī* "Mein Vater ist mein Erzeuger".[5]

/*ê*/:

**A-be-ra-aḫ* 51B *ʾAbêraḫ* < **ʾAbī-yiraḫ* < **ʾAbī-yaraḫ* "Yaraḫ ist mein Vater".

**Sa-me-ra-aḫ* 5445M *Śamêraḫ* < **Śami-yiraḫ* < **Śami-yaraḫ* "Nachkomme des Yaraḫ".

**Sa-am-me-tar* 5327M *Śam-mêtar* < **Śam-mi-yatar* "Wirklich Nachkomme des Hervorragenden".

Anm.: **1.** Vgl. *Sa-ma-a-da-ḫu-um* 5428M. *yadāʿu* verhält sich zu *daʿu* wie *yadāʿtu* zu *daʿatu*: Formen mit und ohne /*ya*/. Erstere sind wohl Infinitive der Form QaTāL (s. § 5.23), letztere Substantive der Form QaL.

Durand 1997a, 633 Anm. 436, vermutet dagegen "qu'une forme amorrite *samâdum* correspond à un akkadien *sâmidum*"; *samādu* "mahlen" ist onomastisch jedoch wenig sinnvoll.

2. Von Gelb 1980 dagegen unter unklarer √ *śmm* gebucht. Vgl. jedoch *Su-mu-mu* als Variante zu *Śumu-yamam* (ARM 16/1, 186).

3. Durand 1991, 97, behauptet zu *Mu-ti-a-ba-al*ᵏⁱ: "La série /muti-Ya/ donne /muti-E-/ et /mutê/ ... il ne faut donc pas poser un *Yabal ... mais bien ʾAbal ... Abal pourrait être non pas une divinité mais un nom géographique (*Ablum* «Le sec» sur ʾBL?)". Doch beweist ein Name wie *Mu-ti-a-ra-aḫ* 4783B *Muti-yaraḫ* das Gegenteil.

4. Das zweite Namenselement wurde oft diskutiert: Huffmon 1965, 267: "**ṯmr*, «bear fruit»". Gröndahl 1966, 450: "Die Frage, ob *ištamar* in *ḫa-am-mi-iš-ta-mar* eine akkadische Gt-Form ist, ob sie Imperfekt **yiṯṯamar* repräsentiert oder eine Imperativform ist, bleibt offen". Dietrich/Loretz 1966, 241: "das Element *-a/iš-ta-mar-* ist ... mit dem akk. Gt von *šamāru* «verehren» zu verbinden ... Für die formale Trennung zwischen *iš-ta-mar* und *aš-ta-mar* besteht jedoch kein zwingender Anlaß, da hier ... ein *a*/*i*-Wechsel für einen zugrunde liegenden *e*-Laut zeugt ... Die Wiedergabe des *šmr* Gt in ug. Alphabetschrift durch *-ṯṯmr* beweist, daß das Element *ṯmr* im Ug. dem Akk. entlehnt ist". Gelb 1980 bucht Namen mit dem Element *iš/aš-ta-mar* u. ä. teilweise unter ŠMR (S. 363), teilweise unter ŚMR (S. 357), nennt im glossary (S. 32) aber nur unter ŚMR "to guard" "BT *jiśtamar*". Krebernik 1988, 65, und 1988a, 59[36], sieht in den amurritischen, eblaitischen (*iš*$_{11}$*-da-mar-*) und ugaritischen (ʿMṮTMR(W) u. ä.) Personennamen einen Zusammenhang mit akkadischem *šitmuru* "preisen". Stol 1991, 197: "the root *šmr* is Akkadian, not Amorite". Van Soldt 1991, 317[125], spricht sich für eine Etymologie √ *śmr* "schützen" aus, ohne jedoch Argumente gegen *šitmuru* "preisen" zu nennen.

Ich folge Krebernik. Für die erste Person s. die (vielleicht akkadischen) Namen *Aš-ta-mar-*ᵈIM 957M und *A-bi-aš-ta-mar* 63B; vgl. Stamm 1939, 198-201, für Namen mit den Elementen *atkal* "ich vertraute", *alsi* "ich rief an", *amtaḫḫar* "immer wieder wendete ich mich an (den Gott)" usw., die "retrospektives Vertrauen" ausdrücken.

5. √ *ḏry/w*, zu trennen von √ *ḏrʿ/ʾ*. Vgl. akkadisch *zarû* II "worfeln, streuen" AHw. 1516, *zārû* "streuend, Worfler; Erzeuger". Hebräisch ZRH "streuen, worfeln" HAL I 268f. Äthiopisch *zarawa* "scatter" CDG 644.

1.8.1.2. /*a*/ + /*a*/

§ **2.27.**

**Ia-an-ti-la-ra-aḫ* 2991B (Sup) *Yantillâraḫ* < **Yantin-la-yaraḫ* "Gegeben hat wahrlich Yaraḫ".
**La-ra-*dSin 4316spät (Sup) *Lâraḫ* < **La-yaraḫ* "Dem Yaraḫ zugehörig".
**I-ri-iš-ma-a-bi* 2593A *-mâbī* < *-*ma-ʾabī*.[1]
**Su-mu-na-bi* (F) 5689A *Śumu-nâbi* < *Śumu-na-ʾabi* : *Su-mu-na-a-bi* (F) 5688A,M *Śumu-na-ʾabi* "Nachkomme fürwahr des Vaters".[2]

Anm.: **1.** Etwa akkadisch "Wirklich gefordert hat mein Vater"?
2. Nicht *"Unser Name ist mein Vater"!

1.8.2. /*a*/ + /*u*/

§ **2.28.** Als Kontraktionsvokal erscheint /*û*/.

**Ia-aḫ-bu-ú-um* 2830M *Yaḫbûm*< **Yaḫbaʾum*.

1.8.3. /*a*/ + /*i*/ oder /*e*/

§ **2.29.** Vor /*ʾi*/ oder /*ʾe*/ werden die Partikeln /*ma*/ und /*la*/ fakultativ *me*/*mi*, *li* und *ki* geschrieben. Fälle wie *Ra-bi-mi-lum* 5240B *Rāpiʾī-mîlum* < **Rāpiʾī-ma-ʾilum* "Wirklich mein Heilender ist der Gott" zeigen, dass vermutlich nicht Allomorphe /*mi*/, /*li*/[1] und /*ki*/ vorliegen, sondern Elision von Alif mit nachfolgender Vokalkontraktion eintritt. *Mi-il-ki-li-el* 4688B,M steht daher für *Milkī-lêl* < **Milkī-la-ʾel* "Mein Rat ist wahrlich der Gott", so wie *I-ri-iš-ma-bi* 2593A *-mâbī* < **ma-ʾabī* wiedergibt.[2] Graphien wie *Mu-tum-e-el* 4829B "Wirklich Mann des Gottes" sind wohl als gemischt morphographemisch-phonetisch zu interpretieren (§ 2.20) und stehen ebenfalls für kontrahierte Formen (*Mutu-mêl*, /*m*/ ist nicht Mimation!). Weitere Belege für /*ma*/:

**Mu-tum-el* 4830B, *Mu-tum-*DINGIR 4828B,M, *Mu-tu-um-*DINGIR Durand 1991, 83M, *Mu-tum-me-el* 4833B *Mutu-mêl* : *Mu-tu-ma-*DINGIR (Gen) ARM 22, 328 ii 39M *Mutu-ma-ʾel* "Wirklich Mann des Gottes".
**Su-mu-me-el* 5685B *Śumu-mêl* "Wirklich Nachkomme des Gottes".
**Bu-nu-um-e-lu-um* 1346B *Bunu-mêlum* "Wirklich Sohn des Gottes".[3]
**Ia-aq-rum-*DINGIR 3043B *Yaqru-mêl* "Wirklich kostbar ist der Gott".

/la/:

**Su-mu-li-el* 5681B *Śumu-lêl* : *Su-mu-la-el* 5676B *Śumu-la-ʾel* "Nachkomme wahrlich des Gottes".

Anm.: **1.** So Gelb 1958, 147 2.3.6., für "*Mi-il-ki-li-il*" (in Gelb 1980 nicht enthalten), was er als "*/Milkī-li-ʾil/*" analysiert.
2. So auch Gelb 1958, 147 2.3.4.
3. S. § 3.9 für Gruppenflexion in Genitivnamen.

1.8.4. /ī/ + /u/

§ **2.30.** Als Kontraktionsvokal erscheint */û/*.

**A-lum-bu-mu* 399B *...-pûmu* < **...-pī-yūmu* : *Ḫa-lu-un-bi-ju-mu* 2109M *...-pī-yūmu*.[1]

Anm.: **1.** Das letzte Namenselement ist wohl **yawm* > *yūm*. Das erste Namenselement ist bislang nicht sicher gedeutet.

1.8.5. /ī/ bzw. /ē/ + /a/

§ **2.31.** Als Kontraktionsvokal erscheint */â/*.

**Ḫa-am-ma-ta-ar* 1887B *ʿAmmâtar* < **ʿAmmī-yatar* "Mein Vatersbruder ist hervorragend".
**Mu-ta-ba-al*ᵏⁱ (ON) 4770B *Mutâbal* < **Muti-yabal.*
**Ab-ta-na-ti* 643Aspät *ʿAbdânati* < **ʿAbdi-yanati* < **ʿAbdu-ʿanati* "Diener der ʿAnat".
**Sa-ma-mu-um* 5434I,B, *Ša-ma-mu-um* 5818I *Śamâmmum* < **Śami-yammum* "Nachkomme des Yamm".[1]
**Ia-ab-ba-an-ni-*DINGIR 2799M *Yabbânni-ʾel* < **Yabbiʾ-anni-ʾel* "Benannt hat mich der Gott".[2]
**Il-a-du* 3679A, 3680A, *Il-a-*ᵈIM 3682M, *I-la-du* 2527Aspät *ʾIl(ʾ)âddu* < *ʾIlʾē-haddu* "Mächtig gezeigt hat sich Haddu".

Anm.: **1.** Bei Gelb 1980, 357, unter √ *śmm* gebucht.
2. Für einen amurritischen Namen eine auffällige Struktur; dennoch wohl gegen von Soden 1985, 307, nicht einfach ein Fehler.

1.8.6. /ū/ bzw. /u/ + /a/ oder /i/

§ **2.32.** Als Kontraktionsvokal erscheint in beiden Fällen /*û*/. Die Kontraktion von */*uya*/ bzw. */*u*ʾ*a*/ zu /*û*/ erfolgt wohl über die Zwischenschritte */*uwa*/ > */*uwu*/. + /*a*/:

**Ḫa-mu-tar* 2161M *ʿAmmûtar* < *ʿ*Ammu-yatar* "Der Vatersbruder ist hervorragend".
**Ḫa-am-mu-sa-ar* 1917M (Sup) *ʿAmmûśar* < *ʿ*Ammu-yaśar* "Der Vatersbruder ist gerecht".
**A-bu-qar* 163M *ʾAbûqar* < *ʾ*Abu-yaqar* "Der Vater ist kostbar".
**Zu-ú-mi-im* (Gen) 6635M, *Zu-*[*ú*]?-*mi-im* (Gen) 6636M, *Zu-ú-mi* (Gen) 6634B *Ḏûmmi(m)* < **Ḏū-yammim*/*-yawmim* "Der des Yamm/Yawm".[1]
**Su-mu-mu* 5686M (König von Mari = Śumu-yamam) *Śumûmmu* < **Śumu-yammu* "Nachkomme des Yamm".
**Sa-mu-mu-ú* 5480M (König von Mari = Śumu-yamam) *Śamûmmû*?.[2]

+ /*i*/:[3]

**Sa-mu-la-tum* (F) 5478M *Śamûlatum* < **Śamu-*ʾ*ilatum* "Nachkomme der Göttin".

Anm.: **1.** Die bei Gelb 1980, 370, gebuchte √ *z*ʾ*m* lässt sich bei dieser Interpretation streichen.
2. Bei Gelb 1980, 357, dagegen unter √ *śmm* gebucht.
3. Damit ist die bei Gelb 1980, 357, gebuchte √ *śml* zu streichen.

1.9. Assimilation

1.9.1. */uy/ oder */ay/ > /iy/ oder /ey/

§ **2.33.** */*u*/ assimiliert sich vor /*y*/ fakultativ zu /*i*/. Weitere Beispiele §§ 3.60-63.

**Su-mi-ia-ma-am* 5598M *Śumi-yamam* < **Śumu-yamam* "Nachkomme des Yamm.
**Ab-di-ia-du* 621Yamḫad *ʿAbdi-yaddu* < *ʿ*Abdu-haddu* "Diener des Haddu".

Anm.: **1.** Gelb 1958, 148 2.3.17., nennt nur *La-i-im* "/*La*ʾ$_x$*ījim* ... da /**La*ʾ$_x$*ūjim*/", doch weist Huffmon 1965, 224, ein aktives Partizip *Lāʾiyum* nach; *La-i-im* steht daher für *Lāʾîm* < **Lāʾiyim*.

§ **2.34.** Das */*a*/ der Affirmativpartikel /*ma*/ wird vor /*y*/ zu /*i*/ oder /*e*/:[1]

* *Sa-am-mi-a-ta-ar* 5328B, *Sa-am-me-e-tar* 5326M, *Sa-mi-e-ta-ar* 5452M, *Sa-am-mi-e-tar* 5329M, *Si-im-me-a-tar* 5527B *Śa/im-mi/e-ya/itar* "Wirklich Sohn des Hervorragenden".

Anm.: **1.** S. dagegen § 2.29 für Fälle von Vokalkontraktion bei /*ma*/.

1.9.2. */a/ oder */i/ > /u/

§ **2.35.** Vor oder nach Labialen assimiliert sich */*a*/ oder */*i*/ fakultativ zu /*u*/.[1] /*a*/ > /*u*/:

* *Ba-ak-kum* 1037M *Baqqum* "Mücke", *Ba-aq-qa-nu-um* 1050M *Baqqānum* "Mückenartiger": *Bu-qa-an* 1349C *Buqqān* "Mückenartiger".
* *Ba-za-zu-um* 1159B : *Bu-uz-za-zu-um* 1380M (vgl. aber auch *Bi-za-zum* 1286D).
* *Ba-az-ba-zu-um* 1057B : *Bu-uz-bu-zu-um* 1379B.
* *Ia-ta-mu-um* 3521B *Yatamum* : *Ia-tu-mu-um* 3560B *Yatumum* "Waise".
* *Ia-am-ra-aṣ*-DINGIR 2952M *Yamraṣ-ʾel* : *Ju-um-ra-aṣ*-DINGIR 3888M, OBTR 291: 4; 311: 4; 312: 5; 322 ii 23'; v 35R *Yumraṣ-ʾel* "Gesorgt hat sich der Gott".[2]
* Für die Variation *śamu* : *śumu* s. § 2.39.

/*i*/ : /*u*/:

* *Bi-ir-bi-ru-um* 1231B : *Bu-ur-bu-ra-an* 1370M.
* *Ḫi-im-ma* (F) 2258M *ʾImma* "Mutter", *Im-ma-an* 3697M : *Um?-mi-ia* (F) 6232M "Mütterchen(?)", *Um-mi-iš-ḫa-ra* (F) 6235M,A *ʾUmmī-ʾišḫara* "ʾIšḫara ist meine Mutter".[3]
* *Si-ma-aḫ-i-la-a-ni-e* 5537M : *Su-ma-aḫ-i-la-a-ni-e* 5579M.[4]
* *Di-im-te-en*[ki] (ON) ARM 23, 86: 13M *Dimtēn* : *Du-um-te-en*[ki] (ON) ARM 23, 593: 11M *Dumtēn* "Zwei Türme".
* Die Variation *binu* : *bunu* und *śim* : *śumu* lässt sich analog interpretieren (§§ 2.38f.).

Anm.: **1.** S. Brockelmann 1908, 199-201, für zahlreiche Beispiele aus anderen semitischen Sprachen. Ferner Moscati 1964, 58 9.6.; Voigt 1995, 519. Gelb 1958, 147 2.2.3., nennt unter "alternanze vocaliche" auch den Wechsel von /*i*/ und /*u*/ bei *binu/bunu* und *si-im-ḫi/su-um-ḫu*, ohne eine phonologische Motivation zu erkennen.

2. Teilweise Varianten des Namens ein- und derselben Person. Deshalb sicher kein inneres Passiv, wie noch Huffmon 1965, 75f., vermutete. Eine "dialectal variation" (Lipiński 1997 40.18) ist allerdings nicht erkennbar.

3. Als protosemitische Basis ist *ʾimm anzusetzen (Cohen 1970ff., 23).
4. Die zahlreichen Schreibungen für diesen Namen (s. ARM 16/1, 180) schliessen eine Deutung als "Joie des dieux" (Durand 1997, 416) aus. Es handelt sich hier nicht um einen Wechsel der Nominalformen QiTL und QuTL, wie Durand ib. meint, sondern um eine durch /m/ veranlasste Assimilation.

1.10. Der Lautwandel /aᶜ/ > /eᶜ/

§ **2.36.** /aᶜ/ wird fakultativ zu /eᶜ/.[1] Es handelt sich möglicherweise um einen Akkadismus, denn 9 von 14 der unten genannten Belege stammen aus Babylonien und dem Diyālagebiet.[2] Anders als akkadisch (s. GAG § 9a) bleibt dabei /ᶜ/ wenigstens teilweise erhalten, wie die Ḫ-Graphien zeigen. Die Interpretation von 0-Graphien ist ambivalent: sie stehen entweder defektiv für /eᶜ/ oder als Akkadismus für /ē/. Der Lautwandel /aᶜ/ : /eᶜ/ bildet freie Namensvarianten:

* *Ia-áš-ma-aḫ-*ᵈIM *Yaśmaᶜ-haddu* "Erhört hat Haddu", der Vizekönig von Mari, wird auch *Ia-áš-mi-iḫ-*ᵈIM 3114M *Yaśmeᶜ-haddu* und *Iš-ma-*ᵈIM 3810M *ʾIśmaᶜ-haddu* geschrieben (s. ARM 16/1, 231 s. v. Yasmaḫ-Addu 1°).
* Vermutlich dieselbe Person erscheint unter den Graphien *Iš-ma-aḫ-ba-al* ARM 8, 45: 5M *ʾIśmaᶜ-baᶜal* "Erhört hat der Herr" und *Iš-me-eḫ-ba-al* 3815M *ʾIśmeᶜ-baᶜal* (s. ARM 16/1, 131 s. v. Išmeḫ-Baʾal).

Weitere Belege:

√ *śmᶜ*: *Iš-me-eḫ-ba-la* 3816D, *Iš-me-ba-la* 3812D *Iśmeᶜ-baᶜla* "Erhört hat der Herr", *Iš-me-ba-li* 3813B *ʾIśmeᶜ-baᶜlī* "Erhört hat mein Herr", *Iš-me-eḫ-*DINGIR 3817B *ʾIśmeᶜ-ʾel* "Erhört hat der Gott" : [*Ia-á*]*š-ma-aḫ-ba-al* 3106M *Yaśmaᶜ-baᶜal*, *Ia-áš-ma-aḫ-ì-el* 3109B, *Ia-áš-ma-aḫ-*DINGIR 3108B,M *Yaśmaᶜ-ʾel*, *Is-ma-aḫ-*DINGIR 3761B *ʾIśmaᶜ-ʾel*.

√ *ydᶜ*: *Ia-di-iḫ-*DINGIR 3204B, *Ia-di-*DINGIR 3190M *Yaydeᶜ-ʾel* "Erkannt hat der Gott", *Ì-lí-di-ḫa-*[*at*] 1704B *ʾIlī-deᶜat* "Mein Gott ist Erkenntnis" : *Ia-da-aḫ-*DINGIR 3169B, *Ia-da-*DINGIR 3174M *Yaydaᶜ-ʾel*, DINGIR-*da-ḫa-at* 1525B *ʾIlī-daᶜat*.

√ *ḏrᶜ*: *Ia-az?-ri-ḫu-*[*um*] 3142B *Yaḏreᶜum*(?) : *Ia-az-ra-ḫu-um* 3141M *Yaḏraᶜum* (√ *ḏrᶜ* "säen").

√ *bᶜd*: *Be-di-lu-um* 1169B *Beᶜdîlum*, *Bi-da-nu-um* 1201B *Beᶜdānum* : [*Ba-*]*aḫ-di-el* 1005B *Baᶜdī-ʾel* "Mein Rückhalt ist der Gott", *Ba-aḫ-da-num* 1004B, *Ba-da-nu-um* 1062U *Baᶜdānum*.

√ *bᶜl*[3]: *Be-eḫ-li-*ᵈ*da-gan* Tuttul, *Be-eḫ-lu-um* Tuttul, *Be-la-nu-um* 1183M *Beᶜlānum*, *Be-la-tum* (F) 1186M *Beᶜlatum* : *Ba-aḫ-la-an*

1010M, *Ba-la-an* 1090M *Baʿlān*, *Ba-aḫ-la-tum* (F) 1012M, *Ba-la-tum* (F) 1097B *Baʿlatum*.

Anm.: **1.** Gelb 1958, 146f. 2.1.2., gefolgt von Moscati 1964, 48 8.73., nennt /*e*/ nur als Allophon zu /*i*/, doch zeigen die Belege /*e*/ auch als Allophon zu /*a*/.

2. Auch Huffmon 1965, 67[24], spricht im Zusammenhang von *Ia-aš-mi-iḫ-*ᵈIM von einem "known Akkadian sound change".

3. Vgl. im I. Jahrtausend *Bi-ʾ-il* neben *Ba-ʾ-il* und *Ba-ʾ-al* (√ *bʿl*) Zadok 1978, 247.

1.11. Vokalvariation

§ **2.37.** Zu nennen sind hier Vokalvariationen, die sich nicht oder nur teilweise nach §§ 2.32-36 erklären lassen. Am Anfang stehen die von den zweiradikaligen Wurzeln √ *bn* und √ *śm* gebildeten Formen, die im Semitischen alle drei Basisvokale aufweisen.

1.11.1. Zweiradikalige Substantive

§ **2.38.** *bunu* neben *binu*, beides "Sohn", lässt sich plausibel als Assimilation von */*i*/ an /*b*/ interpretieren (§ 2.35).[1] Mehrfach wechseln *bunu* und *binu* bei demselben Namensträger:

*Der König von Niḫriyā, sonst *Bu-nu-ma-*ᵈIM oder [*B*]*u-un-ma-*ᵈIM *Bun*(*u*)-*ma-haddu* geschrieben, erscheint einmal als *B*[*i-n*]*u-ma-*ᵈIM *B*[*in*]*u-ma-haddu* "Wirklich Sohn des Haddu", s. ARM 16/1, 82 s. v. *Būnuma-Addu* 3°.

**Bi-ni-ma-ḫu-um* CCT 4, 13a: 6, 26, 31aA : *Bu-ni-ma-ḫu-um* TCL 3, 96: 8aA *Bi*/*uni-mâḫum* < * *-ma-ʾaḫum* "Wirklich Sohn des Bruders", vgl. Lewy 1961, 35 mit Anm. 26.

*Dieselbe Frau erscheint unter dem Namen *Bu-na-at-ḫa-am-mi* und *Bi-na-at-ḫa-mi-im* *Bu*/*inat-ʿammim* "Tochter des Vatersbruders", s. Florilegium Marianum IV S. 267.

Weitere Beispiele bei verschiedenen Namensträgern:

**Bi-in-i-la* 1219Aspät *Bin-ʾila* : *Bu-ni-lum* 1317B *Bunîlum* "Sohn des Gottes".

**Bi-na-am-mi* 1261B *Bin=ammi* : *Bu-nu-am-mu* 1324B *Bunu-ʿammu* "Sohn des Vatersbruders".

**Bi-na-*EŠ$_4$-DAR 1264M *Bin=aštar* : *Bu-nu-*EŠ$_4$.DAR 1329M,C *Bunu-ʿaštar* "Sohn der ʿAštar".

**Bi-ni-ma-*DINGIR 1276Aspät *Bini-ma-ʾel* : *Bu-nu-ma-*DINGIR 1339M *Bunu-ma-ʾel* "Wirklich Sohn des Gottes".

**Bi-ni-ma-ra-aṣ* 1278M : *Bu-ni-ma-ra-aṣ* 1319C *Bi/uni-maraṣ* "Sohn des sich Kümmernden".

Damit ist bewiesen, dass *bu-nu* gegen Huffmon 1965, 176, nicht für *būnu* "creation" steht.[2] Die Basis **ban* ist im Amurritischen bisher nicht belegt.[3]

Anm.: **1.** Auch das Ugaritische hat möglicherweise **bun*, wenn *bu-nu-šu* "Mann" (Huehnergard 1987, 114) als **bun* + *nāš* zu analysieren ist (Hinweis M. Krebernik).

2. Dass *bunu* und nicht *būnu* vorliegt, zeigt auch der Status constructus *bu-un*: *Bu-un-ba-sar* 1364B *Bun-baśar* "Sohn des Baśar", [*B*]*u-un-ma-*[d]IM ARM 16/1, 82M *Bun-ma-haddu*. Die Elision von /*u*/ tritt nämlich nur bei vorangehender kurzer offener Silbe ein (§§ 2.21-24). *Bu-nu* steht daher für *bunu*, nicht **būnu*. Das Argument Huffmons, *bu-nu* bilde im Gegensatz zu *bi-nu* auch weibliche Personennamen, ist obsolet, da zum einen inzwischen eine ganze Reihe von *binu*-Namen bei femininer Namensträgerin bekannt ist, zum anderen Papponymie eine plausible Erklärung für diese Erscheinung darstellt, s. § 1.123a.

3. Das Aramäische hat *bar*; /*a*/ ist mit Nöldeke 1910, 137, wegen /*r*/ aus */*i*/ entstanden. /*a*/ findet sich auch im arabischen und hebräischen Plural *banū* bzw. *banīm*. Im Singular dagegen hat Arabisch keinen Vokal zwischen den Radikalen, dafür aber einen Vorschlagsvokal: *ibn*.

§ **2.39.** /*u*/ von *śumu* hat Parallelen in akkadisch *šumu* und verschiedenen aramäischen Dialekten (Nöldeke 1910, 140); mit Nöldeke ib. liegt Assimilation von */*i*/ an /*m*/ vor. Eine /*i*/-haltige Basis hat das Hebräische. Amurritisch ist sie im Namen *Si-im-me-a-tar* 5527B *Śim-me-yatar* "Wirklich Sohn des Hervorragenden" bezeugt.[1] Die Basis **śam* ist durch Namensvarianten erwiesen:

* Der König von Mari erscheint mit ARM 16/1, 186, unter den Namen *Su-mu-ia-ma-am* 5665M *Śumu-yamam* "Nachkomme des Yamm", *Su-mu-mu* 5686M *Śumûmmu* (Vokalkontraktion, s. § 2.32) und *Sa-mu-mu-ú* 5480M.
* Der erste König der ersten Dynastie von Babylon: *Su-mu-a-bu-um* 5608B *Śumu-ʾabum* "Nachkomme des Vaters" und *Sa-mu-a-bi-im* 5464B *Śamu-ʾabim* (Ahmad 1967, 152; Bauer 1926, 38; vgl. RA 8 [1911] 71: 18).
* Der zweite König der ersten Dynastie von Babylon: *Sa-/Su-mu-la-*DINGIR 5477B, 5675B *Śa/umu-la-ʾel/* "Nachkomme wahrlich des Gottes" (Bauer 1926, 39).
* Für *Su-mu-e-ra-aḫ/Sa-me-e-ra-aḫ* 5644M, 5445B *Śu/amu-yiraḫ* "Nachkomme des Yiraḫ" s. ARM 16/1, 185 und 177.[2]

Anm.: **1.** Arabisch ohne Vokal zwischen den Radikalen *ism* neben *sim* und *sum* (Nöldeke 1910, 141).

2. In Amarna ist vermutlich dieselbe Person unter den Namensformen *Ša-mu-*[d]IM und *Šu-um-ad-da* "Nachkomme des Haddu" belegt, s. Moran 1992, 384, und R. H. Hess 1993, 140f.

1.11.2. *a/i* bzw. *a/e*

§ **2.40.** Dieser Wechsel findet sich überwiegend in der Umgebung von Labialen:

**Ba-za-zu-um* 1159B : *Bi-za-zu-um* 1286D (vgl. aber auch *Bu-uz-za-zu-um* 1380M).
**Ba-ga-kum* 1068B : *Bi-ga-gu-um* 1207B (vgl. aber auch *Bu-qa-ku-um* 1351M).
**Sa-am-a-al* 5320M *Śamʾāl* : *Si-im-a-al* (Stamm) 5523M *Śimʾāl* "Norden".[1]
**A-ma-nu-um* 403B *ʾAmanum* "Wahr", *A-ma-na-nu-um* 402B *ʾAminānum* : *A-mi-nu-um* 422M *ʾAminum* "Wahr", *A-mi-na-nu-um* 417B *ʾAminānum*.[2]
**Ni-mar-*^{d}EN.ZU ARM 16/1, 164M *Niwar-sîn/yaraḫ* : *Ni-me-er-*^{d}EN.ZU ARM 16/1, 164M,Tuttul *Niwer-sîn/yaraḫ* "Licht ist Sîn/Yaraḫ".
**Ša-am-ma-ra-du* 5767A *Śammar=addu* : *Ši-im-ma-ra-du*? 5871A *Śimmar=addu* "Sehr ungestüm ist Haddu".[3]

Sonst:

**Ma-ta-ki* (F) 4562B *Mataqī* : *Ma-ti-gi* (F) 4569M *Matiqī* "Meine Süsse".
**Mu-ri-iq-da-at-ni-im* (Gen, ON) NRVN 1, 57: 20-22, s. RGTC II, 30U *Murīq-datnim* : *Mu-ri-iq-ti-it-ni-im* (Gen, ON) 4755U *Murīq-ditnim* "(Mauer) die die Da/itnu fern hält".

Anm.: **1.** Akkadisch *šumēlu* "Linke" AHw. 1271 mit Assimilation */*a*/*i*/ > /*u*/ vor Labial.

2. Zu √ *ʾmn* s. Bauer 1926, 71: "fest, zuverlässig sein". Gelb 1980, 14: "to be true". Vgl. hebräisch ʾMN nif. "sich als zuverlässig erweisen" HAL I 61f., äthiopisch *ʾamna* "believe, trust" CDG 24. In Personennamen: Hebräisch: *ʾAmnôn* "treu" HAL I 63. Aramäisch: HʾMN "er vertraute (auf Gott)" Maraqten 1988, 153. Sabäisch: Element ʾMN oft, s. Tairan 1992, 257.

3. Gelb 1980, 32, verzeichnet √ *śmr* "to guard, to protect", worunter er auch obige Namen stellt. Eher bietet sich ein Zusammenhang mit akkadisch *šamāru* A "to surge, to become spirited, excited, to rage" (CAD Š/I 296f.) an. Dieses *šamāru* und seine Ableitungen dienen oft zur Bezeichnung göttlicher Emotionen und bilden Gottesepitheta (vgl. CAD *šamāru* A 1c; *šamru* e; *šitmāru* b; *šitmuru* d); oft beschreiben sie den Wettergott oder Stürme (vgl. CAD *šamāru* A 2b; *šamru* a; Stamm 1939, 225). √ *śmr* ist also Gegenstück zu akkadischem √ *šmr*; neben *śammaru* gehören zu dieser Wurzel auch das theophore Element *śamar* "Der Ungestüme" (vgl. den Namen *Ia-nu-uḫ-sa-mar* 3392B,M "Besänftigt hat sich der Ungestüme") und *śimru* "Ungestüm" in *Ši-im-ra-al-la* 5872A "Ungestüm ist ʾAlla". Bei dieser Interpretation haben wir einen der im amurritischen Onomastikon selteneren Namen vor uns, deren Gegenstand eine abstrakte theologische Aussage ohne Bezug auf die Geburt des Namensträgers ist.

2. /w/

2.1. Schreibung von /wa/

§ **2.41.** /*wa*/ wird *wa* (PI) geschrieben:

**Na-wa-ar-*^d^IM 5017M *Nawar-haddu/teššub* "Leuchtend ist Haddu/Teššub".
**Na-wa-ar-e-šar* (F) 5016M *Nawar-yiśar* "Leuchtend ist der Gerechte".
**Ni-wa-ar-me-er* 5060M *Niwar-mer* "Licht ist Mer".
**Ḫa-ab-du-na-wa-ar* 1851M,*Ab-du-na-w[a-ar]* 638M *ʿAbdu-nawar* "Diener des Leuchtenden/der Nawar".[1]
**Mu-ut-na-wa-ar* ARM 16/1, 157M *Mut-nawar* "Mann des Leuchtenden/der Nawar".
**Um-mi-na-wa-ar* (F) 6240M *ʾUmmī-nawar* "Meine Mutter ist Nawar".[2]

Anm.: **1.** Nawar ist die Göttin von Nagar, s. ^d^*Na-wa-ar i-na Na-ga-ar*^ki^ M.A.R.I. 8, 332 M.6765+: 3' und den Kommentar von Guichard 1997, 334-336; s. zuvor schon Durand 1991, 93, dessen *Nagwar als Ausgangspunkt von Nawar und Nagar jedoch hypothetisch bleibt und wenig phonologische Plausibilität besitzt. Dass alle Belege für das Namenselement *na-wa-ar* zur Göttin gehören, ist angesichts eines Namens wie *Nawar-haddu/teššub* jedoch ausgeschlossen (Alternative *teššub* nach Durand 1997a, 638 Anm. 515). Vielmehr existiert daneben auch das substantivierte Adjektiv *nawar* "Der Leuchtende" (zwei *n/Nawar* auch bei Durand 1997a, 600 Anm. 12).
2. Zweifellos zur Göttin Nawar und nicht zu √ *nwr* "leuchten", da in letzterem Fall **nawra* (Femininum!) stehen müsste.

§ **2.42.** /*war*/ erscheint als *mar*:[1]

**Ni-mar-*^d^EN.ZU ARM 16/1, 164M *Niwar-sîn* "Licht ist Sîn".[2]

Anm.: **1.** Vgl. für die M-Schreibung § 2.45.
2. Nach ARM 16/1, 164, dieselbe Person wie *Ni-me-er-*^d^EN.ZU.

2.2. Schreibung von /wi/ und /we/

§ **2.43.** /*wi*/ bzw. /*we*/ wird *wi* (PI) oder *me* geschrieben.[1]

Anm.: **1.** In der Ur III-Zeit auch *bí*: *Ar-bí-um* 894U *ʾArwiʾum* "Gazelle".

2.2.1. *wi*

§ 2.44.

**Ia-aḫ-wi*-DINGIR 2871B *Yaḥwī-ʾel* "Lebendig gezeigt hat sich der Gott".[1]
**Ni-wi-ir*-[dEN.ZU] Tuttul *Niwer-sîn/yaraḫ* "Licht ist Sîn/Yaraḫ."

Anm.: **1.** S. Streck 1999 für das Namenselement *yaḥwī*.

2.2.2. *me*

§ 2.45. *Ni-me-er*-dEN.ZU Tuttul *Niwer-sîn* "Licht ist Sîn".[1]

Anm.: **1.** Edzard 1994 dagegen versteht M-Schreibungen des mittleren Radikals von √ *nwr* im Akkadischen als Hinweis auf eine vom N-Stamm von *amāru* hervorgerufene Wurzeldublette √ *nmr*. Eine solche Dublette müsste dann auch für das Amurritische angenommen werden, was wenig wahrscheinlich ist. Plausibler scheint mir, dass die M-Schreibungen eine zum PI-Zeichen alternative Notation von /*w*/ sind, zumal das PI-Zeichen aufgrund seiner Vokalindifferenz ganz aus dem Rahmen der Keilschriftorthographie fällt, was dazu führte, dass es ab der mittelbabylonischen Zeit zur Schreibung von /*w*/ und /*y*/ völlig aufgegeben wurde. Diese Deutung wird durch die § 2.48 genannten Graphien *am* für /*aw*/ gestützt.

2.3. Schreibung von /*aw*/

§ 2.46. /*aw*/ wird *aw* (PI), /*am*/, K*a-ú* oder defektiv K*a* notiert.

2.3.1. *aw*

§ 2.47.

**Aw-na-nu*-[*um*] (Stamm) 989M *ʾAwnān* "Die mit Kraft Versehenen(?)".
**Mu-ut-aw-na-an* 4845BḪana "Mann der ʾAwnān".
**Su-mu-aw-na-nim* 5623B "Nachkomme der ʾAwnān".[1]

Anm.: **1.** Kein Beleg für Diphthong /*aw*/ sind die in Gelb 1980, 254, s. v. √ *ḫwr* angeführten Namen *Ḫa-aw-ra-bi* usw., da vielmehr *Ḫa-wi-ra-bi* usw. zu lesen ist: zu akkadisch *ḫāwir*(*ān*)*u* "Gatte, Liebhaber" CAD Ḫ 31f., AHw. 338, vgl. das Hypokoristikon *Ḫa-i-ra*(*-an*)*-nu* aus Nuzi, AHw. s. v. *ḫāwiru* 1). Das theophore Element **Ḥawrān* (Huffmon 1965, 19; Gelb 1980, 20) ist daher zu streichen.

2.3.2. *am*

§ 2.48.

**Am-na-nu-um* (ON) 777B *ʾAwnānum*, *Am-na-ni-i* (Stamm) 775M *ʾAwnānî*.
**Mu-tu-am-na-nu-um* 4805B *Mutu-ʾawnānum* "Mann der ʾAwnān".
**Su-mu-am-na-nu-um* 5621B *Śumu-ʾawnānum* "Nachkomme der ʾAwnān".[1]

Anm.: **1.** In der "Chiera-Liste" PBS 11/1 (vgl. §§ 1.133-135) folgt auf *Ia-ú-zi*-DINGIR iii 8 *Ia-am-zi*-DINGIR iii 9. Beide Graphien stehen möglicherweise für *Yawṣī-ʾil*, wobei *am* /*aw*/ wiedergibt. Festzuhalten ist auch die Parallelität von *La-am-ṣi-um* YOS 14, 345: 22B und *La-aw-z*[*i-tum*?] (F) ARM 24, 178: 13M. Allerdings existiert auch √ *mṣʾ* "sich vermögend zeigen".

2.3.3. *Ka-ú*

§ 2.49.

**Ia-ú-zi*-DINGIR 3581B *Yawṣī-ʾel* : *Ia-aw-zi*-DINGIR 3134M "Erschienen ist der Gott".[1]

Anm.: **1.** Vgl. den hurritischen Namen *Na-ni-ip-ša-ú-ri* ARM 16/1, 161 für *-šawri* (s. Durand 1997, 558).

2.3.4. *Ka*

§ 2.50.

**Ia-ma-ḫa-mu-um* (Stamm) 3346M : *Ia-aw-ma-ḫa-ma-ju*^{ki} (Stamm) 3132M *Yawma-ʿammûm*/*-ʿammāyu*.

2.4. Schreibung von /*iw*/

§ 2.51. /*iw*/ wird *iw* geschrieben:

**Ni-iw-ri-a-du* 5054A "Mein Licht ist Haddu" (oder lies *Ni-wa-ri-*, vgl. für *Niwar-* §§ 2.41f.).

2.5. Monophthongierung

2.5.1. */*aw*/ > /*ū*/[1]

§ **2.52.** Monophthongierung */*aw*/ > /*ū*/ ist möglicherweise nach m-Präfix zu beobachten:

**Mu-zi-ia* 4882M *Mūṣīya* (√ *w/yṣʾ*).
**Mu-da-du-um* 4732I,B, *Mu-da-du* 4731B *Mūdadu*(*m*) "Liebling" (√ *w/ydd*).
**Mu-gi-ra-nu-um* 4738U *Mūqirānum* (√ *w/yqr*).
**Mu-bi-ḫi* 4729D *Mūpiʿī* (√ *w/ypʿ*).

In allen diesen Belegen liegen wohl die Nominalformen maQTaL und maQTiL vor, die auch sonst im Amurritischen gut bezeugt sind und Einwortnamen bilden (s. §§ 5.43-48).

Monophthongierung kommt vielleicht auch bei dem Namenselement *yawmu/yūmu* "Tag(?)" vor:

**Su-mu-la-ú-mu* ARM 22, 328 iii 11; v 11M *Śumu-la-yūmu*? "Nachkomme fürwahr des Tages(?)".
**Ju-mi-i-la* 3871M *Yūmîla*? "Der Tag(?) ist Gott".[2]

/*aw*/ bleibt sonst jedoch erhalten (s. §§ 2.46-50).

Anm: **1.** Oder /*ô*/ (s. § 2.2)?
2. S. Layton 1990, 65f., und Becking 1995 für den vergöttlichten Tag im Ugaritischen und Aramäischen. Für das Akkadische s. ^{d}*U-um* ZA 87, 26 P Rs. iv' 12' (altakkadisch). Alternativ gehören die hier gebuchten Namen zu *yammu*. *-ú/ju-mu* stünde dann für *yummu* mit Assimilation */*am*/ > /*um* (s. § 2.35).

2.5.2. */*iw*/ > /*ī*/ oder /*ē*/

§ **2.53.** Es ist unklar, ob die Graphien *ni-ri* oder *ne-ri* "mein Licht" (Gelb 1980, 331) als *nīrī/nērī* < **niwrī* oder defektiv für *niwrī* zu interpretieren sind. Erhalt von /*iw*/ zeigt vielleicht *Ni-iw-ri-a-du* 5054A (§ 2.51) wenigstens teilweise für Alalaḫ. Andererseits scheinen die Pleneschreibungen *Ni-e-ru* 5026A und *Ni-e-ra* (F) 5025A monophthongierte Formen wiederzugeben.

2.5.3. */*uw*/ > /*ū*/

§ **2.54.** *Nu-ra* (F) 5085M steht für monophthongiertes *Nūra*.

3. /y/

3.1. Schreibung von /ya/

§ **2.55.** /ya/ wird meist *ia*, seltener *a-a*K , *a*K, *ìa*, *i-ia* oder *ja* geschrieben. Ich nenne vor allem Beispiele für das Personalpräfix der 3. P. Sg. m.

3.1.1. *a-a*K

§ **2.56.** Vor allem im Diyālagebiet (Tutub und Ešnunna). Die babylonischen Belege besonders aus Šaduppûm. Vgl. *v-vK* für /ʾvK/ § 2.146.

**Ia-am-lik*-DINGIR 2940B,M : *A-am-lik*-DINGIR 25D *Yamlik-ʾel* "Geraten hat der Gott".
**Ia-aḫ-ku-ub*-DINGIR 2844M,C : *A-aḫ-ku-ub*-DINGIR 17D *Yaʿqub-ʾel* "Geschützt hat der Gott".
**Ia-aḫ-zi-ib*-^{d}IM 2885M *Yaʿzib-haddu* : *A-aḫ-zi-ib*-DINGIR 20D *A-aḫ-zi-bi*-DINGIR 19B "Übrig gelassen hat Haddu/der Gott".
**Ia-ad-kur*-DINGIR 2820B : *A-ad-kur*-DINGIR 15B, *A-ad-ku-ur*-DINGIR 14D *Yaḏkur-ʾel* "Sich erinnert hat der Gott".
**Ia-ab-ru-uq*-DINGIR 2813B : *A-ab-ru-uq-a-bu-um* 12B *Yabruq-ʾabum* "Aufgeblitzt ist der Gott/Vater".
Ia-an?-ki-im-DINGIR 2978M : *A-an-ki-im*-DINGIR 29D *Yanqim-ʾel* "Gerächt hat der Gott".
**Ia-ak-zi*-DINGIR 2918B : *A-ak-zi*-DINGIR 22B.
**Ia-an-ti-nu-um* 2997B : *A-an-ti-nu-um* 33B *Yantinum* (√ *ntn* "geben").
**Ia-ar-ši*-DINGIR 3076B,M : *A-ar-ši*-DINGIR 34D.

3.1.2. *a*

§ **2.57.** In seltenen Fällen, nicht nur nach /i/, ist *a* offenbar als /ya/ zu interpretieren. In allen Fällen lassen sich parallele Schreibungen mit *ia* nennen. Eine Deutung als 1. P. Sg.[1] ist in diesen Fällen ausserdem onomastisch schwierig. In folgendem Fall liegt mit Durand 1994a, 91, Personenidentität vor:

**Ia-ki-in-ú-ru-ba-am* Florilegium Marianum II S. 93 M.7178: 4M : *A-ki-in-ú-ru-ba-am* ib. S. 92: 15 und S. 92 Anm. 24M *Yakīn-ʾurubam*.

Weitere Beispiele für das Präfix */ya/*:[2]

**Ia-pa-aḫ-*^{d}*da-gan* 3396M *Yaypaʿ-dagan* "Aufgestrahlt ist Dagan" : *A-pa-aḫ-a-bi* 492B *Yaypaʿ-ʾabī* "Aufgestrahlt ist mein Vater",[3] *A-pa-aḫ-ra-bi* 493B[4] *Yaypaʿ-rāpiʾ* "Aufgestrahlt ist der Heilende".
**Ia-ku-un-pi* 3338B : *A-ku-pi-el* 349B *Yakūp-pī-ʾel* "Fest gezeigt hat sich der Mund (= Spruch (des Gottes))".
**Ia-ar-ši-*DINGIR 3076B,M : *Ar-ši-a-da* 913M.
**Ia-šu-ub-*DINGIR 3508B,M : *A-šu-ub-i-la* 533Aspät *Yašūb-ʾila* "Zugewandt hat sich der Gott".[5]

Den Radikal */y/* enthaltendes */ya/*:[6]

*^{d}*Da-gan-a-pu-uḫ* 1440M *Dagan-yapuʿ* "Dagan ist aufgestrahlt", *Ba-li-a-pu-uḫ* 1098B *Baʿlī-yapuʿ* "Mein Herr ist aufgestrahlt" : *A-bi-ia-pu-uḫ* 94B *ʾAbī-yapuʿ* "Mein Vater ist aufgestrahlt".
**Ḫa-am-mi-a-tar* 1888B *ʿAmmī-yatar* "Mein Vatersbruder ist hervorragend" : *A-bi-ia-ta-ar* 96B *ʾAbī-yatar* "Mein Vater ist hervorragend".

Vgl. ferner § 5.76 für *Ḫa-an-ni-a* (F) 1936M und ähnliche Fälle.

Anm.: **1.** So Gelb 1980.

2. Gegen Durand 1998, 129, gehört *A-ni-iḫ-li-[i]b-bi* ARM 2, 44: 38M sicher nicht hierher; es handelt sich um einen akkadischen Namen mit Stativ *aniḫ*: "Müde ist mein Herz".

3. In Z. 10 schreibt der Text (YOS 8, 29) allerdings *Ia-ú-ku-um*.

4. Der Text stammt aus *Šaduppûm*, wo auch die Schreibung *a-a*K für */ya*K*/* bezeugt ist (§ 2.56).

5. Doch vgl. *A-šu-ub-li-el* 536D, *A-šu-ub-la-el* 535D und *A-šu-ub-la-*DINGIR 534C, die zweifellos die 1. P. Sg. wiedergeben: *ʾAšūb-la-ʾel*/*-lêl* "Ich habe mich an den Gott gewandt". (Die Lesung des letzten dieser drei Namen hält Durand 1997a, 379, wegen *A-šu-ub-la-num* M.A.R.I. 8, 629 Anm. 379M für ausgeschlossen, doch spricht nichts gegen das Nebeneinander von Voll- und Kurzform).

6. Vgl. die Belege für *a-ra-aḫ* */yaraḫ/* §§ 2.76-78.

3.1.3. *ìa*

§ 2.58. Im Anlaut ist *ìa* lediglich in Ur III belegt, s. Buccellati 1966, 190. Anlaut:[1]

**Ìa-an-bu-li* 3620U.
**Ìa-an-bi-ì-lum* 3619U *Yanbī-ʾilum* "Benannt hat der Gott".
**Ìa-ši-li-im* 3621U *Yaśśiʾ-lîm* "Angenommen hat der Stamm".

Inlaut:

* *Ḫa-ia-su-mu-ú* 2032M : *Ḫa-ìa-su-mu-ú* 2038M *ʾAyya-śumuhu*? "Wo ist sein(?) Nachkomme?".

Anm.: **1.** NI-*le-e* 3627U, von Gelb 1980 *ìa-le-e* gelesen, ist wohl akkadisch *Ì-le-e*. Buccellati 1966, 151, interpretiert die Graphie als *yalʾe*, "the imperfect of the stem *qatal* from the root *ʾy*". Gelb 1980, 312, deutet sie dagegen als *yaqattal yaleʾʾe*. Knudsen 1983, 11, vergleicht *I-le-e-*ᵈIM 2549 und bemerkt: "from the point of view of orthography the forms may be interpreted as preterites". Beide Schreibungen dürften jedoch akkadisch *iparras* wiedergeben:

a) Buccellati 1966, 16, führt zugunsten der Lesung *ìa* an, dass "only the reading *ìa* yields a workable interpretation". Doch ist nach von Soden/Röllig 1991, 28 Nr. 146, für NI auch der Lautwert *ì* altakkadisch passim belegt. Knudsen 1983, 10, selber stellt für Nr. 3627 die Lesung *Ì-le-e* zur Disposition. Diese Lesung erlaubt eine akkadische Deutung des Namens. Kein Gegenargument ist, dass *Ì-le-e* als Gatte einer Frau genannt wird, welche zusammen mit anderen Personen als "MAR.TU" qualifiziert wird (s. Buccellati 1966, 19): die Frau selber trägt den ebenfalls akkadischen Namen ⸢*Ša*⸣-*at-*ᵈEN.ZU. Der Name *I-le-e-*ᵈIM 2549M ist verlesen (s. Sup).

b) Eine Rekonstruktion der Graphie *Ì-le-e* als yaQTuL *yalʾē* kann gegen Knudsen 1983, 11, nicht mit dem Hinweis auf die inkonsistente Notierung von silbenöffnendem /ʾ/ begründet werden, da eine Schreibung KV-V für /-K-ʾV/ sonst nicht belegt ist (s. §§ 2.143-146).

3.1.4. *i-ia*

§ 2.59.

* *I-ia-am-ru-uṣ-zi-i-lu-um* 2494B *Yamruṣ=ilum* "Gesorgt hat sich der Gott".
* *I-ia-gu-nu-um* 2497B *Yakūnum* (√ *kwn* "fest sein").
* *I-ia-mi-na* 2498M *Yamīna* "Rechts".
* *I-ia-ú-zi* 2501M *Yawṣī* (√ *wṣʾ* "herauskommen, erscheinen").
* *I-ia-tum* 2499M *Yattum* "Die Meinige(?)".[1]
* *I-ia-tum-ma-ar-za-at* (F) 2500M *Yattum-marṣat* "Die Meinige (= meine Göttin, ?) ist sorgenvoll".
* *I-ia-ti-i-[b]a-al* ARM 24, 22: 10; 233 i 50M *Yattîbal* "Die Meinige(?) hat gebracht".
* *Ì-lí-i-ia-tum* 2719M *ʾIlī-yattum*, *Il-la-i-ia-ti* (F, Nom) 3686M *ʾIlla-yattī*, *Il-la-i-ia-tim* (F, Nom) 3687M *ʾIlla-yattim*.

Anm.: **1.** Die Deutung und linguistische Zugehörigkeit (akkadisch?) des Elementes *yattum* sind noch unsicher.

3.1.5. *ja*

§ 2.60.

**A-ḫu-ja-tum* 262M *ʾAḫūyatum* : *A-ḫu-ia-tum* 261B "Brüderchen".
**Ja-aḫ-wi*-DINGIR 3851M *Yaḥwī-ʾel* : *Ia-aḫ-wi*-DINGIR 2871B "Lebendig gezeigt hat sich der Gott".
**Ja-at-ra-il* 3853I *Yatra-ʾel* "Hervorragend ist der Gott" : *Ia-at-ra-tum* (M) 3123B *Yatratum*.
**Ja-aḫ-si*-DINGIR 3850M : *Ia-aḫ-si*-DINGIR 2870B.

3.2. Schreibung von */yi/*

§ 2.61. */yi/* wird *ji* (PI), *e*, *ii*, *ie-e* oder *i* notiert.

3.2.1. *ji*

§ 2.62.

**Ba-aḫ-lu-ga-ji-im* 1030M (Gen) *Baʿlu-gayyim* "Herr ist der Clan".
**Ji-im-si*-DINGIR 3886M.

3.2.2. *e*

§ 2.63. Für *e* = *jì* s. die Diskussion in § 2.79. Im Namensanlaut:

**E-en-ti-nu-um* 1605B *Yintinum* : *Ia-an-ti-nu-um* 2997B (√ *ntn* "geben") *Yantinum*.
**E-en-ki-im*-DINGIR 1604B *Yinqim-ʾel* : *Ia-an?-ki-im*-DINGIR 2978M *Yanqim?-ʾel* "Gerächt hat der Gott".
**E-ku-pi* 1614B *Yikūppī* "Fest gezeigt hat sich der Mund (= Spruch (des Gottes))" : *Ia-ku-pi* 3311B *Yakūppī*.
**E-mu-ut-ba-a-lum*^{ki} (ON) 1616B *Yimūt-baʿlum* "Gestorben ist der Herr" : *Ia-mu-ut-ba-a-lum* (ON) 3362B *Yamūt-baʿlum*.
**E-šu-ub*-DINGIR 1644B *Yišūb*-DINGIR 1644B : *Ia-šu-ub*-DINGIR 3508B,M *Yašūb-ʾel* "Zugewandt hat sich der Gott".
**E-er-bi*-DINGIR 1611B *Yirbī-ʾel* : *Ia-ar-bi*-DINGIR 3047B *Yarbī-ʾel* "Gross gezeigt hat sich der Gott".

Im Namensinlaut:

**Ia-ḫa-ad-e-ra-aḫ* 3234M *Yaḥad-yiraḫ* "Einzigartig ist Yiraḫ"; für zahlreiche weitere Belege s. §§ 2.76-79.
**I-zi-za-ri-e* 2678B,M *ʾIṣī-ḏāriyī* "Erschienen ist mein Erzeuger".
**A-bi-sa-ri-e* 139B,M *ʾAbī-ḏāriyī* "Mein Vater ist mein Erzeuger".

3.2.3. *ia*

§ **2.64.** *ii* = IA. 3670 und 3671 stammen aus Šaduppûm, wo die Graphie *a-aK* für /*ya*/ mehrfach belegt ist.

**Ii-im-lik*-DINGIR 3669B *Yimlik-ʾel* "Geraten hat der Gott".
**Ii-ir-ḫa-kum* 3670B.
**Ii-iz-kur*-DINGIR 3671B *Yiḏkur-ʾel* "Sich erinnert hat der Gott".
**Ii-iz?-ru-uḫ*-DINGIR 3672B

3.2.4. *ie-e*

§ **2.65.** *ie-e* ist vermutlich eine Kombination der Graphien § 2.63 und § 2.64: IA^{ji} für /*yi*/.[1] Jedenfalls ist *ie-e* keine die Vokallänge bezeichnende Plene-Schreibung. Belege nur aus Babylonien. Vgl. *Ie-en-ḫi-mu-um* 3658B.

**Ie-e-šu-bi*-DINGIR 3657B *Yišūb-ʾel* : *Ia-šu-ub*-DINGIR 3508B *Yašūb-ʾel* "Zugewandt hat sich der Gott".
**Ie-e-mu-ut-ba-lum*^{ki} (ON) 3656B *Yimūt-baʿlum* : *Ia-mu-ut-ba-lum*^{ki} (ON) 3369B *Yamūt-baʿlum* "Gestorben ist der Herr".
**Ie-e-em-zi*-DINGIR 3653B *Yimṣīʾ-ʾel*, *Ie-e-em-zu-um* 3654B, 3655B *Yimṣûm* : *Ia-am-zi*-DINGIR 2963B,M *Yamṣīʾ-ʾel* "Vermögend gezeigt hat sich der Gott".[2]

Anm.: **1.** Moran 1961, 69[46], und Gelb 1980 denken mit der Lesung /*ye*/ dagegen an eine die Vokalqualität angebende Schreibung. Bauer 1926, 78 s. v. √ *mṣʾ* "finden", sah in *e* fragend ein /*h*/ des Kausativstamms, doch gibt es dafür keine orthographischen Parallelen und die Namen ergeben bei kausativer Interpretation keinen Sinn.

2. Dieses Namenselement ist umstritten: Bauer 1926, 56 zu *Ia-am-ṣi*-DINGIR: "Gott lässt finden". Ib. 78: "Vielleicht liegen Hiphil-Formen vor, da "Gott findet" keinen Sinn gibt." Huffmon 1965, 232 s. v. MṢʾ: "**mṣʾ*, «find, attain to (something)» ... or **mẓy*, «reach, arrive» ... The additional names cited from Bauer [*Ia-am-zu-ad-nu-ú* und *Ia-am-zu-ma-lik*] ... suggest that *Ya-am-ṣú-um* might be a hypocoristicon involving a different verbal stem (or root)"; Huffmon lässt die Frage offen, ob "G or causative impf." vorliegt. Gelb 1980 differenziert zwei Wurzeln: ib. 25 √ *mṣʾ* "to find" und ib. 26 "MZʾ?, see MZW? ... more probable than MZʾ?, verb".

Ich stelle das Namenselement zu akkadisch *maṣû* "entsprechen" AHw. 621f., hebräisch MṢʾ

"erreichen" HAL II 585f, äthiopisch: *maṣʾa* "come, happen to" CDG 369f. Im Akkadischen bildet diese Wurzel Personennamen: *Im-ta-ṣa-é-a* YOS 14, 92: 10. *Im-ta-ṣi-am* YOS 14, 118: 23. *É-a-ma-zi* ARM 23, 446: 19'. DINGIR-*ma-zi* (Gen) ARM 21, 91: 3. *Ma-zi-i-lí* ARM 22, 14 i' 16'. *Ma-zi-iš*$_8$-*tár* (F) ARM 23, 349: 11. Stamm 1939, 163, deutete die Belege mit Stativ *maṣi(am)* als "Klagerufe", z. B. *Maṣiam-ilī* "genug für mich, mein Gott"; Belege für das Perfekt *iptaras* kannte Stamm noch nicht. Stamms Deutung ist jedoch nicht zwingend, weil *maṣû* auch "to be able" (CAD M I 345) bedeuten kann. *maṣû* wird in diesem Sinne u. a. als Gottesepithet gebraucht: s. den in CAD ib. zitierten Beleg *šī-ma muštālat maṣât malakat* Craig ABRT 2, 17 r. 21 "Sie allein ist umsichtig, vermögend, königlich" (CAD übersetzt *maṣât* mit "self-sufficient"). *maṣû* in dieser Bedeutung dürfte auch in den akkadischen Personennamen vorliegen, so dass *Imtaṣâ-ea* mit "Vermögend gezeigt hat sich mir gegenüber Ea", *Maṣiam-ilī* mit "Vermögend ist mir gegenüber mein Gott" zu übersetzen ist.

Vgl. zur Semantik die Namen mit √ *lʾy* und die bei Fowler 1988, 288f., unter "Strenghth" genannten Wurzeln.

3.2.5. *i*

§ **2.66.**

**Ba-aḫ-lu-ga-i-im* 1029M (Gen) *Baʿlu-gayyim* "Herr ist der Clan".
*Vielleicht auch *Ṣíl-lí-i-d*[*a*] ARM 26/1 S. 600 M.6519, iM *Ṣillī-yidda* "Mein Schatten ist Haddu".
**A-ḫu-um-i-qar* CTMMA 1, 58b: 20B *ʾAḫum-yiqar* "Der Bruder ist kostbar".

3.3. Schreibung von */yu/*

§ **2.67.** */yu/* wird *ju* (PI), *a-ju*, *iu* oder *ú* notiert.

3.3.1. *ju*

§ **2.68.**

**Ju-um-ra-aṣ*-DINGIR 3888M, OBTR 291: 4; 311: 4; 312: 5; 322 ii 23'; v 35R *Yumraṣ-ʾel* "Gesorgt hat sich der Gott".
**Ḫa-ju-um-ra-bi* 2045M *Ḥayyum-rāpiʾ* "Lebendig ist der Heilende".

3.3.2. *a-ju*

§ **2.69.**

**Ba-aḫ-lu-ga-a-ju* 1027M *Baʿlu-gayyu* "Herr ist der Clan".

3.3.3. *iu* oder *ú*

§ 2.70. *iu*:

**Ḫa-iu-um* 2044B *Ḥayyum* "Lebendig (ist der Gott)".

ú:

**Ḫa-ú-um* 2207B *Ḥayyum* "Lebendig".
**Á-ú*-DINGIR 597U *Ḥayyu-ʾel* "Lebendig ist der Gott".
**Ú-da-du-um* UET 5, 482: 7B *Yudādum* "Liebchen".[1]

Anm.: 1. Vgl. Zadok 1984, 236.

3.4. Schreibung von /*ay*(*y*)/

§ 2.71. /*ay*(*y*)/ wird K*a-a* oder K*a-i* notiert oder defektiv geschrieben.

3.4.1. K*a-a*

§ 2.72.

**A-bi-ga-a* (ON?) 77B *ʾAbī-gayy* "Mein Vater ist der Clan".
**A-na-na-ga-a* 476Qaṭna *Ḥanana-gayy* "Gnädig ist der Clan".
**Ba-aḫ-lu-ga-a* 1026B *Baʿlu-gayy* "Herr ist der Clan".
**Ḫa-a-ìa-el* 1814M *ʾAyya-ʾel* "Wo ist der Gott?".
**Ḫa-a-ìa-i-lu-ú* 1815M *ʾAyya-ʾiluhu*? "Wo ist sein(?) Gott?".
**Ḫa-a-ia-a-bu-um* 1811M *ʾAyya-ʾabum* "Wo ist der Vater?".
**Ia-a-pa-aḫ-li-im* 2794M *Yaypaʿ-lîm* "Aufgestrahlt ist der Stamm".

3.4.2. K*a-i*

§ 2.73.

**Ba-aḫ-lu-ga-i* 1028M *Baʿlu-gayy* "Der Clan ist Herr".
**A-i-ia* 274Aspät *ʾAyya* "Wo?".

3.4.3. Defektiv geschrieben

§ 2.74.

* *Ḫa-ìa-*DINGIR 2087B *ʾAyya-ʾel* "Wo ist der Gott?".

Hierher gehört auch das Präteritum G von Verba I y:

* *Ia-pa-aḫ-*^{d}IM 3398M : *Ia-a-pa-aḫ-*^{d}IM 2793M *Yaypaʿ-haddu* "Aufgestrahlt ist Haddu".
* *Ia-te-ir-e-da* 3549A *Yaytir-yidda* "Hervorragend gezeigt hat sich Haddu".

3.5. Der Lautwandel */ya/ > /yi/, die Kontraktion von */vyv/ und die Elision von postkonsonantischem /y/

§ 2.75. Ich untersuche diese phonologischen Prozesse anhand der bei Gelb 1980, 274ff., verzeichneten 84 Belege für das syllabisch geschriebene Element "(Mondgott) Yaraḫ" (stets in zweiter Namensposition). Ergänzend ziehe ich auch andere Belege heran.

3.5.1. Graphien von *yaraḫ*

§ 2.76. Belegt sind die Graphien *-ia-ra-aḫ*, *-a-ra-aḫ*, -K*a-ra-aḫ*, *-e-ra-aḫ*, -K*e-ra-aḫ* und *-ra-aḫ*, die sich wie folgt verteilen:

a. *-ia-ra-aḫ*.
- **a.1.** Nach Konsonant: *Ia-ri-im-* 3438M.
- **a.2.** Nach /ī/: *Ì-lí-* 2728B.
- **a.3.** Nach /a/. *Ba-* 1077B. *Pa-* 5137B.

b. *-a-ra-aḫ*.
- **b.1.** Nach Konsonant: *I-bi-iš-* 2411B. *Ia-an-ti-in-*2985M.
- **b.2.** Nach /u/: *Sa-mu-* 5465B. *Su-mu-* 5619B.
- **b.3.** Nach /ī/ und /i/: *A-bi-* 58B. *Ab-di-* 613B. *Ḫa-ab-di-* 1825B. *Ba-li-*1099B. *Mu-ti-* 4783B. *Ia-si-* 3452B.
- **b.4.** Nach /a/: *A-ba-* 37B. *Ḫa?-ab-na-* 1854B. *Ba-* 1001B.

c. -K*a-ra-aḫ*. *Ia-an-ti-na-ra-aḫ* 2933B.

d. *-e-ra-aḫ.*

d.1. Nach Konsonant. *Ia-ḫa-ad-* 3234M. *I-ba-al-* 2392B,M. *Ia-an-ti-in-*2988M. *Ia-at-ti-in-* 3129M. *Ia-t[i-i]n-* 3556M. *Ia-ri-im-* 3434M. *Su-ma-at-* 5581M. *La-di-in-* 4243M.

d.2. Nach /*u*/. *Ab-du-*ᵈ 630B. *Ḫa-ab-du-* 1841B. *Ab-du-* 631M. *Ú?-um-mu-* 6208B. *Bu-nu-* 1328M. *Mu-tu-* 4812B. *Sa-[m]u-* 5468M. *Su-mu-* 5644M. *Sa-am-su-* 5350B.

d.3. Nach /*i*/, /*e*/, /*ī*/ oder /*ē*/. *Ú-ri-* 6197M. *A-bi-* 72B,M. *Ḫa-ab-di-* 1828M,C. *Ab-di-* 616B,M. *Ab-di-*ᵈ 617B. *Ḫa-ad-ni-* 1868M. *A-ki-* 332M. *Ì-lí-* 2708B,M. *Iš-ḫi-*3796M. *Ia-zi-* 3608B,C. *Ba-li-* 1103B,M. NIN?*-ti-* 5062M. *Ib-ni-* 3640B. *Bi-iṣ-ṣi-* 1236B. *Zi-ik-ri-* 6468B. *Zi-im-ri-* 6503B,C,M. *Ka-bi-* 3943B,M. *Ki-ib-zi-* 4032M. *Mil-ki-* 4723B. *Mu-ti-* 4787B,M. *Mu-te-* 4778B. *Na-aḫ-mi-* 4895B. *Na-ap-si-* 4915M. *Ia-si-* 3455B. *Pu-ul-si-* 5176B. *Ra-ab-bi-* 5220B. *Zi-im-ti-* 6533M. *Sa-me-* 5445M. *Sa-am-si-* 5339B,M. *Zu-ri-* 6622M. *Zu-up-ri-* 6648M. *Ti-in-i-* 6074C.

e. -K*e-ra-aḫ*. *A-be-ra-aḫ* 51B. *Sa-me-ra-aḫ* 5445B.

f. *-ra-aḫ.*

f.1. Nach /*u*/. *Ia-zu-* 3616M.

f.2. Nach /*i*/, /*e*/, /*ī*/ oder /*ē*/. *A-bi-* 124B,A. *Ab-di-* 626B. *Ḫa-ab-di-* 1832B. *In-bi-* 3707B. *Iš-i-* 3805B. *Ba-li-* 1113B. *Ga-ji-* 1741B. *Ia-si-* 3476B. *Pu-ul-zi-* 5181B. *Ku-we-* 4187B. *Ki?-im-zé-* 4043B. *Ti-in-e-* 6073C.

f.3. Nach /*a*/. *Ia-an-ti-la-* 2991B. *La-ra-*ᵈSin 4316spät.[1]

Anm.: **1.** Lies *Lâraḫ* < **La-yaraḫ* "Zu Yaraḫ (gehörig)" statt *La*ʾ*ra-yaraḫ* (so Gelb 1980).

3.5.2. Statistik zur Distribution der Graphien von *yaraḫ*

§ 2.77.

nach	Konsonant	/u/	/i/, /e/ /ī/, /ē/	/a/	Gesamt
-ia-ra-aḫ					
B	---	---	1	2	3
M	1	---	---	---	1
-a-ra-aḫ					
B	1	2	6	3	12
M	1	---	---	---	1
-K*a-ra-aḫ*					
B	1	---	---	---	1
-e-ra-aḫ					
B	1	5	19	---	25
M	8	4	20	---	32
C	---	---	4	---	4
-K*e-ra-aḫ*					
B	2	---	---	---	2
-ra-aḫ					
B	---	---	11	1	12
M	---	1	---	---	1
C	---	---	1	---	1
A	---	---	1	---	1
spät	---	---	---	1	1

Signifikant sind folgende Feststellungen:

* *-a-ra-aḫ* ist vor allem in Babylonien und fast ausschliesslich nach Vokal belegt.
* *-e-ra-aḫ* ist in Mari nach /*i*/, /*e*/, /*ī*/ und /*ē*/ die einzig bezeugte Graphie.
* *-e-ra-aḫ* ist auch nach Konsonant typisch für Mari.
* *-ra-aḫ* ist vor allem in Babylonien nach /*i*/, /*e*/, /*ī*/ und /*ē*/ bezeugt.

3.5.3. Graphie *a* für /*ya*/

§ 2.78. *-a-ra-aḫ* interpretiere ich als *yaraḫ*,[1] nicht **ʾaraḫ*. Für analoge Graphien s. § 2.57.[2]

Anm.: **1.** So schon Gelb 1958, 148 2.3.7. und 2.3.11.

2. Vgl. Reiner 1964, 174, für die defektive Notation von /*y*/: "a spelling Ci-IA-a or Ci-IA may be replaced by a spelling Ci-a". Reiner zieht daraus den Schluss "This shows that there is no contrast, intervocally, between [ia], [iya], and [iʾa]", doch ist eine Interpretation auf graphischer Ebene und die Annahme einer Defektivgraphie für /*y*/ naheliegender.

3.5.4. Der Lautwandel */*ya*/ > /*yi*/

§ **2.79.** Die Beispiele für *-e-ra-aḫ* nach Konsonant belegen, dass nicht die zweisilbige Lautfolge /*ia*/, sondern die einsilbige /*ya*/ dem fakultativen Lautwandel unterliegt.[1] Sie beweisen zugleich, dass mit *-e* eine neue Silbe einsetzt; auch Graphien mit *-e* nach Vokal (z. B. *Ḫa-ab-di-e-ra-aḫ* 1828M,C) sind daher kein Zeugnis für eine Kontraktion von */*iya*/ zu /*ê*/. Phonologisch liegt eine progressive Assimilation von */*a*/ an /*y*/ vor (Moscati 1964, 9.7). Während das Personalpräfix der 3. P. Sg. m. bisweilen *i* < */*ya*/ geschrieben wird (§§ 2.83.-88), tritt für *-yaraḫ* nie **-i-ra-aḫ* ein. Man wird daraus schliessen, dass im Wortanlaut */*ya*/ über */*yi*/ normalerweise zu /*ʾi*/ reduziert wurde, im Inlaut dagegen die Reduktion unterbleibt. *-e-ra-aḫ* gibt also *yiraḫ* wieder;[2] für den Lautwert *jì* im Akkadischen s. von Soden/Röllig 1991, 11* zu Nr. 163,[3] im Amurritischen § 2.63.

Von dem Lautwandel */*ya*/ > /*yi*/ ist im amurritischen Onomastikon selten auch der sekundäre Gleitlaut /*y*/ betroffen:

**I-zi-e-ḫu-um* Tuttul *ʾIṣī-yiḫum* < **ʾIṣī-yaḫum* < **ʾIṣī-ʾaḫum* "Erschienen ist der Bruder".

Gewöhnlich bleibt /*ya*/ hier aber erhalten:

**Ia-áš-si-ia-an* 3120M *Yaśśiyān* < **Yaśśiʾ-ān* (√ *nśʾ*).

Das in amurritischem Milieu angesiedelte Altbabylonische von Mari reflektiert im Nebeneinander von Graphien wie *ki-a-am* / *ki-e-em*, *iq-bi-a-am* / *iq-bi-e-em* dieselbe phonologische Erscheinung: *kiyam*, *kiyim*, *iqbiyam*, *iqbiyim*, und nicht, wie gewöhnlich verstanden, kontrahierte Formen **kêm* und **iqbêm*.[4] Anders als im amurritischen Onomastikon ist hier /*y*/ nur als Gleitlaut betroffen, da Radikal /*y*/ in dieser Position nicht vorkommt.

Schliesslich unterliegen sogar Sumerogramme und sumerische Namen in Mari-Texten diesem Lautwandel: šu-ti-e /šutiyi/ < šu-ti-a /šutiya/ CRRA 38, 202: 25,[5] Ur-su-ul-pí-e /Ur-sulpiyi/ < /Ur-sulpêya/ < /Ur-sulpa-eya/ ARM 26/1 S. 601.

Anm.: **1.** Nach Gelb 1958, 148f. 2.4.2., gehen Graphien wie *Ia-an-ti-in-e-ra-aḫ* auf ein Zwischenstadium "/**Jantin*^{i}*-Jeraḫ*/" zurück, doch ist dies konstruiert.

2. Gelb 1958, 148 2.3.7. und 2.3.11, rekonstruiert statt *yiraḫ* dagegen *yeraḫ*. Bauer 1926, 63, vermutet *ʾeraḫ*: "Wenn mit y beginnende Worte als zweites Kompositionselement in Eigennamen verwendet werden, hat die Regel bestanden, daß dieses y ausfällt ... Da die Form eraḫ die häufigste ist, vermute ich, daß in dem e das ursprüngliche y nachwirkt". Nach Lewy 1929, 252, steht *e* möglicherweise "nur graphisch" für /*i*/. Huffmon 1965, 89, ist unentschieden, ob *yeraḫ* oder *ʾeraḫ* vorliegt.

3. Altassyrisch "passim".

4. Belege für das Altbabylonische s. etwa Finet 1956, 8-10, für die hier gegebene phonologische Erklärung s. Gelb 1955, 100 zu § 9d, und Streck 1998a, 311 zu § 16k*. Knudsen 1982, 37, und 1991, 873, erkennt nicht, dass dieselbe phonologische Erscheinung vorliegt. Graphien wie *iq-bi-a-am* sind zweifellos mit Gleitlaut als *iqbiyam* oder mit intervokalischem /ʾ/ als *iqbiʾam* anzusetzen. S. Reiner 1964, 177: "the glottal stop, or a comparable syllable boundary consonant (*w*, *y*, or *:*) has to be assumed between two vowels when they belong to two syllables, even when such a consonant is not written between the two vowels". Für die Annahme kontrahierter Formen wie *iqbêm* s. GAG § 16k und Knudsen 1982; die Transliteration wird dabei zu *iq-bé-e-em* manipuliert. Unklar Finet 1956, 8-10: die Überschrift kündigt die Behandlung einer Lautentwicklung "*iʾâm* > *iʾêm* > *êm* (*îm*)" an, der Text aber spricht von einer "passage du *â* au *ê* ou *î*" (§ 6a) und nennt z. B. *ra-bi-e-em* als Beleg für *ê* (§ 6b). Lambert 1967, 34f., argumentiert, die Interpretation von *an-nu-ú-um* als *annûm* verlange eine analoge Deutung der Schreibung *an-ni-e-em*, doch ist dieses Argument angesichts der Vielzahl von Funktionen der Vokalpleneschreibung in der altbabylonischen Keilschrift (s. etwa oben §§ 2.10-18) schwach.

5. Der Beleg zeigt, dass Sumerogramme nicht (immer?) akkadisch, sondern sumerisch gelesen wurden.

3.5.5. Die Kontraktion von */vyv/

§ 2.80. *Ḫa-ab-di-ra-aḫ* 1832B u. ä. ist Ergebnis einer weiteren fakultativen Lautentwicklung, bei welcher */*iyi*/ nach Elision von */*y*/ zu /*î*/ kontrahiert wird (§ 2.26):

**ʿ*Abdîraḫ* < *ʿ*Abdi-yiraḫ* < *ʿ*Abdu-yaraḫ* "Diener des Yaraḫ".

Analoge Kontraktionen sind im Altbabylonischen Maris zu beobachten:[1]

**ḫa-di-ku ḫadîku* < **ḫadiyīku* < **ḫadiyāku* (Belege Finet 1956, 9) "ich bin erfreut".

Anm.: **1.** Dass die Orthographie generell Kontraktion zu /*ê*/ naheläge, wie Lambert 1967, 32, angibt, lässt sich aus seinen Beispielen kaum ablesen, da die Hälfte der Belege das Zeichen NI bietet; doch kennen die Mari-Texte das Zeichen NE durchaus.

§ 2.81. Anstelle von /*î*/ erscheint jedenfalls in der Schrift selten /*ê*/:

**A-be-ra-aḫ* 51B *ʾAbêraḫ* < *ʾ*Abīyiraḫ* < *ʾ*Abī-yaraḫ* "Mein Vater ist Yaraḫ".[1]

Die Schreibungen *Ia-an-ti-la-ra-aḫ* 2991B und *La-ra-*ᵈSIN 4316spät erklären sich als Kontraktionen von */aya/ zu /â/: *Yantillârah̬* < **Yantin-la-yarah̬* "Wahrlich Yarah̬ hat gegeben" und *Lârah̬* < **Layarah̬* "Dem Yarah̬ zugehörig". *Ia-zu-ra-ah̬* 3616M zeigt Kontraktion von */uya/* oder */uyi/* zu */û/*. Andere Belege:

**Bu-nu-um-ma-šar* 1347B, *Bu-nu-ma-šar* 1341B *Bunu-mâśar* : *Bu-nu-ma-a-ša-ar* 1338B *Bunu-ma-yaśar* "Wirklich Sohn des Gerechten".

Anm.: **1.** Gelb 1958, 148 2.3.7., interpretiert *A-bi-ra-ah̬* dagegen als */ʾAbī-(Je)rah̬/*, *A-be-ra-ah̬* als */ʾAb(ī-J)erah̬/*.

3.5.6. Elision von postkonsonantischem /y/

§ **2.82.** Elision von */y/* nach Konsonant bezeugt *Ia-an-ti-na-ra-ah̬* 2933B *Yantin=arah̬* "Gegeben hat Yarah̬". Weitere Belege:

**Ia-te-re-da* 3551A *Yayter=idda* < **Yayter-yidda* < **Yayter-yadda* < **Yayter-hadda* "Hervorragend gezeigt hat sich Haddu".
**Ia-še-re-da* 3488A *Yayśir=idda* "Gerecht gezeigt hat sich Haddu".

3.6. */ya/ > /yi/ > /ʾi/

§ **2.83.** */ya/* wird über */yi/* fakultativ zu */ʾi/*. Phonologisch lässt sich */ya/* > */yi/* als Assimilation von */a/* an */y/* (Moscati 1964, 58 9.7) und */yi/* > */ʾi/* als Dissimilation zwischen Halbvokal und Vokal (ib. 59 9.13) interpretieren.[1] Die weithin gültige Opposition *i* < */ya/* im Namensanlaut : *e* < */ya/* im Namensinlaut lässt sich am besten dadurch erklären, dass */yi/* im Namensinlaut erhalten bleibt, im Namensanlaut dagegen Reduktion zu */ʾi/* eintritt:[2]

**I-ri-im-*^{d}*da-gan* 2590H̬ana *ʾIrīm-dagan* "Erhaben gezeigt hat sich Dagan", aber *Ia-an-ti-in-e-ra-ah̬* 2988M *Yantin-yirah̬* "Gegeben hat Yarah̬".

Anm: **1.** Das Zwischenstadium */yi/* nimmt auch Noth 1953, 139, an. Vgl. Tropper 1995, 34f., zur "Dejotierung" im Semitischen. Dietrich/Loretz 1966, 238, interpretieren die Schreibung *ia-a*K- als **/yi*K/ oder **/ye*K/ und harmonisieren so *ia-a*K- und *i*K-. Entgegengesetzt Arnaud 1991, 27f., der *i*(K) und *e*(K) als */ya*(K)/ versteht. Beide Interpretationen sind gezwungen, zumal eine plausible phonologische Erklärung für die Variation *ia* : *i* vorhanden ist.

2. S. für die Interpretation von Graphien wie *-e-ra-ah̬* als *yirah̬* (statt **yerah̬* oder **ʾerah̬*) § 2.79. Gelb 1958, 148 2.4.1., und 1980 passim dagegen versteht *i*(K)-Graphien im Namensanlaut als Wiedergaben von */yi*(K)/.

§ **2.84.** *iK*-Zeichen sind ambivalent; ich interpretiere sie der *i* : *e*-Variation analog im Namensanlaut als /*ʾiK*/, im Namensinlaut als /*yiK*/:

* *Iš-ḫi-*^{d}IM 3797M,C *ʾIšʿī-haddu* "Meine Hilfe ist Haddu" : *An-nu-iš-ḫa* (F) 818M *ʾAnnu-yišʿa* "ʾAnnu ist hilfreich" (feminines Oppositionsglied zu *A-bi-e-šu-uḫ* 73B,M *ʾAbī-yišuʿ* "Mein Vater ist hilfreich").

§ **2.85.** Beispiele für /*yi*/ im Namensanlaut sind selten (vgl. §§ 2.63-65):

* *E-en-ti-nu-um* 1605B *Yintinum* (√ *ntn* "geben").
* *E-en-ki-im-*DINGIR 1604B *Yinqim-ʾel* "Gerächt hat der Gott".
* *E-mu-ut-ba-lum*^{ki} 1629B *Yimūt-baʿlum* "Gestorben ist der Herr".
* *E-šu-ub-*DINGIR 1644B *Yišūb-ʾel*, *Ie-e-šu-bi-*DINGIR 3657B *Yišūb=ʾel* "Zugewandt hat sich der Gott".

§ **2.86.** Namen wie *In-ti-nu-um* 3726I *ʾIntinum* und ^{d}*Ik-ru-ub-*DINGIR (GN) 3674M *ʾIkrub-ʾel* "Gesegnet hat der Gott" einerseits, *Ia-ar-pa-*^{d}IM 3071M *Yarpaʾ-haddu* "Geheilt hat Haddu" und *Ia-áš-ma-aḫ-ì-el* 3109B *Yaśmaʿ-ʾel* "Erhört hat der Gott" andererseits beweisen, dass */*ya*/ > /*ʾi*/ keine Folge des Barth-Ginsberg-Gesetzes ist.[1]

Anm.: **1.** So zuletzt wieder postuliert von Lipiński 1997 40.18 zu *i-ba-al*, angeblich = *yibʿal*. Doch s. dazu schon Huffmon 1965, 64, Gelb 1958, 156 3.3.1.2., und 1968, 46.

§ **2.87.** Freie Namensvarianten kommen vor:

* Der Sohn Śamśī-haddus und Vizekönig von Mari erscheint als *Ia-áš-ma-aḫ-*^{d}IM 3110M und als *Iš-ma-*^{d}IM 3180M, d. h. als *Yaśmaʿ-haddu* und *ʾIśmaʿ-haddu* "Erhört hat Haddu" (ARM 16/1, 231 s. v. *Yasmaḫ-Addu* 1°).
* Der Begründer der "Lim"-Dynastie in Mari erscheint als *Ia-gi-id-li-im* 3225M und im Ortsnamen *Dūr-ʾigīd-lîm* als *I-gi-id-li-im* 2490Ḫana *ʾIgīd-lîm* "Gut gezeigt hat sich der Stamm".

§ **2.88.** Während **ya* > /*yi*/ (geschrieben *e*) im Namensinlaut ein für amurritische Personennamen wenn auch nicht obligatorisches, so doch typisches Phänomen ist (§§ 2.76f., 2.79), lässt sich */*ya*/ > /*ʾi*/ im Namensanlaut ausserhalb von Alalaḫ und Alalaḫ-spät nur vergleichsweise selten nachweisen;[1] eine dialektale Distribution ist hier nicht erkennbar:[2]

* *I-ta-ar-li-im* Tuttul *ʾItar-lîm* "Hervorragend ist der Stamm".

Lediglich in Alalaḫ und Alalaḫ-spät tritt /ʾi/ häufiger als /ya/ auf:

**I-ku-un-ba-aḫ-li* 2508A, *I-ku-un-ba-li* 2509A *ʾIkūn-baᶜlī* "Zuverlässig gezeigt hat sich mein Herr".
**I-ri-im-il-la* 2591Aspät *ʾIrīm-ʾilla*. *I-ri-mi-il-la* 2595Aspät. *I-ri-mil-la* 2596Aspät.
**Ig-mi-ra-a-du* 3659A *ʾIgmir=addu*.
**Iḫ-la-ap-a-du* 3660A.
**Ir-ḫa-mi-il-la* 3748A, *Ir-ḫa-mi-la* 3749A. *Ir-ḫa-mi-*DINGIR 3747A *ʾIrḥam=ʾel* "Erbarmt hat sich der Gott".
**Ir-pa-a-bi* 3757A *ʾIrpaʾ-ʾabī* "Geheilt hat mein Vater". *Ir-pa-a-da* 3755A, *Ir-pa-da* 3756A, *Ir-pa-*ᵈIM 3757A *ʾIrpa-haddu* u. ä. "Geheilt hat Haddu".
**Iš-ma-a-da* 3808A *ʾIśmaᶜ-hadda* "Erhört hat Haddu". *Iš-mi-il-la* 3819A.

Gegenbeispiele sind:

**Ia-am-i-id-*ᵈ*ad-mi* 2935A.
**Ia-mu-ut-ni-ri* (F) 3378A *Yamūt-nīrī* "Gestorben ist mein Licht".
**Ia-pa-aḫ-su-mu-a-bi* 3400A *Yaypaᶜ-śumu-ʾabi* "Aufgestrahlt ist Śumuʾabi".
**Ia-še-re-da* 3488A *Yayśir=idda* "Gerecht gezeigt hat sich Haddu".
**Ia-šu-ub-ra-bi* 3516A *Yašūb-rāpiʾ* "Zugewandt hat sich der Heilende".
**Ia-te-er-e-da* 3548A *Yayter-yidda* "Hervorragend gezeigt hat sich Haddu". *Ia-te-ra* (Gen) 3550A *Yaytera*. *Ia-te-ri-da* 3551A *Yayter=idda*.

Dass das Personalpräfix /ya/ im Gegensatz zu einen Radikal enthaltendem /ya/ wie in *yaraḫ* meist erhalten bleibt, lässt sich plausibel durch paradigmatischen Zwang erklären (/a/-Vokalismus wie in /ta/ der 2. P. Sg. und /ʾa/ der 1. P. Sg.). Die Fälle von */ya/ > /ʾi/ werden wohl mit Recht meist als Akkadismen angesehen.[3]

Anm.: **1.** Nicht hierher gehören die zahlreichen bei Gelb 1980, 332, gebuchten Belege für *i-din*, die zweifelsohne von Akkadisch *nadānu* abzuleiten sind.

2. Moran 1970, 539f., weist darauf hin, dass */ya/ : /ʾi/ schon in westsemitischen Personennamen der altakkadischen Zeit belegt ist, was die Annahme einer dialektalen Distribution erschwere. Die Namensvarianten stützen Morans Auffassung. Zu einem ähnlichen Schluss gelangt Oelsner 1988, 34f.: "Eine geradlinige Zuordnung von *ja-* und *ji-* zu verschiedenen Idiomen, seien sie Sprachen oder Dialekte genannt, stößt also auf Probleme".

3. Gelb 1958, 148 2.4.1., und 1968, 46. Stol 1991, 197. Zurückhaltender Lewy 1929, 252, der nur von "einem auch im Akkad. wirksamen Lautgesetz" spricht. Huffmon 1965, 76, stellt umgekehrt die Möglichkeit zur Disposition, das *ia* neben *i* "may only be evidence of Amorite influence on the writing of the names". Der von ihm u. a. zitierte ON *I-/Ia-da-ma-ra-aṣ*, der als genuin Amurritisch interpretiert werden kann (*Yaydaᶜ/ʾĪdaᶜ-maraṣ* "Erkannt hat der Sorgenvolle"), spricht gegen diese Möglichkeit.

3.7. Monophthongierung von */*ay*/ zu /*ē*/ oder /*ī*/

§ **2.89.** /*ay*/ wird wie in Lehnwörtern (s. § 1.104) in der Regel nicht monophthongiert. Wohl keine Monophthongierung */*ay*/ > /*ē*/ bzw. /*ī*/, sondern Nominalform meQTiL (s. §§ 5.44-48) sind die folgenden Namen:[1]

* *Me-bi-ḫu-um* 4592M, *Me-pi-um* 4658I *Mēpiʿum* < **Meypiʿum* "Herrlichkeit".
* *Me-ṣi-tum* 4660B, *Mi-zi-tum* (M) ARM 21, 403 vi 4M *Mē/īṣītum* < **Meyṣītum* "Ausgang = (Rettung)".
* *Me-te-ra-nu-um* 4663D *Mēterānum* < **Meyterānum*[2] "Hervorragend Sein".
* *Me-si-um* 4659B *Mēšiʿum* < **Meyšiʿum* "Hilfe" .

Bei maQTiL findet sich offenbar keine Monophthongierung:

* *Zi-id-kum-ma-zi* 6459M *Ṣidqum-mayṣī*?.
* *Ma-za-al-la* (F) 4576M *Mayṣalla*?.

§ **2.90.** Monophthongierte Formen sind - wohl als Akkadismus[1] - vereinzelt bei der Nominalform QuTīL < *QuTayL (s. § 5.51) bezeugt:[2]

* *Zu-ḫi-ri* 6594M *Ṣuġīrī*? "Kleinchen".
* *Ḫu-ni-na-nu-um* 2316I *Ḫunīnānum*, *Ú-ni-na* (F) 6181M *Ḫunīna* "Gnädig behandelt".

Anm: **1.** In Ebla kommen Monophthongierung */*ay*/ > /*ē*/ und nicht monophthongierte Formen allerdings nebeneinander vor, ohne dass fremdsprachliche Einwirkung angenommen wird, s. Krebernik 1996, 263f.[3].

2. Eine Monophthongierung **qutayl* > *qutāl*, wie sie Gelb 1981, 24f., und Rendsburg 1990, 95, für das Amurritische annehmen, ist dagegen nicht belegt. Fälle wie *Du-ba-bu* 1569B "Kleine Fliege", *Bu-qa-ku-um* 1351M "Kleine Mücke" und *Ḫu-za-lum* 2364B "Kleine Gazelle" lassen sich ohne weiteres als Nominalform QuTāL (s. § 5.34) interpretieren. Das Nebeneinander einer Monophthongierung */*ay*/ > /*ī*/ bzw. /*ē*/ und */*ay*/ > /*ā*/ wäre auch unwahrscheinlich.

§ **2.91.** Bei den Präterita von Verben I y wird /*ay*/ meist nicht monophthongiert:

* *Ia-a-pa-aḫ-*[d]IM 2793M *Yaypaʿ-haddu* "Aufgestrahlt ist Haddu".
* *Ta-a-zi-an-nu* (Gen) ARM 22, 328 v 19M *Tayṣī-ʾannu* "Erschienen ist ʾAnnu".
* *Ia-a-ši-ḫu* 2786M (Sup) *Yayšiʿu* (√ *yšʿ*).
* Meist defektiv notiert: *Ia-te-ir-e-da* 3549A *Yaytir-yidda* "Hervorragend gezeigt hat sich Haddu".

Die seltene Monophthongierung ist vielleicht ein Akkadismus:

**I-daḫ-ra-am* 2431B *ʾĪdaʿ-rām* "Erkannt hat der Erhabene" : *Ia-daḫ-li-im* 3178B *Yaydaʿ-lîm* "Erkannt hat der Stamm".
**Te-pa-ḫu-um* (F) *Tēpaʿum* : *Ta-pa-ḫu-um* (F) *Taypaʿum* (√ *ypʿ*), beide Florilegium Marianum IV S. 285M (z. T. dieselbe Person!). S. a. *Te-pa-ḫi-im* (F) ARM 26/1, 239: 4', 7'M.

§ **2.92.** Nicht monophthongiert wird ferner */ay/* vor */y/* (Knudsen 1991, 871 2.4.):

**Ḫa-ju-um-ra-pi* 2045M *Ḥayyum-rāpiʾ* "Lebendig ist der Heilende".

3.8. */iyK/ > /īK/

§ **2.93.**

**La-i-ju-um* 4269M *Lāʾiyum* : *La-i-tum* (F) 4272M *Lāʾītum* < **Lāʾiytum*.[1]
*Vgl. ferner § 2.89 für Fälle wie *Me-bi-ḫu-um* 4592M *Mēpiʿum* < **Meypiʿum*.

Anm.: **1.** Huffmon 1965, 224: "This element is probably a G active participle". Dagegen setzt Gelb 1980, 23, eine Form "*laʾijum, laʾītum*" an. Ich folge Huffmon.

4. Konsonanten: Allgemeines

4.1. Die amurritischen Konsonantenphoneme im altbabylonischen Syllabar: Übersicht

§ 2.94. Folgende Tabelle enthält von links nach rechts: in der ersten Spalte die protosemitischen Phoneme, die den amurritischen Phonemen zugrundeliegen; in der zweiten bis siebten Spalte die Syllabogramme in der Reihenfolge Ka, Ke/Ki, Ku, aK, eK/iK, uK, wobei verschiedene Syllabogrammreihen differenziert werden; in der achten Spalte die angenommenen amurritischen Reflexe der protosemitischen Phoneme. Zeichen des Typs KvK bleiben hier unberücksichtigt. "0" meint Schreibungen des Typs V(K) (silbenöffnend) oder KV (silbenschliessend) für */ʾa/*, */aʾ/*, */ha/*, */ah/* usw. Die 0-Reihe wird in § 2.95 ausgeklammert und unter den Phonemen */ʾ/*, */h/*, */ḥ/* und */ʿ/* behandelt.

	Ka	Ke, Ki	Ku	aK	eK, iK	uK	
/b/	BA	BE, BI	BU	AB	IB	UB	*/b/*
	---	BÍ (NE)	---	---	---	---	
	PA	---	---	---	---	---	
/p/	PA	PI	---	---	---	---	*/p/*
	BA	BI	BU	AB	IB	UB	
/m/	MA	ME, MI	MU	AM	IM	UM	*/m/*
	MÁ						
/w/	---	PI	---	PI	---	---	*/w/*
				AM			
	---	---	---	CA-Ú	---	---	
/ḏ/	ZA	ZI	ZU	AZ	IZ	---	*/ḏ/*
	SA	SI	SU	---	---	---	
	DA	---	DU	AD	---	---	
/ṯ/	ŠA	ŠI	ŠU	AŠ, ÁŠ	IŠ	---	*/š/*
	---	SI	---	---	---	---	
/ẓ/	---	---	ZU	AZ	IZ	UZ	*/ṣ/*
	---	ṢI	ṢU	---	---	---	
/d/	DA	DI	DU	AD	ID	UD	*/d/*
	TA	TE, TI	---	---	---	---	
	DA$_{10}$ (ḪI)	---	---	---	---	---	
/t/	TA	TE, TI	TU	---	---	---	*/t/*
	DA	DI	---	AD	ID	UD	

*/ṭ/	DA	DI	DU	---	---	UD	/ṭ/
	TA	TI	TU	---	---	---	
	ṬÀ	---	---	---	---	---	
	(ḪI)						
*/n/	NA	NE, NI	NU	AN	EN, IN	UN	/n/

*/r/	RA	RI	RU	AR	IR	UR	/r/
	---	RÍ (URU)	---	---	---	ÚR	
*/l/	LA	LI	LU	AL	EL, IL	UL	/l/
	---	LÍ (NI)	---	---	---	---	

*/ś/	SA	SI	---	---	---	---	/ś/
	---	ŠI	---	AZ	---	---	
*/ḍ/	ZA	ZI	---	AZ	IZ	UZ	/ṣ/

*/z/	ZA	ZI	ZU	AZ	IZ	UZ	/z/
	SA	---	---	---	---	---	
*/s/	---	SI	---	---	---	---	/s/
	ZA	ZI	ZU	---	---	---	
*/ṣ/	ZA	ZI	---	---	IZ	---	/ṣ/
	---	ṢI	---	---	---	---	
	---	---	---	AŠ, ÁŠ	---	---	
*/š/	SA	SI	SU	---	---	---	/ś/
	ZA	---	---	---	IZ	---	
	ŠA	ŠE, ŠI	ŠU	AŠ, ÁŠ	ÈŠ (AB), IŠ	UŠ, ÚŠ	

*/y/	IA	IA	IA	---	---	---	/y/
	I-IA	---	---	---	---	---	
	PI	PI	PI	---	---	---	
	ÌA	---	---	---	---	---	
	(NI)						
	A(C)	E	Ú	---	---	---	
	A-AC	I-IC	---	CA-A	---	---	
	---	---	---	CA-I	---	---	

*/g/	GA	GI	---	AG	---	---	/g/
	---	GI_4	---	---	---	---	
	---	KI	---	---	---	---	
*/k/	KA	KI	KU	---	---	---	/k/
	GA	---	GU	AG	IG	UG	
*/q/	GA	GI	GU	AG	IG	UG	/q/
	KA	KI	KU	---	---	---	
	QA	---	---	---	---	---	

*/ġ/	ḪA	ḪI	ḪU	---	---	---	/ġ/
	A	---	Ú	---	---	---	
*/ḫ/	ḪA	ḪI	ḪU	AḪ	---	AḪ	/ḫ/
	---	ḪÉ (GAN)	---	---	---	---	
*/ʾ/	0	0	0	0	0	---	/ʾ/
	ḪA	ḪI	ḪU	AḪ	AḪ	---	
*/h/	ḪA	ḪI	---	AḪ	AḪ	---	/h/
	0	---	0	---	---	---	
	É?	---	---	---	---	---	
*/ḥ/	ḪA	ḪI	ḪU	AḪ	---	---	/ḥ/
	0	0	0	0	---	---	
*/ʿ/	ḪA	Ḫ̇I	ḪU	AḪ	AḪ	AḪ, ÚḪ	/ʿ/
	0	0	0	0	---	---	

4.2. Syllabar

§ **2.95.** Das folgende Syllabar ist nach dem Alphabet der konventionellen Zeichennamen (vgl. ABZ 376ff.) geordnet. Gewöhnlich wird nur ein einziger Beleg zitiert, in seltenen Fällen jedoch mehr. Bei Phonemen, in welchen vermutlich mehrere protosemitische Phoneme zusammengefallen sind, wird das erschlossene protosemitische Phonem in Klammern hinzugefügt. Die Schreibungen für */w/* und */y/* bleiben unberücksichtigt, da hier teilweise Kombinationen von KV/VK und V-Zeichen auftreten; s. dazu ausführlich oben §§ 2.41-51, 2.55-74. Von den Graphien für */ʾ/*, */h/*, */ḥ/* und */ʿ/* führe ich nur die der Ḫ-Reihe an. Die KVK-Zeichen sind hier eingeschlossen.

AB	*/ab/*	*Ḫa-ab-du-*^{d}*ḫa-na-at* 1844M *ʿAbdu-ʿanat* "Diener der ʿAnat".
	/ap/	*An-nu-ia-ap-ḫa* (F) 815M *ʾAnnu-yapʿa* "ʾAnnu ist herrlich".
	/eś/	*Me-èš-ki-nu-um* 4623B *Meśkinum* (√ *śkn*, */ś/* < */š/*).
AD	*/ad/*	*A-ḫi-a-sa-ad* 225B *ʾAḫī-ʾaśad* "Mein Bruder ist der Krieger".
	/at/	*Ia-at-ra-tum* (M) 3123B *Yatratum* (√ *ytr*).
	/ad̲/	*Ia-ad-kur-*DINGIR 2820B *Yad̲kur-ʾel* "Sich erinnert hat der Gott".
AG	*/ag/*	*Ia-ag-mu-ur-*DINGIR 2824M *Yagmur-ʾel* "Beendet hat der Gott (die Not der Kinderlosigkeit)".
	/ak/	*Ia-ak-bu-ri-im* (Gen) 2905B *Yakburim*.
	/aq/	*Aq-ba-ḫa-mu* 873M *ʿAqba-ʿammu* "Schutz ist der Vatersbruder".
AḪ	*/aḫ/*	*Ia-ap-la-aḫ-*DINGIR 3022B,M *Yaplaḫ-ʾel* "Gefürchtet hat sich der Gott".
	/uḫ/	*Ia-nu-uḫ-li-im* 3391M *Yanūḫ-lîm* "Beruhigt hat sich der Stamm".
	/aʾ/	*Ta-aḫ-ta-mar* 5970M *Taʾtamar* "Sie (die Göttin) ist erschienen".

AḪ	/iʾ/	*Ḫa-am-mu-ra-bi-iḫ* 1915Ḫana *ʿAmmu-rāpiʾ* "Der Vatersbruder ist heilend".
	/ah/	*Ma-aḫ-li-lum* 4406B *Mahlilum* "Preis".
	/ih/	*Ia-gi-iḫ-*^{d}IM 3226M *Yaggih-haddu* "Aufgestrahlt ist Haddu".
	/aḥ/	*Ia-aḫ-wi-*DINGIR 2871B *Yaḥwī-ʾel* "Lebendig gezeigt hat sich der Gott".
	/aʿ/	*Ba-aḫ-la-tum* 1012M *Baʿlatum*.
	/eʿ/	*Ia-di-iḫ-*DINGIR 3204B *Raydeʿ-ʾel* "Erkannt hat der Gott".
	/uʿ/	*A-ḫi-ia-šu-uḫ* 237D *ʾAḫī-yašuʿ* "Mein Bruder ist hilfreich".
AL	/al/	*Ia-mu-ut-ba-al* (ON) 3363M *Yamūt-baʿal* "Gestorben ist der Herr.
AM	/am/	*Ḫa-am-mu-ra-bi* 1911B,M,A *ʿAmmu-rāpiʾ* "Der Vatersbruder ist heilend".
AN	/an/	*Ia-an-ti-in-ḫa-mu* 2989M *Yantin-ʿammu* "Gegeben hat der Vatersbruder".
	/il/	*Me-ìl-ki-li-*DINGIR Tuttul *Milkī-lêl* < **Milkī-la-ʾel* "Mein Rat ist wahrlich der Gott".
AR	/ar/	*Ia-ar-pa-*^{d}IM 3071M *Yarpaʾ-haddu* "Geheilt hat Haddu".
AŠ	/aš/	EŠ$_4$-DAR-*ia-aš-ḫa* (F) 1681M *ʿAštar-yašʿa* "ʿAštar ist hilfreich".
	/aś/	*Aš-di-e-tar* 928M *ʾAśdī-yitar* (/ś/ < */š/) "Mein Krieger ist hervorragend".
	/aṣ/	*Ia-aš-du-kum* 3086B *Yaṣduqum* (√ *ṣdq*, /ṣ/ < */ṣ/).
	/rum/	*A-tam-rum* 550M *ʾAtamrum* "Angesehen".
ÁŠ	/aš/	*Ba-áš-ti-nu-uz-ri* (F) *Bāštī-nuṣrī* "Mein Schutzgeist ist mein Schutz".
	/aś/	*Áš-ki-na-nu-um* 971D *ʾ/Yaśkinānum* (/ś/ < */š/).
	/aṣ/	[*Ia*]-*áš-du-uq-*DINGIR 3096B *Yaṣduq-ʾel* (/ṣ/ < */ṣ/) "Gerecht gezeigt hat sich der Gott".
AZ	/az/	*Ḫa-az-zu* 1987C *ʿAzzu*.
	/aṣ/	*A-ḫi-ma-ra-aṣ* (F) 250M *ʾAḫī-maraṣ* (/ṣ/ < */ḍ/) "Mein Bruder ist sorgenvoll". *Ia-aṣ-ṣu-ur-*^{d}IM 3082M *Yaṣṣur-haddu* (/ṣ/ < */ẓ/) "Beschützt hat Haddu".
	/aḏ/	*Ḫa-az-ri-a-mi-im* (Gen) 1985M *ʿAḏrī-...* "Meine Hilfe ist Amu".
	/aś/	*Ba-as-ra-an* M.A.R.I. 8, 638 Anm. 513M *Baśrān* "Vom Baśar Stammender".
BA	/ba/	*Ba-aḫ-li-*^{d}IM 1019M *Baʿlī-haddu* "Mein Herr ist Haddu".
	/pa/	*Ba-ti-ru-um* 1151D *Pāṭirum*. *Ba-aṭ-ri-ia* 1056B *Paṭrīya* (√ *pṭr* "lösen, vergeben"). *Ia-ba-aḫ?-*DINGIR OBRE 1, 48: 25B *Yaypaʿ-ʾel* "Aufgestrahlt ist der Gott".
BAR	/bar/	EŠ$_4$.DAR-*ka-bar* 1685M *ʿAštar-kabar* "ʿAštar ist gross".
	/par/	*A-bi-sa-pár* 137B,M *ʾAbī-śapar*.
BE	/be/	*Be-di-lu-um* 1169B *Beʿdîlum* "Mein Rückhalt ist der Gott".
BI	/bi/	*Bi-in-i-la* 1219Aspät *Bin-ʾila* "Sohn des Gottes".

BI	*/pi/*	*Ḫa-am-mu-ra-bi* 1911B,M,A *ʿAmmu-rāpiʾ* "Der Vatersbruder ist heilend".
BU	*/bu/*	*Bu-un-ba-sar* 1364B *Bun-baśar* "Sohn des Ǧabal Bišrī".
	/pu/	*Ra-pu-ú-um* 5263M *Rapūʾum* "Geheilt".
BUR	*/bur/*	*Bur-qa-an* ARM 26/2, 430: 26M *Burqān.*
DA	*/da/*	*Da-di-ḫa-du-un* 1427M *Dādī-ʿadun* "Mein Liebling ist wonnevoll".
	/ṭa/	*Da-ba-tum* (F) 1409U *Ṭābatum* "Gute".
	/ta/	*Ga?-da-ri* 1728M *Qatarī* "Mein Fels".
	/ḏa/	*Da-ki-ru-um* 1459B *Ḏākirum* (√ *ḏkr* "sich erinnern").
DAḪ	*/daʿ/*	*Ia-daḫ-*DINGIR 3177B *Yaydaʿ-ʾel* "Erkannt hat der Gott".
	/taḥ/	*Bu-nu-taḫ-tu-un-i-la* 1344B *Bunu-taḥtun-ʾila.*
DAR	*/ḏar/*	*Ia-dar-*DINGIR 3179B *Yaʿḏar-ʾel* "Geholfen hat der Gott".
DI	*/ṭi/*	*Ba-di-ru-um* 1065B *Pāṭirum* (√ *pṭr* "lösen, vergeben").
	/ti/	*Ab-du-ba-aḫ-la-di* ARM 21, 415: 6M *ʿAbdu-baʿlati* "Diener der Herrin".
DIM	*/dim/*	*Ia-di-dim* (Gen) 3189B *Yadīdim* "Liebling".
	/tim/	*Ba-aḫ-la-tim* (F, Gen) *Baʿlatim* 1011M.
DU	*/ṭu/*	*Ia-am-ku-du* 2936M *Yamquṭu.*
	/ḏu/	*Du-ba-bu-um* 1570B *Ḏubābum* "Kleine Fliege".
É	*/ha/*?	*Šu-mu-na-ʾà?-rí* Tuttul *Śumu-nahari?* "Diener des Fluss(gott)es(?)" (oder *Śumu-na-nīri* "Fürwahr Nachkomme des Lichtes").
EL	*/el/*	*Ḫa-ab-di-el* 1829B *ʿAbdêl* "Diener des Gottes".
	/il/	*I-bi-iš-ì-el* 2414B ...*-ʾil* "... der Gott".
EN	*/en/*	*Me-en-ḫi-mu-um* 4608B *Menʿimum* "Lieblichkeit".
GA	*/ga/*	*A-bi-ga-a* 77B *ʾAbī-gayy* "Mein Vater ist der Clan".
	/ka/	*Mi-il-ga-nu-um* 4680U,D *Milkānum.*
	/qa/	*Ia-ga-ru-um* 3221B *Yaqarum* "Kostbar".
GAN	*/ḫe/*	*A-bi-ḫé-lu* 82spät.
	/gan/	*Ab-du-ma-^{d}da-gan* 635M *ʿAbdu-ma-dagan* "Wirklich Diener Dagans".
GI	*/gi/*	*Ia-gi-iḫ-*^{d}IM 3226M *Yaggih-haddu* "Erstrahlt ist Haddu".
	/qi/	*Ma-ti-gi* (F) 4569M *Matiqī* "Meine Süsse".
GI$_4$	*/gi/*	*Na-gi$_4$-a-nu-um* 4959D *Nāgihānum* (√ *ngh* "erstrahlen").
GU	*/ku/*	*Ia-gu-na-an* 3857U *Yakūnān.*
	/qu/	*Gu-da-su-um* 1779B *Qudāśum.*
GUR	*/kur/*	*Ia-ad-gur-*DINGIR 2818B *Yaḏkur-ʾel* "Sich erinnert hat der Gott".
ḪA	*/ḫa/*	*Ḫa-li-ma-ra-aṣ* 2081B *Ḫālī-maraṣ* "Mein Mutterbruder ist sorgenvoll".
	/ʾa/	*Si-im-ḫa-al* 5525M *Śimʾāl* "Norden".
	/ha/	*Si-ik-ri-ḫa-da* 5522B *Ḏikrī-hadda* "Mein Gedenken ist Haddu".
	/ḥa/	*Ḫa-an-ni-*DINGIR 1937M *Ḥann=el* "Gnädig ist der Gott".
	/ʿa/	*Ḫa-ab-du-^{d}ḫa-na-at* 1844M *ʿAbdu-ʿanat* "Diener der ʿAnat".

ḪA	/ġa/	*Ḫa-za-la* (F) 2216M *Ġazāla* "Gazelle".
ḪAR	/mur/	*Ia-mur-*^{d}EN.ZU 3379B *Yaʾmur-yaraḫ* "Gesehen hat Yaraḫ".
ḪI	/ḫi/	*A-ḫi-a-da* 224B *ʾAḫī-hadda* "Mein Bruder ist Haddu".
	/ʾi/	*Ṣa-bi-ḫi-im* (Gen) 6335M *Ṣābiʾim* "Krieger".
	/hi/	*An-nu-ḫi-ta-la-*⌜*al*⌝ (F) 814M *ʾAnnu-hitalal* "ʾAnnu preise!".
	/ḥi/	*Ḫi-na-nu* 2281B *Ḥinnānu* (*ḥinn* "Gnade").
	/ʿi/	*Ḫi-iq-ba-an* 2260M *ʿIqbān* (*ʿiqb* "Schutz").
	/ġi/	*Zu-ḫi-ri* 6594M *Ṣuġīrī* "Mein Kleiner".
	/ṭa/	*Ṭà-ba* (F) 6151M *Ṭāba* "Gute".
	/da/	*Ia-ṭà-ḫu-um* 3567B *Yaydaʿum* (√ *ydʿ* "erkennen").
ḪU	/ḫu/	*A-ḫu-el* 259M *ʾAḫu-ʾel* "Bruder ist der Gott".
	/ʾu/	*Ṣa-bi-ḫu-um* 6336M *Ṣābiʾum* "Krieger.
	/ḥu/	*Ia-ḫu-un-*DINGIR 3267M *Yaḥunn-ʾel* "Gnädig gezeigt hat sich der Gott".
	/ʿu/	*Ia-di-ḫu-um* 3203B *Raydeʿum* (√ *ydʿ* "erkennen").
	/ġu/	*Ḫu-za-lum* 2364B *Ġuzālum* "Kleine Gazelle".
IB	/ib/	*Ki-ib-ri-*^{d}*da-gan* 4026M *Kibrī-dagan* "Meine Grösse ist Dagan".
	/ip/	*Ri-ip-i-*^{d}IM 5291M *Ripʾī-haddu* "Mein Heil ist Haddu".
ID	/id/	*Ḫi-mi-id-*^{d}*ìr-ra* 2279M *Ḥimid-ʾerra.*
	/it/	*Zi-it-ri-*^{d}IM 6545M *Sitrī-haddu* "Mein Schutz ist Haddu".
IG	/ik/	*Si-ik-ri-ḫa-da* 5522B *Ḏikrī-hadda* "Mein Gedenken ist Haddu"
	/iq/	*Ḫi-iq-ba-an* 2260M *ʿIqbān* (*ʿiqb* "Schutz").
IL	/il/	*[I-b]í-iš-ì-il* 2422I ...-*ʾil* "... der Gott".
IM	/im/	*Ia-aḫ-du-un-li-im* 2835M *Yaʿdun-lîm* "Wonnevoll gezeigt hat sich der Stamm".
IN	/in/	*Ia-an-ti-in-ḫa-mu* 2989M *Yantin-ʿammu* "Gegeben hat der Vatersbruder".
IR	/ir/	*Ir-pa-a-da* 3755A *ʾIrpaʾ-hadda* "Geheilt hat Haddu".
IŠ	/iš/	*Iš-ḫi-*^{d}IM 3797M,C *ʾIšʿī-haddu* "Meine Hilfe ist Haddu".
	/iś/	*Me-iš-li-mu-um* 4639B *Meślimum* (/ś/ < */š/) "Freundlichkeit".
IZ	/iz/	*Iz-za-an* 3840M *ʿIzzān.*
	/iś/	*Is-ma-aḫ-*DINGIR 3761B *ʾIśmaʿ-ʾel* (/ś/ < */š/) "Erhört hat der Gott".
	/iṣ/	*Ne-iz-bi-il* 5023D *Neṣbī-ʾil* (/ṣ/ < */ṣ/) "Meine Stütze ist der Gott". *Be-lí-nu-iz-ri* (F) 1195M *Bēlī-nuṣrī* (/ṣ/ < */ẓ/) "Mein Herr ist mein Schutz". *Ia-am-ru-iṣ-*DINGIR 2954M *Yamruṣ-ʾel* (/ṣ/ < */ḍ/) "Gesorgt hat sich der Gott".
	/iḏ/	*Ii-iz-kur-*DINGIR 3671B *Yiḏkur-ʾel* "Sich erinnert hat der Gott".
KA	/ka/	*Ka-zu-ra-*DINGIR 4006M *Ka-ṣūra-ʾel* "Wie ein Fels ist der Gott".
	/qa/	*Ka-di-šum* 3952M *Qadiśum. Ka-ni-ia-nu* 3980M *Qāniyānu.*
KAB	/kab/	*I-la-kab-ka-bu-ú* 2534M *ʾIla-kabkabuhu*? "Der Gott ist sein(?) Stern".
KI	/ki/	*Ki-mi-il-ki-el* 4073B *Kī-milki-ʾel* "Wirklich mein Rat ist der Gott".

KI /qi/ *Ia-ki-ra-a-bu-um* 3288M *Yayqir=abum* "Kostbar gezeigt hat sich der Vater".
/gi/ *Na-ki-ḫu-um* 4988B *Nāgihum*, *Na-ki-ḫi-im* (Gen) 4987B *Nāgihim*. *Ia-ki-id-li-im* ARM 23, 24: 2M *Yagīd-lîm* "Gut gezeigt hat sich der Stamm".
KU /ku/ *Ia-ku-na-an* 3306M *Iakūnān*.
/qu/ *Ia-aḫ-ku-ub*-DINGIR 2844M,C *Yaᶜqub-ᵓel* "Geschützt hat der Gott".
KUM /qum/ *A-kum-la-i-la* 352M *Yaqūm-la-ᵓila* "Erhoben hat sich wahrlich der Gott" (oder *A-kùn* /*Yakūn*/?).
/kun/ *Ia-kùn-ḫa-ra-ri* 3543B *Yakūn-...* (Vgl. *Ia-ku-un-ḫa-ra-ar* 3333B und *Ia-ku-u[n-ḫa-]ra-ri* (Gen) 3334B). *A-kùn-la-i-la* 352M *Yakūn-la-ᵓila* "Wahrlich zuverlässig gezeigt hat sich der Gott" (oder *A-kum* /*Yaqūm*/?).
KUR /kur/ *Aš-kur-e-da* 949A *ᵓAśkur-yidda*.
LA /la/ *La-aḫ-wi-ba-aḫ-lu* 4218M *Laḥwī-baᶜlu* "Lebendig zeigen möge sich der Herr".
LÀL /lal/ *It-làl-èr-ra* M.A.R.I. 5 S. 677aM *Hitlal-erra* "Preise den Erra!".
LAM /lam/ *Ia-áš-lam*-DINGIR 3104M *Yaślam-ᵓel* "Freundlich gezeigt hat sich der Gott".
LI /le/ *Mi-il-ki-li-el* 4688B,M *Milkī-lêl* "Mein Rat ist wahrlich der Gott".
LIM /lim/ *A-bu-ḫa-lim* (Gen) 154M *ᵓAbu-ḫālim* "Vater ist der Mutterbruder".
LU /lu/ *Ḫa-lu-ra-pi* 2106M *Ḫālu-rāpiᵓ* "Der Mutterbruder ist heilend".
LUM /lum/ *A-bu-ḫa-lum* 155B,M *ᵓAbu-ḫālum* (Gen) 155B,M "Vater ist der Mutterbruder".
/num/ *A-ku-núm* 347B *Yakūnum* (√ *kwn* "fest sein").
MA /ma/ *Ma-lik-su-mu-ú* 4486M *Mālik-śumuhu*? "Ratend ist sein(?) Name".
MÁ /ma/ *Ni-iq-má-a-du* 5044B *Niqm=addu* "Vergeltung ist Haddu".
MAḪ /mah/ *Maḫ-li-lum* RA 72, 147 Nr. 46: 4M *Mahlilum* "Preis".
MAR /mar/ *Ta-aḫ-ta-mar* 5970M *Taᵓtamar* "Sie (die Göttin) ist erschienen".
MAŠ /maś/ *Zi-im-ri-sa-maš* 6518A *D̲imrī-śamaś* "Mein Schutz ist Śamaś".
ME /me/ *Me-bi-ḫu-um* 4492M *Mēpiᶜum* "Herrlichkeit".
MI /mi/ *Mi-il-ki-la-el* 4686D *Milkī-la-ᵓel* "Mein Rat ist wahrlich der Gott".
MU /mu/ *Mu-tu-e-ra-aḫ* 4812B *Mutu-yiraḫ* "Mann des Yiraḫ".
MUŠ /ṣir/ *Ia-di-na-ṣir* 3207B *Yaydeᶜ-nāṣir* (/ṣ/ < */ẓ/) "Erkannt hat der Beschützende".
NA /na/ *Na-tu-nu-um* 5014B *Natūnum* "Gegeben".
NE /ne/ *Ḫi-in-ne*-DINGIR 2259M *Ḥinnêl* "Meine Gnade ist der Gott".
/pi/ *I-da-bí*-DINGIR 2424I *ᵓĪdaᶜ-pī-ᵓel* "Erkannt hat der Spruch des Gottes".
/pil/ *Bil-za-nu-um* 1291B? *Pilsānum* (*pils* "Blick").

NI	/ni/	*Ḫa-na-ni-im* (Gen) 2172B *Ḥananim* (√ *ḥnn* "gnädig sein").
	/li/	*Ḫa-lí-ia* 2091C *Ḫālīya*. MI-*lí*-^{d}*ḫa-na-at* 4716M *Ṣillī-ʿanat* "Mein Schutz ist ʿAnat".
NIM	/nim/	*A-ma-na-nim* (Gen) 401B *ʾAmanānim*.
NU	/nu/	*Ia-an-ti-nu* 2996M *Yantinu*.
PA	/pa/	*Ia-ar-pa-*^{d}IM 3077M *Yarpaʾ-haddu* "Geheilt hat Haddu".
	/ba/	*Ta-pa-aš-šu-ra* 6033A *Ṭāba-ʾaššura* "Gut ist Aššur".
PI	/pi/	*Ḫa-am-mu-um-ra-pi* 1923M *ʿAmmum-rāpiʾ* "Der Vatersbruder ist heilend".
QA	/qa/	*Ia-qa-rum* 3414M *Yaqarum* "Kostbar".
QAR	/qar/	*Qar-ni-li-im* 5218M *Qarnī-lîm* "Meine Stärke ist der Stamm".
	/kar/	*I-la-sa-qar* ARM 23, 427 iv 32M *ʾIla-sakkār* "Der Gott ist Belohner".
RA	/ra/	*Ḫa-am-mu-ra-bi* 1911B,M,A *ʿAmmu-rāpiʾ* "Der Vatersbruder ist heilend".
RI	/ri/	*Ri-ip-i-*^{d}*da-gan* 5290M *Ripʾī-dagan* "Mein Heil ist Dagan".
RU	/ru/	*A-ta-am-ru-um* 539M *ʾAtamrum* "Angesehen".
SA	/śa/	*Sa-ka-nu-um* 5395B *Śakanum* (/ś/ < */š/). *Sa-am-a-al* 5320M *Śamʾāl* (/ś/ < */ś/) "Norden".
	/ḏa/	*I-zi-sa-ri-e* 2667B *ʾIṣī-ḏāriyī* "Erschienen ist mein Erzeuger".
	/za/	*A-sa-li-ia* 516B *Ġazālīya* "Kleine Gazelle".
SAG	/śag/	*Sag-ga-ra-tim*^{ki} (ON, Gen) 5513M *Śaggarātim*.
SAR	/śar/	*Ḫa-mu-ja-šar* 2149M *ʿAmmu-yaśar* "Der Vatersbruder ist gerecht" (/ś/ < */š/).
SI	/śi/	*Si-ma-i-la* 5544M *Śimaʿ-ʾila* "Höre, o Gott!" (/ś/ < */š/) . *Ia-si-im-ḫa-am-mu* 3462M *Yaśīm-ʿammu* "Hingesetzt hat der Vatersbruder" (/ś/ < */ś/).
	/si/	*Si-it-ri-*^{d}IM 5534B *Sitrī-haddu* "Mein Schutz ist Haddu".
	/ši/	*Si-iq-la-nu-um* 5532D *Šiqlānum*.
	/ḏi/	*La-aḫ-si-ru-um* 4213B *Laʿḏirum* (√ *ʿḏr* "helfen").
SU	/śu/	*Su-la-mu-um* 5572B *Śulāmum* (/ś/ < */š/).
	/ḏu/	*Su-ba-bu-um* 5561D *Ḏubābum* "Kleine Fliege".
ṢI	/ṣi/	*Ṣi-id-ga-nu-um* 5756B *Ṣidqānum* (/ṣ/ < */ṣ/). *Ia-ṣi-*DINGIR 3484B *Yayṣi-ʾel* "Erschienen ist der Gott" (/ṣ/ < */ḍ/). *Ṭà-ab-ṣi-lu-ú* 6150B *Ṭāb-ṣilluhu*? "Gut ist sein(?) Schutz" (/ṣ/ < */ẓ/).
	/ḏi/?	*Ḫa-li-a-ṣi-rum* 2059unpublished *Ḫālī-ʿāḏirum*? "Mein Mutterbruder ist helfend(?)".
ŠA	/ša/	*Ša-bi-*DINGIR 5779M,C *Šāb=el* "Sich zuwendend ist der Gott".
	/śa/	*I-lu-um-ša-al-ma* 2566M *ʾIlum-śalma* (/ś/ < */š/) "Der Gott ist freundlich".
ŠE	/śi/	*Ia-še-re-da* 3488A *Yayśir=idda* "Gerecht gezeigt hat sich Haddu" (/ś/ < */š/).

ŠÈ /*ḫun*/ *ᵈAd-mu-ta-ḫun-na-an* (F) 672M *ʾAdmu-taḥunnān* "ʾAdmu hat sich gnädig gezeigt".

ŠI /*ši*/ *Ši-iq-la-nu-um* 5882D *Šiqlānum*.

/*śi*/ *Na-ap-ši-a-du* 4927A *Napśī-haddu* "Mein Leben ist Haddu" (/*ś*/ < */*š*/). *Ia-ši-im-ᵈda-gan* 3491M *Yaśīm-dagan* "Hingesetzt hat Dagan" (/*ś*/ < */*ś*/).

/*ḏi*/ *Ši-im-ra-al-la* 5872A *Ḏimr=alla* "Schutz ist ʾAlla".

ŠIR /*śir*/ *Ia-šir-ti-im* (M, Gen) 3495B *Yayśirtim* (/*ś*/ < */*š*/).

ŠU /*šu*/ *Šu-ub-ᵈi-la* 5956M *Šūb-ʾila* "Wende dich zu, o Gott!".

/*śu*/ *Šu-mi-ri-pa* 5936Aspät *Śumi-ripa* "Nachkomme des Heils" (/*ś*/ < */*š*/).

TA /*ta*/ *Ia-ta-ru-um* 3531B *Yatarum* "Hervorragend".

/*ṭa*/ *Ta-a-ba* (F) 5964M *Ṭāba* "Gute".

/*da*/ *Ši-ip-ti-an-ta* 5878Aspät *Šipṭī-handa* "Mein Recht ist Haddu".

TAB /*tap*/ *Ia-tap-ḫa-tum* (F) ARM 22, 44 ii 2; 55 ii 15'M *Yatapᶜatum* "Der aufgestrahlt ist".

TAG /*śum*/ *Me-bi-šum* 4594M *Mēbiśum*.

TAR /*tar*/ *A-bi-e-tar* 76B *ʾAbī-yitar* "Mein Vater ist hervorragend".

TE /*te*/ *Ia-te-ir-e-da* 3549A *Yayter-yidda* "Hervorragend gezeigt hat sich Haddu".

/*di*/ *Am-mi-te-ta-na* 751B *ᶜAmmī-ditāna* "Mein Vatersbruder ist Ditāna".

TI /*ti*/ *Ia-ti-ra-mu* 3558Aspät *Yaytir=ammu* "Hervorragend gezeigt hat sich der Vatersbruder".

/*de*/ *E-ti-um* 1645I *Yīdeᶜum* (√ *ydᶜ* "erkennen").

/*ṭi*/ *Pa-ti-rum* 5162M *Pāṭirum*. *Ši-ip-ti-an-ta* 578Aspät *Šipṭī-handa* "Mein Recht ist Haddu".

/*ḏi*/? *Ti?-im-ri-ḫa-am-mu* ARM 10, 35: 12 (vgl. ARM 16/1, 204) M *Ḏimrī?-ᶜammu* "Mein Schutz(?) ist der Vatersbruder".

TU /*tu*/ *Bu-nu-taḫ-tu-un-i-la* 1344B *Bunu-taḥtun-ʾila*.

TUM /*tum*/ *Ba-aḫ-la-tum* (F) 1012M *Baᶜlatum*.

/*dum*/ *A-di-dum* 189D *Yadīdum* "Liebling".

UB /*ub*/ *Šu-ub-ᵈi-la* 5956M *Šūb-ʾila* "Wende dich zu, o Gott!".

/*up*/ *Nu-du-ub-tum* (F) 5072B *Nuṭuptum* "Staktetropfen".

UD /*ud*/ *An-nu-ku-ud-mi* 820M *ʾAnnu-qudmī* "ʾAnnu ist meine Vorderseite (= Schutz)".

/*ut*/ *Mu-ut-sa-lim* 4877M *Mut-śalim* "Mann des Freudlichen".

/*uṭ*/ *An-nu-pu-uṭ-ri* (F) 829M *ʾAnnu-puṭrī* "ʾAnnu ist meine Erlösung".

/*tam*/ *A-tam-ra* (F) 545M *ʾAtamra*.

UG /*uk*/ [Z]*u-uk-ra*-$EŠ_4$-DAR 6640M *Ḏukr=aštar* "Gedenke, o ᶜAštar!".

/*uq*/ *Ia-aš-du-uq*-DINGIR 3087B *Yaṣduq-ʾel* "Gerecht gezeigt hat sich der Gott".

ÚḪ /uʿ/ *Ba-li-pu-úḫ* 1112B *Baʿlîpuʿ* "Mein Herr ist aufgestrahlt".

UL /ul/ *Pu-ul-si-e-ra-aḫ* 5176B *Pulśī-yiraḫ* "Mein Blick ist Yiraḫ".

UM /um/ *Su-um-na-ia-tar* 5753M *Śum-na-yatar* "Fürwahr Nachkomme des Hervorragenden".

UN /un/ *Ì-lí-na-tu-un* 2756M.

UR /ur/ *Ia-mu-ur-ad-du* 3361M *Yaʾmur-haddu* "Angesehen hat Haddu".

/lik/ *A-am-lik-*DINGIR 25D *Yamlik-ʾel* "Geraten hat der Gott".

/taś/ *An-nu-taš-ma-aḫ* (F) ARM 21, 403 x 8M *ʾAnnu-taśmaʿ* "ʾAnnu hat erhört".

/taš/ *Ia-taš-ḫa* (F) ARM 22, 171 r. 12'M *Yataš̌ʿa* "Geholfen".

ÚR /ur/ *Ḫa-am-mi-du-šu-úr* 1891B *ʿAmmī-dušur*.

URU /ri/ *Šu-mu-na-ʾà?-rí* Tuttul *Śumu-nahari*? "Nachkomme des Fluss(gott)es(?)".

UŠ /uś/ *I-din-^{d}ru-uš-pa-an* 2463Ḫana *ʾIddin-ruśpān* (/ś/ < */š/) "Gegeben hat Ruśpān".

UZ /uz/ *Ḫu-uz-za-am* (Akk) 2355M *ʿUzzam* "Stärke".

/uṣ/ *Ia-am-ru-uṣ-*DINGIR 2955B *Yamruṣ-ʾel* "Gesorgt hat sich der Gott" (/ṣ/ < */ḍ/). *Ba-áš-ti-nu-uz-ri* (F) *Bāštī-nuṣrī* (/ṣ/ < */ẓ/) "Mein Schutzgeist ist mein Schutz".

ZA /za/ *Iz-za-an* 3840M *ʿIzzān* (*ʿizz* "Stärke").

/sa/ *Pu-ul-za-an* 5177M *Pulsān* (*puls* "Blick").

/śa/ *Na-ap-za-nu-um* 4929B *Napśānum* (*napś* "Leben", /ś/ < */š/).

/ṣa/ *Am-mi-za-du-ga* 753B *ʿAmmī-ṣaduqa* "Mein Vatersbruder ist gerecht" (/ṣ/ < */ṣ/). *Ma-ar-za-ia* (F) 4432M *Marṣāya* (/ṣ/ < */ḍ/).

/ḏa/ *Za-ki-ru-um* 6373M *Ḏākirum* (√ *ḏkr* "sich erinnern").

ZI /zi/ *Ḫu-iz-zi* (F) 2301M *ʿUzzī* "Meine Stärke".

/si/ *Zi-it-ri-^{d}*IM 6545M *Sitrī-haddu* "Mein Schutz ist Haddu".

/ṣi/ *Zi-id-ki-e-tar* 6455M *Ṣidqī-yitar* "Meine Gerechtigkeit ist hervorragend" (/ṣ/ < */ṣ/). *Bi-ni-ma-ra-zi* (F) 1279M *Bini-maraṣi* "Sohn des sich Sorgenden" (/ṣ/ < */ḍ/). *Zi-il-la-ad-du* 6482A *Ṣill=addu* "Schutz ist Haddu" (/ṣ/ < */ẓ/).

/ḏi/ *Zi-im-ri-li-im* 6513M *Ḏimrī-lim* "Mein Schutz ist der Stamm".

ZU /zu/ *Ḫa-az-zu* 1987C *ʿAzzu* "Stark".

/su/ *Pa-al-zu-um* 5122B *Palsum* "Angeblickt".

/ṣu/ *Zu-ri-^{d}da-gan* 6620M *Ṣūrī-dagan* "Mein Fels ist Dagan" (/ṣ/ < */ẓ/).

/ḏu/ *Zu-ba-bu-um* 6577B *Ḏubābum* "Kleine Fliege".

ZUM /zum/ *A-za-zum* 585I *ʿAzazum* "Stark".

/śum/ *Na-ap-zum* 4930D *Napśum* "Leben" (/ś/ < */š/).

/ṣum/ *Ma-ra-zum* 4537I,B *Maraṣum* (√ *mrṣ* "krank, sorgenvoll sein", /ṣ/ < */ḍ/).

ZUR /ṣur/ *Ia-zur-^{d}da-gan* ARM 23, 412: 7M *Yaṣṣur-dagan* "Beschützt hat Dagan" (/ṣ/ < */ẓ/).

4.3. Konsonantenlänge

§ **2.96.** Der Ausdruck von Konsonantenlänge durch graphische Konsonantenverdoppelung ist fakultativ:

* *An-na-ab-nu-um* 790B : *A-na-ab-nu-um* 457B *Ḫanna-ʾabnum* "Gnädig ist der Stein".[1]
* *Ia-ri-im-ḫa-am-mu* 3436M : *Ia-ri-im-ḫa-mu* 3437M *Yarīm-ʿammu* "Erhaben gezeigt hat sich der Vatersbruder".
* *Sa-am-si-ia-ad-du* 5341M : *Sa-am-si-a-du* 5332M *Śamśī-y/haddu* "Meine Sonne ist Haddu".

Bei manchen Namenselementen wird Konsonantenlänge häufig bis ganz überwiegend nicht graphisch bezeichnet, wie die folgende Statistik zeigt:

Element	Belege gesamt	Einfachschreibung	Doppelschreibung
Haddu/i/a[2]	90	80	10
Śaggarātu/im[3]	116	114	2
ʿammu[4]	211	70	141
yaśśiʾ (√ *nśʾ*)[5]	7	13	4
yattin (√ *ntn*)[6]	8	4	4

Anm.: **1.** Zu *ʾabnu* "Stein" s. Astour 1967, 227: "Quite probably = «(divinized) stone,» cf. the Ugaritic names *Bn-Abn*, «son of the stone,» *Hyabn* «she is the stone,» *bt abn*, «daughter of the stone,» epithet of a goddess ..."; Sommerfeld 1984, 446: "Abnum ist nur wenige Male bezeugt; diese - vielleicht amurritische - Gottheit tritt sonst ausschliesslich als theophores Element von Eigennamen auf ... Charakter und Funktion des Gottes bleiben trotz der vermutlichen Etymologie «Stein» weitgehend im dunkeln".

Möglicherweise steht "Stein" für das Steinidol, die Betyla, welche in Mari kultische Verehrung geniesst; vgl. Durand 1985, 83: "On voit donc que le *sikkanum* représente de façon explicite une pierre de haute taille qui, non seulement, est susceptible de recevoir un culte, mais aussi se réfère à une divinité précise. Pour l'heure sont mentionnés Eštar, Dagan et Addum"; Stol 1991, 203: "The god «stone» (*Abnum*) in names like *Warad-Abnum* could be a «betyla» (*sikkannum*)". Für die Bedeutung von Steinidolen in der semitischen Religion s. Smith 1899, 161: "Es scheint demnach, dass die Wahl eines Steinpfeilers oder eines Steinhaufens als primitiven Idols durch keinerlei weitere Erwägungen bestimmt wurde als nur durch die Zweckmässigkeit für cultische Bräuche. Der Stein oder Steinhaufen war ein bequemes Merkzeichen der eigentlichen Opferstätte ...". Vgl. auch Wellhausen 1897, 101-103, für die Steinverehrung der Araber.

Denkbar ist aber ebenso eine abstraktere Verwendung von "Stein" im Sinne von amurritisch *ṣūru* und *qatru* sowie akkadisch *kāpu*, alle "Fels", als Symbol für die Schutzfunktion Gottes (vgl. Fowler 1988, 287 "protection").

Für die Verwendung in semitischen Onomastika s.: Ugaritisch: Gröndahl 1967, 86 und 88, lässt für BN aBN die Entscheidung zwischen "Sohn unseres Vaters" und "Sohn des Steines" offen. iLaBN deutet sie als "El ist unser Vater", HYaBN "Sie ist unser Vater" (S. 87). Cooper/Pope 1981, 336, buchen dagegen den Gottesnamen aBN in den Namen BN aBN und

HYaBN. Watson 1990, 116: "*ilabn*, «Ilu is a stone» ... should be added to the list of names with *abn* collected by Xella". Ib. 118: "*hyabn*, «She is a stone»". Phönizisch: "si propone dunque di interpretare ʾBNŠMŠ e ʾBNBᶜL come teofori contenenti l'elemento ʾBN, «pietra», forse dunque «betilo» ... la divinità in questione si manifesta e risiede nella pietra sacra" Xella 1989, 391; anders jedoch z. B. Stamm 1980, 89[36]: "Schemesch/Baᶜal ist unser Vater". Westsemitisch: *Ab-na-ʾ*, *Ab-ni-i*, *Ab-na-nu* Zadok 1978, 112. Palmyrenisch: ʾBNʾ Stark 1971, 64, dazu?

2. S. Gelb 1980, 243-247. Die weitaus meisten Belege für syllabisches *Haddu* stammen aus Alalaḫ. Lässt man diese Belege fort, ergibt sich ein Verhältnis von 17 Einfach- gegenüber 7 Doppelschreibungen.

3. S. ARM 16/1, 29. Dass langer Konsonant vorliegt, ergibt sich auch aus der Geminatendissimilation (s. § 2.98).

4. Gelb 1980, 260-264.

5. Schon Bauer 1926, 78f., sieht in Namen wie *Ia-si*-DINGIR "vielleicht" √ *nśʾ* "tragen, erheben". Goetze 1959, 196[2], stellt die Namen mit Element *Ia-(áš)-si-* ebenfalls zu √ *nśʾ*. Huffmon 1965, 239f.: NSʾ, "raise, lift up (oneself)"; Huffmon lässt allerdings offen, ob in Namen wie *Ia-áš-si-*^{d}*da-gan* "G ... or causative impf." vorliegt. Buccellati 1966, 153, übersetzt *Ià-ši-li-im* "Lim raises". Gelb 1980, 27, bucht den Grundstamm *yaśśiʾ* "to carry, to raise". Fowler 1988, 203, versteht √ *nśʾ* im reflexivem Sinn als "sich erheben". Vgl. akkadisch *našû* II "heben, tragen" AHw. 762ff., hebräisch *nśʾ* "heben" HAL III 683ff., äthiopisch *naśʾa* "take" CDG 404. In Personennamen: Ebla: √ *nśʾ* Krebernik 1988, 58, unsicher. Akkadisch: nur mit Objekt *īnu* "Auge" und *rēšu* "Kopf", s. Stamm 1939, 358. Emar: *Ia-an-ša* Arnaud 1991, 41, unsicher. Westsemitisch: Zadok 1978, 88: *Na-ta*$_{5}$*-e-el*, unsicher. Als Argument für √ *nśʾ* lassen sich auch die Formen *nāśiʾ*, *naśʾatu* und *naśūʾu* nennen.

Alternativ könnte das Element *Ia-(áš-)si-* auch von einem dem akkadischen *šasû* "schreien, rufen" etymologisch entsprechenden Verbum abgeleitet werden. Dagegen spricht jedoch zweierlei: a) *šasû* ist nur akkadisch belegt. b) Im akkadischen Onomastikon tritt als Subjekt zu *šasû* nur der Beter, nie Gott auf, s. CAD Š/II 157 *šasû* 4b3'.

6. Gelb 1980, 336.

§ 2.97. Tritt an ein Namenselement ein Suffix oder ein weiteres Namenselement, lässt sich bisweilen nur geschriebene, nicht phonologisch motivierte Konsonantenlänge beobachten. Derartige Graphien sind als gemischt morphographemisch-phonetisch zu klassifizieren (vgl. § 2.20).[1] Bei Antritt eines Suffixes:[2]

* *Ia-si-it-ta-an* 3472M *Yaśītān* : *Ia-si-ta-an* 3479M (√ *śyt* "aufrichten, stützen").
* *Ia-aḫ-gu-un-nu-um* 2839B : *Ia-aḫ-gu-nu-um* 2836B.
* *Um-mi-ja-qar-ra* (F) ARM 21, 232: 10; 408: 8M *ʾUmmī-yaqara* "Meine Mutter ist kostbar". *Ia-tar-rum* 3545B *Yatarum*. *Mu-tu-aš-kur-ra* ARM 26/2, 494: 26, 28M *Mutu-ʾáśkura* "Mann des ʾAśkur".

Bei Antritt eines weiteren Namenselementes:

* *I-zi-iz-za-ri-e* 2660B : *I-zi-za-ri-e* 2678B,M *ʾIṣī-ḏāriyī* "Erschienen ist mein Erzeuger".
* *I-ia-am-ru-uṣ-zi-i-lu-um* 2494B *Yamruṣ=ilum* "Gesorgt hat sich der Gott".

Anm.: **1.** S. für diese Graphien im Akkadischen GAG^3 § 20g* mit früherer Literatur und vgl. den Kommentar dazu bei Streck 1998a, 311.

2. Bei den Suffixen handelt es sich um Kasusendungen oder um /*ān*/.

§ **2.98.** Anstelle von Konsonantenlänge begegnet bisweilen Nasalierung (sogenannte Geminatendissimilation, vgl. GAG^3 § 32b mit Nachtrag):

* *Sag-ga-ru-um* (ON) 5515B *Śaggarum* : *Sa-an-ga-ru-um* (ON) 5362B *Śangarum* "Ğabal Sinğār".
* *Sag-ga-ra-tim* (ON, Gen) 5514M *Śaggarātim* : *Sa-an-ga-ra-tim*^{ki} (ON, Gen) 5361M *Śangarātim*.

Der Wettergott Haddu wird vor allem in Alalaḫ, Alalaḫ-spät und in Mari (vor allem in Namen von Personen aus der westlichen Peripherie wie Yamḫad [Aleppo] und Qaṭna [nordöstlich von Ḥoms]) *an-du*, *ia-an-du*, *an-da*, *an-ta*, *ia-an-ta* und *ḫa-an-du/-da* geschrieben; s. die Belege bei Gelb 1980, 247f. s. v. HND. Nasalierte und nicht nasalierte Formen können beim Namen ein- und derselben Person wechseln:

* *Ḫa-ad-ri-ia-an-du* ARM 22, 167: 13; ARM 23, 450: 14; ARM 23, 449: 13M. *Ad-ri-ia-an-du* ARM 23, 448: 14; ARM 23, 451: 15M : *Ad-ri-ia-du* ARM 22, 327: 14M.

Weitere Belege:

* *Ḫa-ab-di-ia-an-du* 1831M *ʿAbdi-yandu* : *Ab-di-ia-du* 621M *ʿAbdi-yaddu* "Diener des Haddu".
* *Ši-ip-ti-an-ta* 5878Aspät *Šipṭī-handa*, *Ši-ip-ti-*^{d}IM 5880Aspät *Šipṭī-hadda* "Mein Recht ist Haddu".

4.4. Die Emphatica

§ **2.99.** Anders als im Altbabylonischen (GAG § 51e) sind im Amurritischen emphatische Konsonanten und /*q*/ in der Wurzel kompatibel:

* *Zi-id-qa-*^{d}IM 6461M. *Ṣidqa-haddu* "Gerechtigkeit ist Haddu".[1]
* *Zi-id-qa-an* 6460M *Ṣidqān* 6460M.

Anm.: **1.** Gelb 1958, 151 2.9.1., nennt auch die Wurzeln *qṭn*, *qṭr* und *qṣr*, doch ist ihr Ansatz unsicher. Keine orthographisch eindeutigen Formen bietet √ *mqṭ* (s. Gelb 1980, 324).

§ **2.100.** Zwei der von Bomhard 1988, 115f., genannten Argumente sprechen für postglottalisierte und gegen pharyngalisierte Artikulation der Emphatica im Amurritischen:

* "Pharyngealization is not incompatible with voicing, but glottalization is" (ib. 116). Die amurritischen Emphatica sind wie die akkadischen sehr wahrscheinlich stimmlos.
* "Pharyngealization is always accompanied by the backing of adjacent vowels" (ib. 116). Im Amurritischen lässt sich jedoch keine zum Velum verschobene Artikulation der Vokale in der Umgebung von Emphatica beobachten.

Andererseits gilt das Geers'sche Gesetz (Geers 1945), welches ein Argument für postglottalisierte Artikulation der Emphatica im Akkadischen ist (ib. 115f., GAG § 26*), im Amurritischen nicht (s. § 2.99).

5. /*b*/ und /*p*/

§ **2.101.** Für /*b*/ tritt gewöhnlich die B-Reihe ein; nur vereinzelt (Belege aus Babylonien, Mari und Alalaḫ) ist PA für /*ba*/ bezeugt:[1]

* *Ia-an-zi-pa-an* 3006M : *Ia-an-zi-ba-an* 2998M *Yanṣibān.*[2]
* *Su-pa-bu-um* 5740B, *Zu-pa-bu-um* 6629M (Sup) : *Su-ba-bu-um* 5561D *Ḏubābum* "Kleine Fliege".
* *Su-pa-bi-ia* 5739B : *Su-ba-bi-ia* 5560D *Ḏubābīya* "Kleines Flieglein".
* *Su-pa-ḫa-li* 5741A *Šūba-ḫālī* "Wende dich doch zu, mein Mutterbruder!".[3]
* *Ta-pa-aš-šu-ra* 6033A *Ṭāba-ʾaššura* "Gut ist Aššur".

Für /*p*/ ist sowohl die P- als auch die B-Reihe belegt.[4] Laut von Soden/Röllig 1991 Nr. 223 kommt PI für /*pi*/ in Südbabylonien und selten im Osttigrisland vor. In Personennamen wird jedoch auch dort archaisierend BI für /*pi*/ gebraucht:[5]

* Von 29 in UET 5 S. 48 aufgezählten Belegen aus Ur für das akkadische Personennamenelement *lipit*(-theophores Element) "Werk des (...)" sind 28 *li-bi-it* und nur ein einziger *li-pi-it* geschrieben. Alle 29 im Index von YOS 8 (Larsa) gebuchten Belege für *lipit* erscheinen als *li-bi-it.*
* Alle 19 Belege für das akkadische Element *ipiq* "Gnade" aus dem Index von UET 5 (Ur) erscheinen als *i-bi-iq.*

Dies erklärt, warum der Name des babylonischen Königs meist als *Ḫa-am-mu-ra-bi* erscheint, obwohl er zweifellos als *ʿAmmu-rāpiʾ* "Der Vatersbruder ist heilend" zu interpretieren ist (s. Streck 1999a).

Anm.: **1.** PA für */ba/* ist nach von Soden/Röllig 1991 Nr. 153 in Alalaḫ-spät belegt. Nach Nr. 223 ist PI für */bi/* selten. BÍ (= NE) für */bi/* kommt in amurritischen Personennamen in Ur III und Isin vor.

2. Bauer 1926, 79, Huffmon 1965, 241 (fragend), und Gelb 1980, 27, analysieren *ia-an-zi-ib-* wegen des Fehlens von hebräisch Qal als H-Stamm. Doch zeigt die sonstige semitische Evidenz die Existenz auch eines G-Stamms mit der Bedeutung "aufrichten". Trotz des Wurzelvokals */i/* (*/u/* dagegen syrisch, arabisch; akkadisch *ittaṣab* weist auf *a/u-* oder *a*-Klasse) analysiere ich *yanṣib* wegen der eindeutig zum G-Stamm gehörigen nominalen Formen *niṣbu*, *naṣbu*, *nuṣābu* ebenfalls als G-Stamm. √ *nṣb* gehört zu den zahlreichen onomastisch belegten Wurzeln mit Grundbedeutung "setzen, stellen, legen", die im Sinne von Stütze und Hilfe zu verstehen sind. In diesem Sinne ist √ *nṣb* auch in anderen semitischen Onomastika bezeugt: Ugaritisch: Gröndahl 1967, 169, leitet "bin-ia-ṣu-ba" und YṢB von NṢB "stehen, aufstellen" ab. Watson 1979 stellt diese Namen dagegen zu akkadisch *naṣābu* I "(ein)saugen" (AHw. 755). Phönizisch: ᶜŠTRTṢB "May ᶜAštart Establish" Benz 1972, 397. Westsemitisch: Element *-na-ṣab/-ṣa-bi* Zadok 1978, 83, z. B. ᵈ*Tam-meš-na-ṣab-bi* "The Sun-god has placed, set up" ib. 397. *Na-ṣib/ṣi-bi*-DINGIR "Placed, set up by ʾil/god" ib. 109. *Ma-ṣi-bi* ib. 140. Thamudisch: NṢBL Harding 1971, 590.

3. Vgl. den hebräischen Namen YŠWB I "(Gott) wende sich zu" oder "er (d. Verstorbene) ist wiedergekehrt" HAL II 425. Aramäisch: ŠBʾL "ʾl ist zurückgekehrt" Maraqten 1988, 215. ŠBʾ "(GN) ist zurückgekehrt" ib. 215. Sabäisch ṮBʾL "Gott ist zurückgekehrt" Tairan 1992, 90. Semantisch entsprechen auch die akkadischen *târu*-Namen. Es handelt sich nicht um Ersatznamen, da als Subjekte nicht nur Verwandtschaftsbezeichnungen, sondern auch Götternamen auftreten.

4. BA für */pa/* ist nach von Soden/Röllig Nr. 4 in Randgebieten passim, sonst nur selten bezeugt.

5. S. dazu Streck 1999a, 658f.

6. */m/*

§ **2.102.** */m/* assimiliert sich fakultativ an einen folgenden Konsonanten:

* *Ḫa-mu-úr-ra-bi* 2164B *ᶜAmmu-r-rāpiʾ* : *Ḫa-mu-um-ra-bi* 2163B *ᶜAmmum-rāpiʾ* "Der Vatersbruder ist heilend".

* *Ia-ki-a-bu* ARM 25, 10 r. 7M : *Ia-ki-im-a-bu* ARM 25, 8: 10M (selbe Person?) *Yaqqim-ʾabu* "Gerächt hat der Vater".

§ **2.103.** Das Präfix */ma/* bleibt anders als im Akkadischen (s. GAG § 31b) auch bei labialhaltiger Wurzel erhalten:[1]

* *Ma-az-ma-ru-um* 4448D,M *Maḏmarum* "Schutz".

* *Maš-pa-ru-um* 4590B *Maśparum* "Sendung".

* *Ma-aš-mi-a-na-am* (Akk, ON) 4439M *Maśmiᶜānam* "Erhörung".

* *Mar-da-bu-um* 4585U,B.

* *Ma-aḫ-ši-ma-nu-um* 4416B.

Anm.: **1.** Vgl. denselben Befund in den Lehnwörtern § 1.104.

7. /ḏ/

7.1. Z- und D-Graphien

§ **2.104.** /ḏ/ wird ganz überwiegend durch Zeichen der Z-Reihe wiedergegeben; eine gesonderte Dokumentation ist entbehrlich. Rarer sind D-Graphien.[1] In den folgenden Beispielen wechseln teilweise Z- mit D-Schreibungen: √ *ḏkr*:[2]

* *Za-ki-ru-um* 6373M : *Da-ki-ru-um* 1459B, *Da-ki-rum* 1460B *Ḏākirum*.
* *Ii-iz-kur*-DINGIR 3671D : *Ia-ad-kur*-DINGIR 2820B, *A-ad-ku-ur*-DINGIR 14D, *A-ad-kur*-DINGIR 15B, *Ia-ad-gur*-DINGIR 2818B, *Ia-ad-ku*?-*ur*?-DINGIR 2819B *Yaḏkur-ʾel* "Sich erinnert hat der Gott".

√ *ḏbb*:

* *Zu-ba-bu-um* 6577B : *Du-ba-bu-um* 1570B, *Du-ba-bu* 1569B *Ḏubābum* "Kleine Fliege".
* *Du-ba-ba-tum* (F) 1568B *Ḏubābatum* "Kleines Fliegenweibchen".

√ *ḏry*:[3]

* *I-zi-za-ri-e* 2660B : *I-ṣi-da-ri-e* 2603B, *I-zi-da-ri-e* 2644B *I-ṣi-da-ri-e*^{ki} (ON) 2604B, *I-ṣi-da-ri-i*^{ki} (ON) 2605B, *I-zi-da-ri* 2643B *ʾIṣī-ḏārīyī* "Erschienen ist mein Erzeuger".

√ *ḏrʿ*:

* *Da-ra-um* 1478U.

√ *ḏmr*:[4]

* *Da-me-ru-um* 1468B, *Da-mi-ru-um* 1469I, *Da-me-ri-im* (Gen) 1467D *Ḏāmeru/im*.

√ *ḏqn*:

* *Da-aq-ni-tum* (F) 1402M *Ḏaqnītum* "Bärtige". *Da-qa-ni-ia* UCP 10/1, 22 Siegel B "Bärtiger".

√ *ᶜḏr*:[5]

* *A-za-ru-um* 581B : *A-da-ru-um* (F) 179M *ᶜAḏarum*.
* *Ḫa-az-ra-an* 1983M : *Ad-ra-nu-um* 676I,B *ᶜAḏrān*(*um*).
* *Ḫa-az-ri-a-mi-im* (Gen) 1985M *ᶜAḏrī-*... "Meine Hilfe ist Amu" : *Ḫa-ad-ri-ia-an-du* 1876M, *Ad-ri-a-du* 677A, *Ad-ri-ia-du* 681M, *Ad-ri-ia-an-du* 680M *ᶜAḏrī-yandu* u. ä. "Meine Hilfe ist Haddu", *Ad-ri-e-ḫa-ad* 678M *ᶜAḏrī-yiḥad* "Meine Hilfe ist einzigartig", *Ad-ri-ḫa-tum* 679B, *A-bi-ad-ri* 61Aspät *ʾAbī-ᶜaḏrī* "Mein Vater ist meine Hilfe", *Ḫa-ab-du-ḫa-ad-ra* 184M *ᶜAbdu-ᶜaḏra* "Diener der Hilfe".

Anm.: **1.** Unsicher ist der folgende Beleg für eine T-Graphie von √ *ḏmr*: *Ti?-im-ri-ḫa-am-mu* ARM 10, 35: 12, s. ARM 16/1, 204M *Ḏimrī?-ᶜammu* "Mein Schutz(?) ist der Vatersbruder"; Verlesung für *Zi-*? Durand 1998, 642, liest TI dagegen *Dì-*. Ebenso unklar ist, ob im folgenden Namen eine Ṣ-Graphie für √ *ᶜḏr* vorkommt: *Ḫa-li-a-ṣi-rum* 2059unpublished *Ḫālī-ᶜāḏirum*? "Mein Mutterbruder ist helfend(?)".

2. Huffmon 1965, 187, "**ḏkr*, "remenber; mention, name". Gelb 1980, 18: *ḏkr* "to remember, to name"; *ḏikrum* "memory". Zur Wurzel im Semitischen s.: Akkadisch *zakāru* "aussprechen, nennen, reden, schwören" AHw. 1503ff.; hebräisch ZKR I "nennen; sich erinnern, gedenken" HAL I 258f.; äthiopisch: *zakara* "remember", $z^{e}kr$ "record, memorial, commemoration" CDG 636. Weite onomastische Verwendung: Ebla: Krebernik 1988, 62, s. v. S-G-L: "wohl zu ḏ-k-r «gedenken/nennen» ... Dazu vll. das nominale E ZI.KIR(.RA)"; akkadisch: AHw. 1503 *zakāru* G I 1dв4a z. B. GN-*zākir-šumi* "GN ist Namensnenner"; hebräisch: ZKRYH(W) "J. hat sich erinnert" HAL I 260f; aramäisch: ZKRʾL "ʾl hat (meiner) gedacht" Maraqten 1988, 161, ZKRYʾ "eingedenk war *Yʾ*" Kornfeld 1978, 49; sabäisch: YḎKRʾL "Gott gedenkt bzw. wird gedenken (etwa eines Opfers oder Weihegabe)" Tairan 1992, 241f., ʾSDḎKR "der Krieger (von Gott gesagt) gedachte" ib. 62f.

3. Vgl. akkadisch *zarû* II "worfeln, streuen" AHw. 1516, *zārû* "streuend, Worfler; Erzeuger", hebräisch ZRH "streuen, worfeln" HAL I 268f., äthiopisch *zarawa* "scatter" CDG 644. Davon zu trennen ist √ *ḏrᶜ/ʾ*; zu letzterer gehört das Namenselement *ia-az-ra-aḫ*.

4. Bauer 1926, 81: *zmr*, *zi-im-ri* "mein Schutz". Huffmon 1965, 187f. "protect" und "protection". Buccellati 1966, 139, zu *Da-mi-ru-um*: "<*ḏāmir-um*>, «protector»". Gelb 1980, 18: *ḏmr* "to guard, to protect", *ḏimrum* "protection". Vgl. hebräisch: ZMRH II "Stärke" HAL I 263. In Personennamen: Hebräisch: ZMYRH HAL I 262? ZMRY "J. hat geholfen" (oder "J. ist mein Schutz", "Hilfe J.s"?) HAL I 263. Sabäisch: Tairan 1992, 259, *ḏmr* 9x, z. B. ḎMRʾMR "der (mein) Beschützer (von Gott gesagt) hat ein Zeichen bzw. Orakel gegeben" oder "der (mein) Beschützer ... ist Zeichen bzw. Orakel" ib. 118f.

5. Bauer 1926, 74: *ḫzr* "helfen". Huffmon 1965, 193: *ᶜḏr* "help". Einen Teil der Namen nennt Huffmon S. 206f. unter $ḪTR^1$ *ḫatr-* "unexplained ... Among other possibilities note *ʾdr* «mighty; chief»" und $ḪTR^2$ *ḫatr-*"unknown divine name or theophorous element". Astour 1967, 228, zu *ḫatr-*: "probably to be read with a *ṭ*, cf Heb. *ᶜaṭārā*, Phoen. *ᶜṭr*, Akk. *eṭru*, «crown, diadem». Same explanation for HTR^2 ... : personified crown as symbol of (divine) kingship." Gelb 1980, 15: *ᶜḏr* "to help". In semitischen Personennamen: Ebla: Krebernik 1988, 64, s. v. SLʾ: $iš_{11}$*-rí-/ᶜiḏrī/* "meine Hilfe"? Nordwestsemitisch: *ᶜdr* Sivan 1984, 206. Amarna: *a-zi-ri/a/u* Hess 1993, 210. Ugaritisch: ᶜDR Gröndahl 1967, 107. YᶜḎR, YᶜḎRD, YᶜḎRN, BᶜLMᶜḎR, *a-zi-ru*, *a-zi-ra-nu* ib. 113. Phönizisch: *ᶜzr* Benz 1972, 375f. Hebräisch: ᶜZRYʾL u. ö. HAL III 767-9. Aramäisch: Element *ᶜzr* 8x Maraqten 1988, 227, z. B. ʾMᶜZR "(meine) Mutter ist Hilfe" ib. 133, NŠKᶜDRY "Nšk ist meine Hilfe" Kornfeld 1978, 63. Sabäisch: LᶜḎRʾL "für den Schutz Gottes" Tairan 1992, 189f. YᶜḎRʾL? ib. 248f.

7.2. S-Graphien

§ 2.105. Selten sind S-Graphien belegt. In den folgenden Belegen wechseln teilweise S-, Z-und D-Reihe:[1] √ *ḏbb*:[2]

* *Su-ba-bu-um* 5561D, *Su-pa-bu-um* 5740B : *Zu-ba-bu-um* 6577B, *Zu-pa-bu-um* 6629M (Sup) : *Du-ba-bu-um* 1570B *Ḏubābum* "Kleine Fliege".
* *Su-ba-bi-ia* 5560D, *Su-pa-bi-ia* 5739B (Sup) *Ḏubābīya* "Kleines Flieglein".

√ *ḏry*:

* *I-zi-sa-ri-e* 2667B : *I-zi-za-ri-e* 2660B : *I-ṣi-da-ri-e* 2644B *ʾIṣī-ḏārīyī* "Erschienen ist mein Erzeuger". *A-bi-sa-ri* 138B, *A-bi-sa-ri-e* 139B,M, *A-bí-sa-ri-e* 152B *ʾAbī-ḏārīyī* "Mein Vater ist mein Erzeuger".

√ *ḏnb*:[3]

* *Zu-na-bu-um* 6608B : *Su-na-bu-um* 5736B, *Su-na-bi-im* (Gen) 5735B (Sup) *Ḏunābum* "Schwänzchen".

√ *ʿḏr*:

* *La-aḫ-si-ru-um* 4213B.[4]

Anm.: **1.** Nach Gelb 1980, 32, kennt das Amurritische mit der S-Reihe geschriebenes √ *śkr* "to remember" als Nebenform zu √ *ḏkr*. Vgl. AHw. 1503f. *zakāru* und ib. 1526f. *zikru* I für die akkadischen Nebenformen *saqāru* bzw. *siqru/sikru*. Die Interpretation Gelbs ist nicht ausgeschlossen, doch ist eine Ableitung von √ *śkr* "mieten, belohnen" ebenso möglich und wird hier vorgezogen.

Gelb 1980, 32, verzeichnet auch √ *śmr* "to guard" als Nebenform zu √ *ḏmr*. Die Deutung Gelbs ist unwahrscheinlich und wird hier zugunsten einer Ableitung von √ *śmr* "wüten, ungestüm sein" und √ *šmr* "preisen" aufgegeben.

2. Vgl. altbabylonisch im Kontext *su-bé-e* Atr. 98: 46, zu *zubbu* "Fliege". Gelb 1980, 296, nennt noch *Sa-bi-bu-um* 5375B : *Za-bi-bu-um* 6334B, *Sa-bi-bi-tum* (F?) 5374D, *Sa-bi-bi*-DINGIR 5373M, *Si-bi-bu-um* 5519B und *Si-bi-bi-bu* 5518B, doch ist die jeweilige Interpretation unsicher.

3. Vgl. altbabylonisch im Kontext *si-ib-ba-ti* UM 8, 196: 12 und *si-ib-ba-at* CT 8, 8d 1. Gelb 1980, 298, nennt noch *Sa-ni-bu-um* 5493B : *Za-ni-bu-um* 6406B, doch ist die Deutung unklar.

4. Die bei Gelb 1980, 256, gebuchte Wurzel *ḫśr* ist damit zu streichen.

7.3. Distribution der Graphien

§ 2.106. Die folgenden Tabellen nennen die Zahl von Z-, D- und S-Graphien nach Textkorpora und Wurzeln differenziert.[1] Z-Graphien:

	ḏkr	*ḏbb*	*ḏry*	*ḏrʿ*	*ḏmr*	*ḏqn*	*ḏnb*	*ʿḏr*	Zusammen
B	10	1	4	3	28	2	2	17	67
D	1	---	---	2	5	---	---	---	8
M	27	1	1	8	27	3	1	12	80
C	1	---	---	---	4	---	---	---	5
A	---	---	---	---	2	---	---	---	2
Aspät	---	---	---	---	---	---	---	1	1
Zus.	39	2	5	13	66	5	3	30	163

Anm: **1.** √ *ḏkr*: Belege bei Gelb 1980, 296f. Nicht berücksichtigt: *Za-ku-ri-e-lum* (unpubliziert) und [*Z*]*i*?*-ik-ru-*^{d}AMAR.UTU.

√ *ḏbb*: Belege bei Gelb 1980, 296. *Zu-ba-bu-um* 6577B und *Zu-pa-bu-um* 6629M (Sup).

√ *ḏry*: Belege bei Gelb 1980, 298, s. v. √ *ḏrʾ*. Zusätzlich: *I-zi-za-ri-um*! YOS 14, 149: 23B (Sup).

√ *ḏrʿ*: Belege bei Gelb 1980, 298.

√ *ḏmr*: Belege bei Gelb 1980, 297f. Lipiński 1981, 297, analysiert in *Za-ma-*[*ra*]?*-nu-*[*um*] 6396, *Za-am-ma-ra-nim*^{ki} 6307 und *Za-ma-ri-e-lum* 6397 vielmehr √ *ṯmr*; ich folge dem nicht.

√ *ḏqn*: Belege bei Gelb 1980, 298. Unsicher, ob alle Belege amurritisch sind.

√ *ḏnb*: Belege bei Gelb 1980, 298. Nur *Zi-ib-ba-tum* (amurritisch?) und *Zu-na-bu-um*.

√ *ʿḏr*: Belege bei Gelb 1980, 259f. Wirklich alle zu √ *ʿḏr*? Die drei "späten" Belege nicht berücksichtigt.

§ **2.107.** D-Graphien:

	ḏkr	*ḏbb*	*ḏry*	*ḏrʿ*	*ḏmr*	*ḏqn*	*ḏnb*	*ʿḏr*	Zusammen
U	---	---	---	1	---	---	---	---	1
I	---	---	---	---	1	---	---	1	2
B	6	3	5	---	1	---	---	2	17
D	2	---	---	---	1	---	---	---	3
M	---	---	---	---	---	1	---	8	9
A	---	---	---	---	---	---	---	1	1
Aspät	---	---	---	---	---	---	---	1	1
Zus.	8	3	5	1	3	1	---	13	34

§ **2.108.** S-Graphien:

	ḏkr	*ḏbb*	*ḏry*	*ḏrᶜ*	*ḏmr*	*ḏqn*	*ḏnb*	*ᶜḏr*	Zusammen
B	---	2	4	---	---	---	2	1	9
D	---	2	---	---	---	---	---	---	2
M	---	---	1	---	---	---	---	---	1
Zus.	---	4	5	---	---	---	2	1	12

§ **2.109.** Z-, D- und S-Graphien im Vergleich:

	Z-Graphien	D-Graphien	S-Graphien	Zusammen
Zusammen	163	34	12	209
B	67	17	9	92
M	80	9	1	90

Ergebnis:

* Von insgesamt 209 Belegen bieten 79 % Z-Graphien, 16 % D-Graphien und 6 % S-Graphien.
* 50 % der D-Graphien stammen aus Babylonien. Sie haben dort einen Anteil von 18 % der Belege insgesamt.
* 75 % der S-Graphien stammen aus Babylonien. Sie haben dort einen Anteil von 10 % der Belege insgesamt.
* In Mari haben 88 % der Belege Z-Graphien, 10 % D-Graphien und 2 % S-Graphien.

Insgesamt gesehen ist die Konzentration von D- und noch mehr S-Graphien auf Babylonien bemerkenswert.

7.4. Phonologische und phonetische Interpretation

§ **2.110.** In keiner Textgruppe sind ausschliesslich Z- oder D-Graphien bezeugt. Die Variation zwischen Z-, D- und S-Reihe lässt sich deshalb am besten so interpretieren, dass protosemitisch */ḏ/ im Amurritischen weder mit /z/ (wie im Akkadischen) noch mit /d/ (wie im Ugaritischen) zusammengefallen, sondern analog zu protosemitischem */ṯ/ (§ 2.113) als selbständiges Phonem erhalten ist. Ägyptische Umschriften stützen diese Deutung, da /ḏ/ im Mittleren Reich als ägyptisches *ś* erscheint (*Śmꜣꜣ-Hr* = **Ḏimrī-haddu*, s. Schenkel 1990, 37), welches auch für */ṯ/, nicht aber für */z/ oder */d/ steht.

Als phonetischer Exponent wurden [*ǯ*][1] oder [*ḏ*][2] vorgeschlagen, doch sprechen die D-Graphien gegen den Palatoalveolar. Interdentale Realisierung erklärt dagegen plausibel alle drei Graphemreihen: weil die altbabylonische Keilschrift für Interdentale keine Grapheme besitzt, werden Graphemreihen der nächst benachbarten Artikulationsstelle "dental" verwendet. Die am häufigsten vorkommende Z-Reihe, die im Altbabylonischen sehr wahrscheinlich Affrikaten wiedergibt,[3] drückt die Merkmale "frikativ"[4] und "stimmhaft", die selteneren D- und S-Reihen nur jeweils eines beider Merkmale, nämlich "stimmhaft" (D) oder "frikativ" (S)[5] aus. Dass sich D- und S-Graphien auf Babylonien konzentrieren, hängt vielleicht mit der besonderen Unsicherheit babylonischer Schreiber ausserhalb des zentralen amurritischen Sprachgebietes gegenüber einem Laut, der in ihrer Sprache nicht vorkam, zusammen.

Anm.: **1.** Gelb 1980, 8: dafür spräche "phonemic analysis of Old Akkadian ... Amorite, and Ugaritic". Die altakkadische Evidenz wird jedoch schon von Krebernik 1985, 58f.[30], widerlegt. Für Ugaritisch /*ḏ*/ s. etwa Huehnergard 1987, 22ff. ([*ǯ*]?), und Tropper 1994, 48f. ([*ḏ*]).

2. Lipiński 1981, 280: "The variant spellings of the stem *ḏakir* with *da* or *za* seem to indicate ... that *ḏ* was indeed a [*ḏ*] and not a [*z*]". Knudsen 1983, 4: " A classification of the Amorite phoneme as the voiced interdental spirant is *suggested* by Semitic etymology and *supported* by the circumstance that Akkadian orthography treats it as *z* and less frequently as *d*".

3. Vgl. GAG^{3} § 30*.

4. Bei affrizierter Realisation [*dz*] von /*z*/ trifft das Merkmal "frikativ" natürlich nur auf die zweite Phase der Artikulation nach Öffnung des dentalen Verschlusses zu. Tropper 1994, 45, sieht für das Ugaritische zwar in affrizierter Realisation von /*z*/ den Grund dafür, dass protosemitisch */*ḏ*/ im Ugaritischen nicht mit /*z*/ zusammenfällt; dass Deaffrizierung jedoch keine notwendige Voraussetzung für den Zusammenfall von protosemitisch */*ḏ*/ und */*z*/ ist, zeigen das Altakkadische und Altbabylonische, wo /*z*/ auf protosemitisch */*z*/ und */*ḏ*/ zurückgeht.

5. Dabei ist der genaue phonetische Exponent der altbabylonisch durch die S-Reihe ausgedrückten Phoneme noch nicht eindeutig bestimmbar. Sicher ist nur, dass es sich um einen nicht-affrizierten Sibilanten handelt. Vgl. §§ 2.114 Anm. 2, 2.133 Anm. 3. für S = [*s*].

8. */*ṯ*/ = /*š*/

8.1. Statistik zur Distribution von Š- und S-Graphien

§ **2.111.** Die folgende Statistik nennt die Distribution der bei Gelb 1980 gebuchten Š- und S-Graphien für √ *yšʿ*, √ *šwb*, √ *šdw* und √ *šql*.

	yšʿ[1]	*šwb*[2]	*šdw*[3]	*šql*[4]
Š	21	39	4	5
S	2	4	3	2
Insgesamt	23	43	7	7

Zusammen: 69 Belege mit Š (= ca. 87 %), 10 mit S (= ca. 13 %).

Anm.: **1.** Gelb 1980, 276f. Nur silbenöffnendes /š/ wird berücksichtigt. Nicht aufgenommen: *E-še-eḫ-ba-la*, *I-si-iḫ-*ᵈ*da-gan*, *A-bi-šu-ut-li*, *Za-ia-še-ia*.

2. Gelb 1980, 362f. Nicht berücksichtigt: *Iš-ta-a-bu*, *Ia-ši-ib-*DINGIR, *Ia-ši-bi-il-la*.

3. Gelb 1980, 363f. Nicht berücksichtigt: *Ša?-di?-a*. Hurritisch sind: *Ša-du-(un/um-)la-ba*, *Ša-du-(un/um-)šar-ri* u. ä.

4. Gelb 1980, 363.

8.2. S-Graphien

§ **2.112.** Die Belege für S-Graphien: √ *yšʿ*:

* *Me-si-um* 4659? *Mēšiʿum* "Hilfe".
* *Ia-si-su-uḫ* 3478B *Yaśśīšuʿ* "Angenommen hat der Hilfreiche".

√ *šwb*:

* *Su-ub-ḫa-li* 5745A *Šūb-ḫālī* "Wende dich zu, mein Mutterbruder!".
* *Su-ba-ḫa-li* 5562A, *Su-pa-ḫa-li* 5741A *Šūba-ḫālī* "Wende dich doch zu, mein Mutterbruder!".[1]
* *Sa-ba-a-ú-um* 5370B *Šāba-ḥayyum* "Sich zuwendend ist der Lebendige".

√ *šdw*:

* *Sa-di-*DINGIR 5384B *Šadî-ʾel* "Mein Berg ist der Gott" : *Ša-di-ma-*DINGIR 5783M *Šadî-ma-ʾel* "Wirklich mein Berg ist der Gott".
* *Ḫa-li-sa-da* 2083B *Ḫālī-šada* "Mein Mutterbruder ist ein Berg", *A-bi-sa-da* 130B *ʾAbī-šada* "Mein Vater ist ein Berg" : ᵈIM-*ša-da* 3704B *Haddu-šada* "Haddu ist ein Berg".

√ *šql*:

* *Si-iq-la-nu-um* 5532D, *Si-iq-la-nim* (Gen) 5531D : *Ši-iq-la-nu-um* 5882D *Šiqlānum*.

Anm.: **1.** Beachte 3x Alalaḫ. Dort wird auch sonst akkadisches /*š*/ gerne S geschrieben. Umgekehrt erscheint dort in Namen /*ś*/ bisweilen als Š, s. § 2.127.

8.3. Phonologische und phonetische Interpretation

§ **2.113.** Der Reflex von protosemitisch */*ṯ*/ erscheint meist als Š und nur selten als S. Für die Reflexe von protosemitisch */*š*/ und */*ś*/ tritt dagegen in der Regel die S-Reihe ein (§ 2.121). Š-Reihe und */*ṯ*/ korrelieren somit meist eins zu eins.[1] */*ṯ*/ > /*š*/ lässt sich daher als selbständiges Phonem des Amurritischen etablieren.[2] Diesen Schluss stützen im Rahmen komparatistischer Überlegungen zum einen das ugaritische Langalphabet, in welchem /*ṯ*/ neben /*š*/ (< */*š*/ und */*ś*/) steht, zum anderen ägyptische Umschriften des Neuen Reichs, welche semitisch */*ṯ*/ zu ca. 70 % als ägyptisch *s* und semitisch */*š*/ zu ca. 80 % als ägyptisch *š* notieren.[3]

Anm.: **1.** Unklar Knudsen 1991, 874 2.7., der /*š*/ < */*ṯ*/ als "positive" und /*ṯ*/ (sic!) als "neutral" klassifiziert.

2. Dieser Schluss findet sich im Ergebnis schon bei Bauer 1926, 64.

3. Hoch 1994, 402-405 und 433, mit dem zusammenfassenden Ergebnis (ib. 402) "/*ṯ*/ almost certainly maintained phonemic opposition to /*š*/, at least in most of the source languages".

§ **2.114.** Folgende Argumente sprechen für eine interdentale Realisation [*ṯ*] von /*š*/:[1]

* Der Wechsel von Š- und S-Reihe in der Schreibung von [*ṯ*] erklärt sich plausibel als Versuch, den Interdental durch zwei nicht-affrizierte Sibilanten zu bezeichnen.[2]

* Der Name *At-ta-ri-za-du-uq* 980I ...-*ṣaduq* "... ist gerecht" enthält wahrscheinlich das theophore Element ʿAṯtar. Die Graphie lässt sich als Assimilation eines interdentalen [*ṯ*] an dentales [*t*] interpretieren.[3] Diese Assimilation ist fakultativ, wie die Namen *Aš-tar-a-bi* 958Ug. *ʿAštar-ʾabī* "ʿAštar ist mein Vater", *Ab-du-iš-ta-ra*? 634B *ʿAbdu-ʾištara* "Diener der Ištar", *Iḫ-li-aš-tar* 3663A und *Am-ti-aš-ta-ra* (F?) 782Aspät *ʾAmti-ʿaštara* "Dienerin der ʿAštar" zeigen.

* √ *dtn*[4] ist am besten durch Assimilation eines interdentalen [*ṯ*] an dentales [*d*] zu deuten: *√ *dṯn* > √ *dtn*. Š-Schreibungen des zweiten Radikals bezeugen nämlich den fakultativen Erhalt von [*ṯ*] bzw. die Lautentwicklung */*ṯ*/ > /*š*/. Belege dafür finden sich in und ausserhalb von Personennamen. In Namen: *Ti-ša-na-tum* (M) 6093B, (F) 6092B,M *Tišānatum* [*Tiṯānatum*]. Ausserhalb von Namen: *tišānu* in Mari (Durand 1988 und Zadok 1993, 322), sonst im Altbabylonischen (AHw. 1362) sowie *ti-ša-nu-uš* als akkadisches Lehnwort im Hethitischen (CAD D 165 *ditānu*).[5] /*t*/ als erster Radikal erklärt sich plausibel als Assimilation von

ursprünglichem */ḏ/ an /š/ = [ṯ]: *√ dṯn > √ ṯṯn. Zur selben Wurzel gehört wohl auch das Adjektiv *dašnu* "Gewaltiger" AHw. 165, welches in Malku I 234 als *amurrû* deklariert wird und dem als *sūtû* bezeichneten *ditānu* Malku I 235 unmittelbar vorausgeht.

* Da das Ägyptische einen Interdental [ṯ] nicht kennt, ist die Wiedergabe von [ṯ] durch vermutlich als [s] realisiertes ägyptisches /s/ in Umschriften des Neuen Reichs naheliegend.[6]
* Der wahrscheinliche Erhalt des stimmhaften Interdentals /ḏ/ = [ḏ] spricht analog für /š/ = [ṯ].

Anm.: **1.** Knudsen 1983, 4f., hält eine Aussprache [ṯ] für unbewiesen und vermutet, dass entweder /ś/ oder /š/ = */ṯ/ als [š] artikuliert worden sei: "Otherwise Amorite would be the only Semitic language that did not possess [š]. The force of this argument depends on wether we accept or do not accept the existence of certain Semitic language universals. With the possible exception of late Punic and some late pre-modern stage of Ethiopic all known Semitic languages possessed and still possess [š]." Nach Oelsner 1988, 33, sei /š/ wohl als [ṯ] und [ś] als [š] realisiert worden.

2. W. Sommerfeld, apud von Soden, GAG[3] § 30*, nennt Argumente für eine Realisation von durch die S-Reihe bezeichnetem altbabylonischem /s/ als [s] (deaffriziertes Allophon neben durch die Z-Reihe bezeichnetem affriziertem Allophon [ts]). Vgl. Lipiński 1981, 280: "Since the experience of non-Arab muslims, who do not have the interdental *ṯ* in their native language, shows that they reproduce the Arabic *ṯ* as *s*, one can expect that Akkadian scribes also occasionally realised the Amorite *ṯ* as mere [s]". Knudsen 1983, 5f., erklärt die S-Graphien für /š/ dagegen wenig überzeugend als "hypercorrections".

Der phonetische Exponent von altbabylonisch /š/ lässt sich nicht sicher bestimmen, doch sprechen die spätere Lautentwicklung */št/ > /lt/ und die Tatsache, dass auch die Reflexe von protosemitisch */š/ und */ś/ im Altbabylonischen als /š/ erscheinen, gegen [ṯ]. Falls altbabylonisches, mit der S-Reihe geschriebenes /s/ tatsächlich als [s] realisiert wurde (s. im Vorangehenden), bliebe für /š/ etwa [š] (?) oder [ś] (d. h. ein Lateral) bzw. beide Exponenten als Allophone ein- und desselben Phonems. Für die letztere Annahme spricht der mittelbabylonisch für /š/ bezeugte Wechsel von L-Reihe (vor Dental) und Š-Reihe (sonst), den man plausibel durch allophonische Neuinterpretation von [š] und [ś] - ursprünglich Exponenten zweier Phoneme - erklären kann. Diese Neuinterpretation müsste allerdings schon altbabylonisch unmittelbar im Anschluss an die Verschmelzung von altem */š/, */ś/ und */ṯ/ erfolgt sein. Beide Allophone wären altbabylonisch (und auch später nur z. T.) graphisch noch nicht differenziert und lediglich als Š notiert worden.

Auf diesem Hintergrund ist auch die Graphie Š für amurritisch /š/ = [ṯ] wie S nur eine annähernde Wiedergabe.

3. So schon Huffmon 1965, 173, mit Verweis auf aramäisch ʿTR, und Priebatsch 1978, 255. Gelb 1980, 242, bucht den Namen unter √ ʾtr, verzichtet aber auf einen Eintrag im Glossar. Ob das von Zadok 1993, 321, genannte *A-at-ta-ra* OBTR 215: 10R ebenfalls zu ʿAṯtar gehört, ist angesichts der Seltenheit von nur aus dem theophoren Element bestehenden Hypokoristika unsicher.

4. In akkadischen lexikalischen Listen und in akkadischen Texten begegnet *ditānu* als Tier, dessen exakte zoologische Identifizierung allerdings schwierig ist. Die Gleichung mit sumerisch a l i m wurde als Argument für einen Boviden verstanden (AHw. 173 "Wisent?", CAD D 164 "aurochs"). Im Mari ist *tišānu* aber offenbar eine Spezifizierung von UDU "Schaf" (s. Durand 1988). Lipiński 1978, 109f., nennt Argumente für eine Klassifizierung von *ditānu* als Cerviden. Das Tier *ditānu* stand offenbar bei der Namensgebung des Stammes Pate. S. Lipiński 1978, 109, für die Vermutung, *ditānu* sei das Totem dieses Stammes gewesen. Als Toponym bezeichnet *ditānu/ditnu* ein Gebirge oder einen Berg, welches mit Lipiński 1978, 107f. (frühere Literatur zusammenfassend und diskutierend), am ehesten in Syrien westlich des mittleren Euphrats zu lokalisieren ist. Als vergöttlichter heros eponymos des Nomadenstammes dient *ditānu* dann als theophores Element in Personennamen (z. T. mit Gottesdeterminativ versehen).

5. Vgl. Priebatsch 1978, 255. Der etymologische Zusammenhang von hebräischem DYŠWN (HAL I 212 "Wisent?") und *ditānu* ist wiederholt in Frage gestellt worden (z. B. AHw. 173; Zadok 1993, 322 DTN; Huffmon 1965, 184, und Cohen IV 322 DTN machen keine etymologischen Angaben). Die These einer Assimilation würde das Problem der "unregelmässigen" Lautentsprechung hebräisch /*š*/ : akkadisch/amurritisch /*t*/ lösen. Durand ib. spricht bei *ditānu/tišānu* von einer Lautentwicklung "*/*t*/ > /*š*/", die jedoch phonologisch unplausibel ist. Überholt ist Albrights (1926, 125) Annahme, amurritisch T und nicht Š gebe regulär /ṯ/ wieder.

6. Hoch 1994, 403-405. Negativ stellt Hoch ib. 404 fest: "it is not very likely that Egyptian *s* would ever correspond to [*š*]".

§ **2.115.** Ein Argument gegen interdentale Realisation von /*š*/ nennt Gelb 1958, 151 2.7.9.: "Foneticamente il fonema *š* è probabilmente una sibilante *š* piuttosto che una dentale fricativa *ṯ*, poiché le grafie *ŠA*, *ŠI*, *ŠU* si scambiano occasionalmente con *SA*, *SI*, *SU* (p. es. ad A.) ma non mai con *TA*, *TI*, *TU*." Das Argument lässt sich nicht ganz entkräften, doch ist zu bedenken, dass mit Š die Möglichkeit einer eindeutigen Notation von /*ṯ*/ gegeben ist, während für /*ḏ*/ eine ebenso eindeutige Schreibung nicht existiert, was das gelegentliche Ausweichen auf D erklären mag.

Zwar liefert keiner der vorangehenden Punkte alleine eine sichere Argumentationsbasis, doch weisen sie kumulativ eher auf interdentale als sibilantische Realisation von /*š*/. Aus Gründen der Kompatibilität mit Gelb 1980 wird in vorliegender Untersuchung jedoch die phonemisch ebenso eindeutige Umschrift /*š*/ statt /*ṯ*/ beibehalten.

9. /*d*/, /*t*/ und /*ṭ*/

§ **2.116.** Von Soden/Röllig 1991 geben zur Verteilung von D- und T-Graphien u. a. folgendes an:[1] /*d*/:

D-Reihe: Nr. 191 DA, Nr. 266, DI, Nr. 135 DU passim.

T-Reihe: Nr. 102: TA für /*da*/ im Diyālagebiet. Nr. 46: TI für /*di*/ in Alalaḫ-spät, sonst selten. Nr. 30: TU für /*du*/ in Alalaḫ-spät.

Nr. 229: ḪI für /*da*/ in Mari.[2]

/*t*/:

T-Reihe: Nr. 102: TA, Nr. 46 TI, Nr. 30 TU passim.

D-Reihe: Nr. 191: DA für /*ta*/ in Alalaḫ-spät, sonst selten. Nr. 266: DI für /*ti*/ in Alalaḫ-spät, in Mari selten. Nr. 135: DU für /*tu*/ in Alalaḫ-spät.

Nr. 229: ḪI für /*ta*/ selten in Mari und Alalaḫ-spät.

/ṭ/:

T-Reihe: Nr. 30: TU für /ṭu/ nicht in Südbabylonien. Nach S. XI wird die T-Reihe für /ṭ/ vorzugsweise in Nordbabylonien verwendet.
D-Reihe: Nr. 135: DU für /ṭu/ in Südbabylonien. Nach S. XI wird die D-Reihe für /ṭ/ vorzugsweise in Südbabylonien verwendet.
Nr. 229: ḪI für /ṭa/ in Mari passim, sonst selten.

Anm: **1.** In den Briefen des ʾIbal-pī-ʾel von Ešnunna gehen D und T durcheinander, s. Durand 1997, 491f.

2. Gelb 1980 nennt für ḪI = /da/ zwei amurritische Personennamen aus YOS 12, deren Lesungen aufgrund Parallelen aus demselben Band wahrscheinlich gemacht wird: *Ia-ṭà-aḫ-li-im* 3566B (= YOS 12, 45: 4) : *Ia-daḫ-li-im* 3178B (= YOS 12, 49: 9); *Ia-ṭà-ḫu-um* 3567B (= YOS 12, 11: 1 und 2) : *Ia-da-ḫu-um* 3175B (= YOS 12, 215: 5). Eine Lesung *Ia-ḫi-iḫ-li-im* oder *Ia-ḫi-ḫu-um* (so YOS 12 S. 62) ergäbe keinen Sinn. S. ferner den fragmentarischen Beleg [*Ia*]-*ṭà-aḫ*-ᵈIM 3565M (= ARM 6, 76: 10).

§ **2.117.** /dt/ wird zu /tt/ assimiliert:

* *Ia-ḫa-ti-el* 3253M *Yaḥattī-ʾel* < **Yaḥadtī-* "Meine Einzigartigkeit ist der Gott".

10. /n/

10.1. Assimilation vor Labialen

§ **2.118.** /n/ assimiliert sich fakultativ vor Labialen zu /m/:

* *Ḫa-lu-um-bi-ju-mu* 2180M *...m-pī-yūmu*? : *Ḫa-lu-un-bi-ju-mu* 2109M *...n-pī-yūmu*? "... ist der Spruch des Tages(?)".[1]
* *Ia-kum-ba-li* OBTR 282: 4R *Yakūm-baʿli* < **Yakūn?-baʿlī* "Zuverlässig gezeigt(?) hat sich mein Herr". Alternativ zu √ *qwm* "sich erheben".

Anm.: **1.** Das erste Namenselement ist ungedeutet: Gelb 1980, 233, √ *ʾln*. Ib. 13 wird *ʾalumum* ohne Übersetzung gebucht. Huffmon 1965, 196, s.v. ḪLN[2]: " *ʿln*, «be/become known» (Arab.)." Ib. 93: "*ḫalun(a)* can be compared to Arabic *ʿaluna*, «be, become public,» perhaps in the sense «do something publicly»". Krahmalkov 1969, 203[1], vergleicht *Ḫa-lu-un*-ᵈIM mit *Ḫa-lu-na*-ᵈIŠKUR und übersetzt "Hadd is our (divine) uncle". Zadok 1993, 320, fragend zu ʿ-L-Y "ascend". Die Namen *A-lum-bi-ú-mu* 398B (Sup) und *A-lum-bu-mu* 399B zeigen, dass gegen Krahmalkov das erste Element nicht *ḫālu* sein kann. Der Wechsel von Ḫ- und 0-Graphien weist auf /ʾ/, /h/, /ḥ/ oder /ʿ/ als ersten Radikal. Gelb 1980, 205, bucht beide Namen unter ʾHL. Denkbar ist auch √ *ʿwl* (vgl. hebräisch ʿWL II "säugen" HAL II 753; arabisch *ʿāla* "unterstützen, ernähren, versorgen" Wehr 897; äthiopisch *ʿewāl* "young of animal" CDG 78), doch sind onomastische Parallelen selten: s. phönizisch ʿWLʾ Benz 1972, 374; minäisch ʿWL "Nachkomme" Al-Said 1995, 147, mit arabischen, ṣafaitischen, thamudischen und qatabanischen Parallelen. Die

Deutung von Huffmon setzt die unbewiesene Annahme eines Perfekts QaTaLa voraus und besitzt keine onomastischen Parallelen. Eine plausible Etymologie für Gelbs √ *ʾln* lässt sich nicht finden.

Vgl. van der Toorn 1995 für *pû* als theophores Element. Das letzte Namenselement ist wohl **yawmu* > *yūmu* "Tag".

10.2. Totalassimilation und Geminatendissimilation

§ **2.119.** /*n*/ assimiliert sich fakultativ an einen folgenden Konsonanten:

* *Ḫa-lu-bi-ju-mu* 2099M *...p-pī-yūmu*? : *Ḫa-lu-un-bi-ju-mu* 2109M *...n-pī-yūmu*? "... ist der Spruch des (vergöttlichten) Tages(?)".
* *Ta-aḫ-zi-*ᵈ*ad-mu* (F) 5975M *Taḥsiʾ-ʾadmu* : *Ta-aḫ-zi-in-ad-mu* (F) 5974M *Taḥsin-ʾadmu* "Schön gezeigt hat sich ʾAdmu".
* *Ia-ku-ba-al* 3290M *Yakūb-baʿal* < **Yakūn-* "Zuverlässig gezeigt hat sich der Herr". *A-ku-pi-el* 348B *Yakūp-pī-ʾel* : *Ia-ku-un-pi* 3338B *Yakūn-pī* "Zuverlässig gezeigt hat sich der Spruch (des Gottes)".
* *Ki-ma-ru-uṣ* 4070? *Kīm-maruṣ* < **Kīn-* "Zuverlässig ist der sich Sorgende".
* *Ia-an-ti-la-ra-aḫ* 2991B *Yantil-lâraḫ* < **Yantin-la-yaraḫ* "Gegeben hat wahrlich Yaraḫ".

Zahlreiche weitere Belege nennt Sanmartín 1995, 446-452. Ob es sich hier um akkadische Interferenz handelt (vgl. GAG § 33d), ist unsicher, da Assimilation von /*n*/ im Nordwestsemitischen auch sonst begegnet (vgl. Sanmartín 1995, 436-440). Unklar ist auch, inwieweit /*n*/ nur graphisch erhalten, jedoch phonetisch assimiliert ist.

Umgekehrt werden gelängte (geminierte) Konsonanten bisweilen nasaliert, d. h. in /*n*/ + einfachen Konsonanten zerlegt (s. § 2.98).

11. /*l*/

§ **2.120.** Für /*li*/ wird meist LI geschrieben. LÍ (= NI) findet sich im Element *ì-lí* "mein Gott" und MI-*lí ṣillī* "Mein Schutz". Daneben kommt LÍ offenbar auch im Element *ḫālu* "Mutterbruder" vor (besonders in Mari, Chagar-Bazar und Alalaḫ), wie die folgenden Belegpaare nahelegen:

* *Ḫa-lí-ia* 2091C, 2092M : *Ḫa-li-ia Ḫālīya*.
* *Ḫa-lí-*ᵈIM 2093M : *Ḫa-li-a-du* 2059A *Ḫālī-haddu* "Mein Mutterbruder ist Haddu".
* *Ḫa-lí-ḫa-du-un* 2090M : *Ḫa-li-ḫa-du-un* 2063M *Ḫālī-ʿadun* "Mein Mutterbruder ist wonnevoll"..

* *Ḫa-lí*-DINGIR 2087B : *Ḫa-li-el* 2088M *Ḫālī-ʾel* "Mein Mutterbruder ist der Gott".

Die Lesung *lí* ist hier wahrscheinlicher als die Lesung *ìa* und eine Analyse als *ʾayya* "wo?" oder *ḥayya* "lebendig".[1]

Anm.: **1.** Dagegen lies statt *Ḫa-a-lí-el* 1814M und *Ḫa-a-lí-i-lu-ú* 1815M (vgl. Gelb 1980, 253) sicher *Ḫa-a-ìa-*. Zu *ʾayya* gehören auch die meisten der bei Gelb 1980, 220, als *a-lí* "wo?" (akkadisch!) gebuchten Belege.

12. /ś/

12.1. /ś/, /š/ und /s/

§ 2.121. Amurritisches /ś/ ist Reflex von protosemitischem */š/ und */ś/. Die Orthographie zeigt, dass /ś/, /š/ < */ṯ/ und /s/ < */s/ distinktive Phoneme sind:[1]

* /ś/ wird überwiegend mit der S-Reihe geschrieben.
* /š/ wird überwiegend mit der Š-Reihe geschrieben.
* /s/ wird überwiegend mit der Z-Reihe geschrieben.

Die Orthographie gibt keinerlei Hinweis auf einen nur graphischen Zusammenfall von protosemitischem */ś/ und */š/ ohne dahinterstehende phonologische Realität.[2] Auf protosemitisches */š/ geht /ś/ z. B. in folgenden Nameselementen bzw. Wurzeln zurück:

napśu "Leben", √ *rśp* "aufleuchten", √ *ślm* "freundlich sein", √ *śmʿ* "hören", *śumu* "Nachkomme", √ *yśr* "gerecht sein".

Auf protosemitisches */ś/ geht /ś/ z. B. in folgenden Namenselementen bzw. Wurzeln zurück:

√ *nśʾ* "annehmen", *śimʾāl* "Norden", √ *śym* "hinsetzen".

Die phonologische Repräsentation von protosemitischem */ś/, */š/,[3] */ṯ/ und */s/ im Amurritischen besitzt Parallelen im Altakkadischen[4] und Ugaritischen[5] (s. zum Vergleich das Altbabylonische):

Protosemitisch	Amurritisch	Altakkadisch	Ugaritisch	Altbabylonisch
*/ś/	/ś/ (S)	/ś/ (S)	/š/	/š/ (Š)
*/š/	/ś/ (S)	/ś/ (S)	/š/	/š/ (Š)
*/ṯ/	/š/ (Š)	/ṯ/ (Š)	/ṯ/	/š/ (Š)
*/s/	/s/ (Z)	/s/ (Z)	/s/	/s/ (Z, S)

Da es keine klassische semitische Sprache gibt, in welcher protosemitisch */ś/, */š/ und */s/ lediglich durch ein einziges Phonem reflektiert werden,[6] ist der Ansatz nur zweier Phoneme "/s/" (< */ś/, */š/ und */s/) und "/š/" (< */ṯ/) durch Bauer 1926, 64,[7] Huffmon 1965[8] und Dietrich/Loretz 1966, 239,[9] nicht nur aufgrund der obengenannten orthographischen Differenzierung, sondern auch aus vergleichend-semitistischen Gründen unhaltbar.

Anm.: **1.** Die Gelb 1958 und 1960 folgende Notation "ś" impliziert keine phonetische Identifikation, sondern differenziert nur von "š" und "s".

2. Ägyptische Umschriften des Neuen Reichs bezeugen, dass ein Teil der semitischen Sprachen des II. Jahrtausends v. Chr. /š/ und /ś/ als distinktive Phoneme beibehält. So erscheint semitisches /ś/ mehrheitlich als ägyptisches *s* (seltener als ägyptisches *š*) und semitisches /š/ mehrheitlich als ägyptisches *š* (seltener als ägyptisches *s*), s. Hoch 1994, 433. Andererseits sind im Ugaritischen */š/ und */ś/ zweifellos zusammengefallen, da das ugaritische Alphabet ja die Möglichkeit besessen hätte, beide Phoneme im Falle ihres distinktiven Erhalts graphisch zu differenzieren. Anders gelagert ist der Fall des Altaramäischen, wo /ś/ und /š/ zwar graphisch beide durch <š> wiedergegeben werden, die spätere mittelaramäische, z. B. durch das Syrische bezeugte Lautentwicklung */ś/ > /s/ und */š/ > /š/ jedoch die Distinktion beider Phoneme im Altaramäischen beweist: der graphische Zusammenfall ist durch die Übernahme des phönizischen Alphabets bedingt.

3. Vgl. auch den Befund der Lehnwörter § 1.104. Ferner wird altbabylonisches /š/ als Amurritismus in Mari bisweilen S = /ś/ geschrieben, s. Finet 1956, 18. Davon ist sogar sumerisches /š/ betroffen: Ur-su-ul-bi-e ARM 26/1 S. 601 = Ur-šulpaʾea.

4. S. Krebernik 1985, 56 und 58.

5. S. Tropper 1994, 26 und 36.

6. Allerdings werden im Amharischen alle drei protosemitischen Phoneme durch /s/ repräsentiert; amharisches /š/ ist sekundär durch Palatalisierung aus */k/ entstanden.

7. So stünde nach ihm S für */s/ und */š/. Zu */ś/ äussert sich Bauer nicht.

8. Vgl. ib. 247 "*sam-*, *sum-*" mit ib. 253 "*sitr-*", jeweils mit *s* für */š/ und */s/.

9. "Nach dem syllabographischen Befund müssen wir im Amor. von Māri mit zwei Zischlauten rechnen: einem, der durch ein *s*/*z*-haltiges und einem zweiten, der durch ein *š*/*s*(*z*)-haltiges Silbenzeichen wiedergegeben wird."

12.2. Statistiken zur Schreibung von /ś/

§ **2.122.** √ *npś*: Gelb 1980, 334, bietet insgesamt 23 Belege. Davon haben 19 S-Schreibungen. In 2 Fällen finden sich Š-Graphien:

* *Na-ap-ši-a-du* 4927A *Napśī-haddu* "Mein Leben ist Haddu".
* *Na-ap-ša-nu-um* 4926U,I *Napśānum*.

2 Belege haben Z:

* *Na-ap-za-nu-um* 4929B : *Na-ap-sa-nu-um* 4912U,B.
* *Na-ap-zum* 4930D : *Na-ap-su-um* (F) 4924D,M.

§ **2.123.** √ *nś*ʾ: für silbenöffnendes /*ś*/ nennt Gelb 1980, 235, 29 Belege. Davon bieten 27 S-Graphien. Für zweimaliges *ši* s.:

* *Ia-áš-ši-*ᵈIM 3121M *Yaśśiʾ-haddu* "Angenommen hat Haddu" : *Ia-si-*ᵈIM 3458B.
* *Ia-ši-li-im* 3621U *Yaśśiʾ-lîm* "Angenommen hat der Stamm".

§ **2.124.** √ *rśp*: von den 9 bei Gelb 1980, 347, gebuchten Belegen haben 2 *uš* oder *úš* für /*uś*/ und 7 *sa* für /*śa*/.

§ **2.125.** *śapśu* wird in Alalaḫ 2x mit Š- und 3x mit S-Reihe geschrieben:

* *Ša-ap-ši* 5772A.
* *Ša-ap-ši-a-bi* (F) 5773A *Śapśī-ʾabī* "Meine Sonne ist mein Vater" : *Sa-ap-si-ia* 5368A. *Sa-ap-si-a-du* 5366A.
* *Sa-ap-si-e-da* 5367A *Śapśī-yidda* "Meine Sonne ist Haddu".

§ **2.126.** √ *śm*ᶜ: Silbenschliessend begegnen unter den bei Gelb 1980, 356f., genannten Belegen *aš*, *áš*, *iš* und 1x *iz*.[1] Silbenöffnend wird 1x *ši* geschrieben:

* *Ši-ma-aḫ-ni-*DINGIR 5887M *Śimaᶜ-ni?-ʾel* "Erhöre mich(?), o Gott!".[2]

Dagegen findet sich bei den sicher interpretierbaren Belegen 8x die S-Reihe:

* *Si-ma-aḫ-ni-i-la* ARM 23, 623: 46M *Śimaᶜ-ni?-ʾila* "Erhöre mich(?), o Gott!".[2]
* *Sa-me-ḫu-um* 5444B, *Sa-mi-um* 5462B *Śāmiᶜum*.
* *Sa-mu-um* 5489B, *Sa-mu-ú-um* 5487B *Śāmûm* (Elision von /ᶜ/).
* *Sa-me-ḫa* (F) 5443M.
* *Lu-ḫa-a-a-sa-mu-um* 4378B *Lū-ḥayya-śāmûm*, *Lu-ḫa-a-a-sa-mi-um* 4377B *Lū-ḥayya-śāmiᶜum* "Lebendig sein möge der Erhörende".

Anm.: **1.** S. a. *Iz-me-*DINGIR 3834B *ʾIśmeᶜ-ʾel* "Erhört hat der Gott".

2. Mit dem akkusativischen Pronominalsuffix bieten beide Namen eine für das amurritische Onomastikon auffällige Struktur. Ist deshalb statt *-ni-* vielmehr *-i-* zu lesen? Allerdings ist eine

Schreibung *-ì-i-la* sonst nicht bezeugt und typologisch nicht einzuordnen (weder phonetisch noch morphographemisch noch eine Mischung beider).

§ **2.127.** *śumu/śamu*: Gelb 1980, 351-355, nennt 234 Belege.[1] Ganz überwiegend wird *sa-* oder *su-* geschrieben. *ša-* findet sich in éinem sicheren Beleg:

* *Ša-ma-me-el* 5817D *Śama-mêl* < **Śama-ma-ʾel* "Wirklich Nachkomme des Gottes". Vgl. *Sa-ma-me-el* 5433M.

šu- begegnet 3x in Alalaḫ und Alalaḫ-spät:

* *Šu-ma-a-du* 5933A *Śumâddu* "Nachkomme Haddus".
* *Šu-mi-ri-pa* 5936Aspät, *Šu-me-ri-pa* 5934Aspät *Śumi-ripa* "Nachkomme des Heils". Vgl. *Su-mi-ri-ba* 5602A, *Su-mi-ra-pa* 5601M,A.

In Tuttul:

* *Šu-mu-na-ni-rí* Tuttul *Śumu-na-nīri/Śumu-nahari* "Bestimmt Nachkomme des Lichtes" / "Nachkomme des Fluss(gott)es".

Anm.: **1.** Nicht alle Belege sind sicher, doch verzichte ich wegen der immensen Häufigkeit des Elementes auf einen detaillierten Kommentar dazu.

§ **2.128.** √ *śym*: das Element *yaśīm* begegnet bei Gelb 1980, 348, 13x. 10x tritt die S-Reihe und 3x die Š-Reihe für /*ś*/ ein. Belege für letztere:

* [*I*]*a-ši-im-é-a* 3492M *Yaśīm-ea* "Hingesetzt hat Ea".
* *Ia-ši-im-ìr-ra* 3493M *Yaśīm-ʾerra* "Hingesetzt hat Erra".
* *Ia-ši-im-^{d}da-gan* 3491M *Yaśīm-dagan* "Hingesetzt hat Dagan".

§ **2.129.** √ *yśr*: das Lexikon bucht 22 Belege. Silbenschliessend kommt 1x *aš* und 2x *áš* vor:

* *Ia-aš-ri-e-da* 3094A *Yaśr=idda* "Gerecht ist Haddu".
* *Ia-ta-áš-rum* ARM 22, 167: 24M *Yataśrum* "Gerecht behandelt".
* *Ia-ta-áš-ri-im* (Gen) Tuttul *Yataśrim* "Gerecht behandelt".

Je 1x finden sich die Š und S nicht differenzierenden KVK-Zeichen *šir* und *šar*:

* *Ia-šir-ti-im* (M, Gen) 3495B *Yayśirtim*.
* *Ḫa-mu-ja-šar* 2149M *ʿAmmu-yaśar* "Der Vatersbruder ist gerecht".

Von den mit KV-Zeichen notierten 17 Belegen für silbenöffnendes /ś/ werden 12 mit der S-Reihe, 5 mit der Š-Reihe und einer mit der Z-Reihe geschrieben. Die Belege für die Š-Reihe:

* *Ia-še-re-da* 3488A *Yayśir=idda* "Gerecht gezeigt hat sich Haddu".
* *Ia-ši-ru-[um]* 3494B *Yayśirum.*
* *Ia-ša-ru-um* 3487B, *A-ša-ru-um* 528B *Yaśarum* "Gerecht".

Z-Reihe:

* *Ḫa-am-mu-za-ar* M.A.R.I. 8, 628 Anm. 363M *ʿAmmûśar* < *ʿAmmu-yaśar* "Der Vatersbruder ist gerecht".

§ **2.130.** Die folgende Tabelle stellt die Š-Schreibungen nach Fundorten zusammen:

	U, I	B	D	M	T	A	Aspät
√ *npś*	1	---	---	---	---	1	---
√ *nśʾ*	1	---	---	1	---	---	---
śapśu	---	---	---	---	---	2	---
√ *śmʿ*	---	---	---	1	---	---	---
śumu	---	---	1	---	1	1	2
yaśīm	---	---	---	3	---	---	---
√ *yśr*	---	3	---	1	---	1	---

§ **2.131.** Ergebnis:

* Silbenöffnend wird bei insgesamt 108 berücksichtigten Belegen[1] in 91 Fällen (= 84 %) die S-Reihe, in 15 Fällen (= 14 %) die Š-Reihe und in 2 Fällen (= 2 %) die Z-Reihe verwendet.
* Bei den Š-Graphien ist eine überdurchschnittliche Häufigkeit in Alalaḫ und Alalaḫ-spät (7 von 19 Š-Graphien insgesamt) zu beobachten.
* Z-Graphien sind nur 3x (je 1x Babylonien, Diyālagebiet und Mari) bezeugt. Hinzu kommen 3 Belege von *śamśu*, ein weiterer von √ *śmʿ*, den Gelb 1980, 371, unter √ *zmʾ* bucht und einer für *Baśar*: *Za-am-zum* 6310B, *Za-am-za-nu* 6309M, *Iz-me*-DINGIR 3834B "Erhört hat der Gott", *Ba-as-ra-an* M.A.R.I. 8, 638 Anm. 513M *Baśrān* "Vom Baśar Stammender".
* Silbenschliessend, bei KVK-Zeichen auch silbenöffnend werden S- und Š-Reihe nicht differenziert.

Anm.: **1.** Nicht berücksichtigt sind die Belege mit KVK-Zeichen (s. √ *yśr* § 2.129) und von *śamu/śumu* (da zum Teil unsicher).

12.3. Dissimilation von /ś/

§ **2.132.** Das Element *śamśu* wird in der Mehrzahl der Fälle *sa-am-su* "Sonne" oder *sa-am-si* "meine Sonne" geschrieben. In einigen Belegen wird jedoch einer der Radikale /ś/ mit der S-Reihe, der andere dagegen mit der Š- oder Z-Reihe notiert:

* *Ša-am-si-*^{d}IM 5768M *Šamśī-haddu* "Meine Sonne ist Haddu".
* *Sa-am-šu-*^{d}IM 5359B *Śamšu-haddu* "Sonne ist Haddu".
* *Sa-am-ši-*^{d}IM 5358C *Śamšī-haddu* "Meine Sonne ist Haddu".
* *Za-am-si-*^{d}UTU 6308B *Samśī-śamaś* "Meine Sonne ist Śamaś".

Hier liegen den ersten oder dritten Radikal betreffende regressive oder progressive Ferndissimilationen vor (vgl. arabisch *šams* und altsüdarabisch S^2MS^1). Der dissimilierte Radikal erscheint dabei als /š/ oder /s/.[1]

Anm.: **1.** Ob sich auch hinter den Graphien *sa-ma-aš/-áš* und *sa-maš* Dissimilationen verbergen, ist angesichts der fehlenden Differenzierung von S- und Š-Reihe im Silbenauslaut unklar.

12.4. Phonetische Interpretation

§ **2.133.** Als phonetischer Exponent von /ś/ sind [š][1] und [s][2] vorgeschlagen worden. Weil die S-Reihe im Altbabylonischen offenbar [s] wiedergibt,[3] könnte der phonetische Exponent des ebenfalls mit der S-Reihe notierten amurritischen Phonems /ś/ gleichermassen [s] oder ein [s] nahestehender Laut sein. Wäre er [š], würde man eine überwiegende Notation durch die Š-Reihe erwarten, weil für altbabylonisches /š/ möglicherweise die phonetischen Exponenten [š] und [ś] (s. § 2.114 Anm. 2) anzusetzen sind.

Die Š-Graphien sind wohl meist als Akkadismen zu werten.[4] Dies gilt sicher für die beiden Belege aus Ur III bzw. Isin, weil S- und Š-Reihe im Ur III-Akkadischen promiscue gebraucht werden; in Babylonien, im Diyālagebiet und in Mari sind Š-Graphien nur bei Namenselementen oder Wurzeln bezeugt, die akkadische Pendants besitzen. Dagegen deutet sich wohl ein beginnender Zusammenfall von /š/ und /ś/ in der relativen Häufigkeit der Š-Graphien in Alalaḫ und Alalaḫ-spät an. Die vereinzelten Z-Graphien haben kaum einen phonologischen Hintergrund, sondern sind wahrscheinlich durch nicht ganz konsequente graphische Differenzierung von /ś/ und /s/ bedingt.

Anm.: **1.** Lipiński 1981, 279, und Oelsner 1988, 33. Knudsen 1983, 6, vermutet, entweder /š/ oder /ś/ sei [š] gewesen, s. § 2.114 Anm. 1.

2. W. Sommerfeld *apud* GAG^3 § 30*.

3. Sieht man von vergleichend-semitistischen und afroasiatistischen Überlegungen ab (dazu

Bomhard 1988, 123-125), so lassen sich aus dem Akkadischen selbst die folgenden Argumente für eine affrizierte Realisation der mit der Z-Reihe geschriebenen Phoneme bzw. Allophone und den phonetischen Exponenten [*s*] der mit der S-Reihe geschriebenen Phoneme bzw. Allophone im Altbabylonischen nennen:

* Altakkadische und altbabylonische Schreibungen des Typs *qa-ZU* (*/*qāt-śu*/ mit /*ś*/ < */*š*/) gegenüber *a-qí-iš-Su*$_4$*-ni-si-im* (*/*ʾaqīś-śunīśim*/ mit /*ś*/ < */*š*/) mit einem Wechsel von Z-Reihe (nach Dental) und S-Reihe (nach Sibilant) (Faber 1985, 103).
* Altbabylonische Schreibungen des Typs *na-SA-ḫi-im* (*nasāḫim*) gegenüber *a-na-ZA-aḫ* (*anassaḫ*) und *ZA-ar* (*sar*)gegenüber *ú-SA-ar-ri-ir* (*usarrir*) mit einem Wechsel von Z-Reihe (bei langem Konsonanten, bei kurzem Konsonanten im Wortanlaut) und S-Reihe (bei kurzem Konsonanten im Wortinlaut) (W. Sommerfeld *apud* GAG^3 § 30*; der Befund wird allerdings im wesentlichen schon bei Goetze 1937, 13f., dargestellt).
* Altbabylonische Schreibungen des Typs *ma-ar-ZU* (*marṣu*) gegenüber *ma-ru-UŠ-tum* (*maruṣtum*) und *ma-az-za-AZ/ZV* (*mazzāz* u. ä.) gegenüber *ma-za-ÁŠ-ti* (*mazzazti*) mit einem Wechsel von Z-Reihe (nicht vor Dental) und S-Reihe (vor Dental) (Streck 1998a, 312 zu § 30g*).

Hinzu kommen die Verwendung der Z-Reihe zum Ausdruck von [*ts*] im Hethitischen und in anderen altorientalischen Sprachen (Steiner 1982, 70-74; Bomhard 1988, 124) sowie ägyptische Umschriften von semitischem /*z*/, /*s*/ und /*ṣ*/ (§§ 2.136f., 2.139).

4. Anders Dietrich/Loretz 1966, 239: "Der Wechsel *s*/*š* deutet offenbar auf einen *s*-Laut hin, dessen phonetischer Wert von den *s*- und *š*-haltigen Silbenzeichen jeweils nur teilweise gedeckt wird".

13. /*s*/

13.1. Z- und S-Graphien

§ **2.134.** Die Verteilung von Z- und S-Graphien wird anhand der bei Gelb 1980 verzeichneten Belege für √ *kbs*, √ *pls* und √ *str* ermittelt:

√ *kbs*: Gelb 1980, 304, nennt insgesamt 15 Belege. Alle bieten Z-Graphien.

√ *pls*: Gelb 1980, 339, führt 14 Belege an.[1] Davon haben 12 Z-Schreibungen. 2x findet sich S: *Ia-ap-lu-si-su-ú-mi* 3027B : *Ia-ap-lu-zum* 3028D *Yaplusum*. *Pu-ul-si-e-ra-aḫ* 5176B : *Pu-ul-zi-ra-aḫ* 5181D *Pulsîraḫ* "Mein Blick ist Yaraḫ".

√ *str*: Gelb 1980, 348, bietet 15 Belege. Davon werden 14 mit Z-Graphien notiert. 1x begegnet eine S-Graphie: *Si-it-ri-*^{d}IM 5534B : *Zi-it-ri-*^{d}IM 6545B *Sitrī-haddu* "Mein Schutz ist Haddu".

Anm.: **1.** Nicht berücksichtigt: *Ip-pa-li-zu*? 3732Ḫana.

13.2. Statistik

§ 2.135.

	√ *kbs*	√ *pls*	√ *str*	Gesamt
Z	15	12	14	41
S	---	2	1	3

Ergebnis: 41 Z-Graphien (ca. 93 %) stehen 3 S-Graphien (ca. 7 %) gegenüber. Die S-Graphien stammen alle aus Babylonien.

13.3. Phonologische und phonetische Interpretation

§ 2.136. Die ganz überwiegende Notation durch Z spricht für ein von /*ś*/ (< */*ś*/ und */*š*/), das meist mit S geschrieben wird (§ 2.121), und von /*š*/ (< */*ṯ*/), das meist mit Š geschrieben wird (§ 2.111), distinktives Phonem /*s*/. Einen vergleichend-semitistischen Grund für den Ansatz zweier Phoneme /*ś*/ und /*s*/ nennt § 2.121. Da die Z-Reihe im Altbabylonischen höchstwahrscheinlich Affrikaten wiedergibt (§ 2.123 Anm. 3), liegt es nahe, auch für amurritisches /*s*/ affrizierte Realisation [*ts*] anzunehmen.[1] Dazu passt, dass in ägyptischen Umschriften des Neuen Reichs semitisches /*s*/ ausnahmslos mit vermutlich [*ts*] realisiertem (Hoch 1994, 429) ägyptischem *ṯ* notiert wird (Hoch 1994, 432)[2]. Die vereinzelten S-Graphien sind wahrscheinlich durch nicht ganz konsequente graphische Differenzierung von /*ś*/ und /*s*/ oder eine beginnende Deaffrizierung von /*s*/ bedingt.[3]

Anm.: **1.** So auch Knudsen 1983, 6f. Für eine affrizierte Realisation von ugaritischem /*s*/ s. Tropper 1994, 32f.

2. Vgl. Schenkel 1990, 41: "Der Ansatz ... von [scil. semitischem, M. P. S.] *s* und *z* als Affrikaten ^{t}s und ^{d}z erscheint aus ägyptologischer Perspektive als zwingend".

3. Nicht klar ist der Beleg *Ia-ap-lu-si-su-ú-mi* 3027B, da das *i* in *si* offenbar funktionslos ist. Vgl. Knudsen 1983, 8: "the spelling with SI (for expexcted ZI or UZ?) is presumably due to the unusual phonemic sequence /sś/ on a morpheme boundary".

14. /*z*/

§ 2.137. /*z*/ wird fast immer durch Z-Graphien wiedergegeben. Eine seltene Ausnahme ist *A-sa-li-ia* 516B *Ġazālīya* "kleine Gazelle"; vermutlich dieselbe Person (vgl. dazu Bauer 1926, 14) wird auch *A-za-li-ia* geschrieben.[1] /*z*/ wurde wie /*ṣ*/ (§ 2.139) und /*s*/ (§ 2.136) sehr wahrscheinlich affriziert ([*dz*]) realisiert. In ägyptischen Texten des neuen Reiches erscheint semitisches /*z*/

ausnahmslos als ägyptisches *ḏ* (Hoch 1994, 433), dessen phonetischer Exponent wohl [*dz*] (o. ä.) ist (Hoch 1994, 429).

Anm.: 1. S. ferner *Ú-sa-bu-um* 6198B, von Gelb 1980, 207, zu √ *ʿzb* gestellt. Doch hat SA nie den Lautwert /*za*/. AHw. 1437 bucht diesen Namen sowie *Ú-za-bi-im* Nr. 6209B und *Ú-za-bu-um* Nr. 6210B, welche wahrscheinlich alle dieselbe Person bezeichnen (s. JCS 14, 51 zu Nr. 70: 16), unter *usābum* "ein Vogel" (altbabylonisch), "eine Schildkröte" (jungbabylonisch).

15. /ṣ/

15.1. */ṣ/, */ẓ/ und */ḍ/

§ 2.138. Amurritisches /*ṣ*/ ist der Reflex von protosemitischem */*ṣ*/, */*ẓ*/ und */*ḍ*/.[1] Beispiele:

/*ṣ*/ < */*ṣ*/: √ *ṣdq* "gerecht sein".[2] √ *nṣb* "aufrichten".
/*ṣ*/ < */*ẓ*/: *ṣūru* "Fels". √ *nṣr* "schützen". √ *yṣʾ* "erscheinen".
/*ṣ*/ < */*ḍ*/: √ *mrṣ* "sich sorgen".

Silbenanlautendes /*ṣ*/ wird durch ZI/ZU und ṢI/ṢU wiedergegeben.[3] Die Verteilung beider zeigt folgende Tabelle:

	Z-Graphien	Ṣ-Graphien	
		B	M
√ *ṣdq* (Gelb 1980, 365)	14	1	---
√ *nṣb* (Gelb 1980, 335)	10	---	---
ṣūru (Gelb 1980, 364)	20	1	---
√ *nṣr* (Gelb 1980, 335f.)	---	---	1
√ *yṣʾ* (Gelb 1980, 277f.)	54	10	---
√ *mrṣ* (Gelb 1980, 324)	3	---	---
Zusammen	101	12	1

Die Ṣ-Graphien treten auffälligerweise fast ausschliesslich (12 von 13 Belegen) bei /*ṣ*/ < */*ẓ*/ auf. Vielleicht weist dies auf den distinktiven Erhalt von /*ẓ*/ hin, wobei eine graphische Differenzierung von /*ṣ*/ und /*ẓ*/ fast nur (12 von 13 Belegen) in Babylonien erfolgt. Das Ugaritische, welches /*ẓ*/ als selbständiges Phonem neben /*ṣ*/ (< */*ṣ*/, */*ḍ*/) besitzt (Tropper 1994, 43-45), stützt diese Vermutung. Dennoch behält vorliegende Studie wegen der Kompatibilität mit Gelb 1980 die phonematische Umschrift "/*ṣ*/" bei.[4]

Anm.: **1.** Nach Durand 1998, 495f. und 500, könne auch D für */ḍ/ stehen, doch hält diese Vermutung einer Überprüfung nicht stand, s. hier § 1.95 s. v. *kadû*, *madārūtu* und § 1.104.

2. Zur Wurzel vgl. Bauer 1926, 80; Huffmon 1965, 256f.; Gelb 1980, 34. S. hebräisch ṢDQ "im Recht sein; gerecht sein" HAL III 941f., äthiopisch *ṣadqa* "be just" CDG 548. In Personennamen: Hebräisch: ṢDWQ HAL III 939; ṢDQYH(W) "Jahwe ist meine Gerechtigkeit" HAL III 944f.; YHWṢDQ "J. handelt gerecht" HAL II 379. Aramäisch: ṢDQRMN Maraqten 1988, 205; ṢDQ "(n.d.) ist gerecht" oder "(n.d.) ist Gerechtigkeit" Kornfeld 1978, 69; ᶜBDṢDQ "Diener des *ṣdq*" ib. 65. Sabäisch: ṢDQʾL "Gott hat (sein Versprechen) erfüllt bzw. gehalten" oder "Gott ist wahrhaftig bzw. aufrichtig" Tairan 1992, 147f.; ṢDQʾMR "der Aufrichtige ... hat ein Zeichen ... gegeben" ib. 148; ṢDQM "aufrichtig, wahrhaftig", ṢDQYFᶜ ib. 149.

3. Für /*ṣa*/ hat die Keilschrift kein eigenes Zeichen entwickelt. ZA steht für /*ṣa*/ und /*za*/.

4. Kein sicheres Zeugnis für den distinktiven Erhalt von /*ẓ*/ sind die Namen *Ḫa-mi-ti-lu-ú* 2140M, *Ḫa-am-mi-ta-lu-ú* 1900M u. ä. (vgl. Gelb 1980, 369 s. v. ṬLL), da hier vermutlich *ṭallu* "Tau" und nicht *ẓillu* "Schutz" vorliegt. Für ugaritisches /*ẓ*/ sind bisher keine T-Graphien bezeugt (Huehnergard 1987, 226: nur unsichere Belege für Z-Schreibungen).

15.2. Deaffrizierung von /*ṣ*/

§ 2.139. /*aṣ*/ vor Dental wird AŠ oder ÁŠ, nicht AZ geschrieben:

* *Ia-aš-du-uq*-DINGIR 3087B, [*Ia*]-*áš-du-uq*-DINGIR 3096B *Yaṣduq-ʾel* "Gerecht gezeigt hat sich der Gott".
* *Ia-aš-du-kum* 3086B *Yaṣduqum*.

Vergleichbare Graphien sind auch altbabylonisch belegt (GAG^3 § 30g*). Sie lassen sich am besten als Deaffrizierung vor Dental erklären:[1] *[*tsʾd*] > [*sʾd*]. Vgl. Knudsen 1983, 7: "The Old Babylonian scribes perceived this sound as being similar to /*ś*, *š*/ rather than to /*ṣ*/". Wir gewinnen so ein Argument für eine affrizierte Realisation [*tsʾ*] von /*ṣ*/ (vgl. § 2.133 Anm. 3). Für affrizierte Realisation sprechen auch ägyptische Umschriften des Neuen Reichs, in welchen semitisches /*ṣ*/ ausnahmslos als ägyptisches *ḏ* erscheint (Hoch 1994, 433); letzteres wurde wohl [*dz*] (o. ä.) realisiert (Hoch 1994, 429).

Anm: **1.** Knudsen 1983, 7; Streck 1998, 312, zu § 30g*. Mit Knudsen ziehe ich eine phonematische Umschrift *yaṣduq* der von Gelb 1980, 34, gebrauchten *yaśduq* vor.

16. /*g*/, /*k*/ und /*q*/

§ 2.140. /*g*/, /*k*/ und /*q*/ erscheinen in der Schrift wie folgt:

/*g*/: G-Reihe, ganz selten K-Reihe.
/*k*/: K-Reihe, in Ur III und selten im Diyālagebiet G-Reihe.

/*q*/: G-Reihe oder K-Reihe. Daneben gibt es für /*qa*/ das Zeichen QA.

QA wird hauptsächlich in Mari und anderen Orten der Ǧazīra und Nordwestsyriens, dagegen nur selten in Babylonien verwendet. So stammen von den 30 bei Gelb 1980, 631f., gebuchten Belege für QA im Namensanlaut 21 aus Mari, 1 aus Alalaḫ, 1 aus Alalaḫ-spät, 1 aus Chagar Bazar und 6 aus Babylonien.

17. /*ḫ*/

§ 2.141. /*ḫ*/ wird ausnahmslos durch Ḫ-Graphien wiedergegeben, während für /*ḥ*/ Ḫ- und 0-Graphien wechseln (§§ 2.168-170). Dies spricht dafür, dass /*ḫ*/ und /*ḥ*/ distinktiv erhalten sind. Noch in den ägyptischen Umschriften semitischer Wörter aus dem neuen Reich werden /*ḫ*/ und /*ḥ*/ fast immer auseinandergehalten (Hoch 1994, 411).

18. /*ġ*/

§ 2.142. Der Reflex von protosemitisch */*ġ*/ wird wie die Phoneme /ʾ/, /*h*/, /*ḥ*/ und /ᶜ/ durch Ḫ-oder 0-Graphien bezeichnet.[1] Da einerseits das Ugaritische /*ġ*/ noch als selbständiges Phonem besitzt, andererseits die im Nordwestsemitischen des I. Jahrtausends parallele Lautentwicklung */*ḫ*/ > /*ḥ*/ im Amurritischen sicher noch nicht eingetreten ist (§ 2.141), dürfte /*ġ*/ im Amurritischen als selbständiges Phonem erhalten sein.[2] Dazu passt auch, dass noch ägyptische Umschriften aus dem neuen Reich in der Regel semitisches /*ġ*/ und /ᶜ/ als distinktive Phoneme behandeln.[3] Belege:

* *Ḫa-za-la* 2216M : *A-za-lu-um* 575B *Ġazāla/um* "Gazelle".
* *Ḫu-za-lum* 2364B : *Ú-za-lum* 6212B *Ġuzālum* "Kleine Gazelle".
* *Pu-ur-ḫu-ša-nu* 5184M *Purġušānu* "Floh".

Anm.: **1.** Die Feststellung Lipińskis 1981, 279, "This phoneme ... is never reduced to an orthographic «zero»" ist nicht richtig.

2. So auch Lipiński 1981, 278f., und Lipiński 1989 sowie Oelsner 1988, 33. Während Gelb 1958, 150 2.7.2., /*ġ*/ als amurritisches Phonem nennt, geht er in 1980 von einer Lautentwicklung */*ġ*/ > /ᶜ/ aus, ohne dafür eine Begründung zu nennen (s. seine Bemerkung ib. 8). Knudsen 1991, 874 2.7., klassifiziert /*ġ*/ als "non-established neutral" und gesteht ihm damit "least probability" zu, doch ist das Fehlen dieses Phonems in den jüngeren nordwestsemitischen Sprachen (Phönizisch, Hebräisch, Aramäisch) sekundär und als Argument für das Amurritische kaum verwendbar.

3. Hoch 1994, 412: "/*Ġ*/ is a phoneme distinct from *ᶜayin*". Vgl. ib. 431 für die hundertprozentige Wiedergabe von semitischem /ᶜ/ durch ägyptisches ᶜ, während semitisches /*ġ*/ in 5 von 7 Fällen durch ägyptisches *q* oder *g* wiedergegeben wird.

19. /ʾ/

19.1. Schreibung von silbenöffnendem /ʾ/

§ 2.143. Silbenanlautendes /ʾ/ wird durch die Ḫ-Reihe[1], durch die 0-Reihe oder durch Schreibungen des Typs V_1-V_1C wiedergegeben. Eine signifikante geographische Distribution der verschiedenen Graphien ist nicht erkennbar. Mitunter ein und derselbe Schreiber verwendet verschiedene Schreibungen, wie die folgenden Belege für denselben Namen im gleichen Text zeigen:

* *Ḫa-ia-ma-dar* 2028B : *A-ia-ma-*[*dar*] 310B, wohl *ʾAyya-mâtar* "Wo ist denn der Hervorragende?" (oder zu √ *ḥwy/ḥyy*?), beide YOS 12, 360.[2]

Anm.: **1.** S. schon Bauer 1926, 63: "Intervokalisches ʾ kann bestehen bleiben und wird nach akkadischer Weise durch ḫ ausgedrückt. Vgl. A-bi-ḫi-el, Šú-ub-na-ḫi-lu." Gelb 1958, 146 1.2.: /ʾ/ durch Ḫ oder "vocale reduplicata" wiedergegeben oder unausgedrückt. Von Soden/Röllig 1991, XXXI, zur altbabylonischen Orthographie: "Die Neuerung, den Stimmabsatz ʾ mit dem *ḫ*-haltigen Zeichen wiederzugeben, war anscheinend dem Norden eigentümlich."

2. Gelbs ursprüngliche Vermutung (1958, 163 3.4.1.), der erste Radikal von "wo" sei /*h*/, gründet sich auf ägyptische Transkriptionen mit /*h*/ (s. Albright 1954, 225f.). Albright ib., 226, gefolgt von Huffmon 1965, 103, nennt auch den ugaritischen Namen HYaBN und vermutet in beiden Fällen "dissimilation". Gröndahl 1967, 133, versteht den ugaritischen Namen als "sie (die Göttin NN) ist unser Vater" und analysiert das erste Element als das Personalpronomen der 3. Sg. feminin. Ich ziehe die semitische Evidenz der ägyptischen vor und nehme als ersten Radikal /ʾ/ an.

S. dazu Cohen 1970ff. I 16f.: *ʾyy* 1; akkadisch *ajju* "welcher?" und Ableitungen AHw. 25f., CAD A/1, 234ff. *ajû*; ugaritisch iY "wo" WUS Nr. 161; hebräisch ʾY "wo? was? welcher?" HAL I 36f.; äthiopisch *ʾay* "which?" CDG 49. In Personennamen: Ebla: *A-a-ba*/*ba_4* Krebernik 1988, 115, dazu? Akkadisch: *Ajabī*, *Ajabum* "wo ist (mein) Vater?" AHw. 23 s. v. *ai* III. Sonst entsprechen im Akkadischen die Namen mit Element *ali*, s. Stamm 1939, 285f. Westsemitisch: *ʾayya* "contained in 50 West Semitic names from first-millenium Mesopotamia" Zadok 1978, 105. Ugaritisch: aYaB, aYaḪ, *a-ia-a-ḫi*, *a-ia-aḫ-ḫi*, *a-i-ú*?, BN aYY, iYBᶜL, iYᶜDM, iYTLM, ^{f}*i-ya-um-mi* Gröndahl 1967, 93f. Phönizisch: ʾYBᶜL Benz 1972, 265. Hebräisch: ʾYWB "wo ist der Vater?", ʾYZBL "wo ist die Hoheit?" u. a. Stamm 1980, 64f. Aramäisch: ʾYNDB "wo ist Freigebigkeit?" und ʾYᶜZR "wo ist Hilfe?" Maraqten 1988, 124f. Nicht hierher gehört der in Amarna bezeugte *Ḫa-ia* ägyptischer Herkunft (Hess 1993, 75f.).

§ 2.144. Weitere Belege für die Ḫ-Reihe in der Reihenfolge *ḫa*, *ḫi* und *ḫu*:

* *Si-im-ḫa-al* (Stamm) 5525M *Śimʾāl* "Norden". *Ri-ip-ḫi-*^{d}*da-gan* 5289 Tuttul *Ripʾī-dagan* "Mein Heil ist Dagan".
* *I-il-ḫi-*^{d}*da-g*[*an*] 2502M *ʾIlʾī-dagan* : *Ia-al-e-*^{d}*da-gan* 2921M *Yalʾē-dagan* "Mächtig gezeigt hat sich Dagan".[1]
* *Ṣa-bi-ḫi-im* (Gen) 6335M *Ṣābiʾim* "Krieger".
* *Šu-ub-na-ḫi-lu* 5958B : *Šu-ub-na-il* 5959B,[2] *Šu-ub-na-*DINGIR 5957B,M *Šūb-na-ʾil*(*u*) "Wende dich doch zu, o Gott!".

* *Me-ḫi-ri* 4632C : *Mi-i-rum* 4676M *Meʾīrum* (√ ʾ*wr*).
* *Ṣa-bi-ḫu-um* 6336M : *Ṣa-bi-um* 6341B *Ṣābiʾum* "Krieger".
* *Na-aš-ḫa-tum* (F) 4936M *Našʾatum* "Angenommen".

Unsichere Fälle:

* *Ḫa-a-ia-a-bu-um* 1811M, *Ḫa-a-ia-a-ba-am* 1810M, *Ḫa-ia-bu-um* 2027B : *A-a-a-bu-ú* (F) 1B, *A-ia-bu* 292Aspät *ʾAyya-ʾabum* u. ä. "Wo ist der Vater?" (oder zu √ *ḥwy*/*ḥyy*?).
* *Ḫa-ià-ma*-DINGIR 2036M : *A-ia-ma*-DINGIR 311M *ʾAyya-ma-ʾel* "Wo ist denn Gott?" (oder zu √ *ḥwy*/*ḥyy*?).
* *Ḫa-da-mu* 2004B : *A-da-mu* 177C, 178spät *ʾAdamu*? "Mensch(?)".[2]
* *Ḫa-ad-ma*?*-nu-um* 1860M, *Ḫa-ad-ma*?*-ni-im* (Gen) 1859B : *Ad-ma-nu-um* 659B *ʾAdmānum*?.[3]
* *Ḫa-às-da* (F) 1961M : ^{d}*Às-du* 934B, *Às-du-um* 936B *ʾAśda*? bzw. *ʾAśdu*(*m*) "Krieger".

Anm.: **1.** Huffmon 1965, 224, lässt offen, ob die Form *yalʾē* ein Präteritum des G- oder H-Stammes ist. Doch ist nur der G-Stamm semantisch sinnvoll. Zu vermerken ist ferner, dass auch das Akkadische keinen Kausativstamm von dieser Wurzel kennt. Für G entscheiden sich auch Buccellati 1966, 151 (*yalʾe* "he is strong"), von Soden 1966, 181 (*jalʾe* "er vermag"), Krahmalkov 1969, 202[6] ("Dagan prevails"), Gelb 1980, 23 (*lʾj* "to prevail") und Knudsen 1983, 11. Vgl. akkadisch *leʾû* "vermögen, können; überwinden" AHw. 547; ugaritisch Lʾ Y "stark sein" WUS Nr. 1430; Deiana 1984, 14-31; hebräisch s. die Diskussion bei Deiana 1984, 40-61. In Personennamen: Ebla: Namen mit *il-a-* und *il-e-*, s. Krebernik 1988, 47. Akkadisch: *Ileʾʾi*-GN "GN ist mächtig" AHw. 547 *leʾû* G 6. Ugaritisch: WUS Nr. 1430. Phönizisch-Punisch: ʿBDLʾY Deiana 1984, 5-14. Hebräisch: s. die Diskussion bei Deiana 1984, 34-40.

2. Für ein Namenselement *ḫīl* "Stärke" in Namen wie *A-ḫu-ḫe-el* 232M s. Lipiński 1981, 279, und Knudsen 1983, 14.

3. Gelb 1980, 13: *ʾadamum* "red". Vgl. akkadisch *ada*(*m*)*mu* "rot" AHw. 10; ugaritisch: aDM I "Mensch" WUS Nr. 83; nordwestsemitisch ʾDM_1 "man, person, someone" DNSI 13f.; hebräisch: ʾDM I "Menschen, Leute; einzelner Mensch" HAL I 14. In Personennamen: Ebla: Element *a*-DAM Krebernik 1988, 71, ferner *a-da-ma*/*-mi*/*-mu*? ib. 119. Akkadisch: AHw. 10 s. v. *ada*(*m*)*mu* 3, CAD A/I 95 *adamu* B, z.B. *A-da-mu*. Westsemitisch: *Ad-ma-ʾ*, *Ad-ma-nu* Zadok 1978, 112. Hebräisch: ʾDM III HAL I 14. [ʾ]DM(Y) "human being" Zadok 1988, 96 (3a). Nabatäisch: ʾDMN? Cantineau 1932, 56 (oder ʾDMYN zu lesen). Ṣafaitisch: ʾDM Harding 1971, 32. Meine Bestimmung der Wurzel folgt den hebräischen, nabatäischen(?) und ṣafaitischen Namen, die Übersetzung dem hebräischen.

§ **2.145.** Weitere Belege für die 0-Reihe im Wortinneren:

* *I-la-la-i* 2538DUr III, *I-la-la-e* 2536DUr III *ʾIla-lāʾī*/*ē* "Der Gott ist mächtig".
* *La-i-ju-um* 4269M *Lāʾiyum*. *La-i-tum* (F) 4272M *Lāʾītum*. *La-i-ia* 4266M *Lāʾīya*.
* *Ra-pu-a-tum* (M!) 5662? *Rapūʾatum* "Geheilt".
* *Ri-ip-i*-^{d}IM 5291M, *Ri-ip-e*-^{d}IM 5289M, *Ri-ip-i*-^{d}*da-gan* 5290M, *Ri-ip-i-li-*

im 5293M *Rip'ī-* "Mein Heil ist Haddu/Dagan/der Stamm".

* *Ri-ip-a-*DINGIR 5287M, *Ri-ip-a-ma-lik* 5288M *Rip'a-* "Heil ist der Gott/der Ratende".
* *Mi-il-a-bi-ti* 4679A *Mil'a-bītī* "Fülle ist mein Haus".

§ 2.146. Die Graphie V_1-V_1K findet sich häufig beim Element *'el/'il*, aber auch sonst. Vgl. für diese im Akkadischen ebenfalls belegte Notationsweise Streck 1998a, 311f. zu § 23d*.[1] Element *'el/'il*:

* *Ia-áš-ma-aḫ-ì-el* 3109B *Yaśmaʿ-'il* "Erhört hat der Gott".
* *I-bi-iš-ì-el* 2414D. [*I-b*]*í-iš-ì-il* 2422I.
* *Ia-aḫ-za-ar-ì-il* 2877B.
* *Ia-ḫa-ap-pi-i-il*$_5$ 3240B.
* *Ia-aḫ-zi-ir-ì-*DINGIR 2892B *Yaʿḏir-'el* "Geholfen hat der Gott".
* *Me-ḫi-ri-e-el* 4633B.
* *A-ga?-ad-e-el* 205I.
* *A-la-si-e-el* 353B.
* *Am-mu-e-el* 760B *ʿAmmu-'el* "Vatersbruder ist der Gott".
* *La-li-e-el* 4286D.
* *Lu-bu-e-el* 4376I.
* *Mu-tum-e-el* 4829B *Mutu-mêl* < **Mutu-ma-'el* "Wirklich Mann des Gottes".
* GÉME-*e-il* 1766B *'Amtu/i-'el* "Dienerin des Gottes".

Sonst:

* *Si-im-a-al* (Stamm) 5523M *Śim'āl* "Norden".
* *Ṣa-bi-i-im* 6337C *Ṣābi'im* "Krieger".
* *Ri-ip-i-im* (Gen) 5292M *Rip'im* "Heil".
* *Ra-pu-ú-um* 5263M *Rapū'um* "Geheilt".
* *An-nu-a-aš-ri* (F) ARM 23, 129: 7M *'Annu-'ašrī* "'Annu ist mein Glück".

Anm.: **1.** Vgl. schon Bauer 1926, 63: "Anlautendes ' ist bezeichnet in Ia-aḫ-zar-ì-il und Iasmaḫ-ì-el; diese Schreibungen besagen nach akkadischem Gebrauch Iaḫzar-'il, Iasmaḫ-'el."

19.2. Schreibung von silbenschliessendem /'/

§ 2.147. Silbenschliessendes /'/ wird durch das Zeichen AḪ[1], durch Vokalpleneschreibung oder die 0-Reihe notiert. Aufgrund der beiden ersten Graphien lässt sich vermuten, dass auch im Falle der 0-Reihe silbenschliessendes /'/ oft erhalten war.[2]

Anm.: **1.** Die Feststellung Bauers (1926, 63), dass Ḫ nicht silbenschliessendes /ʾ/ vertrete, ist heute obsolet.

2. Knudsen 1991, 875 2.7.3., will aufgrund der Schreibung *li-im* für das theophore Element Lîm generell "loss of pre-consonantal ʾ" feststellen. *li-im* gibt jedoch den 0-Kasus zu **liʾmu* wieder und ist daher als **liʾim/* > *lîm*, d. h. eine Form mit Elision eines intervokalischen */ʾ/ und anschliessender Vokalkontraktion zu analysieren. *Ab-bi-lim-ma* 605A und *I-da-lim-ma* 2426B bezeugen mit Krebernik 1987ff., 27, eine seltene Nebenform *limm-*, die sich analog Reiner 1966, 45, als "free variation of /:C/ and /C:/" (Typ *šarrūtu* : *šarruttu*) erklären lässt und wohl auf akkadischer Interferenz beruht.

§ **2.148.** Durch AḪ geschrieben: Wurzeln primae Alif:

* *Ma-aḫ-mi-nu-um* 4407B *Maʾminum* "Wahrheit".
* *Ta-aḫ-ta-mar* 5970M *Taʾtamar* "Sie (die Göttin) ist gesehen worden (= erschienen)".

Wurzeln tertiae Alif:

* *Ḫa-am-mu-ra-bi-iḫ* 1915Ḫana *ʿAmmu-rāpiʾ* "Der Vatersbruder ist heilend".
* *Am-mi-ra-bi-iḫ* 745Ḫana *ʿAmmī-rāpiʾ* "Mein Vatersbruder ist heilend".[1]
* *I-si-iḫ-^{d}da-gan* 2598Ḫana, 2599Ḫana *ʾIśśiʾ-dagan* "Angenommen hat Dagan".

Durch Plenevokal geschrieben: Wurzeln primae Alif:

* *La-a-mu-ri-im* 4204M *Laʾmurim* "Er möge ansehen" (Hypokoristikon).

Wurzeln tertiae Alif:

* *Zi-me-er-ra-bi-i* 6562D *Ḏimir-rāpiʾ* "Schutz ist der Heilende".
* *Am-mu-ra-bi-i* 765A *ʿAmmu-rāpiʾ* "Der Vatersbruder ist heilend".

Anm.: **1.** Weitere Belege bei Streck 1999a, 662.

§ **2.149.** Nicht ausgedrückt: Wurzeln primae Alif:

* *Ia-mu-ri-im* 3358B *Yaʾmurim* "Er hat angesehen" (Hypokoristikon).
* *La-mu-ra* 4302B *Laʾmura* "Er möge ansehen" (Hypokoristikon).
* *Ia-mu-ur-ad-du* 3361M *Yaʾmur-haddu* "Angesehen hat Haddu".
* *Ia-mur-*^{d}EN.ZU 3379B *Yaʾmur-yaraḫ* "Angesehen hat Yaraḫ".[1]

Wurzeln tertiae Alif:

* *Ia-aḫ-ba-^{d}ra-sa-ap* 2827M *Yaḫbaʾ-raśap* "Geborgen hat Raśap".
* *Zi-im-ru-ra-bi* 6529D *Ḏimru-rāpiʾ* "Schutz ist der Heilende".

* *A-bi-ra-bi* 126M, *A-bi-ra-pi* 127M *ʾAbī-rāpiʾ* "Mein Vater ist heilend" und passim beim Element *rāpiʾ* "heilend".
* *Ir-pa-a-bi* 3754A *ʾIrpaʾ-ʾabī* "Geheilt hat mein Vater".
* *Ia-ar-pa-*^{d}IM 3077M, *Ir-pa-a-da* 3755A *Yarpaʾ/ʾIrpaʾ-haddu/a* "Geheilt hat Haddu".
* *Ia-áš-si-*^{d}*da-gan* 3119M, *Ia-si-*^{d}*da-gan* 3453M *Yaśśiʾ-dagan* "Angenommen hat Dagan".
* *Ni-iq-mi-la-na-si* 5051M *Niqmī-la-nāśiʾ* "Meine Vergeltung ist fürwahr der Annehmende".
* *Zi-id-ku-la-na-si* 6457M *Ṣidqu-la-nāśiʾ* "Gerechtigkeit ist fürwahr der Annehmende".

Anm.: **1.** "sprechen" (wie Hebräisch, Aramäisch, Arabisch) ergibt keine plausible Interpretation des Gt-Stammes *taʾtamar* einschließlich des dazugehörigen Verbaladjektivs *ʾatamru*. "ansehen" (wie Akkadisch, Ugaritisch) dagegen erlaubt es, *A-tam-ri*-DINGIR 548M als "Angesehen von Gott" zu interpretieren, nämlich wie akkadisch *amāru* (Stamm 1939, 167 und 190) im Sinne von gnädiger Beachtung der Familie oder des Namensträgers durch die Gottheit. *Ta-aḫ-ta-mar* 5970M dürfte "Sie (die Göttin?) ist gesehen worden (= erschienen?)" bedeuten.

19.3. Elision von intervokalischem /ʾ/

§ 2.150. Intervokalisches /ʾ/ wird in der Schrift unterschiedlich behandelt: a) es bleibt erhalten; b) es wird elidiert und zwischen beide Vokale ein Gleitlaut eingefügt; c) es wird elidiert und beide Vokale werden kontrahiert (§§ 2.25-2.29). In den Fällen b und c treten gemischt morphographemisch-phonetische Graphien auf (§ 2.20):

* *Mu-tum-e-el* 4829B *Mutu-mêl* < **Mutu-ma-ʾel* "Wirklich Mann Gottes", nicht **Mutum-ʾel.*

Bei Schreibung a lässt sich nicht entscheiden, ob tatsächlich /ʾ/ oder ein nicht notierter Gleitlaut /*y*/ bzw. /*w*/ gesprochen wurde. Steht /ʾ/ zwischen zwei gleichen Vokalen, lässt sich nicht feststellen, ob Vokalkontraktion eintritt oder /ʾ/ bzw. ein Gleitlaut anzusetzen ist. In beiden Fällen behält die Rekonstruktion etymologisches /ʾ/ bei. Vgl. folgende graphische Oppositionen:

* *La-na-su-ú-um* 4310M, *La-na-su-ú* 4309B *La-naśūʾu(m)* : *La-na-su-wu-um* 4311M *La-naśūwum*, *La-ni-su-wu* (F) 4312M "Wahrlich Angenommen".
* *La-na-su-i-im*, *La-a-na-su-i-im* 4205M, 4306M *La-naśūʾim* : *La-na-su-ji* 4307M *Lanaśūyi*.

§ **2.151.** Elision und Einfügung eines Gleitlautes:

* *Ia-áš-si-ia-an* 3120M *Yaśśiyān* < **Yaśśiʾ-ān* (√ *nśʾ* "annehmen").

§ **2.152.** Elision und Vokalkontraktion: Hypokoristika:

* *Ḫa-bi-ia* 1995M *Ḫābîya* < **Ḫābiʾ-īya* "Bergend".
* *Ia-aḫ-bu-ú-um* 2830M *Yaḫbûm* < **Yaḫbaʾum* (√ *ḫbʾ* "bergen").

Genitivnamen:

* *Ab-di-li* 625A *ʿAbdîli* < **ʿAbdu-ʾili* "Diener des Gottes".
* *Bu-ni-lum* 1317B *Bunîlum*, *Bu-un?-ne-e-lum* 1365B *Bunîlum* : *Bu-nu-i-la* 1331B *Bunu-ʾila* "Sohn des Gottes".
* *Mu-ti-lum* 4796B *Mutîlum* : *Mu-tu-i-la* 4816M *Mutu-ʾila* "Mann des Gottes".
* *Su-mi-lu-um* 5600B *Śumîlum* : *Su-mu-el* 5645D, *Su-mu-i-la* 5662B,M *Śumu-ʾel/-ʾila* "Nachkomme des Gottes".
* *Su-mu-li-el* 5681B *Śumu-lêl* : *Su-mu-la-el* 5676B *Śumu-la-ʾel* "Nachkomme wahrlich des Gottes".

Verbalsatznamen:

* *Ia-wi-li* 3594? *Yaḥwîlī* : *Ia-wi-*DINGIR 3591B,M *Yaḥwī-ʾel* "Lebendig gezeigt hat sich der Gott".
* *Ia-ú-zi-lum* 3582B *Yawṣîlum* < **Yawṣī-ʾilum* "Erschienen ist der Gott". *Ia-si-li* 3473B, *Ia-si-lum* 3474B *Yaśśîlum* < **Yaśśī-ʾilum* < **Yaśśiʾ-ʾilum* "Angenommen hat der Gott".
* *A-am-li-*DINGIR 24B *Yamlêl* "Erfüllt hat der Gott".[1]
* *Su-mu-uš-ta-mar* 5730B *Śumûštamar* < **Śumu-ʾaštamar* "Den Namen habe ich gepriesen".

Nominalsatznamen:[2]

* *A-bi-la* 107B *ʾAbîla* < **ʾAbī-ʾila* "Mein Vater ist der Gott".
* *Be-di-lu-um* 1169B, *Be-di-lum* 1170B *Beʿdîlum* < **Baʿdī-ʾilum* "Mein Rückhalt ist der Gott".
* *Iš-ḫi-lu-ma* 3800B *ʾIšʿîlu-ma* < **Yišʿī-ʾilu-ma* "Meine Hilfe ist wirklich der Gott".
* *Iš-ḫi-lu-na* 3801M *ʾIšʿîluna* < **Yišʿī-ʾiluna* "Meine Hilfe ist unser Gott".
* *Zi-im-ri-lu-ma* 6514D *Ḏimrîluma* : *Zi-im-ri-i-lu-ma* 6509M *Ḏimrī-ʾilu-ma* "Mein Schutz ist wirklich der Gott".

* *Mi-il-ki-lu* 4690B, *Mi-il-ki-lum* 4692B *Milkîlum* : *Mi-el-ki-i-[la]* 4672B *Milkī-ʾi[la]* "Mein Rat ist der Gott".

* *Ra-bi-mi-lum* 5240B, *Ra-bi-mi-il* 5239B *Rāpî-mîl(um)* < **Rāpiʾī-ma-ʾil(um)* "Wirklich mein Heilender ist der Gott".

Anm: **1.** Gelb 1980, 25, bucht einen H-Stamm von *mlʾ* "to be full". √ *mlʾ* nimmt HAL II 397 im Anschluss an Noth 1928, 246, auch in dem hebräischen Namen YMLʾ/H an: "(Gott) fülle"; nach Rechenmacher 1997, 61, läge ein G-Stamm mit kausativer Funktion vor. Mit Noth ist als Objekt an "Versprechen, Bitten o. dergl." zu denken. Diese Deutung ist wahrscheinlicher als eine Ableitung von √ *mlḥ* "salzen; schön sein" (arabisch Imperfektvokal *u* oder *a*, s. Wehr 1219), eine Wurzel, die im sabäischen Onomastikon belegt ist (s. Tairan 1992, 262). Transitiver Gebrauch des G-Stammes ist u. a. hebräisch ("anfüllen" HAL II 552) und äthiopisch (*malʾa* "fill, complete" CDG 342) bezeugt.

2. Für */*ī* + *i*/ s. § 2.26. */*u* + *i*/ ergibt dagegen /*û*/ (s. § 2.32).

19.4. Elision von postkonsonantischem /ʾ/

§ **2.153.** Postkonsonantisches /ʾ/ wird fakultativ elidiert.[1] Die Elision tritt sowohl innerhalb eines Elementes als auch - viel häufiger belegt - an der Grenze zwischen zwei Elementen auf. Formen mit und ohne Elision begegnen bisweilen beim Namen ein und derselben Person:

* S. ARM 16/1, 220 s. v. *Yamraṣ-El* 3°, für *Ia-am-ra-zi*-DINGIR 2953M *Yamraṣ=el* neben *Ia-am-ra-aṣ*-DINGIR 2952M *Yamraṣ-ʾel* "Gesorgt hat sich der Gott".

Ebenso erscheint der Stamm Śimʾāl als

* *Si-ma-al* 5543M *Śimāl* neben *Si-im-a-al* 5523M, *Si-im-ḫa-al* 5525M und *Si-im-a-lu-um* 5524M *Śimʾāl(um)*.[2]

Anm.: **1.** Gelb 1958, 150 2.7.3., beschreibt die Erscheinung dagegen phonologisch kaum zutreffend als Assimilation an den vorhergehenden Konsonanten. Knudsen 1991, 869 1.3., hält die Elision von postkonsonantischem /ʾ/ für "an orthographic feature conditioned by the Akkadian speaking scribes' imperfect perception of foreign sounds", doch ist /ʾ/ dem Akkadischen ja nicht unbekannt und die Elision von postkonsonantischem /ʾ/ dem Semitischen nicht fremd (vgl. Syrisch *nešal* < **nešʾal*).

2. Knudsen 1991, 869 1.3., spricht von freier Variation ("vary freely") zwischen Formen mit und ohne Elision.

§ **2.154.** Der folgende Beleg zeigt Elision von /ʾ/ mit kompensatorischer Vokallängung in der vorangehenden Silbe wie im Akkadischen (GAG § 15b):

* *Ri-i-pi-*^{d}*da-gan* = ARM 23, 596 i 20'M *Rīpī-dagan* "Mein Heil ist Dagan",

ein als KU_5 "chef de section" bezeichneter Mann. Sehr wahrscheinlich dieselbe Person (ebenfalls KU_5) erscheint auch als *Ri-ip-i-*[d]*da-gan* ARM 23, 433 ii 13M *Ripʾī-dagan*.

Ob diese Ersatzdehnung in allen analogen Fällen eintritt oder ob vielmehr ein vereinzelter Akkadismus vorliegt, ist unklar.

§ **2.155.** Schreibungen wie *Ia-di-ḫa-a-bu-u*[*m*] 3196M sind als gemischt morphographemisch-phonetisch zu interpretieren (§ 2.20): *Yaydeʿ=abum* "Erkannt hat der Gott", nicht **Yaydeʿa-ʾabum*. Im folgenden stehen Belege mit und ohne Elision einander gegenüber.

§ **2.156.** Weitere Belege für Elision von /ʾ/ an der Grenze zweier Elemente: Zweites Element *ʾabu*:

* *Ia-di-ḫa-bu-um* 3198B, *Ia-di-ḫa-bu* 3197B *Yaydeʿ=abu* : *Ia-di-a-bu-um* 3182B,M, *Ia-di-a-bu* 3181B *Yaydeʿ-ʾabu*(*m*) "Erkannt hat der Vater".

Zweites Element *ʾilu*: Nominalsatznamen:

* *Ia-ḫa-te-lum*? 3251B *Yaḥad=elum* : *Ia-ḫa-ad-e-lum* 3233B *Yaḥad-ʾelum* "Einzigartig ist der Gott".

Verbalsatznamen:

* *Ia-aḫ-mi-zi-lum* 2851B *Yaʿmis=ilum* : *Ia-aḫ-mi-is*-DINGIR 2849B *Yaʿmis-ʾilum* "Getragen hat der Gott".
* *Ia-aḫ-zi-bi*-DINGIR 2879B, *A-aḫ-zi-bi*-DINGIR 19D, *Ia-a-zi-bi*-DINGIR 2798spät *Yaʿzib=el* : *Ia-aḫ-zi-ib*-DINGIR 2825B *Yaʿzib-ʾel* "Übrig gelassen hat der Gott".
* [d]*Ik-ru-bi*-DINGIR (GN) 3673M, [d]*Ik-ru-bi-el* (GN) ARM 13, 112: 5M *ʾIkrub=el* : [d]*Ik-ru-ub*-DINGIR (GN) 3676M *ʾIkrub-ʾel* "Gesegnet hat der Gott".
* *Ia-an-ti-ni*-DINGIR 2994B *Yantin=el* : *Ia-an-ti-in*-DINGIR 2987B,M *Yantin-ʾel* "Gegeben hat der Gott".
* *Ir-ḫa-mi-la* 3749A, *Ir-ḫa-mi*-DINGIR 3747A *ʾIrḥam=ila*, *Ia-ar-ḫa-mi*-DINGIR 3053B *Yarḥam=el* : *Ia-ar-ḫa-am*-DINGIR 3050B *Yarḥam=ʾel* "Sich erbarmt hat der Gott".
* *Ie-e-šu-bi*-DINGIR 3657B *Yišūb=el* : *Ia-šu-ub*-DINGIR 3508B,M *Yašūb-ʾel* "Sich zugewandt hat der Gott".
* Mit gemischt morphographemisch-phonetischer Graphie: *Ia-di-ḫi-e-lum* 3201? *Yaydeʿ=elum* "Erkannt hat der Gott". *I-ia-am-ru-uṣ-zi-i-lu-um* 2494B *Yamruṣ=ilum* "Sich gesorgt hat der Gott".

§ **2.157.** Weitere Belege für Elision innerhalb eines Elementes:

* *I-la-du* 2527Aspät *ʾIlâddu* < *ʾIlʾē-haddu* "Mächtig gezeigt hat sich Haddu" : *Il-a-du* 3679A, 3680A *ʾIlʾâddu*.

20. /*h*/

20.1. Schreibung von /*h*/

§ **2.158.** /*h*/ wird wie /ʾ/ und /ʿ/ durch die Ḫ- oder 0-Reihe oder durch Vokalpleneschreibungen wiedergegeben.[1] /*h*/ dürfte wie sonst im Nordwestsemitischen (§ 2.182) als selbständiges Phonem erhalten sein.[2] Ḫ- und 0-Graphie nebeneinander :

* *An-nu-ḫi-ta-la-*⌈*al*⌉ (F) 814M *ʾAnnu-hitalal* "ʾAnnu preise!" : *It-làl-èr-ra* M.A.R.I. 5 S. 677aM *Hitlal-ʾerra* "Preise den Erra!".[3]

Weitere Belege für die Ḫ-Graphie:

* *Si-ik-ri-ḫa-da* 5522B *Śikrī-hadda* "Mein Lohn ist Haddu".
* *Ba-la-ḫa-an-du* 1092M *Baʿla-handu* "Herr ist Haddu".

Anm.: **1.** Bauer 1926, 63: Ḫ = /*h*/. Gelb 1958, 146 1.2.: /h/ durch Ḫ oder Vokalzeichen wiedergegeben. Buccellati 1966, 189 1.2.2.: /*h*/ = Vokalzeichen.

2. Knudsen 1991, 874 2.7., klassifiziert /*h*/ ebenso wie /ʾ/, /*ḥ*/ und /ʿ/ als "Established neutral consonant". Als "Established" bezeichnet er Phoneme mit einer "*one-to-one* correspondence between their cognate forms in Proto-Northwest Semitic on the one hand and Hebrew, Ugaritic or Aramaic on the other"; "neutral" sind Phoneme, "which share orthographic sets with other phonemes".

3. Lediglich Gelb 1980, 19, hat die Wurzel erkannt: √ *hll* "to shout, to praise". Für den Gt-Stamm vgl. akkadisch *alālu* III Gt "ein Freudenlied singen" AHw. 34. Sonst im Semitischen: hebräisch *hll* II "rühmen, Gott preisen" HAL I 238f., äthiopisch *hll*, *tahalala* "jubilate, utter cries of joy" CDG 217. Die Lesung *ḫi-ta-la-*⌈*al*⌉ nach Durand 1997a, 649 iii 18.

§ **2.159.** Der Wettergott Haddu wird syllabisch jedoch in der überwiegenden Zahl der Belege *a-du* geschrieben, wobei in vielen Fällen nicht *haddu*, sondern *yaddu* (dazu § 2.165) gemeint ist, z. B. in Genitivnamen:

* *Su-mi-a-du* 5593A *Śumi-yaddu* < **Śumu-yaddu* < **Śumu-haddu* "Nachkomme des Haddu" (Vorliegen von /*y*/ ergibt sich aus der Status constructus-Endung /*i*/, die Ergebnis einer Assimilation */*uy*/ > /*iy*/ ist, vgl. § 3.61).
* *Ab-di-ad-du* 614B *ʿAbdi-yaddu* < **ʿAbdu-yaddu* "Diener des Haddu".

§ **2.160.** Belege für Vokalpleneschreibungen:

* *Ka-a-li*-DINGIR-*ma* 3895M, *Ka-a-li-i-lu-ma* 3896M *Kahlī-ʾilu-ma* "Meine Macht ist nur der Gott".
* *Ka-a-li*-^{d}IM 3898M *Kahlī-haddu* "Meine Macht ist Haddu".
* *Ka-a-la-an* 3893M *Kahlān.*
* *Ka-a-li-ia* 3897M *Kahlīya.*

Unsicher ist, ob *Bi-in-na-a-*[*ri*] 1222M (Sup) "Sohn des Fluss(gott)es" *-naha*[*ri*], *-nah*[*ri*] oder akkadisierend *nā*[*ri*] wiedergibt. Vgl. § 2.161 für *-nahari.*

§ **2.161.** *Šu-mu-na-ʾà-rí* Tuttul steht für *Śumu-nahari* "Nachkomme des Fluss(gott)es" oder *Śumu-na-nīri* "Fürwahr Nachkomme des Lichtes".

§ **2.162.** Nach Gelb 1980 (passim) und Knudsen 1991, 875-877, würde das Possessivsuffix 3. P. Sg. K*u-ú* (maskulin) und K*a-a* (feminin) geschrieben, z. B.

* *Zu-ra-ḫa-am-mu-ú* 6615M *Ṣūra-ʿammuhu*? "Fels ist sein(?) Vatersbruder".
* *A-ḫa-ta-a* (F) 215M *ʾAḫātaha*? "Ihre(?) Schwester".

Problematisch ist jedoch, dass bei dem folgenden Namen ein- und derselben Person Formen mit und ohne Possessivsuffix wechseln würden:

* *Da-di-ḫa-ad-nu-ú* 1426M *Dādī-ʿadnuhu*? "Mein Onkel ist seine(?) Wonne" : *Da-di-ḫa-du-un* 1427M *Dādī-ʿadun* "Mein Onkel ist Wonne". Für die Personenidentität s. ARM 16/1, 84 ("chef de la tribu yaminite des Rabbéens").

Die verschiedenen Schreibungen würden sich am einfachsten als *u*-Kasus gegenüber *0*-Kasus erklären. Ferner ist zu berücksichtigen, dass Plene- und Einfachschreibungen freie Varianten sind, z. B.:

* *Ḫa-aq-ba-ḫa-am-mu-ú* 1949M : *Ḫa-aq-ba-ḫa-am-mu* 1948M *ʿAqba-ʿammu*(*hu*)? "Schutz ist sein(?)/der Vaterbruder", "devin, commandant des troupes de Karanā sous Aškur-Addu, puis gouverneur ... de la même ville, au service de Ḫammurapi de Babylone" (ARM 16/1, 102).

Es stellt sich daher die Frage, ob tatsächlich Possessivsuffixe vorliegen und, wenn ja, ob die Formen nicht als /*û*/ bzw. /*ô*/ und /*â*/ zu analysieren sind. S. dazu den Folgeband dieser Studie.

20.2. Elision von /*h*/

§ 2.163. */*h*/ kann offenbar nach Reduktion zu /ʾ/ wie etymologisches /ʾ/ (§§ 2.150-2.157) elidiert werden, wobei zu /ʾ/ analoge phonologische Prozesse auftreten. Im folgenden werden die bei Gelb 1980, 243-247 s. v. HDD und 247f. s. v. HND, genannten Belege für das theophore Element Haddu analysiert.

§ 2.164. Elision nach Konsonant (meist Alalaḫ und spät, 1x Mari):

* *Ap-la-ḫa-an-da* 856M : *Ap-la-aḫ-an-da* 855M (Sup) *ʾAplaḫ=anda* "Ich fürchtete den Haddu(?)".
* *Ir-pa-da* 3756A *ʾIrpâdda* < *ʾ*Irpaʾ-adda* < *ʾ*Irpaʾ-hadda* : *Ir-pa-a-da* 3755A *ʾIrpaʾ-hadda* "Geheilt hat Haddu".
* *Ia-an-ti-na-du* 2992spät *Yantin=addu* < **Yantin-haddu* "Gegeben hat Haddu".

Mit gemischt morphographemisch-phonetischer Schreibung (§ 2.20):

* *Ig-mi-ra-a-du* 3659A *ʾIgmir=addu*.

§ 2.165. Elision von intervokalischem /*h*/ und Einfügung eines Gleitlautes (nur Mari, Yamḫad und Alalaḫ):

* *Ad-ri-ia-du* 681Yamḫad, *Ad-ri-ia-an-du* 680Yamḫad, *Ḫa-ad-ri-ia-an-du* 1876Yamḫad *ʿAḏrī-yaddu/-yandu* : *Ad-ri-a-du* 677A *ʿAḏrī-h/yaddu* "Meine Hilfe ist Haddu".
* *Ni-iq-mi-ia-ad-du* 5050M *Niqmī-yaddu* : *Ni-iq-mi-a-du* 5047A "Meine Rache ist Haddu".
* *Sa-am-si-ia-ad-du* 5341M *Śamśī-yaddu* : *Sa-am-si-a-du* 5332M "Meine Sonne ist Haddu".
* *Ḫa-ab-di-ia-an-du* 1831Yamḫad, *Ab-di-ia-du* 621Yamḫad, *Ab-du-ia-an-du* 633Yamḫad *ʿAbdu/i-yandu/yandu* "Diener des Haddu".
* *Na-ap-si-ia-an-du* 4917M *Napśī-yandu* "Mein Leben ist Haddu".
* *A-bi-ia-du* 88M *ʾAbī-yaddu* "Mein Vater ist Haddu". *Am-mu-ja-da* 773A *ʿAmmu-yadda* "Vatersbruder ist Haddu".
* *Ba-li-ia-ad-du* ARM 25, 744: 1M *Baʿlī-yaddu* "Mein Herr ist Haddu".

§ 2.166. Elision von intervokalischem /*h*/ und Einfügung eines Gleitlautes mit */*ya*/ > /*yi*/ (§ 2.79):

* *Iš-ḫi-e-*ᵈIM 3795B *ʾIšʿī-yidda* "Meine Hilfe ist Haddu".
* *Zi-im-ri-e-ed-da* 6501B *Ḏimrī-yidda* "Mein Schutz ist Haddu".

* *Zi-it-ri-e-*^{d}IM 6542B *Sitrī-yidda* "Mein Schutz ist Haddu".
* *Su-mi-e-da* 5596B *Śumi-yidda* "Nachkomme des Haddu".
* *Sa-am-si-e-da* 5337A, *Sa-am-si-e-*^{d}IM 5338D *Śamśī-yidda* "Meine Sonne ist Haddu".
* *Sa-ap-si-e-da* 5367A *Śapśī-yidda* : *Sa-ap-si-a-du* 5366A "Meine Sonne ist Haddu".

In drei Namen findet sich die Schreibung *e-da* nach Konsonant:

* *Ia-te-er-e-da* 3549A *Yayter-yidda* "Hervorragend gezeigt hat sich Haddu".
* *Ia-ak-ku-ub-e-da* 2908B? "Geschützt hat Haddu".
* *Aš-kur-e-da* 949B.

Hier liegt offenbar eine Analogiebildung zu postvokalischem *yidda* vor.[1] So entstandenes postkonsonantisches /y/ kann dann im Zuge einer weiteren Lautentwicklung elidiert werden (§ 2.82):

* *Ia-te-re-da* 3551A *Yayter=idda* < **Yayter-yidda* "Hervorragend gezeigt hat sich Haddu".
* *Ia-še-re-da* 3488A *Yayśir=idda* "Gerecht gezeigt hat sich Haddu".

Anm.: **1.** Kaum plausibel ist ein Umlaut */ha/ > /he/, da dieser amurritisch sonst nicht bezeugt ist.

§ **2.167.** Elision von intervokalischem /h/ und Vokalkontraktion (nur Alalaḫ):

* *Ni-iq-ma-du* 5042A *Niqmâddu* < **Niqmī-haddu* : *Ni-iq-mi-a-du* 5047A "Meine Rache ist Haddu". Vgl. *Ni-iq-ma-a-du* 5039A und *Ni-iq-má-a-du* 5044A, deren Plenegraphien vermutlich als gemischt morphographemisch-phonetisch (§ 2.20) zu verstehen sind.[1]
* *Ki-ib-za-du* 4029A *Kibsâddu* : *Ki-ib-zi-*^{d}IM 4033M *Kibsī-haddu* "Mein Weg ist Haddu".
* *Zi-it-ra-a-du* 6539A *Sitrâddu* "(Mein) Schutz ist Haddu".
* *Šu-ma-a-du* 5933A *Śumâddu* < **Śumi-yaddu* < **Śumu-yaddu* < **Śumu-haddu* : *Su-mi-a-du* 5593A *Śumi-yaddu* "Nachkomme des Haddu".
* *Sa-ap-ra-a-du* 5364A.

Anm.: **1.** Weniger wahrscheinlich ist, dass die Plenegraphien Kontraktionslänge bezeichnen, da analoge Schreibungen auch bei Elision von postkonsonantischem /h/ vorkommen (§ 2.164).

21. /*ḥ*/

21.1. Schreibung von /*ḥ*/

§ **2.168.** /*ḥ*/ wird durch die Ḫ- oder 0-Reihe wiedergegeben. /*ḥ*/ teilt beide Graphemreihen mit /ʾ/, /*h*/, /ʿ/ und /*ġ*/ und dürfte wie auch sonst im Nordwestsemitischen (§ 2.182) als selbständiges Phonem erhalten sein ("established neutral consonant", vgl. § 2.158 Anm. 2). Im folgenden stehen Belege für beide Schreibungen einander gegenüber (Reihenfolge ḪA, ḪI, ḪU, AḪ). ḪA:

* *Ḫa-ia-nu-um* 2030B : *A-a-nu-um* 10M *Ḥayyānum* (*ḥayy* "lebendig").
* *Ḫa-iu-um* 2044B, *Ḫa-ú-um* 2207B *Ḥayyum* : *A-ia* (F) 275M, *A-i-ia* (F) 274Aspät *Ḥayya* (*ḥayy* "lebendig").
* *Ḫa-ia-tum* (M) 2035B, [*Ḫ*]*a-a-a-ia-tum* (F) 1809M *Ḥayyatum* : *A-a-ti-ia* 11B, *A-ia-ti-ia* 317B *Ḥayyatīya* (*ḥayya* "Leben").
* *Ḫa-bi-bu-um* 1994B : *A-bi-bi-im* (Gen) 64B *Ḥabību/im* "Geliebter".[1]
* *Ḫa-na-ni-im* (Gen) 2172B : *A-na-ni-im* (Gen) 478B *Ḥananim*.[2]
* *Ḫa-ni-nu-um* 2177B : *A-ni-nu-um* 486B *Ḥaninum*.
* *Ḫa-an-na-ab-na-at* 1932B *Ḥanna-ʾabnat* : *An-na-ab-nu-um* 790B, *A-na-ab-nu-um* 457B *Ḥanna-ʾabnum* "Gnädig ist der Stein".
* *Ḫa-an-na-*^{d}IM 1935M : *An-na-*^{d}IM 793M *Ḥanna-haddu* "Gnädig ist Haddu".
* *Ḫa-an-ni-*DINGIR (F) 1937M *Ḥann=el*, *Ḫa-an-ni-i-la* 1938Aspät *Ḥann=ila* : *An-ni-*DINGIR 799B,M *Ḥann=el* "Gnädig ist der Gott".
* *Ḫa-*[*z*]*a-na-tum* (F) 2218M, *Ḫa-az-na-tu*[*m*] (F) 1982M *Ḥas*(*a*)*natum* "Schöne" : *A-za-nu-um* 578B *Ḥasanum*, *A-za-ni-ia* 577B *Ḥasanīya* "Schöner".

ḪI:

* *Ḫi-im-di-ma-lik* 2256M *Ḥimdī-mālik*.

ḪU:

* *Ia-ḫu-un-*DINGIR 3267M *Yaḥunn-ʾel* "Gnädig gezeigt hat sich der Gott" : *Ia-un-ma-tum* (F) 3584M (Sup) *Yaḥunn-mātum* "Gnädig gezeigt hat sich das Land".
* *Ḫu-ni-na-nu-um* 2316I *Ḥunīnānum* : *Ú-ni-na* (F) 6181M *Ḥunīna*.
* *Ḫu-za-ni* (Nom) 2366B *Ḥusānī* : *Ú-za-na* (F) 6213M *Ḥusāna* "Kleiner Schöner".

AḪ:

* *Ia-aḫ-wi-*DINGIR 2871B : *Ia-wi-*DINGIR 3591B,M *Yaḥwī-ʾel* "Lebendig gezeigt hat sich der Gott".
* *Ia-aḫ-wi-*DINGIR-*lí* 2872B *Yaḥwī-ʾilī* : *Ia-wi-li* 3594B *Yahwîlī* "Lebendig gezeigt hat sich mein Gott".
* *La-aḫ-wi-a-du* 4216A *Laḥwī-haddu* "Lebendig zeigen möge sich Haddu" : *La-wi-*DINGIR 4341M *Laḥwī-ʾel* "Lebendig zeigen möge sich der Gott".
* *Ia-aḫ-zu-un-*DINGIR 1937M *Yaḥṣun-ʾel* "Geschützt hat der Gott" : *Ia-zu-nu-um* 3615D *Yaḥṣunum.*

Anm.: **1.** Vgl. Gelb 1980, 19, "to love". Für die onomastische Verwendung der Wurzel s. hebräisch ḤBB und ḤBH HAL I 273, aramäisch ḤBB Kornfeld 1978, 49, sabäisch ḤBB und ḤBN? Tairan 1992, 95f.

2. Huffmon 1965, 200: *ḫnn* "be gracious; favor". Buccellati 1966, 134: *A-na-na* "*ḥanan-a*". Gelb 1980, 20: *ḥnn* "to be gracious, to be merciful". *ḥananum*, fem. *ḥananatum*, *ḥanana* "gracious". *ḥinnum*, fem. *ḥinnatum* "grace". *ḥanḥanum* "gracious". Onomastisch weit verbreitete Wurzel, z. B. akkadisch *Īnun-Ea* Stamm 1939, 182; s. a. AHw. *enēnu* I G 1; hebräisch HAL I 321f.; aramäisch Element ḤNN 10x Maraqten 1988, 225; 6x Kornfeld 1978, 50f.

21.2. Statistik zur Distribution der Graphien

§ 2.169. Das Verhältnis von Ḫ- zu 0-Graphien wird in folgenden Statistiken aufgeschlüsselt. Die Gesamtzahl der Belege bezieht sich jeweils auf die bei Gelb 1980 gesammelten Namen:

√ *ḥwy* 34 Belege (Gelb 1980, 242f. s. v. HWJ!)

	U	B	M	C	A
Ḫ	---	3	16	1	1
0	1	4	7	---	1

√ *ḥnn* 68 Belege (Gelb 1980, 250f.)[1]

	U	I	B	D	M	C	Qaṭna	A	Aspät
Ḫ	1	1	7	2	18	1	---	1	1
0	2	1	14	---	12	1	1	2	---

√ *yḥd* 16 Belege (Gelb 1980, 270)

	B	M
Ḫ	4	12
0	---	---

√ *ḥmd* 14 Belege (Gelb 1980, 250)

	B	M
Ḫ	2	14
0	---	---

§ **2.170.** Ergebnis: In Mari wird /*ḥ*/ signifikant häufiger durch die Ḫ- als durch die 0-Reihe bezeichnet (insgesamt Ḫ 60, 0 19 Belege). In Babylonien halten sich Ḫ- und 0-Graphien etwa die Waage (insgesamt Ḫ 16, 0 18 Belege).

Anm.: **1.** Folgende Belege werden nicht berücksichtigt: *En-ne-nu-um*, *En-ni-nu-um*, *E-nu-nu-um*, *I-nu-un-e-el*, *Ì-lí-ú-ne-ni*, *E-na-ba-ša-at/ta*, *E-ni-ba-ša-at/ta* (akkadisch?), *Ḫu-un-za-an-zi*, *Ḫu-un-za-zi*, *Ḫu-un-ḫu-up-še* (fraglich, ob semitisch).

22. /ᶜ/

22.1. Ḫ- und 0-Graphien

§ **2.171.** /ᶜ/ wird durch die Ḫ- oder 0-Reihe wiedergegeben. /ᶜ/ teilt beide Graphemreihen mit /ʾ/, /*h*/, /*ḥ*/ und /*ġ*/ und dürfte wie auch sonst im Nordwestsemitischen (§ 2.182) als selbständiges Phonem erhalten sein ("established neutral consonant", vgl. § 2.158. Anm. 2). Ḫ- und 0-Reihe wechseln oft beim Namen ein und derselben Person:

* Dieselbe Person wird in ARM 8, 34: 5 (M, Zeit Yaśmaᶜ-haddu) *Ḫa-ab-du-ma-ᵈda-gan*, auf der Tafelhülle ib. Z. 4 aber *Ab-du-ma-*[*ᵈda-gan*] *ᶜAbdu-ma-dagan* "Wirklich Diener des Dagan" geschrieben. Nach ARM 16/1, 95 Nr. 2°, erscheint sie darüberhinaus in zwei weiteren Texten: als *Ḫa-ab-du-*⸢*ma*⸣*-ᵈda-gan* in ARM 8, 39: 4M, als *Ab-du-ma-ᵈda-gan* in ARM 8, 40: 4M.
* *Ḫa-ab-du-maᵈda-gan* ARM 1, 62: 8'M und ARM 2, 97: 14M, aber *Ab-du-ma-ᵈda-gan* ARM 1, 18: 12 und 37M. Laut ARM 16/1, 95 Nr. 1°, handelt es sich um dieselbe Person (Zeit Yaśmaᶜ-haddu und vielleicht D̲imrī-lîm).
* Die in ARM 16/1, 95, als (*Ḫ*)*abdu-malik* 9° (M, Zeit D̲imrī-lîm) ("haut fonctionnaire provincial, s'occupant notamment de troupeaux royaux") gebuchte Person wird in ARM 9, 257: 10'M, ARM 13, 51: 21M und ARM 14, 36: 15M *Ḫa-ab-du-ma-lik ᶜAbdu-mālik* "Diener des Ratenden", in ARM 13, 37: 16'M aber *Ab-du-ma-lik* geschrieben.
* Der Text ARM 9, 253 (M) nennt in iii 28 einen *Ḫa-li-ú-um*, in iv 17 einen *A-li-ju-u*[*m*]. Mit Gelb 1980, 260, beides wohl für *ᶜAlīyum* "Erhaben".
* Der 6. König der 1. Dynastie von Babylon erscheint meist als *Ḫa-am-mu-*

ra-bi *ᶜAmmu-rāpiʾ* "Der Vatersbruder ist heilend" (s. z. B. die Belege in ARM 16/1, 100 s. v. Ḫ. 1°), in CT 2, 9: 17 = 764B aber als *Am-mu-ra-bi*.

* Dieselbe Person (vgl. ARM 16/1, 102) wird in ARM 2, 39: 14, 16 und 24M *Ḫa-aq-ba-ḫa-am-mu-ú* *ᶜAqba-ᶜammuhu*? "Schutz ist sein(?) Vatersbruder", in ARM 10, 174: 3M aber *Aq-bu-am-mu-ú* geschrieben. Vgl. mit graphisch kurzem *m* *Aq-ba-ḫa-mu* ARM 2, 50: 3M.
* *Zi-im-ra-ḫa-mu-ú* TIM 4, 33 Siegel (B) und TIM 4, 34 Siegel (B) *Ḏimra-ᶜammuhu*? "Schutz ist sein(?) Vatersbruder", aber *Zi-im-ra-am-mu* TIM 4, 33: 20B und TIM 4, 34: 13B.
* ARM 16/1, 102 Nr. 5° (M): *Ḫa-aq-ba-a-ḫi-im* ARM 1, 12: 25M *ᶜAqba-ʾaḫim* "Schutz ist der Bruder", aber *Aq-ba-a-ḫu-u*[*m*] ARM 1, 98: 22M.
* ARM 16/1, 102 Nr. 7° (M): *Ḫa-aq-ba-a-ḫi-im* ARM 7, 117: 20M *ᶜAqba-ʾaḫim* "Schutz ist der Bruder". Derselbe Text Z. 12 bietet *Aq-ba-a-ḫi-im*, so auch ARM 2, 82: 5M, ARM 7, 106: 8M u. ö.
* Der Sohn des Königs Śamśī-haddu erscheint als *Ia-áš-ma-aḫ-*ᵈIM 3110M *Yaśmaᶜ-haddu* "Erhört hat Haddu" und *Iš-ma-*ᵈIM 3810M *ʾIśmaᶜ-haddu*, s. die Belege in ARM 16/1, 231.

§ **2.172.** Im folgenden stehen weitere Belege für Ḫ- und 0-Schreibungen einander gegenüber: Silbenanlaut: √ *ᶜbd*:

* *Ḫa-ab-du-um* 1853B,M *ᶜAbdum* : *Ab-di-im* 623B,M *ᶜAbdim*.
* *Ḫa-ab-da-an* 1821M,C : *Ab-da-an* 607M, *Ab-da-nu* 609B *ᶜAbdān*(*u*).
* *Ḫa-ab-di-ia* 1830B,M,C : *Ab-di-ia* 620A *ᶜAbdīya*.
* *Ḫa-ab-di-ia-an-du* 1831Yamḫad : *Ab-du-ia-an-du* 633Yamḫad, *Ab-di-ia-du* 621Yamḫad *ᶜAbdi/u-yandu/-yaddu* "Diener des Haddu".
* *Ḫa-ab-di-el* 1829B, *Ḫa-ab-di-*DINGIR 1826B : *Ab-da-el* 608D, *Ab-di-*DINGIR 615B, *Ab-di-li* 625A *ᶜAbdêl* u. ä. "Diener des Gottes".
* *Ḫa-ab-du-*ᵈ*a-mi* 1833M, *Ḫa-ab-du-a-mi* 1834M, *Ḫa-ab-du-a-mu-um* 1836M, *Ḫa-ab-du-a-mi-im* 1835M : *Ab-di-a-mi* 611B, *Ab-du-a-mi-im* 627M, 628M *ᶜAbdu-*... u. ä. "Diener des Amu".
* *Ḫa-ab-du-*ᵈ*ḫa-na-at* 1844M : *Ab-di-a-na-ti* 612Aspät *ᶜAbdu-ᶜanat* u. ä. "Diener der ᶜAnat".
* *Ḫa-ab-di-a-ra-aḫ* 1825B, *Ḫa-ab-di-e-ra-aḫ* 1828M,C, *Ḫa-ab-di-ra-aḫ* 1832B, *Ḫa-ab-du-e-ra-aḫ* 1841B : *Ab-di-a-ra-aḫ* 613B, *Ab-di-e-ra-aḫ* 616B,M, *Ab-di-*ᵈ*e-ra-aḫ* 617B, *Ab-di-ra-aḫ* 626B, *Ab-du-e-ra-aḫ* 631M, *Ab-du-*ᵈ*e-ra-aḫ* 630B *ᶜAbdi-yaraḫ* u. ä. "Diener des Yaraḫ".
* *Ḫa-ab-du-*ᵈ*iš-ḫa-ra* 1847M : *Ab-di-*ᵈ*iš-ḫa-ra* 624A "Diener der ʾIšḫara".
* *Ḫa-ab-du-*$EŠ_4$-DAR 1842M,C : *Ab-du-*$EŠ_4$.DAR 632M, *Ab-di-*ᵈ$EŠ_4$.DAR 619A *ᶜAbdu-ᶜaštar* "Diener der ᶜAštar".
* *Ḫa-ab-du-*ᵈ*da-gan* 1840M : *Ab-du-*ᵈ*da-gan* 629M *ᶜAbdu-dagan* "Diener des Dagan".

* *Ḫa-ab-du-na-wa-ar* 1851M : *Ab-du-na-w[a-ar]* 638M *ʿAbdu-nawar* "Diener der Nawar/des Leuchtenden".

√ *ʿḏr*:

* *Ḫa-az-ra-an* 1983M : *Ad-ra-nu-um* 676I,B *ʿAḏrān(um)*.
* *Ḫa-ad-ri-ia-an-du* 1876Yamḫad : *Ad-ri-ia-an-du* 680Yamḫad, *Ad-ri-ia-du* 681Yamḫad, *Ad-ri-a-du* 677A *ʿAḏrī-yandu* u. ä. "Meine Hilfe ist Haddu".

√ *ʿly*:[1]

* *Ḫa-li-iu-um* 2069B, *Ḫa-li-ju-um* 2070B, *Ḫa-li-i-ju-um* 2064B : *A-li-ú-um* 374B, *A-lí-ju-um* 384B, *A-li-i-ú-um* 361B *ʿAlīyum* "Erhaben".
* ^{d}*A-a-ḫa-li-ia-at* (M.?) 7B *ʾAya-ʿalīyat* "ʾAya ist erhaben" : *A-li-a-at-*EŠ$_4$.DAR BIN 7, 217: 8B *ʿAlīyat-ʿaštar* "Erhaben ist ʿAštar".

√ *ʿmm*:

* *Ḫa-am-mi-ia* 1894M : *Am-mi-ia* 735B *ʿAmmīya*.
* *Ḫa-am-mi-du-šu-ur/úr* 1890B, 1891B : *Am-mi-du-šu-ur* 731?.
* *Ḫa-am-mi-su-mu-ú* 1897B : *Am-mi-su-mu* 747B *ʿAmmī-śumu(hu?)* "Mein Vatersbruder ist (sein(?)) Name".
* *Ḫa-am-mi-za-du-uq* 1903M : *Am-mi-za-du-ga* 753B *ʿAmmī-ṣaduq(a)* "Mein Vatersbruder ist gerecht".
* *Ḫa-am-mi-za-ku-ú* 1904M : *Am-mi-za-ku-um* 755B.
* *A-a-ḫa-am-mu-ú* 6B : *A-ia-am-mu-ú* 287B *ʾAyya-ʿammuhu*? "Wo ist sein(?) Vatersbruder?".
* *Bu-nu-ḫa-am-mi* 1330M : *Bu-nu-am-mu* 1324B *Bunu-ʿammi/u* "Sohn des Vatersbruders".

√ *ʿqb*:[2]

* *Ḫa-aq-ba-an* 1947M : *Aq-ba-an* 871M *ʿAqbān*.
* *Ḫa-aq-bu-da-di* 1950M : *Aq-bu-da-di* 884M, *Aq-bu-da-da* 883B *ʿAqbu-dādī/a* "Schutz ist mein/der Onkel".
* *Ḫi-iq-ba-an* 2260M : *Iq-ba-nu-um* 3742I *ʿIqbān(um)*.

√ *ʿzz*:[3]

* *Ḫa-az-zu* 1987C *ʿAzzu*: *Az-za-am-mi* 991A *ʿAzza-ʿammī* "Stark ist mein Vaterbruder".
* *Ḫu-uz-za-am* (Akk) 2355M *ʿUzzam* : *Uz-zu* 6278M *ʿUzzu*.

√ *ydʿ*:

* *Ia-di-ḫu-um* 3203B : *Ia-di-ú* 3212B *Yaydeʿu(m)*.

√ *ypʿ*:

* *Me-bi-ḫu-um* 4592M : *Me-pi-um* 4658I *Mēpiʿum* "Herrlichkeit".

√ *yšʿ*:

* *Iš-ḫa-ti-ia* (M?) 3787B *ʾIšʿatīya* : *Iš-a-ti* 3764 (M? Gen) *ʾIšʿatī*.
* *Iš-ḫi-e-ra-aḫ* 3796M *ʾIšʿī-yiraḫ* : *Iš-i-ra-aḫ* 3805B *ʾIšʿîraḫ* "Meine Hilfe ist Yaraḫ".

Anm.: **1.** Bauer 1926, 53, zu *Ḫa-li-ú-um*: "doch wohl Hypokoristikon. Aber wozu?". Huffmon 1965, 194, führt denselben Namen unter *ḫāl-* "maternal uncle" auf, doch bliebe dann die genaue Form unklar. Gelb 1980, 15: *ʿalijum* "high". Vgl. den hebräischen Namen ʿLY "erhaben" HAL III 787.

2. Huffmon 1965, 203f.: "watch, protect". Buccellati 1966, 159, zu *Iq-ba-nu-um*: "hypocoristicon of *ʿiqbum* "protection". Gelb 1980, 15: "to protect". S. hebräisch **ʿqb* II HAL III 825; äthiopisch *ʿaqaba* "guard" CDG 66. In Personennamen: Hebräisch: YʿQB "(Gott) beschütze/te", YʿQBH HAL II 403, ʿQWB HAL III 827; aramäisch: ʿQBYH "*yh* hat beschützt" Maraqten 1988, 200, ʿTʿQB "*ʿt* hat beschützt" ib. 201; 5x Kornfeld 1978, 67; NBWʿQB "*nbw* hat bewacht" ib. 61, ʾLʿQB ib. 41.

3. Gelb 1980, 15: *ʿazzum*, *ʿazazum* "strong", *ʿizzum*, *ʿuzzum* "strenght". In semitischen Personennamen weit verbreitet: Ebla: Element *a-zu*? Krebernik 1988, 73. Hebräisch: ʿZZYHW "Jahweh hat sich als stark erwiesen", ʿZYHW "J. ist meine Stärke/Zuflucht" HAL III 765 u. ö. Aramäisch: ʿZʾ "(GN) ist stark", ʿZʾL Maraqten 1988, 197, ʿZYZW "stark/mächtig" Kornfeld 1978, 66. Sabäisch: ʾLʿZ "(mein) Gott ist stark bzw. mächtig" Tairan 1992, 70f., ʿZZM *ʿAzīzum* "Mächtiger" ib. 157.

Az-zu (F) 993M,C gehört dagegen mit Durand 1997a, 605 Anm. 83, zu einem hurritischen Namenselement.

§ **2.173.** Silbenauslaut: √ *ʿḏb*:

* *Ia-aḫ-zi-ib-*^{d}IM 2885M : *Ia-zi-ib-*$^{d?}$IM? 3610M *Yaʿzib-haddu* "Übrig gelassen hat Haddu", *Ia-zi-ib-*^{d}*da-gan* 3609M *Yaʿzib-dagan* "Übrig gelassen hat Dagan".

√ *ʿḏr*:

* *Ia-aḫ-za-ar*-DINGIR 2876B, *Ia-aḫ-za-ar-ì-il* 2877B : *Ia-dar*-DINGIR 3179B *Yaʿḏar-ʾel* u. ä. "Geholfen hat der Gott".

√ *ʿqb*:

* *A-aḫ-ku-ub*-DINGIR 17B, *Ia-aḫ-ku-ub*-DINGIR 2844M,C, *Ia-aḫ-ku-bi*-DINGIR 2841B : *Ia-ku-ub*-DINGIR 3316B, *Ia-ku-bi*-DINGIR 3294B *Yaʿqub-ʾel* u. ä. "Geschützt hat der Gott".

√ *bʿd*:

* *Ba-aḫ-da-num* 1004B : *Ba-da-nu-um* 1062U *Baʿdānum*.

√ *bʿl*:

* *Ba-aḫ-li*-^{d}IM 1019M : *Ba-li*-^{d}IM 1105M (derselbe Text!) *Baʿlī-haddu* "Mein Herr ist Haddu".
* *Ba-aḫ-la-an* 1010M : *Ba-la-an* 1090M *Baʿlān*.
* *Ba-aḫ-li-ia* 1018B : *Ba-li-ia* 1104A,M *Baʿlīya*.
* *Ba-aḫ-li*-DINGIR 1016B, *Ba-aḫ-li-ì-lí* (F) 1017M : *Ba-li*-DINGIR 1100B *Baʿlī-ʾel* u. ä. "Mein Herr ist der/mein Gott".
* *Ba-aḫ-la-tum* (F) 1012M : *Ba-la-tum* (F) 1097B *Baʿlatum*.
* *I-ku-un-ba-aḫ-li* 2508A : *I-ku-un-ba-li* 2509A *ʾIkūn-baʿlī* "Fest gezeigt hat sich mein Herr".
* *La-aḫ-wi-ba-aḫ-lu* 4218M : *La-aḫ-wi-ba-lu* 4219C *Laḥwī-baʿlu* "Lebendig zeigen möge sich der Herr".

√ *ydʿ*:

* *Ia-daḫ*-DINGIR 3177B, *Ia-da-aḫ*-DINGIR 3169B : *Ia-da*-DINGIR 3174M *Yaydaʿ-ʾel* "Erkannt hat der Gott".
* *Ia-di-iḫ*-DINGIR 3204B : *Ia-di*-DINGIR 3190M *Yaydeʿ-ʾel* "Erkannt hat der Gott".

√ *ypʿ*:

* *Ia-a-pa-aḫ* 2792M : *Ia-pa* 3395A *Yaypaʿ*.
* *Ia-pa-aḫ*-DINGIR 3397M : *Ia-pa*-DINGIR 3401B *Yaypaʿ-ʾel* "Aufgestrahlt ist der Gott".

√ *yšʿ*:

* *A-ḫi-ia-šu-uḫ* 237D : *A-ḫi-ia-šu* 236B *ʾAḫī-yašuʿ* "Mein Bruder ist hilfreich".

22.2. Statistik zur Distribution von Ḫ- und 0-Graphien

§ **2.174.** √ *ˁbd*: Bei Gelb 1980, 257f., werden 75 Graphien - stets im Silbenanlaut - gebucht. Davon bieten 34 Graphien Ḫ, 41 Graphien 0. Regionale Verteilung:

	I	B	D	M	R	C	Jamḫad	A
Ḫ	---	12	---	24	---	4	1	---
0	1	19	1	11	1	---	2	9

√ *ˁqb*: Gelb 1980, 265f.: ich berücksichtige die 26 Graphien im Silbenanlaut. Davon 5 Graphien mit Ḫ, 21 Graphien mit 0. Regionale Verteilung:

	I	B	M	R	C	A
Ḫ	---	---	5	---	---	---
0	1	12	5	1	1	1

√ *ˁzz*: Gelb (1980, 268): 33 Graphien, stets im Silbenanlaut. Davon 4 Graphien mit Ḫ, 29 Graphien mit 0. Regionale Verteilung:

	U	I	B	M	C	A
Ḫ	---	---	---	2	2	---
0	4	1	6	16	3	2

√ *ypˁ*: Gelb 1980, 273f. Wir berücksichtigen nur die 37 Belege mit silbenschliessendem /ˁ/. Davon 31 mit Ḫ, 6 mit 0. Regionale Verteilung:

	B	D	M	C	Qatna	A
Ḫ	8	1	20	2	---	2
0	1	---	---	---	1	5

√ *bˁl*: berücksichtigt werden nicht die Belege mit akkadisierenden Graphien (*be-lí* usw.) sowie der Form /*baˁal*/ (*ba-al*), für die vierradikalige Wurzel "*šbˁl*" und für das Toponym *Ia-mu-ut-ba-al* usw. bzw. für von diesem aus gebildete Namen. Damit bleiben bei Gelb 1980, 281ff., gebuchte Belege für den Silbenschluss: 85. Davon 37 Graphien mit Ḫ, 44 Graphien mit 0 Regionale Verteilung:

	B	D	M	C	A	Amarna
Ḫ	5	---	17	2	4	1
0	22	2	19	1	5	---

§ **2.175.** Ergebnis: In Ur III und Isin gibt es nur 0-Graphien. In Babylonien überwiegen im Silbenan- und -auslaut die 0-Graphien (Anlaut: 12 Ḫ gegenüber 37 0; Auslaut: 13 Ḫ gegenüber 23 0). In Mari halten sich im Silbenanlaut Ḫ- und 0-Graphien etwa die Waage (31 gegenüber 32 Belegen), während im Silbenauslaut Ḫ-Graphien fast doppelt so häufig sind wie 0-Graphien (37 gegenüber 19 Belegen). In Alalaḫ existieren im Silbenanlaut nur 0-Graphien; im Silbenauslaut sind 0-Graphien fast doppelt so häufig wie Ḫ-Graphien (6 Ḫ gegenüber 10 0).

22.3. V_1-V_1K /ᶜvK/

§ **2.176.**

* *I-iz-zi-i* UET 5 S. 46B *ᶜIzzī* "Meine Stärke". Vgl. *Ḫu-iz-zi* 2301M.
* *A-ab-du-e-mi*(*-im*) Tuttul *ᶜAbdu-yimmi*(*m*) "Diener des Yamm".

22.4. Vokalpleneschreibung

§ **2.177.** Selten wird silbenschliessendes /ᶜ/ durch Vokalpleneschreibung ausgedrückt:

* *Ia-a-zi-bi*-DINGIR 2798spät : *Ia-aḫ-zi-bi*-DINGIR 2879B *Yaᶜzib=el* "Übrig gelassen hat der Gott".
* *Ba-a-la-an* 997M : *Ba-aḫ-la-an* 1010M *Baᶜlān.*
* DINGIR-*šu-ba-a-lum* 1565B *ʾIlšu-baᶜlum* "Sein Gott ist Herr".[1] *A-ma-at-ᵈba-a-la* (F) 400B *ʾAmat-baᶜla* "Diener der Herrin".
* *Um-mi-ba-a-la* (F) 6229Aspät *ʾUmmī-baᶜla* "Meine Mutter ist die Herrin".

Anm.: **1.** Beachte akkadisches *ʾilšu*: Mischname!

22.5. Elision von /ᶜ/

§ **2.178.** */ᶜ/ kann offenbar in seltenen Fällen nach Reduktion zu /ʾ/ wie etymologisches /ʾ/ (§§ 2.150-157.) und /h/ (§§ 2.163-167) elidiert werden, wobei zu /ʾ/ analoge phonologische Prozesse auftreten. So finden sich Belege für einen Gleitlaut /*y*/ statt */ᶜ/ in Genitivnamen (§ 3.61), wie die Status constructus-Endung /*i*/ beweist (vgl. § 3.61):

* *Mu-ti-a-n[a-t]a* 4782B *Muti-yanata* "Mann der ᶜAnat".
* *Ab-di-a-na-ti* 612Aspät, *Ab-ti-a-na-ti* 646Aspät *ᶜAbdi-yanati* "Diener der ᶜAnat".

§ **2.179.** Nur in Qaṭna und Alalaḫ tritt das Element *e-pa* auf, welches wohl als Adjektiv mit Kasusendung /*a*/ aufzufassen ist (s. § 2.23 Anm. 2): offenbar *yipa* < **yipʾa* < **yipᶜa* < **yipuᶜa*, d. h. Form mit Elision von */*u*/ (§ 2.23) sowie Reduktion und anschliessender Elision von postkonsonantischem */ᶜ/:

* *Ì-lí-e-pa* 2706A *ʾIlī-yipa* "Mein Gott ist aufgestrahlt".
* *Ba-li-e-pa* 1102A *Baᶜlī-yipa* "Mein Herr ist aufgestrahlt".
* *Ni-iq-mi-pa* 5052A, *Ni-iq-me-pa* 5046A *Niqmîpa* "Meine Rache ist aufgestrahlt".
* *Zi-id-ki-e-pa* 6453Qaṭna *Ṣidqī-yipa* "Meine Gerechtigkeit ist aufgestrahlt".

Vgl. den Namen *Šu-mi-ri-pa* 5936Aspät für *Śum-ripa* < **-ripʾa* "Nachkomme des Heils".

§ **2.180.** Selten sind Fälle von Vokalkontraktion zu beobachten:

* *Ab-ta-na-ti* 643Aspät *ᶜAbdânati* "Diener der ᶜAnat".
* Der König von Larsa begegnet in der unkontrahierten Form *Sa-mi-um* 5462B *Śāmiᶜum* und in der kontrahierten *Sa-mu-um* 5490B und *Sa-mu-ú-um* 5487B *Śāmûm*.
* UET 5, 569: Z. 17 *Lu-ḫa-a-a-sa-mi-um* 4377B : Z. 8 *Lu-ḫa-a-a-sa-mu-um* 4378B *Lū-ḥayya-śāmiᶜum/-śāmûm* "Lebendig sein möge der Erhörende".

22.6. Assimilation von /ᶜ/

§ **2.181.** Die Schreibung *Ia-ak-ku-ub-e-da* 2908B? steht offenbar für *Yaqqub-yidda* < **Yaᶜqub-yidda* "Geschützt hat Haddu". Sie bezeugt anscheinend Assimilation von /ᶜ/ an den folgenden Konsonanten, eventuell nach Reduktion von */ᶜ/ zu /ʾ/.

23. Synopse des amurritischen und semitischen Konsonantensystems

§ 2.182. Die folgende Synopse enthält die Evolution des protosemitischen Konsonantensystems in einigen semitischen Einzelsprachen, wobei Keilschriftsprachen und nordwestsemitische Sprachen bevorzugt werden. Für die Keilschriftsprachen und das Altaramäische nenne ich teilweise zusätzlich in runden Klammern die entsprechenden Graphemreihen. Für das Amurritische werden ausserdem die im Vorangehenden erarbeiteten, vermuteten phonetischen Exponenten der Phoneme in eckigen Klammern angefügt.

Nochmals sei darauf verwiesen, dass hier traditionelle Phonemsymbole verwendet werden (für Mehri die von Johnstone 1987, xiif., gebrauchten); dies ist unproblematisch, da es ja lediglich um die phonologischen Entsprechungen und nicht um exakte phonetische Wiedergaben geht. Auch ist hier nicht der Ort, Einzelprobleme semitischer Phonologie und Phonetik zu diskutieren. Für Ebla und Altakkadisch s. im allgemeinen Krebernik 1985 und für Ugaritisch Tropper 1994.

Protosemitisch	b	p	m	w	ḏ	*ṯ	ẓ
Amurritisch	b	p	m	w	ḏ (Z,D,S)	š (Š,S)	ṣ? (Z,Ṣ)
Phonet. Exponent	[b]	[p]	[m]	[w]	[ḏ]	[ṯ]	[ts']?
Ebla	b	p	m	w	ḏ(Š)	ṯ(Š)	ṣ
Altakkadisch	b	p	m	w	z(Z)	ṯ(Š)	ṣ
Altbabylonisch	b	p	m	w	z(Z)	š(Š)	ṣ
Ugaritisch	b	p	m	w	d,ḏ	ṯ	ẓ, ġ[1]
Altaramäisch	b	p	m	w	ḏ(Z)	ṯ(Š)	ẓ(Ṣ)
Syrisch	b	p	m	w	d	t	ṭ
Phönizisch-Pun.	b	p	m	w	z	š	ṣ
Hebräisch	b	p	m	w	z	š	ṣ
Arabisch	b	f	m	w	ḏ	ṯ	ẓ
Sabäisch	b	f	m	w	ḏ	ṯ	ẓ
Mehri	b	f	m	w	ḏ	ṯ	ḍ
Äthiopisch	b	f	m	w	z	s	ṣ

Protosemitisch	d	t	ṭ	n	r	l	ś
Amurritisch	d	t	ṭ	n	r	l	ś(S,Š)
Phonet. Exponent	[d]	[t]	[t']?	[n]	[r]	[l]	[s]?
Ebla	d	t	ṭ	n	r	l	ś(S)
Altakkadisch	d	t	ṭ	n	r	l	ś(S)
Altbabylonisch	d	t	ṭ	n	r	l	š(Š)
Ugaritisch	d	t	ṭ	n	r	l	š
Altaramäisch	d	t	ṭ	n	r	l	ś(Š)
Syrisch	d	t	ṭ	n	r	l	s
Phönizisch-Punisch	d	t	ṭ	n	r	l	š
Hebräisch	d	t	ṭ	n	r	l	ś?[2]
Arabisch	d	t	ṭ	n	r	l	š
Sabäisch	d	t	ṭ	n	r	l	ś
Mehri	d	t	ṭ	n	r	l	ś
Äthiopisch	d	t	ṭ	n	r	l	š

Protosemitisch	ḍ	z	s	ṣ	š	y	g	k
Amurritisch	ṣ(Z)	z(Z)	s(Z)	ṣ(Z)	ś(S)	y	g	k
Phonet. Exponent	[ts']?	[dz]?	[ts]?	[ts']?	[s]?	[y]	[g]	[k]
Ebla	ṣ(Z)	z(Z)	s(Z)	ṣ(Z)	ś(S)	y	g	k
Altakkadisch	ṣ(Z)	z(Z)	s(Z)	ṣ(Z)	ś(S)	y	g	k
Altbabylonisch	ṣ(Z)	z(Z)	s(Z,S)	ṣ(Z)	š(Š)	ʾ	g	k
Ugaritisch	ṣ	z	s	ṣ	š	y	g	k
Altaramäisch	ḍ(Q)	z	s	ṣ	š	y	g	k
Syrisch	ʿ	z	s	ṣ	š	y	g	k
Phönizisch-Punisch	ṣ	z	s	ṣ	š	y	g	k
Hebräisch	ṣ	z	s	ṣ	š	y	g	k
Arabisch	ḍ	z	s	ṣ	s	y	ǧ	k
Sabäisch	ḍ	z	s	ṣ	š	y	g	k
Mehri	ź	z	s	ṣ	s[3]	y	g	k
Äthiopisch	ḍ	z	s	ṣ	s	y	g	k

Protosemitisch	q	ġ	ḫ	ʾ	h	ḥ	ʿ
Amurritisch	q	ġ?(Ḫ,0)	ḫ(Ḫ)	ʾ(0,Ḫ)	h(Ḫ,0)	ḥ(Ḫ.0)	ʿ(Ḫ,0)
Phonet. Exponent	[kʾ]?	[ġ]	[ḫ]	[ʾ]	[h]	[ḥ]	[ʿ]
Ebla	q	ġ	ḫ	ʾ	h	ḥ	ʿ
Altakkadisch	q	ġ	ḫ	ʾ	h	ḥ	ʿ
Altbabylonisch	q	ʾ	ḫ	ʾ	ʾ	ʾ,ḫ	ʾ
Ugaritisch	q	ġ	ḫ	ʾ	h	ḥ	ʿ
Altaramäisch	q	ʿ?	ḥ?	ʾ	h	ḥ	ʿ
Syrisch	q	ʿ	ḥ	ʾ	h	ḥ	ʿ
Phönizisch-Punisch	q	ʿ	ḥ	ʾ	h	ḥ	ʿ
Hebräisch	q	ʿ	ḥ	ʾ	h	ḥ	ʿ
Arabisch	q	ġ	ḫ	ʾ	h	ḥ	ʿ
Sabäisch	q	ġ	ḫ	ʾ	h	ḥ	ʿ
Mehri	ṣ̌	ġ	x	ʾ	h	ḥ	(ʿ)[4]
Äthiopisch	q	ʿ?[5]	ḫ	ʾ	h	ḥ	ʿ

Anm: **1.** /*ġ*/ in *ġr* "Berg", *nġr* "schützen".

2. Für die Möglichkeit, dass hebräisches /*ś*/ Ergebnis aramäischer Interferenz ist, s. Diem 1974.

3. Protosemitisches /*š*/ entspricht im Mehri aber auch /*h*/ und vereinzelt einem /*š*/, s. Edzard 1984, 4f. und 6.

4. "occurs only sporadically and not predictably in M[= Mehri, M.P.S.], and when it occurs as a consonant it can usually be replaced by a glottal stop" (Johnstone 1987, xii).

5. Nach Voigt 1994, 102f., wäre protosemitisches */*ġ*/ im Äthiopischen dagegen mit /*ḫ*/ zusammengefallen.

III. Das Kasussystem

§ **3.1.** Das folgende Kapitel behandelt das amurritische Kasussystem.[1] Abschnitt 1 untersucht den Singular im Status rectus. Gegenstand von 2 ist der Singular im Status constructus vor Genitiv. 3 schliesst mit der Evidenz für den Plural des Nomens das Kapitel ab.

Anm.: 1. S. Streck 1998b für eine rezente kurze Behandlung des Themas.

1. Singular Status rectus

§ **3.2.** Auf die sprachliche Zuordnung der Kasussuffixe am Namensende (1.1) und die formale Identifizierung der amurritischen Kasus (1.2) erfolgt die Funktionsbestimmung (1.3). Eine historische Erklärung des amurritischen Befundes schliesst sich an (1.4).

1.1. Kasussuffixe am Namensende

§ **3.3.** Vor der formalen Identifizierung muss geklärt werden, ob Kasussuffixe am Namensende amurritisch oder akkadisch sind. Drei Fälle sind denkbar:

* Die Kasussuffixe am Namensende sind amurritisch und durch die Syntax des amurritischen Namens bedingt.
* Die Kasussuffixe am Namensende sind amurritisch und durch die Syntax des amurritischen Kontextes bedingt.
* Die Kasussuffixe am Namensende sind akkadisch und durch die Syntax des akkadischen Kontextes bedingt.

§ **3.4.** Zunächst lässt sich beobachten, dass Kasussuffixe am Namensende stets fehlen, wenn das letzte Namenselement ein finites Verbum ist:

* EŠ$_4$.DAR-*ia-wi* 1682B *ʿAštar-yaḥwī* "ʿAštar hat sich lebendig gezeigt".
* *A-bi-ia-pa-aḫ* (F) 93M *ʾAbī-yaypaʿ* "Mein Vater ist aufgestrahlt .
* *An-nu-ta-al-e* (F) 835M *ʾAnnu-talʾē*, EŠ$_4$.DAR-*ta-al-e* (F) 1695M *ʿAštar-talʾē* "ʾAnnu/ʿAštar hat sich mächtig gezeigt".
* *An-nu-ta-áš-ma-aḫ* (F) 837M *ʾAnnu-taśmaʿ* "Erhört hat ʾAnnu".

Auch an theophore Elemente wie Dagan und Yaraḫ wird nie eine Kasusendung angefügt:

* *Ḫa-ab-du-ma-ᵈda-gan* 1849M *ʿAbdu-ma-dagan* "Wirklich Diener Dagans".
* *Zu-ri-e-ra-aḫ* 6622M *Ṣūrī-yiraḫ* "Mein Fels ist Yaraḫ".[1]
* *Ia-aḫ-ba-ᵈra-sa-ap* 2827M *Yaḫbaʾ-raśap* "Geborgen hat Raśap".

Dasselbe gilt, wenn das letzte Namenselement ein Pronominalsuffix oder eine Partikel ist:

* *Za-ki-ra-ḫa-mi* 6369M *Ḏākira-ʿammī* "Sich erinnernd ist mein Vatersbruder".
* *Zi-im-ri-i-lu-ma* 6509M *Ḏimrī-ʾilu-ma* "Mein Schutz ist wirklich der Gott".

Aus diesen Beobachtungen lässt sich schliessen, dass von den § 3.3 genannten Möglichkeiten die zweite und die dritte ausscheiden: wenn der amurritische oder akkadische Kontext die Anfügung eines amurritischen oder akkadischen Kasussuffixes an den Namen erfordern würde, müsste ein solches auch in den vorgenannten Fällen auftreten. Da es in diesen Fällen aber fehlt, sind Kasussuffixe in Namen wie *Ia-di-ḫi-e-lum* 3201? *Yaydeʿ=elum* "Erkannt hat der Gott" und *La-aḫ-wi-ba-lu* 4219C *Laḥwī-baʿlu* "Lebendig zeigen möge sich der Herr" amurritisch und durch die amurritische Namenssyntax bedingt.[2]

Anm.: **1.** Zu *ṣūru* s. Huffmon 1965, 258: "rock, mountain". Gelb 1980, 34: *ṣūrum* "rock". Vgl. das amurritische Lehnwort im Altbabylonischen § 1.95. Hebräisch: ṢWR I HAL III 952f., s. vor allem 4 "als Ort v. Schutz, Sicherheit u. Zuflucht" b "in spez. Sinn: ṢWR = Gott/Jahwe". In Personennamen: Hebräisch: ṢWR III "Fels" oder "Kiesel" (= ṢWR I oder II) HAL III 954. ʾLYṢWR "G. ist Fels" HAL I 54. ṢWRYʾL "El/Gott ist mein Fels", ṢWRYŠDY "Šaddaj ist mein Fels" HAL III 954.

2. Dazu passt, dass auch nicht-semitische, etwa sumerische, Namen im akkadischen Kontext keine Kasussuffixe erhalten, vgl. Buccellati 1996, 217.

§ **3.5.** Diesen Schluss stützen Genitivnamen, in welchen das zweite Namensglied entgegen der Syntax des akkadischen Kontextes im Genitiv steht:

* *a-lik pa-ni ṣa-bi-im ša-tu ᵐMu-tu-ad-qí-im* ARM 28, 176: 6f.M "Der Anführer dieser Truppe ist *Mutu-ḥadqim*".

Der Name *Mutu-ḥadqim* hat hier Subjektsfunktion, die im Akkadischen den Nominativ erfordert. Ähnliche Fälle sind:

* *Su-mu-a-bi-im* (Nom) 5608B *Śumu-ʾabim* "Nachkomme des Vaters".
* *Bi-in-ma-a-ḫi-im* (Nom) 1221M *Bin-ma-ʾaḫim* "Wirklich Sohn des Bruders".
* *Ab-du-ma-li-ki* 636B *ʿAbdu-māliki* "Diener des Ratenden".
* *Mu-tu-ra-mi-e* 4826B *Mutu-rāmê* "Mann des Gedenksteins".

* *Zu-ḫa-ad-ni* (Nom) 6588M *D̲ū-ʿadni* "Der der Wonne".
* *K[a]-al-bu-*ᵈ*a-mi* 3916M *Kalbu-...* "Hund des Amu".

In diesen Namen ist die Genitivendung evident amurritisch und durch die Namenssyntax bedingt. Zusammenfassend lässt sich feststellen, dass alle Kasussuffixe am Ende amurritischer Namen formal als amurritisch zu klassifizieren sind.[1]

Anm.: **1.** Über die syntaktische Funktion dieser Kasussuffixe im akkadischen Kontext ist damit jedoch noch nichts gesagt. § 3.9 zeigt, dass die formal amurritischen Kasussuffixe teilweise der akkadischen Kontextsyntax entsprechend verwendet werden.

1.2. Formale Identifizierung

§ 3.6. Formal sind *0-*, *u-*, *i-* und *a*-Kasus zu erkennen. In mehrgliedrigen Namen kommt der *i*-Kasus nur beim zweiten Namenselement vor. Die drei anderen Kasus treten in mehrgliedrigen Nominalsatznamen in allen Kombinationen auf:[1]

0 - 0:	*Zi-me-ir-ra-bi-i* 6562D *D̲imir-**0**-rāpiʾ-**0*** "Schutz - heilend" (selten).
0 - u:	*Ia-tar-ḫa-mu* 3540M *Yatar-**0**-ʿamm-**u*** "Hervorragend - Vatersbruder".
0 - a:	*Ḫi-mi-id-ka-ak-ka* 2280M *Ḥimid-**0**-kakk-**a*** "Preis - Waffe".
u - 0:	*Ḫa-am-mu-ra-bi* 1911B,M,A *ʿAmm-**u**-rāpiʾ-**0*** "Vatersbruder - heilend".
u - u:	*Aq-bu-da-du-um* 885B *ʿAqb-**u**-dād-**u*** "Schutz - Onkel".
u - a:	*Sa-am-su-ba-la* 5348D *Śamś-**u**-baʿl-**a*** "Sonne - Herr".
a - 0:	*Ja-at-ra-il* 3853I *Yatr-**a**-ʾil-**0*** "Hervorragend - Gott".[2]
a - u:	*Zu-ra-ḫa-am-mu* 6614M *Ṣūr-**a**-ʿamm-**u*** "Fels - Vatersbruder".
a - a:	*Ta-pa-aš-šu-ra* 6033A *Ṭāb-**a**-ʾaššur-**a*** "Gut - ʾAššur" (selten).

Anm: **1.** Im folgenden wird teilweise auf die Angabe syntaktischer Funktionen verzichtet; die Namenselemente werden dann lediglich mit Bindestrich "-" nebeneinander gestellt.

2. Wegen des *a*-Kasus akkadische Interpretation (*wa-at-ra*) weniger wahrscheinlich.

§ 3.7. *u-* und *i*-Kasus erscheinen teilweise mit Mimation. Mimation ist nicht notwendigerweise Akkadismus, wie Belege für */um/* im Namensinneren zeigen:

* *Ḫa-ju-um-ra-bi* 2045M *Ḥayyum-rāpiʾ* "Lebendig - heilend".
* *Aš-du-um-la-a-bu-um* 939B *ʾAśdum-la-ʾabum* "Krieger - wahrlich - Vater".
* ᵈ*A-mu-um-e-šu-uḫ* 444Ḫana *...-yišuʿ* "Amum ist hilfreich".
* *Ḫa-am-mu-um-ra-pi* 1923B *ʿAmmum-rāpiʾ* "Vatersbruder - heilend".

* *Ba-lum-qa-mu-um* 1122M *Baᶜlum-qāmum* "Herr - sich erhebend".
* *Na-ḫu-um-^{d}da-gan* 4977B *Nāḫum-dagan* "Sich besänftigend ist Dagan".

Mimation tritt nie beim Element Haddu sowie beim *a*-Kasus auf. Das Nebeneinander von unmimierten und mimierten Formen spiegelt vielleicht ein älteres Sprachstadium (ohne Mimation) und ein jüngeres (mit Mimation) wieder.[1] Andererseits gibt es Nominalsatznamen, in welchen beide Elemente im *u*-Kasus stehen, aber nur das zweite Namenselement Mimation besitzt:

* *A-bu-ḫa-lum* 155B,M *ʾAbu-ḫālum* "Vater ist der Mutterbruder".
* *Ḫa-am-mu-ḫa-lum* 1907M *ᶜAmmu-ḫālum* "Vatersbruder ist der Mutterbruder".
* *A-bu-ḫa-lum* 155B,M *ʾAbu-ḫālum* "Vater ist der Mutterbruder".

Hier scheint die Mimation Akkadismus zu sein.

Die Frage der Nunation lässt sich noch nicht abschliessend beurteilen. Die folgenden Fälle sind zu diskutieren:

* Zadok 1993, 316b, nennt einige Ortsnamen; sie sind entweder Dual wie *Du-um-ta-an/-e-en* oder nicht ohne weiteres analysierbar wie z. B. *Na-ga-(ab-)bi-ni*.
* Der šakkanakku-zeitliche Name *Im-zi*-KALAM ARM 19, 333: 2M wird von Durand 1985, 152 Anm. 30, *Im-ṣí-un* gelesen, doch ist eine Deutung *Yimṣī-mātum* "Vermögend gezeigt hat sich das Land" ebenso denkbar; semantisch stünden ihm dann die Namen *Da-nu-ma-tum* 1473B *Dannu-mātum* "Stark war das Land" und *Ta-ku-un-ma-tum* (F) 6018M,C "Stabil gezeigt hat sich das Land" nahe.
* *Ša-du-um-la-ba* 5790M : *Ša-du-un-la-ba* 5794M, *[Š]a-du-um-šar-ri* 5795M : *Ša-du-un-šar-ri* 5795M. Gelb 1980 buchte diese Namen als amurritisch und analysierte auch *-un-* als */um/*. Durand 1998, 186, sieht in diesen Namen dagegen Belege für Nunation. Mit Sasson 1974, 384, liegt jedoch ein hurritisches Namenselement *šadum/n* vor, worauf schon das sicher hurritische *-šar-ri* beim zweiten Namenspaar hinweist. S. dazu auch den von Durand 1998, 421, erwähnten hurritischen Namen "Šadum-adal".
* *A-bu-me-ki-im* 159M, *A-bi-me-ki-im* 115B : *A-bu-me-ki-in* 160M, *A-bu-e-ki-in* ARM 16/1, 48M. Gelb 1980 leitet die Namen mit *-m* von √ *qwm* und die mit *-n* von √ *kwn* ab. Es handelt sich mit ARM 16/1, 48, jedoch immer um die gleiche Person, einen "ambassadeur de Zimri-Lim en Babylonie, hab. de Humsān". Durand 1997, 418, analysiert den Namen als "Abi/Abum-mi-êkîm/n" "C'est-le-père-de-l'orphelin" und sieht hier Nunation. Es handelt sich jedoch um einen - akkadischen - Namen *Abum-ekim/n* "Der/Mein Vater ist hinweggerafft", ein Ersatzname, der zu den *ḫabil* "ist geraubt"-Namen (Stamm 1939, 296f.) zu stellen ist. Das

auslautende /*n*/ ist somit Radikal; vgl. vielleicht *i-ki-in-šu* YOS 2, 38: 18, wo /*n*/ dann gegen GAG § 31f nicht durch das folgende /*š*/ bedingt wäre.

* Für *Ḫa-lu-um/un-bi-ia-mu* s. § 2.118.
* *Am-mi-za-ku-um* 755C = Akkadica Suppl. X Nr. 8: 2C : *Ḫa-am-mi-za-ku-ú* 1904M = ARM 9, 291 iv 10'M : *Ḫa-mi-za-ku-un* ARM 22, 161: 3M. Gelb 1980, 370, stellt das zweite Namenselement zu einer ungedeuteten √ *zkk*, während Zadok 1993, 316 Anm. 8, √ *ḏky* "be pure, innocent" vorschlägt, also "Mein Vatersbruder ist rein(?)". Nunation?

Anm.: **1.** Nur scheinbar Mimation sind Fälle, in welchen die Affirmativpartikel /*ma*/ mit einem folgenden Element kontrahiert ist: *Mu-tum-el* 4830B *Mutu-mêl* "Wirklich Mann des Gottes". Vgl. *Mu-tu-me-el* 4824B und *Mu-tum-ma-el* 4832D. Für /*ma*/ zwischen Regens und Rectum s. § 3.70.

1.3. Syntaktische Funktion

§ **3.8.** Ich nenne zunächst die Kriterien für die Belegauswahl (1.3.1). Auf den Überblick über die syntaktischen Funktionen (1.3.2) folgen die Belege nach Kasus differenziert (1.3.3-1.3.6). 1.3.7 enthält Nominalsatznamen, die aus zwei Epitheta bestehen. In 1.3.8 wird der Befund übersichtlich zusammengefasst und ausgewertet.

1.3.1. Kriterien für die Belegauswahl

§ **3.9.** Während alle Kasussuffixe amurritischer Namen zur formalen Identifizierung des amurritischen Kasussystems beitragen (§ 3.5), gilt Gleiches nicht für die Bestimmung der syntaktischen Funktion der Kasus. Die weitgehende formale Identität von amurritischem und akkadischem Kasussystem[1] hat zur Folge, dass teilweise die formal amurritischen Kasussuffixe am Namensende sekundär als akkadisch interpretiert und syntaktisch entsprechend den Erfordernissen des akkadischen Kontextes gebraucht werden. Bei Satz- und Genitivnamen heisst diese Erscheinung Gruppenflexion: Satznamen:

* *A-bu-ḫa-lum* 155B *ʾAbu-ḫālum* : *A-bu-ḫa-lim* (Gen) 154M *ʾAbu-ḫālim* "Vater - Mutterbruder".

Genitivnamen:

* *Su-mu-a-bu-um* 5608B *Śumu-ʾabum* "Nachkomme des Vaters".
* *Bu-nu-ma-a-ḫu-um* 1337B *Bunu-ma-ʾaḫum* "Wirklich Sohn des Bruders".
* *Bi-na-a-ḫu-um* 1259M *Binâḫum* "Sohn des Bruders".
* *Bu-ni-lum* 1317B *Bunîlum* "Sohn des Gottes".

* *Su-mi-lu-um* 5600B *Śumîlum* "Nachkomme des Gottes".
* *Bu-nu-am-mu* 1324B *Bunu-ʿammu* "Sohn des Vatersbruders".
* *Bu-nu-ba-lum* 1327B *Bunu-baʿlum* "Sohn des Herren".
* *Ḫa-ab-du-a-mu-um* 1836M *ʿAbdu-...* "Diener des Amum".

Einwortnamen:

* *La-na-su-ú-um* 4310M *Lanaśūʾum* : *La-na-su-i-im* (Gen) 4306M *Lanaśūʾim* "Fürwahr angenommen".
* *Za-bi-ḫu-um* 6336M *Ṣābiʾum* : *Za-bi-ḫi-im* (Gen) 6335M *Ṣābiʾim* "Krieger".

Für die Funktionsanalyse des amurritischen Kasussystems sind derartige Fälle wertlos.[2] Verwendet werden daher Belege für *u*-und *i*-Kasus am Namensende nur dann, wenn sie der vom akkadischen Kontext geforderten Syntax eindeutig widersprechen.

Anm.: **1.** Lediglich der amurritische *a*-Kasus findet im Altbabylonischen keine produktive Entsprechung; vergleicht man eblaitisches/altakkadisches onomastisches Kasussystem und amurritisches, ergibt sich vollständige formale Identität beider.

2. Gelb 1958, 154 3.2.3.1.2., nennt *Ja-ti-ir-na-nu-um* : *Ja-ti-ir-na-nim* : *Ja-ti-ir-na-nam* als Beleg für triptotische Deklination des Amurritischen. Ebenso Layton 1990, 38, zu *A-ḫu-um* : *A-ḫi-im* : *A-ḫa-am-ar-ši*; während in letzterem (akkadisch interpretierbarem!) Beispiel die Namenssyntax den Akkusativ erfordert, sind Nominativ und Genitiv durch die Syntax des akkadischen Kontexts bedingt.

§ 3.10. Als Ausgangspunkt für eine Funktionsanalyse scheiden ausserdem zwei Gruppen von Nominalsatznamen aus:

* Nominalsatznamen, bei welchen keines der beiden Elemente ein klar erkennbarer Gottesname ist, da die Bestimmung von Subjekt und Prädikat in aus zwei Epitheta zusammengesetzten Nominalsatznamen nicht ohne weiteres möglich ist.[1] Verwendet werden daher im ersten Schritt nur Verbalsatznamen, Nominalsatznamen mit einem Gottesnamen als Subjekt und Genitivnamen. Erst im zweiten Schritt können auch Nominalsatznamen, die aus zwei Epitheta bestehen, analysiert werden.
* Sehr seltene, aus zwei Götternamen bestehende identifizierende Nominalsatznamen des Typs *Ia-ra-aḫ-*ᵈEN.ZU Tuttul *Yaraḫ-sîn* "Yaraḫ ist Sîn", da in ihnen nach der Definition von Anm. 1 Subjekt und Prädikat nicht bestimmbar sind.[2]

Anm.: **1.** Die hier verwendete Definition von "Subjekt" und "Prädikat" basiert auf Lyons 1984, 340-346. Während wir in Verbalsätzen Subjekt und Prädikat gewöhnlich problemlos mit dem nominalen bzw. verbalen Satzteil identifizieren, besitzen Nominalsätze im Amurritischen keine von vorneherein sicher erkennbare Oberflächenstruktur, die die eindeutige Zuordnung eines Satzteiles zu Subjekt oder Prädikat ermöglichen. Auch die Differenzierung von "Thema" und

"Kommentar" ergibt keine brauchbare Definition, da die Situation der Namengebung in der Regel nicht bekannt ist. Damit ist aber unklar, welches der Namenselemente als das in dieser Situation Bekannte, über welches eine Aussage erfolgt, angesehen werden soll (das gleiche gilt auch für "Thema" und "Kommentar" in Verbalsatznamen). So lässt sich z. B. nicht ohne weiteres sagen, ob der Geber des Namens *ʿAmmu-rāpiʾ* "Vatersbruder-heilend" auf die Frage "wer ist heilend?" oder auf die Frage "welche Eigenschaft besitzt der Vatersbruder?" antwortet. Es empfiehlt sich daher, derartige Satznamen als in Bezug auf die Unterscheidung "Thema" und "Kommentar" "strukturell «merkmallos»" (Lyons 1984, 342f.) zu betrachten (und wir müssen sogar damit rechnen, dass sie es auch in der Situation der Namengebung waren).

Eine für unsere Zwecke sinnvolle Definition von "Subjekt" und "Prädikat" erhalten wir jedoch mit der Differenzierung von "singulären" (u. a. Eigennamen und Pronomina) und "universellen" (u. a. Verben, Adjektiven, indefinite Appellativa, Abstrakta) Ausdrücken, wobei der Grundsatz gilt, dass singuläre Ausdrücke nur Subjekts-, universelle Ausdrücke dagegen die Subjekts- oder Prädikatsposition besetzen können. Diese Definition ermöglicht es uns, in Sätzen wie *ʾAlla-rāpiʾ* "ʾAlla ist heilend" *ʾAlla* als Subjekt und *rāpiʾ* als Prädikat zu identifizieren. Erst die Parallelisierung von Nominalsatznamen wie *ʿAmmu-rāpiʾ* und *ʾAlla-rāpiʾ* erlaubt die Bestimmung von Subjekt und Prädikat in Namen, bei welchen keines der Namenselemente ein Eigenname ist: *ʿammu* ist aufgrund der Parallele zu *ʾAlla* Subjekt, *rāpiʾ* in beiden Fällen Prädikat.

2. Nominalsatznamen des Typs *ʾAlla-rāpiʾ* werden in dieser Arbeit dagegen als klassifizierend "ʾAlla ist heilend" und nicht identifizierend *"ʾAlla ist der Heilende" aufgefasst; vgl. die Argumentation § 3.45.

1.3.2. Überblick über die syntaktischen Funktionen

§ 3.11. Funktionell lassen sich Subjekt, Vokativ, Genitiv und Prädikat unterscheiden. Das direkte Objekt des Nomens ist offenbar nur vereinzelt bezeugt.[1] Im folgenden werden alle bei Gelb 1980 genannten, syllabisch geschriebenen und syntaktisch zweifelsfrei analysierbaren[2] Belege für ausgewählte maskuline und feminine Götternamen, Substantive, Adjektive und Partizipien geboten und z. T. durch neue Belege ergänzt. Im einzelnen werden die folgenden Namenselemente behandelt:

Götternamen: *Ditānu, Yammu, ʿAnat.*
Substantive: *ʾilu, baʿlu, baʿlatu, ṣūru, ʾabu, ʾaḫu, ʿammu, ḫālu, kibru, ḏikru, ḏimru.*
Adjektive und Partizipien:
yaḥdu, yatru, yatratu, yašʿu, yašʿatu, yapʿu, yapʿatu, śalmu, marṣu, kīnu, rāpiʾu, nāṣiru, bānû.

Anm.: **1.** S. die Namen *Ḫa-am-mi-iš-ta-mar* 1895M und *Su-mu-uš-ta-mar* 5730B, die vielleicht als "Meinen Vatersbruder/Den Namen habe ich gepriesen" zu deuten sind, s. § 2.26 Anm. 4. Im folgenden berücksichtige ich diese Evidenz angesichts ihres weiteren Argumentationsbedarfs jedoch nicht.

2. Vgl. § 3.9 und § 3.10.

1.3.3. *0*-Kasus

1.3.3.1. Subjekt

§ 3.12. *ditān*:

* *I-nu-uḫ-di-ta-an* 2580B *ʾInūḫ-ditān* "Beruhigt hat sich Ditān".
* *A-bi-di-ta-an* 69B *ʾAbī-ditān*, *A-bi-ti-ta-an* ARM 8, 68: 20M[1] *ʾAbī-titān* "Mein Vater ist Ditān".
* *Ì-lí-di-ta-an* 2705 = CT 48, 29 Rs. 19B *ʾIlī-ditān* "Mein Gott ist Ditān".

ʿAnat:

* *Ḫa-mi-*^{d}*ḫa-na-at* 2132M *ʿAmmī-ʿanat* "Mein Vatersbruder ist ʿAnat".[2]
* *Zi-ik-ri-ḫa-na-at* 6470M *Ḏikrī-ʿanat* "Mein Gedenken ist ʿAnat".
* MI-*lí-*^{d}*ḫa-na-at* 4716M *Ṣillī-ʿanat* "Mein Schatten ist ʿAnat".

ʾil/ʾel:

* *Ia-ḫa-ap-pi-i-il*$_5$ 3240B.
* *I-bi-iš-ì-el* 2414B. [*I-b*]*í-iš-ì-il* 2422I.
* *Ia-di-ḫa-el* 3199B *Yaydeʿ-ʾel* "Erkannt hat der Gott".
* *Ia-aḫ-za-ar-ì-il* 2877B. *Ia-aḫ-zi-ir-ì-il* 2893B *Yaʿḏir-ʾil* "Geholfen hat der Gott".
* *Ia-aḫ-zu-ur-il* 2903B.
* ^{d}*Ia-ak-ru-ub-el* (GN) 2915M, ^{d}*Ia-ak-ru-ub-il* 2916M, ^{d}*Ik-ru-ub-el* (GN) 3675M, ^{d}*Ik-ru-ub-il* (GN) 3676M *Ya/ʾI krub-ʾel* "Gesegnet hat der Gott".
* *Ik-zu-el* 3677D. *Ik-zu-il* 3678D.
* *Ia-na-bi-el* 3382M.
* *Ia-áš-ma-aḫ-ì-el* 3109B *Yaśmaʿ-ʾel* "Erhört hat der Gott".

baʿal:

* *Ia-ku-ba-al* 3290M *Yakūb-baʿal* < **Yakūn-* "Fest gezeigt hat sich der Herr".
* *Iš-me-eḫ-ba-al* 3815M *ʾIśmeʿ-baʿal*, *Ia-áš-ma-aḫ-ba-al* 3106M und ARM 23, 225: 4 u. ö. M "Erhört hat der Herr".
* *Il?-a-ba-al* Tuttul *ʾIlʾa?-baʿal* "Mächtig(?) gezeigt hat sich der Herr".

ḫāl:

* *Ia-ri-im-ḫa-al* 3435M *Yarīm-ḫāl* "Erhaben gezeigt hat sich der Mutterbruder".

* *Ia-šu-ub-ḫa-al* 3509M *Yašūb-ḫāl* "Zugewandt hat sich der Mutterbruder".

yaḥad:

* *Ia-šu-ub-ia-ḫa-ad* 3511M *Yašūb-yaḥad* "Zugewandt hat sich der Einzigartige".

yašuᶜ:

* *Ia-si-su-uḫ* 3478B *Yaśśîšuᶜ* "Angenommen hat der Hilfreiche".

yipuᶜ:

* *Ia-šu-ub-ᵈi-pu-uḫ* 3510M *Yašūb-yipuᶜ* "Zugewandt hat sich der Aufgestrahlte".

śalim:

* *I-ṣi-sa-lim* 2610B *ʾIṣī-śalim* "Erschienen ist der Freundliche".
* *I-dur-sa-lim* 2485B *ʾItūr-śalim* "Zugewandt hat sich der Freundliche".[3]

rāpiʾ:

* *Ia-šu-ub-ra-bi* 3516A *Yašūb-rāpiʾ* "Zugewandt hat sich der Heilende".
* *Ia-ku-un-ra-bi* 3339M, *Ia-ku-un-ra-bi-i* ARM 23, 596 ii 9'M *Yakūn-rāpiʾ* "Fest gezeigt hat sich der Heilende".
* *A-pa-aḫ-ra-bi* 493B *Yaypaᶜ-rāpiʾ* "Aufgestrahlt ist der Heilende".
* *Iz-kur-ra-bi* 3832B *ʾIḏkur-rāpiʾ* "Sich erinnert hat der Heilende".

nāṣir:

* *Ia-di-na-ṣir* 3207B *Yaydeᶜ-nāṣir* "Erkannt hat der Beschützende".

Anm.: **1.** Vgl. Durand 1982, 116. ARM 16/1, 52, liest im Anschluss an J. M. Sasson "A-ga-ti-ša-an". Die Lesung *ša* statt *ta* ist epigraphisch denkbar.

2. Der Name zeigt, dass die Verwandtschaftsbezeichnungen nicht wörtlich zu verstehen sind, sondern vielmehr Metaphern für das enge Vertrauensverhältnis zwischen Gottheit und Namensgeber/-träger darstellen.

3. Oder "Abendröte"?

1.3.3.2. Vokativ

§ 3.13. *ʾil*:

* *Šu-ub-na-il* 5959B *Šūb-na-ʾil* "Wende dich doch zu, o Gott!".

1.3.3.3. Genitiv

§ 3.14. *yamam*:

* *Su-mi-ia-ma-am* 5598M *Śumiyamam*, *Su-mu-ia-ma-am* 5665M "Nachkomme des Yam(a)m".

ʿAnat:

* *Ḫa-ab-du-dḫa-na-at* 1844M *ʿAbdu-ʿanat* "Diener der ʿAnat".
* *Mu-ut-dḫa-na-at* 4857M *Mut-ʿanat* "Mann der ʿAnat".

ʾil/*ʾel*:

* *Ab-da-el* 608D *ʿAbdêl*, *Ḫa-ab-di-el* 1829B, *Ab-te-il* 645I "Diener des Gottes".
* *Mu-tum-e-el* 4829B, *Mu-tum-el* 4830B, *Mu-ti-me-el* 4798D, *Mu-tu-me-el* 4798D, *Mu-tu-me-el* 4824B, *Mu-tum-ma-el* 4832D, *Mu-tum-me-el* 4833B *Mutu-mêl* u. ä. "Wirklich Mann des Gottes".
* *Su-mu-el* 5645D *Śumu-ʾel* "Nachkomme des Gottes".
* *I-ba-al-bi-el* 2388M, *I-ba-al-pi-el* 2396B *ʾIbal?-pī-ʾel* "Gebracht(?) hat der Mund (= Spruch) des Gottes".
* *Ia-ḫu-un-pi-el* 3628D *Yaḥun(n)-pī-ʾel* "Gnädig gezeigt hat sich der Mund (= Spruch) des Gottes".
* *Ḫu-un-bi-el* 2341D *Ḥun(n)-pī-ʾel* "Sei gnädig, Mund (= Spruch) des Gottes".
* *Ia-su-ud-pi-el* 348D.
* *A-ku-pi-el* 349B *Yakūp-pī-ʾel* < **Yakūn-* "Fest gezeigt hat sich der Mund (= Spruch) des Gottes".
* *A-šu-ub-la-el* 535D *ʾAšūb-la-ʾel*, *A-šu-ub-li-el* 536B *ʾAšūb-lêl* "Ich habe mich an den Gott gewandt".

yitar:

* *Bu-nu-i-ta-ar* Tuttul *Bunu-ʾitar* "Sohn des Hervorragenden".

yašuᶜ/yišuᶜ:

* *Mu-ta-šu-uḫ* 4775M *Mutâšuᶜ*, *M[u-t]u-e-šu-uḫ* 4813M *M[ut]u-yišuᶜ* "Mann des Hilfreichen".

yipuᶜ:

* *Su-mu-e-pu-uḫ* 5643M *Śumu-yipuᶜ* "Nachkomme des Aufgestrahlten".

maraṣ:

* *Bi-ni-ma-ra-aṣ* 1278M *Bini-maraṣ*, *Bu-ni-ma-ra-aṣ* 1319C *Buni-maraṣ* "Sohn des Sorgenvollen".

śalim:

* *Mu-ut-sa-lim* 4877M *Mut-śalim* "Mann des Freundlichen".

rāpiʾ:

* LÚ-*ra-bí* 4388I *Awīl?/Mut?-rāpiʾ* "Mann des Heilenden".[1] *Mu-ut-[r]a-bi* 4873M "Mann des Heilenden".
* *Su-ma-ra-bi* 5587spät, *Su-mi-ra-pa* 5601M,A, *Su-mu-ra-bi* 5706M *Śumu-rāpiʾ* u. ä. "Nachkomme des Heilenden".

Anm.: **1.** Es ist unsicher, ob LÚ akkadisch *awīlu* oder amurritisch *mutu* zu lesen ist.

1.3.3.4. Prädikat

§ **3.15.** *kibir*:[1]

* *Ki-bi-ir-é-a* 4014M *Kibir-ʾea* "Grösse ist Ea".
* *Ki-bi-ir-ᵈab-ba* 4013M *Kibir-ʾabba* "Grösse ist ʾAbba.".
* *Ki-bi-ir-*ᵈEN.ZU *Kibir-sîn* "Grösse ist Sîn".

ḏikir:[1]

* *Zi-ki-ir-*EŠ$_4$.[DAR] 6554M *Ḏikir-ᶜaštar* "Gedenken ist ᶜAštar".

ḏimir:1

* *Zi-me-ir-*ᵈUTU 6563B *Ḏimir-śamaś* "Schutz ist Śamaś".
* *Zi-me-er-ᵈza-ba$_4$-ba$_4$* 6564B *Ḏimir-zababa* "Schutz ist Zababa".

baˁla:

* ${EŠ}_4$.DAR-*ba-aḫ-la* (F) 1677M *ˁAštar-baˁla* "ˁAštar ist Herrin".
* [*A*]*n-nu-ba-aḫ-la* (F) ARM 22, 63 r. 11'M *ʾAnnu-baˁla* "ʾAnnu ist Herrin".
* [*Ta*]-*bu-bu-ba-aḫ-la* (F) ARM 24, 224 iii 50', 51'M *Tabubu-baˁla* "Tabubu ist Herrin".

yatar:

* *Ia-tar-*^{d}IM 3542M *Yatar-haddu* "Hervorragend ist Haddu".
* *Ia-tar-*^{d}*a-mi* 3534M *Yatar-...* "Hervorragend ist Ami".

yatra:

* *An-nu-ia-at-ra* (F) 816M *ʾAnnu-yatra* "ʾAnnu ist hervorragend".

yaḥad:

* *Ia-ḫa-ad-e-ra-aḫ* 3234M (Sup) *Yaḥad-yiraḫ* "Einzigartig ist Yaraḫ".

yišuˁ:

* ^{d}*A-mi-e-šu-uḫ* 412M, ^{d}*A-mu-um-e-šu-uḫ* 444Ḫana *Amum-yišuˁ* "Amu ist hilfreich".

yašˁa/yišˁa:

* ^{d}*Ad-mu-iš-ḫa* (F) 665M *ʾAdmu-yišˁa* "ʾAdmu ist hilfreich".
* *An-nu-iš-ḫa* (F) 818M *ʾAnnu-yišˁa* "ʾAnnu ist hilfreich".
* ${EŠ}_4$.DAR-*ia-aš-ḫa* (F) 1681M *ˁAštar-yašˁa* "ˁAštar ist hilfreich".
* *Ka-ka-iš-ḫa* (F) 3955M *Kakka-yišˁa* "Kakka ist hilfreich".
* ^{d}[UT]U-*ia-aš-ḫa* (F) 6274M *Śamaś-yašˁa* "Śamaś ist hilfreich".

yapuˁ:

* ^{d}*Da-gan-a-pu-uḫ* 1440M *Dagan-yapuˁ* "Dagan ist aufgestrahlt".

yapˁa:

* *An-nu-ia-ap-ḫa* (F) 815M *ʾAnnu-yapˁa* "ʾAnnu ist aufgestrahlt".

rāpiʾ:

* *Al-la-ra-pi* 706B *ʾAlla-rāpiʾ* "Alla ist heilend".

nāṣir:

* ^{d}*A-šar-na-ṣir* 529M *ʾAšar-nāṣir* "Das Glück ist beschützend".

bānī:

* *Ak-ka-ba-ni* 696M *ʾAkka-bānī* "ʾAkka ist erzeugend".

Anm: **1.** Es handelt sich kaum um Status constructus, da dieser in der Regel Kasusendungen aufweist (§ 3.58). Auch sind Kurznamen des Typs "Grösse des Ea" wenig wahrscheinlich, da entsprechende Vollnamen nie bezeugt sind. Schliesslich besitzt das Nebeneinander von unerweiterten Formen und solchen, die durch Pronominalsuffix erweitert sind, wie *Kibrī-* "Meine Grösse ist ..." : *Kibir-* "Grösse ist ... " zahlreiche Parallelen (z. B. *ʾilī* "Mein Gott ist ..." : *ʾila* "Gott ist ...").

1.3.4. *u*-Kasus

1.3.4.1. Subjekt

§ 3.16. *ʾilu*:

* *I-zi-i-lu-ma* 2652B *ʾIṣī-ʾilu-ma* "Wirklich Gott ist erschienen".

ʿammu:

* *Ḫa-mu-l*[*a*]*-ri-im* 2150M *ʿAmmu-l*[*a*]*rīm* "Der Vatersbruder möge sich erhaben zeigen".

1.3.4.2. Prädikat

§ 3.17. *baʿlu*:

* *Ba-lu*-EŠ$_{4}$.DAR 1115M *Baʿlu-ʿaštar* "Herr ist ʿAštar".
* *Ba-lu*-^{d}UTU 1118M *Baʿlu-śamaś* "Herr ist Śamaś".

ḏimru:

* *Zi-im-ru*-^{d}UTU 6531B, 6532B *Ḏimru-śamaś* "Schutz ist Śamaś".
* *Zi-im-ru*-^{d}IM 6527B *Ḏimru-haddu* "Schutz ist Haddu".
* *Zi-im-ru-a-ra-aḫ* 6520B *Ḏimru-yaraḫ* "Schutz ist Yaraḫ".
* *Zi-im-ru*-EŠ$_{4}$.DAR 6521B,A *Ḏimru-ʿaštar* "Schutz ist ʿAštar".

ˁammu:

* *Am-mu-a-da* 757A *ˁAmmu-haddu*, *Am-mu-wa-da* 773A "Vatersbruder ist Haddu".
* *Ḫa-am-mu-ᵈda-gan* 1906M *ˁAmmu-dagan* "Vatersbruder ist Dagan".

1.3.5. *i*-Kasus

1.3.5.1. Genitiv

§ 3.18. *yammi*:

* *A-ab-du-e-mi(-im)* Tuttul *ˁAbdu-yimmi(m)* u. ä. "Diener des Yamm".

ˁAnati:

* *Ab-ta-na-ti* 643Aspät, *Ab-di-a-na-ti* 612Aspät, *Ab-ti-a-na-ti* 646Aspät *ˁAbdi-ˁanati* u. ä. "Diener der ˁAnat".

ˀili:

* *Ab-di-li* 625A *ˁAbdîli* "Diener des Gottes".

ṣūri:

* *Ka-zu-ri-ḫa-la* 4007M *Ka-ṣūri-ḫāla* "Wie ein Fels ist der Mutterbruder".[1]

ḫāli:

* *Mu-ut-ḫa-li* 5854Ḫana *Mut-ḫāli* "Mann des Mutterbruders".

ˁammi:

* *Bi-na-am-mi* 1261B, *Bu-nu-ḫa-am-mi* (F) 1330M *Bunu-ˁammi* "Sohn des Vatersbruders".
* *Su-mu-ḫa-mi* ARM 24, 287: 16'M *Śumu-ˁammi* "Nachkomme des Vatersbruders".

ˀabi:

* *Sa-mu-a-bi-im* (Nom) 5464M *Śamu-ˀabim*, [*S*]*u-mu-a-bi-im* (Nom) 5607B [*Ś*]*umu-ˀabim* "Nachkomme des Vaters"

ʾaḫi:

* *Bi-in-ma-a-ḫi-im* 1221M *Bin-ma-ʾaḫim* "Wirklich Sohn des Bruders".

baʿlati:

* *Ḫa-ab-du-ba-aḫ-la-ti* 1839M *ʿAbdu-baʿlati* "Diener der Herrin".

maraṣi:

* *Bi-ni-ma-ra-zi* (F) 1279M *Bini-maraṣi* "Sohn des Sorgenvollen".

Anm.: **1.** Durand 1997a, 641 Anm. 554, denkt dagegen an die im amurritischen Onomastikon bezeugte √ *kṣr*, übersetzt den Namen jedoch nicht. Eine Nominalform QaTuL oder QaTūL von dieser Wurzel wäre wohl schwierig.

1.3.6. *a*-Kasus

1.3.6.1. Subjekt

§ **3.19.** *Hadda/Yadda/Yidda*:

* *Ia-ak-ku-ub-e-da* 2908B *Yaqqub-yidda* < **Yaʿqub-* "Geschützt hat Haddu".
* *Ia-še-re-da* 3488A *Yayśir=idda* "Gerecht gezeigt hat sich Haddu".
* *Ia-te-ir-e-da* 3549A, *Ia-te-ri-da* 3551A *Yaytir-yidda* u. ä. "Hervorragend gezeigt hat sich Haddu".
* *Ir-pa-a-da* 3755A, *Ir-pa-da* 3756A *ʾIrpa-hadda* u. ä. "Geheilt hat Haddu".
* *Iš-ma-a-da* 3808A *ʾIśmaʿ-hadda* "Erhört hat Haddu".
* *A-ḫi-a-da* 224B *ʾAḫī-hadda* "Mein Bruder ist Haddu".
* *Ì-li-e-da* 2684A *ʾIlī-yidda* "Mein Gott ist Haddu".
* *Am-mi-e-da* 732A *ʿAmmī-yidda* "Mein Vatersbruder ist Haddu".
* *Am-mu-a-da* 757A, *Am-mu-ja-da* 773A *ʿAmmu-yadda* u. ä. "Vatersbruder ist Haddu".
* *Zi-im-ri-e-id-da* 6501B *Ḏimrī-yidda* "Mein Schutz ist Haddu".
* *Si-ik-ri-ḫa-da* 5522B *Śikrī-hadda* "Mein Lohn ist Haddu".
* *Sa-am-si-e-da* 5337A *Śamśī-yidda*, *Sa-ap-si-e-da* 5367A *Śapśī-yidda* "Meine Sonne ist Haddu".
* *Si-ip-ku-na-da* 5529M.
* *La-ú-la-a-da* 4338A *Lāʾû-la-hadda* "Mächtig ist wahrlich Haddu".

Yamma:

* *A-bi-ia-ma* 56B, *A-bi-ia-ma* 91B *ʾAbī-yamma* "Mein Vater ist Yamm".
* *Ma-di-ia-ma* 4454B *Maᶜdī-yamma* "Meine Festigkeit ist Yamm".[1]
* *Ia-am-ma-*DINGIR 2944B, [*I*]*a?-ma-*DINGIR 3344M *Yamma-ʾel*, *Im-ma-*DINGIR 3697M,Tuttul *ʾImma-ʾel* "Yamm ist Gott".

Kakka:

* *I-din-*^{d}*ka-ka* 2458M *ʾIddin-kakka* "Gegeben hat Kakka".
* *Ka-ka-iš-ḫa* (F) 3955M *Kakka-yišᶜa* "Kakka ist hilfreich".
* Weitere Belege bei Gelb 1980, 305.

Ditāna:

* *Am-mi-di-ta-na* 730B, *Am-mi-te-ta-na* 751B, *Am-mi-di-da-na* MSL XI 48 iv 20f.; 50: 26Ug.[2] (9. König der 1. Dynastie von Babylon) *ᶜAmmī-ditāna* u. ä. "Mein Vatersbruder ist Ditānu".
* *Sa-am-su-di-ta-na* 5349B (1. König der 1. Dynastie von Babylon) *Śamśu-ditāna* "Sonne ist Ditānu".
* *Sa-am-si-di-ta-na* 5336B, ^{d}UTU-*di-da-na* MSL XI 48 iv 22; 50: 28Ug.[2] *Śamśī-ditāna* "Meine Sonne ist Ditānu".

ᶜAnata:

* *Zi-im-ri-ḫa-na-ta* 6507B *Ḏimrī-ᶜanata* "Mein Schutz ist ᶜAnat".

ʾila:[3]

* *Ia-wi-i-la* ARM 16/1, 237M *Yaḥwī-ʾila* "Lebendig gezeigt hat sich der Gott".[4]
* *Ia-aš-bi-i-la* 3084B.

baᶜla:

* *Iš-me-ba-la* 3812D, *Iš-me-eḫ-ba-la* 3816D *ʾIśmeᶜ-baᶜla* "Erhört hat der Herr".

Anm: **1.** *ma-di* wird von Gelb 1980, 318, unter √ *mʾd* verzeichnet. So auch Knudsen 1983, 15. Nach letzterem stehe das Element *ma-di* in Namen wie *Ì-lí-ma-di* 2748B für "«plenty, possessions,» as does Hebrew *m*^{e}*ʾōd* in Deut. 6:5". Gelb 1980, 24, nennt als Alternative zu √ *mʾd* eine Ableitung von √ *mᶜd* "to promise". Dabei denkt Gelb offenbar an einen Lautübergang /*w*/ > /*m*/, wie er für äthiopisch *maᶜada* angenommen wird: arabisch *waᶜada* "versprechen" (Wehr 1985, 1415) > äthiopisch *maᶜada* "counsel, warn, exhort, admonish" (CDG 325: "Among the various comparisons ... the root *wᶜd* ... is the most acceptable"). Da sonst im Amurritischen /*w*/

zu /y/ wird, kann mit Knudsen 1983, 15, diese Alternative gestrichen werden. In altsüdarabischen Namen ist jedoch ein Element M^c^D gut bezeugt. S. Tairan 1992, 200f., wo M^c^DKRB als /*Ma^c^d(ī)karib*/ "(meine) Härte bzw. Festigkeit (d.i. die Gottheit) hat vereinigt" gedeutet wird. S. a. M^c^DHL ib. 201, dessen Interpretation jedoch nicht feststeht. Weitere altsüdarabische Namen mit Element M^c^D erwähnt Tairan unter dem erstgenannten Namen. Ich schliesse meine Interpretation von amurritisch *ma-di* diesem Element M^c^D an.

2. In Kanal- und Mauernamen der Ugarit-Rezension von Ḫḫ. Vgl. Lipiński 1978, 92 Anm. 5 und 7.

3. *Ir-ḫa-mi-la* 3749A, *A-šu-ub-i-la* 533A und *Uš-ta-ni-i-la* 6268A gehören wegen *Ir-ḫa-mi-il-la* 3748A dagegen vielleicht zu *ᵓIlla*. So auch *A-kum-la-i-la* 352M *Yakūn/Yaqūm-* ... "Zuverlässig gezeigt/Erhoben hat sich ..." (Gelb 1980, 216, analysiert das erste Element dagegen als *ᵓakum-*)? Die Analyse von *Ú-zi-la* 6216M ist unklar; Gelb 1980, 268, stellt den Namen zu √ *ᶜzl*. Doch liegt entweder akkadisch *Uṣîla* "Erschienen ist der Gott" oder amurritisch *ᶜUzzîla* "Meine Stärke ist der Gott" vor.

4. Mehrere Personen, z. T. auch *Ia-wi*-DINGIR geschrieben.

1.3.6.2. Vokativ

§ 3.20. *ᵓila*:

* *Šu-ub-^{d}i-la* 5956M *Šūb-ᵓila* "Wende dich zu, o Gott!".
* *Ku*!*-un-i-la* 4168M *Kūn-ᵓila* "Sei fest, o Gott!".[1]
* *Si-ma-aḫ-ni-i-la* ARM 23, 623: 46M *Śimaᶜ-nī?-ᵓila* "Erhöre mich(?), o Gott!".

Anm.: **1.** Nach Durand 1997a, 643 mit Anm. 579, steht auf der Tafel *Lu-un-i-la*. Durand ib. übersetzt "Ila-est-venu", postuliert eine √ *lwn* und verweist auf das angebliche akkadische Verbum *liānu*. Letzteres wird in AHw. 548 als Hapax gebucht, in CAD L 163a jedoch zu *ša*!*-a-ḫu*! emendiert. Ist diese Verknüpfung schon deshalb gewagt, so ist sie auch unplausibel, weil das akkadische Verbum eine √ *lyn* besässe. Andererseits ist das Element *kūn* im amurritischen Onomastikon gut belegt, s. etwa *Ì-lí-ku-un* 2742M "Mein Gott, sei fest!", *Ḫa-mi-ku-un* 2136M "Mein Vaterbruder, sei fest!" 2136M (beide im selben Text wie *Ku*!*-un-i-la*) und *Ku-un-am-mu* 4164Ug. "Sei fest, o Vaterbruder!". Ich ziehe deshalb obige Textkorrektur vor.

1.3.6.3. Genitiv

§ 3.21. *Yidda*:

* *Su-mi-e-da* 5596B *Śumi-yidda* "Nachkomme des Haddu".

yamma:

* *Mu-tu-ia-ma* 4817M *Mutu-yamma* "Mann des Yamm".

Ditāna:

* *Su-mu-di-ta-na* 5635M (Sup) *Śumu-ditāna* "Nachkomme des Ditānu".

ᶜAnata:

* *Mu-ti-a-n[a-t]a* 4782B *Muti-ᶜan[at]a* "Mann der ᶜAnat".
* *A-ab-du-a-na-ta* Tuttul *ᶜAbdu-ᶜanata* "Diener der ᶜAnat".

ʾila:

* *Bi-in-i-la* 1219Aspät, *Bu-ni-i-la* 1315B, *Bu-nu-i-la* 1331B *Bunu-ʾila* u. ä. "Sohn des Gottes".
* *Zu-i-la* 6596B, *Zu-ú-i-la* 6631B *Ḏū-ʾila* "Der des Gottes".
* *Mu-tu-i-la* 4816M *Mutu-ʾila* "Mann des Gottes". *Su-ma-i-la* 5584B, *Su-mu-i-la* 5662B,M *Śumu-ʾila* "Nachkomme des Gottes".
* *Am-ta-i-la-ma* (M, Gen) ARM 22, 328 ii 39M *ʾAmta-ʾilama* "Dienerin wirklich des Gottes".

baᶜla:

* *Su-mu-ba-la* 5624? *Śumu-baᶜla* "Nachkomme des Herren".

ḫāla:

* *Su-mu-ḫa-la* 5655B *Śumu-ḫāla* "Nachkomme des Mutterbruders".

1.3.6.4. Prädikat

§ **3.22.**[1] *ʾila*:

* *I-la-nu-nu* 2540B *ʾIla-nunu* "Gott ist Nunu".
* *Ba-ú-i-la* 1154B *Bau-ʾila* "Bau ist Gott".
* *Ia-mi-i-la* 3351M, *Ja-mi-i-la* 3871M *Yammîla* "Yamm ist Gott".

baᶜla:

* *Ba-la-ḫa-an-du* 1092M *Baᶜla-handu* "Herr ist Haddu".

kīna:

* SIN-*ki-na* 5558BḪana *Sîn/Yaraḫ-kīna* "Sîn/Yaraḫ ist fest".

ḥanna:

* *Ḫa-an-na-*ᵈ*i-dur-me-er* 1934M *Ḥanna-ʾitūrmer* "Gnädig ist Itūrmer".

Anm.: **1.** Unsichere Fälle sind *I-la*-EŠ$_4$.DAR 2529M (für *ʾIl=aštar?*), *Zi-im-ra*-EŠ$_4$-DAR 6487M (für *Ḏimr=aštar?*) und zahlreiche Belege der Schreibung (*ḫa-*)*-an-na*, z. B. *An-na-ab-nu-um* 790B (für *Ḥann=abnum?*).

1.3.7. Nominalsatznamen mit zwei Epitheta

§ **3.23.** Dem in § 3.10 angeführten Grundsatz gemäss können Nominalsatznamen, die aus zwei Epitheta bestehen, nur als zweitrangige Evidenz gelten, da sich Subjekt und Prädikat nicht ohne weiteres bestimmen lassen.

1.3.7.1. *u*-Kasus des Adjektivs

§ **3.24.** Adjektive in Erstposition sind offenbar nur dann im *u*-Kasus belegt, wenn **ma* > */m/* folgt:[1]

* *Ia-aq-rum*-DINGIR 3043B *Yaqrumêl* < **Yaqru-ma-ʾel* "Wirklich kostbar ist der Gott".

Vgl. für die morphographemische Schreibung *Mu-tum-e-el* 4830B *Mutu-mêl* < **Mutu-ma-ʾel* "Wirklich Mann des Gottes" und für Adjektive in Erstposition z. B. *Ia-ḫa-ad-e-ra-aḫ* 3234M (Sup) *Yaḥad-yiraḫ* "Einzigartig ist Yaraḫ".

Anm.: **1.** *Ki-na-ma-ra-zu* (Gen) ARM 24, 220: 11M mit *u*-Kasus in Zweitposition ist in ARM 26/1, 154, zu *Ki-na-at*!*-šar*!-[*r*]*a-sú* emendiert.

1.3.7.2. *a*-Kasus des Adjektivs

§ **3.25.** In Erstposition:

* *Ja-at-ra-il* 3853I *Yatra-ʾil* "Hervorragend ist der Gott".
* *Ṭa-ba*-DINGIR 6148A *Ṭāba-ʾel* "Gut ist der Gott".

Da *ʾe/il* in Zweitposition immer Subjekt ist, dürften *yatra* und *ṭāba* Prädikate sein. In Zweitposition findet sich der *a*-Kasus des Adjektivs meist dann, wann das erste Namenselement suffigiert ist. Analog SIN-*ki-na* 5558BḪana nehme ich Prädikatsfunktion an.

* *Ì-lí-aq-ra* 2697R *ʾIlī-yaqra* "Mein Gott ist kostbar".
* *Am-mi-za-du-ga* 753B *ʿAmmī-ṣaduqa* "Mein Vatersbruder ist gerecht".
* *A-bi-ṭa-ba* 144A *ʾAbī-ṭāba* "Mein Vater ist gut".
* *Ì-lí-da-[b]a* 2702A *ʾIlī-ṭāba* "Mein Gott ist gut".
* *Am-mi-ṭa-ba* 752A *ʿAmmī-ṭāba* "Mein Vatersbruder ist gut".
* *A-bi-ia-šu-ḫa* 95B *ʾAbī-yašuʿa* "Mein Vater ist hilfreich".
* *Ḫa-mu-ra-ma* 2154M *ʿAmmu-rāma* "Der Vatersbruder ist erhaben".[1]

Anm.: **1.** Der Name zeigt, dass wohl auch die folgenden drei šakkanakku-zeitlichen Namen aus Mari und verwandte Namen mit Gottesnamen oder Epitheton als Subjekt nicht akkadisch als "Liebt-Theophores Element", sondern amurritisch zu interpretieren sind: *Ra-ma-é-a* ARM 19, 392: 4M "Erhaben ist Ea", *Ra-ma-ì-lí* ARM 19, 304: 4; 413: 2M "Erhaben ist mein Gott", *Ra-ma-*ᵈIM ARM 19, 441: 3M "Erhaben ist Haddu"; vgl. für diese Interpretation schon Huffmon 1965, 262, und Gelb 1965, 77.

§ **3.26.** Weitere Belege finden sich vermutlich in Gestalt des in Alalaḫ und Qaṭna auftretenden Elementes *-e-pa* /*yipa*/ (s. § 2.23 Anm. 2):

* *Ì-lí-e-pa* 2706A *ʾIlī-yipa* "Mein Gott ist aufgestrahlt".
* *Ba-li-e-pa* 1102A *Baʿlī-yipa* "Mein Herr ist aufgestrahlt"
* *Ni-iq-mi-pa* 5052A, *Ni-iq-me-pa* 5046A *Niqmêpa* "Meine Vergeltung ist aufgestrahlt".
* *Zi-id-ki-e-pa* 6453Qaṭna *Ṣidqī-yipa* "Meine Gerechtigkeit ist aufgestrahlt".

1.3.7.3. *u*-Kasus des Substantivs vor /*ma*/

§ **3.27.** Vor enklitischem /*ma*/ ist der *u*-Kasus in Subjekts- und Prädikatsfunktion die normale Form.[1] Da *ʾil* in Zweitposition sonst immer Subjekt ist, hat der *u*-Kasus auch in den folgenden Namen vermutlich Prädikatsfunktion:

* *Mi-il-ku-ma-il* 4697B, *Mi-il-ku-ma-*DINGIR 4696C, *Mil-kum-ma-*DINGIR 4728Aspät *Milkum-ma-ʾel* "Wirklich Rat ist Gott".
* *Qa-mu-ma-a-ḫu-um* 5194M *Qāmu-ma-ʾaḫum* "Sich wirklich erhebend ist der Bruder".
* *Qa-mu-ma-a-ḫi* 5193M *Qāmu-ma-ʾaḫī* "Sich wirklich erhebend ist mein Bruder".
* *Qa-mu-ma-*DINGIR 5195M "Sich wirklich erhebend ist der Gott".
* *A-ḫu-um-ma-*DINGIR 270M "Wirklich Bruder ist der Gott".
* *A-ḫu-um-ma-da-ri* 269M *ʾAḫum-ma-dārī* "Wirklich Bruder ist der Ewige".

Anm.: **1.** Es gilt also dieselbe Regel wie im Akkadischen beim nominalen Prädikat: *šarr-āku* "Ich bin König", aber *šarr-um-ma anāku* "Wahrlich, ich bin König" (Buccellati 1968, 8; Streck 1995a, 187 II § 39h 9). Wesentlich seltener ist der *a*-Kasus vor */ma/*: *A-na-ku-i-la-ma* 472D *ʾAnāku-ʾila-ma*, *Iš-ḫi*-DINGIR-*la-ma* 3792M *ʾIšʿī-ʾila-ma*, *Am-ta-i-la-ma* (M, Gen) ARM 22, 328 ii 39M *ʾAmta-ʾila-ma*. In einigen Fällen findet sich scheinbar *0*-Kasus vor */ma/*. Tatsächlich liegen jedoch wohl Formen mit dem Personalpronomen der 1. P. Sg. vor: *Ra-bi-mi-lum* 5240B, *Ra-bi-mi-il* 5239B *Rāpî-m=il(-um)* < **Rāpiʾī-* "Wirklich mein Heilender ist der Gott". *Ba-ni-me-el* 1129B *Bānî-m=el* < **Bānī-ī-* "Wirklich mein Erzeugender ist der Gott". Vgl. *Ša-di-ma*-DINGIR 5783M *Šadî-ma-ʾel* "Wirklich mein Berg ist der Gott".

§ **3.28.** In den folgenden Namen dürfte der *u*-Kasus dagegen analog *Iš-ḫi-*^{d}*da-gan* 3790M *ʾIšʿī-dagan* und *Zi-im-ri-*^{d}*da-gan* 6498M *Ḏimrī-dagan* das Subjekt bezeichnen:

* *Iš-ḫi-lu-ma* 3800B *ʾIšʿī-ʾilu-ma* "Meine Hilfe ist wirklich der Gott".
* *Zi-im-ri-i-lu-ma* 6514D, *Zi-im-ri-lu-ma* 6514B *Ḏimrī-ʾilu-ma* "Mein Schutz ist wirklich der Gott".

1.3.7.4. *u*-Kasus des Substantivs nicht vor */ma/*

§ **3.29.** Dem in § 3.9 Gesagten entsprechend werden für eine Analyse nur Fälle an erster Position des Namens herangezogen, da Belege im Namensauslaut durch die Kontextsyntax bedingt sein können.

§ **3.30.** Wegen *Al-la-ra-pi* 706B *ʾAlla-rāpiʾ* ist *rāpiʾ* an zweiter Position wohl auch in den beiden folgenden Namen Prädikat und das erste Namenselement im *u*-Kasus Subjekt:

* *Ḫa-am-mu-ra-bi* 1911B,M,A *ʿAmmu-rāpiʾ* "Der Vatersbruder ist heilend".
* *Ḫa-lu-ra-pi* 2106M *Ḫālu-rāpiʾ* "Der Mutterbruder ist heilend".

Zi-im-ru-a-ra-aḫ 6520B *Ḏimru-yaraḫ* und vergleichbare Namen mit *ḏimru* als erstem Namenselement sprechen dafür, *ḏimru* in den nachstehenden Namen als Prädikat zu analysieren:

* *Zi-im-ru-ra-bi* 6529D *Ḏimru-rāpiʾ* "Schutz ist der Heilende".
* *Zi-im-ru-ḫa-am-mu* 6523B *Ḏimru-ʿammu* "Schutz ist der Vatersbruder".

§ **3.31.** Weil *ʾel* in syntaktisch eindeutigen Namen nie Prädikat ist, ist *ʾaḫu* an erster Stelle wahrscheinlich Prädikat:

* *A-ḫu-el* 259M *ʾAḫu-ʾel* "Bruder ist der Gott".

Wegen ^{d}*A-mi-t*[*ar*] 432M "Amu ist hervorragend" ist das erste Namenselement in den folgenden Namen vermutlich Subjekt:

* *Ḫa-mu-tar* 2161M *ʿAmmûtar* "Der Vatersbruder ist hervorragend".
* *Ḫa-mu-ja-šar* 2149M *ʿAmmu-yaśar* "Der Vatersbruder ist gerecht".
* *A-bu-qar* 163M *ʾAbûqar* "Der Vater ist kostbar".

§ **3.32.** Nicht eindeutig bestimmbar sind die syntaktischen Funktionen in den folgenden Namen:

* *A-bu-ḫa-lum* 155B,M *ʾAbu-ḫālum* "Vater - Mutterbruder".
* *Ḫa-am-mu-ḫa-lum* 1907M *ʿAmmu-ḫālum* "Vatersbruder - Mutterbruder".
* *A-bu-ḫa-lum* 155B,M *ʾAbu-ḫālum* "Vater - Mutterbruder".
* *A-bu-ni-ra* 162U *ʾAbu-nīra* "Vatersbruder - Licht".

1.3.7.5. *a*-Kasus des Substantivs

§ **3.33.** *ʾila* an erster Position dürfte analog *I-la-nu-nu* 2540B *ʾIla-nunu* "Gott ist Nunu" meist Prädikat sein:[1]

* *I-la-kab-ka-bu-ú* 2534M *ʾIla-kabkabuhu*? "Gott ist sein(?) Stern".
* *I-la-ba-lu-ú* 2523M *ʾIla-baʿluhu*? "Gott ist sein(?) Herr".
* *I-la-ḫa-ad-nu-ú* 2530M, (F) 2531C *ʾIla-ʿadnuhu*? "Gott ist seine(?) Wonne".
* *I-la-su-mu-ú* ARM 23, 235 iii 5M *ʾIla-śumuhu*? "Gott ist sein(?) Name".
* *I-la-sa-lim* 2544M,C *ʾIla-śalim* "Gott ist der Freundliche".
* *I-la-ša-ma-ar* 2545U *ʾIla-śamar* "Gott ist der Ungestüme".[2]
* *I-la-a-bi* 2513C *ʾIla-ʾabī* "Gott ist mein Vater".
* *I-la-ḫa-mu* 2532M *ʾIla-ʿammu* "Gott ist der Vatersbruder".
* *I-la-bí-ni* 2524I.

Neben einem Partizip in zweiter Position ist aber auch Subjektsfunktion denkbar:

* *I-la-la-i* 2538D (Ur III), *I-la-la-e* 2536D (Ur III), *I-la-la-e*^{ki} (ON) 2537Shemshara *ʾIla-lāʾī* "Gott ist mächtig".

Anm.: **1.** *I-la*-DINGIR 2526B, *I-la-el* 2528M *ʾIla-ʾel* sind sehr wahrscheinlich identifizierende Nominalsatznamen: "ʾIla ist ʾEl".
2. Vgl. § 2.40 Anm. 2.

§ **3.34.** Für *ʾila* an zweiter Stelle sind sowohl Subjekts- als auch Prädikatsfunktion möglich. Die Parallelität von *ʾila* und *ʾel* in den beiden folgenden Namen spricht für die Subjektsfunktion:

* *Mi-il-ki-lu-i-la* 4691B *Milkī-lū-ʾila* "Mein Rat ist wahrlich der Gott" : *Mi-il-ki-la-el* 4686D.

Ebenso das Gottesdeterminativ vor *ʾila*:

* DINGIR-*ma-*ᵈ*i-la* 5552B, DINGIR-*ma-ì-la* 1553B *ʾIlu-ma-ʾila* "Gott ist wirklich der Gott".

Weil Adjektive an erster Position sonst immer Prädikate sind, ist *ʾila* im folgenden Namen wohl Subjekt:

* *Ḫa-an-ni-i-la* 1938Aspät *Ḥannîla* "Gnädig ist der Gott".

ʾišʿī an erster Position ist immer Prädikat,[1] so dass für *ʾila* Subjektsfunktion bleibt:

* *Iš-ḫi*-DINGIR-*la-ma* 3792M *ʾIšʿī-ʾila-ma* "Meine Hilfe ist wirklich der Gott".

Prädikatsfunktion dagegen ist neben dem Personalpronomen der ersten Person Singular wahrscheinlich:

* *A-na-ku-i-la-ma* 472B, *A-na-ku*-DINGIR-*lam-ma* 471M *ʾAnāku-ʾila-ma* "Ich bin wirklich Gott".

Nicht bestimmbar ist die Funktion von *ʾila* in den folgenden Namen:

* *A-bi-la* 107B *ʾAbîla* "Mein Vater - Gott". *Ì-lí-i-la* 2720A *ʾIlī-ʾila* "Mein Gott - Gott".

Anm.: 1. S. Namen wie *Iš-ḫi-*ᵈIM 3797M,C, *Iš-ḫi-e-*ᵈIM 3795B "Meine Hilfe ist Haddu". *Iš-ḫi-e-ra-aḫ* 3796M, *Iš-i-ra-aḫ* 3805B "Meine Hilfe ist Yaraḫ". *Iš-ḫi-*ᵈ*da-gan* 3790M "Meine Hilfe ist Dagan". *Iš-ḫi-a-nu-um* 3789B "Meine Hilfe ist ʿAnum". *Iš-ḫi-na-bu-u*[*m*] 3803B "Meine Hilfe ist Nabûm".

§ **3.35.** Da *ʾel* sonst nie Prädikat ist, ist für *ʾaba* an erster Position Prädikatsfunktion wahrscheinlich:

* *A-ba-el* 46D, *A-ba*-DINGIR 45A *ʾAba-ʾel* "Vater ist der Gott".
* *A-ba-da-dum* 44D *ʾAba-dādum* "Vater ist der Onkel".

§ **3.36.** Weil für den *a*-Kasus des Substantivs an erster Position bisher nur Prädikatsfunktion nachweisbar ist,[1] ist *ḏimra* wohl Prädikat:

* *Zi-im-ra-ḫa-mu* 6489B,C, *Zi-im-ra-ḫa-am-mu* 6488M *Ḏimra-ʿammu* "Schutz ist der Vatersbruder".
* *Zi-im-ra-ḫa-mu-ú* 6490B *Ḏimra-ʿammuhu*? "Schutz ist sein(?) Vatersbruder".

Anm.: **1.** Das Fragepronomen hat jedoch in Erstposition Subjektsfunktion: *Ma-na-ba-al-te*-DINGIR 4422M *Manna-balte-ʾel* "Wer ist ohne Gott?".

§ 3.37. *Zi-im-ru-a-ra-aḫ* 6520B *Ḏimru-yaraḫ* und vergleichbare Namen mit *ḏimru* als erstem Namenselement sprechen dafür, in *ḏimru* das Prädikat und in *ḫāla* das Subjekt zu sehen:

* *Zi-im-ru-ḫa-la* 6524B? *Ḏimru-ḫāla* "Schutz ist der Mutterbruder".

§ 3.38. Wegen *Sa-am-su-di-ta-na* 5349B *Śamśu-ditāna* ist *baʿla* im folgenden Namen wohl Subjekt:

* *Sa-am-su-ba-la* 5348D *Śamśu-baʿla* "Sonne ist der Herr".

1.3.8. Zusammenfassung

1.3.8.1. Tabellarische Übersicht

§ 3.39. Die Tabelle der folgenden Seite fasst den vorangehenden Befund zusammen. Die Reihenfolge der für jede Funktion angegebenen Kasus entspricht der Häufigkeit ihres Vorkommens; nur einmal bezeugte Fälle stehen in Klammern.

1.3.8.2. *0*-Kasus

§ 3.40.

* Der *0*-Kasus ist in allen syntaktischen Funktionen belegt.
* Ein Teil der Götternamen tritt in Subjekts-, Vokativ- oder Genitivfunktion nur oder ganz überwiegend im *0*-Kasus auf: *Dagan*, *Yaraḫ/Yiraḫ*, *Raśap/Ruśpān*.
* Wurzeln mediae geminatae bilden in der Regel keinen *0*-Kasus, gleich ob Götternamen (*Haddu*, *Kakka*), Substantive (*ʿammu*) oder Adjektive (*ḥannu*) vorliegen. Ausnahme: *yamam* im Genitiv.
* *ʾabu* und *ʾaḫu*[1] stehen nie im *0*-Kasus.
* Vor enklitischem */ma/* findet sich nie der *0*-Kasus. Hier ist vielmehr der *u*-Kasus, seltener der *a*-Kasus die normale Form.

Tabelle zu § 3.39

	Subjekt	Vokativ	Genitiv	Prädikat
Dagan	0	---	0	---
Ditānu	0, a	---	(a)	---
Haddu	a	---	(a)	---
Yammu	a	---	(0), (i)	---
Kakka	a	---	---	---
ᶜAnat	0, (a)	---	i, 0, a	---
ʾilu	0, a	a, (0)	0, a, (i)	a
baᶜlu	0, a	---	(a)	u, (a)
baᶜlatu	---	---	(i)	0
ḫālu	0, u, a	---	(i), (a)	---
ᶜammu	u	u	i	u
ʾabu	u	---	i	a, u
ʾaḫu	u	---	(i)	u
ḏimru	---	---	---	u, a, 0
kibru	---	---	---	0
ḏikru	---	---	---	(0)
ṣūru	---	---	(i)	---
yaḥdu	(0)	---	---	(0)
yašᶜu	(0)	---	0	0, (a)
yašᶜatu	0	---	0	0
yapᶜu	(0)	---	(0)	a, (0)
yapᶜatu	---	---	---	(0)
yatru	---	---	(0)	0, (a)
śalmu	0	---	(0)	---
marṣu	(u)	---	0, (i)	---
kīnu	---	---	---	a
ḥannu	---	---	---	(a)
rāpiʾu	0	---	0	(0)
nāṣiru	(0)	---	---	(0)
bānû	---	---	---	(0)
Nomina vor /*ma*/	u, (a)	---	---	u

* Adjektive (Ausnahme: *ḥannu*) und Partizipien bevorzugen in allen syntaktischen Funktionen deutlich den *0*-Kasus. An erster Position hat dabei der *0*-Kasus immer Prädikatsfunktion, an zweiter Position Subjekts-, Genitiv- oder Prädikatsfunktion. Die Prädikatsfunktion des *0*-Kasus hat ihre nächste Parallele im akkadischen Stativ (*paris*, *parsat*), der am besten als *0*-Kasus des Adjektivs analysiert wird.[2]
* Bei Substantiven ist der *0*-Kasus an erster Position nur von Nomina der Form QiTL bezeugt und hat da Prädikatsfunktion. An zweiter Position besitzt er Subjekts-, Vokativ-, Genitiv- oder Prädikatsfunktion. Bei *ʾilu* kommt der *0*-Kasus nur an zweiter Position, d. h. nicht in Prädikatsfunktion vor. In Subjekts- und Genitivfunktion ist *ʾilu* dagegen deutlich häufiger im *0*-Kasus als im *u*- oder *a*-Kasus belegt. Die Prädikatsfunktion des *0*-Kasus hat ihre nächste Parallele im akkadischen Stativ (vgl. *šar* "ist König", *aššat* "ist Gattin").

Anm.: **1.** Die Analyse der nach Gelb 1980, 206, das Element *ʾaḫu* enthaltenden Namen *Ì-lí-ma-di-a-aḫ*, DINGIR?*-ma-da-aḫ*, *Ì-lí-mi-di-aḫ*, *Ì-lí-ma-da-ḫi* und *Ì-lí-ma-da-ḫa* ist unsicher.

2. S. die Diskussion bei Streck 1995a II § 39 und die Ergänzung dazu (mit Nennung neuer Literatur) ib. 1995b. M. E. nicht richtig Tropper 1999, 182f., der *paris* von **paris-a* ableiten will, da nach akkadischen Lautgesetzen aus dieser Form **parsa* und nicht *paris* würde.

1.3.8.3. *u*-Kasus

§ 3.41.

* Der *u*-Kasus ist in Subjekts-, Vokativ- und Prädikatsfunktion belegt.
* Der *u*-Kasus ist die normale Form vor enklitischem */ma/*.
* Bei Adjektiven und Partizipien kommt der *u*-Kasus nicht vor.
* Der *u*-Kasus tritt bei Substantiven in Subjekts-, Vokativ- oder Prädikatsfunktion auf. Bei *ʿammu* ist er der einzige Prädikatskasus, bei *ʾilu* kommt er dagegen als Prädikat nicht vor.

1.3.8.4. *i*-Kasus

§ 3.42

* Der *i*-Kasus ist nur in Genitivfunktion bezeugt.
* Der *i*-Kasus kommt bei Adjektiven und Partizipien in der Regel nicht vor. Ausnahme: einmal *maraṣi*.

1.3.8.5. *a*-Kasus

§ 3.43.

* Der *a*-Kasus ist in allen syntaktischen Funktionen bezeugt.
* Bei Götternamen und Adjektiven von Wurzeln mediae geminatae steht der *a*-Kasus anstelle des in der Regel nicht gebildeten *0*-Kasus (*Kakka*, *Hadda*, *Yamma*, *ḥanna*).[1] Das Substantiv *ʿammu* dagegen kommt nie im *a*-Kasus vor, sondern als Subjekt und Prädikat im *u*-, als Genitiv im *i*-Kasus.
* Bei Partizipien tritt der *a*-Kasus nicht, bei Adjektiven nur selten auf. Ausnahme: *ḥanna* (einmal sicher, zahlreiche unsichere Belege) und *kīna* (einmal).
* Der *a*-Kasus hat beim Adjektiv immer prädikative Funktion.
* *ʾilu* tritt als Subjekt und Genitiv bisweilen im *a*-Kasus oder *u*- (vor /*ma*/) bzw. *i*-Kasus auf, am häufigsten ist jedoch der *0*-Kasus. In Prädikatsfunktion dagegen ist der *a*-Kasus bei *ʾilu* die einzige syntaktisch sicher erkennbare Form. In Subjektsfunktion steht der *a*-Kasus immer an zweiter Position. Die Häufigkeit von /*a*/ bei *ʾilu* ist wohl ebenso wie /*a*/ bei Wurzeln mediae geminatae phonologisch, nämlich durch ein vokalisches /*l*/, bedingt (vgl. § 3.52).

Anm.: **1.** Dazu passen auch die theophoren Elemente *É-a*, falls als *Ḥayya* zu analysieren, sowie *ʾAbba* (Gelb 1980, 214), *Labba* (ib. 314 s. v. LBW), *Limma* (§ 2.147 Anm. 2.); s. auch akkadisch *Erra* (**Ḥarra*?) und *Girra*.

1.4. Sprachhistorische Interpretation des Befundes

§ 3.44. Das Kasussystem des Amurritischen besitzt enge Parallelen in den Onomastika des Altakkadischen und, soweit die den Silbenschluss nicht eindeutig bezeichnende Ebla-Orthographie eine Feststellung erlaubt, von Ebla.[1] Hauptproblem einer sprachhistorischen Interpretation ist die Herleitung der hier als Kasussuffix /*a*/ gedeuteten Endung und ihres Verhältnisses zu *0*- und *u*-Kasus. Alternative Interpretationen gingen von der Existenz eines Status emphaticus /*ā*/ (§ 3.45), eines finiten QaTaLa (§ 3.46), eines diptotischen Kasussystems (§ 3.47), eines Derivationssuffixes /*ā*/ (§ 3.48), einer Nebenform *ʾilāh* (§ 3.49) oder einer Reihe funktionell undifferenzierter vokalischer Suffixe unbekannter Etymologie (§ 3.50) aus. Im folgenden werden diese Interpretationen kurz resümiert und Gegenargumente genannt; anschliessend wird eine eigene Analyse vorgeführt.

Anm.: **1.** Die wichtigsten Arbeiten in der Reihenfolge ihres Erscheinens:

* Gelb 1961a, 139-142, beschreibt das Kasussystem altakkadischer Namen. Ib. 146-153 behandelt er den "predicative state" auf /*a*/, der sich in Beispielen wie *A-ba-*[d]UTU "Vater ist Šamaš" zeigt. Ib. 147 wird die Subjektsfunktion von /*a*/ durch Namen wie *It-be-la-ba* "Erhoben hat sich *La-ba*" nachgewiesen. Zum Wechsel von *0*- und *a*-Kasus bemerkt Gelb ib. 142: "Full parallels can be found in the Amorite of the OB Period".
* Gelb 1981, 32, weist den prädikativen *a*-Kasus für Ebla nach: *A-ba-il* "Gott ist Vater".
* Krebernik 1988, 9, definiert die Funktionen der Kasus in den eblaitischen Namen: der *0*- und *a*-Kasus dienten zum einen zur "Kennzeichnung von Eigennamen bzw. der Definiertheit", zum anderen zur Kennzeichnung des Prädikates; der *u*-Kasus bezeichne "in der Mehrzahl der Fälle das Subjekt", "nicht selten aber auch das Prädikat neben einem ebenfalls auf /-u/ endenden Subjekt".

1.4.1. Alternative Interpretationen

1.4.1.1. Status emphaticus?

§ 3.45. Lewy 1929, 245f. "«aramäischer» stat. det."; Gibson 1962, 47[3]; Moscati 1964, 99f. 12.74. Ausführlich argumentiert Kienast 1987 für ein Status emphaticus-Suffix /*ā*/: *a* habe bei theophoren Elementen wie *Ab-ba* und eingliedrigen Namen wie *Ar-na-ba* keine prädikative, sondern determinierende Funktion (S. 39): "der Vater", "der Hase" (S. 39f.). Zu Nominalsatznamen stellt Kienast 1987, 41, fest: "Zimrā-ḫammu bedeutet nicht «Ḫammu ist (irgendein) Mann», eine Aussage, die überflüssig und somit unsinnig wäre, sondern determiniert «Ḫammu ist der Mann»".[1] In allen diesen Fällen könne man nicht von "einer rein prädikativen Endung -*ā* nach dem Muster des jungsemitischen Perfekts, wie in arabisch qatala, sprechen" (S. 42). Auch auf *a* endende akkadische Lehnwörter im Sumerischen sprächen gegen "eine prädikative Funktion des -*ā* ..., da nach dem Befund des Akkadischen Prädikative der genannten Lehnwörter extrem selten und auch in anderer sprachlicher Umgebung in grösserem Umfang nur schwer vorstellbar sind" (S. 43).

Kienast 1987 weist überzeugend nach, dass das Suffix -*a* keine (rein) prädikative Funktion haben kann. Allerdings scheint seine eigene Analyse als Status emphaticus /*ā*/ nicht hinreichend begründet zu sein. An Gegenargumenten lassen sich nennen:

* Kienast behauptet implizit, nur identifizierende, nicht aber klassifizierende Nominalsätze[2] seien sinnvolle onomastische Aussagen. Doch gibt es ja auch Nominalsatznamen mit einem auf /*u*/ oder /*0*/ endenden Prädikat wie *Ḏimru-ʿammu* 6523B und *ʾAlla-rāpiʾ* 706B, in welchen man - folgt man dem Argument Kienasts - ebenfalls identifizierende Nominalsätze sehen müsste. Damit wären auf /*a*/, /*u*/ *und* /*0*/ endende Nomina gleichermassen determiniert, so dass es sinnlos wäre, von einer speziell determinierenden Funktion des *a* geschriebenen Suffixes zu sprechen, es

sei denn, man nähme ein Nebeneinander von Formen an, die in Bezug auf Determination markiert (*a*) und unmarkiert (*u*, *0*) sind, was sich nicht beweisen lässt.

Ferner sind klassifizierende Nominalsatznamen im Semitischen durch die eng verwandten Onomastika des Hebräischen, Altaramäischen und Altsüdarabischen gut dokumentiert, z. B. hebräisch *ʾAb-gayl* "Ab ist Freude" (Richter 1996, 120), altaramäisch ʾLNR "ʾL ist Licht" (Maraqten 1988, 129), sabäisch MʿNʾL "Hilfe ist Gott" (Tairan 1992, 202). Dass in diesen Onomastika Nominalsatznamen, deren Prädikat durch einen Artikel determiniert ist, völlig fehlen,[3] macht es im Gegenteil sehr unwahrscheinlich, dass alle akkadischen und amurritischen Nominalsatznamen mit substantivischem Prädikat identifizierende Funktion besitzen.[4]

Schliesslich ergibt die Klassifizierung gegen Kienast sehr wohl einen Sinn, wie Rechenmacher 1997, 27, für das hebräische Onomastikon zeigen konnte: "Schutz ist der Vatersbruder" bedeutet tiefenstruktural "Schutz für mich ist der Vatersbruder", d. h. er hat mir (= Namengeber) und meiner Familie durch die Geburt des Nachkommen Schutz gegeben.

* Krebernik 1991, 138: "Gemäß seiner ... These setzt Kienast für auf *-a* endende Namen und Namenselemente einen Status emphaticus auf *-ā* an ... Diese Interpretation kann jedoch nicht als erwiesen gelten. Wahrscheinlicher ist m.E., daß in solchen Fällen ... formal der spätere «Akkusativ» vorliegt ... Der Zusammenhang dieses Kasus mit dem Status emphaticus des Aramäischen ist, falls vorhanden, nicht der einer direkten Identität, da letzterer ursprünglich ein konsonantisches ʾ enthält, wie die altaramäische Orthographie, in der ʾ noch nicht als mater lectionis gebraucht wird, zeigt".
* Der determinierte Artikel ist innerhalb der semitischen Sprachen eine erst lange nach dem Bezeugungszeitraum eblaitischer, altakkadischer und amurritischer Namen auftretende Innovation: s. Brockelmann 1908, 466 § 246; Garbini 1960, 121-125; Moscati 1964, 99f.; Kienast 1981, 87 ("Innovation des ausgehenden zweiten Jahrtausends"); Garbini/Durand 1994, 102 ("a partire dal I millenio a.C."). Das Postulat einer "Art *status determinatus*" (Kienast 1987, 45) in den ältesten semitischen Personennamen ist daher ein Anachronismus.[5]
* Die z. T. phonologisch und z. T. durch Wortartzugehörigkeit geregelte Verteilung von *0*- und *a*-Kasus im Amurritischen (s. §§ 3.40, 3.43 und 3.52) spricht gegen eine determinierende Funktion von /*a*/.

Anm.: **1.** Ich verstehe *ḏimra* als "Schutz", was für die Argumentation aber ohne Belang ist.

2. Dieser Aussage liegt die übliche Einteilung von Nominalsätzen in "identifizierend" und "klassifizierend" zugrunde: s. nur für den Bereich des Hebräischen z. B. Richter 1980, 85-88; Waltke/O'Connor 1990, 130-135; Bartelmus 1994, 44f. "Qualifizierend" nennt Bartelmus ib. Sätze mit adjektivischem Prädikat; sie seien eine "Untergruppe" der klassifizierenden Nominalsätze. Waltke/O'Connor ib. dagegen fassen unter klassifizierenden Nominalsätzen solche mit prädikativem indeterminiertem Substantiv oder Adjektiv zusammen.

3. Diese Aussage gilt zumindest für die Personennamen des Hebräischen (vgl. die Übersicht bei Richter 1996, 111f.), des Alt- und Reichsaramäischen (Übersicht über Strukturtypen bei Maraqten 1988, 106f.), des Altsabäischen (Strukturtypen bei Tairan 1992, 9) und des Minäischen (Strukturtypen bei al-Said 1995, 12). Zwar ist der Artikel im Semitischen eine um 1000 v. Chr. erfolgte Innovation (s. o.) und die Sprache der Personennamen archaisierend; dennoch würde man erwarten, dass der Artikel langsam in die Onomastika eindringt (vgl. das Auftreten von innovativem finiten QaTaLa neben dem archaischeren yaQTuL in diesen Onomastika). Dieses Verständnis der Nominalsatznamen ist *communis opinio* in der semitischen Onomastik: Noth 1928, 166, "die Gottheit ist «Wonne», «Lieblichkeit»" (N^{c}M) u. ö.

4. Diese Interpretation kann als *communis opinio* gelten, s. für das Akkadische z. B. Hölscher 1996, 63, *Eanna-dajjān* "Eanna ist Richter", für das Amurritische Gelb 1965, 75, *Ba^{c}la-^{ɔ}el* "El is lord" und Knudsen 1991, 878, *^{ɔ}Abī-ṣūra* "my father is a rock". - Zu der nicht ganz gelösten Frage der Verwendung oder Nichtverwendung des unbestimmten Artikels in der deutschen Übersetzungssprache s. Heidolph et alii 1981, 251f. § 69. Demnach steht in klassifizierenden Nominalsätzen wie *Er ist ein Grobian* das Prädikat mit unbestimmtem Artikel. Dagegen werden Substantive, "die Funktionen von Personen und Gegeständen, Berufe oder soziale Rollen bezeichnen" ohne Artikel verwendet, da sie möglicherweise "als Adjektive fungieren". Vorliegende Arbeit gebraucht dem Vorbild anderer onomastischer Studien folgend den unbestimmten Artikel nicht.

5. Kienast und Garbini versuchen - mit unterschiedlichen Argumenten - den postponierten aramäischen Artikel /*ā*/ aus dem alten *a*-Kasus abzuleiten. So sei nach Kienast 1987, 45 "die Endung -*ā* im Aramäischen ein Relikt aus älterer Zeit ... das vielleicht zunächst nur in erstarrter Verwendung erhalten geblieben war ..., dann aber unter dem Einfluss des präfigierten kana^{c}anäischen Artikels *ha*(*n*)- eine Wiederbelebung erfahren hat ... weil wir meinen, dass eine postpositionale Neubildung des *status emphaticus* auf -*ā* nicht in die präpositional geprägte Sprachlandschaft des Jungsemitischen hineinpasst." Misst man diesem typologischen Argument tatsächlich Gewicht bei, so folgt daraus nur ein höheres Alter des aramäischen Artikels /*ā*/, weder aber ein Zusammenhang mit dem alten *a*-Kasus noch eine determinierende Funktion desselben. Ein solcher Zusammenhang ist angesichts des Fehlens des Artikels gerade in altaramäischen Namen, in denen sich ein "Relikt aus älterer Zeit" am ehesten zeigen dürfte, wenig plausibel. Garbinis schwaches Argument (1960, 121) "la corrispondenza geografica dell'aramaico all'antico «amorreo» favorì forse la conservazione dell'antica forma -*a*, che in quell'area si era affermata" lässt ausser acht, dass mit die ältesten Belege für den *a*-Kasus aus dem Altakkadischen Babyloniens stammen.

1.4.1.2. QaTaLa?

§ 3.46. Gelb 1965, 78, führt einige Belege für mögliches QaTaLa an. Huffmon 1965, 88-94, nennt Beispiele für angebliche Perfekta *QaTa/i/uLa. Allerdings schränkt er ein (S. 87): "the expected final -*a* of the perfect ... does not seem to occur except in rare cases". Ib. 93 stellt er zu *ṣaduqa* fest: "The writing with final -*a* ... is probably secondary".

Für die Götternamen und Substantive, welche die grosse Mehrzahl der Belege stellen, ist die Interpretation als QaTaLa von vorneherein ausgeschlossen. Für Adjektive können wir uns der Bemerkung von Gröndahl 1966, 451, anschliessen: "Nicht nur der Positionswechsel, sondern auch die semantische Bedeutung dieser Prädikate weist darauf hin, daß sie dem

Prädikat der Nominalsatznamen näher stehen als dem der Verbalsatznamen"; eine Analyse als QaTaLa ist hier zumindest nicht zwingend.[1]

Anm: 1. Ob QaTaLa im amurritischen Onomastikon überhaupt bezeugt ist, soll im Folgeband untersucht werden.

1.4.1.3. Diptotische Kasusflexion?

§ **3.47.** Bauer 1926, 65: "In manchen Namen scheint ein affigiertes -a als Genetivexponent zu fungieren, vgl. B/pu-ni-i-la ...". Huffmon 1965, 123f: "it may be that the divine names ... are treated as diptotes, at least in part". Buccellati 1966a, 232, nennt /*a*/ als "mark of the genitive".

Bei keinem Namenselement wird /*a*/ jedoch ausschliesslich im Genitiv verwendet. Es wird vielmehr auch dann gebraucht, wenn es Subjekts-, Prädikats- oder Vokativfunktion besitzt, wie schon seit Gelb 1958, 153 3.2.3.1.1. ("morfema *-a* per tutti i casi"), bekannt ist.

1.4.1.4. Derivationssuffix /*ā*/?

§ **3.48.** Knudsen 1991, 878 3.2.5., zu /*a*/ in nicht-prädikativer Funktion: "An ending of identical spelling, though with a different function, may be interpreted as *-ā* and connected with the biblical name formative *ô* - as in *Yᵉrīḥô*, *Yiṯrô* and others. It serves to derive proper names from nouns and other proper names. The most common instance in the texts is undoubtedly the divine name *ilā* «El» derived from *ilu* «god»". /*a*/ in prädikativer Funktion sieht Knudsen ib. dagegen als Kasusmorphem an. Gegenargumente sind:

* Der graphische Befund stützt die These eines Nebeneinanders von *ʾila* (als Prädikat) und *ʾilā* (in nicht-prädikativer Funktion) nicht, da beide unverändert *i-la* u. ä. notiert werden.
* Es ist fraglich, ob theophore Elemente wie *ʾila*, *baʿla* und *ḫāla* tatsächlich Eigennamen sind. Eher handelt es sich um vergöttlichte Epitheta.
* /*a*/ wird auch bei Eigennamen wie *Hadda* und *ʿAnata* verwendet. Die Annahme der Ableitung eines Eigennamen *Hadda* aus einem (amurritisch nicht bezeugten) Eigennamen **Hadad* usw. scheint aber unmotiviert.
* Die Etymologie des bei hebräischen Namen auftretenden *ô* ist keineswegs gesichert. S. die Literatur bei Layton 1990, 98f., zu "*yitrô*"; Layton selber argumentiert für eine Herleitung von **yatrānu* über **yitrôn*. In anderen Namen könne auch das Pronominalsuffix der 3. Sg. m. *-*hu* vorliegen (ib. 84[218]). Bei Layton nicht berücksichtigt ist Zadok 1988, 157: "*-ô* of anthroponyms may go back to *-ū* ... which ... may originally be a

nominative ending". *ô* bei Toponymen führt Zadok dagegen auf *-ā* zurück. S. a. ib. 154-156 für das Suffix */ā/*, welches Zadok fragend mit der Femininendung */at/* verbindet.

1.4.1.5. *ʾilāh*?

§ 3.49. Dhorme 1951 [1928] 86: "Quelquefois nous rencontrons la variante *ila* qui, selon Bauer (p. 65), serait due à l'adjonction d'une désinence casuelle *a*. Mais cette désinence devrait marquer l'accusatif, tandis que Bauer reconnait qu'on attendrait plutôt le génitif. Il se peut que nous ayons affaire au nom divin *ilâh*". So auch Huffmon 1965, 165 s. v. ʾLʾ: "*ila*, **ilāh*, «god»".

Die entscheidenden Argumente gegen den Ansatz von *ʾilāh* nennen schon Bauer 1926, 75 (auslautendes */h/* könne nicht spurlos wegfallen), und Goetze 1941, 135[72] (die Endung */-a/* komme auch bei anderen Nomina vor).

1.4.1.6. Funktionell undifferenzierte vokalische Suffixe?

§ 3.50. Gelb 1987, 73, spricht von einem "older set of undifferentiated markers *-0*, *-a*, *-u*, which find no correspondence in the language of texts ... This archaic feature links together the Eblaite, Old Akkadian, and Amorite names". Mit dieser These widerruft Gelb offenbar seine früher geäusserten Ansichten zum Kasussystem eblaitischer, altakkadischer und amurritischer Namen (vgl. § 3.44 Anm. 1, § 3.51 Anm. 1-2). Doch spricht das Fehlen von */u/* im Genitiv (sieht man von den seltenen Fällen von Gruppenflexion ab, vgl. § 3.9) für */u/* als Kasusendung. Auch die Verteilung aller drei Suffixe, die keineswegs beliebig ist (s. die Zusammenfassung §§ 3.40-43), stützt diese Interpretation.

1.4.2. */a/* als alter Absolutus

§ 3.51. Den Ausgangspunkt für unsere Analyse von */a/* als mit dem späteren Akkusativ formal identischen[1] Kasusmorphem stellt dessen prädikative Verwendung dar,[2] welche in bestimmten syntaktischen Positionen auch Klassisch-Arabisch nachweisbar ist.[3] Spuren dieser Funktion im Kuschitischen und Berberischen dürften sie als altes afro-asiatisches Erbe erweisen.[4] Dass der */a/*-Kasus wie im Kuschitischen auch eine alte Zitierform des Semitischen ist, zeigen drei Beweislinien aus Ebla, dem Altakkadischen und Ägyptischen. So finden sich zum einen in sumerisch-akkadischen lexikalischen Listen aus Ebla nominale Formen auf */a/* neben solchen auf */um/*.[5] Zum anderen werden vor der Ur III-Zeit akkadische Lehnwörter in einer auf */a/* auslautenden Form ins Sumerische entlehnt.[6] Schliesslich zeigen semitische

Lehnwörter in ägyptischen Texten des neuen Reiches und der dritten Zwischenzeit zu etwa 70 % die Endung /*a*/.[7] Zusammenfassend dürfte die hier vorgetragene Evidenz den Schluss von Sasse 1984, 120, stützen, "that Semitic originally had an Absolute-Subject-Case system, which was in the process of shifting to a Nominative-Accusative system by the time of the split into the individual languages".

Anm: **1.** Den Zusammenhang von *a*-Kasus und späterem Akkusativ stellt das erste Mal Gelb 1965, 79, her. Ihm folgt Krebernik 1991, 138. Nach Gelb 1965, 69, habe der *a*-Kasus die Funktion des Objektskasus erst sekundär übernommen. Dafür liegt aber offenbar keine eindeutige Evidenz vor, da die Objektsfunktion des *a*-Kasus möglicherweise nur deshalb nicht nachgewiesen werden kann, weil Personennamen entsprechender Struktur im Amurritischen nicht vorkommen. Der Gruppenflexion unterliegende Namen können nach dem oben § 3.9 Gesagten nicht als Zeugnis für eine Objektsfunktion des *a*-Kasus herangezogen werden.

2. Die prädikative Verwendung von /*a*/ im Amurritischen ist schon seit langem bekannt: Gelb 1958, 155, 3.2.5.2., nennt sechs Beispiele für Substantive und grenzt das prädikative *-a* von der Femininendung *-a* ab. Ib. 3.2.5.4. führt er zehn Beispiele für Adjektive an. Gelb 1965, 75f., nennt Beispiele für Substantive, Adjektive und Partizipien, grenzt vom /*0*/-Kasus der Femininendung ab (S. 76) und bringt Beispiele für Nomina in Prädikatsfunktion mit Suffix *-u(m)* und *-0* (S. 77). Eine geographische oder chronologische Distribution der verschiedenen Formen des Nomens in Prädikatsfunktion könne nicht festgestellt werden (S. 78f.). Gelb folgen Buccellati 1966, 194 3.2.5., und Knudsen 1991, 878, 3.2.5.

3. Gelb 1965, 79, nennt *kāna malikan* "er war König"; vgl. dazu Fischer 1987 § 382. Sasse 1984, 119f., führt ausserdem die prädikative Funktion des Akkusativs nach der Negation *lā* (*lā ʾilāh-a* "es gibt keinen Gott") an; s. dazu Fischer 1987 § 318c.

4. Sasse 1984 beschreibt einen "absolute case" mit dem morphologischen Exponenten *-a* im Ost-Kuschitischen. Dieser Kasus bezeichnet nicht nur das Objekt, sondern ist auch die Zitierform und prädikative Form des Nomens und besitzt schließlich neben anderen Funktionen auch die des Vokativs (S. 112). Er steht einem Subjektskasus auf *-i* gegenüber. Für die sogenannte "independent form" des Berberischen erschliesst Sasse eine ähnliche Funktionsbreite (ib. 120-122).

5. S. Kienast 1987, 44f. (wohl nicht alle Beispiele gehören hierher), z. B. ì-gu$_7$ = *a-gul-la* VE 0122 neben ì-gu$_7$ = [*a-k*]*à-lu-um* VE 896 "Essen".

6. Gelb 1961a, 141, und Kienast 1987, 42f., z. B. MA-DA "Land" (akkadisch *mātum*) oder DAM-ḪA-RA "Schlacht" (akkadisch *tamḫārum*). Dieses *-a* ist nicht das sumerische Subordinations- bzw. Nominalisierungssuffix /*a*/, wie noch Falkenstein 1959, 15, annahm, "da dieses ausschliesslich der Nominalisierung verbaler Wurzeln ... oder fientischer Verbalformen ... dient" (Kienast 1987, 43).

7. S. Hoch 1994, 454. Die zweithäufigste Endung ist erwartungsgemäss /*u*/ mit ca. 15 %. Hess 1996, 129, bestreitet, dass Kasusendungen vorliegen. Sein Einwand "only in a minority of cases can this be shown to function as a Semitic accusative ending" beruht jedoch auf einem Missverständnis, da /*a*/ selbstverständlich nicht Objektsfunktion im ägyptischen Kontext wahrnimmt, sondern lediglich als Zitierkasus verwendet wird.

§ 3.52. Angesichts archaischer Elemente in Namen[1] liegt die Annahme nahe, dass die Onomastika von Ebla, des Altakkadischen und des Amurritischen Reste des alten, soeben skizzierten (§ 3.51) Absolutiv-Subjekt-Systems bewahrt haben und zugleich den Übergang in das jüngere Nominativ-Akkusativ-System dokumentieren, zumal Reste des älteren Systems auch ausserhalb von Namen in semitischen Texten des dritten Jahrtausends vorhanden sind (§ 3.51).

Das Absolutiv-Subjekt-System manifestiert sich im *a*-Kasus, der als alter Absolutiv nicht nur Prädikatsfunktion wahrnimmt, sondern auch als Zitier- und Vokativform Götternamen und andere theophore Elemente unabhängig von ihrer syntaktischen Funktion markiert. Am ehesten bleibt der *a*-Kasus in bestimmten phonologischen Umgebungen erhalten:

a) Bei Wurzeln mediae geminatae, die in der Regel keinen *0*-Kasus bilden (z. B. findet sich statt **Hadad* vielmehr *Hadda*).

b) Seine Häufigkeit beim Element *ʾila* ist entsprechend wohl ebenfalls phonologisch bedingt, nämlich durch ein vokalisches */l/*.

Synchron gesehen ist der */a/*-Kasus somit weitgehend nur mehr eine phonologisch bedingte Variante des *0*-Kasus.

In anderen Umgebungen erhält der *a*-Kasus im *0*- und *u*-Kasus konkurrierende Formen: beim prädikativen Adjektiv und Partizip im *0*-Kasus, beim prädikativen Substantiv im *u*- oder *0*-Kasus, zur Markierung von Götternamen (z. B. *Dagan*) und anderen theophoren Elementen (z. B. *ʾel*) im *0*-Kasus.

Anm.: **1.** "It is a generally accepted tenet of ancient Near Eastern studies that proper names tend to preserve archaic features of a language" (Layton 1990, 8). Für Beispiele s. ib. 8-12 und passim. Interessant ist, dass die hebräischen Namen mit dem Nominativ */-u/* ebenfalls Reste eines älteren Kasussystems bewahrt haben (ib. 37-105).

2. Singular Status constructus vor Genitiv

§ **3.53.** Das amurritische Onomastikon kennt bei den Genitivnamen vier häufige den maskulinen Regens vertretende Elemente: *ᶜabdu* "Diener",[1] *mutu* "Mann",[2] *bunu/binu* "Sohn"[3] und *śumu/śamu* "Nachkomme".[4] Seltener belegt sind *ḏū* "der des" und *kalbu* "Hund des". Für die Status constructus-Bildung lassen sich *mutu/bunu/śumu* mit kurzkonsonantigem Stammauslaut gegenüber *ᶜabdu* und *kalbu* mit stammauslautender Doppelkonsonanz abgrenzen. *ḏū* kann im folgenden als stets unveränderlich ausser Betracht bleiben. Feminine Genitivnamen sind selten. Bezeugt sind als Regens *bintu* "Tochter des", *amtu* "Dienerin des" und *baᶜlatu* "Herrin des". Die Forschungsgeschichte hat bisher über die Bildung des Status constructus keine Einigkeit erzielt:

Bauer 1926, 65, stellt lapidar fest: "der status constr. endigt vokalisch". Noth 1953, 136, meint, dass "*u* und *i* ohne Unterschied" als "Hilfsvokale gebraucht werden" und wir es nicht "mit Elementen eigentlicher Nominalflexion" (ib. 137) zu tun hätten. Gelb 1958, 155, nimmt aufgrund dieses scheinbar willkürlichen Wechsels von *u* und *i* für auf zwei Konsonanten auslautende Stämme eine Status constructus-Endung */0/* an. Bei seiner Analyse geht Gelb ib. 146 1.3. davon aus, dass "gruppi consonantici ... sono espressi per mezzo di due segni, il primo del tipo vocale + consonante, il secondo del tipo consonante + vocale, nel quale secondo la vocale è muta, come nelle grafie *Ab-da-El /ᶜAbd-ʾEl/* ... *Ab-de$_4$-Il /ᶜAbd-ʾIl/* ... *Ḫa-ab-du-ma-lik /ᶜAbd-Malik/* ... *Ka-al-ba-Il /Kalb-ʾIl/*". Huffmon 1965, 105-107 und 124f., dagegen erkennt teilweise phonologische Bedingungen für den Wechsel von *u* und *i* an. Dennoch behält Gelb 1980, 7 und *passim*, seine Analyse von 1958 bei.

Die folgende Untersuchung des maskulinen Status constructus basiert auf 72 Belegen für *ᶜabdu* und 177 Belegen für *mutu*; *bunu-*, *śumu-* und *kalbu-*Namen werden ergänzend herangezogen. Ich nenne zunächst die Belege nach Graphien und Herkunftsorten differenziert, füge eine statistische Auswertung an und biete schliesslich meine Interpretation des Befundes. Anschliessend wird der feminine Status constructus behandelt.

Anm.: **1.** Vgl. akkadisch *abdu* "Diener, Sklave" AHw. 6 ("jB dicht." als Entlehnung aus "kan. *ᶜabd*"); laut CAD A/I 51 "WSemitisch lw."; hebräisch ᶜBD I "Sklave" HAL III 731f; arabisch *ᶜabd* "male slave" Lane 1935. In semitischen Onomastika weit verbreitet: Ebla: *Ab-da*-AN, *Ab-da-nu* Krebernik 1988, 137. Hebräisch: Zahlreiche Namen HAL III 733f. Aramäisch: 17x bei Maraqten 1988, 227; 9x bei Kornfeld 1978, 65. Minäisch: ᶜBD 9x bei Al-Said 1995, 233. Im Arabischen *passim*.

2. Vgl. akkadisch *mutu* "(Ehe-)Mann" AHw. 690f.; hebräisch: *MT, nur im Plural, "Männer, Leute" HAL II 617f.; äthiopisch: *m^{e}t* "husband" CDG 371. In Personennamen aus Ebla Element *mu-du* u. ä. Krebernik 1988, 97. Sumerisch entsprechen die Namen mit Element lú, akkadisch die mit *awīlu*.

3. Vgl. zum Vorkommen im Semitischen Cohen 1970ff. II 70f. In Personennamen: Akkadisch: AHw. 127 *binu* 2, z. B. *Bin-kali-šarrī* "Sohn aller Könige". CAD B 242f. setzt eine Form *bīnu* B an. Hebräisch: HAL I 133-135 oft.

4. Vgl. akkadisch *šumu* "Name, Sohn" AHw. 1274f.; hebräisch ŠM "Name" HAL IV 1432-1435; für die onomastische Verwendung im Semitischen s. HAL IV 1432.

2.1. *ʿabdu* "Diener".

2.1.1. Graphien

§ 3.54. Bezeugt sind die Graphien (*Ḫa*)-*ab-du-*, (*Ḫa*)-*ab-di*/*ti*/*te-* und *Ab-da-* sowie Vokalkontraktionen zwischen Auslautvokal des Regens und Anlautvokal des Rectums, die sich wie folgt verteilen:

a. (*Ḫa*/*A*)-*ab-du-* "Diener".

a.1. Vor Phonemen ungleich /y/ und /ʾ/. a.1.1. B. *-ma-li-ki* 636 "des Ratenden".

a.1.2. M. *-ḫa-ad-ra* 1843 "der Hilfe". *-ḫa-na-at* ARM 21, 138: 45; 1844 "der ʿAnat". -EŠ$_4$.DAR 632 "der ʿAštar". *-an-du* ARM 23, 451: 13 "des Haddu". -^{d}IM 1845 "des Haddu". *-ḫe-el* ARM 22, 328 ii 51. *-ba-aḫ-la-ti* ARM 21, 415: 6; 1839 "der Herrin". *-ba-aḫ-la* 1838 "der Herrin". -^{d}*da-gan* 629; 1840 "des Dagan". *-ka-ka* M.5628 f. iii, s. M.A.R.I. S. 57[74] "des Kakka". *-ku-bi* ARM 21, 138: 45; 1848 "des Kūbi". *-ku-ul-lim* M.A.R.I. 6, 122: 12. *-ma-*^{d}*da-gan* 635; 1849 "wirklich des Dagan". *-ma-lik* 637; 1850 "des Ratenden". -^{d}*ma-lik* ARM 21, 140: 6 "des Ratenden". *-ma-li-ki-im* ARM 23, 595: 5' "des Ratenden". *-na-ar* ARM 24, 224 i 25' "des Fluss(gott)es". *-na-wa-ar* 638; 1851 "der Nawar/des Leuchtenden". -^{d}U.GUR ARM 22, 14 iii' 16' "des Nergal". *-ni-iš*!*-pa*! 1846 (Sup). *-sa-*[*ma-áš*] ARM 24, 32: 15 "des Śamaś". *-šu-ri-im* ARM 26/2, 370: 2" "des Stieres".

a.1.3. R. *-šu-ri* 639 "des Stieres".

a.1.4. C. -EŠ$_4$.DAR 1842 "der ʿAštar".

a.2. Vor /ya/ oder /yu/. a.2.1. M. *-ú-mu* M.7450 vii, s. M.A.R.I. S. 614 "des Tages(?)".

a.3. Vor /yi/. a.3.1. B. -^{d}*e-ra-aḫ* 630 "des Yaraḫ". *-e-ra-aḫ* 1841 "des Yaraḫ".

a.3.2. M. *-e-ra-aḫ* 631, ARM 16/1, 93 "des Yaraḫ".

a.4. Vor */ha/ > /ya/. a.4.1. Yamḫad. *-ia-an-du* 633 "des Haddu".

a.5. Vor /ʾ/. a.5.1. B. *-iš-ta-ra*? 634 "der ʾIštar(?)".

a.5.2. M. -^{d}*iš-ḫa-ra* 1847 "der ʾIšḫara". *-a-šu-ra* 1837 "des ʾAššur".

b. (*Ḫa*)-*ab-di/ti/te-* "Diener".

b.1. Vor /*ya*/. b.1.1. B. *-a-ra-aḫ* 613, 1825 "des Yaraḫ". -^{d}EN.ZU 618 "des Yaraḫ".
b.2. Vor /*yi*/. b.2.1. B. *-e-ra-aḫ* 616 "des Yaraḫ". -^{d}*e-ra-aḫ* 617 "des Yaraḫ".
b.2.2. M. *-e-ra-aḫ* 616; 1828 "des Yaraḫ".
b.2.3. C. *-e-ra-aḫ* 1828 "des Yaraḫ".
b.3. Vor */*ya*/. b.3.1. B. *-ra-aḫ* 626, 1832 "des Yaraḫ".
b.3.2. D. *-ra-aḫ* AS 22, 40: 3 "des Yaraḫ".
b.4. Vor */*ha*/ oder */*ʿa*/ > /*ya*/ (> /*yi*/). b.4.1. B. *-ad-du* 614 "des Haddu".
b.4.2. Yamḫad. *-ia-an-du* ARM 16/1, 94; 1831 "des Haddu" *-ia-du* 621 "des Haddu".
b.4.3. R. -EŠ$_4$.DAR OBTR 144: 10, 28 "der ʿAštar".
b.4.4. A und Aspät. *-a-na-ti* 612; 646 "der ʿAnat". -^{d}EŠ$_4$.DAR 619 "der ʿAštar".
b.4.5. Ugarit. *Ḫa-ab-di-e-*^{d}IM 1827 "des Haddu".
b.5. Vor */*ʾi*/ oder */*ʾe*/. b.5.1. I. *-il* 645 "des Gottes".
b.5.2. B. *-el* 1829 "des Gottes". -DINGIR 615; 1826 "des Gottes".
b.5.3. M. -DINGIR-*ma* ARM 22, 262 ii 50 "wirklich des Gottes".
b.5.4. A. -^{d}*iš-ḫa-ra* 624 "der ʾIšḫara".
b.6. Vor Phonemen ungleich /*y*/ oder /*ʾ*/. b.6.1. B. ^{d}ÍD (/*nār*/) 622 "des Fluss(gott)es".
b.6.2. M. *-ḫu-mu-*⸢*zi*⸣ ARM 21, 59: 19 "des Gedenksteines". *-la-i-la* ARM 23, 241: 7 "wahrlich des Gottes".

c. *Ab-da-* "Diener".

c.1. Vor */*ʾi*/ oder */*ʾe*/. **c.1.1.** D. *-el* 608 "des Gottes". *-il* AS 22, 10: 11 "des Gottes".

d. Vokalkontraktion.

Ab-di-li 625A "des Gottes". *Ab-ta-na-ti* 643Aspät "der ʿAnat".

2.1.2. Statistik zur Distribution der Graphien

§ 3.55.

Vor	*u*	*i*	*a*	Vokalkontraktion
Phonemen ungleich /*y*/ oder /ʾ/	32	3	---	---
/*ya*/ oder /*yu*/	1	3	---	---
/*yi*/	4	5	---	---
*/*ya*/	---	2	---	---
*/*ha*/, /*ʿ*a*/ > /*ya*/ (> /*yi*/)	1	8	---	1
*/ʾ/	4	5	2	1
Zusammen	42	26	2	2

Signifikant sind folgende Ergebnisse:

* Vor Phonemen ungleich /*y*/ und /ʾ/ besitzt das Regens in 91 % aller Fälle Auslaut *u*.
* Von den 26 Belegen für Auslaut *i* stehen 23 (89 %) vor /*ya*/, /*yi*/, */*ya*/ oder */ʾ/ (ausnahmslos */ʾ*i*/ oder */ʾ*e*/). Nur drei Belege stehen vor Phonemen ungleich /*y*/ oder /ʾ/.
* Nur im Diyālagebiet ist vor */ʾ*i*/ und */ʾ*e*/ auch Auslaut *a* bezeugt.

2.2. *mutu* "Mann"

2.2.1. Graphien

§ 3.56. Bezeugt sind die Graphien *mu-ut-*, *mu-tu-*, *mu-tum-*, *mu-tu-um-*, *mu-ti-*/DAM-*ti-*, *mu-te-* und *mu-ta-* sowie Vokalkontraktionen, die sich wie folgt verteilen:

a. *mu-ut-* "Mann".

a.1. Vor Phonemen ungleich /*y*/ oder /ʾ/. **a.1.1.** B. *-ḫa-li* 4854 "des Mutterbruders". *-ḫa-zu!-ra* 4858 (Sup) "von Ḥaṣor". *-me-si-li*? 4865 (Sup). -DUGUD 4866 (Sup). *-ra-ma* 4874 "des Erhabenen". *-ra-me-e* 4875 "des Gedenksteines".

a.1.2. D. *-ga-bi-id* 4850.

a.1.3. M. *-bi-si-ir* 4846 "von Biśir". -^{d}*da-gan* 4847 "des Dagan". *-ḫa-bu-ur* (Gen) ARM 22, 294: 2 "vom Ḫābūr". *-ḫa-li* 4854, ARM 21, 395: 9; Tuttul "des Mutterbruders". *-ḫa-ma-nim* M.A.R.I. 5, 204 Anm. 20 "vom ʾAmanus(?)".[1] *-ḫa-na* 4856 "von Ḫana". -^{d}*ḫa-na-at* 4857 "der ʿAnat". *-ḫa-*

[*a*]*t*!-*t*[*a*]! 4855 (Sup).[2] -*ḫa-at-ki-im* 4851 "von der Steppe". -*ḫa-za-ri* Durand 1991, 95 "von der Hürde".[3] -*ḫa-za-ri-im* Durand 1991, 95 "von der Hürde". -*ḫi-ir-ma*!-*aš*! 4859 (Sup).[4] -*ḫu-bu-ur* Durand 1991, 89. -*ḫu-bur* 4860. -*ḫu-mu-zi* Durand 1991, 95 "des Gedenksteines".[5] -*ḫu-mu-zi-im* 4861 "des Gedenksteines". -[^{d}]?IM 4863 "des Haddu". -^{d}ḪILIB 4862 (Sup). -*ka-zi-im*! 4864 (Sup) "von der Steppe". -*ka-zi-e* Durand 1982, 96 "von der Steppe". -*mu-ur-di* ARM 23, 222: 9.[6] -*na-ḫa-*<*an*>? 4867 (Sup). -*na-ḫa-lim* ARM 23, 222: 17 "vom Wadi". -*na-ri-im* 4869 "des Fluss(gott)es".[7] -*na-ri* ARM 24, 190: 3 "des Fluss(gott)es". -*na-wa-ar* ARM 16/1, 157 "der Nawar/des Leuchtenden". -*pa-a-na-zi* 4870.[8] -*qa-zi-im* Durand 1991, 96 "von der Steppe". -*ra-me-e* 4875 "des Gedenksteines". -*ra-me-im* 4876, 4871 (Sup) "des Gedenksteines". -*ra-me-e-em* ARM 23, 365: 4 "des Gedenksteines". -[*r*]*a-bi* 4873 "des Heilenden". -*ra-ap-ši-im* 4872.[9] -*sa-am-si* ARM 22, 151: 16 "des Śamaś". -⌜*sa*⌝-*ap-ḫi* Durand 1991, 94.[10] *ša-ki-im* 4878. -*sa-lim* 4877 "des Freundlichen/der Abendröte".

a.1.4. C. -*ḫa-la-mi* 4853.[11]

a.1.5. R. -*ka-zi-e-e*[*m*] OBTR 244 ii 3 "von der Steppe". -*nu*!-*sa-ar* OBTR 323, 12.[12]

a.1.6. A. -*ḫa-la-ab* 4852 "von Ḫalab".

a.2. Vor /*ya*/. **a.2.1.** M. -*ia-li-iḫ* Durand 1991, 94.[13] -*ia-mi-ìs* ARM 22, 266: 2.[14]

a.3. Vor /ʾ/. **a.3.1.** B. -*aw-na-an* 4845 "von den ʾAwnān". -DINGIR 4848 "des Gottes".

a.3.2. D. -<*am*>-*na-nu-um* 4868 "von den ʾAwnān".[15]

a.3.3. M. -*an-nu* Durand 1991, 83. -*ap-ki* Durand 1991, 91.[16] -*ḫa-ap-ki* Durand 1991, 91. -*a-ri-ra* Durand 1991, 88. -*ar-ri*! 4842 (Sup). -*ḫa-ar-ra* Durand 1991, 88. -*áš-di* ARM 24, 23 iii 9 "des Kriegers". -*aš-di-im* 4843 "des Kriegers". -*aš-kur* 4844 "des ʾAśkur". -^{d}*aš-kur* ARM 26/2, 489: 22 "des ʾAśkūr". -^{d}EN.TI ARM 23, 625: 6 "des Ebiḫ/vom Ebiḫ".[17] -*ak-ka* Durand 1991, 91 "des ʾAkka".[18] -*ḫa-ak-ka*! (Gen) ARM 22, 328 i 3 "des ʾAkka". -É.GAL-*lim* 4849 "vom Palast". -^{d}*ìr-ra* ARM 21, 8: 7 "des Erra".

Anm.: **1.** Nach Durand 1991, 86, entweder = ʾAmanus oder zum Ortsnamen "Habbânum" gehörig.

2. Durand 1991, 93: "Ḥattâ", "puits de saline", möglicherweise eine Siedlung.

3. Durand 1991, 95.

4. Mit Durand 1991, 90, der Fluss Ǧaǧǧaǧ.

5. Vgl. Durand 1991, 95.

6. Durand 1991, 86: "une réalité montagneuse à l'occident du Sindjar".

7. Durand 1991, 90, lässt offen, ob das zweite Element *nāru* "Fluss" oder *narû* "Stele" repräsentiert, doch vgl. Gelb 1980, 328 s. v. NHR, für das ^{d}ÍD "Flussgott" geschriebene Element.

8. Mit Durand 1991, 90, "un toponyme dénommant une réalité de Haute-Djéziré occidentale".

9. Mit Durand 1991, 91, "une réalité géographique du cours inférieur du Habur", vielleicht "descriptif d'un lit d'oued permettant la pénétration dans la steppe". "das Breite" zu übersetzen und als akkadisch zu interpretieren.

10. Vgl. Durand 1991, 94, für zwei Orte des Namens *saphu*.

11. Durand 1991, 92: Ortsname.

12. Durand 1991, 94: ein Ort "située entre Razamâ et Karanâ et sur la route reliant Qaṭṭarâ (Tell Rimah) à Ekallâtum".

13. Durand 1991, 84: "une ville du district de Saggarâtum".

14. Durand 1991, 88: "au moins le sud du Djebel ᶜAbd el-ᶜAzîz, sinon l'ensemble même de ce massif".

15. Korrektur nach Durand 1991, 91.

16. Durand 1991, 91f.: ein Ort am Balīḫ.

17. = Ǧabal Hamrīn.

18. Durand 1991, 91, denkt an "le port palestinien d'Akkâ", doch liegt zweifellos ein Gottesname (s. ARM 16/1, 258) vor.

b. *mu-tu-* "Mann".

b.1. Vor Phonemen ungleich /y/ oder /ʾ/. b.1.1. B. *-ba-sa-*<*ar*>? 4809 "vom Baśar(?)".[1] *-ᵈda-gan* 4811 "des Dagan". *-me-el* 4824 "wirklich des Gottes". *-ra-mi-e* 4826 "des Gedenksteines". *-ra-me-e* Durand 1991, 96 "des Gedenksteines".

b.1.2. M. *-ba-lu-ú* 4808 (Sup). *-bi-si-ir* 4810 "vom Biśir". *-ᵈda-gan* 4811 "des Dagan". -ᵈIM 4818 "des Haddu". *-ḫa-ad-ki-im* 4815 "von der Steppe". *-ḫa-ad-ki* 4814 "von der Steppe". *-ad-ki-im* 4804 "von der Steppe". *-ḫa-li* ARM 23, 507: 3 "des Mutterbruders". *-ḫa-na-at* ARM 23, 612: 5 "der ᶜAnat". *-ḫu-m[u-z]i* ARM 21, 138: 8 "des Gedenksteines". *-ḫu-mu-zi-im* Durand 1991, 95 "des Gedenksteines". *-ma-*DINGIR (Gen) ARM 22, 328 ii 39 "wirklich des Gottes". *-mi-*DINGIR ARM 22, 328 ii 9 "wirklich des Gottes". *-mi-el* Durand 1991, 83 "wirklich des Gottes". -KA-*na-ri* 4820 (Sup) "des Munds/Spruches des Fluss(gott)es". *-ku-bi* 4821 "des Kūbi". *-ku-um-ri* 4822.[2] *-ma-ku-ú* Durand 1991, 83. *-ma-la-ak* Durand 1991, 83. *-ma-la-ka* 4823.[3] *-ma-lik* Durand 1991, 84 "des Ratenden". *-ma-⌜ta⌝-ki-im* Durand 1991, 82. *-me-er* 4825 "des W/Mer". -⌜*nu-ma-ḫa*⌝*-a* ARM 26/2, 375: 4 "von den Numaḫā".[4] *-nu-um-ḫa-a* Durand 1991, 94 "von den Numḫā". *-ra-ma* ARM 26/2, 462: 7 "des Erhabenen". *-ra-me-e* ARM 23, 83: 3; Durand 1991, 96 "des Gedenksteines". *-sa-am-si* Durand 1991, 84 "des Śamaś". *-su-mi-*[*im*] Durand 1991, 94. *-ᵈtišpak* Durand 1991, 84 "des Tišpak".

b.1.3. C. *-ba-na* Durand 1991, 92.

b.1.4. R. *-ad-ki* OBTR 96: 10 "von der Steppe". *-ḫur-ra* OBTR 323: 18. *-na-ri* (Gen) OBTR 268: 11 "des Fluss(gott)es". *-sággar-ra* OBTR 323: 18 "vom Śaggara".[5]

b.2. Vor /ya/. b.2.1. M. *-ia-ma* 4817 "des Yamm".

b.3. Vor /yi/. b.3.1. B. *-e-ra-aḫ* 4812 "des Yaraḫ".

b.3.2. M. *-e-šu-uḫ* 4813 "des Hilfreichen".

b.4. Vor /ʾ/. b.4.1. B. *-am-na-nu-um* 4805 "von den ʾAwnān". *-a-an-zu*!*-ú* 4800 (Sup).

b.4.2. M. *-a-bi-i[ḫ]* 4802. *-ab-bi-iḫ* ARM 22, 3 ii 12. *-ar-ra-ap-*<*ḫi*> Durand 1991, 92 "von ʾArrapḫa". *-aš-di* 4807 "des Kriegers". *-aš-kur* ARM 26/2, 489: 22 "des ʾAśkur". *-aš-kur-ra* ARM 26/2, 494: 26, 28 "des ʾAśkur". *-a-za-ra* ARM 22, 3 ii 12. -É.GAL-*lim* Durand 1991, 95 "vom Palast". *-i-la* 4816 "des Gottes". -DINGIR (Gen) ARM 21, 138: 7 "des Gottes".
b.4.3. C. *-a-bi-ḫi-im* 4801. *-ar-ra-ap-ḫi-im* 4806 "von ʾArrapḫa".

Anm.: **1.** Korrektur nach Durand 1991, 85.
2. Durand 1991, 95f. (korrigiere dort *Mu-ut*!) lehnt einen Zusammenhang mit *kumru* "Priester" ab. *kumru* könne sein: a) Personenname, vgl. ARM 16/1, 140. b) Ein vielleicht kultisches Gebäude. c) Eine Nebenform zu *kamaru* "wall, ramp" (CAD K 111 *kamaru* A).
3. Durand 1991, 83, übersetzt "Voici un homme; il est à toi", doch sind Namen solcher Struktur und Bedeutung sonst nicht bezeugt. Vermutlich dasselbe Namenselement, das auch in *Ma-la-ak-ì-lí* 4474M enthalten ist.
4. Stammesbezeichnung oder geographischer Name. Zu letzterem s. Durand 1991, 94: "pays qui a pour capitale Kurdâ, au sud du Sindjar".
5. = Ǧabal Sinǧār, s. Durand 1991, 87.

c. *mu-tum-* "Mann".

c.1. B. *-e-el* 4829 "des Gottes". *-el* 4830 "des Gottes". *-e-lum* Durand 1991, 83 "des Gottes". *-me-el* 4833 "wirklich des Gottes".
c.2. D. *-a-bi-iḫ* 4827. -DINGIR 4828 "des Gottes". *-ja-ri-iq* 4831.[1] *-ma-el* 4832 "wirklich des Gottes". *-ni-ša* 4834.[2]

Anm.: **1.** Durand 1991, 83 Anm. 8: "«le verdoyant» ... une épithète de Tišpak?".
2. Durand 1991, 83 Anm. 10: "Un rapprochement avec la grande ville anatolienne de Niša ... me paraîtrait suspect, car on devraît la connaître à l'époque sous le nom de Kaneš".

d. *mu-tu-um-* "Mann".

d.1. M. -DINGIR Durand 1991, 83 "des Gottes".

e. *mu-ti-*, DAM-*ti-* "Mann".

e.1. Vor /*ya*/. e.1.1. B. *-i-ia-ti*! 4792.[1] *-a-ra-aḫ* 4783 "des Yaraḫ". *-a-ba-al*^{ki} (ON) 4779 "von Yabal". *-a-ba-la*^{ki} (ON) 4780 "von Yabal".
e.2. Vor /*yi*/. **e.2.1.** B. *-e-ra-aḫ* 4787 "des Yaraḫ".
e.2.2. M. *-e-ra-aḫ* 4787 "des Yaraḫ". *-e-mi-ìs*! 4786 (Sup). *-e-me-ìs* Durand 1991, 87.
e.3. Vor */*ya*/. e.3.1. B. *-ba-al*^{ki} (ON) 4784 "von Yabal".
e.4. Vor */*ʾa*/, */*ha*/ oder */*ʿa*/ > /*ya*/. e.4.1. B. *-a-ḫi* (Gen) 4781 "des Bruders". *-ar-ra-ap-ḫé* UCP 10/1, 87: 9 "von ʾArrapḫa". *-a-n[a-t]a* 4782 "der ʿAnat".[2]
e.4.2. M. -^{d}IM 4794 "des Haddu".

e.5. Vor Phonemen ungleich /y/ oder /ʾ/. e.4.1. B. -ḪUR.SAG 4791 "von der Hochsteppe".[3] *-ḫu-ur-ša-na* 4789 "von der Hochsteppe". *-ḫu-ur-ša-ni* 4790 "von der Hochsteppe". *-ka-ṣi-e* 4795 "von der Steppe". *-ma*!-^{d}IM Durand 1991, 83 "wirklich des Haddu". *-ra-me-e* OBRE 1, 55: 41 "des Gedenksteines".

e.4.2. D. *-ka-zi*!*-e*! 4785 (Sup) "von der Steppe". *-me-el* 4798 "wirklich des Gottes".

e.4.3. M. *-ma-ku-ú* 4797.[4] *-mi-*DINGIR ARM 24, 248 r. 11 "wirklich des Gottes". *-ma-ta-ki-im* Durand 1991, 83.

e.4.4. R. *-ḫa-ad-ki-im* 4788 "von der Steppe".

e.4.5. A. -^{d}UTU 4799 "des Śamaś".

e.5. Vor */ʾi/ oder */ʾe/. e.5.1. B. -DINGIR OBRE 174: 5 "des Gottes".

e.5.2. M. DAM*-ti-é-a* ARM 24, 233 i 47 "des Ea".[5]

Anm.: **1.** Korrektur nach Durand 1991, 93. Nach ihm mit "l'oasis au sud du Sindjar" zu identifizieren.

2. Nach Durand 1991, 89, Gewässerbezeichnung "Source", doch handelt es sich zweifellos um die Göttin ᶜAnat.

3. Nach Durand 1991, 86, möglicherweise eine konkrete Örtlichkeit bei Ḥīt. Plausibler ist jedoch die Interpretation "Mann aus dem «Hochland» (= die syrische Wüste oder die Ǧazīra)", wofür sich *Mut-ḫadqim* und *Mut-qaṣîm* "Mann aus der Steppe" vergleichen lassen.

4. Durand 1991, 83, übersetzt "Voici mon homme; il est tien" vor, doch wäre ein derartiger Name ohne Parallele.

5. Durand 1991, 81[1], lehnt dagegen diese Lesung ohne Begründung ab.

f. *mu-te-* "Mann".

f.1. Vor /yi/. f.1.1. B. *-e-ra-aḫ* 4778 "des Yaraḫ".

f.2. Vor */ya/. f.2.1. M. *-ba-al* Durand 1991, 97.

f.3. Vor */ha/ > /ya/. f.3.1. M. -^{d}IM Durand 1991, 84 "des Haddu".

g. *mu-ta-* "Mann".

g.1. Vor /ya/. g.1.1. M. *-a-pu-uḫ* ARM 21, 370: 6' "des Aufgestrahlten". *-ia-šu-uḫ* Durand 1991, 84 "des Hilfreichen".

g.2. Vor */ya/. g.2.1. M. *-šu-uḫ* 4775 "des Hilfreichen". *-tar* (Gen) ARM 24, 61 iii 4' "des Hervorragenden".[1] *-ta-rum* 4777 "des Hervorragenden".[2]

g.3. Vor */ha/. g.3.1. M. -^{d}IM ARM 23, 222: 5 "des Haddu".

g.4. Vor Phonemen ungleich /y/. g.4.1. M. *-ta-ki-in* 4776.[3]

Anm.: **1.** Durand 1991, 97, verkennt, dass *Mutâtar* < **Mutu-yatar* vorliegt.

2. Bei Gelb 1980, 625, und Durand 1991, 97, noch ungedeutet. Es liegt *Mutâtarum* < **Mutu-yatarum* "Mann des Hervorragenden" vor.

3. Gegen Gelb 1980 kaum zur √ *kwn*, sondern Element unsicherer Etymologie.

h. Vokalkontraktion.

h.1. *Mu-ti-lum* 4796B "des Gottes".

2.2.2. Statistik zur Distribution der Graphien

§ 3.57.

vor	0	*u*	*um*	*i*, *e*	*a*	V.k.[1]
Phonemen ungleich /*y*/ oder /ʾ/	49	41	---	13	1	---
/*ya*/	2	1	---	4	2	---
/*yi*/	---	2	---	5	---	---
*/*ya*/	---	---	---	2	3	---
*/*ʾa*/, */*ha*/, */*ʿa*/	---	---	---	5	1	---
*/ʾ/	18	14	---	2	---	1
Zusammen	70	58	10	31	7	1

Signifikant sind folgende Ergebnisse:

* Auslaut *0* findet sich in 70 % aller Fälle vor Phonemen ungleich /*y*/ oder /ʾ/. Nur in zwei Belegen (3 %) steht *0* vor /*ya*/.
* Auslaut *u* findet sich in 70 % aller Fälle vor Phonemen ungleich /*y*/ oder /ʾ/. Nur in drei Belegen (5 %) steht *u* vor /*ya*/ oder */*ya*/ > /*yi*/.
* *0* und *u* unterliegen keiner geographischen Distribution.
* Auslaut *i* findet sich in 41 % der Belege vor Phonemen ungleich /*y*/ oder /ʾ/.
* Auslaut *a* steht in fünf von sieben Belegen vor /*ya*/ oder */*ya*/.

Anm.: **1.** = Vokalkontraktion.

2.3. Auswertung

2.3.1. /*u*/

§ 3.58. Der Auslaut des Status constructus ist (gegen Gelb, vgl. oben § 3.53) weder generell /*0*/ noch (gegen Noth) willkürlich vokalisch, sondern weitgehend phonologisch geregelt. Als häufigster Auslaut erscheint der Kasusvokal des Nominativs /*u*/.[1] Der Status constructus wird nicht flektiert, wenn der Name im Kontext Genitivfunktion besitzt:[2]

* *Mu-tu-ma-*DINGIR (Gen) ARM 22, 328 ii 39M *Mutu-ma-ʾel* "Wirklich Mann des Gottes".
* *Mu-tu-na-ri* (Gen) OBTR 268: 11R *Mutu-nāri* "Mann des Fluss(gott)es".
* *Mu-tu-*DINGIR (Gen) ARM 21, 138: 7M *Mutu-ʾel* "Mann des Gottes".
* *Sa-mu-a-bi-im* (Gen) 5463B *Śamu-ʾabim*, *Su-mu-a-bi-im* (Gen) 5606B *Śumu-ʾabim* "Nachkomme des Vaters".

Vor dem von Gelb 1980 angenommenen Suffix /*hu*/ würde der Status constructus /*u*/-Auslaut ebenfalls beibehalten:

* *Mu-tu-ba-lu-ú* 4808M *Mutu-baʿlu-hu*? "Mann seines(?) Herren".

Doch ist diese Annahme unsicher (vgl. § 2.162) und bedarf noch der Untersuchung (s. den Folgeband).

Anm.: **1.** Auch in Ebla, im Altakkadischen und im "hymnisch-epischen Dialekt" des Akkadischen weist der Status constructus des Nominativs innerhalb und ausserhalb von Personennamen oft ein /*u*/ auf, s. für Ebla Gelb 1981, 31f., und Fronzaroli 1982, 106, für das Altakkadische Gelb 1961a, 145, für den "hymnisch-epischen" Dialekt von Soden 1931, 211-213. /*u*/ im Status constructus vor Genitiv findet sich als Archaismus noch in kanaanäischen Personennamen des I. Jahrtausends, s. Layton 1990, 66-67 s. v. *metûšāʾel*, *metûšelaḥ* und *penûʾēl*. Das Ugaritische flektiert Nomina im Status constructus des Singulars, s. Huehnergard 1987, 300.

2. Auch im "hymnisch-epischen Dialekt" des Akkadischen erscheint /*u*/ bisweilen auch im Genitiv und Akkusativ, s. von Soden 1931, 212 Anm. 1.

2.3.2. /*0*/

§ 3.59. Die bei Stämmen mit kurzkonsonantigem Auslaut belegte Endung /*0*/ ist phonologisch durch Elision des Kurzvokals in offener Silbe bedingt (§§ 2.21-24).[1] Die Elision ist fakultativ. Freie Namensvarianten mit Status constructus auf /*u*/ oder /*0*/ lassen sich in Mari beobachten:

* *Mu-tu-bi-si-ir* 4810M *Mutu-biśir* : *Mu-ut-bi-si-ir* 4846M *Mut-biśir* "Mann vom Bišrī" ("commandant de troupes à l'époque du Šamši-Addu" ARM 16/1, 158 s. v. Mut(u)-Bisir).
* *Mu-tu-aš-kur* ARM 26/2, 489: 22M *Mutu-ʾaśkur* : *Mu-ut-aš-kur* 4844M *Mut-ʾaśkur* "Mann des ʾAśkur" ("fils d'Išme-Dagan" ARM 26/2 S. 556).
* *Bu-nu-ma-*^{d}IM 1340M *Bunu-ma-haddu*: [*B*]*u-un-ma-*^{d}IM ARM 16/1, 82M *Bun-ma-haddu* "Wirklich Sohn des Haddu" ("roi de Niḫriyā" ARM 16/1, 82 s. v. Būnuma-Addu 3°).

Anm.: **1.** Huffmon 1965, 119f., nimmt statt phonologischer Bedingungen Akkadismus oder die Möglichkeit, "that the occasional *bi-in* and *bu-un* spellings indicate that case endings were beginning to be lost with the *regens*" (ib. 125), an. Doch ist die Endung /*0*/ in Babylonien nicht häufiger als in Mari. Beginnende Elision von Kasusendungen müsste auch bei *ʿabdu* sichtbar sein, doch wird nie ein Status constructus **ʿabad* gebildet.

2.3.3. /*i*/ vor Radikal /*y*/

§ 3.60. Vor Radikal /*y*/ wird */*u*/ fakultativ zu /*i*/ assimiliert:[1]

* *Ab-di-a-ra-aḫ* 613B "Diener des Yaraḫ".
* *Mu-ti-a-ra-aḫ* 4783B *Muti-yaraḫ* "Mann des Yaraḫ".
* *Bi-ni-ia-mi-na* ARM 22, 328 iii 16M "Sohn der Yamīn".

Vgl. für den Erhalt von /*u*/:

* *Ḫa-ab-du-ú-mu* M.7450 vii, s. M.A.R.I. S. 614 *ʿAbdu-yūmu*(?) "Diener des Tages(?)".
* *Mu-tu-ia-ma* 4817M *Mutu-yamma* "Mann des Yamm".

Freie Namensvarianten lassen sich beobachten:

* *Su-mu-ia-ma-am* 5665M *Śumu-yamam* : *Su-mi-ia-ma-am* 5598M *Śumi-yamam* "Nachkomme des Yam(a)m", der König von Mari und Nachfolger Yaʿdun-lîms.

Anm.: **1.** Eine ähnliche Erscheinung lässt sich auch in Ebla wenigstens in den lexikalischen Texten beobachten: "Bei den Schreibungen [scil. des Status constructus, M.P.S.] auf -(K)*i*/*e* fällt auf, daß sie regelmäßig auftreten, wenn das folgende Wort mit *i*-, d.h. /*yi*/ beginnt ... Alle Schreibungen zusammengenommen deuten auf einen (aus -*u*?) reduzierten Auslautvokal, der vor /*yi*/ nach -*i* tendiert und auch ganz schwinden kann" (Krebernik 1983, 9[32]).

2.3.4. /*i*/ vor Gleitlaut /*y*/

§ 3.61. Die Assimilation */*uy*/ > /*iy*/ findet auch vor /*y*/, welches als Gleitlaut aus */ʾ/, */*h*/ oder */ʿ/ entstanden ist (§§ 2.151, 2.165-166, 2.178), statt:

* *Mu-ti-a-ḫi* (Gen) 4781B *Muti-yaḫi* < **Muti-ʾaḫi* "Mann des Bruders".
* *Ab-di-ia-du* 621Yamḫad *ʿAbdi-yaddu* < * *ʿAbdi-haddu* "Diener des Haddu".
* *Su-mi-a-du* 5593A *Śumi-yaddu* < **Śumi-haddu* "Nachkomme des Haddu".
* *Ab-di-a-na-ti* 612Aspät *ʿAbdi-yanati* < **ʿAbdi-ʿanati* "Diener der ʿAnat".

§ 3.62. Die Assimilation */*uy*/ > /*iy*/ tritt schliesslich auch vor aus */*ya*/ entstandenem *e*, d. h. /*yi*/ (§ 2.79), ein:

* *Ḫa-ab-di-e-ra-aḫ* 1828M *ʿAbdi-yiraḫ* < **ʿAbdu-yaraḫ* "Diener des Yaraḫ".
* *Mu-ti-e-ra-aḫ* 4787B *Muti-yiraḫ* < **Mutu-yaraḫ* "Mann des Yaraḫ".
* *Sa-mi-e-tar* 5452M *Śami-yitar* < **Śamu-yatar* "Nachkomme des Hervorragenden".

§ **3.63.** */*iyi*/ wird dabei fakultativ zu /*î*/ oder /*ê*/ kontrahiert (§ 2.26):

* *Ab-di-ra-aḫ* 626D *ʿAbdîraḫ* < **ʿAbdu-yaraḫ* "Diener des Yaraḫ".
* *Mu-ti-ba-al*ki (ON) 4784B *Mutîbal* < **Mutu-yabal.*
* *Sa-me-ra-aḫ* 5445B *Śamêraḫ* < **Śamu-yaraḫ* "Nachkomme des Yaraḫ".

2.3.5. *i* vor */ʾi/ oder */ʾe/

§ **3.64.** Elision von /ʾ/ (§§ 2.150-152) liegt vor, wenn vor */*ʾi*/ oder */*ʾe*/ der Status constructus scheinbar auf */*i*/ auslautet. Bei *ʿabdu* folgt auf die Elision des /ʾ/ Kontraktion von /*u*/ und /*i*/ bzw. /*e*/. Bei *mutu*, *śumu* und *bunu* ist unklar, ob als Ausgangsform *mut*, *śum* und *bun* oder *mutu*, *śumu* und *bunu* anzusetzen ist; wir gehen arbeitshypothetisch von letzterem aus.

* *Ḫa-ab-di-el* 1829B *ʿAbdêl* < **ʿAbdu-ʾel* "Diener des Gottes".
* *Mu-ti-*DINGIR OBRE 174: 5B *Mutîl* < **Mutu-ʾil* "Mann des Gottes".
* *Su-me-*d*en-líl* 5591B *Śumênlil* < **Śumu-ʾenlil* "Nachkomme Enlils".
* *Bu-ni-*DINGIR 1314B *Bunîl* < **Bunu-ʾil* "Sohn des Gottes".

Graphisch eindeutig erkennbar ist die Elision von /ʾ/ und die Vokalkontraktion in den folgenden Fällen:

* *Ab-di-li* 625A *ʿAbdîli* "Diener des Gottes".
* *Mu-ti-lum* 4796B *Mutîlum* "Mann des Gottes".
* *Su-mi-lu-um* 5600B *Śumîlum* "Nachkomme des Gottes".
* *Bu-ni-lum* 1317B *Bunîlum* "Sohn des Gottes".

2.3.6. /*i*/ vor anderen Phonemen

§ **3.65.** Selten findet sich /*i*/ vor anderen Phonemen als /*y*/ und nicht als Ergebnis der Elision von /ʾ/ erklärbar. Hier liegt wohl ein Akkadismus vor, weil der akkadische Status constructus oft /*i*/-Auslaut besitzt (GAG § 64). Zu beachten ist, dass die Mehrzahl der Belege aus Babylonien oder dem Diyālagebiet stammt: bei *ʿabdu* einer von drei, bei *mutu* acht von zwölf.

* *Mu-ti-ḫu-ur-ša-ni* 4790B *Muti-ḫuršāni* "Mann aus der Hochsteppe".
* *Ab-di-*ᵈÍD 622B *ᶜAbdi-nāri* "Diener des Flussgottes".
* *Bu-ni-ma-ra-aṣ* 1319C *Buni-maraṣ* "Sohn des Sorgenvollen ".

2.3.7. /a/

§ **3.66.** Scheinbare Status constructus-Endungen */*a*/ sind fast immer als Ergebnis von Vokalkontraktion interpretierbar:

* *Mu-ta-šu-uḫ* 4775M *Mutâšuᶜ* < **Mutu-yašuᶜ* "Mann des Hilfreichen".
* [*B*]*i-na-*ᵈIM 1267M *Binâddu* < **Binu-haddu* "Sohn Haddus".
* *Bi-na-am-mi* 1261B *Binâmmu* < **Binu-ᶜammi* "Sohn des Vaterbruders".
* *Bu-na-*ᵈINNIN 1308B *Bunâštar* <**Bunu-ᶜaštar* "Sohn der ᶜAštar".

§ **3.67.** Gemischt morphographemisch-phonetische Graphien (§ 2.20) sind die folgenden Beispiele:

* *Mu-ta-a-pu-uḫ* ARM 21, 370: 6'M *Mutâpuᶜ* "Mann des Aufgestrahlten".
* *Mu-ta-ia-šu-uḫ* Durand 1991, 84M. *Mutâšuᶜ* "Mann des Hilfreichen".
* *Sa-ma-a-da-ḫu* 5427M *Śamâdāᶜum* "Nachkomme der Erkenntnis".
* *Bi-na-a-ḫu-um* 1259M *Binâḫum* "Sohn des Bruders".

Graphisch eindeutig ist Vokalkontraktion belegt in:

* *Ab-ta-na-ti* 643Aspät *ᶜAbdânati* "Diener der ᶜAnat".

§ **3.68.** Eine gebrochene Graphie *a-e* (§ 2.8) kommt mit Rectum *ʾe/il* im Diyālagebiet vor. Auch sie ist schwerlich ein Zeugnis für eine Status constructus-Endung */*a*/:[1]

* *Ab-da-el* 608D *ᶜAbdêl* "Diener des Gottes".
* *Ab-da-il* AS 22, 10: 11D *ᶜAbdîl* "Diener des Gottes".

Anm.: **1.** Auch Knudsen 1983, 8, versteht *Ab-da-el* als "sandhi spelling". Ib. 1991, 869, spricht er von einem "purely orthographic" "sandhi vowel" im selben Namen.

§ **3.69.** Eine phonologisch nicht erklärbare Status constructus-Endung /*a*/ erscheint in:

* *Bu-na-ma-*DINGIR 1310M *Buna-ma-ʾel* "Wirklich Sohn des Gottes".[1]

Anm.: **1.** Etwa regressive Vokalassimilation, vgl. § 3.71 (Vorschlag D. O. Edzard)?

2.4. Affirmativpartikeln zwischen Regens und Rectum

§ 3.70. Zwischen Regens und Rectum können die Affirmativpartikeln /*ma*/ (*mi*/*me*)[1] "wirklich", /*la*/ "wahrlich"[2], /*kī*/ "fürwahr" und /*na*/ "bestimmt" treten. Diese Interpretation war lange umstritten; *m* wurde als Mimation[3] und /*ma*/ als Nominalsatzindikator[4] interpretiert. Doch spricht *Bi-in-ma-a-ḫi-im* 1221M *Bin-ma-ʾaḫim* "Wirklich Sohn des Bruders" mit Status constructus *bin* und Genitiv *ʾaḫim* (nicht durch die Kontextsyntax bedingt) eindeutig für die hier vorgetragene Deutung.

Den Status constructus *śam*/*śim* weisen die Namen *Sa-am-mi-a-ta-ar* 5328B *Śam-mi-yatar* und *Si-im-me-a-tar* 5527B *Śim-mi-yatar* "Wirklich Nachkomme des Bruders" auf. Aus semantischen Gründen können Namen wie *Ab-du-ma-*^{d}*da-gan* 635M *ʿAbdu-ma-dagan* "Wirklich Diener Dagans" und *Ab-di-la-i-la* ARM 23, 241: 7M *ʿAbdi-la-ʾila* "Diener wahrlich des Gottes" nicht sinnvoll als Nominalsatz gedeutet werden. Diese Verwendung von /*ma*/ findet sich auch sonst im Nordwestsemitischen.[5] Für die Kontraktion von /*ma*/ und /*la*/ mit folgendem Vokal s. § 2.29, für gemischt morphographemisch-phonetische Graphien bei /*ma*/ s. § 2.20 und für das Allomorph /*mi*/ bzw. /*me*/ s. § 2.34. Weitere Belege:

* *Mu-tu-ma-*DINGIR (Gen) ARM 22, 328 ii 39M *Mutu-ma-ʾel*, *Mu-tum-e-el* 4829B, *Mu-tu-um-*DINGIR Durand 1991, 83M *Mutu-mêl* "Wirklich Mann des Gottes".
* *Bu-na-ma-*DINGIR 1310M *Bunu-ma-ʾel* "Wirklich Sohn des Gottes".
* *Su-mu-me-el* 5685B *Śumu-mêl* "Wirklich Nachkomme des Gottes".
* *Zu-ú-ma-a-bi* 6632M *D̠ū-ma-ʾabi* "Wirklich der des Vaters".
* *Su-mu-la-el* 5676B *Śumu-la-ʾel*, *Su-mu-li-el* 5681B *Śumu-lêl* "Nachkomme wahrlich des Gottes".
* *Su-mu-la-ú-mu* ARM 22, 328 iii 11; v 11M *Śumu-la-yūmu*? "Nachkomme wahrlich des Tages(?)".
* *Su-um-na-ia-tar* 5733M "Bestimmt Nachkomme des Hervorragenden".[6]
* *Bu-nu-ki-*DINGIR 1335M "Sohn fürwahr des Gottes".[7]

Anm.: **1.** Gelb 1958, 164 3.4.6., sieht in *Mu-tum-*DINGIR das Allomorph /*m*/ zu *ma* (vgl. jedoch ib. 1980, 327). Huffmon 1965, 120 stellt fest: "presence of a *-ma* cannot be taken as inconsistent with genitive compound names". Krahmalkov 1969, 202: "*ma*/*e* interrupts the construct chain, a use well attested for the enclitic".

2. Bauer 1926, 65, versteht *Su-mu-la-*DINGIR als Status constructus + Präposition + Genitiv.

3. So Huffmon 1965, 105 [42], für *Mu-tum-*DINGIR und Gelb 1980, 327, für Namen mit *Mu-tum-* u. ä.

4. Für ältere Literatur s. Huffmon 1965, 121[11]. Ebenso interpretiert Durand 1991, 82f., Namen wie *Mu-tu-ma-*DINGIR als Nominalsatznamen der Bedeutung "Voici un/mon homme (mâle), ô (NDiv)".

5. Hebräisch: Hummel 1957, 97-99. Nordwestsemitisch 15.-13. Jahrhundert in akkadischen Texten: Sivan 1984, 125 2.1.4. Ugaritisch: Gordon 1965, 104 11.8.

6. Kaum "Unser Name ist hervorragend" oder "Unser Name ist der Hervorragende", was beides onomastisch nicht sinnvoll wäre. Affirmatives */na/* begegnet auch sonst, z. B. in *Šu-ub-na-il* 5959B *Šūb-na-ʾil* "Wende dich doch zu, o Gott!".

7. Kaum "Der Sohn ist wie (der) Gott", was onomastisch nicht sinnvoll wäre. Affirmatives */kī/* begegnet auch sonst, z. B. in *Ia-si-im-ki*-DINGIR 3465M "Hingesetzt hat fürwahr der Gott".

2.5. Status constructus des femininen Substantivs

§ 3.71. Der Status constructus endet wie beim maskulinen Substantiv in der Mehrzahl der Fälle vokalisch: 4x auf */u/*, 4x auf */i/* und 3x auf */a/*. Nur 5x besitzt er die Endung */0/*. */0/* und */u/* treten als Varianten im Namen ein- und derselben Person auf:

* *Bi-na-at-ḫa-am-mi*, *Bi-na-at-ḫa-mi-im*, *Bi-na-tu-ḫa-mi*, alle Florilegium Marianum IV S. 267 No. 3 und 4M *Binat(u)ʿammi(m)* "Tochter des Vaterbruders".

Eine Verteilungsregel für die vokalischen Endungen ist bei der geringen Belegzahl nicht deutlich erkennbar. */0/* ist vielleicht Akkadismus und */a/* durch regressive Vokalassimilation (vgl. § 3.69) bedingt. */u/*:

* *Bi-in-du-ṭa-ba* (F) 1218M *Bindu-ṭāba* "Tochter der Guten".
* *Bi-na-tu-ḫa-am-me* (F) ARM 23, 622 ii 4'M *Binatu-ʿamme*, *Bi-it-tu-ḫa-am-mi-im* Florilegium Marianum IV S. 267M *Bittu-ʿammim* "Tochter des Vaterbruders".

/i/:

* *Bi-it-ti-*^{d}*da-gan* 1240B *Bitti-dagan* "Tochter Dagans".
* *Bi-in-ti-ki-di-ia* (F) 1226A.
* *Am-ti-aš-ta-ra* (F?) 782Aspät *ʾAmti-ʿaštara* "Dienerin der ʿAštar".
* *Am-ti-la-ba* (M)[1] 783B *ʾAmti-labba* "Dienerin des Löwen".

/a/:

* *Bi-it-ta-ma-al-ki* (F) 1238Aspät *Bitta-malki* "Tochter des Fürsten".
* *Am-ta-i-la-ma* (M[1], Gen) ARM 22, 328 ii 39M *ʾAmta-ʾila-ma* "Wirklich Dienerin des Gottes".
* ^{d}*Ba-ḫa-al-ta-ma-tim* (GN) ARM 26/1, 256: 16M *Baʿalta-mātim* "Herrin des Landes".

/0/:

* *Bi-na-at-ḫa-mi-im* *Binat-ʿammim*, *Bu-na-at-ḫa-am-mi* *Bunat-ʿammi* Florilegium Marianum IV S. 267M "Tochter des Vaterbruders".
* *A-ma-at-*^{d}*ba-a-la* (F) 400B *ʾAmat-baʿla* "Dienerin der Herrin".

Anm.: **1.** *Am-ti-la-ba* TIM 3, 7: 5B ist sicher ein Mann; seine Gattin (DAM) wird unmittelbar nach ihm genannt. Vgl. § 1.123a für eine Erklärung der *ʾamtu*-Namen bei maskulinem Namensträger.

2. *Bi-it-ta-at-ti* (F) 1237A kann Vokalkontraktion *Bittâtti* sein.

3. Dual und Plural

§ **3.72.** Ein Kandidat für den Dual ist der Personenname *Šu-ba-*DINGIR.DIN[GIR] RIMB 1 E.4.3.6.2001: 16B: "Wendet euch zu, ihr beiden Götter!". Alternativ ist jedoch mit einem Plural zu rechnen.

Wegen der Assimilation */im/* > */um/* eher amurritisch (§ 2.35) als akkadisch ist der Ortsname *Di-im-te/ti-en*^{ki} (ON, Gen) ARM 22, 263 ii 27M; ARM 23, 86: 13M; ARM 24, 233 i 52M : *Du-um-te-en*^{ki} (ON, Gen) ARM 3, 38: 17M; ARM 23, 593: 11M : *Di-im-ta-an*^{ki} (ON) ARM 23, 70: 7M u. ö. : *Du-um-ta-an*^{ki} (ON, Gen) ARM 3, 20: 28M. Die Form mit Endung */ēn/* steht nur, wenn der Name im Kontext Genitivfunktion wahrnimmt. Die Form mit */ān/* kann dagegen im Nominativ und Genitiv stehen. Daraus ergibt sich, dass */ān/* die Dualendung des Nominativs und */ēn/* die des Genitivs ist; der Name bedeutet "Zwei Türme" und wird fakultativ im Kontext flektiert. Die Dualendungen des Amurritischen dürften somit, was wenig überrascht, mit den akkadischen identisch sein.

Die Evidenz für den Plural ist weitgehend negativ. Die Belege im einzelnen:

3.1. *Bu-nu-ka-la-i-li* 1333B (Chiera-Liste)?

§ **3.73.** Der Name bedeutet "Sohn aller Götter".[1] Er stammt aus der Chiera-Liste und ist singulär (vgl. § 1.61). Vgl. allerdings altakkadisch *Bi-in-kà-lí-šàr-ri* RA 9, 82: 4 "Sohn aller Könige"; Stamm 1939, 76, nennt akkadische Belege für *ilū* "Götter" in Namen, z.B. *Awīl-ilī* "Mann der Götter", *Ṣeḫer-ilī* "Kind der Götter". Der Name ist nicht zweifelsfrei amurritisch; es kann auch ein akkadisch-amurritischer Mischname vorliegen.[2]

Anm.: **1.** Gelb 1958, 154 3.2.3,2.1.: "figlio di tutti gli dei". Da Knudsen 1983, 11, von einem Pluralmorphem */īm/* ausgeht (§ 3.75), interpretiert er *i-li* als Singular und übersetzt den Namen mit "son of every god".

2. Edzard 1966, 170, hält den Namen für rein akkadisch. Doch *bunu* "Sohn" ist akkadisch nur in lexikalischen Listen bezeugt und anscheinend kein akkadisches, sondern ein westsemitisches Wort.

3.2. *A-na-i-lim-ma* 466A und *A-ḫi-ki-li-im* 244B?

§ **3.74.** Beide Namen werden von Gelb 1958, 154 3.2.3.2.1., als Belege für einen Plural auf /*īm*/ angeführt. In beiden Fällen widerruft Gelb 1980 seine Analyse: 466 versteht er nun als /*ʾana-ʾil-i-ma*/ und 244 als /*ʾaḫ-ī-kī-lîm*/.

3.3. dUTU *ša-pí-iṭ i-li-im ù a-wi-lu-tim*?

§ **3.75.** Gelb 1958, 154 3.2.3.2.1., fasst den Beleg aus Syria 32, 12 i 3 wie folgt auf: "L'occorrenza di *i-li-im* in /*Šamaš šāpiṭ ilīm*/ in tre copie dell'iscrizione akk. di *Jaǵdun-Lim* di Mari può esser dovuta a influenza amoritica. Sei altre copie della stessa iscrizione hanno DINGIR.MEŠ. In un altro passo di questa iscrizione hanno *dEn-lil ša-pí-iṭ i-li*".

Knudsen 1983, 11, übernimmt diese Analyse: "The variant testifies to the early existence of an oblique plural ending in -*īm*, otherwise known from Ugaritic and later Canaanite".

i-li-im kann jedoch den Singular *ilim* in generischer Lesart wiedergeben.[1] Der Singular *ilum* steht in derselben Funktion in mehreren Belegen neben *awīlūtu*.[2] Sprachhistorisch ist die Annahme eines Obliquus auf /*īm*/ zudem anachronistisch, da /*īm*/ auf älteres /*īma*/ zurückgeht (s. Moscati 1964, 97 12.72, für das Ugaritische). Wenn schliesslich der Beleg in § 3.73 amurritisch und nicht akkadisch zu interpretieren ist, bezeugt er einen Obliquus auf /*ī*/. Wir übersetzen unseren Passus daher "Šamaš, Richter von Gott und Mensch(heit)".[3]

Anm.: 1. Beispiele für die generische Verwendung des Singulars finden sich im Akkadischen oft, z.B. *raggam u ṣēnam ana ḫulluqim dannum enšam ana lā ḫabālim ... Anum u Ellil ... šumī ibbû* CḪ i 35-49 (aB) "Um den Bösen und Üblen auszurotten, dass der Starke dem Schwachen keine Gewalt antue, haben An und Enlil mich berufen". In Mari: *ina tajjartīkama ṣābam tubbab adīšu pūḫat ḫalqim u mītim šuzziz* ARM 1, 42: 19-21 "Erst bei deiner Rückkehr kannst du die Truppe mustern. Bis dahin stelle (nur) Ersatz für die Entflohenen und Toten ein!". Weitere Belege aus der akkadischen Epik bei Streck 1995, 43f. § 1.2.

2. Z. B. *ana ili* (DINGIR) *u amēlūt(u) ana mītūti u balṭūti ṭābtu ēpuš* Asb. 250 r. 3 (jB/nA) "Wohltat erwies ich Gott und Mensch(heit), Toten und Lebendigen". Weitere Belege für *ilum* im generischen Singular in CAD I 97f. s. v. *ilu* 1c, neben *awīlūtu* in CAD A II 59 s. v. *amīlūtu* 1a2'. Beachte, dass *ilūtu* im Gegensatz zu *awīlūtu* "Menschheit" = "die Gesamtheit aller Menschen" nie die "Gesamtheit aller Götter", sondern immer die "Göttlichkeit" bedeutet.

3. Zadok 1984, 236 und 239, sieht einen Plural auf *-īm* auch in den Ortsnamen *Pa-al-ṭi-ma*[ki] ("refuge"), *Ṣa-bi-ri-ma* (*ṣbr* "group" or "garner") und *Ṣa-ḫi-qí-ma* (*ḍḥq* "laugh, toy"). Ib. 1993, 316[9], nennt er nur noch den zweiten Beleg "hypothetical", während die Lesungen des ersten und dritten unsicher seien. Da die Etymologie von Ortsnamen mit grossen Unwägbarkeiten behaftet ist, bleiben diese Belege unserem Grundsatz gemäss (§ 1.136) unberücksichtigt.

3.4. *Ḫa-ia-ab-*DINGIR 2022B and *I-a-ab-*DINGIR 2377B?

§ 3.76. Knudsen 1983, 11, übersetzt beide Namen mit "where is the Father of the gods" und sieht in ihnen Belege für einen Plural mit Suffix /*īm*/. Er erklärt: "Apparently the scribes confused the Amorite plural *ilīm*, «gods», with an Akkadian singular *ilim* spelled DINGIR". Wie in § 3.75 kann DINGIR aber als generischer Singular interpretiert werden. Ausserdem ist fraglich, ob das Pluraldeterminativ MEŠ konsequent verwendet wird, so dass vielleicht auch eine Lesung als Plural möglich ist.

3.5. *Ì-lí-bi-na-a-ia* 2701M?

§ 3.77. Knudsen 1991, 877 3.2.3., übersetzt "My god (gave) my sons" und führt aus: "the oblique construct plural before pronominal suffixes is formed with *-ay-* as in Hebrew and Aramaic."

Die Opposition *Ì-lí-bi-na-a-ia* : *I-la-bí-ni* 2524I, DINGIR-*bi-ni* 1522B spricht dagegen für eine Analyse des ersten Namen als /*ʾilī-bin-āya*/, d. h. eine Bildung mit dem häufigen deminutiven Suffix /*āya*/. Strukturell parallele Namen (vgl. § 5.88) sind *Ì-lí-ḫa-aṣ-na-a-ia* 2714M *ʾIlī-ḥaṣnāya* "Mein Gott ist Schutz", *Ì-lí-aš-ra-ia* 2698M *ʾIlī-ʾašrāya* "Mein Gott ist Glück(?)", *Ì-lí-ši-im-ḫa-ia* 2771M *ʾIlī-śimḫāya* "Mein Gott ist Pracht" und *Ì-lí-mi-il-ka-ia* ARM 23, 623: 32M *ʾIlī-milkāya* "Mein Gott ist Rat". Demnach ist der Name als "Mein Gott ist ... (?)" zu übersetzen. Eine Ellipse des Prädikates ("geben") wäre auch ohne onomastische Parallelen.

4. Zusammenfassung

§ 3.78. Die wichtigsten Ergebnisse zum Kasussystem seien hier knapp resümiert:

Die Endung /*a*/ des Status rectus ist ein archaisches Morphem des Kasus absolutus, welches sich vor allem in bestimmten phonologischen Umgebungen erhalten hat, nämlich nach gelängtem Konsonanten wie in *Hadda* oder nach vokalischem /*l*/ wie in *ʾila*. Sonst wird es weitgehend von der Endung /*0*/ verdrängt. Adjektive kennen einen prädikativen *0*-Kasus, d. h. Stativ nach akkadischem Muster, z. B. maskulin *Yatar-haddu* "Hervorragend ist Haddu", feminin *ʾAnnu-yatra* "ʾAnnu ist hervorragend". /*u*/ und /*i*/-Kasus werden wie die entsprechenden akkadischen Kasus gebraucht. Im Status constructus sind die Kasusvokale meist erhalten (*ʿabdu-*). Vor /*y*/ wird /*u*/ fakultativ zu /*i*/ (/*ʿabdi-y*/). Nur nach kurzer offener Silbe wird /*u*/ fakultativ elidiert (*mut-*). Aus einem wohl amurritischen Ortsnamen sind die Dualendungen /*ān*/ (Nominativ) und /*ēn*/ (Obliquus) erschliessbar. Sichere Evidenz für den Plural fehlt.

IV. Die Genera

§ **4.1.** Das Nomen differenziert Maskulinum (unmarkiert) und Femininum (markiert). Das Femininsuffix besitzt die folgenden Allomorphe: */a/*, */at/* und */t/*.[1] Für das vermutete Femininsuffix */ay/* s. die Diskussion in § 5.80.

Drei Funktionen der Femininendung lassen sich eruieren:

a) Bezeichnung des natürlichen weiblichen Geschlechts, sofern das feminine Nomen von einem maskulinen Nomen abgeleitet ist:

* *Ḫu-za-la-tum* (F) 2361B *Ġuzālatum* "Gazellenweibchen", abgeleitet von *Ġuzālu* "Kleine Gazelle".

b) Bezeichnung eines Deminutivs:

* *Ia-di-da-tum* (M) 3187B *Yadīdatum* "Kleiner Liebling".

c) Bezeichnung eines Abstrakts:

* Vom Adjektiv abgeleitet: *yaśartu* "Gerechtigkeit" in *Ia-sa-ar-ti-*DINGIR 3445M *Yaśartī-ʾel* "(Meine) Gerechtigkeit ist der Gott". Vom Verbum abgeleitet: *ḏamārtu* "Schutz" in *Za-mar-ti-*DINGIR ARM 23, 623: 37M *Ḏamārtī-ʾel* "(Mein) Schutz ist der Gott".

Ohne Femininendung sind Nomina versehen, die zwar das natürliche weibliche Geschlecht bezeichnen, aber nicht von einem maskulinen Nomen abgeleitet sind:

* *ʾummu* "Mutter" in *Um-mi-na-aḫ-me* (F) 6237M *ʾUmmī-naʿmī* "Meine Mutter ist meine Lieblichkeit".

Anm.: **1.** S. Gelb 1958, 153; Huffmon 1965, 133f.

1. Femininsuffix */a/*

§ **4.2.** */a/* ist Pausalsuffix. Gelb 1980, 6, setzt dieses Suffix mit einem "artificial H" an, um es von anderen Suffixen, vor allem dem Kasussuffix */a/* (§ 3.43), zu unterscheiden. Doch muss betont werden, dass keinerlei Hinweis auf eine Realisation **/ah/* vorliegt.[1]

Anm.: 1. Für die Pausalendungen /*ah*/ und /*a*/ bzw. /*ā*/ in den semitischen Sprachen s. Brockelmann 1908, 408f.; Moscati 1964, 85; Lipiński 1997, 198f. und 231.

§ **4.3.** Am häufigsten begegnet /*a*/ beim prädikativen Adjektiv (Stativ) in Opposition zu maskulinem /*0*/:

* *An-nu-ia-ap-ḫa* (F) 815M *ʾAnnu-yapʿa*, *An-nu-ip-ḫa* (F) 817M *ʾAnnu-yipʿa*, EŠ$_4$.DAR-*ip-ḫa* (F) 1683M *ʿAštar-yipʿa* "ʾAnnu/ʿAštar ist herrlich" : ^{d}*Da-gan-ia-pu-uḫ* ARM 7, 185 ii 4'M *Dagan-yapuʿ* "Dagan ist herrlich".
* EŠ$_4$.DAR-*ia-aš-ḫa* (F) 1681M *ʿAštar-yašʿa*, *Ad-mu-iš-ḫa* (F) 665M *ʾAdmu-yišʿa* "ʿAštar/ʾAdmu ist hilfreich" : ^{d}*A-mu-um-e-šu-uḫ* 444B ... *-yišuʿ* "Amum ist hilfreich".
* *An-nu-ia-at-ra* (F) 816M *ʾAnnu-yatra* "ʾAnnu ist hervorragend" : *Ḫa-am-mi-a-tar* 1888B *ʿAmmī-yatar* "Mein Vatersbruder ist hervorragend".
* *A-ḫa-at-iq-ra* (F) 212M *ʾAḫāt-yiqra*, *A-ḫa-ti-iq-ra* (F) 219M *ʾAḫātī-yiqra* "Die/Meine Schwester ist kostbar" : *Ḫa-mu-ia-qar* 2148M *ʿAmmu-yaqar* "Der Vatersbruder ist kostbar".

Zwei weitere Belege mit auch aus dem Akkadischen bekannten Adjektiven:

* ^{d}*Iš-ḫa-ra-dam-qa* (F) 3773M *ʾIšḫara-damqa* "ʾIšḫara ist gut".
* *Um-mi-ṭà-ba* (F) 6241M *ʾUmmī-ṭāba* "Meine Mutter ist gut".

§ **4.4.** Beim prädikativen Substantiv:

* *Um-mi-ba-a-la* (F) 6229Aspät *ʾUmmī-baʿla* "Meine Mutter ist (die) Herrin".
* EŠ$_4$.DAR-*šar-ra* (F) 1693M *ʿAštar-šarra* "ʿAštar ist (die) Königin".

§ **4.5.** Beim Rectum eines Genitivnamens:

* *A-ma-at-*^{d}*ba-a-la* (F) 400B *ʾAmat-baʿla* "Dienerin der Herrin".
* *Ḫa-ab-du-ba-aḫ-la* 1838M *ʿAbdu-baʿla* "Diener der Herrin".

§ **4.6.** Während /*a*/ in den vorangehenden Satz- und Genitivnamen den Sexus des theophoren Elementes und gleichzeitig der Namensträgerin kennzeichnet, steht es in den meisten folgenden Einwort- und Kurznamen nur für das feminine Genus der Namensträgerin. Die Tierbezeichnungen stellen unter den Einwortnamen insofern einen Sonderfall dar, als hier gleichzeitig das feminine Genus der entsprechenden Spezies gemeint ist: Einwortnamen:

* *A-mi-na* (F) 416M *ʾAmina* "Wahr".
* *A-tam-ra* (F) 545M *ʾAtamra* "Angesehen".
* *Ba-ta-aḫ-ra* (F) 4464M *Bataḥra* "Auserwählt".

* *Ia-di-da* (F) 3183M *Yadīda* "Geliebte".
* *Ia-taš-ḫa* (F) ARM 22, 171 r. 12'M *Yatašᶜa* "Geholfen".
* *Ka-ab-ka-ba* (F) 3900M *Kabkaba* "Stern".
* *Ma-az-ma-ra* (F) 4446M *Maḏmara* "Schutz".
* *Me-en-ḫi-ma* (F) 4606M (Sup) *Menᶜima* "Lieblichkeit".

Tierbezeichnungen:

* *Ḫa-za-la* (F) 2216M *Ġazāla* "Gazellenweibchen".
* *Ia-ḫi-la* 3263M *Yaᶜila* "Steinbockweibchen".
* *Ia-ma-ma*? (F) 3347M, *Ia-ma-a-ma* (F) ARM 26/2, 402: 17M "Taubenweibchen".

Kurznamen:

* *Ia-di-ḫa* (F) 3194M *Yaydeᶜa* zu Namen wie *Ia-di-iḫ*-DINGIR 3216M *Yaydeᶜ-ʾel* "Erkannt hat der Gott".
* *Ia-ki-ma* (F) 3286M *Yaqqima* zu Namen wie *Ia-ki-im-*ᵈIM 3280M *Yaqqim-haddu* "Vergolten hat Haddu".
* *Ta-ku-na* (F) 6015M *Takūna* zu Namen wie *Ta-ku-un-ma-tum* (F) 6018M,C *Takūn-mātum* "Stabil gewesen ist das Land".
* *Ta-nu-ḫa* (F) 6031M *Tanūḫa* zu Namen wie *Ta-nu-uḫ-na-wu-um* (F) 6032M *Tanūḫ-nawûm* "Beruhigt hat sich das Weideland".
* *Da-rí-ša* (F) 1483U *Tarīša* zu Namen wie *Ta-ri-iš-ma-tum* (F) 6045M,C *Tarīš-mātum* "Gejauchzt hat das Land".
* *Ta-ar-sa-ba* (F) 5982M *Tarśapa* zu Namen wie **Tarśap*-GNF "Aufgeleuchtet ist GNF".
* *Ta-šu-ba* (F) 6048M *Tašūba* zu Namen wie **Ta-šu-ub*-GNF "Zugewandt hat sich GNF".
* *Ia-šu-ḫa* (F) 3500M *Yašuᶜa* zu Namen wie *Ad-mu-iš-ḫa* (F) 665M *ʾAdmu-yišᶜa* "ʾAdmu ist hilfreich".
* *Ia-ta-ra* (F) 3522M *Yatara* zu Namen wie *An-nu-ia-at-ra* (F) 816M *ʾAnnu-yatra* "ʾAnnu ist hervorragend".

2. Femininsuffix /*at*/

§ **4.7.** /*at*/ steht vor Kasussuffixen in Einwort- und Kurznamen zur Bezeichnung des Genus der Namensträgerin, bei Tierbezeichnungen gleichzeitig zur Bezeichnung des femininen Genus der Spezies. /*atum*/ ist hier fakultative Variante zu /*a*/ (§ 4.6) und verhält sich wie /*um*/ zu /*0*/ beim maskulinen Substantiv. Eine Verteilungsregel existiert bei Einwort- und Kurznamen nicht. Einwortnamen:

* *A-tam-ra-tum* (F) 547M *ʾAtamratum* "Angesehen".
* *Ḫa-az-na-tu[m]* (F) 1982M *Ḥasnatu[m]*, *Ḫa-[z]a-na-tum* (F) 2218M *Ḥa[s]anatum* "Schöne".
* *Ma-az-ma-ra-tum* 4447B *Maḏmaratum* "Schutz".
* *Ma-ta-tum* (F) 4566B *Mattatum* "Gabe".
* *Nu-du-pa-tum* (F) 5071B *Nuṭṭupatum* "Staktetropfen".

Tierbezeichnungen:

* *Du-ba-ba-tum* (F) 1568B *Ḏubābatum* "Fliegenweibchen".
* *Ḫu-za-la-tum* (F) 2361B *Ġuzālatum* "Gazellenweibchen".
* *Ia-ḫi-la-tum* (F) 3265B *Yaʿilatum* "Steinbockweibchen".
* *Zi-ib-a-tum* (F) 6450M "Hyänenweibchen".[1]
* *Kab-sa-tum* (F) 4010M *Kabśatum* "Jungschaf".[2]

Kurznamen:

* *Ḫa-ab-da-tum* (F) 1824M *ʿAbdatum* zu Namen wie *Ḫa-ab-du-*ᵈ*da-gan* 1840M *ʿAbdu-dagan* "Diener des Dagan".
* *Ba-aḫ-la-tum* (F) 1012M *Baʿlatum* zu Namen wie *Ba-aḫ-li-*ᵈIM 1019M *Baʿlī-haddu* "Mein Herr ist Haddu".
* *[D]a-da-tum* (F) 1421M *Dādatum* zu Namen wie *Da-di-sa-mu-uḫ* 1431M *Dādī-śamuḫ* "Mein Onkel ist prächtig".
* *Ḫi-na-tum* (F) 2282M *Ḥinnatum* zu Namen wie *Ḫi-in-ne-*DINGIR 2259M *Ḥinn=el* "(Meine) Gnade ist der Gott".
* *Zi-ik-ra-tum* (F) 6467M *Ḏikratum* zu Namen wie *Zi-ik-ri-e-ra-aḫ* 6468B *Ḏikrī-yiraḫ* "Meine Erinnerung ist Yaraḫ".
* *Ki-ib-za-tum* (F) 4030M *Kibsatum* zu Namen wie *Ki-ib-zi-e-ra-aḫ* 4032M *Kibsī-yiraḫ* "Mein Weg ist Yaraḫ".
* *Ma-an-na-tum* (F) 4426B *Mannatum* zu Namen wie *Ma-an-na-ba-al-ti-*DINGIR 4422M *Manna-balti-ʾel* "Wer ist ohne den Gott?".
* *Ia-di-ḫa-tum* (F) 3200B *Yaydeʿatum* zu Namen wie *Ia-di-iḫ-*DINGIR 3204B *Yaydeʿ-ʾel* "Erkannt hat der Gott".
* *Ia-pu-ḫa-tum* (F) 3410C *Yapuʿatum*, *Ia-ap-ḫa-tum* (F) 3010B *Yapʿatum* zu Namen wie *A-bi-ia-pu-uḫ* 94B *ʾAbī-yapuʿ* "Mein Vater ist herrlich".
* *Ia-ki-ma-tum* (F) 3287M *Yaqqimatum* zu Namen wie *Ia-ki-im-li-im* 3282M *Yaqqim-lîm* "Gerächt hat der Stamm".
* *Ia-si-ma-tum* (F) 3475M *Yaśīmatum* zu Namen wie *Ia-si-im-*ᵈ*da-gan* 3460M *Yaśīm-dagan* "Hingestellt hat Dagan".
* *Ia-šu-ḫa-tum* (F) 3501B,M *Yašuʿatum* zu Namen wie *A-bi-e-šu-uḫ* 73B,M *ʾAbī-yišuʿ* "Mein Vater ist hilfreich".
* *Ia-ta-ra-tum* (F) 3526B *Yataratum* zu Namen wie *An-nu-ia-at-ra* (F) 816M *ʾAnnu-yatra* "ʾAnnu ist hervorragend".

Kurznamen sind wohl auch (Vollformen nicht belegt):

* *Ni-iḫ-ma-tum* (F) 5031M *Niᶜmatum*.
* *Ni-ig-ḫa-tum* (F) 5030M *Nighatum*.
* *Qa-ni-a-tum* (F) 5196M,C *Qāniyatum*.
* *Ta-šu-ba-tum* (F) 6049M *Tašūbatum*.

Anm.: **1.** Gelb 1980, 364, bucht diesen Namen unter √ *ṣbʾ*, doch ist dies semantisch kaum wahrscheinlich. Ich vermute die weibliche Entsprechung zu bisher nicht bezeugtem **ṣibᶜ*. Vgl. den hebräischen Namen ṢBᶜWN HAL III 937, arabisch *Ḍibᶜān* Nöldeke 1904, 79.

2. Akkadisch *kabsu* ist erst neuassyrisch und neubabylonisch belegt. Altbabylonisch müsste das Wort **kabšu* geschrieben werden, da die Wurzel protosemitisch *kbś* ist. Die bei Gelb 1980, 304, unter √ *kbś* verzeichneten Belege mit S-Schreibung werden daher zu Recht als amurritisch klassifiziert.

§ **4.8.** Beim Rectum eines Genitivnamens:

* *Ḫa-ab-du-ba-aḫ-la-ti* 1839M *ᶜAbdu-baᶜlati* "Diener der Herrin".

§ **4.9.** Daneben kommt /*at*/ aber auch in Einwort- und Kurznamen maskuliner Namensträger vor und hat hier deminutive (o. ä.)[1] Funktion:[2]
Einwortnamen:

* *A-mi-na-tum* (M) 418B *ʾAminatum* "Wahr(haftig)".
* *Ḫu-za-la-tum* (M) 2362B *Ġuzālatum* "Kleine Gazelle".
* *Ia-di-da-tum* (M) 3187B *Yadīdatum* "Kleiner Liebling".
* *Ia-ḫi-la-tim* (M, Gen) 3264B *Yaᶜilatim* "Kleiner Steinbock".
* *Ra-pu-a-tum* (M) 5262? *Rapūʾatum* "Geheilt".

Kurznamen:

* *Bi-na-tum* (M) 1270? *Binatum* zu Namen wie *Bi-in-*ᵈUTU 1227M *Bin-śamaś* "Sohn des Śamaś".
* *Bu-na-tum* (M) 1313? *Bunatum* zu Namen wie *Bu-nu-e-ra-aḫ* 1328M *Bunu-yiraḫ* "Sohn des Yaraḫ".
* *Da-da-tum* (M) 1420B *Dādatum* zu Namen wie *Da-di-sa-mu-uḫ* 1431M *Dādī-śamuḫ* "Mein Onkel ist prächtig".
* *Ḫa-la-tum* (M) 2056B *Ḫālatum* zu Namen wie *Ḫa-li-ḫa-du-un* 2063M *Ḫālī-ᶜadun* "Mein Mutterbruder ist wonnevoll".
* *Zi-im-ra-tum* (M) 6494B,M *Ḏimratum* zu Namen wie *Zi-im-ru-*ᵈIM 6527B *Ḏimru-haddu* "Schutz ist Haddu".
* *Pu-ul-za-tum* (M) 5178B *Pulsatum* zu Namen wie *Pu-ul-si-e-ra-aḫ* 5176B *Pulsī-yiraḫ* "Mein Blick ist Yaraḫ".
* *Ia-ap-ḫa-tum* (M) 3011B *Yapᶜatum* zu Namen wie *A-bi-ia-pu-uḫ* 94B *ʾAbī-yapuᶜ* "Mein Vater ist herrlich".

* *Ia-ta-ra-tum* (M) 3527B *Yataratum*, *Ia-at-ra-tum* (M) 3123B *Yatratum* zu Namen wie *Ḫa-am-mi-a-tar* 1888B *ʿAmmī-yatar* "Mein Vatersbruder ist hervorragend".

Anm.: **1.** Vgl. zum Terminus "deminutiv" § 5.52 Anm. 2.

2. Für diese in der semitischen Onomastik weithin anzutreffende Erscheinung s. die zusammenfassende Diskussion durch Hayajneh 1998, 22f. Speziell zum amurritischen Onomastikon s. schon Huffmon 1965, 133.

§ **4.10.** Als Akkadismus kommt /*at*/ auch beim prädikativen Adjektiv oder Substantiv (Stativ) vor:

* *I-la-da-ḫa-at* 2525B *ʾIla-daʿat* "Der Gott ist Weisheit".
* ^{d}*Kúl-lá-ḫa-zi-ra-at* (F) 1531M *Kulla-ʿa̱dirat* "Kulla ist Helfer".[1]
* ^{d}*Iš-ḫa-ra-ka-ab-ra-at* (F) ARM 23, 438: 15M *ʾIšḫara-kabrat* "Išḫara ist gross".[2]
* *A-ḫa-ti-iq-ra-at* (F) 220M *ʾAḫātī-yiqrat* "Meine Schwester ist kostbar".
* ^{d}UTU-*ia-pu-ḫa-at* (F?) 6276B? *Śamaś-yapuʿat* "Śamaś ist herrlich".

Anm.: **1.** Von Gelb 1980 als "ʾIL-A-GULL-A" analysiert; s. jedoch ARM 16/1, 140. Kulla ist nach Lambert 1980-83 "no doubt ... a deity other than the brick god".

2. Akkadisch bedeutet √ *kbr* "dick sein", was onomastisch sinnlos ist; *kabrat* ist daher ein amurritisches Namenselement.

§ **4.11.** Der Göttername ^{d}*Ḫa-na-at* (GN) 2168M und der Ortsname *Ḫa-na-at*^{ki} 2169M *ʿAnat* zeigen dagegen eine wohl amurritische Pausalendung /*at*/,[1] ebenso vielleicht der Ortsname *Ḫa-an-za-at* (ON) RGTC 3, 90 *ʿAnzat*.[2]

Anm.: **1.** Dass die Femininendung vorliegt, zeigen flektierte Formen des Götternamens wie in *Bu-nu-a-na-ti* 1322B "Sohn der ʿAnat" (weitere Belege bei Huffmon 1965, 200f.).

2. Diese Etymologie schlägt Zadok 1984, 238, vor.

3. Femininsuffix /*t*/

§ **4.12.** /*t*/ tritt bei der zweiradikaligen Basis *bin* auf:

* *Bi-it-ti-*^{d}*da-gan* (F) 1240B *Bitti-dagan* "Tochter des Dagan".

§ **4.13.** Akkadismus ist möglicherweise seine Verwendung in:

* *Ia-qar-tum* (F) 3417M statt eines zu erwartenden **Yaq*(*a*)*ratum* (vgl. z. B. *Ia-ta-ra-tum* (F) 3526B *Yataratum*).
* *Ia-šir-ti-im* (M, Gen) 3495B *Yayśirtim* statt eines zu erwartenden *Yayśiratum* (vgl. z. B. *Ia-si-ma-tum* (F) 3475M *Yaśīmatum*).

4. Kongruenz zwischen Genus des Prädikates und Genus der Namensträgerin

§ **4.14.** Das theophore Element in Satznamen femininer Namensträger ist gewöhnlich ebenfalls feminin (s. Streck 1998, 128 § 3). Bisweilen treten hier jedoch maskuline theophore Elemente auf. Das Prädikat kongruiert dann im Genus wie im Akkadischen[1] nicht mit dem theophoren Element, sondern dem Genus der Namensträgerin, ist also feminin (vgl. dazu auch den kommenden syntaktischen Teil):[2]

* ^{d}[UT]U-*ia-aš-ḫa* (F) 6274M [*Śam*]*aś-yašʿa* "Śamaś ist hilfreich".
* LUGAL-*ja-aq-ra* (F) 4394M *Śarru-yaqra* "Der König ist kostbar".[3]

Anm.: **1.** Darauf weist erstmalig Ranke 1905, 3, hin; ausführlich Edzard 1962; s. ferner Stamm 1939, 106, und Streck 1998, 108 § 3.1.

2. Somit gegen Buccellati 1995, 859a, wo diese syntaktische Eigenheit als für das Amurritische fehlend bezeichnet wird.

3. Durand 1997a, 615 Anm. 231, nimmt dagegen an, LUGAL sei hier *śarrūtu* zu lesen, was jedoch wenig plausibel ist.

V. Nominalformen

§ 5.1. Gelb 1980, 531-537, nennt - ohne Vokallänge zu differenzieren - 59 "vocalic patterns". Eine Übersicht über die Nominalformen der Einwortnamen bietet auch Huffmon 1965, 142-151. Die folgende Darstellung berücksichtigt nur sichere Fälle und bringt lediglich ohne grössere Diskussion etymologisierbare Belege. Feminina werden in der Regel nicht separat angeführt. Da strukturelle Vokallänge meist nicht (§§ 2.4-5) und Konsonantenlänge oft nicht (vgl. § 2.96) geschrieben ist, ist der Ansatz einiger Nominalformen unsicher.[1]

Anm.: **1.** Entsprechend dem Modell von GAG §§ 56o-s für das Akkadische sind hier auch denominale Suffixa gebucht. Buccellati 1996, 139-144, trennt sie dagegen von den Nominalformen und stellt sie zu den "Denominal Afformatives".

1. Nomina ohne Bildungszusätze

1.1. Einradikalig

§ 5.2.

pû "Mund, Spruch": *Ia-ḫu-un-pi-el* 3268B *Yaḥunn-pī-ʾel* "Gnädig gezeigt hat sich der Mund (= Spruch) Gottes".

1.2. Zweiradikalig mit kurzem Vokal

1.2.1. QaL

§ 5.3. Primärsubstantive:

ʾab "Vater": *A-bi-a-ra-aḫ* 58B *ʾAbī-yaraḫ* "Mein Vater ist Yaraḫ".
ʾaḫ "Bruder": *A-ḫu-ia-ḫa-ad* 260M *ʾAḫu-yaḥad* "Der Bruder ist einzigartig".

§ 5.4. Verbalabstrakt eines Verbums I y:

daʿat "Weisheit":[1] *I-la-da-ḫa-at* 2525B *ʾIla-daʿat* "Der Gott ist Erkenntnis".

Anm.: **1.** Aus **diʿat* wegen /ʿ/.

1.2.2. QiL

§ 5.5. Primärsubstantive:

ʾil "Gott":	*Mu-tu-i-la* 4816M *Mutu-ʾila* "Mann des Gottes".
bin "Sohn":	*Bi-in-*ᵈUTU 1227M *Bin-śamaś* "Sohn des Śamaś".

1.2.3. QuL

§ 5.6. Primärsubstantive:

mut "Mann":	*Mu-ti-ra-me-e* OBRE 1, 55: 41B *Muti-rāmê* "Mann des Gedenksteines".
śum "Name, Nachkomme":	*Su-mi-e-da* 5596B *Śumi-yidda* "Nachkomme des Haddu".

1.3. Zweiradikalig mit langem Vokal oder dreiradikalig

1.3.1. QaTL

§ 5.7. Bei Wurzeln II geminatae QaLL. Primärsubstantive:

ʾabn "Stein":	*An-na-ab-nu-um* 790B *Ḥanna-ʾabnum* "Gnädig ist der Stein".
ʾadm "Erde":[1]	*Ad-mu-ne-ri* (F) 667M *ʾAdmu-nērī* "ʾAdmu ist mein Licht".
ʾaśd "Krieger":[2]	ᵈEN.ZU-*aš-du-um* 1668B *Sîn/Yaraḫ-ʾaśdum* "Sîn/Yaraḫ ist Krieger".
ʾašr "Glück":[3]	*An-nu-a-aš-ri* (F) ARM 23, 129: 7M *ʾAnnu-ʾašrī* "ʾAnnu ist mein Glück".
ʿabd "Diener":	*Ab-du-ḫa-na-at* ARM 21, 138: 53M *ʿAbdu-ʿanat* "Diener der ʿAnat".
ʿamm "Vatersbruder":	*Ḫa-am-mu-*ᵈ*da-gan* 1906M *ʿAmmu-dagan* "Vatersbruder ist Dagan".
ʿard "Wildesel":[4]	*Ḫa-ar-du-um* 1956M *ʿArdum*.
baʿd "Rückhalt":[5]	*Ba-aḫ-di-li-im* 1009M *Baʿdī-lîm* "Mein Rückhalt ist der Stamm".
baʿl "Herr":	*Ba-aḫ-li-*ᵈIM 1019M *Baʿlī-haddu* "Mein Herr ist Haddu".
gayy "Clan":[6]	*Ba-aḫ-lu-ga-i* 1028M *Baʿlu-gayy* "Herr ist der Clan".

kabś "Jungwidder":	*Kab-sa-tum* (F) 4010M *Kabśatum* "Jungschaf".
kalb "Hund":	*K[a-]al-bu-*^{d}*a-mi* 3916M *Kalbu-...* "Hund des Amu".
napś "Leben":	*Na-ap-si-*^{d}IM 4923M *Napśī-haddu* "Mein Leben ist Haddu".
qarn "Horn, Stärke":	*Qar-ni-li-im* 5218M *Qarnī-lîm* "Meine Stärke ist der Stamm".
qatr "Fels":	*I-zi-ga-ta-ar* 2647B *ʾIṣī-qatar* "Erschienen ist der Fels".
śamś "Sonne":	*Sa-am-si-e-ra-aḫ* 5339B,M *Śamśī-yiraḫ* "Meine Sonne ist Yaraḫ".

Anm.: **1.** Auch phönizisch bezeugte (Benz 1972, 260) Göttin der Unterwelt, s. Astour 1967, 227.

2. Vgl. zu diesem Namenselement Bauer 1926, 55, ad *Itūr-ašdum*: "akkadisch"; ib. 71: *A-sa-ad/t/ṭ* "Gottesname. Eine Verwandschaft mit dem akkadischen Ašdum ist nicht ganz ausgeschlossen." Stamm 1939, 290f., spricht von einem akkadischen Element *ašdu* und bemerkt (Anm. 6): "auch Lesung *asdum* möglich, dazu dann vielleicht *A-bi-a-sa-ad*, *Aḫi-asad* ... , diese Namen nach Bauer allerdings ohne Zweifel ostkanaanäisch". AHw. 80 *ašdu*: "in aB PN ... wohl nicht akkad." Huffmon 1965, 169: "unclear ... probably to be connected with OSA *ʾsd* «warrior, *vir*» ... cf. Arab. *ʾasad-*, «lion»". Dietrich/Loretz 1966, 241: "teilweise ... zur Wurzel *jsd*"? CAD A/II 426 *ašdu*: "mng. unkn., occurs only in OB personal names ... The Akk. verb form *itūr* suggests that the theophoric element should likewise be considered Akk. though the same *ašdu* (and/or *asdu*) also occurs in WSem. names of the period". Gelb 1980, 13: *ʾaśdum* "lion". Durand 1991, 82[4]: "inutile de penser à l'arabe *ʾasad* = «Lion»".

Zur Bezeugung im Semitischen s. Cohen I 34f.: ʾŠD 3 "lion" und "guerrier; homme (vir)". Arabisch: *ʾasad* "Löwe" Wehr 1985, 24. Sabäisch: ʾS^{1}D "men; soldiers, warriors". In Personennamen: Ebla: *áš-da* Krebernik 1988, 76, dazu? Sabäisch: ʾSDʾMN "der Krieger (von Gott gesagt) hat (dem Namensträger) Vertrauen geschenkt" oder "der Krieger ist vertrauenswürdig" Tairan 1992, 62. ʾSDḎKR "der Krieger gedachte" ib. 63. ʾSDKRB "der Krieger hat vereinigt bzw. hat (dem Namensträger) seinen Segen gegeben" ib. 63. ʾSDYDᶜ "der Krieger hat erkannt" ib. 63f.

3. Ein viel diskutiertes Namenselement: Bauer 1926, 71, und Huffmon 1965, 172f., lassen die Etymologie offen. Gröndahl 1966, 455, stellt es zu akkadisch *ašru* "betreut" (AHw. 82); dem folgt Gelb 1980, 14b. Astour 1967, 227: "The best guess is that this is the personification of the temple (cf. Ugar. *aṯr*), like the later god Bethel". Da die Etymologien von Gröndahl/Gelb und Astour die prädikative Verwendung des Namenselementes kaum erklären können, stelle ich es vielmehr zu hebräisch *ʾŠR "Glück" HAL I 95. Ein Beispiel für Subjektsposition: *Ia-ku-un-a-šar* 3321B,M "Zuverlässig gezeigt hat sich das Glück".

4. Wie arabisch *ᶜard*. Daneben ist auch die Form *ᶜarād* bezeugt.

5. S. Huffmon 1965, 173f.: *baᶜd-* "behind; in favor of". Gelb 1980, 16: *baᶜdum*, *beᶜdum*, *biᶜdum* "behind" (Nomen und Präposition). In Personennamen: Ebla: Krebernik 1988, 36, s.v. BʾD? Aramäisch: HDBᶜD "*hd* ist hinter (mir)" Maraqten 1988, 153; BᶜDY "für mich (ist n.d.)" Kornfeld 1978, 44, BᶜDYH "für mich (ist) *Yh*" ib. 45.

6. < **gawy*. Für die Wurzel s. hebräisch *gôy* HAL I 175f. und sabäisch GWY "community group" Beeston 1982, 51. Die hebräische Form geht auf QaTL zurück. Andererseits lassen die amurritischen Schreibungen keinen Diphtong */aw/* erkennen: s. zusätzlich zu *Ba-aḫ-lu-ga-i* noch *A-bi-ga-a* (ON?) 77B; *Ba-aḫ-lu-ga-a-ju* 1027M; *Ba-aḫ-lu-ga-ju* ARM 23, 441: 1M; *Ba-aḫ-lu-ga-ji-im* (Gen) 1030M, *Ba-aḫ-lu-ga-i-im* (Gen) 1029M. Vgl. das Lehnwort § 1.95 und zur Form unten § 5.9 für **ḥawy* > *ḥayy*.

§ 5.8. Abstrakta, meist von Verben. Der erste oder zweite Radikal ist immer /ᶜ/, /ḥ/ oder /h/; er bewirkt den Übergang von QiTL, der häufigsten Form für Verbalabstrakta, zu QaTL:

ᶜadn "Wonne":[1]	*Ḫa-ad-ni-ᵈda-gan* 1865M *ᶜAdnī-dagan* "Meine Wonne ist Dagan".
ᶜaḏr "Hilfe":	*Ḫa-az-ri-a-mi-im* (Gen) 1985M *ᶜAḏrī-...* "Meine Hilfe ist Amu".
ᶜaqb "Schutz":	*Ḫa-aq-ba-ḫa-am-mu* 1948M *ᶜAqba-ᶜammu* "Schutz ist der Vatersbruder".
ᶜazz "Stärke":[2]	*Az-zi-ᵈda-gan* 1906M *ᶜAzzī-dagan* "Meine Stärke ist Dagan".
ḥaṣn "Schutz":[2]	*An-nu-ḫa-aṣ-ni* (F) 813M *ᵓAnnu-ḥaṣnī* "ᵓAnnu ist mein Schutz".
kahl "Macht":[2]	*Ka-a-li-ᵈ*IM 3898M *Kahlī-haddu* "Meine Macht ist Haddu".
naᶜm "Lieblichkeit":[3]	*Na-aḫ-mi-ᵈda-gan* 4894A *Naᶜmī-dagan* "Meine Lieblichkeit ist Dagan".
raḥm "Erbarmen":	*An-nu-ra-aḫ-mi* (F) 830M *ᵓAnnu-raḥmī* "ᵓAnnu ist mein Erbarmen".

Anm.: **1.** Zur Wurzel im Amurritischen vgl.: Bauer 1926, 73: *ḫdn*. Huffmon 1965, 191: ḪDN "Uncertain. One may compare **ᶜdn*, «appoint a time» ... or **ġdn*, «be pleasing»". Gelb 1980, 15: *ᶜdn* "to be pleasant", *ᶜadnum* "pleasure". Zur Wurzel im Semitischen s.: Hebräisch: ᶜDN I hitp. "ein Wohlleben führen, es sich wohl sein lassen" HAL III 748. Syrisch: *ᶜadden* "to make pleasant, delight, solace" Payne Smith 1903, 401. Oft in hebräischen Personennamen: ᶜDN ᶜDYN "wonnig, üppig", ᶜDYNᵓ, ᶜDNH HAL III 748f., YHWᶜDN (F) "J. ist Wonne" HAL II 379.

2. Auch QiTL belegt, s. §§ 5.11, 13 Von √ *ᶜzz* ist zusätzlich auch QuTL belegt.

3. Auch QiTL und QuTL belegt, s. §§ 5.13, 16. Zur Wurzel s. Bauer 1926, 78: *nᶜm*, *Bi-na-aḫ-me-el* "durch die Güte Gottes". Huffmon 1965, 237ff.: "**nᶜm*, «be pleasant, gracious» ... or **nḥm*, «be compassionate» ... Both of these roots are well known in names, so that assignment to one particicular root can be only tentative". Gelb 1980, 26: *nᶜm* "to be pleasant"; "some entries may have to be interpreted as *nḥm*". Für √ *nᶜm* statt √ *nḥm* spricht der hohe Anteil femininer Namen, aber auch die Parallelen zum hebräischen Onomastikon. S. hebräisch NᶜM I "angenehm, freundlich sein" HAL III 666.

In Personennamen: Ebla: *na-im* "/*naᶜim*/ oder /*naᶜīm*/ (so hebr.)" Krebernik 1988, 98. Hebräisch: NᶜM "Lieblichkeit", NᶜMN "der mit Schönheit versehene", NᶜMH I (F) "Lieblichkeit(?)", NᶜMY (F) HAL III 667f. ᵓBYNᶜM "Vater ist Huld" HAL I 5. ᵓḤYNᶜM "Bruder ist Huld" HAL I 33.

§ 5.9. Adjektive:

ḥann "gnädig":	*Ḫa-an-na-ᵈ*IM 1935M *Ḥanna-haddu* "Gnädig ist Haddu".

ḥayy "lebendig":[1]	*Á-ú*-DINGIR 597U *Ḥayyu-ʾel* "Lebendig ist der Gott".

Anm.: **1.** < **ḥawy*, s. Streck 1999, 44 mit Anm. 18. Vgl. *gayy* §§ 1.95, 5.7.

1.3.2. QiTL

§ **5.10.** Bei mediae w/y QīL. Vereinzelt Primärsubstantive:

liʾm "Stamm":	*Ba-aḫ-di-li-im* 1009M *Baʿdī-lîm* "Mein Rückhalt ist Lîm".

§ **5.11.** Deverbale Abstrakta:

ḏikr "Gedenken":	*Zi-ik-ri-li-im* 6475M *Ḏikrī-lîm* "Mein Gedenken ist der Stamm".
ḏimr "Schutz":	*Zi-im-ri-sa-ma-áš* 6517M *Ḏimrī-śamaś* "Mein Schutz ist Śamaś".
ḥiṣn "Schutz":[1]	*Ḫi-iz-ni-^{d}da-gan* 2271Ḫana *Ḥiṣnī-dagan* "Mein Schutz ist Dagan".
milk "Rat":	*Mil-ki-e-ra-aḫ* 4723B *Milkī-yiraḫ* "Mein Rat ist Yaraḫ".
niqm "Vergeltung:	*Ni-iq-mi-a-du* 5047A *Niqmī-haddu* "Meine Vergeltung ist Haddu".
niṣb "Stütze":	*Ne-iz-bi-il* 5024D *Niṣbī-ʾil* "(Meine) Stütze ist der Gott".
pilḫ "Furcht":	*Bi-el-ḫu-*^{d}IM 1204M *Pilḫu-haddu* "Furcht ist Haddu".
pils "Blick":[2]	*Bi-il-zi-*^{d}IM 1216M *Pilsī-haddu* "Mein Blick ist Haddu".
ripʾ "Heil":	*Ri-ip-i-li-im* 5293M *Ripʾī-lîm* "Mein Heil ist der Stamm".
sitr "Schutz":	*Si-it-ri-*^{d}IM 5534M *Sitrī-haddu* "Mein Schutz ist Haddu".
śikr "Lohn":	*Si-ik-ri-ḫa-da* 5522B *Śikrī-hadda* "Mein Lohn ist Haddu".
šipṭ "Recht":	*Ši-ip-ti-*^{d}IM 5880Aspät *Šipṭī-haddu* "Mein Recht ist Haddu".
ʾišʿ < **yišʿ* "Hilfe":	*Iš-ḫi-e-ra-aḫ* 3796M *ʾIšʿī-yiraḫ* "Meine Hilfe ist Yaraḫ".

Anm.: **1.** Auch QaTL belegt, s. § 5.8.

2. Auch QuTL belegt, s. § 5.16.

§ **5.12.** Deverbale Konkreta:

ḫibr "Nomadenclan auf der Wanderung":[1]	*Ḫi-ib-ru-ma*-DINGIR ARM 22, 98: 4M *Ḫibru-ma-ʾel* "Wirklich ein/der Nomadenclan ist (der) Gott".
kibs "Weg":	*Ki-ib-zi-e-ra-aḫ* 4032M *Kibsī-yiraḫ* "Mein Weg ist Yaraḫ".

Anm.: **1.** < "Verbindung", s. das entsprechende Lehnwort § 1.95.

§ **5.13.** Vom Adjektiv abgeleitete Abstrakta:

ʿizz "Stärke":[1]	*Iz-za-bi* 3841C *ʿIzzâbī* "Meine Stärke ist mein Vater".
ḥinn "Gnade":	*Ḫi-in-ne*-DINGIR 2259M *Ḥinn=el* "(Meine) Gnade ist der Gott".
kibr "Grösse":	*Ki-ib-ri-^{d}da-gan* 4026M *Kibrī-dagan* "Meine Grösse ist Dagan".
kihl "Macht":[1]	*Ki-li*-DINGIR 4065B *Kihlī-ʾel* "Meine Macht ist der Gott".
niʿm "Lieblichkeit":[1]	*Ni-ma-a-du* 5057A *Niʿmâddu* "Meine Lieblichkeit ist Haddu".
nīr < **niwr* "Licht":	*An-nu-ni-ri* (F) 828M *ʾAnnu-nīrī* "ʾAnnu ist mein Licht".
śimḫ "Pracht":[2]	*Si-im-ḫi-^{d}da-gan* 5526M *Śimḫī-dagan* "Meine Pracht ist Dagan".
ṣidq "Gerechtigkeit":	*Zi-id-qa-^{d}*IM 6461M *Ṣidqâddu* "Gerechtigkeit ist Haddu".

Anm.: **1.** Auch QaTL belegt, s. § 5.8. Von √ *ʿzz* und √ *nʿm* ist zusätzlich auch QuTL belegt, s. § 5.16.

2. Auch QuTL belegt, s. § 5.16.

1.3.3. QuTL

§ **5.14.** Bei mediae w/y QūL. Primärsubstantive:

ʾūr "Licht":[1]	*Ú-ri-a-du* 6196A *ʾUrī-haddu* "Mein Licht ist Haddu".
ṣūr "Fels":	*Zu-ra-ḫa-am-mu* 6614M *Ṣūra-ʿammu* "Ein Fels ist der Vatersbruder".

Anm.: **1.** Vgl. ugaritisch aR, hebräisch *ʾôr* "Licht" WUS Nr. 368 bzw. HAL I 24; die Verben - ugaritisch aR "beleuchten" WUS Nr. 368, hebräisch √ *ʾwr* "Tag werden" HAL I 23f. - sind wohl denominiert.

§ **5.15.** Deverbale Abstrakta:

nuṣr "Schutz": *Ba-áš-ti-nu-uz-ri* (F) 1054M *Bāštī-nuṣrī* "Mein Schutzgeist ist mein Schutz".

puṭr "Vergebung": *An-nu-pu-uṭ-ri* (F) 829M *ʾAnnu-puṭrī* "ʾAnnu ist meine Vergebung".

§ **5.16.** Vom Adjektiv abgeleitete Abstrakta:

ʿuzz "Stärke":[1] *Ḫu-uz-za-am* (Akk) 2355M *ʿUzzam*.

nuʿm "Lieblichkeit":[2] *Nu-uḫ-mi-ᵈda-gan* 5092M *Nuʿmī-dagan* "Meine Lieblichkeit ist Dagan".

puls "Blick":[3] *Pu-ul-si-e-ra-aḫ* 5176B *Pulsī-yiraḫ* "Mein Blick ist Yaraḫ".

qudm "Vorderseite":[4] *Ad-mu-ku-ud-mi* (F) 666M *ʾAdmu-qudmī* "ʾAdmu ist meine Vorderseite"

śumḫ "Pracht":[5] *Su-um-ḫu-ba-al* 5748B *Śumḫu-baʿal* "Pracht ist der Herr".

Anm.: **1.** Auch QaTL und QiTL belegt, s. §§ 5.8, 13.

2. Auch QaTL und QiTL belegt, s. §§ 5.8, 13.

3. Auch QiTL belegt, s. § 5.11.

4. = "Schutz", vgl. *baʿd* "Rücken" im Sinne von "Rückhalt, Schutz". Das Wort ist auch akkadisch belegt, jedoch nur in der Bedeutung "early time" und in präpositionalem Gebrauch (*ana qudmi*, *qudmiš*), s. CAD Q 295f.; dieser beschränkte Gebrauch spricht dafür, *qudmu* in Namen als amurritisch zu klassifizieren.

5. Auch QiTL belegt, s. § 5.13.

1.3.4. QaTaL

§ **5.17.** Bei Wurzeln II w oder II ʾ QāL. Primärsubstantive:

dād "Onkel": *Aq-bu-da-du-um* 885B *ʿAqbu-dādum* "Schutz ist der Onkel".

ḏaqan "Bart": *Da-qa-ni-ia* UCP 10/1, 22 Siegel B (B) *Ḏaqanīya* "Bärtchen".

ḫāl "Mutterbruder": *Ḫa-lu*-DINGIR 2100M *Ḫālu-ʾel* "Mutterbruder ist der Gott".

nahar "Fluss"(?):	*Su-mu-na-ʾà-rí* Tuttul *Śumu-nahari*? "Nachkomme des Fluss(gott)es(?)".[1]

Anm.: **1.** Oder *Śumu-na-nīri* "Nachkomme bestimmt des Lichtes"?

§ **5.18.** Adjektive, besonders von Wurzeln I y/w:

kabar "gross":	EŠ$_4$.DAR-*ka-bar* 1685M *ʿAštar-kabar* "ʿAštar ist gross".
maraṣ "krank":	*Ḫa-li-ma-ra-aṣ* 2082B *Ḫālī-maraṣ* "Mein Mutterbruder ist krank (= sorgenvoll)".
yaḥad "einzigartig":	*Ia-ḫa-ad-e-ra-aḫ* 3234M (Sup) *Yaḥad-yiraḫ* "Einzigartig ist Yaraḫ".
yaqar "kostbar":	*Ia-qar*-DINGIR 3416B *Yaqar-ʾel* "Kostbar ist der Gott".
yaśar "gerecht":	*Ḫa-am-mi-e-sa-ar* 1893M *ʿAmmī-yiśar* < **ʿAmmī-yaśar* "Mein Vatersbruder ist gerecht".
yatar "hervorragend":	*Ia-tar*-^{d}IM 4542M *Yatar-haddu* "Hervorragend ist Haddu".

§ **5.19.** Feminina bezeichnen von Adjektiven abgeleitete Abstrakta:

yaḥatt "Einzigartigkeit":	*Ia-ḫa-at-ti*-^{d}UTU 3243B *Yaḥattī-śamaś* "Meine Einzigartigkeit ist Śamaś".
yaśart "Gerechtigkeit":	*Ia-sa-ar-ti*-DINGIR 3446M *Yaśartī-ʾel* "(Meine) Gerechtigkeit ist der Gott".[1]

Anm.: **1.** *ia-sa-ar-ti-* ist kein Beleg für ein Perfekt QaTaL 1. P. Sg., wie von Gelb 1958, 160, und Huffmon 1965, 212, angenommen, sondern ein Substantiv. Vgl. akkadisch *išartu* "Gedeihen" AHw. 392, besonders den mehrfach bezeugten Gottesnamen ^{d}*I-šar-tum*, und hebräisch YŠRH.

1.3.5. QaTiL

§ **5.20.** Adjektive.

ʾamin "wahr(haftig)":[1]	*A-mi-nu-um* 421B.
kabid "schwer":	*Ka-bi-da* (F) 3937M.
śalim "freundlich" oder "Abendröte"	*Mu-ut-sa-lim* 4877M *Mut-śalim* "Mann des Freundlichen" oder "Mann der Abendröte".

Anm.: **1.** Bauer 1926, 71: "fest, zuverlässig sein". Gelb 1980, 14: "to be true". Vgl. Cohen I 23 *ʾmn* 1; hebräisch: ʾMN nif. "sich als zuverlässig erweisen" HAL I 61f.; äthiopisch: *ʾamna* "believe, trust" CDG 1987, 24. In Personennamen: Hebräisch: *ʾAmnôn* "treu" HAL I 63. Aramäisch: HʾMN "er vertraute (auf Gott)" Maraqten 1988, 153. Sabäisch: Tairan 1992, 257,

Element ᵓMN, z.B. ᵓMNM "vertrauenswürdig, zuverlässig" ib. 78.

1.3.6. QaTuL

§ 5.21. Adjektive. Mit Ausnahme der Verba I y zu Präterita mit Wurzelvokal /*u*/ (soweit erkennbar):

ᶜadun "wonnevoll":	*Da-di-ḫa-du-un* 1427M *Dādī-ᶜadun* "Mein Onkel ist wonnevoll".[1]
nadub "grosszügig":	*Na-du-be-lí* 4955U *Nadub-bēlī* "Grosszügig ist mein Herr".[2]
śamuḫ "prächtig"	*Ì-lí-sa-mu-uḫ* 2767M *ᵓIlī-śamuḫ* "Mein Gott ist prächtig".[3]
ṣaduq "gerecht":	*Ḫa-am-mi-za-du-uq* 1903M *ᶜAmmī-ṣaduq* "Mein Vatersbruder ist gerecht".[4]
yapuᶜ "herrlich":	*ᵈDa-gan-a-pu-uḫ* 1440M *Dagan-yapuᶜ* "Dagan ist herrlich".
yašuᶜ "hilfreich":	*A-ḫi-ia-šu* 236B *ᵓAḫī-yašuᶜ* "Mein Bruder ist hilfreich".[5]

Anm.: **1.** Dazu Präteritum *yaᶜdun*, z. B. *Ia-aḫ-du-un-li-im* 2835M *Yaᶜdun-lîm* "Wonnevoll gezeigt hat sich der Stamm".

2. Gelb 1980, 27, gibt im Anschluss an Buccellati 1966, 175, lediglich die Nominalform QaTūL an. Doch Buccellati übersetzte obigen Namen sicher falsch (s. schon Wilcke 1969, 29) mit "generously given by my god". QaTūL dieser Wurzel ist nur in Einwortnamen bezeugt, s. § 5.28. Dazu Präteritum *ᵓindub* in *In-du-ub-ša-lim* 3712D *ᵓIndub-śalim* "Grosszügig gespendet hat der Freundliche/die Abendröte". Zur Wurzel s.: Nordwestsemitisch NDB_1 Nitp/Itp "to vow to donate, to volunteer" DNSI 716 (Hebräisch, Jüdisch-Aramäisch). Hebräisch: NDB qal "antreiben", hitp. "sich freiwillig entschliessen, freiwillig spenden" HAL III 634.

In Personennamen: Ugaritisch: NDBD, NDBN Gröndahl 1967, 164. NDBDN, NDBHD "the judge/Hadd is generous" Dahood 1968, 27. Element YDB zu übersetzen nach hebräisch √ *ndb* hitp. "sich willig zeigen, freiwillig geben" Stamm 1980a, 756. Phönizisch: ᵓBNDB, ᵓḤNDB Benz 1972, 359. Hebräisch: NDBYH "J. ist freigiebig" HAL III 635. S. a. NDB, ᵓBYNDB, ᵓḤYNDB, YHWNDB, ᶜMYNDB ib. 634 s. v. NDB. Aramäisch: ᵓḤNDB "ᵓḥ ist freigebig" Maraqten 1988, 122f ("setzt sich aus dem Bestandteil ᵓḥ und dem nominalen Element ndb *nadb [qatl-Form] zusammen"). S.a. ᵓYNDB ib. 124f., NDBᵓL ib. 186. Westsemitisch: Element *-na-ad-bi* "be willing" oder "be noble, incite, impel" Zadok 1978, 83. Sabäisch/Thamudisch: NDB Harding 1971, 584. Arabisch: *Nadab* Caskel 1966, 440.

3. Vgl. akkadisch *šamḫu* "luxuriant" CAD Š/I 312, auch onomastisch belegt.

4. Dazu Präteritum *yaṣduq* z. B. in *Ia-aš-du-uq*-DINGIR 3087B *Yaṣduq-ᵓel* "Gerecht gezeigt hat sich der Gott".

5. Bisher war die genaue Analyse des Namenselementes unklar: Bauer 1926, 50f. zu *A-bi-e-šu-uḫ*: "*ešuḫ* ist nicht von *yšᶜ* "helfen" abzuleiten, sondern ist Gottesname. Auch kann das für *ešuḫ* als Grundform vorauszusetzende *iašuḫ* weder Perfekt ... noch auch ein Imperfekt sein 1. wegen der Wortstellung ... und 2. weil der *u*-Vokal bei Verben primae *uau* kaum möglich wäre". Ib. 81 setzt Bauer eine Wurzel *š*(*w*)*ḫ* an. Ib. 94: "*yšᶜ* wechselt auch im Hebräischen mit *šwᶜ* ... Die für *ešuḫ* (**iašuḫ*) anzusetzende Wurzel *š*(*w*)*ḫ* wohl = diesem *šwᶜ*". Huffmon 1965, 215f.:

yašuḫ "«help» ... a theophorous element". Gelb 1980, 22: *Jāšu*ᶜ, *Jēšu*ᶜ "DN".

Die Annahme einer Präfixkonjugation hat demnach schon Bauer mit guten Argumenten verworfen. Doch auch die Vermutung eines theophoren Elementes ist unhaltbar, da ein feminines Gegenstück *yašᶜa* < **yašuᶜa* existiert: $EŠ_4$-DAR-*ia-aš-ḫa* (F) 1681M *ᶜAštar-yašᶜa* "ᶜAštar ist hilfreich", *An-nu-iš-ḫa* (F) 818M *ʾAnnu-yišᶜa* < **-yašᶜa* "ʾAnnu ist hilfreich" sowie mehrere weitere Belege. Die Opposition *ya/išu*ᶜ : *ya/išᶜa* führt zur Analyse eines Adjektivs in prädikativer Funktion. Da als Subjekt theophore Elemente auftreten, kann dieses Adjektiv nur aktive und nicht passive ("geholfen") Funktion haben. Dazu passt, dass das Passiv durch Gt *yatašᶜu* ausgedrückt wird (s. § 5.50).

1.3.7. QaTāL

§ 5.22. Primärsubstantive, besonders Tierbezeichnungen:

ᶜarād "Wildesel":[1]	*Ḫa-ra-da-an* 2181M "Wildeselartiger".
ġazāl "Gazelle":	*Ḫa-za-la* (F) 2216M "Gazellenweibchen".
yamām "Taube":	*Ia-ma-a-ma* (F) ARM 26/2, 402: 17M, *Ia-ma-ma* (F) 3347M "Taubenweibchen".[2]
yatām "Waise":[3]	*Ia-ta-mu-um* 3521B.

Anm.: **1.** Wie syrisch *ᶜrādā*, s. Brockelmann 1928, 547. Daneben wie arabisch auch die Form *ᶜard*. Gelb 1980, 15a, verzeichnet dagegen *ᶜaradum*.

2. Durand 1993, 58[75], versteht den Namen der Tochter des Königs Yaᶜdun-lîm von Mari als "Yamma-ma" oder "Yamama". Dass der Nachfolger Yaᶜdun-lîms, Śumu-yamam, das theophore Element Yamm im Namen trägt, ist jedoch kein stichhaltiges Argument für die Deutung von Yamāma. Kurzformen bestehen nur sehr selten aus dem theophoren Element allein; in der Regel fällt bei Verkürzung eines Namens vielmehr das theophore Element weg. Daher besser zu arabisch *yamām* "Taube" Wehr 1449 und den hebräischen Namen YMYMH "ägyptische Turteltaube" HAL II 396; Stamm 1980, 330.

3. S. hebräisch *yatôm*. Gelb 1980, 21b, setzt dagegen anscheinend wegen PI-*at-mu-um* 6280B QaTaL an, doch liegt hier möglicherweise akkadisch *watmum* "Junges" (von Vögeln etc.) vor.

§ 5.23. Orthographisch lässt sich nicht entscheiden, ob die folgenden deverbalen Abstrakta hierher[1] oder zu QaTaL gehören:

ḏamārt "Schutz":	*Za-mar-ti*-DINGIR ARM 23, 623: 37M *Ḏamārt=el* "(Mein) Schutz ist der Gott".
yadāᶜt "Weisheit":	*Ia-da-aḫ-ta*-DINGIR ARM 22, 328 ii 40M *Yadāᶜta-ʾel* "Erkenntnis ist der Gott".

Für Maskulina vgl. die möglichen, in § 5.38 genannten Belege.

Anm.: **1.** So GAG § 55h für entsprechende akkadische Wörter.

1.3.8. QāTiL

§ 5.24. Aktives Partizip des Grundstammes:[1]

ʿādir "helfend":	*Ḫa-zi-ir-*^{d}UTU 2226M *ʿĀdir-śamaś* "Helfend ist Śamaś".
ḏākir "gedenkend":	*Za-ki-ra-ḫa-am-mu* 6367M *Ḏākira-ʿammu* "Gedenkend ist der Vatersbruder".
ḏāriy "erzeugend":	*I-ṣi-da-ri-e* 2644B *ʾIṣī-ḏāriyī* "Erschienen ist, der mich erzeugt".
ḫābiʾ "bergend":	*Ḫa-bi-*^{d}IM 1996M *Ḫābiʾ-haddu* "Bergend ist Haddu".
lāʾiy "mächtig":	*I-la-la-i* 2538D (Ur III) *ʾIla-lāʾī* "Der Gott ist mächtig".
mālik "ratend":	*Ma-a-li-kum* 4401B.
nābiʾ "benennend":	*Na-bi-an-nu* 4943M *Nābiʾ-ʾannu* "Benennend ist ʾAnnu".
nāśiʾ "annehmend":	*Ia-aḫ-wi-na-si* 2874M *Yaḥwī-nāśiʾ* "Lebendig gezeigt hat sich der Annehmende".
qāniy "erschaffend":	*Qa-n[i]-a-a-bu-um* ARM 24, 228: 26M *Qāniy=abum* "Erschaffend ist der Vater".
rāpiʾ "heilend":	*Ḫa-lu-ra-pi* 2106M *Ḫālu-rāpiʾ* "Der Mutterbruder ist heilend".

Anm.: **1.** Die Aussage von Sodens 1958, 523[1], es gäbe im Amurritischen keine Partizipnamen, ist falsch; s. dazu schon Streck 1999a, 663.

§ 5.25. Bei Wurzel II w/y findet sich statt QāTiL vielmehr QāL:

nāḫ "sich besänftigend":	*Na-ḫu-um-*^{d}*da-gan* 4977B *Nāḫum-dagan* "Sich besänftigend ist Dagan".
qām "sich erhebend":	*Qa-mu-ma-*DINGIR 5185M *Qāmu-ma-ʾel* "Sich wirklich erhebend ist der Gott".
šāb "sich zuwendend":	*Ša-bi-*DINGIR 5779M,C *Šāb=el* "Sich zuwendend ist der Gott".

1.3.9. QaTīL

§ 5.26. Primäres Adjektiv:

yamīn "rechts":	*Ia-mi-in* (Stamm) 3352M.

§ **5.27.** Selten passives Partizip (meist QaTūL § 5.28):

ḥabīb "geliebt":	*Ḫa-bi-bu-um* 1994B.
yadīd "geliebt":	*Ia-di-du-um* 3192B.[1]

Anm.: **1.** S. schon Bauer 1926, 76: √*ydd* "lieben". Huffmon 1965, 209: "G passive participle". Ib. 144: "note especially *Y^e^dīdyāh* ... which suggests that the Mari name [sc. *Ia-di-du-um*] is a hypocoristicon". Gelb 1980, 21: "dear". Vgl. ugaritisch YDD "lieben", MDD "Liebling" WUS Nr. 1140, hebräisch YDYD "Liebling" HAL II 373, äthiopisch *wdd* "put into" CDG 604, arabisch *wadda* (Infinitiv u. a. *wadd*) "lieben" Wehr 1386.

In Personennamen: Westsemitisch: *Ia-di-du*, *Ia-di-da-a* Ẓadok 1978, 126. Ugaritisch: Gröndahl 1967, 142, unter YD und YDD 13x, z. B. *Ia-du-^{d}baʿal* und YDD. Hebräisch: YDYDH "Geliebte", bezeichnet nach Stamm 1980, 121, das "Verhältnis zu den Eltern". YDYDYH "Geliebter Jahwes" Noth 1928, 149. MYDD "Liebling" HAL II 545. Aramäisch: MWDD Geliebter" Maraqten 1988, 177. Sabäisch: WDDʾL "Gott hat geliebt" Tairan 1992, 229. Minäisch: Al-Said 1995, 236, 8x, z. B. WDD "Liebe" oder "Geliebter" ib 175. Ryckmans 1934, 76, 7x, z. B. MWDD (sabäisch).

1.3.10. QaTūL

§ **5.28.** Passives Partizip des Grundstammes, vor allem in Einwortnamen. Diese Namen beziehen sich stets auf das Objekt des von derselben Wurzel gebildeten Verbums in Satznamen, z. B. den Namensträger (etwa *natūn* "gegeben"), die Namengeber (etwa *śakūr* "belohnt") oder die Bitte um das Kind (etwa *naśūʾ* "angenommen"). Eine ganze Reihe von Namen hat Entsprechungen bei den Einwortnamen der Form maQTaL und ma/meQTiL (§§ 5.43, 47), einer bei den Einwortnamen der Form QataTL (§ 5.50). Ungefähre akkadische Gegenstücke sind die bei Stamm 1939 in § 36 ("Nominale Entsprechungen der Satznamen") und § 39 ("Satzlose Ellipsen") verzeichneten Genitivnamen mit einem theophoren Element in Rectumsposition.

baḥūr "ausgewählt":[1]	*Ba-ḫu-ra* 1075Aspät.
ḥanūn "gnädig behandelt":	*A-nu-nu-um* 489B.
ḏamūr "beschützt":[2]	*Za-mu-ra-an* 6402M.
nadūb "grosszügig gespendet":[3]	*Na-du-bu-um* 4956B.
naśūʾ "angenommen":[4]	*La-na-su-wu-um* 4311M *La-naśūwum* "Wirklich angenommen".
natūn "gegeben":[5]	*Na-tu-nu-um* 5014B.
palūs "angesehen":[6]	*Ba-lu-zum* 1119D.
rapūʾ "geheilt":	*Ra-pu-ú-um* 5263M.
satūr "geschützt":	*Za-tu-ru-um* 6420M.
śakūr "belohnt":[7]	*Sa-ku-ra-nu* 5407M.
śapūr "gesandt":[8]	*Sa-pu-ru-um* 5498B.

Anm.: **1.** Vgl. *bataḫr* "ausgewählt" § 5.50.

2. Vgl. *maḏmar* "Schutz" § 5.43 und die akkadischen Namen des Typs *Puzur/Kidin/Ṣilli*-GN "Schutz des GN" Stamm 1939, 276f.

3. Vgl. *mendib* "grosszügige Spende" § 5.47 und akkadisch *Qīš*-GN "Geschenk des GN" Stamm 1939, 257. Im Nominalsatznamen ist auch QaTuL "grosszügig" belegt, s. § 5.21.

4. Vgl. akkadisch *Migrat*-GN "Zustimmung des GN" Stamm 1939, 274f.

5. Vgl. *mattan* oder *mantin* "Gabe" § 5.43 und akkadisch *Nadin*-GN "Von GN gegeben" Stamm 1939, 258.

6. Vgl. akkadisch *Amri*-GN "Von GN angesehen" Stamm 1939, 258.

7. Vgl. *maśkar* und *miśkir* "Lohn" §§ 5.43, 47.

8. Vgl. *maśpar* und *maśpir* "Sendung" §§ 5.43, 47.

§ **5.29.** Vereinzelt kommt QaTūl in Nominalsatznamen vor:

ḏakūr "eingedenk":[1] *Za-ku-ur-a-bi* (Gen) 6387B *Ḏakūr-ʾabī* "Der/Mein Vater ist eingedenk".

Anm.: **1.** Vgl. hebräisch *zakūr* "eingedenk" HAL I 258b.

1.3.11. QiTāL

§ **5.30.** Primärnomen:

ḥimār "Esel": *Ḫi-ma-rum* 2277M.

1.3.12. QiTīL

§ **5.31.** Nach Huffmon 1965, 146, und Gelb 1980, 16, seltene Nebenform zu QaTīL:

biḥīr "erwählt":[1] *Bi-ḫi-rum* 1209M.

Anm.: **1.** Oder /*a*/ > /*e*/-Umlaut vor /*ḥ*/ (vgl. § 2.36 für den analogen Umlaut vor /ᶜ/)? Vgl. *baḥūr* § 5.28. und *bataḫr* § 5.50.

1.3.13. QuTāL

§ **5.32.** Diese Nominalform kommt in verschiedenen semantischen Typen von Einwortnamen vor. So bezeichnet sie substantivierte Adjektive:[1]

śugāg "Grosser":[2] *Su-ga-gu-um* 5566B.
zubāl "Fürst":[3] *Zu-ba-la-an* 6578M.

Im akkadischen Onomastikon entsprechen Namen wie *Rubātu* "Fürstin", *Bēlu* "Herr" und *Bēltu* "Herrin", die Stamm 1939, 247, als "Reine Zärtlichkeitsausdrücke" klassifiziert.

Anm.: **1.** Vgl. im Akkadischen GAG § 55k.
2. Zu einem nicht bezeugten Adjektiv "gross". S. das zum Lehnwort *sugāgu* in § 1.95 Gesagte.
3. Zu einem nicht bezeugten Adjektiv "getragen, erhoben, erhaben". Vgl. das Lehnwort *zubūltu* "Fürstin" § 1.95.

§ **5.33.** Entsprechungen zu Satznamen, meist mit Entsprechungen bei den Einwortnamen der Form ma/meQTiL. Hier hat QuTāL wohl deminutive Funktion[1]:

hulāl "gepriesen":[2]	*Hu-la-lum* 2303M.
nuʿām "lieblich":[3]	*Nu-ḫa-ma* (F) 5073M.
nuṣāb "aufgerichtet":[4]	*Nu-za-bu-um* 5198M.
śulām "freundlich":[5]	*Su-la-mu-um* 5572B.

Anm.: **1.** Vgl. Brockelmann 1908, 351.
2. Vgl. *mahlil* "Preis" § 5.47.
3. Vgl. *menʿim* "Lieblichkeit" § 5.47. Anstatt an eine Entsprechung zu einem Satznamen kann man hier auch an das "Lob körperlicher Eigenschaften" (Stamm 1939, 248f.) denken: "Die Liebliche".
4. Vgl. von einer anderen Wurzel *maśīt* "Stütze" § 5.47.
5. Vgl. *méślim* "Freundlichkeit" § 5.47.

§ **5.34.** Tiernamen, wohl ebenfalls deminutiv:[1]

ḏubāb "kleine Fliege":	*Du-ba-bu* 1569B.
ġuzāl "kleine Gazelle":	*Ḫu-za-lum* 2364B.

Anm.: 1. Vgl. GAG § 55k* zu *buqāq* "kleine Mücke".

§ **5.35.** Der folgende Spitzname bezeichnet vielleicht kleinen Wuchs:

zunāb "Schwänzchen":	*Zu-na-bu-um* 6608M.

1.3.14. QaTTuL/QuTTUL

§ **5.36.** Verbaladjektiv D. S. für diese Nominalform im Akkadischen Kouwenberg 1997, 342-428, mit dem Ergebnis, dass keine intensive Funktion vorläge. Kouwenberg 1997, 374-377, nennt Belege aus Namen und stellt als Grundbedeutung "to denote salient characteristics of animate beings" (S. 377) fest. Da dies von einer intensiven Bedeutung nicht weit entfernt ist, übersetze ich mit "sehr" o. ä. Für den Vokal der ersten Silbe ist aufgrund des spärlichen Materials keine dialektale Verteilung[1] erkennbar.

śummuḫ "sehr prächtig": *Su-mu-ḫu-um* 5661?.
yaqqur "sehr kostbar":[2] *Ia-ku-ra-an* 3312M

§ **5.37.** Hierher wohl auch:

nuṭṭup "Stakte-Tropfen": *Nu-uṭ-tu-up-tum* (M, F) ARM 22, 322: 53M; VS 9, 9: 3, 14B.

AHw. 806 bucht diesen Namen unter *nuttupum* "herausgerissen". Gelb 1980, 27, setzt unter √ *ntp* "to drip" *nuṭupum* an, da ihm Längeschreibung des zweiten Radikals noch fehlt.[3] Welche Funktion diese Länge hier hat, ist unklar. Der Name gehört zu den besonders für Frauen Gebräuchlichen, die Schmuck und Kosmetika bezeichnen.[4]

Anm.: **1.** Vgl. im Akkadischen assyrisch PaRRuS, babylonisch PuRRuS.

2. Im Grundstamm entspricht *yaqar*.

3. Vgl. hebräisch *naṭap* "Stakte-Tropfen, Harz v. *Pistacia Lentiscus*" HAL III 656, syrisch *nuṭptā* "a drop" Payne Smith 1903, 332, arabisch *nuṭfa* "Tropfen" Wehr 1284, äthiopisch *naṭba* "drop, trickle" CDG 408.

4. Vgl. für das Akkadische Stamm 1939, 256, und für das Hebräische Stamm 1980, 327f.

1.3.15. QaTTāL

§ **5.38.** Nomen agentis. Die Belege sind nicht sicher:

ḏammār? "Beschützer": *Za-ma-ri-e-lum* 6397B *Ḏammār=elum*? "(Mein) Beschützer ist der Gott".
śakkār? "Belohner": [*I*]*-la-sa-ka-ar* ARM 23, 427 ii 4'M (Sup) *ʾIla-śakkār*? "Der Gott ist Belohner".[1]

Alternativ kann man an QaTāL denken: *ḏamār* "Beschützen", *śakār* "Belohnen".

Anm.: **1.** Gelb 1980, 32, setzt QaTaL an, doch ergibt das kaum einen Sinn.

1.3.16. Reduplizierte Bildungen

§ **5.39.**[1] Primärnomen:

kabkab "Stern":	*Ì-lí-ka-ab-ka-bu* 2739B *ʾIlī-kabkabu* "Mein Gott ist ein/der Stern".[2]

Nomina von Wurzeln II geminatae:[3]

ḥanḥan "gnädig":	*Ḫa-an-ḫa-nu-um* 1931B (√ *ḥnn*).
gungun "Schutz":	*Gu-un-gu-nu-um* 1798B (√ *gnn*).

Anm.: **1.** Vgl. Barth 1894, 202-206; Brockelmann 1908, 368-371.
2. Oder etwa zu akkadisch *kabābu* "brennen"? Dann zu den folgenden Belegen.
3. D. h. wohl von ursprünglich zweiradikaligen Wurzeln.

1.3.17. Vierradikalige Wurzel

§ **5.40.**

ʾarnab "Hase":	*Ar-na-ba-tum* (F) 906B,M "Häsin".
śimʾāl "links, Norden":	*Si-im-a-al* (Stamm) 5523M.

2. Nomina mit Präfixen

2.1. ʾaQTaL

§ **5.41.** Der Befund der anderen semitischen Sprachen spricht für eine Adjektivform. Am häufigsten ist ʾaQTaL im Arabischen, ursprünglich zur Bildung von Adjektiven und erst später als Elativ (Fischer 1987 § 124 Anm. 3). Im Hebräischen sind lediglich die Adjektive *ʾakzab* "lügnerisch", *ʾakzar* "grausam" und *ʾētan* "immer wasserführend" bezeugt (Bauer-Leander 1922, 487). Für die wenigen Belege im Äthiopischen s. Dillmann 1857, 191. Im Akkadischen und Syrischen ist ʾaQTaL nicht produktiv. Onomastische Belege finden sich vor allem im Altsüdarabischen; s. Al-Said 1995, 13, für das Minäische, und Hayajneh 1998, 31, für das Qatabanische.

Im Amurritischen taucht ʾaQTaL in den Lehnwörtern *āḫarātu*, *aqdamātu* und *aqdamu* (§ 1.95) sowie in mehreren aus einem einzigen Element bestehenden Namen auf. Da ʾaQTaL in Satznamen fehlt, handelt es sich wohl um Einwortnamen und nicht um Hypokoristika.

Angesichts der Semantik von √ *ʾḫr* "hinten" und √ *qdm* "vorne", aber auch von Oppositionspaaren wie *ḥabīb*[1] : *ʾaḥbab* und *ḥanīn*[2] : *ʾaḥnan* ist eine elativische Funktion plausibel.

ʾaḥbab "sehr geliebt":	*Aḫ-ba-bu* 685U.
ʾaḥnan "sehr begnadet":	*Aḫ-na-nu-um* 691B.[3]
ʾalban "sehr weiss":[4]	*Al-ba-nu* (ON) RGTC 3, 11B.
ʾaqdam "erster, ältester":	*Aq-da-mu* 888C.

Anm.: **1.** *Ḫa-bi-bu-um* 1994B.
2. *Ḫa-ni-nu-um* 2177B.
3. Bei Gelb 1980 dagegen √ *ʾḫn* (einziger Beleg).
4. Oder wie im Arabischen einfaches Farbadjektiv "weiss"?

§ **5.42.** Nicht ganz sicher ist, ob der in der Regel *Aḫ-la-mu* geschriebene Personenname hierhergehört (ARM 16/1, 54M: 26 Belege); denn zweimal erscheint er als *Aḫ-la-am-mu* (Gelb 1980 Nr. 688M, ARM 22, 3 iii 19M) und je einmal als *Aḫ-lam-mu* (ARM 22, 262 i 20M) und *Aḫ-la-a-mu* (Gelb 1980 Nr. 687M). Der Personenname hängt sicher mit dem vor allem nach-altbabylonisch bezeugten Gentiliz *aḫlamû* zusammen, für das nun auch ein unzweifelhafter altbabylonischer Beleg publiziert wurde (*Aḫ-la-mi-i* AbB 13, 60: 32B; s. dazu § 1.10). Als Nominalform für letzteres schlägt Lipiński 1981, 279, ʾaQTāL vor, doch handelt es sich dabei um einen typisch südsemitischen inneren Plural, der nicht ohne weiteres für das Amurritische vorausgesetzt werden kann. Als Wurzel wurde √ *ḥlm* "stark sein" (Gelb 1980) und √ *ġlm* (arabisch *ġulām*, hebräisch *ʿalm* "Jüngling") vorgeschlagen. Weil letzteres vermutlich Primärnomen ist, ist √ *ḥlm* zu bevorzugen. Also *ʾaḥlam*? "stark".[1]

Anm.: **1.** Vgl. zur Semantik den Stammesnamen *ʾAwnān*, wohl "Die mit Kraft Versehenen", s. § 5.72.

2.2. maQTaL

§ **5.43.** maQTaL bildet wie ma/e/iQTiL (§§ 5.44-48) Einwortnamen. Bei einigen Wurzeln sind maQTaL und ma/eQTiL nebeinander bezeugt (§ 5.48). Für die Bedeutungen von maQTaL im sonstigen Semitischen s. die Hinweise § 5.46. Resultat des Verbalinhalts:

mattan "Gabe":	*Ma-ta-tum* (F) 4566B
maśpar "Sendung":	*Ma-áš-pa-ru-um* 4443B.
maśkar "Lohn" :	*Maš-ga-ru-um* 4588B.

Abstrakta, vielleicht sekundär konkretisiert:

maḏmar "Schutz":	*Ma-az-ma-ru-um* 4448B,M.[1]
makān "Stabilität":	*Ma-ka-a-an* 4466M, *Ma-ga-nu-um* 4457U.

Anm.: **1.** Vgl. die akkadischen Namenstypen *Puzur/Kidin/Ṣilli*-GN "Schutz des GN" Stamm 1939, 275f.

2.3. maQTiL und me/iQTiL

§ **5.44.** *communis opinio* ist die Analyse als Partizip eines H-Kausativ-Stammes. Diese Analyse geht auf Gelb 1958, 159 3.3.7.6.2., zurück. Dort wird "*mēqtil*" auf **muhaqtil* zurückgeführt und eine Nebenform "*māqtil*" genannt. Auch Moran 1961, 71[104], Huffmon 1965, 149, und Buccellati 1966, 198, folgen der Analyse Gelbs. Allerdings bemerkt schon Huffmon 1965, 150, die Schwierigkeit, dass ein Kausativ-Partizip "would seem to imply a deity or theophorous element as subject rather than refer to some quality of the name bearer ... however, at least the majority of *meqtil* names do not seem to be hypocoristica". Wilcke 1969, 28f., sieht das phonologische Problem und vermutet daher eine "Analogiebildung zu der Morphemvariante /*ʾe*/ zu /*ya*/". Retsö 1989, 69, lehnt dagegen eine Ableitung vom Kausativstamm ab und nimmt "an old verbal noun to the G-stem", und zwar stets mit *i*-Vokalismus (yaQTiL), an. Knudsen 1991, 881, schliesslich schlägt eine Lautentwicklung */*miha*/ > /*mē*/ vor.

§ **5.45.** Die Analyse als Partizip eines H-Kausativ-Stammes ist aus folgenden Gründen wenig plausibel:

* Elision von intervokalischem /*h*/ und anschliessende Vokalkontraktion ist bisher nur in Alalaḫ sicher belegbar (§ 2.167). Sonst bleibt intervokalisches /*h*/ erhalten (§§ 2.158, 161) oder wird durch den Gleitlaut /*y*/ ersetzt (§§ 2.165-166).

* Die anzunehmende Lautentwicklung */*uha*/ > */*uya*/ > /*ē*/ ist im Amurritischen ohne Parallele. Im Gegenteil: */*uya*/ wird zu /*û*/ (s. § 2.32).

* Eine Ausgangsform */*miha*/ (Knudsen) ist semitistisch ohne Anhaltspunkt.

* Für die von Wilcke vermutete Analogiebildung fehlt jedes Motiv (keine Ausgleichserscheinung!).

* Die Evidenz für ein H-Kausativ **yuhaqtil* > **yāqtil* ist nicht eindeutig und vermutlich negativ.

* Keineswegs steht ma/e/iQTiL stets neben yaQTiL (Retsö). S. die folgenden Gegenbeispiele:

maśmi^{c}	:	*yaśma*^{c}	(*Ia-áš-ma-aḫ*-^{d}IM 3110M,C).
mendib	:	*ʾindub*	(*In-du-ub-ša-lim* 3712D).
miśkir	:	*yaśkur*	(*Ia-áš-ku-ur*-DINGIR 3100B).
menīḫ	:	*yanūḫ*	(*Ia-nu-uḫ-li-im* 3391M).

* ma/me/miQTiL wechselt offenbar in einigen Fällen mit maQTaL.[1] Letzteres kann schon wegen /*a*/ vor dem letzten Radikal kein Partizip des Kausativstammes sein:

mekīn	: *makān*	(*Ma-ka-a-an* 4466M, *Ma-ga-nu-um* 4457U).
miśkir	: *maśkar*	(*Maš-ga-ru-um* 4588B).
maśpir	: *maśpar*	(*Maš-pa-ru-um* 4590B).
mantin	: *mattan*	(*Ma-ta-tum* (F) 4566B).

* Vor allem aber bildet ma/e/iQTiL nur Einwortnamen und bezieht sich daher wenigstens oft auf den Namensträger. Eine Interpretation als Partizip des Kausativstammes (z. B. *mantin* "Einer, der geben lässt") ist dann aber sinnlos.

Anm.: **1.** Entgegen der Vermutung von Moran 1970, 530, lassen sich die verschiedenen Präfixe nicht dialektal verteilen.

§ **5.46.** Aufgrund der im Vorangehenden aufgezählten Probleme dürfte die Lösung in anderer Richtung zu suchen sein. Die Annahme von Verbalnomina des Grundstammes (Retsö 1989, 69) liegt angesichts ihrer weiten Verbreitung im Semitischen nahe. Dafür spricht auch das § 5.45 aufgezeigte Nebeneinander von ma/e/iQTiL und maQTaL, das Parallelen in anderen semitischen Sprachen hat.[1]

Semantisch passen diese Verbalnomina gut zu Einwortnamen: nach Rechenmacher 1994, 172f., stehen im Hebräischen maQTaL/miQTaL und maQTiL/miQTiL für Abstrakta und verschiedene Typen von Konkreta (Instrumental, Objekt des Verbalinhalts, Resultat des Verbalinhalts, Ort des Verbalinhalts). Für die anderen semitischen Sprachen ist - mit einer weniger ausgefeilten Analysetechnik - eine ähnliche Bandbreite ermittelt worden (s. Barth 1894, 233-267; Brockelmann 1908, 375-381); auch für das Akkadische sind neben Orts- und Zeitsubstantiven Abstrakta (z. B. *mīšaru* "Gerechtigkeit", *našpartu* "Sendung") und verschiedene Typen von Konkreta bezeugt (s. GAG § 56b-c).

Schliesslich lassen sich für die Mehrzahl der folgenden Namen semantische, teilweise auch exakte etymologische, nicht-onomastische und onomastische Parallelen anführen. Die letzteren sind am deutlichsten für das Akkadische von Stamm 1939 § 36 ("Nominale Entsprechungen zu

Satznamen"), § 37 ("Sonstiges Verhältnis zur Gottheit") und § 39 ("Satzlose Ellipsen")[2] herausgearbeitet worden. Die meisten dieser Namen beziehen sich demnach auf den Namensträger, einige sind aber offenbar "überschriftartige" (Stamm 1939, 274), nominale Formungen von Satznamen. Im Unterschied zum akkadischen Onomastikon fehlt jedoch im amurritischen stets das theophore Element in Rectumsposition.

Anm.: **1.** Akkadisch *našpartu/našpertu*, *mānaḫtu/mānïḫtu* GAG § 56c. Arabisch: *maġsal/maġsil* "Waschplatz", *maḥall/maḥill* "Niederlassung" Brockelmann 1908, 380 (dort auch weitere Beispiele mit Bedeutungsabwandlungen); *mahlaka/mahlika* "Ort des Verderbens" Barth 1894, 238. Von einer Sprache zur anderen wechseln die Formen so stark, dass man zu dem Schluss gelangt ist, dass "die Bedeutung der verschiedenen Formen ... im Ursemit. noch nicht differenziert" (Brockelmann 1908, 376; ebenso Barth 1894, 236f.) gewesen sei.

2. Im Unterschied zu Stamm nehme ich auch bei diesen Namen teilweise Bezug auf den Namensträger an. So dürfte etwa *Nūr-ilīšu* "Licht seines Gottes" bedeuten "Licht, das sein Gott den Eltern geschenkt hat".

§ **5.47.** Resultat des Verbalinhalts:

mantin "Gabe":	*Ma-an-ti-nu-um* 4429B.[1]
mendib "grosszügige Spende":	*Me-en-di-bu-um* 4604B.
maśpir "Sendung":	*Maš-pi-ru-um* 4591B.[2]
meḏriy "Erzeugnis":	*Me-iz-ri-ju-um* 4644M.[3]
miśkir "Lohn":	*Mi-iš-ki-rum* 4707B.[4]

Abstrakta, vielleicht sekundär konkretisiert:

mēšiᶜ "Hilfe":	*Me-si-um* 4659B.[5]
maśīt "Stütze":	*Ma-si-it-a-nu-um* 4555I.
mekīn "Stabilität":	*Me-ki-nu-um* 4650M.
meślim "Freundlichkeit"	*Me-iš-li-mu-um* 4639B.
menᶜim "Lieblichkeit":	*Me-en-ḫi-mu-um* 4650M.[6]
mēpiᶜ "Herrlichkeit":	*Me-pi-um* 4658I.[7]
mēter "hervorragend Sein":	*Me-te-ra-nu-um* 4633D.[8]
mahlil "Preis":	*Ma-aḫ-li-lum* 4406B.[9]
maśmiᶜ "Erhörung":	*Ma-aš-mi-a-na-am* (Akk) 4439M.[10]

Ortssubstantive:

menīḫ "Ruheort":	*Me-ni-ḫu-um* 4656B, *Mi-ni-ḫu-um* 4718B.[11]
mēṣīt "Ausgang" (= Rettung):	*Me-ṣi-tum* 4660B.[12]

Anm.: **1.** Schon von Zadok 1988, 120, als Verbalnomen des G-Stammes erkannt. Vgl. die folgenden Namen: ugaritisch *Ma-te-nu* Gröndahl 1967, 147, phönizisch MTN(-GN), *Mi-ti-in-ti*,

Me-ti-in-ti, *Ma-ta-an*-GN u. ä. (d. h. maQTaL, maQTiL und me/iQTiL) Benz 1972, 356f., hebräisch *Mattan* "Gabe" Noth 1928, 170, aramäisch *Mat-tat-tu*$_4$-GN u. ä. Zadok 1988, 123 21331[13], minäisch M'WS$_1$ Al-Said 1995, 14, qatabanisch *Mawhab* "Gabe" Hayajneh 1998, 33 und 242, MŚKM "Gabe" ib. 235. Akkadisch entsprechen die Namen *Nidinti/Nidnat/Nidin*-GN bei Stamm 1939, 257.

2. Vgl. die akkadischen Appellativa *našpāru* (oder *našparu*?) "Abgesandter" und *našpartu* "Nachricht, Botschaft" AHw. 760f.

3. Vgl. akkadisch *Pirʾi*-GN "Spross des GN" und *Inbi*-GN "Frucht des GN" Stamm 1939, 260.

4. Vgl. die hebräischen Namen ŚKR u. ä. "Lohn" Noth 1928, 189[3].

5. Vgl. den hebräischen Namen MYŠᶜ "Hilfe" Noth 1928, 155.

6. Vgl. das hebräische Appellativ *manᶜammīm* "Leckerbissen" HAL II 570a.

7. Vgl. den altaramäischen Namen MYPᶜ Maraqten 1988, 178.

8. Vgl. das hebräische Appellativ *môtar* "Vorteil, Gewinn" HAL II 534b und den sabäischen Namen MWTR Tairan 1992, 209f.

9. Kaum zu "*Ḥ/ḪLL* oder *ĠLL*" (so Zadok 1988, 124 21335[1]). Vgl. das hebräische Appellativ *mahlal* "Lobpreis" und den Namen *Mahlal-ʾel* "Lobpreis Gottes" HAL II 524a. Akkadisch entsprechen die Namenstypen *Rīš*-GN "Jauchzen des GN" und *Tanittu*-GN "Preis des GN" Stamm 1939, 275 und 277.

10. Vgl. den alttestamentlich überlieferten Namen eines arabischen Stammes *mišmaᶜ* HAL II 613b und die folgenden Appellativa: akkadisch *nešmû* "Gehör" AHw. 782f., arabisch *masmaᶜ* "Gehör" Wehr 598a.

11. Vgl. das hebräische Appellativ *manôḥ* "Rastplatz", *manôḥā* "Ruhe, Rastplatz" HAL II 567f. Hierher mit Zadok 1988, 123, auch der Name *Manôḥ*, den Noth 1928, 228, zu arabisch *manāḥ* "freigebig" gestellt hatte.

12. Vgl. den hebräischen Namen *Môṣaʾ* "Ausgang" HAL I 530a.

§ **5.48.** Während die Präfixform */ma/* problemlos ist, bedarf das im Normalfall *me*, selten *mi* geschriebene Präfix der Erklärung. Weil für */mi/* in der Regel *mi* geschrieben wird (s. § 2.95), steht *me* wohl nicht für */mi/*. Dies bestätigen die Graphien *Me-en-di-bu-um* und *Me-en-ḫi-mu-um* mit *en* für */en/*. Ob umgekehrt *mi* */mi/* oder */me/* wiedergibt, lässt sich nicht entscheiden. meQTiL ist eher aus maQTiL als aus miQTiL entstanden, denn es lässt sich phonologisch als regressive Teilassimilation von */a/ an /i/ erklären.[1]

Anm.: **1.** Eine Parallele bietet das jüngere Akkadische mit Formen wie *lilebbiša*, *uḫeppi* usw., s. GAG § 10c und Aro 1955, 40-49.

2.4. muQaTTiL

§ **5.49.** Partizip des D-Stammes:

muqaddim "vorangehend":[1] *Mu-qa-di-mu* 4736B "Vorangehender (d. h. Erstgeborener?)".

Anm.: **1.** Als amurritisch klassifiziert, weil im Akkadischen ein Verbum **qadāmu* nicht existiert;

s. jedoch die Nomina *qadmu* "vorderer" und *qudmu* "Vorderseite".

3. Nomina mit Infixen

3.1. QataTL

§ **5.50.** Verbaladjektiv des Gt-Stammes,[1] wohl entstanden aus *QtaTiL. Gewöhnlich anscheinend Einwortnamen, von denen einige Entsprechungen bei den Einwortnamen der Form ma/meQTiL besitzen. Ungefähre akkadische Gegenstücke sind die bei Stamm 1939 § 36 ("Nominale Entsprechungen zu Satznamen") gesammelten Namen, die allerdings im Unterschied zum Amurritischen immer ein theophores Element in Rectumsposition besitzen.

bataḥr "auserwählt":	*Ba-ta-aḫ-rum* 1148M.
pataqḥ "geöffnet":	*Pa-ta-aq-ḫi-im* (Gen) ARM 27, 107: 14, 1'M.
šataql "getragen":	*Ša-ta-aq-lum* 5835M.[2]
*yatap*ᶜ "dem herrlich erschienen ist":	*Ia-ta-ap-ḫu* ARM 23, 504: 10M.[3]
yataśr "gerecht behandelt":	*Ia-ta-áš-rum* ARM 22, 167: 24M.
yatašᶜ "geholfen":	*Ia-taš-ḫa-tum* (F) ARM 22, 55 ii 16'M.[4]

Ein Genitivname:

ʾ*atamr* "angesehen":	*A-tam-ri*-DINGIR 548M "Angesehen von Gott".[5]

Anm.: **1.** So Gelb 1958, 159 3.3.7.3.2.: "aggettivo stativo qatatlum"; Huffmon 1965, 94: probably a nominal form derived from the Gt". Knudsen 1991, 880, denkt dagegen an westsemitische Perfekta der Form QaTaL.

2. Entspricht in etwa akkadisch *Ašri*-GN "Von GN versorgt" Stamm 1939, 258.

3. Vgl. *mēpi*ᶜ "Herrlichkeit" § 5.47.

4. Vgl. *mēšiᶜ* "Hilfe" § 5.47. Akkadisch entspricht *Šūzub*-GN "Von GN gerettet" Stamm 1939, 258.

5. Akkadisch entspricht *Amri*-GN "Von GN angesehen" Stamm 1939, 258.

3.2. QuTayL

§ **5.51.** Deminutiv.[1] Die folgende Form zeigt als Akkadismus Monophthongierung > QuTīL:

ḥunīn "gnädig behandelt": *Ḫu-ni-na-nu-um* 2361I.

Anm.: **1.** Ob mit Lipiński 1981, 279, *Ḫu-zi-ra-tum* als *Ġuzīratum* "youngster" zu analysieren ist, ist unsicher; Gelb 1980 stellt den Namen zu *ḫuzīratum* "Schwein".

4. Nomina mit Suffixen

4.1. Suffix /ān/

§ **5.52.**[1] Zwei Funktionen sind erkennbar: Deminutiv und Ableitung von Adjektiven aus Substantiven. Die erste Funktion tritt in der Regel bei Hypokoristika,[2] die zweite nur bei Einwortnamen auf. Beide Funktionen sind - neben weiteren Funktionen - in anderen semitischen Sprachen belegt: s. für das Semitische allgemein Barth 1894, 316-343 und 348f., Brockelmann 1908, 388-395; für das Hebräische Bauer/Leander 1922, 498-500, Rechenmacher 1994, 174 und 192; für das Syrische Nöldeke 1898, 77f.; für das Arabische Fischer 1987 § 119.[3] Im Akkadischen existiert offenbar nur das adjektivableitende */ān/*, z. B. in *ḫurāṣānu* "goldig", *kalbānu* "hundeähnlich", *karānānu* "weinartig" u. a. m.[4] Deminutives */ān/* ist somit ein distinktives Merkmal des amurritischen Onomastikons gegenüber dem akkadischen.[5]

Anm.: **1.** Vgl. Bauer 1926, 42-48 ("Eigennamen der Ḫammurabi-Zeit auf -āni") und 60. Huffmon 1965, 135-139. Buccellati 1966, 224-229.

2. Dieser Aussage liegt folgende Terminologie zugrunde: "Hypokoristika" sind Verkürzungen mehrgliedriger Namen. Einwortnamen bestehen von vorneherein aus nur einem einzigen Namenselement. An Hypokoristika und Einwortnamen können, müssen aber nicht "deminutive" Suffixe treten. Mit dieser Unterscheidung von Hypokoristikon und Deminutiv folge ich Stamm 1939, 111-117 ("Verkürzung" und "Zärtlichkeitssufffix"). In diesem Lichte unpraktisch ist es dagegen, wenn Huffmon 1965, 130-140, statt von deminutiven von "hypocoristic suffixes" spricht. Der Ausdruck "deminutiv" will sich semantisch nicht genau auf "Verkleinerung", "Verzärtlichung" o. ä. festlegen; hier weiter zu differenzieren, ist fruchtlos.

3. Für arabische Personennamen s. J. J. Hess 1912, 6: "Adjectiva, ... Diminutive, und bezeichnet bei Tiernamen nach Auffassung der Beduinen die Abstammung männlicher Individuen". J. J. Hess ib.[2] bemerkt zu letzterem: "möchte ich in diesem *-ân* lediglich eine Bezeichnung für das genus masc. sehen".

4. GAG § 56r hat die adjektivableitende Funktion des */ān/* im Akkadischen nicht erkannt. Der einzige dort genannte Beleg für ein Deminutiv, *mīrānu* "Hündchen, Welpe", ist unsicher, da ein entsprechendes Grundwort fehlt; der Zusammenhang mit *mūru* "Fohlen, Jungtier" ist fraglich. Weitere Deminutiva sind mir nicht bekannt.

5. S. Stamm 1939, 114[2], und Buccellati 1966, 226-229. Ungenau Buccellati 1996, 143: "The afformative *-ān-* is frequently used in the formation of personal names ... Note that in Akkadian onomastics this afformative, while very productive, may only be added to nouns, whereas in Amorite personal names ... it can be added to verbs as well", da im Akkadischen Onomastikon lediglich adjektivableitendes */ān/*, d. h. */ān/* bei Einwortnamen, produktiv ist (Typ *Qaqqadānum*, s. Stamm 1939, 266); das von Buccellati genannte Beispiel *Ilānum* für einen verkürzten Nominalsatz kann auch amurritisch sein.

4.1.1. Deminutives /ān/

§ 5.53. Deminutives /*ān*/ tritt vor allem an Hypokoristika aller Art: an den Regens von Genitivnamen, an das nominale oder verbale[1] Prädikat von Satznamen, vereinzelt an das Fragepronomen eines Fragesatznamens.

Ferner findet sich /*ān*/ je einmal an einem Genitivnamen und einem Satznamen sowie vereinzelt an Einwortnamen. Diese Fälle beweisen, dass /*ān*/ an sich keine hypokoristische Funktion besitzt (gegen Huffmon 1965, 135), sondern lediglich bevorzugt in Kombination mit Hypokoristika vorkommt.

/*ān*/ kann sich an folgende Morpheme anschliessen: a) Unmittelbar an den Wortstamm, b) An das /*u*/ des Nominativs, c) An das /*ī*/ des Possessivsuffixes erste Person Singular, d) an /*at*/. Dabei besitzt /*at*/ nie feminine, sondern stets deminutive Funktion. Zwei deminutive Suffixe stehen also nebeneinander (s. Huffmon 1965, 139). Ähnliche Fälle sind auch im Akkadischen belegt (s. GAG § 56r*).[2]

Anm.: **1.** Solche Fälle auch im ugaritischen Onomastikon, s. Gröndahl 1967, 51.
2. Gelb 1967 vermutet deshalb, /*ān*/ sei ursprünglich ein maskulines Morphem in Opposition zu femininem /*at*/ gewesen.

4.1.1.1. Am Regens von Genitivnamen

§ 5.54. /*ān*/ tritt meist unmittelbar an den Wortstamm, seltener an das /*u*/ des Nominativs oder an deminutives /*at*/.

§ 5.55. Unmittelbar am Wortstamm:

ʿabdān:	*Ḫa-ab-da-an* 1821M,C zu Namen wie *Ḫa-ab-di-ra-aḫ* 1832B *ʿAbdîraḫ* "Diener des Yaraḫ".
binān:	*Bi-na-an* 1262M zu Namen wie *[B]i-na-*ᵈIM 1267M *Bin=addu* "Sohn des Haddu".
mutān:	*Mu-ta-nu-um* 4774B zu Namen wie *Mu-tu-*ᵈ*da-gan* 4811B,M *Mutu-dagan* "Mann des Dagan".
śumān:	*Su-ma-an* 5580B zu Namen wie *Su-mu-a-ra-aḫ* 5619B *Śumu-yaraḫ* "Nachkomme des Yaraḫ".

§ 5.56. Am /*u*/ des Nominativs:

mutuwān:	*Mu-tu-wa-an* 4819C zu Namen wie *Mu-tu-*ᵈIM 4818M *Mutu-haddu* "Mann des Haddu".

§ **5.57.** An deminutivem /*at*/:

ʿabdatān:	*Ḫa-ab-da-ta-an* 1823M zu Namen wie *Ḫa-ab-di-e-ra-aḫ* 1832B *ʿAbdi-yiraḫ* "Diener des Yaraḫ".

4.1.1.2. Am Prädikat von Nominalsatznamen

§ **5.58.** /*ān*/ tritt meist unmittelbar an den Wortstamm, seltener an das /*u*/ des Nominativs oder das /*ī*/ des Possessivsuffixes erste Person Singular. Ausserdem findet es sich nach deminutivem /*at*/.

§ **5.59.** Unmittelbar am Wortstamm. An Substantiven:

ʾūrān:	*Ú-ra-nu-um* 6193M zu Namen wie *Ú-ri-e-ra-aḫ* 6197M *ʾUrī-yiraḫ* "Mein Licht ist Yaraḫ".[1]
ʿadnān:	*Ḫa-ad-na-an* 1863M,C zu Namen wie *Ḫa-ad-ni*-DINGIR 1866M *ʿAdnī-ʾel* "Meine Wonne ist der Gott".
ʿaḏrān:	*Ḫa-az-ra-an* 1983M zu Namen wie *Ḫa-az-ri-a-mi-im* (Gen) 1985M *ʿAḏrī-...* "Meine Hilfe ist Amu".
ʿammān:	*Ḫa-am-ma-an* 1882M zu Namen wie *Ḫa-am-mu-*ᵈ*da-gan* 1906M *ʿAmmu-dagan* "Ein Vatersbruder ist Dagan".
ʿaqbān:	*Ḫa-aq-ba-an* 1947M zu Namen wie *Ḫa-aq-ba-ḫa-am-mu* 1948M *ʿAqba-ʿammu* "Schutz ist der Vatersbruder".
baʿdān:	*Ba-aḫ-da-an* 1003B zu Namen wie *Ba-aḫ-di-li-im* 1009M *Baʿdī-lîm* "Mein Rückhalt ist der Stamm".
baʿlān:	*Ba-aḫ-la-an* 1010M zu Namen wie *Ba-aḫ-li*-DINGIR 1016B *Baʿlī-ʾel* "Mein Herr ist der Gott".
dādān:	*Da-da-nu* 1418M zu Namen wie ᵈ*A-mu-da-du* 437M ...-*dādu* "Amu ist Onkel".
ḏikrān:	*Zi-ik-ra-an* 6463M zu Namen wie *Zi-ik-ri-e-ra-aḫ* 6468B *Ḏikrī-yiraḫ* "Mein Gedenken ist Yaraḫ".
ḏimrān:	*Zi-im-ra-an* 6486M zu Namen wie *Zi-im-ru-*ᵈUTU 6531B *Ḏimru-śamaś* "Schutz ist Śamaś".
ḥinnān:	*Ḫi-na-nu* 2281B zu Namen wie *Ḫi-in-ne*-DINGIR 2259M *Ḥinn=el* "Meine Gnade ist der Gott".
ḥiṣnān:	*Ḫi-iz-na-nu-um* 2269B zu Namen wie *Ḫi-iz-ni-*ᵈ*da-gan* 2271Ḫana *Ḥiṣnī-dagan* "Mein Schutz ist Dagan".
ḫābiʾān:	*Ḫa-bi-a-nu* 1993B zu Namen wie *Ḫa-bi-*ᵈIM 1996M *Ḫābiʾ-addu* "Bergend ist Haddu".
ḫālān:	*Ḫa-la-nu-um* 2053B zu Namen wie *Ḫa-li-a-du* 2058A *Ḫālī-haddu* "Mein Mutterbruder ist Haddu".
kahlān:	*Ka-a-la-an* 3893M zu Namen wie *Ka-a-li-*ᵈIM 3898M *Kahlī-haddu* "Meine Macht ist Haddu".

milkān:	*Mi-il-ga-nu-um* 4680U,D zu Namen wie *Mi-il-ki*-DINGIR 4683B *Milkī-ʾel* "Mein Rat ist der Gott".
naʿmān:	*Na-aḫ-ma-nu* 4890M zu Namen wie *Na-aḫ-mi-*[d]*da-gan* 4894A *Naʿmī-dagan* "Meine Lieblichkeit ist Dagan".
napśān:	*Na-ap-sa-nu-um* 4912U,B zu Namen wie *Na-ap-si-*[d]IM 4923M *Napśī-haddu* "Mein Leben ist Haddu".
niqmān:	*Ni-iq-ma-an* 5041M zu Namen wie *Ni-iq-mi-ia-ad-du* 5050M *Niqmī-yaddu* "Meine Rache ist Haddu".
pilsān:	*Bil-za-nu-um* 1291B zu Namen wie *Bi-il-zi-*[d]IM *Pilsī-haddu* "Mein Blick ist Haddu".
pulsān:	*Pu-ul-za-an* 5177M zu Namen wie *Pu-ul-zi-*[d]IM 5180M *Pulsī-haddu* "Mein Blick ist Haddu".
śamśān:	*Sa-am-sa-nu-um* 5331B zu Namen wie *Sa-am-si-a-du* 5332M *Śamśī-haddu* "Meine Sonne ist Haddu".
ṣidqān:	*Zi-id-qa-an* 6460M zu Namen wie *Zi-id-qa-*[d]IM 6461M *Ṣidq=addu* "Gerechtigkeit ist Haddu".

Anm.: **1.** Bei Gelb 1980 unter unklarem √ *ʾm* gebucht.

§ **5.60.** An Adjektiven:

yaḥdān:	*Ia-aḫ-da-nu-um* ARM 28, 40: 9'M zu Namen wie *Ia-ḫa-ad*-DINGIR 3232M "Einzigartig ist der Gott".
[*y*]*aqrān*:	[*I*]*a-aq-ra-an* 3040M zu Namen wie *Ia-qar*-DINGIR 3416B "Kostbar ist der Gott".

§ **5.61.** Am /*u*/ des Nominativs. Bei Gelb 1980, 493, als Suffix "UJAN" gebucht. /*w*/ zwischen /*u*/ und /*ān*/ ist Gleitlaut.

ʿammuwān:	*Am-mu-wa-an* 761A zu Namen wie *Am-mu-a-da* 757A "Vatersbruder ist Haddu".
dāduwān:	*Da-du-wa-an* 1432M zu Namen wie [d]*A-mu-da-du* 437M "Amu ist Onkel".
ḫāluwān:	*Ḫa-lu-wa-an* 2102M zu Namen wie *Ḫa-lu*-DINGIR 2100M Mutterbruder ist der Gott".

§ **5.62.** Am /*-ī*/ des Possessivsuffixes erste Person Singular. Bei Gelb 1980, 466, als Suffix "IJAN" gebucht. /*y*/ zwischen /*-ī*/ und /*ān*/ ist Gleitlaut.[1]

ʿammīyān:	*Am-mi-ia-an* 737A zu Namen wie *Ḫa-mi-*[d]*da-gan* 2126M "Mein Vatersbruder ist Dagan".
dādīyān:	*Da-di-ia-an* 1429M zu Namen wie **Da-di*-GN "Mein Onkel ist GN".

ḏimrīyān:	*Zi-im-ri-ia-an* 6511M zu Namen wie *Zi-im-ri-sa-maš* 6518M "Mein Schutz ist Śamaś".
ḫālīyān:	*Ḫa-li-ia-an* 2066Aspät zu Namen wie *Ḫa-li-ia-*[*d*]*u* 2067M "Mein Mutterbruder ist Haddu".

Anm.: **1.** Vgl. Huffmon 1965, 138[36], für entsprechende Fälle im ugaritischen Onomastikon; nicht richtig Gröndahl 1967, 52f., die hier Kombinationen von /*ān*/ mit "-a/i/e/uya" sieht.

§ **5.63.** An deminutivem /*at*/:

ᶜammatān:	*Ḫa-am-ma-ta-an* 1886M zu Namen wie *Ḫa-am-mu-*ᵈ*da-gan* 1906M "Vatersbruder ist Dagan".
baᶜlatān:	*Ba-la-ta-an* ARM 23, 440: 16M zu Namen wie *Ba-lu-*ᵈUTU 1118M "Herr ist Śamaś".
ḏikratān:	*Zi-ik-ra-ta-an* 6465M zu Namen wie *Zi-ik-ra-tim* (M, Gen) 6466M[1] *Ḏikratim* und *Zi-ik-ri-e-ra-aḫ* 6468B *Ḏikrī-yiraḫ* "Mein Gedenken ist Yaraḫ".
ḏimratān:	*Zi-im-ra-ta-an* 6492M zu Namen wie *Zi-im-ra-tum* (M) 6494B,M *Ḏimratum* und *Zi-im-ri-sa-ma-áš* 6517M *Ḏimrī-śamaś* "Mein Schutz ist Śamaś".
ḥinnatān:	*In-na-ta-nu-um* 3717D = AS 22, 20: 22 zu Namen wie *In-ni-*ᵈIM 3724A *Ḥinnī-haddu* "Meine Gnade ist Haddu".
ḫālatān: *Ḫālatum*:	*Ḫa-la-ta-an* 2055M zu Namen wie *Ḫa-la-tum* 2056B "Mutterbrüderchen" und *Ḫa-li-a-du* 2058A *Ḫālī-haddu* "Mein Mutterbruder ist Haddu".
ṣūratān:	*Zu-ra-ta-nu* 6618M zu Namen wie *Zu-ri-ḫa-am-mu* 6623M *Ṣūrī-ᶜammu* "Mein Fels ist der Vatersbruder".

Anm.: **1.** Laut ARM 16/1, 240, ist das maskuline Genus des Namensträgers sicher.

4.1.1.3. Am Prädikat von Verbalsatznamen

§ **5.64.** Normalerweise unmittelbar am Wortstamm, einmal jedoch an deminutivem /*at*/. Unmittelbar am Wortstamm:

yaᶜdunān:	*Ia-aḫ-du-na-nu-um* 2832B zu Namen wie *Ia-aḫ-du-un-li-im* 2835M *Yaᶜdun-lîm* "Wonnig gezeigt hat sich der Stamm".
yaᶜqubān:	*Ia-ku-b*[*a*]*-an* 3292M zu Namen wie *Ia-ku-ub-*DINGIR 3316B *Yaᶜqub-ᵓel* "Geschützt hat der Gott".
yakūnān:	*Ia-ku-na-an* 3306M zu Namen wie *Ia-ku-un-*DINGIR 3331M *Yakūn-ᵓel* "Fest gezeigt hat sich der Gott".

yamlikān: *Ia-am-li-ka-an* 2939M zu Namen wie *Ia-am-li-ik*-DINGIR 2938B *Yamlik-ʾel* "Geraten hat der Gott gegeben".

yanqimān: *Ia-an-ki-ma-nu* OBTR 245 i 37R zu Namen wie *Ia-ak-ki-im-li-im* 2907M *Yaqqim-lîm* "Gerächt hat der Stamm".

yanṣibān: *Ia-an-zi-ba-an* 2998M zu Namen wie *Ia-an-zi-ib-*^{d}*da-gan* 3003M *Yanṣib-dagan* "Gestützt hat Dagan".

yanūḫān: *Ia-nu-ḫa-an* 3387M zu Namen wie *Ia-nu-uḫ-li-im* 3391M *Yanūḫ-lîm* "Beruhigt hat sich der Stamm".

yarḥamān: *Ia-ar-ḫa-ma-an* (F) 3052M zu Namen wie *Ia-ar-ḫa-mi*-DINGIR 3053B *Yarḥam=el* "Erbarmt hat sich der Gott".

yarʾibān: *Ia-ar-i-ba-an* ARM 28, 80: 10M zu Namen wie *Ia-ar-i-ib-*^{d}*da-gan* 3064M *Yarʾib-dagan* "Recht geschafft hat Dagan".[1]

yaśītān: *Ia-si-ta-an* 3479M zu Namen wie *Ia-si-it-a-bu* 3469M *Yaśīt-ʾabu* "Der Vater hat hingestellt (= gestützt)".

yaśrukān: *Ia-áš-ru-ka-an* 3118Ḫana zu Namen wie *Ia-áš-ru-uk-*^{d}IM ARM 22, 8: 6; 36 i' 8M *Yaśruk-haddu* "Geschenkt hat Haddu".

yaśśīyān: *Ia-áš-si-ia-an* 3120M zu Namen wie *Ia-si-*^{d}IM 3121M *Yaśśiʾ-haddu* "Angenommen hat Haddu".

yašūbān: *Ia-šu-ba-an* 3496M zu Namen wie *Ia-šu-ub-*^{d}*da-gan* 3507M,Ḫana *Yašūb-dagan* "Sich zugewandt hat Dagan".

yaʾūśān: *Ia-ú-sa-an* 3572M zu Namen wie *Ia-ú-uš*-DINGIR 3578M *Yaʾūś-ʾel* "Geschenkt hat der Gott".[2]

yayqirān: *Ia-ki-ra-nu* 3289M zu Namen wie *Ia-ki-ra-a-bu-um* 3288M *Yayqir=abum* "Kostbar gezeigt hat sich der Vater".

Anm.: **1.** Zu √ *rʾb* s. die folgende Literatur: Bauer 1926, 79, unterscheidet die Wurzeln *rīb* und *rḫb*. Huffmon 1965, 260: *rʾp* "uncertain". Dazu Dietrich/Loretz 1966, 241: "Die hier verzeichneten Namen dürften alle unter *rʾb* (akk. *rīb*- «ersetzen») zu zählen sein." Buccellati 1966, 160 und 178, deutet *I-ri-ib/Ìr-ib* und *Ri-i-bu-um* als *ʾir*$_{x}$*ib* "he compensates" oder alternativ als *ʾirʾip* "he is compassionate" bzw. als *riʾ*$_{x}$*b-um* "compensation" oder alternativ als *riʾp-um* "compassion". Gelb 1980, 30, 342 und 345, differenziert √ *rḥb* "to be wide, to be broad" und √ *ryb* "to contest; to compensate". Durand 1997a, 627 Anm. 353, trennt √ *ryb* "ersetzen" von √ *rʾb/p*, letztere jedoch ohne Etymologie und Bedeutung.

Ich folge dem Vorschlag von Dietrich/Loretz und setze √ *rʾb* "ersetzen, vergelten, Recht schaffen" an. Für die Verwendung von √ *rʾ/yb* in semitischen Personennamen s. Krebernik 1988, 47f., zu Ebla; AHw. 978b *riābu* "ersetzen; vergelten" 1b zum Akkadischen; Hebräisch RYBY HAL IV 1144, YRYBY HAL II 419, YHWYRYB "J. hat Recht geschafft" HAL II 379, YWYRYB HAL II 381f., YRYB II HAL II 419. Sabäisch RʾBM Tairan 1992, 122; dazu das Imperfekt YRʾB ib. 243.

2. Zu √ *ʾwś* s. Huffmon 1965, 171, s. v. ʾŠ: "Uncertain. Compare perhaps **ġwṯ*, «assist, repair»". Gelb 1980, 15: "ʾ?WŠ?, probably ʿWŠ «to help»". Mein Wurzelansatz und meine Übersetzung folgen dem sabäischen Onomastikon: ʾLʾWS "der (mein) Gott hat einen Ersatz gegeben oder geschenkt" Tairan 1992, 65f., ʾWSʿṮT "Ersatz od. Geschenk ʿAṯt(ars)" oder" ʿAṯt(ar) hat einen Ersatz gegeben od. hat geschenkt" ib. 79f., YʾWSʾL "Gott gibt Ersatz od.

schenkt" bzw. "Gott hat Ersatz gegeben (nämlich für ein verstorbenes Kind)" ib. 234. S. auch die aramäischen Namen ᵓYŠ "Geschenk (des GN)" Maraqten 1988, 125, ᵓŠH ib. 135, ᵓŠY ib. 135 und 223, YᵓWŠ "(n.d.) gewähre/hat gewährt" Kornfeld 1978, 52, YᵓŠYH "*Yh* gewähre/hat gewährt" ib. Möglicherweise zur selben Wurzel gehören auch die hebräischen Namen YᵓŠYHW HAL II 365f. (dort auch alternative Deutungen genannt), YWᵓŠ HAL II 380, YHWᵓŠ "J. schenkte" HAL II 376.

§ 5.65. An deminutivem /*at*/:

yaydaᶜatān:	*Ia-da-ḫa-ta-nim* (Gen) ARM 28, 155: 26M zu Namen wie *Ia-daḫ*-DINGIR 3177B *Yaydaᶜ-ᵓel* "Erkannt hat der Gott".

4.1.1.4. Am Fragepronomen eines Fragesatznamens

§ 5.66. In Kombination mit deminutivem /*at*/:

mannatān:	*Ma-na-ta-an* 4511M zu Namen wie *Ma-na-ba-al-ti-el* 4502B *Manna-balti-ᵓel* "Wer ist ohne den Gott?".

4.1.1.5. An Genitiv- und Satznamen

§ 5.67.

* *Bu-nu-ba-aḫ-la-nu* 1326M *Bunu-baᶜlānu* "Sohn des Herren".
* ᵈ*Ad-mu-ta-ḫu-na-an* (F) 672M *ᵓAdmu-taḥunnān* "ᵓAdmu hat sich gnädig gezeigt".

4.1.1.6. An Einwortnamen

§ 5.68. Nominalfomen maQTiL, MeQTiL und QaTūL:

maśmiᶜān:	*Ma-aš-mi-a-na-am* (Akk) 4439M (√ *śmᶜ* "hören").
mattinān:	*Ma-at-ti-na-an* ARM 28, 70: 19M (√ *ntn* "geben").
mēterān:	*Me-te-ra-nu-um* 4663D (√ *ytr* "hervorragend sein").
śakūrān:	*Sa-ku-ra-nu* 5407M (√ *śkr* "belohnen").

In Kombination mit deminutivem /*at*/:

ḏiᵓbatān:	[*Z*]*i-ba-ta-an* 6433M "Wölfchen".

4.1.2. Adjektivableitendes /ān/

§ 5.69. Es finden sich Ableitungen von Tiernamen und von Orts- oder Stammesnamen. Bei ersteren ist an sich auch deminutive Funktion denkbar. Da jedoch bei letzteren die adjektivableitende Funktion gesichert ist, ist sie auch für die Tiernamen plausibler. So ergäbe sich jedenfalls eine klare Korrelation von Namenstyp und Funktion: deminutiv bei Hyporistika, adjektivableitend bei Einwortnamen.

4.1.2.1. Ableitung von Tiernamen

5.70. Bei den gemeinsemitischen Tiernamen ist oft nicht zu entscheiden, ob sie akkadisch oder amurritisch sind.

ʾajjalān "hirschartig":	*A-ja-la-an* 322M "Hirschartiger".
ʾalpān "stierartig":	*Al-pa-an* 715M "Stierartiger".
ʾarḫān "kuhartig":	*Ar-ḫa-nu-um* 901B "Kuhartiger".
ʿarādān "wildeselartig":	*Ḫa-ra-da-an* 2181M "Wildeselartiger".
baqqān "mückenartig":	*Ba-aq-qa-nu-um* 1050M "Mückenartiger".
ḏiʾbān "wolfartig":	*Zi-ba-an* 6431B,M "Wolfartiger".[1]
ḥimārān "eselartig":	*Ḫi-ma-ra-an* ARM 24, 231: 11M "Eselartiger".
ḫuzīrān "schweinartig":	*Ḫu-zi-ra-nu-um* 2370B "Schweinartiger".
kabśān "jungwidderartig":	*Ka-ab-sa-nu-um* 3902B "Jungwidderartiger".
šuʿālān "fuchsartig":	*Šu-ḫa-la-an* 5926M "Fuchsartiger".[2]

Anm.: **1.** So mit Bauer 1926, 81, Dietrich/Loretz 1966, 244, und Knudsen 1983, 15. Vgl. akkadisch *zību* II AHw. 1525, hebräisch Zʾ B HAL I 250, äthiopisch: *z^{e}ʾb* "hyena" CDG 630. Für Personennamen s. die Zusammenstellung bei Nöldeke 1904, 79; ferner sabäisch ḎʾBM und ḎʾBN Tairan 1992, 115f.

2. Huffmon 1965, 267: *ṯuʿā/al* "fox". Gelb 1980, 33: *šuʿāl(ān)um* "fox". Die Form steht dem akkadischen *šēlebu* "Fuchs" (AHw. 1210) und dem hebräischen ŠWʿL I (HAL IV 1341, mit Diskussion der Spezies: Fuchs oder Schakal?) nahe. Mit Radikal /*b*/ dagegen in Ebla (*ša-la-ab* u. ä. Krebernik 1988, 285: Name) und sabäisch (ṮʿLBM Tairan 1992, 90f.: Name); onomastisch belegt auch akkadisch (*Šēlebu* u. ä. AHw. 1210 *šēlebu* 3) und hebräisch (ŠWʿL II HAL IV 1341).

4.1.2.2. Ableitung von Orts- und Stammesnamen

§ 5.71. Hier sind sowohl Personen- als auch Clan-Namen belegt.

baśarān "Vom Baśar stammend":	*Ba-sa-ra-an* 1140M "Vom Baśar Stammender".

śam'ālān "zu den Śam'āl gehörig": *Sa-am-a-la-an* 5321M "Zu den Śam'āl Gehöriger".[1]

ya^cilān: "zu Ya^cil gehörig": *Ja-i-la-nim* (Gen, Stamm) 3862M,Shemshara "Die von Ya^cil Stammenden" (vgl. *Ia-a-il*^{ki} (ON) 3858M (Sup)).[2]

Anm.: **1.** Gelb 1980 liest *Sa-am-a-la*-DINGIR. Obige Deutung nach Huffmon 1965, 147 mit Anm. 19 und S. 24. So auch ARM 16/1, 177. Weder "Der (vergöttlichte) Norden ist Gott" noch "Der Gott ist Norden/links" sind sinnvoll. Allerdings ist die singuläre Schreibung *Sa-am-ḫi-li-*AN ARM 9, 291 iv 47'M noch nicht sicher gedeutet; ARM 16/1, 177, liest "Samḫilēl". Etwa **Śamḫī-la-'el* "Meine Pracht ist wahrlich der Gott"?

2. Alternativ "Die Steinbockartigen", dann zu § 5.70. Vgl. Gelb 1980, 21: *j^cl* "to profit", *Ja^cil*, *Ja^cilānum* "GN, a tribe", *ja^cilum*, *ja^cilatum* "mountain goat". S. hebräisch Y^cL I "Steinbock, Felsenziege" und Y^cLH "Steinbockweibchen" HAL II 402, arabisch *wa^c(i)l* "Bergziege" Wehr 1985, 1416f., sabäisch W^cL "mountain-goat, ibex" Beeston 1982, 155, äthiopisch *w*$^{e c e}$*lā* "kind of antelope, mountain goat" CDG 603. In Personennamen s. hebräisch Y^cL II (F) "Steinbock", Y^cLH (M) "Steinbockweibchen" oder Kurzform von Y^cL, Y^cLM HAL II 402; aramäisch W^cLW "Steinbock" Maraqten 1988, 156f.

4.1.2.3. Sonstiges

§ 5.72. Der Stammes- und Personenname *Aw-na-nu-*[*um*] (Stamm) 989M, *Am-na-nu-um* (PN) 778B ist wohl als *'Awn-ān* "Die mit Kraft Versehenen" bzw. "Der mit Kraft Versehene" zu analysieren.[1]

Anm.: **1.** S. hebräisch *'ôn* I "Zeugungskraft, Körperkraft, Reichtum" HAL I 22a, auch onomastisch belegt (vor allem *'Ônān* HAL I 22b). Zur Semantik vgl. die Clan-Bezeichnung *'Aḫlamû*, wohl von *'aḫlam* "stark" (s. § 5.42).

4.2. Suffix /īya/

§ 5.73. Das in etlichen semitischen Onomastika[1] bezeugte Suffix */īya/*[2] findet sich im amurritischen Onomastikon meist bei Hypokoristika, seltener aber auch bei Einwort- und Satznamen. Der letzte Fall zeigt, dass */īya/* keine hypokoristische, sondern deminutive Funktion hat. */īya/* tritt anders als */ān/* (s. § 5.64) und */āya/* (§ 5.85) nur an nominale Elemente,[3] was vielleicht mit seiner Herkunft aus dem Pronominalsuffix der ersten Person Singular zusammenhängt.[4] An die Femininendung wird */īya/* lediglich ganz selten gehängt, und zwar offenbar nur, wenn diese selbst deminutive Funktion besitzt. Die Namensträger sind fast ausschliesslich männlich.

Anm.: **1.** Akkadisch: Stamm 1939, 113[2], und ausführlich mit Belegen Rahman 1998, 120-129. Ugaritisch: Gröndahl 1967, 50f. Westsemitisch in Keilschrifttexten des ersten Jahrtausends:

Zadok 1978, 153-156 (dort als /ī/ angesetzt, doch tatsächlich oft /īya/). Hebräisch: Zadok 1988, 156f. (/ī/, wirklich dasselbe oder nur ein verwandtes Suffix?). Angesichts dieser Verbreitung ist die Meinung von Bauer 1926, 59f., /īya/ bei amurritischen Namenselementen sei akkadisch, nicht zu begründen. Die Vermutung von Finet 1993, /ya/ sei aus "Jahwe" verkürztes theophores Element, ist unbegründet (s. dazu Streck 1999, 41).

2. Huffmon 1965, 134f., setzt das Suffix als /iya/, Buccellati 1996, 144, als /iyya/ an.

3. Dies gilt auch für die von Gröndahl 1967, 51, gesammelten syllabischen Belege des Ugaritischen und die bei Zadok 1978, 153-156, angeführten Namen aus dem ersten Jahrtausend (*Na-tan-ni-ʾ* ist Variante zu *Na-ti-ni-i*).

4. Alternatives Etymon ist die Nisbe; das vermutet z. B. Sivan 1984, 99.

4.2.1. An Hypokoristika

4.2.1.1. Am Regens von Genitivnamen

§ 5.74.

ʿabdīya:	*Ḫa-ab-di-ia* 1830B,M,C zu Namen wie *Ḫa-ab-du-*ᵈ*da-gan* 1840M *ʿAbdu-dagan* "Diener des Dagan".
binīya:	*Bi-ni-ia* 1271M zu Namen wie *Bi-in-*ᵈUTU 1227M *Bin-śamaś* "Sohn des Śamaś".
bunīya:	*Bu-ni-ia* 1316M zu Namen wie *Bu-nu-e-ra-aḫ* 1328M *Bunu-yiraḫ* "Sohn des Yaraḫ".
mutīya:	*Mu-ti-ia* 4793B,A zu Namen wie *Mu-tu-am-na-nu-um* 4805 *Mutu-ʾawnānum* "Mann von den ʾAwnān".
śamīya:	*Sa-mi-ia* 5454B zu Namen wie *Sa-mu-*ᵈIM 5472M *Śamu-haddu* "Nachkomme des Haddu".
śumīya:	*Su-mi-ia* 5597M zu Namen wie *Su-mu-e-ra-aḫ* 5644M *Śumu-yiraḫ* "Nachkomme des Yaraḫ".

4.2.1.2. Am Prädikat von Nominalsatznamen

§ 5.75. Unmittelbar am Wortstamm. An Substantiven:

ʾaḫīya:	*A-ḫi-ia* 235M zu Namen wie *A-ḫi-li-im* 247B,M *ʾAḫī-lîm* "Mein Bruder ist der Stamm".
ʾilīya:	*Ì-lí-ia* 2725M zu Namen wie *Ì-lí-*ᵈIM 2732M *ʾIlī-haddu* "Mein Gott ist Haddu".
ʾišʿīya:	*Iš-ḫi-ia* 3768M,C zu Namen wie *Iš-ḫi-*ᵈIM 3797M,C *ʾIšʿī-haddu* "Meine Hilfe ist Haddu".
ʿaḏrīya:	*Ḫa-az-ri-ia* 1986M zu Namen wie *Ḫa-az-ri-a-mi-im* (Gen) 1985M *ʿAḏrī- ...* "Meine Hilfe ist Amu".

ᶜammīya:	*Ḫa-am-mi-ia* 1894M zu Namen wie *Ḫa-am-mu-ᵈda-gan* 1906M *ᶜAmmu-dagan* "Vatersbruder ist Dagan".
baᶜdīya:	*Ba-aḫ-di-ia* 1006B zu Namen wie *Ba-aḫ-di-ᵈ*IM 1007M *Baᶜdī-haddu* "Mein Rückhalt ist Haddu".
baᶜlīya:	*Ba-aḫ-li-ia* 1018B zu Namen wie *Ba-aḫ-li-ì-lí* (F) 1017M *Baᶜlī-ʾilī* "Mein Herr ist mein Gott".
ḏimrīya:	*Zi-im-ri-ia* 6510M,C zu Namen wie *Zi-im-ru-ᵈ*IM 6527B *Ḏimru-haddu* "Schutz ist Haddu".
ḥinnīya:	*Ḫi-ni-ia* (F) 2284M zu Namen wie *Ḫi-in-ne-*DINGIR 2259M *Ḥinn=el* "Meine Gnade ist der Gott".
ḫālīya:	*Ḫa-li-ia* 2065C,Aspät zu Namen wie *Ḫa-li-a-du* 2058A *Ḫālī-haddu* "Mein Mutterbruder ist Haddu".
naᶜmīya:	*Na-aḫ-mi-ia* 4896D, *Na-mi-ia* (F) 5001B zu Namen wie *Na-aḫ-mi-e-ra-aḫ* 4895B *Naᶜmī-yiraḫ* "Meine Lieblichkeit ist Yaraḫ".
napśīya:	*Na-ap-si-ia* 4916M zu Namen wie *Na-ap-si-ᵈ*IM 4918M *Napśī-haddu* "Mein Leben ist Haddu".
sitrīya:	*Zi-it-ri-ia* 6544M,C zu Namen wie *Zi-it-ri-ᵈ*IM 6545M *Sitrī-haddu* "Mein Schutz ist Haddu".
śamśīya:	*Sa-am-si-ia* 5340M zu Namen wie *Sa-am-si-ᵈ*IM 5342M,A *Śamśī-haddu* "Meine Sonne ist Haddu".
ṣidqīya:	*Zi-id-ki-ia* 6456M zu Namen wie *Zi-id-qa-ᵈ*IM 6461M *Ṣidqa=addu* "Gerechtigkeit ist Haddu".
ṣūrīya:	*Zu-ri-ia* 6625M zu Namen wie *Zu-ri-*DINGIR 6621M *Ṣūrī-ʾel* Mein Fels ist der Gott".

§ **5.76.** An Adjektiven:

ḥannīya?:[1]	*Ḫa-an-ni-a* (F) 1936M zu Namen wie *Ḫa-an-na-ᵈ*IM 1935M *Ḥanna-haddu* "Gnädig ist Haddu".

Anm.: **1.** Die Schreibung *-a* für /ya/ ist zwar an sich denkbar (s. § 2.57), aber angesichts der Namen *Ra-bi-a* (F) 5236M (von Gelb 1980 als /rāpiʾa/ gedeutet) und von *Ṭà-bi-a* (F) 6153M dennoch auffällig. Enthalten diese drei Frauennamen die Femininendung /a/? Doch was ist dann das *i* in *Ḫa-an-ni-a* und *Ṭà-bi-a*?

§ **5.77.** An deminutivem /at/:

ʾišᶜatīya:	*Iš-ḫa-ti-ia* (M?) 3764B zu Namen wie *Iš-ḫi-ᵈ*IM 3797M,C *ʾIšᶜī-haddu* "Meine Hilfe ist Haddu".[1]

Anm.: **1.** Wohl nicht zu einem Namen wie *Iš-ḫa-at-a-bu-um* ARM 25, 564: 4M *ʾIšᶜat-ʾabum* "Hilfe ist der Vater" gehörig.

4.2.1.3. Am Fragepronomen eines Fragesatznamens

§ 5.78.

mannīya:	*Ma-an-ni-ia* 4427M zu Namen wie *Ma-an-na-ba-al-ti-*DINGIR 4422M *Manna-balti-ʾel* "Wer ist ohne den Gott?".

4.2.2. An Einwort- und Satznamen

§ 5.79. Einwortnamen:

* *Zi-bi-ia* 6434M *Ḏiʾbīya* "Wölfchen".

Satznamen:

* *I-la-ra-ḫi-a* 2543M *ʾIla-rāʿīya* "Der Gott ist Hirte".[1]
* *Ì-lí-gu-um-li-ia* 2712M *ʾIlī-gumlīya* "Mein Gott ist Schonung".
* *Ì-lí-ḫa-aṣ-ni-ia* 2715M *ʾIlī-ḥaṣnīya* "Mein Gott ist Schutz".

Anm.: **1.** S. zur Deutung Zadok 1984, 236.

4.3. Suffix /āya/

§ 5.80. Das auch im Ugaritischen[1] sowie vielleicht in semitischen Personennamen des ersten Jahrtausends[2] bezeugte Suffix */āya/*[3] findet sich wie */īya/* vor allem bei Hypokoristika, seltener bei Einwort- und Satznamen[4] und hat wie dieses deminutive Funktion. Allerdings bestehen zwei signifikante Unterschiede zu */īya/*: 1) */āya/* findet sich auch an verbalen Namenselementen und an der Femininendung */at/*, wenn diese den Sexus bezeichnet; 2) Die Namensträger sind bei rund der Hälfte der Belege weiblich.[5]

Letzteres hat Layton 1990, 242f., zu der These bewogen, es läge in einigen Fällen eine Femininendung "*ay*" vor. Reste dieser Femininendung werden für verschiedene semitische Sprachen angenommen (s. Brockelmann 1908, 410-414; Nöldeke 1898, 54; Layton 1990, 246-249); produktiv soll sie noch im Femininum des arabischen Elativs (Typ *ṣuġrā* zu *ʾaṣġar*) sein. Allerdings ist schon der semitistische Befund nicht unumstritten; Moscati 1964, 85, bemerkt beim arabischen Elativ vielleicht zu Recht: "It should be noted, however, that these morphemes are attached to nominal patterns different from those of the corresponding masculin - thus constituting an instance of inner morphemes".

Die Existenz einer Femininendung "*/ay/*" ist, wie Layton zugibt, für das amurritische Onomastikon unbeweisbar, da genauso gut die deminutive Endung */āya/* vorliegen kann und orthographisch zwischen beiden nicht unterschieden wird. Für die vielen Namen maskuliner Namensträger, aber auch für den Namen *ʾAḫātāya* (s. unten § 5.84) ist die Annahme einer Femininendung sowieso unplausibel. Es wird daher im folgenden kein Versuch unternommen, deminutives */āya/* und feminines */ay/* zu differenzieren.

Auffällig ist ferner die häufigere Verwendung von */āya/* nach Adjektiven und Satznamen.

Die Etymologie von */āya/* ist ungeklärt. Fast alle bei Gelb 1980, 524, angeführten Belege für das angebliche Pronominalsuffix "HA" (geschrieben K*a-a*) gehören hierher.

Anm.: **1.** S. Gröndahl 1967, 50 und 56.

2. S. für Keilschrifttexte die Literatur bei Stamm 1939, 113, sowie Zadok 1978, 149-153 (Suffix "-ā" und 164f. (Suffix "-ay(ya)"), für hebräische Namen Zadok 1988, 154-156 ("-ā") und 162f. ("-ayy(v)"). Allerdings ist unklar, ob und wann sich hinter denselben Graphien der etymologisch nicht verwandte, aramäische Status determinatus */ā/* verbirgt. Zadok 1978, 148; 1988, 164, hält das von ihm als "ay" u. ä. rekonstruierte Suffix für das angeblich aramäische (es ist auch akkadisch belegt, s. GAG § 56p!) Genitiliz, wofür jedoch nichts spricht.

3. Oder */aya/*. - Rahman 1998, 117-120 und 120-129, trennt ein Suffix "*-a*" oder "*-ā*" von einem Suffix "*-aja*". Doch lassen sich auch Graphien des Typs -K*a-a* problemlos als */āya/* interpretieren. Der überaus häufige Ausdruck struktureller Vokallänge (*/ā/*) durch Pleneschreibung stünde auch ausserhalb der Regeln der Keilschriftorthographie; mit Stamm 1939, 113, müsste man Kontraktionslänge (*/â/* < */āya/*) annehmen.

4. Knudsen 1991, 877, interpretiert */āya/* bei *Ì-lí-bi-na-ia* als Suffix des Plural obliquus, was zweifellos falsch ist, s. schon § 3.77.

5. Ähnlich verhält es sich im ugaritischen Onomastikon, s. Gröndahl 1967, 50 und 67.

4.3.1. An Hypokoristika

4.3.1.1. Am Regens von Genitivnamen

§ 5.81.

ʿabdāya:	*Ḫa-ab-da-a* ARM 22, 3 ii 26M zu Namen wie *Ḫa-ab-du-ba-aḫ-la* 1838M *ʿAbdu-baʿla* "Diener der Herrin".
śamāya:	*Sa-ma-a-ia* OBTR 271: 9R zu Namen wie *Sa-mu-*^{d}*da-gan* 5467M *Śamu-dagan* "Nachkomme des Dagan".

4.3.1.2. Am Prädikat von Nominalsatznamen

§ 5.82. Unmittelbar am Wortstamm. An Substantiven:

ʿizzāya:	*Iz-za-a-ia* (F) 3839M zu Namen wie *Iz-za-bi* 3841C *ʿIzz=abī* "(Meine) Stärke ist mein Vater".
dādāya:	*Da-da-a* (F) 1414M zu Namen wie ^{d}*A-mu-da-du* 437M ...*-dādu* "Amu ist Onkel".
ḫālāya:	*Ḫa-la-a-a* 2048B zu Namen wie *Ḫa-li-a-du* 2058A *Ḫālī-haddu* "Mein Mutterbruder ist Haddu".
nāḫāya:	*Na-ḫa-ia* 4962B zu Namen wie *Na-ḫu-um-*^{d}*da-gan* 4977B *Nāḫum-dagan* "Sich beruhigend ist Dagan".
raḥmāya:	*Ra-aḫ-ma-ia* 5233M zu Namen wie *Ra-aḫ-mi-ì-lí* 5225M *Raḥmī-ʾilī* "Mein Erbarmen ist mein Gott".
ṣūrāya:	*Zu-ra-a* 6612M zu Namen wie *Zu-ra-ḫa-am-mu* 6614M *Ṣūra-ʿammu* "Ein Fels ist der Vatersbruder".

§ 5.83. An Adjektiven:

ḥannāya:	*An-na-ia* (F) 792M zu Namen wie *An-na-*^{d}IM 793M *Ḥanna-haddu* "Gnädig ist Haddu".
marṣāya:	*Ma-ar-za-ia* (F) zu Namen wie *A-bi-ma-ra-aṣ* 114B *ʾAbī-maraṣ* "Mein Vater ist sorgenvoll".
yatarāya:	*Ia-ta-ra-a-ia* (F) 3523M zu Namen wie *Ia-tar-*DINGIR 3537M *Yatar-ʾel* "Hervorragend ist der Gott".
yapuʿāya:	*Ia-pu-ḫa-ia* (F) 3409C zu Namen wie *A-bi-ia-pu-uḫ* 94B *ʾAbī-yapuʿ* "Mein Vater ist herrlich".

§ 5.84. An der Femininendung /*at*/:

ʾaḫātāya:	*A-ḫa-ta-a* (F) 215M zu Namen wie *A-ḫa-ta-a-bi* (F) 216M *ʾAḫāt=abī* "Die/Eine Schwester ist mein Vater" bzw. *ʾAḫāt=abi* "Schwester des Vaters" (Ersatzname).

4.3.1.3. Am Prädikat von Verbalsatznamen

§ 5.85.

takūnāya:	*Ta-ku-na-ia* (F) 6016C zu Namen wie *Ta-ku-un-ma-tum* (F) 6018M,C *Takūn-mātum* "Stabil war das Land".

yaḫunnāya: *Ia-ḫu-na-a* ARM 24, 228: 3M zu Namen wie *Ia-ḫu-un-*DINGIR 3267M *Yaḫunn-ʾel* "Gnädig gezeigt hat sich der Gott".

4.3.1.4. Am Fragepronomen von Fragesatznamen

§ 5.86.

mannāya: *Ma-an-na-ia* (F) 4432M zu Namen wie *Ma-an-na-ba-al-ti-*DINGIR 4422M *Manna-balti-ʾel* "Wer ist ohne den Gott?".

4.3.2. An Einwortnamen

§ 5.87.

ʿardāya: *Ḫa-ar-da-ia* (F) 1952M "Wildesel".

4.3.3. An Satznamen

§ 5.88.

* *A-a-ba-la-ia* 3B *ʾAyya-baʿlāya* "Wo ist der Herr?".
* *ᵈDa-gan-aš-ra-ia* 1441M *Dagan-ʾašrāya* "Dagan ist Glück".
* *É-a-aš-ra-ia* 1650M *Ea-ʾašrāya* "Ea ist Glück".
* *Ì-lí-bi-na-a-ia* 2701M *ʾIlī-bināya* "Mein Gott ...".
* *Ì-lí-ḫa-aṣ-na-a-ia* 2714M *ʾIlī-ḥaṣnāya* "Mein Gott ist Schutz".
* *Ì-lí-nu-uṣ-ra-ia* ARM 22, 272: 10M *ʾIlī-nuṣrāya* "Mein Gott ist Schutz".
* ᵈUTU-*ḫi-na-ia* ARM 26/1, 145: 2M, ᵈUTU-*i-na-ia* ARM 26/1, 146: 15, 20M *Śamaś-ḥinnāya* "Śamaś ist Gnade".[1]

Anm.: **1.** So statt der in ARM 26/1 S. 600 gegebenen Analyse "Šamaš-înaya".

4.4. Suffix /ya/

§ 5.89. Deminutives */ya/* findet sich vereinzelt bei Hypokoristika, die um den Auslautkonsonanten verkürzt worden sind:

yantiya: *Ia-an-ti-ia* 2982M[1] zu Namen wie *Ia-an-ti-in-ᵈda-gan* 2986M *Yantin-dagan* "Dagan hat gegeben".

yakūya: *Ia-ku-ia* 3300C, (F) 3301M zu Namen wie *Ia-ku-un-^{d}da-gan* 3326M *Yakūn-dagan* "Fest gezeigt hat sich Dagan".

Kobayashi 1979 hat dasselbe Deminutiv für das Akkadische nachgewiesen. Rahman 1996 hat gezeigt, dass der geschwundene Auslautkonsonant nicht notwendigerweise ein Sonant, sondern beliebig ist.[2] Kobayashis Annahme einer Assimilation dieses Konsonanten an /y/ (* *Yantiy-ya* < **Yantin-ya*) ist daher unplausibel.

Anm.: **1.** Bei Gelb 1980 dagegen zu einem unklaren Element "JANT" gestellt.
2. Z. B. kommen vor *A-ḫu-la-a-a* zu *A-ḫu-la-ap-*^{d}UTU (dieselbe Person) oder *Er-ṣe-ia* zu *Ma-ri-er-ṣe-tim*.

4.5. Suffix /īt/

§ **5.90.** Sicher deutbare und klar nicht akkadische Beispiele für die Nisbe /īy/ fehlen; s. Gelb 1980, 421, für mögliche Belege. Der folgende Name spricht jedoch für ihre Existenz auch im Amurritischen:[1]

daqnīt "bärtige": *Da-aq-ni-tum* (F) 1402M.

Offenbar von der Verbalform *yaqqim* < **yanqim* "hat gerächt" abgeleitet ist:

yaqqimīt: *Ia-ki-mi-tim* (Gen) ARM 25, 53: 2M.

Schliesslich von *yaqar* "ist kostbar":

yaqrīt: *Ia-aq-ri-tum* 3042B.

Anm.: **1.** Zadok 1984, 238, sieht in den ON *Ḫa-la-bi-it* und *Ia-ka-li-it* weitere mögliche /*īt*/-Ableitungen.

Supplementindex

Das folgende Supplement bietet Korrekturen zum "Index of Names" in Gelb 1980, 552-653. Aufgenommen sind Fälle, in denen der Keilschrifttext - mit oder ohne Kollation - verbessert ist. Einzelne neue, in Gelb nicht enthaltene Belege mit Lesungskorrektur sind alphabetisch, aber ohne Nummer, eingeordnet und durch "---" markiert. In den vorangehenden Kapiteln verweise ich durch "(Sup)" hinter der Stellenangabe verbesserter Lesungen auf das Supplement.

--- *A-bi-ti-ta-an* ARM 8, 68: 20. *ʾAbī-titān* "Titān ist mein Vater" (zu √ *dtn* usw.). Vgl. Durand 1982, 116. ARM 16/1, 52, liest im Anschluss an J. M. Sasson "A-ga-ti-ša-an". Die Lesung *ša* statt *ta* ist nach dem Keilschrifttext denkbar.

147. *A-bi-zu-ri*: Charpin/Durand 1983, 90: geschrieben ist *A-bi-zu-*ḪU.

173. *A-da-aḫ-*[*bi-*]*el*: möglich ist auch -[*te-*] oder -[*ti-*].

398. *A-lum-bi-ú*: = YOS 14, 124: 13. Lies *-bi-ú-mu*!

445. ^{d}*A-mu-um-lu-ú*: "la tablette semble comporter ^{d}*a-mu-um-KU-ú*" Durand 1982, 99.

530. *A-še-er-ši-ia-*[x]: ergänze wohl [*-rum*] und lies *Āšir-šiyārum* "Überwachend ist der Morgenstern" (Interpretation D. O. Edzard).

542. *A-ta-ma-ra-aṣ* CT 2, 26: 3. Lies vielmehr mit Kohler/Ungnad 1909 Nr. 263 *A-bi-ma-ra-aṣ* DUMU *Ḫa-ia-ab-ni-*DINGIR. Dieselbe Person tritt in OBRE 2, 109: 2-3 auf.

604. *Ab-ba-na?-an* ARM 7, 213: 5: lies *Ab-ba-ta!-an*. Zu TA fehlt nur ein waagerechter Keil, vgl. TA in *Ba-ra-ta-an* ib. Z. 20. Dieser Name ist möglicherweise auch in *A. 3562* iv 62 und ARM 14, 67: 2' belegt (s. ARMT 16/1, 45) und wohl von √ *ḥbb* abzuleiten.

855. *Ap-la-aḫ-*[*an-*]*da*: in ARM 21, 410 ix 8' ist der Name ganz erhalten.

988. *Aw-na-ni-*[*im*]: Gelb/Kienast 1990, 21 MP 29: 2, lesen *Wa-na-*⸢NI⸣. Keine sichere Deutung. Für den Namen PI-*na* in Ebla s. Krebernik 1988, 273 (ohne Deutung), und Pagan 1998, 375 (Lesung *Wa-na*, "dove", "wine", "the large one" oder "the feeble one").

1198. *Be-lí-ta-li-iḫ*: ARM 16/1, 79, schlägt alternativ für das letzte Zeichen die Lesung *-im* vor.

1222. *Bi-in-na-a-r*[*i*]?: lies nach der Kopie ARM 7, 185 ii 10' -[*ri*].

1293. *Bu-da-an*: Durand 1982, 117: "il semble presque sûrement *bu-di-*AN".

1326. *Bu-nu-ba-aḫ-la-nu*: ARM 16/1, 81: lies *Bu-nu-ba-aḫ-la-ti*!

1471. *Da?-ni-*DINGIR: Lesung in ARM 16/1, 86 bestätigt.

1536. DINGIR?*-i-ba-al*: Stellenangabe bei Gelb 1980, 271, "M". Doch ist der Name weder in ARM 15 noch in ARM 16/1 verzeichnet.

--- *Ḫa-ab-di-di-el* (Gen) Kisurra 741: 17. Wohl Dittographie für *Ḫa-ab-di-el*.

1846. *Ḫa-ab-du-ir?-ša-pa?*: ARM 16/1, 96, liest *-ni-ša-pa?*, Charpin/Durand 1983, 92, nach Kollation *-ni-iš!-pa!*.

2267. *Ḫi-iz-ba-*x[...]: nach Gelb 1980, 267, zu √ ʿ*zb*. Lies DÙG-*ab*!-x[...] *Ṭāb-...?*

2300. *Ḫu-iz-ma-ta-an*: Durand 1982, 120, liest *Ḫu-iz-ba-ta-an*.

2337. *Ḫu-ud-ma?-nu*: ARM 12, 712, und ARM 16/1, 110, lesen *Ḫu-ut-ba-nu*.

2360. [*Ḫu*?]*-za-bu* (F): Ergänzung ganz unsicher. Vgl. z. B. *Ku-za-bu* (F) 4193 oder *Nu-za-bu-um* 5108.

2398. *I-ba-el-a-ab-nu*: lies mit Durand 1987b *Te*!*-el-a-ab-nu*.

2501. *I-ia-ú-zi*: "lire sans doute ⁺*BAR Ia-ú-ṣí*" ARM 16/1, 236.

--- [*I*]*-la-sa-ka-ar* ARM 23, 427 ii 4'. Der Index in ARM 23 bietet offenbar falsch *-kà-* (GA). ʾ*Ila-sakkār* "Gott ist der Belohner". Vgl. unten *I-la-sa-qar*.

--- *I-la-sa-qar* ARM 23, 427 iv 32. So der Index. Die Transliteration im Text hat dagegen offenbar falsch *-kar-*.

2549. *I-le-e-*ᵈIM: nach Durand 1983b, 153 zu 93, hat die Tafel NI-NI-*e*-ᵈIM. Durand hält eine Lesung *Ì-lí-* für "bizarre". Doch ist auf *Ì-li-e-da* 2684A "Mein Gott ist Haddu" zu verweisen.

2572. *I-me-ri-nu-um*: Gelb 1968, 44: ʾ*Immerānum*, "considering the writing with *ri* as a scribal error".

2609. *I-ṣi-ma-ri-e*: Gelb 1980, 324, leitet das zweite Namenselement von √ *mr*ʾ ab. Der Name ergibt so aber keinen Sinn. Da zudem mehrfach der Name *I-ṣi/zi-da-ri-e* belegt ist, empfiehlt es sich, das *ma* gelesene Zeichen zu *da*! zu emendieren. S. in diesem Sinne schon A. Ungnad apud Bauer 1926, 22.

2617. *I-tar-ad-an*: so die Kopie von Waterman 1916 Nr. 41 r. 10. Lies wohl *-ad-nu*.

2633. *I-zi-a-du-um*: lies mit ARM 16/1, 128, vielmehr *I-zi-a-ḫu-um* ("après collation").

2634. *I-zi-a-ḫu*? = ARM 26/1, 195: 6 (Lesung bestätigt).

--- *I-zi-ì-lí-*[*ma*] ARM 23, 596 iii 25; ib. wird -[*šu*] gelesen.

2668. *I-zi-su-mu-a*: die Kopie Kisurra 112: 7 bietet statt *su* vielmehr *sú*. Korrekt? Das letzte Zeichen ist leicht zerstört und eine Lesung *-ú* nicht völlig auszuschliessen.

--- *I-zi-za-ri-um*! YOS 14, 149: 23 (Index ib. 64 liest statt *-um* vielmehr *-ma*). ʾ*Iṣī-ḏāriyum* "Erschienen ist der Erzeugende".

2757. *Ì-lí-ne-ḫi-im*: Durand 1982, 108 mit Anm. 1, vergleicht den Namen *Ne-ne-ḫi-im* ARM 8, 38: 4 und stellt die Lesung *Ì-lí-* in Frage.

2786. *Ia-a-ar* ARM 8, 14: 2 und 8 (in letzterer Zeile abgebrochen): lies wohl mit ARM 16/1, 213, und Durand 1982, 100f., *Ia-a-ši-ḫu*. Ein anderer Lesungsvorschlag (s. Durand ib. 100[3]) ist *Ia-a-ši-*ᵈUTU, der von

Durand aber abgelehnt wird. Vgl. jedoch [*I*]*a-ši-*DINGIR ARM 8, 35: 7, s. Durand ib. 107.

2886. *Ia-aḫ-zi-im-*[...]: ARM 16/1, 217, liest *Ia-aḫ-zi-in!-ìr-ra.*

2922. *Ia-al-e-pa-aḫ*: lies vielleicht mit ARM 16/1, 219, *Ia-al-ú?-mu?.*

2935. *Ia-am-i-id-*^{d}*ad-mi*: Kienast 1980, 59, liest Al.T. 60: 4 (ältere Schicht VII) *Ja-qar!* DUMU *Da-ad-mi* LUGAL "von Jaqar, dem Sohne des Dadmi, (seinem) Eigentümer" mit Kommentar "Die Lesung des Namens des Verkäufers ist unsicher". AM ist deutlich (s. Al.T. 60: 1 und vgl. für QAR Al.T. 2: 38). I und TUR ("DUMU") sind in vorliegendem Text nicht unterscheidbar: s. für I Al.T. 60: 7, für TUR ib. 6. In der Tat zeigt die Kopie deutlich DA und nicht ID (s. für ID etwa Al.T. 59: 4). Von AN ("^{d}") fehlt jede Spur. Das letzte Zeichen der Zeile ist RAB, nicht LUGAL (s. für letzteres Al.T. 61: 25). Sollte wirklich RAB zu lesen sein, müsste es zum Namen gehören (als Lautwert durch von Soden/Röllig 1991, 8* Nr. 111, jetzt auch für das Altbabylonische nachgewiesen). *Yaqar* ist als Name auch sonst bezeugt (s. *Ia-qar* 3415B). Für *Dadmu* s. *Da-ad-mi-im* 1393M. *ʾadmi* wäre singulär: das Element wird sonst stets *ad-mu* geschrieben. Insgesamt ist die Lesung Kienasts der von Gelb vorzuziehen.

2966. *Ia-am-zi-ju-um?* = ARM 26/2, 311: 2, Lesung *-um* bestätigt.

2969. [*Ia?-am?-z*]*u?-ḫa-ad-nim*: laut ARM 16/1, 244, zu [*Z*]*u-ḫa-ad-nim* zu korrigieren.

3147. *Ia-ba-al-*^{d}IM: Stellenangabe bei Gelb 1980, 271, "M". Doch ist der Name weder in ARM 15 noch in ARM 16/1 verzeichnet.

3155. *Ia-bi-li-*[...]: Möglicherweise DINGIR zu ergänzen: *Yaybil=el.* Oder *Iabbī-lí*[*m*]?

3234. *Ia-ḫa-ad-e-ra-aḫ*: Durand 1982, 109, schlägt die Lesung *-ad-ku-šu-*[*uḫ*] vor. ARM 16/1, 216, bietet dagegen *-ad-e!-ra-aḫ.*

3245. *Ia-ḫa-da-*[...]: wohl eine Kurzform und [*nu?*] zu ergänzen.

3248. *Ia-ḫa?-du-um*: ARM 16/1, 216, liest *Ia-a*[*ḫ*]*-d*[*u*]*-um.*

3313. *Ia-ku-ri?-im*: ganz unsicher. ARM 16/1, 219, liest *Ia-ku-zi!?-im!?* oder *Ia-ba?-si!?-im?.*

--- *Ia-ku-un-a-ma-ri* ARM 18, 59: 6, 8; 60: 8. *Yakūn-ʾamarī* "mein Zeichen hat sich zuverlässig gezeigt". ARM 18, 58: 10 bietet für dieselbe Person *-a-da-ar*; ARM 16/1, 218, liest *-a-ma-ar.*

3319. *Ia-áš-si-*^{d}*da-gan*: mit von Soden 1985, 307[2], statt *Ia-áš-ra-*. Auch in ARM 21, 337: 4.

3426. *Ia-ri-ḫa-a-mu*: lies *-a-bu?*, s. ARM 16/1, 225.

3457. *Ia-si-i-lí* TCL 10, 5: 3: epigraphisch unsicher. Jean 1931, 134 Nr. 2, liest *-ì-lí*, ib. 242 jedoch *-i-lí.* Letztere Schreibung wäre ungewöhnlich. Die Kopie zeigt jedoch *Ia-si-šum.*

3504. *Ia-šu-ru-um*: mit ARM 16/1, 234, besser *Ia-ku?-ru-um* zu lesen.

3518. *Ia?-ta-aš-ḫa?*: lies mit ARM 16/1, 235, *Ia-ta-aš?-*[*ḫa*] oder *Ia-ta-r*[*um?*].

3584. *Ia-un-ma-tum*: RA 50, 63, und ARM 16/1, 218, lesen dagegen *Ia-kal-*.

3606. *Ia-zi-^{d}da-gan*: ARM 16/1, 233, schlägt auch für ARM 8, 6: 37' die Lesung *Ia-z*[*i*]-*^{d}da-gan* vor. Dazu Durand 1982, 96: "*Ia-šu-ub-^{d}da-gan* est en clair sur la tablette!".

--- *Ia-zu-ú-um* ARM 24, 233 ii 29 (Index ib. S. 286 liest *Ia-sú-*).

3621. *Iá-ši-li-im*. Gemeint ist *Ià-*.

3792. *Iš-ḫi-*DINGIR-*la-ma*: ARM 16/1, 130, stellt fragend die Lesung -*^{d}la-ma* zur Disposition, was angesichts von *Iš-ḫi-lu-ma* 3800B wenig wahrscheinlich ist.

3846. *Ja-a-il^{ki}*: lies *Ia-a-il^{ki}*. ARM 3, 5: 42. ARM 9, 285: 3. ARM 9, 291 iii 47. Syria 35, 22[2].

3858. *Ja-i-il^{ki}*: lies *Ia-i-il^{ki}*.

3860. *Ja-i-la-ji^{ki}*: lies *Ia-i-la-ju^{ki}*.

4028. *Ki-ib-sa-tum* RA 65, 56 i 11: das Photo zeigt deutlich statt *-sa-* vielmehr *-za-*.

4075. *Ki-na-ì-lí*: lies mit ARM 16/1, 138, *Ki-*[*m*]*a*!-*ì-lí*.

--- *Ma-ra-zu*!?-*um* ARM 22, 224: 5. ARM 22 S. 364 liest *-su-um*, doch ist *-su-* wohl zu korrigieren. *Maraṣum*.

4606. *Me-en-ḫi-ba* (F): Lies zweifellos *Me-en-ḫi-ma Menʿima* "Lieblichkeit", feminines Gegenstück zu *Me-en-ḫi-mu-um* 4608B *Menʿimum* "Lieblichkeit".

4644. *Me-iz-ri-ju-um* ARM 9, 290: 3: ARM 16/1, 154 liest *Me-eṣ*?-*ri-yu-um*.

4785. *Mu-ti-da-zi-ú*: lies mit Durand 1991, 96, *Mu-ti-ka*!-*zi-e*!.

4786. *Mu-ti-e-mi-iḫ*: Durand 1991, 87, liest *Mu-ti-e-mi-ìs*!.

4792. *Mu-ti-i-ia-na*: Durand 1991, 93, schlägt Korrektur zu *Mu-ti-i-ia-ti*! und Identifikation mit "l'oasis au sud du Sindjar" vor.

4800. *Mu-tu-a-an-šu-ú*: lies mit Durand 1991, 83 mit Anm. 13, *-an-zu*!-*ú* und übersetze "Mann des (vergöttlichten mythischen Adlers) Anzû".

4808. *Mu-tu-ba-lu-ú*: Durand 1991, 83[11], korrigiert ohne Begründung zu *-ma-lu-ú*.

--- *Mu-tu-ba-na* Durand 1991, 92. Chagar Bazar. Durand ib. schlägt Korrektur zu *mu-tu-*<AŠA$_5$>*-ba-*oder *-tu-ḫa-*!*-na* vor. AŠA$_5$*-ba-na* sei ein "ville du nord-ouest de la Haute-Djéziré".

4819. *Mu-tu-ja-an*: Durand 1991, 91, liest *Mu-tu-am$_7$-*<*na*>*-an* und kommentiert: "On aurait pu être tenté de lire: *mu-tu-ia$_8$-ìl*. Un toponyme Ya'il est, de fait, très bien attesté dans le district de Terqa ... Cependant l'initiale n'en est jamais ... notée WA". Einfacher ist jedoch die Lesung *Mutu-wa-an* (s. § 5.56).

4820. *Mu-tu-ka-na-ta*: Durand 1991, 90, liest -KA-*na-ri*! "l'embouchure du canal".

4842. *Mu-ut-ar-ḫu*: Durand 1991, 88f., korrigiert zu *-ar-ri*. Das zweite Element nach ihm vielleicht ein Gebirgsname "l'Effrayé".

4855. *Mu-ut-ḫa-li-ma*: lies mit ARM 16/1, 157, nach Kollation *Mu-ut-ḫa-[a]t-t[a]*.

4858. *Mu-ut-ḫa-su-um*: Durand 1991, 93, liest *-ḫa-zu!-ra!* und identifiziert das zweite Namenselement mit Ḥaṣor in Palästina.

4859. *Mu-ut-ḫi-ir-ba?-an*: ARM 16/1, 157, liest *-ma-an*. Durand 1987a, 223, korrigiert zu *-ma-aš!*.

5864. *Mu-ut-ka-zi-...*: lies mit Durand 1982, 96, *-ka-zi-im!*.

4865. *Mu-ut-me-si-li*: Durand 1991, 82 mit Anm. 6, korrigiert zu *-me-e!-li*, doch wäre es ungewöhnlich, wenn vor */me/* < **/ma/* 0-Kasus stünde, s. §§ 3.27f.

4866. *Mu-ut-mi-rum*: lies mit Durand 1991, 97 Anm. 56, *Mu-ut*-DUGUD.

4867. *Mu-ut-na-ḫa*: Durand 1991, 93, liest *Mu-ut-na-ḫa-*<*an*>? und kommentiert: "Cependant, des lectures *mu-ut*-NA:ḪA (= *Mut-Ḫanâ*) ou même *mu-ut-na-ḫa-*<*lim*> ne sont pas à exclure!". Für *na-ḫa-an* als Clan der Ḫanû s. Anbar 1991, 80.

4868. *Mu-ut-na-nu-um*: Durand 1991, 91, korrigiert zu *-ut-*<*am*>*-na-*.

4871. *Mu-ut-ra-aḫ*: Durand 1987a, 220f., liest *Mu-ut-ra-me!-em!*.

5061. *Ni-za-ba?*: unklar, ob zu √ *nṣb*. ARMT 16/1, 165, liest *Ni-sà-ba?*.

--- *Ri-i-pi-*^{d}*da-gan* ARM 23, 596 i 20'. Der Index in ARM 23 S. 620 bietet falsch(?) *Ri-i-pí-*.

5448. *Sa-mi-da-ḫa-tum* TEM IV v 14': in ARM 16/1, 177, zu *-ḫa-tim* korrigiert, doch zeigt die Kopie klar *-tum*.

5544. *Si-ma-i-la*: lies *Si-ma-i-la-ḫa-ni-e-im* (ARM 10, 5: 4, 5, vgl. ARM 16/1, 180).

5570. *Su-la-a-tum*: lies *La!-la-a-tum*, s. ARM 16/1, 143.

5620. *Su-mu-a-tar*: zu streichen, da SCT 38: 30 vielmehr *Su-mu-a-dar* = Nr. 5611 hat.

5635. *Su-mu-di-ta-na*: nur in ARM 2, 103: 5 (Sohn ʿAmmu-rāpiʾs von Babylon) belegt. In RA 8, 72: 24 lies *-di-ta-*⌜*an*⌝. Letzterer ist König von Kiš: zu Nr. 5634.

5735. *Su-na-bi-im* Sumer 14, 51 No. 26: 23. A. Goetze las ib. S. 51 *Šu-*. Das Zeichen ist eher SU als ŠU.

5739. *Su-pa-bi-ia* UCP 10/1, 108: 1. Das Zeichen SU ist eindeutig.

5861. *Ši-ia-n[a- ...]*: lies wohl *Ši-ia-rum-a-*[...] *Šiyārum-* "Morgenstern ...".

5862. *Ši-ia-ta-ka-al*: lies entweder *-ia-*<*rum*>*-* *Šiyārum-takal* "Auf den Morgenstern vertraue!" oder, mit Durand 1997a, 600 Anm. 5, *Ši-ia-*<*aš*>*-ta-ka-al* "Auf sie vertraue!".

5972. *Ta-aḫ-wi?-*^{d}EN.ZU: G. Dossin, RA 64 (1970) 29 Nr. 16: 3, liest *Ta-aḫ--na-*. ARM 16/1, 201, korrigiert zu *Ta-aḫ-*<*wi-*>*na!-ap!-su*.

6629. *Zu-ú-bu-um*: lies mit ARM 16/1, 186, *Zu-pa-bu-um*. Die bei Gelb 1980, 296, gebuchte Wurzel *ḏhb* ist damit zu streichen.

Literatur und Abkürzungsverzeichnis

Sind bei einem Autor mehrere Publikationen in einem Jahr zu verzeichnen, werden sie in der Regel wie folgt angeführt: NNNN, NNNNa, NNNNb usw. Für hier nicht verzeichete Abkürzungen ist Wolfram von Soden, Akkadisches Handwörterbuch, zu vergleichen.

Abbadi, S.

1983 Die Personennamen der Inschriften aus Hatra. Hildesheim-Zürich-New York.

ABZ R. Borger, Assyrisch-babylonische Zeichenliste. AOAT 33/33A.

Ahmad Al-Aᵓdami, K.

1967 Old Babylonian Letters from ed-Der, Sumer 23, 151-165 (+ plates).

AHw. W. von Soden, Akkadisches Handwörterbuch. Wiesbaden 1958-1981.

Aistleitner, J.

1967 s. WUS.

Albertz, R.

1978 Persönliche Frömmigkeit und offizielle Religion. Stuttgart.

Albright, W. F.

1926 Rezension zu Bauer 1926, AfO 3, 124-126.

1953 Dedan: In: Geschichte und Altes Testament (Beiträge zur historischen Theologie, herausgegeben von Gerhard Ebeling, 16) 1-12.

1954 Northwest-Semitic Names in a List of Egyptian Slaves from the Eighteenth Century B. C., JAOS 74, 222-233.

Anbar, M.

1974 Les *sakbû* et les *bazaḫātum* à Mari, UF 6, 439-441.

1987 Rezension zu M.A.R.I. 4, BiOr. 44, 173-185.

1990 Le *ḫinnum* amurrite et le *ḥn* hébreu, N.A.B.U. 1990/115.

1991 Les tribus amurrites de Mari = Orbis Biblicus et Orientalis 108.

Archi, A.

1985 Mardu in the Ebla Texts, Orientalia 54, 7-13.

1988 S. ARES.

ARES Archivi Reali di Ebla Studi. I (1988) = A. Archi (ed.), Eblaite Personal Names and Semitic Name-Giving. Papers of a Symposion held in Rome July 15-17, 1985. Roma: Missione Archeologica Italiana in Siria.

ARM 16/1 S. Birot 1979 (S. 43-249) bzw. Rouault 1979 (S. 251-269).

Arnaud, D.

1991 Contribution de l'onomastique du moyen-Euphrate à la connaissance de l'émariote, StEL 8, 23-46.

Aro, J.

1955 Studien zur mittelbabylonischen Grammatik = StOr. 20.

1961 Die akkadischen Infinitivkonstruktionen = St.Or. 26.

Astour, M. C.

1967 Rezension zu Huffmon 1965, JNES 26, 225-229.

1969 Rezension zu Buccellati 1966, JNES 28, 220-224.

1973 A North Mesopotamian Locale of the Keret Epic?, UF 5, 29-39.

1978 The Rabbeans: A Tribal Society on the Euphrates from Yaḫdun-Lim to Julius Caesar, Syro-Mesopotamian Studies 2, 1-12.

Attinger, P.
1984 Enki et Ninḫursaĝa, ZA 74, 1-52.
1993 Eléments de linguistique sumérienne. La construction de du11/e/di "dire" = OBO Sonderband.

Bardet, G.
1984 ARM 23 Chapitre I, 1-81.

Bartelmus, R.
1994 Einführung in das Biblische Hebräisch. Zürich.

Barth, J.
1894 Die Nominalbildung in den semitischen Sprachen. Leipzig.

Bauer, H. und P. Leander
1922 Historische Grammatik der hebräischen Sprache des Alten Testaments. I. Band: Einleitung. Schriftlehre. Laut- und Formenlehre. Halle.

Bauer, T.
1926 Die Ostkanaanäer. Eine philologisch-historische Untersuchung über die Wanderschicht der sogenannten "Amoriter" in Babylonien. Leipzig.
1929 Eine Überprüfung der "Amoriter"-Frage, ZA 38, 145-170.

Baumgartner, W.
1967ff. S. HAL.

Bechert, J. und W. Wildgen
1991 Einführung in die Sprachkontaktforschung. Darmstadt.

Becking, B.
1995 Artikel "Day", DDD 418-421.

Beckman, G.
1996 Texts from the Vicinity of Emar = History of the Ancient Near East/Monographs II. Padova.

Beeston, A. F. L.
1982 = A.F.L. Beeston, M.A. Ghul, W.W. Müller, J. Ryckmans: Sabaic Dictionary (English-French-Arabic). Louvain-la-Neuve/Beyrouth.

Benito, C. A.
1969 "Enki and Ninmaḫ" and "Enki and the World Order". Philadelphia.

Benz, F. L.
1972 Personal Names in the Phoenician and Punic Inscriptions. Studia Pohl 8.

Berger, P.-R.
1970 Zu Ps 24,7 und 9, UF 2, 335f.

Birot, M.
1953 Trois Textes Économiques de Mari (II), RA 47, 161-174.
1955 Textes Économiques de Mari (III), RA 49, 15-31.
1956 Textes Économiques de Mari (IV), RA 50, 57-72.
1969 Rezension zu Buccellati 1966, Syria 46, 361-366.
1974 Lettres de Yaqqim-Addu, gouverneur de Sagarâtum = ARM 14.
1978 Rezension zu S. Dalley et alii, OBTR, RA 72, 181-190.
1979 Répertoire Analytique des Archives Royales de Mari. Tomes I-XIV et XVIII. Noms Propres. II Noms de Personnes, ARM 16/1, 43-249.
1993 Correspondance des gouverneurs de Qaṭṭunân = ARM 27.

Black, J. und G. Cunningham, E. Robson und G. Zólyomi
1999 The Marriage of Martu, ETCSL.

Bomhard, A. R.
1988 The Reconstruction of the Proto-Semitic Consonant System, in: Y. L. Arbeitman (ed.), Fucus. A Semitic/Afrasian Gathering in Remembrance of Albert Ehrman. Current Issues in Linguistic Theory 58 (Amsterdam/Philadelphia) 113-140.

Borger, R.
1964 Rezension zu H. Schmökel, Hammurabi von Babylon, ZA 56, 288-290.
1981 S. ABZ.

Bowes, A. W.
1987 A Theological Study of Old-Babylonian Personal Names. Ann Arbor.

Brockelmann, C.
1908 Grundriss der vergleichenden Grammatik der semitischen Sprachen. I. Band: Laut- und Formenlehre. Berlin, Nachdruck Hildesheim 1961.
1928 Lexicon Syriacum. Halle.

Bron, F.
1994 Remarques sur l'onomastique sudarabique archaique. In: Arabia Felix. Beiträge zur Sprache und Kultur des vorislamischen Arabien. Festschrift Walter W. Müller zum 60. Geburtstag. Unter Mitarbeit von Rosemarie Richter, Ingo Kottsieper und Mohammed Maraqten herausgegeben von Norbert Nebes (Wiesbaden). S. 62-66.

Buccellati, G.
1966 The Amorites of the Ur III Period. Naples.
1966a Rezension zu Huffmon 1965, JAOS 86, 230-233.
1968 An Interpretation of the Akkadian Stative as a Nominal Sentence, JNES 27, 1-12.
1988 The Kingdom and Period of Ḫana, BASOR 270, 43-61.
1995 Eblaite and Amorite Names, in: E. Eichler, G. Hilty, H. Löffler, H. Steger, L. Zgusta (ed.), Namenforschung. Ein internationales Handbuch zur Onomastik, 1. Teilband, 856-860.
1996 A Structural Grammar of Babylonian. Wiesbaden.

Burke, M. L.
1963 Textes administratives de la salle 111 du palais = ARM 11.

Bußmann, H.
1990 Lexikon der Sprachwissenschaft. Zweite, völlig neu bearbeitete Auflage. Stuttgart.

CAD I. J. Gelb et alii (ed.), The Assyrian Dictionary of the Oriental Institute of the University of Chicago. Chicago-Glückstadt 1956ff.

Cagni, L.
ed. La Lingua di Ebla. Atti del convegno internazionale (Napoli, 21-23 aprile 1980). Istituto universitario orientale. Seminario di studi Asiatici. Series Minor XIV. Napoli 1981.

Cantineau, J.
1932 Le Nabatéen. Zwei Bände. Paris 1930-1932.

Caskel, W.
1966 Ǧamharat an-Nasab. Das genealogische Werk des Hišām Ibn Muḥammad al-Kalbī. Band II. Leiden.

Cavigneaux, A.
1980ff. Artikel "Lexikalische Listen", RlA 6, 609-641.

Cazelles, H.
1974 De l'idéologie royale, JANES 5 (1973) 59-73.

CDG W. Leslau, Comparative Dictionary of Geʿez (Classical Ethiopic). Wiesbaden 1987.

Charpin, D.
1983 Relectures d'ARM VIII: Compléments, M.A.R.I. 2, 61-74.
1984 Hamanu ou Hamatil?, M.A.R.I. 3, 257.
1984a Nouveaux documents du bureau de l'huile à l'époque assyrienne, M.A.R.I. 3, 83-126.

1985 Données nouvelles sur la chronologie des souverains d'Ešnunna, Festschrift Birot 51-66.
1990 A Contribution to the Geography and History of the Kingdom of Kaḫat, in: S. Eichler / M. Wäfler / D. Warburton (ed.), Tall al-Ḥamīdīya 2. Symposion: Recent Excavations in the Upper Khabur Region. Berne, December 9-11, 1986. Orbis Biblicus et Orientalis, Series Archaeologia 6 (Freiburg [Schweiz] / Göttingen) 67-85.
1994 Rezension zu CAD S, AfO 40/41 (1994) 1-23.

Charpin, D. und J.-M. Durand
1983 Relectures d'ARMT VII, M.A.R.I. 2, 75-115.
1983a A Propos des "Archives de Sumu-Yamam", M.A.R.I. 2, 117-121.
1985 La prise du pouvoir par Zimri-Lim, M.A.R.I. 4, 293-343.
1986 "Fils de Simʾal": Les origines tribales des rois de Mari, RA 80, 141-183.

Chavalas, M. W.
1992 Ancient Syria: A Historical Sketch, in: Chavalas/Hayes (ed.) 1-21.

Chavalas, M. W. und J. L. Hayes
1992 (ed.), New Horizons in the Study of Ancient Syria, Bibliotheca Mesopotamica Volume 25. Malibu.

Civil, M.
1985 Sur les "livres d'écolier" à l'époque paléo-babylonienne, Festschrift Birot 67-78.

Cohen, D.
1970ff. Dictionnaire des Racines Sémitiques ou attestés dans les langues sémitiques. Paris-Mouton-La Haye. Lieferungen I-IV.

Cohen, M. E.
1993 The Cultic Calendars of the Ancient Near East. Bethesda.

Cohen, S.
1973 Enmerkar and the Lord of Aratta. Philadelphia.

Colbow, G.
1997 Eine Abbildung des Gottes Amurru in einem Mari-Brief, Florilegium Marianum III, 85-90.

Coogan, M. D.
1976 West Semitic Personal Names in the Murašû Documents = Harvard Semitic Monographs Number 7. Missoula, Montana.

Cooper, A. und M. H. Pope
1981 Divine Names and Epithets in the Ugaritic Texts, in: S. Rummel (Ed.), Ras Shamra Parallels III = AnOr. 51, 471-500.

Cooper, J. S. / Schwartz, G. M.
1996 (ed.), The Study of the Ancient Near East in the Twenty-First Century. The William Foxwell Albright Centennial Conference. Winona Lake.

Cross, F.M.
1973 Canaanite Myth and Hebrew Epic. Essays in the History of the Religion of Israel. Cambridge, Massachusetts.
S. a. Milik.

DDD K. van der Toorn, B. Becking, P. W. van der Horst (ed.), Dictionary of Deities and Demons in the Bible. 1995.

Dahood, M.
1968 Psalms II. Anchor Bible 17. Garden City, New York.

Dalley, S.
1976 S. OBTR.

Degen, R.
1969 Altaramäische Grammatik der Inschriften des 10.-8. Jh. v. Chr. Wiesbaden.

Deiana, G.
1984 *L'J = Essere forte* nel semitico del nord-ovest e nella semitico bibbia masoretica = Annali del Istituto Universitario Orientale, Suppl. n. 41. Napoli.

Dekiere, L.
1994ff. S. OBRE.

Deller, K. und W. R. Mayer, W. Sommerfeld
1987 Akkadische Lexikographie: CAD N, Orientalia 56, 176-218.

Diem, W. Das Problem von <ś> im Althebräischen und die kanaanäische Lautverschiebung, ZDMG
1974 124, 221-252.

Dietrich, M. und O. Loretz
1966 Rezension zu Huffmon 1965, OLZ 61, 235-244.
1966a Zur ugaritischen Lexikographie, BiOr. 23, 127-133.

Dillmann, A.
1857 Grammatik der äthiopischen Sprache. Leipzig.

Dhorme, E.
1951 Recueil Édouard Dhorme. Études Bibliques et Orientales. Paris [Nachdruck früher erschienener Aufsätze samt zusätzlichen Bemerkungen. Das ursprüngliche Publikationsdatum wird in "[]" angegeben].

Dion, P. E.
1995 Aramaean Tribes and Nations of First-Millenium Western Asia, in: Sasson (ed.) II 1281-1294.

Di Vito, R.A.
1993 Studies in Third Millenium Sumerian and Akkadian Personal Names. The Designation and Conception of the Personal God = Studia Pohl: Series Maior 16. Rom.

DNSI J. Hoftijzer / K. Jongeling, Dictionary of the North-West Semitic Inscriptions. Leiden-New York-Köln 1995.

Dossin, G.
1956 Une lettre de Iarîm-Lim, roi d'Alep, à Iašûb-Iaḫad, roi de Dîr, Syria 33, 63-69.
1957 Kengen, pays de Canaan, RSO 32, 35-39.
1968 Ḫarâšum "être muet", RA 62, 75f.
1970 Archives de Sûmu-Iamam, Roi de Mari. RA 64, 17-44.
1978 Avec la collaboration de André Finet: Correspondance Féminine = ARM 10.

Dupont-Sommer, A.
1947 Une inscription phénicienne archaique du Chypre, RA 41, 201-211.

Durand, J. M.
S. a. Charpin.
1982 Relectures d'ARM VIII. I. Collations, M.A.R.I. 1, 91-136.
1982a Relectures d'*ARMT* VIII, II: *ARMT* VIII, 89 et le travail du métal à Mari, M.A.R.I. 2, 123-139.
1983 S. Charpin/Durand 1983.
1983a Relectures d'*ARMT* XIII, I: La Correspondance de *Mukannišum*, M.A.R.I. 2, 141-149.
1983b Relectures d'*ARMT* XIII, II: La Correspondance de Numušda-Nahrârî, M.A.R.I. 2, 151- 163.
1983c A propos du nom de nombre 10 000, à Mari, M.A.R.I. 3, 278f.
1983d Textes Administratifs des salles 134 et 160 du palais de Mari = ARM 21.
1984 Trois Études sur Mari, M.A.R.I. 3, 127-180.
1985 La situation historique des šakkanakku: nouvelle approche, M.A.R.I. 4, 147-172.

1985a Le culte des bétyles en Syrie, in: J.-M. Durand/J.-R. Kupper (ed.), Miscellanea Babylonica. Mélanges offerts à Maurice Birot (Paris) 79-84.
1985b Les dames du palais de Mari à l'époque du royaume de Haute-Mésopotamie, M.A.R.I. 4, 385-436.
1987 Différentes Questions à propos de la Religion, M.A.R.I. 5, 611-615.
1987a Villes fantômes de Syrie et autres lieux, M.A.R.I. 5, 199-234.
1987b Le dieu Abnu à Mari?, N.A.B.U. Nr. 78.
1987c **ḫakam*, N.A.B.U. Nr. 62.
1987d Documents pour l'histoire du royaume de Haute-Mésopotamie, I, M.A.R.I. 5, 155-198.
1988 "Hittite" *tišanuš* = mariote *tišânum*, N.A.B.U. Nr. 15.
1988a Archives Épistolaires de Mari I/1 = ARM 26/1. Paris.
1989 Minima emarotica, N.A.B.U. Nr. 55.
1989a L'assemblée en Syrie à l'époque pré-amorite, Miscellanea Eblaitica 2 (= Quaderni di Semitistica 16) 27-44.
1990 Fourmis blanches et fourmis noires, in: F. Vallat (ed.), Contribution à l'histoire de l'Iran, Mélanges offerts à Jean Perrot (Paris) 101-108.
1990a Documents pour l'histoire du royaume de Haute-Mésopotamie II, M.A.R.I. 6, 271-301.
1990b Rezension zu Ribichini/Xella 1985, M.A.R.I. 6, 659-664.
1990c La cité-état d'Imâr à l'époque des rois de Mari, M.A.R.I. 6, 39-92.
1990d Le sel à Mari (II): Les salines sur les bords du Habur, M.A.R.I. 6, 629-634.
1991 L'Emploi des Toponymes dans l'Onomastique d'Époque Amorrite. (I) Les Noms en *Mut-*, StEL 8, 81-97.
1992 Unité et diversité au Proche-Orient à l'époque amorrite, in: D. Charpin / F. Joannès (ed.), La circulation des biens, des personnes et des idées dans le Proche-Orient Ancien = CRRAI 38 (Paris) 97-128.
1993 Le mythologème du combat entre le Dieu de l'orage et la Mer en Mesopotamie, M.A.R.I. 7, 41-61.
1994 L'empereur d'Elam et ses vassaux, Fs. Leon de Meyer (= MHE II) 15-22.
1994a Administrateurs de Qaṭṭunân, Florilegium Marianum II, 83-114.
1995 La religión en Siria durante la época de los reinos amorreos según la documentación de Mari, in: G. del Olmo Lete, Mitología y Religión del oriente Antiguo. II/1 Semitas Occidentales (Ebla, Mari) 125-533. Sabadell.
1997 Les documents épistolaires du palais de Mari, Tome I. Paris.
1997a Études sur les noms propres d'époque amorrite, I: Les listes publiées par G. Dossin, M.A.R.I. 8, 597-673.
1998 Les documents épistolaires du palais de Mari, Tome II. Paris.

Durand, J. M. und M. Guichard
1997 Les rituels de Mari, Florilegium Marianum III, 19-45.

Durand, J.-M. und F. Joannès
1990 *kubuddâ'u* à Mari et à Emar, N.A.B.U. Nr. 70.

Durand, O. S. Garbini 1994.

Edzard, D. O.
1957 Die "Zweite Zwischenzeit" Babyloniens. Wiesbaden.
1962 ^{m}Ningal-gāmil, ^{f}Ištar-damqat. Die Genuskongruenz in akkadischen theophoren Personennamen, ZA 55, 113-130.
1964 Mari und Aramäer?, ZA 56, 142-149.
1964a Rezension zu CAD Ṣ/Z, ZA 56, 280-282.
1965 Mesopotamien. Die Mythologie der Sumerer und Akkader, in: Haussig (ed.) 18-140.
1966 Rezension zu Huffmon 1965, BiOr. 23, 169-171.

1970 Rezension zu CAD A und B, ZA 60, 157-160.
1971 Artikel "Martu-Mythos", Kindlers Literatur-Lexikon Band. 6, 2146.
1981 Rezension zu CAD N, ZA 71, 280-288.
1982 Zu den akkadischen Nominalformen *parsat-*, *pirsat-* und *pursat-*, ZA 72, 68-88.
1983 Rezension zu CAD Q, ZA 73, 132-136.
1984 "Ursemitisch" **hūʾa*, **šīʾa?*, Studia Orientalia 55, 249-256.
1985 Rezension zu CAD S, ZA 75, 124-128.
1987ff. Artikel "Martu. A. Gott", RlA VII, 433-438.
1987ff.a Artikel "Martu. B. Bevölkerungsgruppe", RlA VII, 438-440.
1988 Semitische und nichtsemitische Personennamen in Texten aus Ebla, ARES 1, 25-34.
1994 namir "er ist glänzend", Acta Sumerologica 16, 1-14.
1997 Gudea and His Dynasty = RIME 3/1. Toronto.
1998 Artikel "Name, Namengebung (Onomastik). B. Akkadisch, RlA 9, 103-116.
im Druck Enlil, Vater der Götter.

Edzard, D. O. und G. Farber
1974 Die Orts- und Gewässernamen der Zeit der 3. Dynastie von Ur = RGTC 2.

Edzard, D. O. und G. Farber, E. Sollberger
1977 Die Orts- und Gewässernamen der präsargonischen und sargonischen Zeit = RGTC 1.

Eichler, E. und G. Hilty, H. Löffler, H. Steger, L. Zgusta
1995 Namenforschung. Ein internationales Handbuch zur Onomastik. Berlin-New York.

Eidem, J.
1992 The Shemshāra Archives 2. The Administrative Texts. Kopenhagen.
1994 Raiders of the Lost Treasure of Samsī-Addu, Florilegium Marianum II, 201-208.

Eilers, W.
1982 Geographische Namengebung in und um Iran. Ein Überblick in Beispielen. München.

ETCSL Black, J. und G. Cunningham, E. Robson und G. Zólyomi, The Electronic Text Corpus of Sumerian Literature (http://www-etcsl.orient.ox.ac.uk).

Faber, A.
1985 Akkadian Evidence for Proto-Semitic Affricates, JCS 37, 101-107.

Falkenstein, A.
1951 Zur Chronologie der sumerischen Literatur, CRRA 2, 12-27.
1959 Das Sumerische = Handbuch der Orientalistik I, 2, 1-2, 1. Leiden.

Falkenstein, A. und W. von Soden
1953 Sumerische und akkadische Hymnen und Gebete. Zürich/Stuttgart.

Farber, W.
1980-83 Artikel "Krummholz", RlA 6, 250-252.

Finet, A.
1952 Sur trois points de syntaxe de la langue des "Archives de Mari", RA 46, 19-24.
1956 L'Accadien des Lettres de Mari. Académie Royale de Belgique, Classe des Lettres et des Sciences Morales et Politiques, Mémoires, Collection in-8°. Deuxième série. Tome LI. Bruxelles.
1964 Iawi-Ilâ, Roi de Talḫayûm, Syria 41, 117-142.
1993 Yahvé au Royaume de Mari, Res Orientales V (ed. Rika Gyselen, Bures-sur-Yvette), 15-22.

Finkelstein, J. J.

1954 An Old Babylonian SA.GAZ List. Le Problème des Ḫabiru (= 4e Rencontre Assyriologique Internationale, ed. J. Bottéro, Paris) 177-181.

1969 The Edict of Ammiṣaduqa: A New Text, RA 63, 45-64.

Fischer, W.

1987 Grammatik des Klassischen Arabisch. Wiesbaden.

Foster, B. R.

1990 Naram-Sin in Martu and Magan, Annual Review of the RIM Project 8, 25-43.

1993 Before the Muses. An Anthology of Akkadian Literature. Bethesda.

Fowler, J. D.

1988 Theophoric Personal Names in Ancient Hebrew. A Comparative Study = Journal for the Study of the Old Testament, Supplement Series 49. Sheffield.

Frank, C.

1928 Fremdsprachliche Glossen in assyrischen Listen und Vokabularen, MAOG 4 (1928-1929) 36-45.

Fränkel, S.

1886 Die aramäischen Fremdwörter im Arabischen. Leiden.

Friedrich, J. und W. Röllig

1970 Phönizisch-Punische Grammatik = Analecta Orientalia 46.

Fronzaroli, P.

1982 Per una valutazione della morfologia eblaita, Studi Eblaiti 5, 93-120.

Gadd, J.

1940 Tablets from Chagar Bazar and Tall Brak, Iraq 7, 22-67.

GAG Grundriss der akkadischen Grammatik = Analecta Orientalia 33. 3, ergänzte Auflage, unter Mitarbeit von W. R. Mayer.

Galter, H. D.

1996 Religion und Kult in Mari am Euphrat, in: (wie Hutter 1996) 69-79.

Garbini, G.

1960 Il Semitico di Nord-Ovest. Napoli.

Garbini, G. und O. Durand

1994 Introduzione alle lingue semitiche. Brescia.

Gasche, H. und J. A. Armstrong, S. W. Cole und V. G. Gurzadyan

1998 Dating the Fall of Babylon. A Reappraisal of Second-Millenium Chronology (A Joint Ghent-Chicago-Harvard Project) = MHE Series II Memoirs IV. Chicago.

Geers, F. W.

1945 The Treatment of Emphatics in Akkadian, JNES 4, 65-67.

Gelb, I. J.

1943 S. OIP 57.

1957 Glossary of Old Akkadian = MAD 3.

1958 La Lingua degli Amoriti, Academia Nazionale dei Lincei, Estratto dai Rendiconti della Classe di Scienze morali, storiche e filologiche, Serie VIII, vol. XIII, fasc. 3-4 - Marzo-Aprile 1958, 143-164.

1961 The Early History of the West Semitic Peoples, JCS 15, 27-47.

1961a Old Akkadian Writing and Grammar. Second Edition, Revised and Enlarged = Materials for the Akkadian Dictionary No. 2. Chicago.

1965 The Origin of the West Semitic *QATALA* Morpheme. Symbolae Linguisticae in Honorem Georgii Kurylowicz. Polska Akademia Nauk. Komitet J zykoznawstwa Nr. 5. Wroclaw-Warszawa-Kraków-Gdansk.

1967 On the Morpheme *ĀN* in the Amorite Language. Festschrift Bobrinskoy (Chicago) 45-48.

1968 An Old Babylonian List of Amorites, JAOS 88, 39-46.

1977 Thoughts about Ibla: A Preliminary Evaluation, March 1977 = Syro-Mesopotamian Studies 1, 3-30.

1980 With the Assistance of J. Bartels, S.-M. Vance, R. M. Whiting: Computer-Aided Analysis of Amorite = AS 21.

1981 Ebla and the Kish Civilization, in: L. Cagni (ed.), La Lingua di Ebla. Atti del Convegno Internationale (Napoli, 21-23 aprile 1980). Istituto Universitario Orientale. Dipartimento di Studi Asiatici. Series Minor XIV, 9-73.

1987 The Language of Ebla in the Light of the Sources from Ebla, Mari, and Babylonia, in: Ebla 1975-1985 ... (wie Kienast 1987) 49-74.

1992 Mari and the Kish Civilization, in: (wie Malamat 1992) 121-202.

Gelb, I. J. und B. Kienast

1990 Die altakkadischen Königsinschriften des dritten Jahrtausends v. Chr. (= Freiburger altorientalische Studien 7). Stuttgart.

Ghul, M. A.

1982 S. Beeston 1982.

Gibb, H. A. R.

1929 Ibn Battúta. Travels in Asia and Africa 1326-64. London.

Gibson, J. C. L. .

1962 Light from Mari on the Patriarchs, JSS 7, 44-62.

Glassner, J.-J.

1996 Dilmun, Magan and Meluhha: some observations on language, toponymy, anthroponymy and theonymy, in: J. Reade (ed.), The Indian Ocean in Antiquity (London/New York) 235-248.

Goetze, A.

1937 The Sibilant in Old Babylonian *naṣārum*, Orientalia 6, 12-18.

1941 Is Ugaritic a Canaanite Dialect?, Language 17, 127-138.

1957 On the Chronology of the Second Millenium B. C., JCS 11, 63-73.

1959 Amurrite Names in Ur III and Early Isin Texts, JSS 4, 193-203.

1963 Šakkanakkus of the Ur III Empire, JCS 17, 1-31.

Gomi, T. S. Sigrist 1992.

Gordon, C. H.

1965 Ugaritic Textbook = Analecta Orientalia 38.

1987 Eblaitica. In: Eblaitica: Essays on the Ebla Archives and Eblaite Language. Volume I (edited by C. H. Gordon, G. A. Rendsburg, N. H. Winter. Winona Lake, Indiana) 19-30.

1997 Amorite and Eblaite, in: R. Hetzron (ed.), The Semitic Languages (London, New York) 100-113.

Greenstein, E. L.

1984 The Phonology of Akkadian Syllable Structure, Afroasiatic Linguistics 9/1.

Groneberg, B.

1971 Untersuchungen zum hymnisch-epischen Dialekt der altbabylonischen literarischen Texte. Diss. Münster.

1980 Zu den "gebrochenen Schreibungen", JCS 32, 151-167.

Gröndahl, F.

1966 Rezension zu Huffmon 1965, Orientalia 35, 449-456.

1967 Die Personennamen der Texte aus Ugarit = Studia Pohl 1.

Guichard, M.

1997 Zimrî-Lîm à Nagar, M.A.R.I. 8, 329-337.

Guillot, I.

1997 Les gouverneurs de Qaṭṭunân: Nouveaux texts, Florilegium Marianum III = Mémoirs de N.A.B.U. 4, 271-290.

HAL Hebräisches und Aramäisches Lexikon zum Alten Testament. Lieferung I: Von Ludwig Koehler+ und Walter Baumgartner. Dritte Auflage neu bearbeitet von Walter Baumgartner unter Mitarbeit von Benedikt Hartmann und E.Y. Kutscher. Lieferung II: ... Herausgegeben von B. Hartmann, Ph. Reymond und J.J. Stamm. Lieferung III: ... neu bearbeitet von Walter Baumgartner+ und Johann Jakob Stamm unter Mitarbeit von Ze'ev Ben-Ḥayyim, Benedikt Hartmann und Philippe H. Reymond. Lieferung IV: ... neu bearbeitet von Johann Jakob Stamm ... . Leiden 1967ff.

Hallo, W. W.
1998 Two Letter-Prayers to Amurru, in: M. Lubetski, C. Gottlieb, S. Keller (ed.), Boundaries of the Ancient Near Eastern World. A Tribute to Cyrus H. Gordon = JSOT 273, 397-410.

Harding, G. L.
1971 An Index and Concordance of Pre-Islamic Arabian Names and Inscriptions (Near and Middle East Series 8). Toronto.

Härle, J.
1985 Mesopotamien. Landnutzung. Tübinger Atlas des Vorderen Orients A X 4. Wiesbaden.

Haussig, H. W.
ed. Wörterbuch der Mythologie. Band I: Götter und Mythen im Vorderen Orient. Stuttgart 1965.

Hawkins, J. D.
1976 S. OBTR.

Hayajneh, H.
1998 Die Personennamen in den qatabānischen Inschriften. Hildesheim, Zürich, New York.

Hayes, J. L. S. Chavalas/Hayes.

Healey, J. F.
1995 Artikel "Dagon", DDD 407-413.

Hecker, K.
1968 Grammatik der Kültepe-Texte = Analecta Orientalia 44. Rom.

Heidolph, K. E. et alii
1981 Grundzüge einer deutschen Grammatik. Von einem Autorenkollektiv unter der Leitung von Karl Erich Heidolph, Walter Flämig und Wolfgang Motsch. Berlin.

Heimpel, W.
1997 Termites of a necklace, N.A.B.U. Nr. 63.
1999 Hallatum, hālātum, and ha-la-tum, N.A.B.U. Nr. 44.

Heltzer, M.
1981 The Suteans. With a contribution by S. Arbeli. Naples.

Hess, J. J.
1912 Beduinennamen aus Zentralarabien. Heidelberg.

Hess, R. H.
1993 Amarna Personal Names. Winona Lake, Indiana.
1996 Rezension zu Hoch 1994, JSS 41, 126-129.

Hirsch, H.
1967 Rezension zu Huffmon 1965, WZKM 61, 177-178.

Hoch, J. E.
1994 Semitic Words in Egyptian Texts of the New Kingdom and Third Intermediate Period. Princeton.

Höfner, M.
1965 Die Stammesgruppen Nord- und Zentralarabiens in vorislamischer Zeit. Mit Beiträgen aus griechischen und römischen Quellen von Eberhard Merkel, in: Haussig (ed.) 407-482. Südarabien (Saba', Qatabān u.a.), in: Haussig (ed.) 483-552.

Hoftijzer, J.
1965 S. Jean 1965.
1995 S. DNSI.

Hölscher, M.
1996 Die Personennamen der kassitenzeitlichen Texte aus Nippur. Münster.

Hommel, F.
1897 Die altisraelitische Überlieferung in inschriftlicher Beleuchtung. Ein Einspruch gegen die Aufstellungen der modernen Pentateuchkritik. München.

Huber, F.
1998 Étude sur l'authenticité de la correspondance royale d'Ur. Mémoire de licence. Genève.

Huehnergard, J.
1987 Ugaritic Vocabulary in Syllabic Transcription = HSS 32.
1987a Northwest Semitic Vocabulary in Akkadian Texts, JAOS 107, 713-725.
1996 New Directions in the Study of Semitic Languages, in: Cooper/Schwartz (ed.) 251-272.
1997 A Grammar of Akkadian = HSS 45.

Huffmon, H. B.
1965 Amorite Personal Names in the Mari Texts: A Structural and Lexical Study. Baltimore.

Hummel, H. D.
1957 Enclitic *Mem* in Early Northwest Semitic, Especially Hebrew, JBL 76, 85-107.

Hunger, H.
1976-80 Artikel "Kalender", RlA 5, 297-303.

Hutter, M.
1996 Die Religion nomadisierender Gruppen vom 3. bis zum 1. Jahrtausend v. Chr., in: P. W. Haider / M. Hutter / S. Kreuzer (ed.), Religionsgeschichte Syriens. Von der Frühzeit bis zur Gegenwart (Stuttgart usw.) 91-100.

Jacobsen, T.
1987 The Harps that once ... Sumerian Poetry in Translation. New Haven, London.

Jean, C. F.
1931 Larsa d'après les textes cunéiformes *2187 a *1901. Paris.

Jean, C. F. und J. Hoftijzer
1965 Dictionnaire des Inscriptions Sémitiques de l'Ouest. Leiden.

Joannès, F.
1984 ARM 23 Chapitre II, 83-226.

Johnstone, T. M.
1987 Mehri Lexicon and English-Mehri Word-List. Guildford and King's Lynn.

Jongeling, K.
1995 S. DNSI.

al-Khraysheh, F.
1986 Die Personennamen in den nabatäischen Inschriften des Corpus Inscriptionum Semiticarum. Unveröffentlichte Dissertation Marburg/Lahn.

Kienast, B.
1980 Die altbabylonischen Kaufurkunden aus Alalaḫ, WO 11, 35-63.
1981 Die Sprache von Ebla und das Altsemitische, in: L. Cagni ... (wie Gelb 1981) 83-98.

1987 ^{d}É-a und der aramäische "Status Emphaticus". In: Ebla 1975-1985. Atti del convegno internationale (Napoli, 9-11 ottobre 1985). Istituto Universitario Orientale. Dipartimento di Studi Asiatici. Series Minor XXVII (ed.: L. Cagni. Napoli) 37-47.

1990 S. Gelb/Kienast 1990.

Klein, J.

1996 *The Marriage of Martu*: The Urbanization of "Barbaric" Nomads, in: (wie Zadok 1996) 83-96.

1997 The God Martu in Sumerian Literature, Cuneiform Monographs 7, 99-116.

Klengel, H.

1971 Zwischen Zelt und Palast. Die Begegnung von Nomaden und Sesshaften im alten Vorderasien. Leipzig.

1992 Syria 3000 to 300 B.C. A Handbook of Political History. Berlin.

Knudsen, E.

1982 The Mari Akkadian Shift *ia* > *ê* and the Treatment of H//L Formations in Biblical Hebrew, JNES 41, 35-43.

1983 An Analysis of Amorite, Review Artikel zu Gelb 1980, JCS 34 (1982) 1-18.

1991 Amorite Grammar: A Comparative Statement. In: A. S. Kaye (ed.), Semitic Studies in Honor of Wolf Leslau on the Occasion of his eighty-fifth birthday November 14th, 1991, Volume I (Wiesbaden) 866-885.

Koehler, L. S. HAL.

Kohler, J. und A. Ungnad

1909 Hammurabi's Gesetz. Band III: Übersetzte Urkunden, Erläuterungen. Leipzig.

Kornfeld, W.

1978 Onomastica Aramaica aus Ägypten. Österreichische Akademie der Wissenschaften, Philosophisch-Historische Klasse, Sitzungsberichte, 333. Band. Wien.

Kouwenberg, N. J. C.

1997 Gemination in the Akkadian Verb. Van Gorcum.

Krahmalkov, C. R.

1969 The Amorite Enclitic Particle *TA/I*, JSS 14, 201-204.

1970 The Enclitic Particle *ta/i* in Hebrew, JBL 89, 218-219.

Kramer, S. N.

1990 The Marriage of Martu, in: J. Klein/A. Skaist (ed.), Bar-Ilan Studies in Assyriology dedicated to Pinḥas Artzi, 11-27.

Kraus, F. R.

1973 Vom mesopotamischen Menschen der altbabylonischen Zeit und seiner Welt. Eine Reihe Vorlesungen. Amsterdam/London.

1984 Königliche Verfügungen in altbabylonischer Zeit. Studia et documenta ad iura orientis antiqui pertinentia 11. Leiden.

Krebernik, M.

1982 Zu Syllabar und Orthographie der lexikalischen Texte aus Ebla. Teil 1, ZA 72, 178-236.

1983 Zu Syllabar und Orthographie der lexikalischen Texte aus Ebla. Teil 2 (Glossar), ZA 73, 1-47.

1985 Zur Entwicklung der Keilschrift im III. Jahrtausend anhand der Texte aus Ebla, AfO 32, 53-59.

1987ff. Artikel "Lim", RlA 7, 25-27.

1988 Die Personennamen der Ebla-Texte. Eine Zwischenbilanz = BBVO 7.

1988a Prefixed Verbal Forms in Personal Names from Ebla, in: ARES 1, 45-69.

1991 Rezension zu I. J. Gelb / B. Kienast, Die altakkadischen Königsinschriften des Dritten Jahrtausends v. Chr., ZA 81, 133-143.
1991a Gt- und tD-Stämme im Ugaritischen, in: W. Gross / H. Irsigler / T. Seidl (ed.), Text, Methode und Grammatik. Wolfgang Richter zum 65. Geburtstag (St. Ottilien) 227-270.
1993 Schriftfunde aus Tall Biᶜa 1992, MDOG 125, 51-60.
1995 Artikel "Mondgott. A. I. In Mesopotamien", RlA 8, 5./6. Lieferung, 360-369.
1996 The Linguistic Classification of Eblaite: Methods, Problems, and Results, in: Cooper / Schwartz (ed.) 233-249.
1998 Die Texte aus Fāra und Tell Abū Ṣalābīḫ, in: Annäherungen 1 (= OBO 160/1) 237-427.
(im Druck) Lexikalisches aus Tuttul.

Krecher, J.
1967 Zum Emesal-Dialekt des Sumerischen, in: D. O. Edzard (ed.), Heidelberger Studien zum Alten Orient (Wiesbaden) 87-110.
1978 Das sumerische Phonem /ĝ/, in: B. Hruška / G. Komoróczy (ed.), Festschrift Lubor Matouš (Budapest) Band II 7-73.

Kupper, J. R.
1957 Les nomades en Mésopotamie au temps des rois de Mari. Paris.
1961 L'iconographie du dieu Amurru dans la glyptique de la Iʳᵉ dynastie babylonienne. Bruxelles.
1983 Documents administratifs de la salle 135 du palais de Mari = ARM 22.
1998 Lettres royales du temps de Zimri-lim = ARM 28. Paris.

Lackenbacher, S.
1987 *madînatum*, N.A.B.U. Nr. 81.
1987a *murrurum*, N.A.B.U. Nr. 82.

Lafont, B.
1988 ARM 26/2, 461-541.

Lambert, W. G.
1967 The Language of Mari, CRRA 15, 29-38.
1980-83 Artikel "Kulla", RlA 6, 305.
1987 A Vocabulary of an Unknown Language, M.A.R.I. 5, 409-413.
1987a Gàm šen not a weapon of war, N.A.B.U. Nr. 92.
1989 Rezension zu C. H. Gordon / G. A. Rendsburg / N. H. Winter (ed.), Eblaitica: Essays on the Ebla archives and Eblaite language. Vol. I (1987), BSOAS 52, 115f.

Landsberger, B.
1954 Assyrische Königsliste und "Dunkles Zeitalter", JCS 8, 31-73 und 106-136.

Lane E. W. Lane, Arabic-English Lexicon. New York 1863ff.

Layton S. C.
1990 Archaic Features of Canaanite Personal Names in the Hebrew Bible = Harvard Semitic Monographs 47. Atlanta, Georgia.

Leick, G.
1991 A Dictionary of Ancient Near Eastern Mythology. London/New York.

Lemaire, A.
1985 Mari, la Bible et le monde nord-ouest sémitique, M.A.R.I. 4, 549-558.

Lemche, N. P.
1995 The History of Ancient Syria and Palestine: An Overview, in: Sasson (ed.) II 1195-1218.

Leslau, W.
1987 s. CDG.

Levy, J.
1959 Chaldäisches Wörterbuch über die Targumim und einen grossen Teil des rabbinischen Schrifttums. Nachdruck Köln.

Lewy, J.
1929 Zur Amoriterfrage, ZA 38, 243-272.
1961 Amurritica, HUCA 32, 31-74.

Limet, H.
1976 Le panthéon de Mari à l'époque des *šakkanaku*, Orientalia 45, 87-93.
1984 Documents relatifs au fer à Mari, M.A.R.I. 3, 191-195.
1985 Bijouterie et orfèvrerie à Mari, M.A.R.I. 4, 509-521.
1986 Textes administratifs relatifs aux métaux = ARM 25.

Lipiński, E.
1978 Ditanu, in: Y. Avishur, J. Blau (ed.), Studies in Bible and the Ancient Near East Presented to Samuel E. Loewenstamm on His Seventieth Birthday (Jerusalem) 91-110.
1981 Rezension zu Gelb 1980, JSS 26, 277-280.
1981a Formes verbales dans les noms propres d'Ebla et système verbale sémitique, in: Cagni ed., 191-210.
1989 Les racines *ġzr* et *ʿḏr* dans l'onomastique amorite, Akkadica Supplementum VI (= Festschrift A. Finet) 113-116.
1994 Studies in Aramaic Inscriptions and Onomastics II. Leuven.
1997 Semitic Languages. An Outline of a Comparative Grammar = OLA 80.

Liverani, M.
1973 The Amorites, in: D. J. Wiseman (ed.), Peoples of Old Testament Times (Oxford) 100-133.

Loretz, O. s. Dietrich.

Luke, J. T.
1965 Pastoralism and Politics in the Mari Period. A Re-examination of the Character and Political Significance of the Major West Semitic Tribal Groups on the Middle Euphrates, ca. 1828-1758 B.C. Ann Arbor.

Lyons, J.
1980 Semantik, Band I.
1984 Einführung in die moderne Linguistik. 6. Auflage. München.

MacDonald, J.
1975 The Identification of *bazaḫātu* in the Mari Letters, RA 69, 137-145.

MacRae, A. A.
1943 S. OIP 57.

Malamat, A.
1989 Mari and the Early Israelite Experience. The Schweich Lectures of the British Academy. Oxford.
1992 The Divine Nature of the Mediterranean Sea in the Foundation Inscription of Yaḫdunlim, in: G. D. Young (ed.), Mari in Retrospect. Fifty Years of Mari and Mari Studies (Winona Lake) 211-215.
1998 Mari and the Bible. Leiden, Boston, Köln.

Maraqten, M.
1988 Die semitischen Personennamen in den alt- und reichsaramäischen Inschriften aus Vorderasien. Hildesheim-Zürich-New York.

Marello, P.
1992 Vie nomade, Mémoires de N.A.B.U. 1, 112-125.

Matthews, V. H.
1978 Pastoral Nomadism in the Mari Kingdom (ca. 1830-1760 B.C.). Cambridge, MA.

Maul, S.
1994 Die Korrespondenz des Iasīm-sūmû. Ein Nachtrag zu *ARMT* XIII 25-57, in: Florilegium Marianum II (Mémorial M. Birot), Mémoires de NABU 3, 23-54.

Mayer, Wa.
1995 Politik und Kriegskunst der Assyrer = ALASPM 9.

Metzler H. Glück (ed.), Metzler Lexikon Sprache. 1993.

Michalowski, P.
1980-83 Artikel "Königsbriefe", RlA 6, 51-59.
1989 The Lamentation over the Destruction of Sumer and Ur = Mesopotamian Civilizations 2. Winona Lake.

Milik, J. T. und F. M. Cross
1954 Inscribed Javelin-Heads from the Period of the Judges: A Recent Discovery in Palestine, BASOR 134, 5-15.

Moran, W. L.
1961 The Hebrew Language in Its Northwest Semitic Background. The Bible and the Ancient Near East. Essays in Honor of William Foxwell Albright (London) 54-72.
1970 Rezension zu Buccellati 1966, JAOS 90, 529-531.
1992 The Amarna Letters. Baltimore/London.

Moscati, S.
1958 La questione degli Amorrei, Atti dell'Accademia Nazionale dei Lincei, Rendiconti, ser. VIII, 13, 356-365.
1964 An Introduction to the Comparative Grammar of the Semitic Languages. Phonology and Morphology. By Sabatino Moscati, Anton Spitaler, Edward Ullendorf, Wolfram von Soden.

Müller, H.-P.
1981 Rezension zu Gelb 1980, ZA 71, 157-160.
1981a Das eblaitische Verbalsystem nach den bisher veröffentlichten Personennamen, in: Cagni ed., 211-233.

Müller, W. W.
1979 *Abyaṯa*ᶜ und andere mit *yṯ*ᶜ gebildete Namen im Frühnordarabischen und Altsüdarabischen, WO 10, 23-29.
1982 S. Beeston 1982.

Naccache, A. F. H.
1995 ᶜAmmurafiʾ et ses cousins, in: M. Yon et alii (ed.), Le pays d'Ougarit autour de 1200 av. J.-C. Ras Shamra-Ougarit XI. Actes du Colloque International Paris, 28 juin-1er juillet 1993, 263-268.

Nakata, I.
1974 Deities in the Mari Texts. Ann Arbor.

NBL Neues Bibel-Lexikon, herausgegeben von M. Görg und B. Lang. Zürich 1988ff.

Nöldeke, T.
1898 Kurzgefasste Syrische Grammatik. Leipzig
1904 Beiträge zur semitischen Sprachwissenschaft. Strassburg.
1910 Neue Beiträge zur semitischen Sprachwissenschaft. Strassburg.

Noth, M.
1927 Gemeinsemitische Erscheinungen in der israelitischen Namengebung, ZDMG 81, 1-45.
1927a Rezension zu Bauer 1926, OLZ 11, 945-949.
1928 Die israelitischen Personennamen im Rahmen der gemeinsemitischen Namengebung. Stuttgart (Nachdruck Hildesheim 1966).

1953 Mari und Israel. Eine Personennamenstudie. In: Geschichte und Altes Testament (Beiträge zur historischen Theologie, herausgegeben von Gerhard Ebeling, 16) 127-152.
1956 Remarks on the sixth volume of Mari texts, JSS 1, 322-333.
1961 Die Ursprünge des alten Israel im Lichte neuer Quellen. Arbeitsgemeinschaft für Forschung des Landes Nordrhein-Westfalen, Geisteswissenschaften, Heft 94. Köln und Opladen.
OBRE L. Dekiere, Old Babylonian Real Estate Documents. Mesopotamian History and Environment, Series III Texts, Volume II. Part 1 (1994), 2 (1994), 3 (1995), 4 (1995), 5 (1996), 6 (1997). Ghent.
OBTR S. Dalley / C. B. F. Walker / J. D. Hawkins, The Old Babylonian Tablets from Tell al Rimah, with an Introduction by D. Oates. Hertford 1976.
O'Connor, M.
1990 S. Waltke 1990.
Oelsner, J.
1988 Rezension zu Gelb 1980, OLZ 83, 31-35.
OIP 57 I. J. Gelb / P. M. Purves / A. A. MacRae, Nuzi Personal Names. The University of Chigago. Oriental Institute Publications 57. Chicago 1943.
Owen, D. I.
1981 Rezension zu RGTC 2, 244-269.
Pagan, J. M.
1998 A Morphological and Lexical Study of Personal Names in the Ebla Texts = ARES III.
Payne Smith, J.
1903 A Compendious Syriac Dictionary Founded upon the Thesaurus Syriacus of R. Payne Smith, D. D., edited by J. Payne Smith (Mrs. Margoliouth). Oxford.
Pettinato, G.
1968 Die Bestrafung des Menschengeschlechts durch die Sintflut, Orientalia 37, 165-200.
Pinches, T. G.
1881 Notes on a New List of Babylonian Kings, *c.* B.C. 1200 to 2000, PSBA 3, 20-22.
1881a Notes on a New List of Early Babylonian Kings: being a Continuation of the Paper Read December 7th, 1880, PSBA 3, 37-46.
Podany, A. H.
1988 The Chronology and History of the Ḫana Period. Ann Arbor.
1994 A Middle Babylonian Date for the Ḫana Kingdom, JCS 43-45 (1991-93) 53-62.
Podany, A. H. und G. M. Beckman, G. Colbow
1994 An Adoption and Inheritance Contract from the Reign of Iggid-Lim of Ḫana, JCS 43-45 (1991-93) 39-51.
Pope, M. H. und W. Röllig
1965 Syrien. Die Mythologie der Ugariter und Phönizier, in: Haussig (ed.) 217-312.
1981 S. Cooper, A. 1981.
Postgate, J. N.
1994 Early Mesopotamia. Society and Economy at the Dawn of History. London.
Potts, D. T.
1990 The Arabian Gulf in Antiquity. Volume I. From Prehistory to the Fall of the Achaemenid Empire. Oxford.
Priebatsch, H. Y.
1978 Die amoritische Sprache Palästinas in ihren Beziehungen zu Mari und Syrien, UF 9 (1977) 249-258.

Purves, P. M.
1943 S. OIP 57.
Rabin, C.
1969 The Nature and Origin of the Šafᶜel in Hebrew and Aramaic, Eretz Israel 9, 148-158 (hebräisch). English abstract: ebd. S. 138.
Rahman, F.
1996 Old Babylonian Hypocoristica ending with *-ia*, *-iatum*, N.A.B.U. Nr. 77.
1997 Zkrácená antroponyma a hypokoristika ve starobabylónštine. Dissertation Prag.
Ranke, H.
1905 Early Babylonian Personal Names from the Published Tablets of the So-Called Hammurabi Dynasty (B.C. 2000). Philadelphia.
Rasmussen, C. G.
1981 A Study of Akkadian Personal Names from Mari. Ann Arbor.
Rechenmacher, H.
1994 Jungfrau, Tochter Babel. Eine Studie zur sprachwissenschaftlichen Beschreibung althebräischer Texte am Beispiel von Jes 47 = ATSAT 44.
1997 Personennamen als theologische Aussagen. Die syntaktischen und semantischen Strukturen der satzhaften theophoren Personennamen in der hebräischen Bibel = ATSAT 50.
Reiner, E.
1964 The Phonological Interpretation of a Subsystem in the Akkadian Syllabary, in: From the Workshop of the Chicago Assyrian Dictionary. Studies Presented to A. Leo Oppenheim (Chicago) 167-180.
1966 A Linguistic Analysis of Akkadian. London / The Hague / Paris.
1967 City Bread and Bread Baked in Ashes, in: Languages and Areas. Studies Presented to George V. Bobrinskoy (Chicago) 116-120.
Rendsburg, G. A.
1990 Monophthongization of *aw/ay* > *ā* in Eblaite and in Northwest Semitic, in : C. H. Gordon /G. A. Rendsburg (ed.), Eblaitica: Essays on the Ebla Archives and Eblaite Language, Volume 2 (Winona Lake) 91-126.
Retsö, J.
1989 Diathesis in the Semitic Languages. A Comparative Morphological Study. Leiden usw.
Ribichini, S. und P. Xella
1985 La Terminologia dei Tessili nei Testi di Ugarit. Rom.
1991 Problemi di Onomastica Ugaritica. Il Caso dei Teofori, StEl 8, 149-170.
Richter, T.
1998 Die Lesung des Götternamens AN.AN.MAR.TU, SCCNH 9, 135-137.
Richter, W.
1980 Grundlagen einer hebräischen Grammatik. B. Beschreibungsebenen. III. Der Satz (Satztheorie). St. Ottilien.
1996 unter Mitarbeit von H. Rechenmacher und C. Riepl, Materialien einer althebräischen Datenbank. Die bibelhebräischen und -aramäischen Eigennamen morphologisch und syntaktisch analysiert = ATSAT 47.
Roberts, J. J. M.
1972 The Earliest Semitic Pantheon. Baltimore/London.
Röllig, W.
1965 S. Pope 1965.
1970 S. Friedrich 1970.
1978 Dūr-katlimmu, Orientalia 47, 419-430.
1991 S. Soden/Röllig 1991.

1993 Artikel "Mesopotamien", RlA Band 8, 94f.

1995 "Drachen des Gebirges": Fremde als Bedrohung in Mesopotamien, in: H. von Stietencron/J. Rüpke (ed.), Töten im Krieg (München) 87-97.

Römer, W. H. Ph.

1984 Historische Texte in sumerischer Sprache, TUAT I/4, 289-353.

1989 Zur sumerischen Dichtung "Heirat des Gottes Mardu", UF 21, 319-334.

1993 Die Heirat des Mardu, TUAT III/3, 495-506.

Rouault, O.

1979 Répertoire Analytique des Archives Royales de Mari. Tomes I-XIV et XVIII. Noms Propres. III Noms divins, ARM 16/1, 251-268.

Rowton, M. B.

1967 The Physical Environment and the Problem of the Nomads, CRRA 15, 109-121.

1973 Autonomy and Nomadism in Western Asia, Orientalia 42, 247-258.

1974 Enclosed Nomadism, JESHO 17, 1-30.

Ryckmans, G.

1934f. Les noms propres sud-sémitiques. Louvain.

Ryckmans, J.

1982 S. Beeston 1982.

Safren, J. D.

1982 *merḫûm* and *merḫûtum* in Mari, Orientalia 51, 1-29.

1986 Removing the "Gags" of the Euphrates: *ḫippam nasāḫum*, JANES 18, 81-85.

al-Said, S. F.

1995 Die Personennamen in den minäischen Inschriften. Akademie der Wissenschaften und der Literatur, Mainz. Veröffentlichungen der Orientalischen Kommission, Herausgegeben von Walter W. Müller, Band 41. Wiesbaden.

Sanmartín, J.

1995 Über Regeln und Ausnahmen: Verhalten des vorkonsonantischen /n/ im "Altsemitischen". In: Vom Alten Orient zum Alten Testament, Festschrift für Wolfram Freiherrn von Soden zum 85. Geburtstag am 19. Juni 1993, Herausgegeben von Manfried Dietrich und Oswald Loretz = AOAT 240, 433-466.

Sasse, H.-J.

1984 Case in Cushitic, Semitic and Berber. In: Current Progress in Afro-Asiatic Linguistics: Papers of the Third International Hamito-Semitic Congress (Edited by James Bynon) = Amsterdam Studies in the Theory and History of Linguistic Science IV, Current Issues in Linguistic Theory Volume 28 (Amsterdam/Philadelphia), 111-126.

Sasson, J. M.

ed. Civilizations of the Ancient Near East. New York 1995.

1969 The Military Establishments at Mari = Studia Pohl 3.

1974 Ḫurrians and Ḫurrian Names in the Mari Texts, UF 6, 353-399.

1985 Yarim-Lim's War Declaration, in: Fs. Birot, 237-253.

1986 Rezension zu ARM 22, BiOr. 43, 113-142.

1987 Rezension zu ARM 24, BiOr. 43, 142-148.

1990 Mari Historiography and the Yakhdun-Lim Disc Inscription, in: T. Abush / J. Huehnergard / P. Steinkeller (ed.), Lingering over Words (= Fs. W. L. Moran) 439-449.

Sauren, H.

1967 Rezension zu Buccellati 1966, BiOr. 24, 335-337.

Schenkel, W.
1990 Einführung in die altägyptische Sprachwissenschaft. Darmstadt.
Schult, H.
1967 Vergleichende Studien zur alttestamentlichen Namenkunde. Diss. theol. Bonn.
Schwartz, G. M.
ed. S. Cooper, J. S. ed.
1995 Pastoral Nomadism in Ancient Western Asia, in: Sasson (ed.) Volume I 249-258.
Sigrist, M. und T. Gomi
1992 The Comprehensive Catalogue of Published Ur III Tablets. Bethesda.
Silverman, H.
1985 Religious Values in the Jewish Proper Names at Elephantine = AOAT 217.
Sivan, D.
1984 Grammatical Analysis and Glossary of the Northwest Semitic Vocables in Akkadian Texts of the 15th-13th C.B.C. from Canaan and Syria = AOAT 214.
Sjöberg, Å. W.
1993 The Ape from the Mountain who Became the King of Isin, in: (wie Zadok 1993) 211-220.
Smith, W. R.
1899 Die Religion der Semiten. Freiburg i. B., Leipzig und Tübingen.
Soden, W. von
1931 Der hymnisch-epische Dialekt des Akkadischen (Teil I), ZA 40, 163-227.
1958 Neubearbeitungen der babylonischen Gesetzessammlungen, OLZ 53, 517-527.
1958-81 S. AHw.
1960 Zur Einteilung der semitischen Sprachen, WZKM 56, 177-191.
1964 S. Moscati 1964.
1966 Jahwe "Er ist, Er erweist sich", WO 3/3, 177-187.
1969 Zur Herkunft von hebr. *ebjôn* "arm", MIO 15, 322-326.
1972a Die Fürstin (*zubultum*) von Ugarit in Māri, UF 4, 159f.
1972b Altbab. *ga'ûm* = Hebr. *gā'ā* "sich überheben"
1974 Duplikate aus Ninive, JNES 33, 339-344.
1979 Rezension zu Stol 1976, ZA 69, 144f.
1981 Rezension zu CAD M, OLZ 76, 245-248.
1981a Das Nordsemitische in Babylonien und in Syrien, in: Cagni ed. 355-361.
1982 Rezension zu Gelb 1980, Orientalia 51, 402-405.
1984 Rezension zu CAD N, OLZ 79, 31-34.
1985 Präsensformen in frühkanaanäischen Personennamen. Miscellanea Babylonica. Mélanges Offerts A Maurice Birot (Paris) 307-310.
1988 Musikinstrumente in Mari, N.A.B.U. Nr. 59.
1995 S. GAG.
Soden, W. von und W. Röllig
1991 Das Akkadische Syllaber (4. durchgesehene und erweiterte Auflage) = Analecta Orientalia 42. Roma.
Soldt, W. H. van
1991 Studies in the Akkadian of Ugarit. Dating and Grammar = AOAT 40.
Sommerfeld, W.
1984 Zu einigen seltenen akkadischen Wörtern, Orientalia 53, 444-447.
1999 Die Texte der Akkade-Zeit. 1. Das Dijala-Gebiet: Tutub = Imgula 3/1.
Spitaler, A.
1964 S. Moscati 1964.
Stamm, J. J. S. HAL.
1939 Die akkadische Namengebung = MVAeG 44.

1965 Hebräische Ersatznamen, AS 16, 413-424.

1980 Beiträge zur Hebräischen und Altorientalischen Namenskunde, zu seinem 70. Geburtstag herausgegeben von Ernst Jenni und Martin A. Klopfenstein = Orbis Biblicus et Orientalis 30.

1980a Erwägungen zu RS 24.246, UF 11 (1979) 753-758.

Stark, J. K.

1971 Personal Names in Palmyrene Inscriptions. Oxford.

Staubli, T.

1991 Das Image der Nomaden im Alten Israel und in der Ikonographie seiner sesshaften Nachbarn = OBO 107.

Steiner, R. C.

1982 Affricated *Ṣade* in the Semitic Languages = The American Academy for Jewish Research, Monograph Series, No. 3. New York.

Steinkeller, P.

1992 Early Semitic Literatur and Third Millenium Seals with Mythological Motifs, in: P. Fronzaroli (ed.), Literature and Literary Language at Ebla = Quaderni di Semitistica 18. Firenze.

Stol, M.

1976 Studies in Old Babylonian History. Istanbul/Leiden.

1991 Old Babylonian Personal Names, StEL 8, 191-212.

1998 Die altbabylonische Stadt Ḫalḫalla, AOAT 253 (= Fs. Römer) 415-445.

Stolz, F.

1995 Artikel "Sea", DDD 1390-1402.

Streck, M. P.

1995 *ittašab ibakki* "weinend setzte er sich": *iparras* für die Vergangenheit in der akkadischen Epik, Orientalia 64, 33-91.

1995a Zahl und Zeit. Grammatik der Numeralia und des Verbalsystems im Spätbabylonischen = Cuneiform Monographs 5.

1995b Zahl und Zeit, Ergänzungen und Korrekturen, N.A.B.U. Nr. 98.

1997 Rezension zu E. Cancik-Kirschbaum, Die mittelassyrischen Briefe aus Tall Šēḫ Ḥamad (1996), ZA 87, 271-276.

1998 Artikel "Name, Namengebung. E. Amurritisch", RlA 9, 127-131.

1998a Rezension zu W. von Soden, Grundriss der akkadischen Grammatik (^{3}1995), AfO 44/45, 310-314.

1998b Das Kasussystem des Amurritischen, in: H. Preissler / H. Stein (ed.), Annäherungen an das Fremde. XXVI. Deutscher Orientalistentag vom 25. bis 29.9.1995 in Leipzig (Stuttgart) 113-118.

1999 Der Gottesname "Jahwe" und das amurritische Onomastikon, WO 30, 35-46.

1999a Hammurabi oder Hammurapi?, Ar.Or 67, 655-669.

Tairan, S. A.

1992 Die Personennamen in den altsabäischen Inschriften. Ein Beitrag zur altsüdarabischen Namengebung. Hildesheim-Zürich-New York.

Tallqvist, K. N.

1905 Neubabylonisches Namenbuch zu den Geschäftsurkunden aus der Zeit des Šamaššumukîn bis Xerxes. Helsinki.

1914 Assyrian Personal Names. Acta Societatis Scientiarum Fennicae, Tom. XLIII, No. I. Helsinki.

Talon, P.

1985 Quelques réflexions sur les clan hanéens, Fs. Birot (vgl. von Soden 1985) 277-284.

1985a Textes administratives des salles Y et Z du palais de Mari = ARM 24.

1997 With Hand Copies by Hamido Hammade: Old Babylonian Texts from Chagar Bazar = Accadica Supplementum X.

Tinney, S.
1996 The Nippur Lament = Occasional Publications of the Samuel Noah Kramer Fund, 16. Philadelphia.

Toorn, K. van der
1995 Artikel "Mouth", DDD 1137f.
1996 Family Religion in Babylonia, Syria and Israel. Continuity and Change in the Forms of Religious Life. Leiden usw.

Tropper, J.
1993 Die Inschriften von Zincirli = ALASP 6.
1994 Das ugaritische Konsonanteninventar, JNSL 20, 17-59.
1995 Die phönizisch-punischen Kausativbildungen im Lichte von Präjotierung und Dejotierung im Semitischen, ZDMG 145, 28-37.
1995a Akkadisch *nuḫḫutu* und die Repräsentation des Phonems /*ḥ*/ im Akkadischen, ZA 85, 58-66.
1996 Rezension zu Hess 1993, OLZ 91, 51-59.
1998 Die infirmen Verben des Akkadischen, ZDMG 148, 7-34.
1999 Die Endungen der semitischen Suffixkonjugation und der Absolutivkasus, JSS 44, 175-193.

Ullendorff, E.
1964 S. Moscati 1964.

Ungnad, A.
1909 Miscellen, ZA 22, 6-16.

Vanstiphout, H. J. L.
1994 Another Attempt at the "Spell of Nudimmud", RA 88, 135-154.

Villard, P.
1984 ARM 23 Chapitre V S. 453-585.
1994 Nomination d'un Scheich, Florilegium Marianum II = Mémoires de N.A.B.U. 3, 291-297.

Voigt, R. M.
1994 Die Entsprechung der ursemitischen Interdentale im Altäthiopischen, in: W. Heinrichs / G. Schoeler (ed.), Festschrift Ewald Wagner zum 65. Geburtstag (= Beiruter Texte und Studien 54, Stuttgart). Band 1: Semitistische Studien unter besonderer Berücksichtigung der Südsemitistik, 102-117.
1995 Akkadisch *šumma* "wenn" und die Konditionalpartikeln des Westsemitischen, AOAT 240, 517-528.

Volk, K.
1996 Methoden altmesopotamischer Erziehung nach Quellen der altbabylonischen Zeit, Saeculum 47, 178-216.

Walker, C. B. F.
1976 S. OBTR.

Waltke, B. K. und M. O'Connor
1990 An Introduction to Biblical Hebrew Syntax. Winona Lake, Indiana.

Waterman, L.
1916 Business Documents of the Hammurapi Period from the British Museum. London.

Watson, W. G. E.
1979 The PN *YṢB* in the Keret Legend, UF 11, 807-809.
1990 Ugaritic Onomastics (1), Aula Orientalis 8, 113-127.

Wehr — H. Wehr, Arabisches Wörterbuch für die Schriftsprache der Gegenwart. Arabisch-Deutsch. Wiesbaden [5]1985.

Weidner, E. F.
1921 — Die Könige von Assyrien. Neue chronologische Dokumente aus Assur = MVAeG 26/2.

Wellhausen, J.
1897 — Reste arabischen Heidentums. Berlin.

Whiting, R. M.
1987 — Old Babylonian Letters from Tell Asmar = AS 22.
1995 — Amorite Tribes and Nations of Second-Millenium Western Asia, in: Sasson (ed.) II 1231-1242.

Wilcke, C.
1969 — Zur Geschichte der Amurriter in der Ur-III-Zeit, WO 5, 1-31.
1969a — Das Lugalbandaepos. Wiesbaden.
1985 — Familiengründung im Alten Babylonien, in: E. W. Müller (ed.), Geschlechtsreife und Legitimation zur Zeugung (Freiburg/München) 213-317.
1990 — Rezension zu H. Klengel, Altbabylonische Texte aus Babylon (VS 22, 1983), ZA 80, 297-306.
1997 — Amar-girids Revolte gegen Narām-Suʾen, ZA 87, 11-32.
1999 — Weltuntergang als Anfang. Theologische, anthropologische, politisch-historische und ästhetische Ebenen der Interpretation der Sintflutgeschichte im babylonischen *Atram-hasīs*-Epos, in: A. Jones (ed.), Weltende. Beiträge zur Kultur- und Religionswissenschaft (Wiesbaden) 63-112.

Wilhelm, G.
1989 — The Hurrians (with a chapter by D. L. Stein). Warminster.

Winckler, H.
1898 — Einige semitische Eigennamen, Altorientalische Forschungen, Zweite Reihe, Band I, Heft 2, 84-86.

Wirth, E.
1971 — Syrien. Eine geographische Landeskunde. Darmstadt.

Wiseman, D. J.
1953 — The Alalakh Tablets. London.

WUS — J. Aistleitner, Wörterbuch der ugaritischen Sprache. Herausgegeben von Otto Eißfeldt. Berlin [3]1967.

Xella, P., — S. a. Ribichini 1991
1983 — Aspekte religiöser Vorstellungen in Syrien nach den Ebla- und Ugarit-Texten, UF 15, 279-290.
1989 — L'elemento *ʾBN* nell'onomastica fenicio-punica, UF 20 (1988) 387-392.

Young, G. D.
1992 — Wabash 1 and a Note on Ur III Syria, in: Chavalas/Hayes (ed.) 176.

Zadok, R.
1978 — On West Semites in Babylonia during the Chaldean and Achaemenian Periods. An Onomastic Study. Jerusalem.
1984 — Rezension zu Gelb 1980, WO 14 (1983), 235-240.
1988 — The Pre-Hellenistic Israelite Anthroponymy and Prosopography = Orientalia Lovaniensia Analecta 28. Leuven.
1989 — NA *ga-ba-ʾ* = West Semitic *gbᶜ*, N.A.B.U. Nr. 47.
1991 — Notes on the West Semitic Material from Emar, AION 51, 113-137.
1992 — On the Names of Two Animals, N.A.B.U. Nr. 58.

1993 On the Amorite Material from Mesopotamia. In: The Tablet and the Scroll, Near Eastern Studies in Honor of William W. Hallo, edited by Mark E. Cohen, Daniel C. Snell, David B. Weisberg. CDL Press, Bethesda, Maryland, S. 315-333.

1996 A Prosopography and Ethno-Linguistic Characterization of Southern Canaan in the Second Millenium BCE, in: M. Malul (ed.), Mutual Influences of Peoples and Cultures in the Ancient Near East (Haifa) 97-145.

Ziegler, N.

1999 Le Harem de Zimrî-Lîm = Florilegium Marianum IV = Mémoires de N.A.B.U. 5.

Indices

Zitiert wird nacḫ Paragrapḫen; das Paragrapḫenzeicḫen ist stets weggelassen. "A" steḫt für "Anmerkung", "Sup" für "Supplementindex".

1. Namen

Bi-na-aḫ-me-el 5.8 A 3
Bi-na-am-mi 2.38, 3.18, 3.66
Bi-na-an 5.55
Bi-na-at-ḫa-am-mi 3.71, 2.38, 3.71
Bi-na-EŠ$_4$-DAR 2.38
[B]i-na-^{d}IM 3.66, 5.55
Bi-na-tu-ḫa-am-me 3.71
Bi-na-tu-ḫa-am-mi-im 1.123a
Bi-na-tu-ḫa-mi 3.71
Bi-na-tu-ḫa-mi-im 1.123a
Bi-na-tu-^{d}ḫa-mi-im
Bi-na-tum 4.9
Bi-ni-ia 5.74
Bi-ni-ia-mi-na 1.39 A 3, 3.60
Bi-ni-ma-DINGIR 2.38
Bi-ni-ma-ḫu-um 2.38
Bi-ni-ma-ra-aṣ 1.123a, 2.38, 3.14
Bi-ni-ma-ra-zi 1.123a, 2.38 2, 2.95, 3.18
Bi-ni-mu-l[u-uk] 1.123a
Bi-ni-sa-pa-ar 1.123a
Bi-ni-sa-pár 1.123a
B[i-n]u-ma-^{d}IM 2.38
Bi-za-zu-um 2.40
Bi-za-zum 2.35
Bil-za-nu-um 2.95, 5.59
Bu-da-an Sup
Bu-na-at-ḫa-am-mi 2.38, 3.71
Bu-na-^{d}INNIN 3.66
Bu-na-ma-DINGIR 3.69, 3.70
Bu-na-tum 4.9
Bu-ni-DINGIR 3.64
Bu-ni-i-la 3.21
Bu-ni-ia 5.74
Bu-ni-lum 2.38, 2.152, 3.9, 3.64
Bu-ni-ma-ḫu-um 2.38
Bu-ni-ma-ra-aṣ 2.38, 3.14, 3.65
Bu-nu-a-na-ti 4.4.11 A 1
Bu-nu-am-mu 2.38, 2.172, 3.9
Bu-nu-ba-aḫ-la-nu 5.67, Sup
Bu-nu-ba-lum 3.9
Bu-nu-e-ra-aḫ 4.9, 5.74
Bu-nu-EŠ$_4$.DAR 2.38, 2.172, 3.18
Bu-nu-ḫa-am-mi 1.123a
Bu-nu-i-la 2.152, 3.21
Bu-nu-i-ta-ar 3.14
Bu?-nu-ia-aš-[ḫa] 1.123a
Bu-nu-ka-la-i-li 1.134, 3.73
Bu-nu-ka-ma-i-la 1.134
Bu-nu-ma-a-ḫu-um 3.9
Bu-nu-ki-DINGIR 3.70, 3.70 A 7
Bu-nu-ma-a-ša-ar 2.81
Bu-nu-ma-^{d}IM 2.38, 3.59
Bu-nu-ma-DINGIR 2.38
Bu-nu-ma-šar 2.81
Bu-nu-taḫ-tu-un-i-la 2.95
Bu-nu-um-e-lu-um 2.29
Bu-nu-um-ma-šar 2.81
Bu-qa-an 2.35
Bu-qa-ku-um 2.40, 2.90 A 2
Bu-un?-ne-e-lum 2.20, 2.152
Bu-un-ba-sar 2.24, 2.38 A 2, 2.95
[B]u-un-ma-^{d}IM 2.38, 2.38 A 2, 3.59
Bu-ur-bu-ra-an 2.35
Bu-uz-bu-zu-um 2.35
Bu-uz-za-zu-um 2.35, 2.40
Bur-qa-an 2.95
Da-aq-ni-tum 2.104, 5.90
Da-ba-tum 2.95
Da-da-a 5.82
Da-da-nu 5.59
Da-da-tum 4.9
[D]a-da-tum 4.7
Da-di-ḫa-ad-nu-ú 2.162
Da-di-ḫa-du-un 2.95, 2.162, 5.21
Da-di-ia-an 5.62
Da-di-sa-mu-uḫ 4.7, 4.9
Da-du-wa-an 5.61
Da-ga-am-ma-DINGIR 1.75 A 6
^{d}Da-gan-a-pu-uḫ 2.57, 3.15, 5.21
^{d}Da-gan-aš-ra-ia 5.88
^{d}Da-gan-ia-pu-uḫ 4.3
Da-ki-ru-um 2.95, 2.104
Da-me-ri-im 2.104
Da-me-ru-um 2.104
Da-mi-ru-um 2.104, 2.104 A 4
Da?-ni-DINGIR Sup
Da-nu-ma-tum 3.7
Da-qa-ni-ia 2.104, 5.17
Da-ra-um 2.104
Da-rí-ša 4.6
Di-im-ta-an^{ki} 3.72
Di-im-te-en^{ki} 2.35
DINGIR-bi-ni 3.76
DINGIR-da-ḫa-at 2.36
DINGIR?-i-ba-al Sup
DINGIR?-ma-da-aḫ 3.40 A 1
DINGIR-ma-^{d}i-la 3.34
DINGIR-ma-ì-la 3.34
DINGIR-ra-bi-i 2.15
DINGIR-šu-ba-a-lum 2.177
Du-ba-ba-tum 2.104, 4.7
Du-ba-bu 2.90 A 2, 2.104, 5.34
Du-ba-bu-um 2.95, 2.104, 2.105
Du-um-ta-an/-e-en(^{ki}) 3.7, 3.72

I-nu-un-e-el 2.170 A 1
I-ri-im-^{d}da-gan 2.83
I-ri-im-il-la 2.88
I-ri-iš-ma-a-bi 2.27
I-ri-iš-ma-bi 2.29
I-ri-mi-il-la 2.88
I-ri-mil-la 2.88
I-si-iḫ-^{d}da-gan 2.111 A 1, 2.148
I-ṣi-a-šar 2.12 A 2
I-ṣi-da-ri 2.26
I-ṣi-da-ri-e 2.12 A 2, 2.26, 2.104, 2.105, 5.24
I-ṣi-da-ri-e^{ki} 2.104
I-ṣi-da-ri-i^{ki} 2.104
I-ṣi-ga-ta-ar 2.12 A 2
I-ṣi-LUGAL^{ki} 2.12 A 2
I-ṣi-ma-ri-e Sup
I-ṣi-sa-lim 3.12
I-ta-ar-li-im 2.88
I-tar-ad-an Sup
I-zi-a-du-um Sup
I-zi-a-ḫu? Sup
I-zi-a-pa-aḫ 1.134
I-zi-a-pa-ar 1.134
I-zi-a-šar 2.12 A 2
I-zi-^{d}da-gan 2.12 A 2
I-zi-da-ri 2.104
I-zi-da-ri-e 2.12 A 2, 2.104
I-zi-e-ḫu-um 2.79
I-zi-ga-dar-i 2.19
I-zi-ga-ta-ar 5.7
I-zi-i-lu-ma 2.12 A 2, 3.16
I-zi-ì-lí-[ma] Sup
I-zi^{d}I[M] 2.12 A 2
I-zi-iz-za-ri-e 2.97
I-zi-na-bu 2.12
I-zi-na-bu-ú 2.12
I-zi-qa-tar 2.12 A 2
I-zi-sa-ri-e 2.95, 2.105
I-zi-su-mu-a Sup
I-zi-šar-rum^{ki} 2.12 A 2
I-zi-za-ri-e 2.63, 2.97, 2.104, 2.105
I-zi-za-ri-um! 2.106 A 1, Sup
Ia-a-ar Sup
Ia-a-ḫi-DINGIR 2.18
Ia-a-il^{ki} 5.71
Ia-a-ku-nu-um 2.18
Ia-a-pa-aḫ 2.173
Ia-a-pa-aḫ-^{d}IM 2.14, 2.74, 2.91
Ia-a-pa-aḫ-li-im 2.72
Ia-a-ši-ḫu 2.91
Ia-a-zi-bi-DINGIR 2.156, 2.177
Ia-ab-ba-an-ni-DINGIR 2.31
Ia-ab-ru-uq-DINGIR 2.56
Ia-ad-gur-DINGIR 2.95, 2.104
Ia-ad-ku?-ur?-DINGIR 2.104
Ia-ad-kur-DINGIR 2.56, 2.95, 2.104
Ia-ag-mu-ur-DINGIR 2.95
Ia-aḫ-ba-^{d}ra-sa-ap 2.149, 3.4, 2.3 A 1
Ia-aḫ-bu-ú-um 2.3, 2.28, 2.152
Ia-aḫ-da-nu-um 5.60
Ia-aḫ-du-na-nu-um 5.64
Ia-aḫ-du-un-li-im 2.95, 5.21 A 1, 5.64
Ia-aḫ-gu-nu-um 2.97
Ia-aḫ-gu-un-nu-um 2.97
Ia-aḫ-ḫi 2.18 A 3
Ia-aḫ-ku-bi-DINGIR 2.173
Ia-aḫ-ku-ub-DINGIR 2.56, 2.95, 2.173
Ia-aḫ-mi-is-DINGIR 2.156
Ia-aḫ-mi-zi-lum 2.156
Ia-aḫ-si-DINGIR 2.60
Ia-aḫ-wi-DINGIR 2.44, 2.60, 2.95, 2.168
Ia-aḫ-wi-DINGIR-lí 2.168
Ia-aḫ-wi-na-si 5.24
Ia-aḫ-za-ar-DINGIR 2.173
Ia-aḫ-za-ar-ì-il 2.13, 2.146, 2.173, 3.12
Ia-aḫ-zi-ba-el? 2.8
Ia-aḫ-zi-bi-DINGIR 2.156, 2.177
Ia-aḫ-zi-ib-^{d}IM 2.56, 2.173
Ia-aḫ-zi-ib-DINGIR 2.156
Ia-aḫ-zi-im-[...] Sup
Ia-aḫ-zi-ir-ì-DINGIR 2.146
Ia-aḫ-zi-ir-ì-il 3.12
Ia-aḫ-zu-un-DINGIR 2.168
Ia-aḫ-zu-ur-il 3.12
Ia-ak-bu-ri-im 2.95
Ia-ak-ki-im-li-im 5.64
Ia-ak-ku-ub-e-da 2.166, 2.181, 3.19
^{d}Ia-ak-ru-ub-el 3.12
^{d}Ia-ak-ru-ub-il 3.12
Ia-ak-zi-DINGIR 2.56
Ia-al-e-^{d}da-gan 2.144
Ia-al-e-pa-aḫ Sup
Ia-am-da-ga-ad 2.21
Ia-am-i-id-^{d}ad-mi 2.88, Sup
Ia-am-ku-du 2.95
Ia-am-li-ik-DINGIR 5.64
Ia-am-li-ka-an 5.64
Ia-am-lik-DINGIR 2.56
Ia-am-ma-DINGIR 3.19
Ia-am-ra-aṣ-DINGIR 2.35, 2.153
Ia-am-ra-zi-DINGIR 2.153
Ia-am-ru-iṣ-DINGIR 2.7, 2.95
Ia-am-ru-uṣ-DINGIR 2.95
Ia-am-ta-aq-ta-am 2.21

Ia-gi-iḫ-^{d}IM 2.95
Ia-gu-na-an 2.95
Ia-ḫa-ad-DINGIR 5.60
Ia-ḫa-ad-e-lum 2.2, 2.156
Ia-ḫa-ad-e-ra-aḫ Sup, 2.63, 3.15, 3.24, 5.18
Ia-ḫa-ap-pi-i-il$_5$ 2.146, 3.12
Ia-ḫa-at-ti-^{d}UTU 5.19
Ia-ḫa-da-[...] Sup
Ia-ḫa?-du-um Sup
Ia-ḫa-te-lum? 2.2, 2.156
Ia-ḫa-ti-el 2.117
Ia-ḫa-ti-lum 2.2
Ia-ḫi-ḫu-um 2.116 A 1
Ia-ḫi-iḫ-li-im 2.116 A 1
Ia-ḫi-la 4.6
Ia-ḫi-la-tim 4.9
Ia-ḫi-la-tum 4.7
Ia-ḫu-na-a 5.85
Ia-ḫu-un-DINGIR 2.95, 2.168, 5.85
Ia-ḫu-un-pi-el 3.14, 5.2
Ia-ia-mu 1.134
Ia-ia-tum 1.134
Ia-ia-um 1.134
Ia-ka-li-itk 5.90 A 1
Ia-ki-a-bu 2.102
Ia-ki-id-li-im 2.95
Ia-ki-im-a-bu 2.102
Ia-ki-im-^{d}IM 4.6
Ia-ki-im-li-im 4.7
Ia-ki-in-ú-ru-ba-am 2.57
Ia-ki-ma 4.6
Ia-ki-ma-tum 4.7
Ia-ki-mi-tim 5.90
Ia-ki-ra-a-bu-um 2.95, 5.64
Ia-ki-ra-nu 5.64
Ia-ku-ba-al 2.119, 3.12
Ia-ku-b[a]-an 5.64
Ia-ku-bi-DINGIR 2.173
Ia-ku-ia 5.89
Ia-ku-na-an 2.95, 5.64
Ia-ku-pi 2.63
Ia-ku-ra-an 5.36
Ia-ku-ri?-im Sup
Ia-ku-ub-DINGIR 2.173, 5.64
Ia-ku-un-a-ma-ri Sup
Ia-ku-un-a-ša-ru-um 1.134
Ia-ku-un-a-šar 5.7 A 2
Ia-ku-un-^{d}da-gan 5.89
Ia-ku-un-DINGIR 2.18 A 2, 5.64
Ia-ku-un-ḫa-ra-ar 2.95
Ia-ku-u[n-ḫa-]ra-ri 2.95
Ia-ku-un-pi 2.57, 2.119
Ia-ku-un-ra-bi 3.12
Ia-ku-un-ra-bi-i 2.15, 3.12
Ia-kum-ba-li 2.118
Ia-kùn-ḫa-ra-ri 2.95
Ìa-le-e 2.58 A 1
Ia-ma-a-ma 4.6, 5.22
[I]a?-ma-DINGIR 3.19
Ia-ma-ḫa-mu-um 2.50
Ia-ma-ma? 4.6, 5.22
Ia-mi-i-la 3.22
Ia-mi-in 5.26
Ia-mu-ri-im 2.149
Ia-mu-ur-ad-du 2.95, 2.149
Ia-mu-ut-ba-a-lum 2.63
Ia-mu-ut-ba-al 2.95, 2.174
Ia-mu-ut-ba-lum^{ki} 2.65
Ia-mur-^{d}EN.ZU 2.149, 2.95
Ia-mu-ut-ni-ri 2.88
Ia-na-bi-el 3.12
Ia-nu-ḫa-an 5.64
Ia-nu-uḫ-li-im 2.95, 5.45, 5.64
Ia-nu-uḫ-sa-mar 2.40 A 2
Ia-pa 2.173
Ia-pa-aḫ-^{d}da-gan 2.57
Ia-pa-aḫ-DINGIR 2.173
Ia-pa-aḫ-su-mu-a-bi 2.88
Ia-pa-aḫ-^{d}IM 2.74
Ia-pa-DINGIR 2.173
Ia-pu-ḫa-ia 5.83
Ia-pu-ḫa-tum 4.7
Ia-qa-rum 2.95
Ia-qar-DINGIR 2.21 A 1, 5.18, 5.60
Ia-qar-tum 4.13
Ia-ra-aḫ-^{d}EN.ZU 3.10
Ia-ri-ḫa-a-mu Sup
Ia-ri-im-ḫa-al 3.12
Ia-ri-im-ḫa-am-mu 2.96
Ia-ri-im-ḫa-mu 2.96
Ia-sa-ar-ti-DINGIR 4.1, 5.19
Ia-si-^{d}da-gan 2.149
Ia-si-DINGIR 2.96 A 5
Ia-si-i-lí Sup
Ia-si-^{d}IM 2.123, 5.64
Ia-si-im-^{d}da-gan 4.7
Ia-si-im-ḫa-am-mu 2.95
Ia-si-im-ki-DINGIR 3.70 A 7
Ia-si-it-a-bu 5.64
Ia-si-it-ta-an 2.97
Ia-si-li 2.152
Ia-si-lum 2.152

Il-la-i-ia-tim 2.59
Im-ma-an 2.35
Im-ma-DINGIR 3.19
^{d}IM-ša-da 2.112
Im-ṣí-un 3.7
Im-zi-KALAM 3.7
In-du-ub-ša-lim 5.21 A 2, 5.45
In-na-ṭa-nu-um 5.63
In-ni-^{d}IM 5.63
In-ti-nu-um 2.86
Ip-pa-li-zu? 2.134 A 1
Iq-ba-nu-um 2.172, 2.172 A 2
Ir-pa-a-bi 2.88, 2.149
Ir-pa-a-da 2.88, 2.95, 2.149, 2.164, 3.19
Ir-pa-ḍa 2.88, 2.164, 3.19
Ir-pa-^{d}IM 2.88
Iš-a-ti 2.172
Iš-ḫa-at-a-bu-um 5.77 A 1
Ir-ḫa-mi-DINGIR 2.88, 2.156
Ir-ḫa-mi-il-la 2.88, 3.19 A 3
Ir-ḫa-mi-la 2.88, 2.156, 3.19 A 3
Iṣ-ma-aḫ-DINGIR 2.36, 2.95
^{d}Iš-ḫa-ra-dam-qa 4.3
^{d}Iš-ḫa-ra-ka-ab-ra-at 4.10
Iš-ḫa-ti-ia 2.172, 5.77
Iš-ḫi-ạ-nu-um 3.34 A 1
Iš-ḫi-^{d}da-gan 3.28, 3.34 A 1
Iš-ḫi-DIṆGIR-la-ma 3.27 A 1, 3.34, Sup
Iš-ḫi-e-^{d}IM 2.166, 3.34 A 1
Iš-ḫi-e-ra-aḫ 2.172, 3.34 A 1, 5.11
Iš-ḫi-ịa 5.75
Iš-ḫi-^{d}IM 2.84, 2.95, 3.34 A 1, 5.75, 5.77
Iš-ḫi-lu-ma 2.152, 3.28
Iš-ḫi-lu-na 2.152
Iš-ḫi-na-bu-u[m] 3.34 A 1
Iš-i-ra-aḫ 2.172, 3.34 A 1
Iš-ma-a-da 2.88, 3.19
Iš-ma-ạḫ-ba-al 2.2, 2.36
Iš-ma-^{d}IM 2.36, 2.87, 2.171
Iš-me-ba-la 2.36, 3.19
Iš-me-ba-li 2.36
Iš-me-eḫ-ba-al 2.2, 2.36, 3.19
Iš-me-eḫ-DINGIR 2.36
Iš-mi-il-la 2.88
Iš-ta-a-bu 2.111 A 2
It-làl-èr-ra 2.95, 2.158
Iz-kur-ra-bi 3.12
Iz-me-DINGIR 2.126 A 1, 2.131
Iz-za-a-ia 5.82
Iz-za-an 2.95
Iz-za-bị 5.13, 5.82
Ja-a-il^{ki} Sup
Ja-aḫ-si-DINGIR 2.60
Ja-aḫ-wi-DINGIR 2.60
Ja-at-ṛa-il 2.23, 2.60, 3.6, 3.25
Ja-i-il^{ki} Ṣup
Ja-i-la-ji^{ki} Sup
Ja-i-la-nim 5.71
Ja-mi-i-la 3.22
Ja-ti-ir-na-nam 3.9 A 2
Ja-ti-ir-na-nim 3.9 A 2
Ja-ti-ir-na-nu-um 3.9 A 2
Ji-im-si-DINGIR 2.62
Ju-mi-i-la 2.52
Ju-um-ra-aṣ-DINGIR 2.35, 2.68
Ka-a-la-ạn 2.160, 5.59
Ka-a-li-^{d}IM 5.8, 5.59
Ka-a-li-DINGIR-ma 2.160
Ka-a-li-i-lu-ma 2.160
Ka-a-li-ịa 2.160
Ka-a-li-^{d}IM 2.160
Ka-ab-ka-ba 4.6
Ka-ab-sa-nụ-um 5.70
K[a-]al-bu-^{d}a-mi 3.5, 5.7
Ka-bi-da 5.20
Ka-di-šum 2.95
Ka-ka-iš-ḫa 3.15, 3.19
Ka-ni-ia-nu 2.95
Ka-zu-ra-DINGIR 2.95
Ka-zu-ri-ḫa-la 3.18
Kab-sa-tụm 4.7, 5.7
Ki-bi-ir-^{d}ab-ba 2.1 A 2, 3.15
Ki-bi-ir-^{d}EN.ZU 3.15
Ki-bi-ir-ẹ́-a 3.15
Ki-ib-ri-^{d}da-gan 2.95, 5.13
Ki-ib-sa-tum Sup
Ki-ib-za-du 2.167
Ki-ib-za-tum 4.7
Ki-ib-zi-e-ra-aḫ 4.7, 5.12
Ki-li-DIṆGIR 5.13
Ki-ib-zi-^{d}IM 2.167
Ki-ma-ru-uṣ 2.119
Ki-mi-il-ki-el 2.95
Ki-na-at!-šar!-[r]a-sú 3.24 A 1
Ki-na-ì-lí Sup
Ki-na-ma-ra-zu 3.24 A 1
Ku-ta-a-nu-um 2.5
Ku-ta-nu-um 2.5
Ku-un-am-mu 3.20 A 1
Ḳu-un-i-la 3.20, 3.20 A 1
^{d}Kúl-lá-ḫa-zi-ra-at 4.10
La-a-mu-ri-im 2.148
La-a-na-su-i-im 2.18, 2.150
La-aḫ-si-ru-um 2.95, 2.105

Mu-ri-iq-da-at-ni-im 2.40
Mu-ri-iq-ti-it-ni-im 2.40
Mu-ta-a-pu-uḫ 2.20, 3.67
Mu-ta-ba-al^{ki} 2.31
Mu-ta-ia-šu-uḫ 2.20, 3.67
Mu-ta-nu-um 5.55
Mu-ta-šu-uḫ 3.14, 3.66
Mu-ti-a-ba-al^{ki} 2.26 A 3
Mu-ti-a-ḫi 3.61
Mu-ti-a-n[a-t]a 2.178, 3.21
Mu-ti-a-ra-aḫ 2.26 A 3, 3.60
Mu-ti-ba-al^{ki} 2.26, 3.63
Mu-ti-da-zi-ú Sup
Mu-ti-DINGIR 3.64
Mu-ti-e-mi-iḫ Sup
Mu-ti-e-ra-aḫ 3.62
Mu-ti-ḫu-ur-ša-ni 3.65
Mu-ti-i-ia-na Sup
Mu-ti-ia 5.74
Mu-ti-lum 2.152, 3.64
Mu-ti-me-el 3.14
Mu-ti-ra-me-e 5.6
Mu-tu-a-an-šu-ú Sup
Mu-tu-am-na-nu-um 2.48, 5.74
Mu-tu-aš-kur 3.59
Mu-tu-aš-kur-ra 2.97
Mu-tu-ba-lu-ú 3.58, Sup
Mu-tu-ba-na Sup
Mu-tu-bi-si-ir 3.59
Mu-tu-^{d}da-gan 5.55
Mu-tu-DINGIR 3.58
Mu-tu-e-ra-aḫ 2.95
M[u-t]u-e-šu-uḫ 3.14
Mu-tu-i-la 2.152, 3.21, 5.5
Mu-tu-ia-ma 3.21, 3.60
Mu-tu-^{d}IM 5.56
Mu-tu-ja-an Sup
Mu-tu-ka-na-ta Sup
Mu-tu-ma-DINGIR 2.29, 3.58, 3.70, 3.70 A 4
Mu-tu-me-el 3.7 A 1, 3.14
Mu-tu-na-ri 3.58
Mu-tu-ra-mi-e 3.5
Mu-tu-um-DINGIR 2.29, 3.70
Mu-tu-wa-an 5.56
Mu-tum-DINGIR 2.29, 3.70 A 1, 3.70 A 3
Mu-tum-e-el 2.20, 2.29, 2.146, 2.150, 3.14, 3.24, 3.70
Mu-tum-el 2.29, 3.7 A 1, 3.14
Mu-tum-ma-el 3.7 A 1, 3.14
Mu-tum-me-el 2.29, 3.14
Mu-ut-ar-ḫu Sup
Mu-ut-aš-kur 3.59
Mu-ut-aw-na-an 2.47
Mu-ut-bi-si-ir 3.59
Mu-ut-^{d}da-gan 2.24
Mu-ut-ḫa-li 3.18
Mu-ut-ḫa-li-ma Sup
Mu-ut-^{d}ḫa-na-at 3.14
Mu-ut-ḫa-su-um Sup
Mu-ut-ḫi-ir-ba?-an Sup
Mu-ut-ka-zi-... Sup
Mu-ut-me-si-li Sup
Mu-ut-mi-rum Sup
Mu-ut-na-ḫa Sup
Mu-ut-na-nu-um Sup
Mu-ut-na-wa-ar 2.41
Mu-ut-ra-aḫ Sup
Mu-ut-[r]a-bi 3.14
Mu-ut-sa-lim 2.95, 3.14, 5.20
Mu-zi-ia 2.52
Na-aḫ-ma-nu 5.59
Na-aḫ-mi-^{d}da-gan 5.8, 5.59
Na-aḫ-mi-e-ra-aḫ 5.75
Na-aḫ-mi-ia 5.75
Na-ap-sa-nu-um 2.122, 5.59
Na-ap-si-^{d}IM 5.7, 5.59, 5.75
Na-ap-si-ia 5.75
Na-ap-si-ia-an-du 2.165
Na-ap-su-um 2.122
Na-ap-ša-nu-um 2.122
Na-ap-ši-a-du 2.95, 2.122
Na-ap-za-nu-um 2.95, 2.122
Na-ap-zum 2.95, 2.122
Na-aš-ḫa-tum 2.144
Na-bi-an-nu 5.24
Na-du-be-lí 5.21
Na-du-bu-um 5.28
Na-ga-(ab-)bi-ni 3.7
Na-gi$_4$-a-nu-um 2.95
Na-ḫa-ia 5.82
Na-ḫu-um-^{d}da-gan 1.103 A 2, 3.7, 5.25, 5.82
Na-ki-ḫi-im 2.95
Na-ki-ḫu-um 2.95
Na-mi-ia 5.75
Na-tu-nu-um 2.95, 5.28
Na-wa-ar-e-šar 2.41
Na-wa-ar-^{d}IM 2.41
Ne-iz-bi-il 2.95, 5.11
Ni-e-ra 2.53
Ni-e-ru 2.53
Ni-ig-ḫa-tum 4.7
Ni-iḫ-ma-tum 4.7
Ni-iq-ma-a-du 2.167

Sa-ma-mu-um 2.31
Sa-me-e-ra-aḫ 2.39
Sa-me-ḫa 2.126
Sa-me-ḫu-um 2.2, 2.126
Sa-me-ra-aḫ 2.26, 3.63
Sa-mi-da-ḫa-tum Sup
Sa-mi-da-ḫu-um 2.26
Sa-mi-e-ta-ar 2.34
Sa-mi-e-tar 3.62
Sa-mi-ia 5.74
Sa-mi-mu 2.26
Sa-mi-mu-um 2.26
Sa-mi-um 2.2, 2.126, 2.180
Sa-mu-a-bi-im 2.39, 3.18, 3.58
Sa-mu-^{d}da-gan 5.81
Sa-mu-^{d}IM 5.74
Sa-mu-la-tum 2.32
Sa-mu-mu-ú 2.32, 2.39
Sa-mu-ú-um 2.126, 2.180
Sa-mu-um 2.126, 2.180
Sa-ni-bu-um 2.105 A 3
Sa-pu-ru-um 5.28
Sa-/Su-mu-la-DINGIR 2.39
Sag-ga-ra-tim 2.98
Sag-ga-ra-tim^{ki} 2.95
Sag-ga-ru-um 2.98
Si-bi-bi-bu 2.105 A 2
Si-bi-bu-um 2.105 A 2
Si-ik-ri-ḫa-da 2.95, 2.158, 3.19, 5.11
Si-im-a-al 2.40, 2.146, 2.153, 5.40
Si-im-a-lu-um 2.153
Si-im-ḫa-al 2.95, 2.144, 2.153
Si-im-ḫi-^{d}da-gan 5.13
Si-im-me-a-tar 2.34, 2.39, 3.70
Si-ip-ku-na-da 3.19
Si-iq-la-nim 2.112
Si-iq-la-nu-um 2.95, 2.112
Si-it-ri-^{d}IM 2.95, 2.134, 5.11
Si-ma-aḫ-i-la-a-ni-e 2.35
Si-ma-aḫ-ni-i-la 2.126, 3.20
Si-ma-al 2.153
Si-ma-i-la 2.95, Sup
SIN-ki-na 3.22
Su-ba-bi-ia 2.101, 2.105
Su-ba-bu-um 2.95, 2.101, 2.105
Su-ba-ḫa-li 2.112
Su-ga-gu-um 5.32
Su-la-a-tum Sup
Su-la-mu-um 2.95, 5.33
Su-ma-aḫ-i-la-a-ni-e 2.35
Su-ma-an 5.55
Su-ma-i-la 3.21
Su-ma-ra-bi 3.14
Su-me-^{d}en-líl 3.64
Su-mi-a-du 2.159
Su-mi-a-du 2.167, 3.61
Su-mi-e-da 2.166, 3.21, 5.6
Su-mi-ia 5.74
Su-mi-ia-ma-am 2.33, 3.14, 3.60
Su-mi-lu-um 2.152, 3.9, 3.64
Su-mi-ra-pa 2.127
Su-mi-ra-pa 3.14
Su-mi-ri-ba 2.127
Su-mu-a-bi-im 3.5, 3.58
[S]u-mu-a-bi-im 3.18
Su-mu-a-bu-um 2.39, 3.9
[Su-mu-]a-pa-ar 1.134
Su-mu-a-ra-aḫ 5.55
Su-mu-a-tar Sup
Su-mu-am-na-nu-um 2.48
Su-mu-aw-na-nim 2.47
Su-mu-ba-la 3.21
Su-mu-di-ta-na 3.21, Sup
Su-mu-e-pu-uḫ 3.14
Su-mu-e-ra-aḫ 2.39, 5.74
Su-mu-el 2.152, 3.14
Su-mu-ḫa-la 3.21
Su-mu-ḫa-mi 3.18
Su-mu-ḫu-um 5.36
Su-mu-i-la 2.152, 3.21
Su-mu-ia-ma-am 2.39, 3.14, 3.60
[Su-]mu-ia-mu-tu-ba-la 1.134
Su-mu-ia-si-it 1.134
[Su-mu-i]l-ba-bi-ia 1.134
Su-mu-la-DINGIR 3.70 A 2
Su-mu-la-el 2.29, 2.152, 3.70
Su-mu-la-ú-mu 2.52, 3.70
Su-mu-li-el 2.29, 2.152, 3.70
Su-mu-me-el 2.29, 3.70
Su-mu-mu 2.26 A 2, 2.32, 2.39
Su-mu-na-a-bi 2.27
Su-mu-na-ʾà-rí? 5.17
Su-mu-na-bi 2.27
Su-um-na-ia-tar 2.95, 3.70, 3.70 A 6
Su-mu-ra-bi 3.14
Su-mu-uš-ta-mar 2.152, 3.11 A 1
Su-na-bi-im 2.105, Sup
Su-pa-bi-ia 2.101, 2.105, Sup
Su-pa-bu-um 2.101, 2.105
Su-pa-ḫa-li 2.101, 2.112
Su-ub-ḫa-li 2.112
Su-um-ḫu-ba-al 5.16
Ṣa-bi-ḫi-im 2.95, 2.144
Ṣa-bi-ḫu-um 2.95, 2.144

2. Namenselemente und Wurzeln

Aufgenommen sind nur die Stellen, an denen ein Namenselement explizit behandelt wird. Zitiert wird ohne Kasusendungen. Die Reihenfolge der Lemmata entspricht dem in Gelb 1980 verwendeten Alphabet: ʾ, ʿ, a, ā, b, d, ḏ, e, ē, g, ġ, h, ḥ, ḫ, i, ī, j, k, l, m, n, p, q, r, s, ś, š, ṣ, t, ṭ, ṯ, u, ū, w, z, ẓ.

baḥūr "ausgewählt" 5.28
bānī "erschaffend" 3.15, 3.39
bataḥr "ausgewählt" 5.28 A 1, 5.50
bin "Sohn" 2.35 A 1, 2.38 A 2, 2.38, 3.53 A 3, 3.53, 5.55
biḥīr "erwählt" 5.31
bny "erschaffen" 2.35 A 1
brk "segnen" 2.13 A 2
brq "aufblitzen" 2.13 A 2
bun "Sohn" 2.28, 2.35 A 1, 3.53, 3.73 A 2
būn 2.38 A 2
daʿ "Erkenntnis" 2.8 A 2, 2.26 A 1
daʿat "Erkenntnis" 2.8 A 2, 2.26 A 1, 5.4
dād "Onkel" 5.17
Dagan 3.39
d/Ditān 2.114, 2.114 A 4, 3.12, 3.19, 3.21, 3.39 (vgl. d(i)tn)
ditn 2.114 A 4 (vgl. ditān, dtn)
dtn 2.114 (vgl. dit(ā)n)
ḏākir "sich erinnernd" 3.24
ḏakūr "eingedenk" 5.29
ḏamārt "Schutz" 5.23
ḏammār "Beschützer" 5.38
ḏamūr "beschützt" 5.28
ḏaqan "Bart" 5.17
ḏāriy "erzeugend" 3.24
ḏbb "Fliege" 2.104, 2.105, 2.106, 2.107, 2.108
ḏhb Sup. 6629
ḏikir "Erinnerung" 3.15
ḏikr "Erinnerung" 3.39, 5.11
ḏimir "Schutz" 3.15
ḏimr "Schutz" 3.17, 3.30, 3.36, 3.39, 5.11
ḏkr "sich erinnern" 2.104, 2.104 A 2, 2.105 A 1, 2.106, 2.107, 2.108
ḏmr "schützen" 2.104, 2.104 A 4, 2.106, 2.107, 2.108
ḏnb "Schwanz" 2.105, 2.106, 2.107, 2.108
ḏqn "Bart" 2.104, 2.106, 2.107, 2.108
ḏrʿ "säen" 2.36, 2.104, 2.04 A 3, 2.106, 2.107, 2.108
ḏry "erzeugen" 2.104 A 1, 2.104, 2.105, 2.106, 2.107, 2.108
ḏū "der des" 3.53
ḏubāb "kleine Fliege" 5.34
-(K)e-pa "aufgestrahlt" 2.23 A 2, 2.179, 3.26
É-a 3.43 A 1
Ebiḫ 3.56 A 17
gayy "Clan" 2.14 A 1, 5.7 A 6, 5.7
gungun "Schutz" 5.39
ġazāl "Gazelle" 5.22
ġuzāl "Gazelle" 5.34
ha? "ihr" 2.162
Hadd 2.96, 2.96 A 2, 2.159, 2.163-167, 3.19, 3.39
hll "preisen" 2.158 A 3
hu? "sein" 2.162
hulāl "gepriesen" 5.33
ḥabīb "geliebt" 5.27
ḥanḥan 5.39
ḥann "gnädig" 3.22, 3.39, 5.9
ḥanūn "gnädig behandelt" 5.28
ḥaṣn "Schutz" 5.8
*Ḥawrān 2.47 A 1
ḥayy "lebendig" 5.9, 5.9 A 1
ḥbb "lieben" 2.168 A 1
ḥimār "Esel" 5.30
ḥinn "Gnade" 5.13
ḥiṣn "Schutz" 5.11
ḥmd 2.169
ḥnʾ 1.42
ḥnn "gnädig" 2.168 A 2, 2.169
ḥunīn "gnädig behandelt" 5.51
ḥwy "leben" 2.169
ḥyy "leben" 2.18 A 3
(ḫ)a-ap-ki 3.56 A 16
ḫa-at-ta 3.56 A 2
ḫa-la-mi 3.56 A 11
ḫa-lu-un 2.118 A 1
ḫa-ma-nim 3.56 A 1
ḫābiʾ "bergend" 3.24
ḫāl "Mutterbruder" 2.14 A 1, 2.118 A 1, 3.12, 3.18, 3.21, 3.39, 5.17
ḫbʾ "bergen" 2.3 A 1
ḫi-ir-ma-aš 3.56 A 4
ḫibr "Verbindung, Clan" 5.12, 5.12 A 1
ḫīl "Stärke" 2.144 A 2
ḫśr 2.105 A 4
ḫtʾ 2.2 A 4
ḫuršān "Hochsteppe" 3.56 A 3
ḫuzīrat "Schwein" 5.51 A 1
i-ia-ti 3.56 A 1
ia/e-šu-uḫ "hilfreich" 5.21 A 5
ia-az-ra-aḫ "er hat gesät" 2.104 A 3
ia-li-iḫ 3.56 A 13
ia-mi-ìs 3.56 A 14
ia-sa-ar-ti "Gerechtigkeit" 5.19 A 1
-iš/-uš-ta-mar "ich(!) habe gepriesen" 2.26 A 4, 3.11 A 1
iṣī "er ist erschienen" 2.12 A 2
ja-ri-iq 3.56 A 1
kabar "gross" 5.18
kabid "schwer" 5.20
kabkab "Stern" 5.39
kabś "Jungwidder" 4.7 A 2, 5.7

nuṭṭup "Staktetropfen" 5.37
nwr "leuchten" 2.45 A 1
pa-a-na-zi 3.56 A 8
palūs "angesehen" 5.28
pataqḫ "geöffnet" 5.50
pilḫ "Furcht" 5.11
pils "Blick" 5.11
pī "Mund" 5.2
pls "anblicken" 2.134, 2.135
pû "Mund" 2.118 A 1
puls "Blick" 5.16
puṭr "Vergebung" 5.15
qarn "Horn (= Stärke)" 5.7
qatr "Fels" 2.96 A 1, 5.7 (vgl. qtr)
qaṭar "Rauch" 2.19 A 2
qām "sich erhebend" 5.25
qāniy "erschaffend" 3.24
qdr 2.19 A 2
qṣr 2.99 A 1
qtr "Fels" 2.19 A 2 (vgl. qatr)
qṯn "dünn" 2.99 A 1
qṯr "Rauch" 2.99 A 1
qudm "Vorderseite" 5.16, 5.16 A 4
rʾb "vergelten" 5.64 A 1
ra-ma "erhaben" 3.25 A 1
raḥm "Erbarmen" 5.8
rāpiʾ "heilend" 2.15 A 1, 3.12, 3.14, 3.15, 3.24, 3.39
rapš "breit" 3.56 A 9
rapūʾ "geheilt" 5.28
ripʾ "Heil" 5.11
rśp "blitzen" 2.121, 2.124
sa-ap-ḫi 3.56 A 10
satūr "geschützt" 5.28
si-im-ḫi "meine Pracht" 2.35 A 1
sitr "Schutz" 5.11
str "schützen" 2.134, 2.135
su-um-ḫu "Pracht" 2.35 A 1
Śaggara 3.56 A 5
Śaggarāt 2.96
śakkār "Belohner" 5.38
śakūr "belohnt" 5.28
śalim "freundlich, Abendröte(?)" 3.12, 3.12 A 3, 3.14, 5.20
śalm "freundlich, Abendröte(?)" 3.39
śam "Nachkomme" 2.39, 2.127, 3.53
śamar "ungestüm" 2.40 A 3
śammar "sehr ungestüm" 2.40 A 3
śamś "Sonne" 2.131, 2.132, 5.7
śamuḫ "prächtig" 5.21
śapś "Sonne" 2.125, 2.130
śapūr "gesandt" 5.28
śikr "Lohn" 5.11
śim "Nachkomme" 2.39
śimʾāl "Norden" 2.121, 5.40
śimḫ "Pracht" 5.13
śimr "Wut" 2.40 A 3
śkr "lohnen" 2.9 A 2, 2.105 A 1
ślm "freundlich" 2.121
śmm 2.26 A 2, 2.31 A 1, 2.32 A 2
śmr "ungestüm" 2.26 A 4, 2.40 A 3
śmʿ "hören" 1.36, 2.121, 2.126, 2.130, 2.131
śugāg "Scheich" 5.32
śulām "freundlich" 5.33
śum "Nachkomme" 2.39, 2.121, 2.127, 2.130, 3.53, 3.53 A 4, 5.55
śumḫ "Pracht" 5.16
śummuḫ "sehr prächtig" 5.36
śym "hinsetzen" 2.121, 2.128
šāb "sich zuwendend" 5.25
šataql "getragen" 5.50
šdw "Berg" 2.111, 2.112
šipṭ "Recht" 5.11
šmr 2.26 A 4
šql "tragen" 2.111, 2.112
šuʿāl "Fuchs" 5.70 A 2
šwb "sich zuwenden" 2.101 A 3, 2.111, 2.112
ṣaduq "gerecht" 5.21
ṣbʾ "Krieg führen" 2.12 A 1
ṣby "wünschen" 2.12 A 1
ṣdq "gerecht" 2.138, 2.139 A 2
ṣidq "Gerechtigkeit" 5.13
ṣūr "Fels" 2.96 A 1, 2.138, 3.4 A 1, 3.18, 3.39, 5.14
ta-ki-in 3.56 A 3
taʾtamar "sie ist gesehen worden (= ist erschienen)(?)" 2.149 A 1
ṭall "Tau" 2.138 A 4
ṯmr 2.26 A 4
wa-at-ra "hervorragend" 3.6 A 2
yaʿdun "er hat sich wonnevoll gezeigt" 5.21 A 1
yaʿil "Steinbock" 5.71 A 2
yadāʿ "Erkenntnis" 2.26 A 1
yadāʿt "Erkenntnis" 2.8 A 2, 2.26 A 1, 5.23
Yadd 3.19
yadīd "geliebt" 5.27 A 1, 5.27 A 1, 5.27
yaḥad "einzigartig" 3.12, 3.15, 5.18 (vgl. yaḥd, yḥd)
yaḥatt "Einzigartigkeit" 5.19
yaḥattī "meine Einzigartigkeit" 2.2 A 4
yaḥd "einzigartig" 3.39 (vgl. yaḥad, yḥd)
yaḥḥī "er hat geführt" 2.18 A 3

3. Textstellen

3.1. Sumerisch

Alster, Proverbs (1997) 3.140 1.82
BM 25, 176: 1-8 1.19
Enki und Ninḫursanga B II 11 1.63 A 1, 1.67
Enki und die Weltordnung Z. 131f. 1.82
Enmerkar und der Herr von Aratta Z. 141-146 1.87
Gudea St. B vi 3-20 1.19
Klage über Sumer und Ur Z. 256 1.21
Kupper 1961, 65 1.79
Lugalbanda II Z. 304 1.82
Martu-Mythos Z. 127-138 1.82
Nippurklage Z. 231 1.21
RCU 19: 7-12 1.20
RIME 3/2 S. 299: 25-27 1.82
Sigrist/Gomi 1991, 327 1.17
SRT 8: 17 1.79
SRT 8: 31f. 1.79
Šulgi C 119-124 1.87
TCL 15, 9 vi 22f. 1.82

3.2. Akkadisch

A.489 1.9
A.2275 1.95 *ḫayyatu*
A.2560 = RA 80 (1986) 180: 4-3' 1.44
A.2730 1.9
A.2760: 5-17 1.9
A.3572 = CRRA 38 (1992) 114: 2'-8' 1.47
AbB 7, 164: 6-9 1.95 *makānu*
AbB 13, 60: 30-32 1.10
AfO Beih. 24, 96 ii 18-20 1.23
ARM 1, 6: 6-21 1.34
ARM 1, 6: 22-43 1.66
ARM 1, 10: 20f. 1.95 *ra'šu*
ARM 1, 37: 32-41 1.32
ARM 1, 42: 4-11 1.31
ARM 1, 42: 19-21 3.75 A 1
ARM 1, 60: 22f. 1.95 *ḫapāru*
ARM 1, 91: 15'-17' 1.95 *qaḫālu*
ARM 1, 85+A.1195 = M.A.R.I 5, 163ff.: 10f. und 21-25 1.68
ARM 2, 1: 10-28 1.33
ARM 2, 25: 4' 1.95 *ṭaḫānu*
ARM 2, 37: 4-25 1.30
ARM 2, 48:5-24 1.35
ARM 2, 59: 4-15 1.57
ARM 2, 102: 5-32 1.58
ARM 3, 16: 5-33 1.69
ARM 3, 21: 5-17 1.50
ARM 3, 38: 5-23 1.34
ARM 3, 38: 24-26 1.36
ARM 3, 65: 5-8 1.53
ARM 3, 70: 4'-10' 1.67
ARM 4, 1: 5-28 1.66
ARM 5, 23: 5-24 1.28
ARM 5, 24: 5-24 1.49
ARM 5, 81: 5-29 1.59
ARM 6, 73: 5-8' 1.73
ARM 6, 76: 19-25 1.64
ARM 6, 76: 20f. 1.9
ARM 8, 11: 9f. ... 20f. 1.61
ARM 14, 2: 9-11 1.95 *ḫâtu*
ARM 14, 46: 5-25 1.51
ARM 14, 75: 23-25 1.95 *bataru*
ARM 14, 81: 7f. 1.62
ARM 21, 117: 6-7 1.95 *ḫayartu*
ARM 21, 141: 9-11 1.95 *ḫumūdā/īyu*
ARM 21, 359: 8-10 1.95 *ḫūnatu*
ARM 22, 147: 1-12 1.56
ARM 22/2, 328 i 7-9 1.95 *zaqādu*
ARM 22/2, 328 ii 1-3 1.95 *naṣbu*
ARM 22/2, 328 iv 10'f. 1.95 *arbaḫtu*
ARM 23, 76: 1-4 1.95 *saddu*
ARM 23, 77: 1-3 1.95 *saddu*
ARM 23, 78: 1-3 1.95 *saddu*
ARM 23, 123: 3 1.95 *šeḫlātu*
ARM 23, 421: 1-6 1.95 *saddu*
ARM 23, 494: 9 1.95 *ḫallu*
ARM 23, 590: 14 1.95 *ḫiršu*
ARM 24, 42: 1'f. 1.95 *baqru*
ARM 24, 65: 15-20*ḫadašu*
ARM 25, 314 r. 1f. 1.95 *kubdu*
ARM 26/1, 14: 20 1.95 *madbaru*
ARM 26/1, 21: 11' ... 15' 1.95 *biqlu*
ARM 26/1, 24: 10-15 1.54
ARM 26/1, 26: 5-9 1.95 *ūlay*
ARM 26/1, 27: 3 1.95 *gubburu*
ARM 26/1, 27: 10 1.95 *gibêtu*
ARM 26/1, 71-bis: 9 1.95 *ḫumūdā/īyu*
ARM 26/1, 74: 17f. 1.95 *marādu*
ARM 26/1, 169: 14f. 1.95 *sadādu*
ARM 26/1, 169: 13 1.95 *saddu*

4. Sachindex

4.1. Historische Sachbegriffe

Affe 1.82 A 1
Astralreligion 2.13 A 2, 2.14 A 2
Betyla 2.96 A 1
dimorphic society 1.65
Diplomatie 1.30
Dolmetscher 1.89
enclosed nomadism 1.65, 1.78
Externe Nomaden 1.64
Fackelzeichen 1.29
Ḫana-Königtum 1.37f.
Kamel 1.16, 1.64, 1.81
Martu-Mythos 1.78
multi-resource economic strategy 1.65
Pferd 1.64
physical environment 1.65
Religionsinterner Pluralismus 1.129
Stammesgötter 1.120
Steinverehrung 2.96 A 1
Transhumanz 1.56
Trüffel 1.82 A 2
Ungekochtes Fleisch 1.82 A 4
Ur III-Königs-Korrespondenz 1.20
Weberei 1.67
Wellentheorie 1.12

4.2. Onomastische und linguistische Sachbegriffe, Sprachen

Abstrakte theologische Aussage in Namen 2.40 A 2
Akkadisch 1.84, 1.91, 1.118, 1.125, 1.132
Akkadische Affrikaten 2.133 A 3
Akkadische Interferenz 2.21, 2.36, 2.88, 2.119, 2.154, 3.59 A 1, 3.65, 3.71, 4.10, 4.13
Akkadischer Status constructus auf /u/ 3.58 A 1f.
Akkadisches ān-Suffix 5.52 A 4f.
Akkadisches S, Aussprache 2.133 A 3
Akkadisches /š/, Aussprache 2.114 A 2
Altakkadisch 3.44
Arabisch 1.118
Aramäisch 1.113, 1.114, 1.118, 3.45
Archaische Orthographie 2.101
Archaismen 1.126
Artikel, determinierter 3.45
Barth-Ginsberg-Gesetz 2.86
Berberisch 3.51
Chiera-Liste 3.73
Deminutiv 4.9, 5.52 A 2
Denominale Suffixa 5.1 A 1
Dialekte 1.127, 2.88
Eblaitisch 1.92, 3.44
Einwortname 5.52 A 2
Elamisch 1.86, 1.91
Elativ 5.41
Ersatznamen 2.101 A 3
Femininendung /ay/ 5.80
Frühkanaanäisch 1.84 A 2
Frühnordarabisch 1.118
Geers'sches Gesetz 2.100
Geminatendissimilation 2.98
generische Lesart 3.75
Gruppenflexion 3.9
Gruppenschrift 2.1
Hebräisch 1.118
Hurritisch 1.84, 1.91
Hypokoristikon 5.22 A 2, 5.52 A 2
Intensiv 5.36
Interferenz s. Akkadische Interferenz
Kanaanäisch 1.113
Kausativ, H- 5.44, 5.45
Kommentar 3.10 A 1
Kontraktion i-a > ê 2.79f.
Kuschitisch 3.51
Licht-Namen 2.13 A 2
/l/-Reduktion 1.105
Mimation 3.7, 3.70
Minäisch 1.118
Modewörter 1.98
M-Schreibungen für /w/ 2.45 A 1
Namenforschung 1.1
Namengeber 1.119
Namengebung, durch Traum 1.123
Namengebung, politische 1.121
Natürliches Geschlecht 4.1
Nisbe 5.90
Nominalsatz, identifizierend 3.45
Nominalsatz, klassifizierend 3.45
Nunation 3.7
Papponymie 1.123a
Perfekt QaTaL 5.19 A 1
Phönizisch-Punisch 1.118
Plural, innerer 5.42
Possessivsuffix 3. Sg. 2.162

4.3. Götternamen

4.4. Orts- und Stammesnamen

4.5. Personennamen

4.6. Akkadische Wörter

4.7. Sumerische Wörter